KB142243

야전과 영원

푸코 · 라캉 · 르장드르

TEIHON YASEN TO EIEN

Copyright © 2011 SASAKI Ataru

Originally published in Japan by KAWADE SHOBO SHINSHA LTD. Publishers, Tokyo.

Korean translation rights arranged with KAWADE SHOBO SHINSHA LTD. Publishers, Japan

through THE SAKAI AGENCY and BC AGENCY.

이 책의 한국어판 저작권은 BC에이전시를 통한
저작권자와의 독점 계약으로 (주)자음과모음에 있습니다.
저작권법에 의해 한국 내에서 보호를 받는 저작물이므로
무단전재와 복제를 금합니다.

야전과 영원

夜　戰　と　永　遠

푸코 · 라캉 · 르장드르

사사키 아타루

안천 옮김

자음과모음

일러두기

1. 인용은 졸역을 사용했다. 일본어판이 있는 것은 참고했으나 문맥에 따라 번역을 바꾸거나 용어를 다시 번역한 곳이 있다. 사용한 일본어판의 쪽수는 기재했으나 모든 일본어판을 망라한 것은 아니다.

2. 원문에서 첫 글자가 대문자로 표기되어 있는 어구를 구별할 필요가 있을 경우, 원칙적으로 그 어구를 〈 〉 안에 넣어 표기했다. 즉, raison은 이성으로, Raison은 〈이성〉으로 번역했다. 단, 일본어 어감상 문제가 있을 경우, 안에 넣는 범위를 다소 조정하기도 했다. 또한 라캉의 Autre와 autre는 다양한 번역어가 쓰이고 있는데, 이에 대해서는 앞의 원칙을 적용하지 않고 가장 간략하다고 여겨지는 "대타자"와 "소타자"라는 번역어를 사용했다.

3. 번잡함을 피하기 위해 이 책에서 여러 번 인용하는 저작은 짧게 생략해서 표기(약기)했다. 상당히 정밀하게 텍스트를 좇아간 부분도 준거한 곳을 명확히 하기 위해 그 약기를 반복했고, 약기하지 않은 문헌도 ibid. 또는 op. cit. 등의 기호는 사용하지 않았다. 처음 참조할 때 문헌 정보를 열거하고, 그 후로 사용하는 약기를 그때마다 적시했다. 예를 들어 901c로 약기한다고 적시한 Pierre Legendre, *Leçons I. La 901e conclusion. Étude sur le theater de la Raison*, Paris, Fayard, 1998, p. 301을 준거할 경우 Legendre, *901c*, 301이라고 표기한다. 또한 일본어판이 있는 저작, 예를 들어 VS로 약기하는 Michel Foucault, *La volonté du savoir*, Paris, Gallimard, 1976, pp. 179~183. 『知への意志』, 渡辺守章 옮김, 新潮社, 1986, 172~176쪽을 다시 준거할 경우에는 Foucault, *VS*, 179~183. 172~176쪽이라고 표기한다. 약기를 사용하지 않은 문헌도 처음에 일본어판 문헌 정보를 적시하고, 이 후에 나오는 일본어판 쪽수는 이와 같은 식으로 처리한다(처음 나온 부분과 그 후에 인용한 부분이 상당히 떨어져 있을 경우에는 독자의 편의를 위해 예외로 한 경우도 있다). 또한 자크 라캉의 '세미나'는 특수한 사정 때문에 미간행 세미나의 수고에서 인용하는 경우가 많다. 예를 들어 만년의 세미나 XXII 『R. S. I.』에서 1975년 1월 21일에 해당하는 글을 인용할 때는 Lacan, S. XXII, *R. S. I.*, 1975/1/21이라고 표기한다. 판본에 따라 세세한 차이가 있을 때도 있는데 이를 일일이 지적하지는 않겠다. 자크 알랭 미렐의 감수를 거쳐 간행된 것은 예를 들어 Lacan, S. I, *Les écrits techniques de Freud*, Paris, Seuil, 1975, p. 125~126. 상권 174쪽과 같이 간략하게 쪽수를 표기한다. 다만 최근에 간행된 미렐판은 집필 시기의 문제 등도 있어서 그 전부를 망라하지는 않았다.

갑자기 펼쳐지는 허공. 천정天頂.
또 해 질 녘이다. 밤이 아니면 해 질 녘이리라.
불사不死의 날이 또 죽어가고 있다.
한쪽에는 불잉걸. 한쪽에는 재.
이기고 또 지는
끝없는 승부.
아무도 알아차리지 못한다.

—사뮈엘 베케트

서문

서문은 대체로 가장 마지막에 쓴다. 기묘한 일이다. 마지막 결론보
다 나중에 쓴 글이 가장 처음에 읽힌다. 지금, 이렇듯. 그러나 이는
큰 위험을 안은 일이 아닐까? 이를 읽고 있는 독자에게도, 쓰고 있
는 필자에게도.

　　　책을 쓰는 사람은 '집필하는 동안 직면하는 기댈 곳 없음'
을 감당해야 한다. 여기저기 쓴 글을 긁어모으는 것이 아니라 일관
성 있는 책을 쓰려 한다면 더더욱 그렇다. 아는 내용을 아는 방식
으로 쓴다면, 그것은 쓰는 것이 아니다. 물론 개괄적인 계획은 있
다. 오랫동안 작성해온 노트도 있다. 자료도 충분히 모아왔다. 하지
만 쓴다는 것은 본질적으로 우연성에 몸을 맡기는 일이다. 모르는
내용, 알 리가 없는 내용을 쓰고 있는 자신을 발견하고 망연해하는
일이다. 깊이 자실自失하는 일이다. 얕게 고동치며 하루하루를 혼탁
하게 만드는 건망과 편집광적인 기억에 괴로워하는 일이다. 자신
의 몸도 혼도 아니나 그 경계에 있는, 이 구분을 허용하는 그 어디

인가에 조금씩 번지는 잉크로 문신을 새기고, 그 문양을 알아보지 못하는 자신에게 또 경악하는 일이다. 아련하게 광기와 열기를 머금은 볼, 그리고 망설임에 차가워지고 시들어가는 손가락 끝 사이로 엉켜 있는 신음 소리를 울리게 하는 일이다. 창백한 형광등 불빛 아래에서 그 신음 또한 자신의 것이 아니게 되는 순간을 맞이하면서. 따라서 처음부터 책 전체의 구성을, 그 논지論旨를, 그 논리를 명징한 도식으로 뇌리에 떠올릴 수 있다면 책을 쓸 필요는 없다. 모든 것을 안다면 왜 써야 할 필요가 있을까? 모든 것을 안다는 음습한 환상에 계속 취해 있을 것이라면. 이는 지식의 복사에 불과하다. 오만한, 위에서 세상을 내려다보는 지식의 '교수'다. 그러나 이런 것이 과연 쓴다는 행위일까?

이 책의 제목은 『야전과 영원』이다. 말 그대로 이것은 "야전夜戰과 영원永遠"을 혹은 "영원한 야전"을 논한 책이다. 미셸 푸코Michel Foucault, 자크 라캉Jacques Lacan, 피에르 르장드르Pierre Legendre 이 세 사람의 텍스트를 나름대로 철저하게 읽고 정성스레 재단해 세로실 가로실을 풀어 묵묵히 다시 짜는 작업을 꾸준히 한 결과, 지금의 필자로서는 "야전과 영원"이라고밖에 명명할 수 없는 시공이 출현했다. 생각하지도 못한 현현이었다. 이것이 지금 말한 신음, 우연, 알 리가 없는 내용을 쓰는 경악의 시간을 거쳤다는 사실을 이러한 서문이 잊게 하지 않는가? 마치 "통일된 시점"이나 "이 셋을 논할 필연성"이 처음부터 있었던 것처럼 행세하는 태도를 허용하는 경쾌한 망각을 마련하고 있는 것이 아닐까? 해후, 조우, 질곡, 주저는 다 잊은 채. 망설이던 발걸음을 못 본 체하고. 지금의 나에게는 이것이 가능하다. 망각하게끔 유혹하고 우연의 신음 소리

를 죽이는 날조의 언어를 쓸 수 있다. 다 쓴 다음이므로. 마지막 문장을 쓰고 있으므로. 회고적으로, 사후적으로, 얼마든지 의기양양하게 "이 책의 의도"라 불리는 것을 펼쳐 보일 수 있으리라. 나중에 내는 자의 승리다(後出しじゃんけん은 '나중에 낸 가위바위보'라는 뜻으로 쓰는 표현으로, 이는 가위바위보를 할 때 상대방보다 늦게, 즉 상대방이 무엇을 냈는지를 본 후에 자기 손을 내는 것을 의미한다.—옮긴이). 하지만 『야전과 영원』이라는 제목을 지닌 이 책의 이로理路(이야기나 이론 따위의 조리인데, 저자는 이론이나 논의가 걸어온 길, 논의의 궤적, 논리의 전개 방향 등의 의미로 쓰고 있다.—옮긴이)는 이처럼 있지도 않은 "통일된 시점" "필연성" "전체성"을 보장하는 "끝(종언)"을 무슨 일이 있어도 부정하고자 한다. 왜냐하면 "영원"한 "밤"의 "투쟁"에 바치는 책이므로. 여기에는 끝이 없다. 시계視界는 어둡고 도통 믿음직스럽지 않다. 그것의 승부는 미리 정해져 있지 않다. 쓰는 일의 우연성이야말로, 쓰는 행위가 본질적으로 도박이라는 사실이야말로 『야전과 영원』이라는 이름으로 불리는 이 책의 중심에 있는 개념이다. "영원한 야전"을 한눈에 조망할 수 있는 통일된 시점 따위는 절대로 존재하지 않는다는 사실 자체가 "영원한 야전"이다. 다른 것도 아닌 바로 그것을 논한 『야전과 영원』이라는 책 서문에서 필자가 그것을 배반할 수는 없었다.

하지만 우리는 기나긴 길을 가게 된다. 때로는 자신이 어디를 향해 걷고 있는지 어리둥절해질 때도 있으리라. 그럴 때를 위해 이 책이 어디를 향해 자신을 엮어가고, 또 풀어가고 있는지 개략을 논해두도록 한다. 다만 이 개략은, 이 계획은 어디까지나 "결과"다. 무턱대고 진행한 작업의 결과다.

*

푸코와 라캉. 두 사람은 대립 관계에 있다. 특히 푸코는 오랜 시간을 들여 가열하게 정신분석을 비판하는 논지를 발표해왔다. 그리고 라캉의 제자들도 그다지 유효하다고 생각되지는 않지만 격렬하다고 할 수 있는 반론을 지금도 펼치고 있다. 약간 희화화된 세 선택지를 언급하겠다. 푸코 편에 설 것인가? 라캉 편에 설 것인가? 아니면 애매모호하게 대립 관계를 회피하고 양자의 논지에서 잘라낸 적당한 키워드를 자신의 발화 속에 조금씩 끼워갈 것인가? 라캉의 한계를 지적하고 그것을 뛰어넘은 아무개를 찬양하는 식의 현대사상 연구서는 지금도 서점에 넘쳐나고 있으니. 푸코와 라캉에게서 유래했다고 알려진 그럴싸한 두어 개의 어휘를 끼워 넣은 책은 말할 필요도 없으리라.

그러나 그들은 정말 대립하고 있을까? 그들의 대립은 대립한다고 여겨진 곳이 아니라 다른 곳에서 펼쳐지고 있는 것이 아닐까? 그들은 정작 생각하지도 않았던 곳에서, 자기들이 오랫동안 전개해온 이로를 파탄 나게 하는 비약과 실추의 바로 그 순간에, 자기의 얼굴을 잃고 속단하기 힘든 창화(唱和)를 시작하는 때를 맞이하고 있지 않을까? 라캉의 제자들이 라캉의 글에서 눈을 뗄 때, 푸코주의자들이 푸코의 텍스트에서 뒷걸음질 치는 그곳에서, 둘은 기묘한 제창을 시작하는 것이 아닐까?

이 공명의 순간, 불가사의한 배음(倍音)이 울려 퍼지는 장소에는 또 한 사람의 수수께끼 같은 모습이 있다. 그 모습이 없다면, 이 공명의 시공 자체가 없었을지도 모를 제3의 모습이. 라캉의 애제자이면서 라캉학파의 자폐적 경향을 라캉 앞에서 격렬하게 비판했고, 라캉의 후원 덕에 출판한 책 앞부분에서 라캉에 대한 개인숭배를 지탄했고, 가타리Félix Guattari에 이어 빠른 시기에 라캉학파를 이탈한 그는 견실하고도 실증적으로 법·제도·권력을 논하는 역사가로서, 또한 기이한 문체를 구사하는 특이한 사상가로서 푸코와 몇 차례에 걸쳐 비판을 주고받으면서도 결국은 서로의 논지를 맞물리지 않은 채로 내버려두어 오랫동안 엇갈림을 연출했다. 시대의 최전선에 부상하기보다는 주교좌主敎座의 지하 도서관에 있는 라틴어 사본과 함께하는 시간을 사랑해왔으나, 이제 프랑스에서도 무시할 수 없는 존재로 그는 조금씩 그 모습을 드러내기 시작하고 있다.

　　그의 이름은 피에르 르장드르다. 정신분석가이자 로마법을 중심으로 한 법제사가. 르장드르를 통해 비로소 푸코와 라캉은 격렬한 대립 그대로, 서로 양보할 수 없는 긴장 관계 그대로 깊숙하고 불온한 공명을 시작하게 된다. 푸코, 라캉, 르장드르. 이 셋이 사이가 좋다거나 공통점이 있다거나 "상호 영향 아래에 있다"는 부류의 이야기가 아니다. 필자는 이 이상한 공명의 시공을 "야전과 영원"의 시공이라 부른다. 이 시공이야말로 라캉 독해와 푸코 독해를 모두 일신할 뿐만 아니라, 그들의 논리가 한순간에 소생하는 시공인 것이다. 다시 말하겠다. 이것은 야전과 영원의 이야기다.

　　라캉이 자신의 정치精緻하고 난해한 논리를 파탄 내는 부분이 세 군데 있다. 상징적이고 상상적인 〈거울〉과, 상상적이고 상징적인 〈팔루스〉, 그리고 "대타자의 향락(저자는 라캉의 용어 jouissance의 번역어로 享樂을 쓰고 있다.—옮긴이)=여성의 향락". 〈거울〉은 언뜻 평범해 보이지만 라캉이 설정한 중대한 개념 구분을 크게 흔들어놓게 된다. 상징적인 의미에만 머무르지 않는 팔루스는 라캉이 일부러 피했던 권력의 표상에 관한 물음을 제기한다. 그리고 "대타자의 향락" "여성의 향락"이야말로 정신분석 자체의 역사적 한계를 한계인 채로 떠안고, 라캉이 자기의 내력 전부를 걸고 도전한 마지막 싸움의 기록이다.

이 세 물음을 재발견하고 법·종교·제도의 물음으로 받아안은 자가 르장드르다. 르장드르는 기교 어린 개념 장치에 취한 정신분석의 자폐를 강하게 비판하면서 〈거울〉을 정신분석의 밀실로부터 구해내고, 상상적이고 상징적인 "팔루스"를 역사적으로 상대화하면서 "계보의 물음"으로 재정립한다. 또한 중세 이후의 〈법〉이라는 규범적인 앎의 방대한 역사적 경로를 "여성의 향락이라 불리는 것"의 분출로 제시했다. 그 사유의 사정권[射程(사정)은 그 영향이 미칠 수 있는 잠재적 영역이나 유효한 범위 등을 뜻한다.—옮긴이]은 광대하고, 우리 스스로 얼마나 철저하게 사유하는 자질을 갖추고 있는지 엄중하게 추궁한다. 우리는 여기에서 우리의 거대한 몇몇 전제를 뒤엎어야 할 것이다.

그리고 라캉 및 라캉학파의 관점, 나아가 정신분석·사회학·인류학의 축이 되는 관점을 근본 개념부터 비판하는 후기의 푸코를 논한다. 푸코의 비판은 많은 경우 정당하나, 역설적으로 푸코 자신의 맹목도 노정한다. 만년의 푸코가 제시한 이론이 동요에 휩싸이고 모순에 빠지는 것은 이것 때문이다. 규율 권력과 주권 권력의 차이는 동요하게 될 것이다. 이 동요의 결과, 통치성 개념은 "돌연히" 제기되리라. 신자유주의의 물음이 푸코주의자를 공격해 꿈짝 못 하게 만들 것이다. 환경이나 세큐리티security 장치는 일시적인 개념에 불과하다는 것이 분명해질 것이다. 이슬람에 혹란惑乱하는 푸코를 목격하게 될 것이다. 그리고 자기에의 배려, 생존의 미학에 대한 찬양은 푸코가 뜻하는 바가 아니라는 것을 알게 될 것이다. 우리는 푸코 텍스트의 독해를 통해 이를 논증할 것이다.

그리고 만년의 푸코가 걸었던 이로에서 도출한 마지막 결론이, 실은 라캉과 르장드르의 이론과 깊은 곳에서 공명한다는 사실을 발견하게 된다. 이 불온한 공명의 장소와 시간은 "야전과 영원"의 시공이라 불린다. 이는 라캉이 제시한 "과도기의 형상"(저자는 형상이라는 용어를 유달리 많이 쓴다. 일본어 문맥상으로 보았을 때 어색해 보일 때조차 쓰고 있다. ─옮긴이)으로서의 "여성의 향락"과 르장드르가 반복해서 "텍스트" "몽타주"라는 용어로 표현했던 것을, 그리고 푸코가 "다이어그램" "장치"라는 어휘로 제기했던 것을 혹은 모리스 블랑쇼Maurice Blanchot가 "밤"과 "바깥"과 "열광적인 춤"이라는 말로 표현한 것을, 또 들뢰즈Gilles Deleuze＝가타리가 "아장스망"이라고 부른 것을, 나아가 들뢰즈가 "개념＝임신"이라는 문제계열[問題系(문제계)란 하나의 주제나 개념과 관련된 일련의 여러 문제를 지칭하는 용어로 '유사한 계열의 문제들'이라는 뜻이다. ─옮긴이]로 제시한 것을 일거에 연결시켜 조합한다. 이는 개체로서의 주체와 법인으로서의 주체를 "결과로서" 출현시키는, 종언 없는 역사의 창조성과 우연성의 수준이다.

그래도 이런 말들은 역시 사후적인, 아마도 인식적 오류가 낳은 거동擧動에 불과하리라. 이제 시작하자. 우리는 우선 자크 라캉을 논하겠다. 라캉의 궤적을 거슬러 올라가 맨 처음부터 살피기 위해 미간행 세미나 속으로 한 걸음씩 들어가도록 하자. 라캉이 용기 있게 파탄하는 장소에서 돌연 "다른" 양상을 드러내 보이는 데까지.

제1부

자 크   라 캉,

대 타 자 의

향 락 이 라 는

비   신   학

제1장

○

○

○

○

무엇을 위한 난해함인가

제1절 라캉학파에서 주체의 형성

/

라캉은 난해하기로 유명하다. 의심의 여지가 없다. 한 번만 읽어보면 그 사실 여부를 누구라도 판단할 수 있다. 비약이 많고, 흐름이 자주 끊기는 논지를 흩뿌리기라도 하듯이 꾸불꾸불 진행시키는 라캉의 논의는 난해하고 회삽晦澁하고 때로는 생경하기까지 하다. 사실이 그렇다. 오랜 시간 뚫어지게 바라보면서 본문에서 새어 나오는 애매모호한 인상을 쭉 살펴본 결과, 희미하게 떠오르는 것은 라캉의 시니컬하고 신랄한 표정과 말투뿐, 이런 경우마저 있음을 라캉을 읽어본 사람이라면 누구라도 안다.

　　　왜 라캉은 난해한가? 이 난해함은 필요한 것이었다. 그 자체가 하나의 기능을 지니고 있으니까. 규범적인 기능이라고 해도 전혀 과장이 아닌, 그런 기능을 갖고 있으니까. 한 집단에게 그리고 그것을 둘러싼 여러 사람에게 그것은 명백하게 작용했다. 가열한 정신분석 비판을 전개한 푸코가 만년에 인터뷰에서 술회한 내용은 옳다. 즉, 라캉을 읽는 자가 읽음을 통해 자신이 욕망의 주체가 되었음을 발견하도록, 라캉은 자신의 발언과 문장을 설정해놓았다.[1] 읽기는 단순히 지적인 이동에 그쳐서는 안 된다. 하나의 고난이자 곤란, 시련이자 단련, 욕망의 극장이어야 한다. 침침한 눈으로 응시하면서 텍스트를 읽고, 정처 없이 간헐적으로 이어지는 이로를 좇아 노트에 필기하는, 개념의 윤곽을 좇으려는 작업이 혹란 속에서 욕망을 계속 자극하게끔. 그리고 바로 그 욕망이 읽는 자를 라캉적인 주체로 만들어가게끔. 그렇다. 라캉이 원한 것은 바로 이것이다. 라캉의 난해함은 라캉적인 주체를 생산하기 위함이다. 난해함에 도전하고, 그것을 겨우 읽을 수 있게 되는 것. 그리고 그 개념을 다루게 되는 것. 그 긴 과정 한복판에서 생각뿐 아니라 거동도 조금씩 변해가는 것. 이것이 라캉적인 주체를 만들어내는 제조 과정이다.

따라서 라캉이 한 말은 무엇이었는가, 라캉은 무슨 말을 했는가, 라캉의 진의는 무엇이었는가, 이렇게 따져 들어갈수록 우리는 라캉의 함정 깊숙이 빠져들어간다. 이는 해석학적인 함정 혹은 그 이상의 것을 내포하는 함정이다. '무한한 탐색으로, 글쓴이의 진의에 대한 끝없는 촌탁忖度(남의 마음을 미루어서 헤아림을 뜻한다. —옮긴이)으로 이끄는 난해한 성전'을 위조할 수 있음을 알고 있는 자가 만든 함정이다. 프로이트의 성전에 주석을 다는 라캉이 위조한 성전. 각양각색의 삽화와 도표에조차 깃든 성전에 대한 경건한 태도야말로 정신분석적 주체를 가능하게 한다. 라캉의 문장을 말라르메의 문장에 비유한 자는 옳았다. 그는 슐레겔과 말라르메를 계승하는, 아이로니컬한 난해함의 옹호자에 속한다. 그들과 마찬가지로 라캉은 읽는 행위를 마치 종교적인 단련이라도 되는 듯 여겼다. 읽는 행위가 한 주체의 교정이고, 갱신, 생산이기조차 하게끔. 독해 불가능한 것을 읽기, 그것이 주체를 만들어낸다. 실제로 라캉은 자기도 이해할 수 없는 방식으로 이야기하는 경우가 있는데, 여기에는 "명백한 의도가 있다"고 말한다. 이때 생기는 "오해의 폭" 때문에 비로소 이해되는 것이 있다고.[2] 라캉은 그들과 함께 창화하리라. 난해함은 과연 악일까, 그것은 필요하지 않을까, 이해가 안 된다고 불평하는 자들은 "〈밤〉이 없는 잉크병에서 이해 가능이라는 근거 없는, 자만에 찬 유약을 떠내고 있을" 뿐인 것이 아닐까, 하고.[3]

　　　따라서 라캉의 개념을 거론하면서 "이것은 결국 무엇을 의미하는가"라는 질문을 던지는 것은 별 의미가 없다. 알고자 하는 것, 알고 싶어 하는 것은 쓸데없는 짓이다. 처음부터 알 수 없게 만들어져 있고, 알 수 없음으로 인해 기능하는 개념들의 주변에서 우왕좌왕하는 것은 무익할 뿐만 아니라 우습기까지 하다. 알고자 하기 때문에, 알고 싶어 하기 때문에 알지 못할 때 원한을 품게 된다. 그리고 알게 되었을 때는 그것을 여기저기 설파하고 싶어지는 법이다. 이런 광대짓을 우리는 너무 오래 보아왔다. 푸코가 정신분석을 비판하면서, "'함정에는 빠지지 않겠다'고 다짐합니다. 저는 단호히 외부에 머무르면서 외부에서 비판하고자 합니다. 굳이 정신분석의 담론 안에 들어가서 이런 개념은 이상하다는 등의 발언을 하는 일은 "절대로 피하고 싶"[4]습니다'라고 말한 함의는 명확하다. 텍스트를 응시하면서 잘려나간 단편들을 끼워 맞추듯 그 해석의 순환 속에 몰입하는 것은 이미 항상 정신분석의 함정에 빠질 위험에 노출되는 것이니까. 라캉학파의 주체 형성이라는 이 사태에 대해서는 푸코의 비판을 음미한 후에 제3부 제8장 제99절에서 다시 논하겠다. 아직 먼 이야기다.

그러면 어떻게 해야 한다는 말인가? 라캉의 바깥에서 논하는 것은 필자의 역할이 아니다. 푸코의 정신분석 비판에는 나중에 많은 지면을 할애해야겠지만. 그러나 라캉에 관한 두터운 주석을 다는 것 또한 필자의 역할은 아니다. 하지 않는 이유는 이미 논했다. 라캉 안으로 들어가는 것도 아니고 바깥에서 비판하는 것도 아닌, 그런 존재 방식이 가능할까?

가능할지 여부는 모르겠다. 해보지 않으면 모른다. 우리의 물음은 이러했다. "라캉은 왜 난해한가?" 그리고 필자는 라캉의 난해함이 규범적인 기능을 지니기 때문이라고 했다. 그러나 이런 말을 해보았자, 라캉은 왜 난해한가라는 물음에 답했다고 할 수 없다. 라캉의 난해함이 지닌 기능을 논한 것에 불과하고, 라캉의 난해함을 낳은 원인은 논하지 않고 있다. 따라서 물음은 다음과 같다. "라캉의 난해함은, 그가 내놓은 개념의 어디에 원인이 있는가?" 우리는 이 물음을 좇아 라캉을 비스듬하게 가로지르려 한다.[5] 이 질문에 대한 마지막 해답을 이 장에서 제시하기는 벅차다. 마지막 장에서 한꺼번에 내놓게 될 것이다. 르장드르와 푸코를 검토한 후에 비로소 명쾌하게 논할 수 있다. 그러면, 시작하자.

제2절 개념의 혼성성과 불균질성

한마디로, 라캉의 난해함은 그가 제시한 개념의 혼성성混成性과 불균질성에 기인한다. 라캉이 제조한 개념은 하나하나가 특수한 잉여성을 지닌다 할 수 있다. 라캉은 단호한 어조로 정의하지만 라캉의 개념은 결국 항상 그 정의를 끝까지 지키지 못한다. 예를 들면 라캉이 언어와는 구분된다고 했던 이미지나 "사물la Chose"에 적용한 어휘, 논리, 비유가 전부 다 언어를 논할 때 다시 쓰인다. 이는 한두 번에 그치지 않는다. 이미지의 설명 속에 갑자기 언어가, 이전에 언어 고유의 것이라고 했던 정식定式이 등장하고, 이미지와 언어 사이에 있다고 했던 영역 속에 실재계와 관계가 있다고 한 "구멍"이라 칭한 것이 등장하고, 하지만 그 구멍은 이미지와 언어 자체에도 존재하고, 그러나 진짜 구멍은 따로 있고 운운. 갈지자를 그리는 라캉의 논리가 걷는 행보 속에서는 마치 '언어 속에 실재나 이미지의 모든 것이 있고, 이미지 속에도 실재와 언어의 모든 것이 있고, 실재 속에도 이미지와 언어의 모든 것이 있는' 그리고 이것들 전부가 여러 장소에 새겨진 구멍 주변을 배회하고 있는 것 같다. 모든 개념이 자기 이외의 다른 모든 것을 조금씩 내포하고 있고, 본성상 자신의 것이 아닌 그 무엇을 포함하고 만다. 라캉의 개념이 애매모호하다고는 말하지 않으리. 라캉은 몇 번이나 정확하게 정의하고자 고심해왔으니까. 하지만 라캉이 만들어낸 개념이 항상 그 내부에 불균질한 것, 혼성적인 것을 떠안고 있는 것은 부정하기 힘든 사실이다. 라캉이 말하는 언어는 사실 이미지일지도 모른다. 라캉이 말하는 이미지는 사실 언어일지도 모른다. 그것들은 조금씩 섞여 있다. 중복되어 있다. 따라서 라캉의 개념은 잉여이고 "풍부"할 여지조차 갖고 있다. 따라서 무엇이든지 설명할 수 있고, 어디에도 적용할 수 있다. 그 안에 모든 설명 원리가, 그것의 본성에 반하는 것마저 애초부터 배태하고 있으니까. 그리고 라캉의 개념 자체에 대해서도 다양한 설명이 가능하다. 그 설명은 얼마든지 늘릴 수 있는 것처럼 보인다. 불균질한 개념들을 서로 혼성적인 채로 구사해보았자 분명해지는 것은 아무것도 없다.

그렇기 때문에 사람들은 여기에서 원하는 설명 원리를 끌어낼 수 있다. 이중으로 된 끝없는 설명의 증식, 해석의 번성이다. 문화, 정치, 종교, 사회, 예술, 그 어떤 분야의 현상이라 하더라도 자유자재로 설명해 보일 수 있다. 그리스도교에서 할리우드 영화까지, 하위문화의 다양한 도상에서 "청소년의 피폐"까지. 르장드르는 사람들의 이러한 소행遡行(거슬러 올라가는 것을 뜻하는 말로 일본 인문학 분야에서 많이 쓰인다.—옮긴이)에 대해 '정신분석을 "무엇이 되었든 설명해 보이는"[6] 만능의 이론으로 만들려고 한 자들의 오만'이라고 조용한 분노를 담아 나무랐다. 그뿐이 아니다. 사람들은 그 풍부한 중복에 무한한 주석을 달아갈 수 있다. 개념에서 개념으로의 미끄러짐을 하나하나 따라가는 것, 연대순으로 라캉 개념의 변천을 훑어가는 것, 라캉의 진의를 좇아 프로이트, 헤겔, 코제브 등 정성스레 그 논술의 기원을 찾아내는 것. 계속해서 출현하는 도식이나 수학소mathème를 풀어내 "깔끔한" 해설과 용례로 채운 입문서를 쓰는 것. 통속적인 이해에 이의를 제기하면서 라캉은 그런 이야기를 하지 않았다고 논증하는 것. 끝이 없는 이 작업으로 인해 서점에는 라캉 해설서가 산처럼 쌓이게 된다. 이를 허무한 작업이라 부르지는 않으리. 누구든 그 개념 안에 담긴 불균질성을 무엇인가 심오한 것으로 여길 수 있을 터이니. 한없이 이해를 유도하고, 끝없는 자기증식적 설명을 가능하게 하는 이 성전의 위조는 이렇게 해서 더더욱 강고해지고 많아진다.

　　라캉 이론이 난해한 이유는 그것이 중복되어 있기 때문이다. 라캉의 개념은 근본적으로 혼성적이다. '말하는 것'은 항상 '보는 것'으로 미끄러져가고, 보는 것은 항상 말하는 것과 포개진다. 상상적인 것은 신속히 상징적인 것을 향하고, 상징적인 것은 돌연 실재적인 것에 퍼져간다. 실재적인 것은 상상할 수 없는 상상적인 것이라는 역설 속에서만 스스로를 드러낸다. 이미지에 속한다고 여겨졌던 것이 뜻밖에도 의미와 소리를 떠맡고 있다는 사실이 밝혀지고, 또한 언어에 속한다고 여겨졌던 것이 갑작스레 언어가 아닌 그 무엇에 녹아 스며든다. 이미지의 구멍은 언어에 회수되고, 언어의 구멍은 〈사물〉에게 전송된다. 실재계의 구멍, 상상계의 구멍, 상징계의 구멍. 거기에 있는 것은 항상 구멍이고, 거기에는 항상 결여가 있고, 모든 것은 그 주변을 한없이 배회한다.

　　이러한 끝없는 개념의 회송을 통해 라캉의 개념은 근본적으로 독특한 불균질성을 갖게 된다. 대상 a, 팔루스, 시니피앙signifiant. 이처럼 널리 알려진 개념뿐만 아니라 상상계, 상징계, 실재계라는 분류틀을 제공하는 개념조차 때로는 예외가 아니다. 예를 들어, 보는 것과 보여지는 것으로부터, "거울"로부터 정성스레 분리되어 상징계에 속한다고 했던 "대타자"는 논리의 느슨한 도정 속에서 돌연 이렇게 형용된다. "대타자란 우리를 보는 것을 지칭한다."[7] 하지만 당혹하지 않으리. 당황하지 않으리. 여기에서 신경질을 내는 것도, 여기에서 심원함을 도출하는 것도 무익하다. 본래 그러하므로. 그것을 의도해 만든 것이므로. 우리는 방금 이렇게 말한 차다. 이제 이 점을 논증하겠다.

제1부의 목적은 세 가지다. 우선, 주석을 생략하는 대신 라캉의 윤곽을 명확하고 간략하게 훑음으로써 라캉이 내놓은 개념의 비등질성非等質性·혼성성·장황함을 확정한다. 이를 위해 유치해 보이는 소박한 의문을 라캉의 논지를 향해 던져야 한다. 혹은 비약, 일탈, 착종, 서어齟齬한(어긋나다, 서먹하다, 저어하다 등의 뜻을 지닌 말이다. 저자는 이 책에서 일관해서 이 용어를 많이 사용하고 있다. ─옮긴이) 주장의 많은 부분을 쳐내고 생략해야 한다. 다소 버릇없고, 다소 난폭한 행동이라는 비난은 피할 수 없으리라. 하지만 그 비난을 달게 받겠다. 이어서 이렇게 확정한 절차의 부산물로 라캉 이론을 간략히 복습함으로써 제2부 이후의 내용에 대비하고자 한다. 거기에서는 비등질성 자체를 향해 다른 모습으로 다른 장소에서 물음을 던지게 될 것이다. 그리고 마지막으로 필자가 라캉의 진정한 가능성이라고 생각하는 논지를 결론으로 전개할 것이다. 다시 시작하자.

제3절 보로메오 매듭, 1974~1975년 판본

먼저, 이제는 익숙해진 그림을 하나 보자. "보로메오 매듭"이다. 〈그림 1〉(37쪽)을 참조하기 바란다.[8] 이 보로메오 도식은 1974년부터 이듬해까지 『R. S. I.』라는 제목으로 행한 세미나 중, 1974년 12월 10일과 1975년 1월 21일에 제시된 도식에서 추출한 것이다. 한 가지 짚고 넘어가야 할 것은, 이 보로메오 매듭은 하나의 단계에 불과하다는 것, 즉 여러 판본 중 하나에 불과하다는 것이다. 보로메오 매듭은 이전 해 있었던 세미나 『속지 않는 자가 방황한다Les non-dupes errent』의 첫 회인 1973년 11월 13일에 처음 등장했다. 그러나 바로 다음부터 이미 다양한 변경과 추가가 이루어진다. 실제로 『R. S. I.』를 진행하는 와중에도 프로이트가 제시한 증상, 제지, 불안 개념이 덧붙여지고, 더 많은 이런저런 주석이 추가된다. 후일 세미나를 거듭하면서 위상학적인 변형이나 전개가 도입되고, 수학자 피에르 수리Pierre Soury와 미셸 토메Michel Thomé가 "네 개의 원으로 이루어진 보로메오는 존재한다" 등의 논증을 통해 가세하자 두 손 들고 받아들여서, 이리저리 뜯어보며 다시 빚어낸 다음 그것에 주석을 질리지도 않고 계속해서 달아갔다. 결국 곡선 하나하나가 칠판 위를 굽이쳐 휘고, 색분필을 즐겨 쓰는 늙은 라캉에 의해 그 매듭을 이루는 줄들은 가지각색으로 채색되어간다. 그리하여 거의 절망적일 만큼 회삽한 보로메오 매듭 위상학의 끝없는 증식이 만년에 라캉이 내놓은 모든 논지를 뒤덮게 된다. 그러나 우리의 이로는 여기에 관심을 두지 않는다. 보로메오의 기묘한 자기 증식과 변환, 그것의 난해함에 긍지를 갖는 것, 반대로 남용이라고 지탄하는 것 모두 우리와 무관한 일이다. 그럴 만한 이유가 있다. 1979년, 78세를 눈앞에 둔 자크 라캉은 마지막 세미나 『위상학과 시간』에서 이렇게 말했다.

보로메오 매듭의 메타포는, 가장 단순한 형태에서는 적절하지 않습니다. 그것은 메타포의 남용입니다. 실제로 상상계와 상징계, 실재계를 지탱하는 그 무엇은 없기 때문입니다. 성관계는 없다, 이것이 내 말들 중에 본질적인 것입니다. 하나의 상상계, 하나의 상징계, 하나의 실재계가 있기 때문에 성관계는 없습니다. 이는 일부러 말해오지 않았던 사실입니다. 그런데도 지금 말했습니다.

내가 틀렸던 것은 분명합니다. 하지만 나는 그대로 내버려두어 왔습니다……. 그냥 내버려둔 것입니다. 진저리가 납니다. 넌더리가 나는 것보다 나쁘기조차 한 상황입니다. 정당화할수 없기 때문에 더욱 넌더리가 나는 것입니다. 나는 어제 이를 알았고, 그래서 오늘 여러분께 고백하는 것입니다.[9]

자신이 지리멸렬하다는 사실에 나는 넌더리가 납니다. 하지만 내가 지리멸렬하다고 확실하게 말해야 하겠지요, 고백해야 하겠지요.[10]

보로메오가 일반적인 것이 되어버려 나는 넌더리가 납니다. 이런 일반적인 것을 믿을 수 없습니다.[11]

이러한 것은 내가 일반화된 보로메오를 연구해 나온 것입니다. 말할 필요도 없이 일반화된 보로메오, 이에 대해 나는 더는 아무것도 알지 못합니다. 전혀 이해가 안 됩니다. 여러분이 지금 목격하고 있는 사실은, 이렇게 칠판에 써놓았지만 내게는 전혀 이해가 안 된다는 사실입니다. 이 말이 딱 맞습니다. 하나도 이해가 안 됩니다.[12]

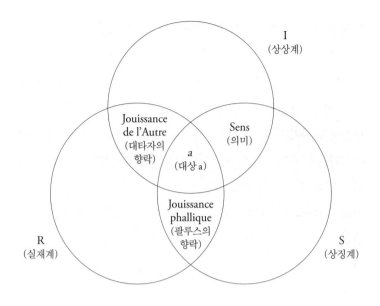

그림 1

"전혀 이해가 안 됩니다, 전혀 이해가 안 됩니다……." 비통한 구절이기는 하다. 그래도 예를 들어 여기에서 '라캉은 이미 노년의 애매모호함 가운데 있고 이런 언사에는 눈을 감는 것이 예의'라는 식으로 말한다면 역으로 라캉에게 실례를 범하는 것이 되리라. 한편 이런 구절에 연민이나 조소 혹은 개탄의 태도를 취하는 것도 무의미하다. 여기에서는 오로지 보로메오 매듭과 이와 관련한 위상학의 자기 증식이, 이렇게 말할 수밖에 없는 지점과 이어져 있음을 확인하면 그것으로 충분하다. 따라서 우리는 다룰 대상을 1974년 말부터 1975년 초의 보로메오 매듭에만 한정하고 그 외에 대해서는 관심을 두지 않도록 한다.

여기에서 라캉의 논지에서 자주 일어나는 현상에 대해 한마디 해두겠다. 어떤 도식으로 하나의 현상을 설명할 때는 명석하기 그지없으나, 그 도식으로 다른 현상을 설명하려고 응용하려 할 때, 그리고 다른 정식까지 포괄하고 보완하도록 확장시키려 할 때, 그 논지는 어디인지 모르게 애매모호하고 서어하게 된다. 하나의 현상을 논하기 위해 고안한 도식으로 다른 현상을 부연할 때, 일단 논리가 무너지지는 않더라도 그야말로 "궁색한" 설명을, 주의를 딴 데로 돌리려는 식의 말을 늘어놓는 라캉. 이는 평소의 임상 활동 중 일주일에 한 번씩 세미나를 행하던 라캉에게 자주 있었던 일로, 명쾌함을 유지할 수 있기 때문에 고른 우리의 보로메오 또한 부분적으로 예외는 아니다. 이는 제1부를 논해가다 보면 자연스레 분명해지리라.

자, 우리의 보로메오를 보자. 라캉에 관해 일정한 지식이 있는 독자라면 이미 익숙한 그림이 펼쳐져 있다. 상상계(I), 상징계(S), 실재계(R). 이 세 개의 원. 하나라도 떼어내면 전체가 분리되는 매듭. 상상계와 상징계 사이에 "의미Sens"가 있다. 상상계와 실재계 사이에 "대타자의 향락Jouissance de l'Autre"이 있다. 실재계와 상징계 사이에 "팔루스의 향락Jouissance phallique"이 있다. 그리고 이 세 원의 중심이고 모두가 겹치는 장소에 소문자 a로 표시되는 "대상a"가 있다. 이들 개념을 돌아가며 살펴봄으로써 우리는 당초의 목적을 달성하려 한다. 먼저 상상계를 논하자. 하지만 거듭 말한 것처럼 상상계라는 개념 자체가 "불균질성"을 지니고 있어서, 상상계만을 완전히 단절된 상태로 취급하는 것은 불가능하다. 그것은 〈거울〉이니까. 그런데 이것은 무슨 의미인가.

○

○

○

○

제2장

〈거울〉이라는 장치
: 나르키소스에게 속삭이는 에코

제4절 거울 단계: 〈인판스〉의 단절

/

진부함을 벗어날 수 없으면 교과서적인 서술을 피할 수 없다. 기본
적인 것부터 논하자. 그 유명한 "거울 단계" 말이다. 귀에 익은 개념
일 테니 간략히 살펴보겠다. 1936년 마리엔바트에서 열린 제14차
국제정신분석학회에서 발표한 후, 여러 차례의 개고와 퇴고를 거
쳐 1949년 취리히에서 열린 제16회 국제정신분석학회에서 다시
발표한 이론이다. 후에 주저 『에크리』에 수록된 「〈자아〉 기능의 형
성 요인으로서의 거울 단계」를 시작으로, 이 책에 실린 많은 논문
의 여러 부분에서 거듭 강조되고 있다. 아주 간략히 요약하면, "거
울 단계론"이란 아직 신체 조직이 통합되지 않아 자기 손발조차 구
분이 안 되는 생후 6개월 전후의 "말을 모르는 아이(인판스in-fans)"가
거울에 비친 자기 모습을 "덩실거리며 자기 모습으로 받아들임"으
로써 "절단된 신체"로부터 벗어나 자신의 "통합된 자아"를 거울에

비친 이미지라는 형태로 획득하는, "자아의 기원"이 형성되는 과정을 논한 것이다. 하지만 유아의 관찰 사례, 그리고 이로부터 도출되는 "거울 단계를 거친 자아"라는 결론 자체는 당시의 심리학자 앙리 왈롱Henri Wallon 등의 실험 관찰을 통한 상세한 실증 연구가 존재했던 터라 결코 새롭지 않았다. 이 또한 이미 자주 논해진 바다. 라캉 자신의 이로를 좀 더 상세히 살펴보자.

라캉은 "거울"을 두고 그 전과 그 후 사이에 하나의 "단절"을 상정한다. 즉, "거울을-처음-본-말을 모르는 자=아이"("말을 모르는 자"라는 뜻을 지닌 인판스라는 말이 아이enfant의 어원이다)라는 실증 연구에서 시작된 이론인데도, 거의 신화적이라 할 수 있는 광경을 제시해 그것의 전과 후를 엄밀히 구별한다.

라캉은 "거울 이전", 즉 "말을 할 줄 모르고, 자신의 전체상도 모르는 유아"를 명확히 비정상성의 위상에 놓고 묘사한다. 동물이 자신의 환경 세계, 즉 "자연"과 조화로운 삶을 살며 성장하는 것과 달리, 인간의 아이는 "걷기는커녕 잘 서지도 못할"[13]뿐더러 "태어났을 때의 특이한 미성숙함"[14] 가운데 있다. 즉, 복잡한 대뇌피질과 미숙한 신체 통합 사이의 부조화, "자연"과의 부조화, 달리 말해 "인간의 생체生体와 그 환경 세계 사이의 부조화"[15]라 할 수 있는 "원초적인 부조화"[16] 한가운데 내던져진다. "아이=말 못 하는 자"가 거울과 만나기 전에 기거하는 이 "원초적 부조화"의 세계를 라캉은 기이한 "비-세계非-世界"로 묘사한다. 프랑스어에서 말하는 "비세계적인=부정不淨한immonde" 영역으로.

여기에는 자신의 통합된 신체 이미지가 없다. 혹은 "산산조각으로 절단된 신체 이미지"[17]가 있다. 즉, "이는 거세의 이미지이고 절단의 이미지, 사지를 조각 낸 이미지, 분단의 이미지, 배를 가르는 이미지, 걸신들린 것처럼 먹는 이미지, 신체를 해체하는 이미지다". "절단된 신체의 이마고imago"[18]다. 라캉은 여기에서 "거세"라는 말을 쓰고 있으나, 곧바로 "인간 세계의 태곳적 구조"에 속하는 "신체의 사지 해체demembrement, 탈구dislocation라는 환상"을 강조해, "거세의 환상은 특수한 복합에 의해 가치 지어진 여러 이미지 중 하나에 불과하다"고 태도를 명확히 한다.[19] 거울을 통해 자신의 전체상이 주어지기 "이전"이기 때문에 아이에게 "통합된 전체로서의 신체"는 존재하지 않는다. 전체로서의 신체가 존재하지 않으므로 당연히 이 "비-세계"에서 사지는 찢겨져 있고 신체는 탈구되어 있고 잘라진 채로 흩어져 있다.

그뿐이 아니다. 라캉의 초기 논문 중 가장 명석하고 예리한 경지에 도달해 있지만 말년에 잊어버린 것처럼 보이는, 사회 영역과 계보에 관한 날카로운 지적을 여기저기에서 볼 수 있는 논문 「개인의 형성과 가족의 제 복합」(일본어판 제목은 『가족복합』)에 실린 반쪽 정도의 응축된 서술 속에서 젊은 라캉은 프로이트를 거스르면서까지 유아의 "성애적인 감각"에 대해 투철한 인식을 제시하려 한다. 라캉에 따르면 유아가 날마다 엄마의 유방 등과 주고받는 "빨거나 쥐거나 하는 자기수용적인 감각"은 "흡수하는 존재가 똑같이 흡수되는 존재이기도 하"는 "양가성"을 지닌다. 이 아이, 〈인판스〉는 쥐는 것과 쥐어진 것을, 빠는 것과 빨리는 것을, 핥는 것과 핥아지는 것을, 삼키는 것과 삼켜지는 것을, 먹는 것과 먹히는 것을, 향락하는 것과 향락되는 것을 분간하지 못한다. 자기가 없기 때문에 타자가 없다. 타자가 없기 때문에 자기가 없다. 따라서 향락은 타자의 것도 아니고 자신의 것도 아니다. 비-세계 그 자체가 향락하고 향락된다.

　　프로이트가 바로 이러한 상황을 묘사하기 위해 창안했던 "자기성애autoérotisme"라는 용어를 라캉은 여기에서 일부러 단호하게 물리친다. 왜냐하면 "거기에는 자아의 이미지가 없으니까". 그 대신 라캉이 제시하는 것은 "능동적이기도 하고 수동적이기도 한, 언급이 불가능하고 융합적인 카니발리즘cannibalism"[20]이다. 여기에는 자기가 없고, 따라서 다른 것과 구별되는 자기의 신체가 없다. 따라서 여기에 "자기auto"에 대한 "에로티시즘érotisme" 같은 것은 존재하지 않는다. 자기의 이미지가 없으니 타인의 이미지도 없다. 따라서 자기와 타인의 구별도 없다. 거울 "이전"에 있는 "원초적 부조화"란 거의 죽음과 닮은 삶의 충일充溢이고, 여기에서 절단된 신체들의 향락이 격렬하게 발생하고, 오로지 영원한 "먹고-먹힘"이 계속된다. 라캉은 말한다. "히로니뮈스 보스Hieronymus Bosch의 세계"[21]라고.

　　어디까지나 방증이지만 라캉의 동료이기도 했던 세르주 르클레르Serge Leclaire의 저작의 일부를 인용해 이 "비-세계"에 기거하는 자의 상황을 구체화해보자. 〈인판스〉, 이 말 없는 유아. 그것은 무엇보다 우선 말을 모르고, 자아를 아직 갖지 않은 유아의 "전능 상태"다. 프로이트의 "아기 폐하"라는 용어에서 힌트를 얻은 것이 분명하고, 자신의 임상 경험에서 지속적으로 제출해온 르클레르의 표현을 열거해보자. 그것은 "왕인 아이"이고, "지고至高이자 결정적인 형상" "차단해야 하는 빛"이고 "우리의 모든 욕망의 현실을 거의 베일을 벗은 상태로 목격하게 한다". 그리고 이는 물론 "왕인 아이의 포악한 표상"이고 "전능"인 것이다.[22]

아이=말 없는 자. 자신의 통합된 이미지를 모르고, 자기와 타자의 이미지를 구분할 줄 모르고, 따라서 타자를 모르고, 자기 신체의 한계와 끝을 모르고, 어디부터 어디까지가 자신이고 어디부터 어디까지가 타자이고 어디부터 어디까지가 세계인지 모르는. 따라서 조르주 바타유Georges Bataille의 불온한 비유를 빌리자면 "물 속에 물이 있는 것처럼 세계 속에 있고"[23] 계속해서 비-세계에 먹히고 비-세계를 먹는 존재. 모든 것이 자아이고, 따라서 자아가 없는 자. 그러므로 "세계"를 모르고, 비-세계의 향락 그 자체인 자. 말을 모르고, 말하기를 모르고, 말을 듣는 자기도 말을 건네는 타자도 모르는, 한계를 모르고 분할을 모르고 따라서 금지도 법도 모르는 자. 이 사지가 잘리고 몸이 탈구된 〈인판스〉는 살인의 금지도 근친상간의 금지도 모른다. 그래서 르클레르는 객관적으로는 무능하기 그지없는 이것을 "포악"하고 "전능"한 "전제군주"라고 부를 수 있었고, 라캉은 "히에로니뮈스 보스의 세계"에서 펼쳐지는 "능동적이기도 하고 수동적이기도 한, 언급이 불가능하고 융합적인 카니발리즘" 또는 "매듭이 풀려 절단된 무정부 상태"[24]라 부를 수 있었던 것이다. 주의하자. 이 비-세계는 "거울"과 "말"이 있는 "세계"의 수준에서 "그 이전에 있었던 것으로 상정한", 소행적으로 도출한 것일지도 모른다는 것을. 그러나 지금은 일단 앞으로 나아가자.

여기에 도입되는 것이 "거울"이다. 거울 단계이고 "상상계"다. 여기에서 무슨 일이 일어나고 있는가? 그야말로 "정형외과적"[25]인 그 무엇이다. 여기에서 "조각난 신체 이미지"는 "불충분함에서 선취先取로 급하게 전개되는 하나의 드라마" 속에서 "전체성으로 향하는 형태로" 봉합되는 것이다.[26] 여기에 더는 카니발리즘은 존재하지 않는다. 보쉬의 세계는 이제 없다. 탈구하는 신체도 없다. 먹고 먹히며 핥고 핥이는 무정부 상태도 이미 없다. 그 대신 여기에는 "내"가 있다. 내 "전신"이, 우뚝 선 모습이 있다. 이것이 나다. 이것이 내 모습이다. 이리하여 아이는 기뻐하며 "놀기라도 하듯이"[27] "덩실거리면서"[28] 자신의 "이미지"를 그 전체성의 형상으로서 수용한다. 더는 "부분적이고 암중모색하는" "모방의 과정"이 아니다. 이는 일거에 주어지는 "하나의 전체적 구조와의 동일화"[29]이고, 여기에 있는 것은 자신의 "모든" 모습, 자신의 완전한 윤곽을 지닌 이미지다. 〈인판스〉는 여기에서 비로소 "자아"를, "자신"을 획득한다. "이것이 나다"라는 기쁨과 함께, 그리고 바로 이 "내 이미지"의 "매혹"[30]과 함께 절단된 신체는 해소된다. 정신분석 용어로 말하자면 "동일화"의 과정, 나르시시즘의 과정, 애착의 과정은 여기에서 시작한다. 자기 모습에 매료되고, 자기 모습을 사랑하고, 그 속에서 자기 자신을 인지하는 것. 즉, 자기 모습에 상상적으로 동일화하는 것. 이것이 바로 자아의 기원이다.

제5절 "전체상"의 출현과 그 응결, "죽음의 필촉"

/

그런데 "매혹"을 논하는 바로 그 부분에서 라캉은 이 상像을 "동결, 정지blocage"이고 "공포"라고 말한다. 그것은 "나"다. 하지만 그것은 얼어붙어 있고, 움직이지 않고, 인형과 같은 기묘한 모습을 하고 있다. "이것이 나라는 말인가?" 거울의 매혹과 거울의 공포는 동시에 출현한다. 이 "동결"된 신의 모습, "자아 이미지"에 대해 라캉은 연달아 말을 이어간다. 이것은 "응고된 등신대等身大의 부조"이고 "직립상"이고 "자동인형automate과의 동일화"라고.[31] 무엇인가 이상하다. 너무도 얼어붙어 있다. 움직임이 없다. 내 모습일 텐데 어쩐지 자동인형 같다. 라캉이 다른 곳도 아닌 「〈나〉의 기능을 형성하는 거울 단계」의 도입부에서 이렇게 논고를 시작했음을 떠올리자. "원숭이는 [거울의] 이미지가 살아 있지 않다는 것을 일단 확인하고 나면 그것으로 끝"이지만 "덩실거리며 서둘러" 거울로 향하는 인간의 아이는 "자신의 자세를 조금이나마 기울인 위치에서 멈추거나, 거울에 비치는 이미지의 순간적인 모습을 원상태로 되돌려 이를 고정하려 한다"[32]고. 자기 자신인, 스스로 매료된 자신의 모습 자체임이 틀림없는 거울상(경상鏡像을 여기에서는 거울상으로 번역했다. 관련 용어의 번역을 정리하자면 경상단계鏡像段階는 거울 단계로, 경상화鏡像化는 거울상화로 번역했다.—옮긴이)은 정지해 있다. 마치 인형처럼. 라캉의 문구에 따르면 자신의 이미지와 동일화할 때, 즉 "자아"가 탄생할 때 출현하는 것은 "이러한 정적인 상태statique"이고 "정지상靜止像=조각상statue"[33]이다. 그것은 움직이지 않는다. 사람은 거울 앞에서 정지해 있고, 정지하려 한다. 그 거울 속 모습이 마치 죽어 있기라도 해야 하는 것처럼. 그렇다. 상상계에서 타자에게 투영된 이미지는 죽어 있다. 즉, 자기의 바깥에 이미지로 투영되어야만 존재할 수 있는 "자아"는 죽어 있다. 여기에 비친 자아 이미지는 죽음의 이미지다. 누구도 거스를 수 없는 "절대적 주인"인 "죽음"의 노예 모습을 하고 있다. 필자는 자의적인 독해나 비유를 펼치고 있는 것이 아니다. 라캉은 타협의 여지 없이 말하고 있다. "거울상적인 이미지라는 모습으로 인간이 보는, 죽음이라는 절대적 주인의 이미지"[34]라고. "죽음의 필촉touche de la mort"이라고. 거울 단계에서 도출된 자아와 이미지의 관계, 즉 "상상적인 것의 기능"이 "인간으로 만들어내는 죽음의 필촉, 인간이 탄생할 때 이어받게 되는 이 죽음의 필촉 외에 실재성은 있을 수 없"고, "오로지 인간에게만 이 이미지가, 죽은 의미 작용, 즉 인간의 실존과 동시에 출현하는 죽음의 의미 작용을 드러낸다. 그러나 이 이미지는 오로지 타자의 이미지로서만 인간에게 주어진다. 즉, 이 이미지는 인간의 마음을 앗아 간다"[35]라고.

전회轉回는 이중으로 구성되어 있다. 피로 얼룩진 영원한 카니발리즘의 부정한 세계로부터 빠져나온 〈인판스〉는 환희와 함께 이미지의 세계, 자신과 타자를 구별할 수 있는 시각視覺의 세계로 들어온다. 라캉은 드디어 광원에 도달해 "자신"과 "타자"와 "실재성", 즉 "세계"를 획득한다. 볼 수 있는 세계, 보일 수 있는 세계. 우리의 세계. 그러나 이는 죽음의 그림자로 짜서 만든 인형의 세계, 정지된 시체의 세계, "죽음에의 의미 작용"을 드러내는 세계다. 상상적인 이미지란 죽음의 그림자이고, 상상계란 꿰매 만든 죽은 인형의 세계다. "이것은 나다"라는 순전한 기쁨, 이미지가 찬란하게 곧게 서 있는 기쁨. 여기에는 한 치의 오점도 없을 터였다. 하지만 그 거울에 비친 "나"는 무엇인가를 결여하고, 어디인가 죽어 있다. 이 거울상으로서의 자아 이미지와 맺은 상상적 관계를 타자에게 전가해도 마찬가지다. 자신을 상상적으로 동일화하는 상대인 이 상상적 타자, 라캉이 소문자로 표기하는 '소타자autre'는 무엇인가 그림자와 같은 존재이고, 어디인가 결여하고 있다.

아마 여기에는 이미 "상상적 팔루스의 거세"의 전조라 불릴 만한 그 무엇이 있다. 즉, 팔루스의 소유자가 되고 싶은, 팔루스를 "갖고 싶은" 것이 아니라, 엄마의 욕망의 대상이고 "싶은", 즉 "팔루스 자체이고 싶다"는 욕망을 절단하는 "거세". 정신분석이 오랫동안 전매특허로 사용해온 "반半 죽이기" "〈사물〉의 살해"를 의미하는 거세의 전조가 이미 거울 단계의 첫 발걸음에 스며들어 있다. 물론 세미나 제4권 『대상관계』에서 라캉이 제시한 본래의 위치 설정에 따르면 이것은 엄마, 아이, 팔루스 사이에 맺어지는 전前오이디푸스기의 상상적 삼각관계의 결과로, 즉 상상계 안에서의 준동蠢動의 결과로 벌어질 사태다. 그러나 그것이 이미 여기에 몰래 스며들고 말았다. 그러나 그것은 이미 말한 바와 같이 라캉의 착종하는 논지 속에서 자주 벌어지는 일 중 하나일 뿐이다. 오히려 여기에서는 논의의 명쾌함을 유지하기 위해 지금 인용한 라캉의 말의 마지막 부분에 주목하자. 라캉은 이렇게 말했다. "이 이미지는 오로지 타자의 이미지로서만 인간에게 주어진다. 즉, 이 이미지는 인간의 마음을 앗아 간다ravir." 여기에서 쓰인 어휘 ravir가 "넋을 잃게 한다" "마음을 앗아 가다"라는 뜻 외에 구체적으로 "빼앗다" "강탈하다" "유괴하다"라는 뜻을 지닌다는 점에 주의하자. 거울에 비친 순간, 우리는 무엇인가를 빼앗긴다. 라캉이 거울 "단계stade"의 "이상적 동일화"를 괜히 "존재의 울적鬱積=정지stase"[36]라고 바꾸어 부른 것이 아니다. 거울 속의 이 사랑스러운 모습은, 말하자면 비-세계에서 흘렸던 피의 울혈stase sanguine인 것이다.

　　　이것은 나다. 하지만 무엇인가 이상하다. 그것은 너무도 죽어 있다. 누군가 혼이라 할 만한 그 무엇인가를 앗아 가 얼어붙고 말았다. 거울의 정형외과 수술을 통해 꿰매 만들어진 이 모습은, 그런데 그뿐이 아니다. 앞의 인용으로 다시 돌아가자. 거기에는 "이 이미지는 오로지 타자의 이미지로서만 인간에게 주어진다"고 쓰여 있었다. 자아란 이미지라고 라캉은 말한다. 그것은 우리 주변에 있는 여러 대상과 똑같이 "전적으로 대상"[37]에 불과하다. 우리는 이 우리 자신을, 우리 스스로를, "전적인 대상"으로, 외부에 있는 것으로 본다. 나는 나의 바깥에 있다. 그렇다. 내 모습은 죽어 있을 뿐만 아니라 내 것조차 아니다. 인용하자.

> [이미지에 의한 정형외과적인] 통합은 결코 완전해지는 일이 없습니다. 그것은 소외적인 방식으로, 즉 자신의 것이 아닌 낯선 이미지라는 형태로 이루어지기 때문입니다.[38]

> 인간이 제반 대상 속에서 지각하는 온갖 형상의 원천은 그 자신의 신체 이미지입니다. 그런데 이 이미지에 대해서조차 인간은 그 형상을 자기 바깥에서만, 그리고 선취된 방식으로만 지각할 수 있을 뿐입니다.[39]

거울 앞면에 찬란하게 비치는 자기 모습에서 사람은 자신을, 자기 스스로를 사랑한다. 혹은 동경하는 "그 사람"의 모습에 자신을 투영해, 그 안의 자신을 사랑한다. 나르시시즘이라 불리는 사랑, 정확하게 말하자면 "제2차 나르시시즘"이라 불리며 상상적인 "소타자"를 향한 동일화라고도 불리는 이 사랑. 이 "전적인" 사랑과 애착 속에 그 자체로 병적인 것은 하나도 없다. 그러나 이 사랑하는 모습, 이 모습이 무엇인가 빼앗겨 어디인가 죽어 있다면. 그뿐이 아니라 자기 바깥에만 있을 수 있고, 진정으로 자기 것이 되는 일은 결코 없다면. 자신을 밀쳐내고 멀리한다면. 나아가 자신을 학대하고 착취한다면. 자신이 아닐지도 모른다면. 자신을 사랑할 수 있는 어떤 모습의 안에서, 우리는 실은 스스로를 "소외"[40]하고 있다면. 영원히 자기 자신과 만나는 일은 없고, 만난다 하더라도 그것은 저 "죽음의 그림자"에 불과하다면.

제6절 증오·질투·사취: "상상계의 막다른 골목"

여기에서 "공격성"이 분출한다. "근원적 공격성" "최대의 공격성"[41]이. "공격성은 우리가 나르시시즘적이라고 부르는 동일화 작용과 상관관계가 있다."[42] 사랑하는 내가, 내 이미지가 누군가에게 그 무엇을 빼앗겼고, 게다가 이 이미지 자체도 내 것이 아니다. 부당하게도 내가 아닌 누군가 그것을 갖고 있을 것이다. 그리하여 "동일화와 원초적 질투"[43]는 동시에 출현한다. 거울이 야기하는 동일화 운동은 대상과의 "결투적=쌍수적双数的, dual 관계의 투쟁적인 특징"[44]을 지닌다. 라캉은 두 군데에서 아우구스티누스의 "형제에 대한 질투"와 관련한 글을 인용하면서 그것을 〈인판스〉가 지닌 "근원적 공격성"의 사례로 꼽는다. "우리는 영아가 질투로 괴로워하는 것을 보았다. 아직 말을 못 하는데도 새파래진 얼굴로 젖을 빠는 형제를 응시하는 독 품은 눈."[45] 아우구스티누스의 눈앞에 있던 작은 카인과 아벨. 이 "독 품은 눈"은 그들의 형제애, 그들이 서로 비추던 자기 이미지를 향한 사랑에서 직접 유래한다. 상상적 관계의 대상은 더는 저 거울 속 자기상自己像만이 아니다. 자기가 투영된 모든 소타자 a는 애착 및 증오와 함께 증식해간다. 라캉은 이렇게 말하지 않았던가. "상상적인 것"의 "준동과 증식".[46]

사랑과 질투, 사랑과 증오. 이 같은 "거울 속에서 우리에게 나타나는 원초적인 양의성兩義性"[47]은 불가피하다. 동일화가 자아의 기원인 이상, 자아인 자는 그것을 피할 길이 없다. "이것이 나다"에서 "이것이 나란 말인가"로, "나를 이렇게 만든 것은 너냐"로 급변한다. 찬란한 빛 속에서 느끼던 환희가, 같은 빛 속에서 질투의 시선을 밝히는 증오로 급변한다. 나아가 이 "나"와 "너"는 근본적으로 같은 이미지인 것이다. 젊은 정신과 의사 라캉이 1932년에 제출한 박사 논문의 증상 사례에서 얄궂게도 에메(사랑받는 자)라는 가명으로 등장하는 여성은 바로 이러한 "애증의 이중성"을, "원초적 질투"를 살고 있었다. 소설가를 지망하던 그녀는 젊은 시절 유산을 했는데, 당시 존경과 사랑의 대상이던 자기의 언니와 뛰어난 친구가 아이를 훔쳐 갔다는 망상에 시달렸다. 망상은 심해져서, 오랫동안 동경해온 어떤 여배우와 소설가가 자기 인생을 관찰하고 자기 소설을 훔쳐보고는 그것을 그들 작품에 표절하고 있다는 생각까지 품게 되었고, 결국 여배우가 있는 극장 분장실에 침입해 그녀를 칼로 죽이려 했다. 31세의 라캉은 에메에게 "자기징벌편집증"이라는 병명을 제안하고, 실제로 그녀가 벌하고 싶었던 것은 자기 자신이라고 결론짓고 있다.[48]

내가 사랑하는 모습은 어디인가 죽어 있다. 무엇인가를 빼앗긴 상태이고, 나아가 내가 사랑하고 싶은 그 모습은 내 것이 아니다. 나는 그로부터 "소외"되어 있다. 거기에는 내 모습 중에 그 무엇인가가, 그리고 내 모습 자체가 사취詐取당하고, 착취당하고, 표절당하고 있다. 그리고 그것을 앗아 간 증오스러운 그 누구, 죽여버리고 싶은 그 누구 또한 투영된 소타자, 즉 "나"인 것이다. 나는 나를 사랑하고 있는데 나는 나로부터 나를 앗아 갔으니, 나를 이렇게 만든 너를 죽여주겠어. 하지만 너는 나다![49] 어디를 둘러보아도 "나"뿐이다. 소타자라는 "나"뿐이다. 도대체 이것이 "막다른 골목"이 아니면 무엇이라는 말인가. 라캉은 정확히 말하고 있다. "상상적 상황의 막다른 골목"[50]이라고.

　　라캉을 읽는 데 익숙한 독자라면 이 막다른 골목에 대해 이미 무료함을 느낄지도 모르겠다. '막다른 골목의 해결책이 파롤(말)이고, 법이고, 상징계이자 대타자라는 거잖아' 하고 말이다. 그다음 시나리오까지 이미 파악하고 있는 독자도 물론 있으리라. 그렇지만 이 막다른 골목은 한 번 복습하는 차원에서 지나칠 부분이 아니다. 그것은 물론 라캉 자신이 이러한 상호적인 소외를 "환원할수 없고, 출구가 없는" "마지막까지 존속시켜야 하는"[51] 것이라고 말하고 있기 때문이기도 하다. 그러나 그뿐이 아니다. 스스로 상상적인 것이라고 정의한 "이상 자아理想自我"에 대해 라캉 자신이 "이상 자아와의 동일화를 뿌리에 둔" "연약한 재난의 힘"이라고 말하면서 그것을 "총통의 모습"[52]과 포개고 있었다는 사실을 잊지 않고 새겨두어야 한다. 그 두꺼운 전기에서 엘리자베트 루디네스코Elisabeth Roudinesco가 지적한 내용을 기다릴 것도 없이, 라캉 자신이 거울단계론의 고안과 "베를린올림픽 당시의 시대정신"[53] 간의 연관을 암시했다는 사실을 떠올려야 한다. 또한 약간 앞서가는 감이 있지만, 무슬림 정신분석가 페티 벤슬라마가 2006년 2월 말에 행한 강연을 예로 들자. 벤슬라마는 지금도 계속되고 있는 이슬람 급진주의자에 의한 지식인들의 "사형 집행"과 여성 차별의 동기를 날조된 "굴욕이라는 기계장치"에서 찾고, 그것을 "자존심의 상상계"[54]라고 불렀다. 상상계의 막다른 골목은 말 그대로 정치적인 막다른 골목이고, 우리 자신의 눈앞에 펼쳐진 막다른 골목이기도 하다. 이는 아무리 강조해도 지나치지 않다.

　　라캉은 기념비적이라 불리는 『로마 강연』에서 상상계 속의 자아, "내"가 놓인 곤경을 헤겔의 유명한 "주인과 노예의 변증법" 중 노예의 곤경과 겹쳐본다. 헤겔의 노예는 "목숨을 건 투쟁"에서 죽음의 공포 때문에 패배해 원하지 않는 노동에 종사하게 되고, 주인으로부터 노동을 "착취·사취"당하게 된 노예다. 라캉에 따르면, "나르키소스적인 추궁" 가운데, 그는 자기에게서 무엇인가를 앗아 가는, "자기 자신에게서 유래하는 이 존재"가 "결국은 상상계에서 자기가 만들어낸 것에 불과했다는 것" 그리고 이렇게 그의 작업이 만들어낸 것을 "타자에게" "타자로서" "타자에 의해" "빼앗기고 만다는 것"[55]을 알게 된다. 즉, 우리가 이야기해온 "근본적인 소외"[56]다. 여기에서 "자아(에고)"는, 하고 라캉은 말을 잇는다. "본질부터가 사취이고",[57] 주체의 욕망이 소외된 "대상의 착취이고" 욕망을 연마하면 연마할수록 "주체는 그 향락으로부터 더욱더 깊이 소외된다".[58] 그리고 라캉은 다음과 같이 말한다.

　　　　주체는 사취하는 형태를 부동不動의 이미지까지 환원해서, 그
　　　　이미지를 통해 거울의 겉모습 속에 자신을 대상화하더라도,
　　　　그 이미지에 만족할 수 없다. 이미지를 통해 자신과 완전히 닮

은 자를 획득하더라도, 주체가 이미지를 통해 승인하는 것이 타자의 향락이기는 매한가지이기 때문이다.[59]

우리는 우리의 모습, 우리의 이미지를 대할 때 누군가에게 무엇인가를 빼앗기고, 착취당하고, 사취당하고 있다. 그 무엇인가를 향락하는 것은 항상 자신이 아닌 그 누구인 것이다. 이때 발생하는 주체의 공격성은 동물의 공격성과 전혀 다르다고 라캉은 말한다. 주체의 공격성은 "자기의 노동이 사취되는 것에 죽음 충동欲動, Treib으로 응하는" "노예의 공격성"[60]이라고. 즉, 거울에 비친 "죽음의 그림자" "인형"은 매일의 고통스러운 노동 속에 떠오르는, "사취"당하고 착취당하고 있는 자신의 모습 자체이기도 한 것이다. 이것이 나라는 말인가? 무엇인가를 빼앗긴 모습이. 라캉의 거울상적인 소외는 헤겔적인 노예의 소외이기도 하다. 그리고 "국민국가"와 "절대지"의 "지양"을 거쳐 막다른 골목에서 벗어나게 될 헤겔 변증법과 달리,[61] 라캉의 변증법에는, 적어도 이 시점에서는, "에메의 칼" 외에 출구는 없다.

제7절 "법의 일격"과 실정법

/

상상계의 막다른 골목. 사랑받고 증오받는, 금 간 이미지의 세계. 착취하고 사취하는 소타자의 세계에 있는 막다른 골목. 여기에는 피가 묻어 있었고, 굴욕과 살육마저 불러일으킬 수 있었다. 실제로 "너"를 죽여보았자 아무것도 해결되지 않는다. 상상계는 "준동"하고, 소타자는 "증식"하는 것이기에. 끝이 없는 사랑과 증오와 사취와 공격. 막다른 골목을 벗어나야 한다. 그렇다면 에메의 경우는 어떠했는가? 에메는 막다른 골목을 어떻게 벗어날 수 있었는가? 젊은 라캉의 박사 논문에서 결정적인 결론이 응축되어 있는 기막히게 명쾌한 글귀를 인용하자.

에메에게 그녀를 박해하는 사람들이 표상하는 가치는 실제로 어떤 것일까? 문학적인 여성, 여배우, 사교계 스타. 그녀들은 사회적 자유나 사회적 권력을 향수하고 있는 여성들에게 에메가 가진 이미지를 표상한다. 그런데 여기에서 과대誇大의 주제와 박해의 주제 사이의 상상적인 동일화가 일어난다. 즉, 에메는 스스로 이런 유형의 여성이 되기를 꿈꾸고 있다. 그 여성들은 에메의 이상을 표상하는 이미지임과 동시에 그녀가 증오하는 대상이기도 했던 것이다. 그 때문에 색정광이 자기의 애정의 대상이자 증오의 대상인 자를 공격하는 것처럼, 에메는 자신의 외재화된 이상을 자신의 희생자 속에 투영해 공격한다. 하지만 에메가 공격한 대상은 오로지 상징으로서의 가치만 지닐 뿐이어서 그녀는 어떠한 평온함도 체험하지 못했다. 그러나 법의 이름으로 그녀에게 유죄판결을 내리는 판사가 가하는 판결봉의 일격으로, 에메는 자기 자신 또한 내리친다. 그리고 그것을 이해했을 때 그녀는 욕망이 충족되는 만족을 체험했다. 즉, 망상은 쓸모가 없어져 사라졌다. 이러한 치유의 성질은 질병의 특성을 밝히고 있는 것으로 사료된다.[62]

"법의 이름으로 그녀에게 유죄판결을 내리는" "판사가 가하는 판결봉의 일격─擊." 바로 이것이 박해와 애증의 무한 증식, 준동하는 상상계적 소타자의 번성을 막는 일격이다. 한마디로 말해 상상계의 막다른 골목을 돌파하는 것은 "너는 죄를 지은 에메다" "그 누구도 아닌 네가 이 죄를 지은 에메다"라는 단언, 이러한 "말"의 "선언"이고, 법의 일격이다. 상징계가 출현한다.

　　자, 우리가 제시한 '또 하나의 보로메오의 원환圓環'인 "상징계", 달리 말해 법, 언어, 시니피앙으로 논의를 전개해가기 전에 독자가 당연히 품고 있을 두 가지 의문을 풀어야 할 것이다. 우선 '에메는 범죄자이자 비정상인이자 편집증 환자로, 그녀에 관한 논의를 인간 일반의 존재 구조를 밝히는 이론과 포개도 되는가?'라는 의문, 너무도 초보적인 의문이다. 사실 라캉은 그 후, 그리고 지금도 얻을 것이 많은 논문의 재판再版을 피했다. 발행처 창고에 남아 있던 몇십 권을 자신이 사들여 불살랐다는 소문이 있을 정도로 라캉은 논문이 다른 사람의 눈에 띄는 것을 두려워했다.

　　그 이유를, 논문이 간행되고 43년이라는 세월이 흐른 후 74세의 라캉은 이렇게 술회했다. "박사 논문 간행을 거부해온 이유는" "편집증적 정신병과 인격은 단적으로 같은 것이기 때문입니다."[63] 타자를 갖고, 타자와의 관계를 통해 인격을 갖는 주체, 이러한 "인격"은 편집증적 정신병과 다른 것이 아니다. 즉, 어떤 주체도 지금까지 길게 논해온 상상적인 애증과 사취의 과정, 즉 "편집증적인" 과정을 피할 수 없다. 주체의 형성 과정과 편집증적 정신병의 과정은 본질적으로 "같은 것"이기 때문이다.

　　또 하나, 필자도 공유하는 의문이 있다. 생트안Sainte-Anne의 젊은 정신과 의사 라캉이 행한 에메 치료의 유효성에 관해서는 일일이 전거를 열거하는 번거로움은 피하겠지만 다양하고 세세한 비판과 논의가 있다. 하지만 이는 아무래도 좋다. 그보다 중요한 것이 있다. 라캉이 에메를 치유한 요소로 무엇보다 판사의 판결을 꼽고 있다는 점이다.

다소 단순한 사전 설명을 해보자. '〈인판스〉의 "비-세계", 절대적인 "자기=세계"의 세계'로부터 〈거울〉에 의해 단절된 상상적 세계는 상대적으로나마 자기와 타자의 구분을 제공하기는 한다. 하지만 이 상상계의 "나"는 거울상적인 관계를 주선할 수밖에 없고, 증식과 준동을 계속하는 소타자에 둘러싸여 사랑과 공격성 속에서 말 그대로 "넋을 잃고" 있다. "내가 사랑하는 너를 죽여주겠어. 그런데 너는 나다!" 이 대사가 울려 퍼지는 공간에 자기와 타자의 구별이 존재한다 해도 그것은 얇게 그려진 파선破線 같은 것에 불과하다.

여기에 개입해 막다른 골목을 부수는 것이 법과 말의 차원이라고 라캉이 형용하는 상징계다. 그런데 초기 라캉의 습작 혹은 입문자를 위한 "상상계"의 좋은 해설 제재로 취급되기 일쑤인 에메의 증상 사례가 매우 중요한 이유는, 바로 "실정법"의 개입이 치유를 가져온다고 기술하고 있기 때문이다. 이때 기능하는 것은 정신분석가의 뇌리에 있는 법, 정신분석적 은어에 불과한 법, 비역사적이고 보편적이고 설명과 해석을 위해 도입되는 조작(이 책에서 쓰이는 '조작'은, 모두 '다루다, 움직이게 하다' 등의 뜻을 가진 操作이다. 가짜로 꾸며서 만들어내다 등의 뜻을 가진 造作이 아니다.—옮긴이) 개념인 상징계의 법이 아니다.

라캉이 애증의 변증법의 출구로 제시한 것은 "상징계"라는 용어, 즉 이 모든 것에 적용할 수 있는 은어였지만, 헤겔이 "주인과 노예의 변증법"의 출구로 제시한 것은 구체적인 역사적 제도, 법, "국민국가"이자 그 철학적인 기획이었다. 항상 "절대지"의 관점에서 바라보는 "사후적인" 헤겔의 시선이 이를 가능하게 했고, 우연성을 배제하는 헤겔의 목적론적 "역사철학"의 시선은 비판받아야 한다는 이야기가 있고, 그 해결책으로 제시된 국민국가가 무엇을 행했는지도 감안해야 할 것이다. 그러나 이를 염두에 두더라도 양자의 대비는 너무도 선명하다. 즉, 여기에서 문제되고 있는 것은 심리학이나 정신의학의 영역에서 처리할 수 있는 것이 전혀 아니다.

젊은 라캉이 의도한 바는 아니지만 라캉의 논지에서 상징적 작용인 "법의 일격"은 "정신분석의 밀실"에 흘러넘치고 있다. 이러한 치유는 제도성의 영역, 실정법의 영역에서 작용한다. 라캉 스스로 그렇게 말하고 있다. 심리학은 개인의 광기를 대상으로 삼고, 법학이나 사회학은 이와 다른 영역을 관장한다는 표현은 불충분하기 그지없고, 심리학이나 정신분석을 "응용"한 사회 이론이라는 표현으로도 만족스럽지 않다.

원래 무의식의 차원에 개인과 사회 혹은 공사의 구분은 없다. 주체의 재생산=번식reproduction이 사회라 불리는 것의 첫 번째 임무라고 한다면, 사회 영역 내의 권력은 애초부터 주체 이전에 '주체가 형성되는 국면'에 작용하고 있으리라. 따라서 우리가 설명해온 이미지와 자아 사이의 애증의 게임, 생사를 건 게임은 정신분석 임상에 쓰이는 조작적 은어로서의 가치만 갖고 있을 뿐 결코 "보편적인 인간의 존재 구조"로서 "자명한 것" "자연스러운 것"이 아니다. 그것은 정치적이고 사회적이고 법적이자 역사적이고 종교적인 영역에서, 인위적 제도성의 영역에서 일종의 가치를 지녀야 하고, 실제로 지니고 있다. 그렇기 때문에 실제로 그 제도적 절차가 해결을 가져왔다. 에메의 치유라는 해결을. 정신분석은 사회 바깥에 안주하면서 견식 높은 의견을 내놓는 것은 아니고, 사회를 바라보는 방식을 그 "응용"을 통해 "제공"하는 것도 아니다. 정신분석 그리고 정신분석이 다루는 병은 사회 영역 속에, 오로지 거기에만 있다. 이런 사실조차 점점 모르게 되는 현실에 애가 타서 들뢰즈와 가타리는 대저 『안티 오이디푸스』를 썼고, 거기에서 정신분석의 밀실을 열어젖혀야 한다고 주장한 것이 아니겠는가?

　　　육아학도 교육학도 심리학도 아닌, 지금 여기에 있는 계보이고 번식의 영위(저자는 營み라는 용어를 계속해서 쓰고 있다. 따라서 때로는 문맥상 약간 어색하더라도 개념의 일관성을 우선해 번역을 통일했다.─옮긴이)다. 심리학도 정신병리학도 아니다. 지금 여기에 있는 법이고 정치이고 종교다. 주체 형성의 과정, 즉 재생산의 과정, 그리고 그것의 일그러짐, 삐걱거림으로서의 병은 법, 종교, 사회 속에, 오로지 여기에만 있다. 박사 논문을 쓰던 라캉은 실은 그 사실을 희미하게 인식하고 있다. 라캉에 따르면, 증상은 "사회적 성질을 지닌 제반 관계와 관련되어 나타난다". "해석 망상은 무도장이나 도로 혹은 광장의 망상인 것이다."[64] 에메의 병은 매우 개인적인 동시에 그보다 더 사회적인 병이다. 따라서 사회적·법적으로 치유될 필요가 있었다. 사회적인 병을 임상의 밀실에서만 해결하려 하는 라캉 이후의 정신분석가들이 묵살하고, 라캉 자신도 나중에 망각한 것처럼 보이기도 하는, 르장드르가 말한 "재판의 임상적 기

능"[65]이 여기에 존재한다고 할 수 있다. 정신감정 따위에 좌우되지 않는, "그 자체가 임상인 법의 실천"[66]이다.

　　너무도, 너무도 앞서 나아갔다. 앞의 이야기를 하려면 르장드르의 도움이 필요한데 말이다. 푸코의 비판을 남김없이 음미해야 하는데 말이다. 르장드르와 푸코의 식견을 거치지 않고 이 이야기를 했다가는 천박하고 의미가 불명확한 주장으로 보일 텐데 말이다. 그러나 그 두 사람을 이 자리에 초대하기에는 아직 이르다. 제2부와 제3부에 들어간 후에 앞에서 한 말들의 진의가 분명해질 것이다. 서두름은 금물이다. 천천히 우회해가자. 여기에서 우리의 목적은 라캉을 비스듬하게 가로지르는 것 그리고 그 기묘한 개념의 침투를 확인하는 것이었다. 다시 시작하자.

제8절 첫 번째 상징계: 파롤의 상징계, 약속의 상징계

　　/

준동하고 증식하는 애증의 세계, 상상계. 이를 벗어나기 위해 정신분석이 제시하는 탈출구는 무엇인가? 1953년 11월 『세미나』 제1권의 도입부에서 라캉은 이렇게 말했다. "분석이 진행된 결과 도달하는 지점, 즉 실존적인 승인의 변증법적 극한점. 그것은 '너는 이것이다'입니다." 그리고는 바로 이렇게 말을 잇는다. "하지만 이 이상에 실제로 도달하는 일은 결코 없습니다."[67]

　　"너는 이것이다." 정신분석의 도달점이자 "이상"이기도 한 단언. "이것"이 거울상이라면, 소외를 가져오는 "죽음의 필촉"으로 그려진 "흔적"이라면, 그것은 전혀 해결이 아니다. 돌연 질시를 퍼부으며 "너는 나다"로 변모하고 만다. 그것은 이미 본 바와 같다. 그리고 이 시점의 라캉이 말하는 "이것"은 아직 많은 부분이 이미지이고, 특히 자기 이미지다. 하지만 이렇게는 말할 수 있다. 아마 상상계의 막다른 골목을 벗어나기 위한 결정적인 돌파구가 되는 단언이 존재한다면 그것은 아마도 "너는 이것이다"다. 완전히 똑같은 단언이고, 이 외에는 있을 수 없다. 판결은 무의식에게 이렇게 말했었다. "너는 너의 언니도, 문학상의 친구들도, 저 여배우도 소설가도 아니다. 너는 에메다. 이 벌을 받아야 하는 에메다."

"너는 이것이다." "그렇구나. 나는 이것이구나." 똑같은 단언 속에서 라캉은 "공허한 말"과 "충만한 말"을, 상상적인 "소타자"와 상징적인 "대타자", 즉 상상계와 상징계를 분류하려 한다. "너는 이것이다"에 저항하는 "너는 이것이다". 이것이 얼마나 위험한지는 너무도 명백하고, 그 위험성 때문에 라캉은 상징계를 두 개 다시 만들어 포개야 했다. 여기에서는 이렇게 한마디만 덧붙이겠다. 자, 라캉이 다른 "너는 이것이다"의 다른 "이것"을 잘라내려는 노력을 살펴보자. 이 시기 라캉의 세미나는 우리가 다룬 초기의 두 논문의 명쾌함과 생생한 숨결을 잃지 않고 있다. 그것은 첫 번째 상징계가 생각보다 단순한 것임을 의미하기도 한다.

"너는 이것이다." 이를 바꾸어 말하자. 될 수 있는 한 "너를 죽이겠다"로부터 멀어지게끔. "너는 내 아내다." "너는 내 주인maître이다."[68] "너는 나를 따르는 자다."[69] 이것이 대망했던 상상계의 탈출구다. 이야말로 라캉의 첫 번째 답변이다. 하지만 그것은 너무도 공허한 언명이 아닌가? 한 번 보았을 뿐인, 거리에서 스쳐간 여성에게 헐레벌떡 달려간 남자가 "너는 내 아내다"라고 말하면 도대체 무슨 일이 벌어질까? 이 언명은 의례 등 특정한 구체적인 상황과 시간 속에서만 의미를 지닐 뿐이다. 그뿐만 아니라 그것은 거의 아무것도 말하지 않은 것과 진배없는 공허한 단언에 불과하다. 그것이 말하는 바는 "나"와 "너"이고, 그 관계다. 그 관계의 변화로 구체적인 현상의 진위에 대해서는 아무 말도 하고 있지 않다. 그것은 거의 자기언급적인 말에 불과하다. 공허한, 때로는 우습기까지 한 단언. 그런데도 라캉은 그것을 "충만한 말(파롤)"이라고 부른다. 왜 그런가?

간단하다. "네"라고 말하자. "그렇습니다"라고 답하자. 짧은 동의만으로 충분하다. "이것이 나다." 이는 주체의 위치를 급변시켜 이 공허한 언명을 계약으로, 약속으로, 맹세로 만든다. 이러한 답변, 동의, 계약의 서명 등은 거의 아무 말도 하지 않은 토막 난 말에 불과하다. 하지만 그것은 주체의 위치를 상징적으로 결정하고 구속한다. 그리고 내가 당신의 아내이고 남편임은 "진리"가 "된다". 그것은 약속의 진리이고, 계약의 진리다. 이러한 말을 "충만한"이라고 형용하는 이유는, 바로 그 말을 하고 그것에 "동의"한 자의 상징적인 위치를, 지위를 완전히 바꾸고 마는 말이라는 점에 있다. 그것은 다름 아닌 "정초적"[70]인 가치를 지니는 말이다. 이 말들은 무엇인가를 서술하거나 설명하거나 판단하는 말이 아니라 "서로의 승인 속에서 형성되는 진리이고자 하며 그 윤곽을 만드는" 말(파롤)이고, "행위로서의"[71] 말, 정초하는 말인 것이다.[72] 그것은 "현전하는 두 인물을 위치시키고, 그들에게 다른 평면을 통과시켜 그들을 변형시킨다".[73] 따라서 "거기에서 한쪽의 주체는 그 이후에 자신이 그 전과는 다르다는 것을 안다".[74]

누군가의 아내가 된다, 누군가의 남편이 된다, 누군가의 제자가 된다. 이러한 것이 결정적인 "상징적인" "위치 결정"을 가능하게 한다. 라캉은 말한다. "상징적인 관계가 보는 자인 주체의 위치를 결정합니다. 다름 아닌 말(파롤), 즉 상징적 관계가."[75] 상상적인 자아의 불안정한 동요, 뜻하지 않게 소타자에게 투영되어 애증을 불러일으키는 "너"와 "나"의 교대극은 여기에서 멈춘다. 공허하고 충만한 정초적인 언어에 의해서. 그것을 말함으로써. "당신의 아내다." "그래, 이것이 나다." 여기에 있는 것은 맹세의 말이자 선서다. "협정" "계약"[76]이고, "주체가 맹세한 신의"[77]다. 첫 번째 상징계, 여기에서 언어의 본질은 약속, 협정, 계약, 맹세이고 "법"인 것이다. 라캉은 말한다. "인간의 법은 언어의 법이다."[78] "법을 동반하는 언어."[79]

상상적인 자아는 "법을 동반하는 언어"를 통해 말을 하는 주체가 된다. "말하는 주체, 이를 우리는 가타부타 할 것 없이 주체로 인정해야 합니다."[80] 애증의 분출 속에 있던 자아는 말하는 주체가 되고, 질투를 불러일으키던 거울상의 타자도 말하는 주체로서의 타자가 된다. 그리고 약속을 맺는다.

하지만 당연하게도 그것만으로 둘의 관계는 보증되지 않는다. 그것은 "맹세한 신의"다. 라캉은 이렇게 말한다.

나로서는 이렇게 확대된 커뮤니케이션 개념 내부에서 타자에게 건네는 말(파롤)의 특수성을 분명히 해두고 싶습니다. 그것은 특정한 타자로 하여금 말을 하게 합니다.
동의해주신다면 이 타자를 대문자 A로 표기하겠습니다.

왜 대문자 A일까요? 보통 쓰이는 말이 가져오는 것 이상의 보조적인 기호를 도입해야 할 때는 항상 그렇듯 일종의 망상 섞인 이유가 있습니다. 망상 섞인 이유란 다음과 같습니다. "너는 내 아내야." 이에 대해 여러분은 무엇을 알고 있지요? "당신은 내 주인이다." 이에 대해 실제로 얼마나 확신을 갖고 있습니까? 이 말에 정초적 가치를 갖게 한다는 것은 다음을 의미합니다. 이 메시지가 목적으로 하는 것은, 이것이 겉보기만 그럴 때조차 명백한데, 절대적인 대타자 A로만 한정된 타자가 거기에 존재한다는 것입니다. 절대적이라는 것은, 즉 이 대타자A는 승인은 되었으나 알려지지는 않았다는 것을 뜻합니다. 마찬가지로 겉모습은 그럴싸하게 꾸미고 있지만, 그것이 결국 겉보기만 그런지 아닌지 여러분은 모른다는 것입니다. 타자에게 건네는 말(파롤)의 수준에서 말의 관계를 특징짓고 있는 것은 본질적으로 타자 A의 타자성이 갖는 미지성未知性입니다.[81]

대타자. 좀 앞서 나아가자면, 우여곡절을 거친 후 후기 세미나에서는 명확하게 "철학자의 신"[82]이라고 정의하게 되는 이 "미지의" "알려지지 않은" 대타자가 발화해 두 사람의 약속을 책임지고 증인이 되어 보증한다. "대타자의 장소, 증인인 대타자."[83] 즉, "제3자로서의 대타자"[84]가 발화에 개입하는 것으로, 여기에는 "상징적인 것의 매개 기능"[85]이 있다. "상징적인 것의 매개 기능"을 논하는 같은 부분에서 라캉은 "모든 상상적 관계는 주체와 대상 사이에 있는 '너냐 나냐'라는 형태로 생성됩니다. 그것은 곧 '만약 너라면 나는 없다. 나라면 없는 것은 너다'를 뜻합니다. 바로 여기에 상징적 요소가 개입합니다"라고 말한다. 즉, "제어하는 제3항, 어떤 명령을 통해 주체 간의 거리를 두게 하는 제3항이 개입해야 한다".[86] "이런 나는 내가 아니다" "너는 나다"라는 소외와 융합의 끝없고 정처 없는 유동流動과 증식은 "제3자인 대타자의 인가認可"[87]로, 그의 개입으로 멈추게 된다. 약속의 말은 제3자의 인가와 인증 아래에 진리가 되는 것이다. 계약의 정초, 약속과 협정, 그것은 "영원한 것"이다. 인용하자.

> 상징적 관계는 이미 강조한 바와 같이 영원합니다. 단순히 거기에 항상 세 인물이 존재해야 한다는 이유 때문만이 아닙니다. 상징이 제3자라는 요소를 도입한다는 점에서, 즉 현전하는 두 인물을 위치시키고, 그들로 하여금 다른 평면을 통과하게 하고, 그들을 변형시키는 중개 요소를 도입한다는 점에서 상징적 관계는 영원한 것입니다.[88]

영원한 상징적 관계, 영원한 약속. 영원한 "너는 내 남편이다" "아내다". 들끓는 일 없는 평온한 사랑. 하지만 과연 정말 이것으로 끝날까? 영원한 평화가 도래할까? 그것은 너무도 순진하지 않은가? 이런 의심은 걷히지 않는다. 의심은 우선 쉽게 걷히는 것과, 라캉을 우리가 "두 번째 상징계"라고 부르는 것으로 향하게 하는 불온한 것으로 나눌 수 있다. 먼저 간단한 쪽부터 보자. 의심은 다음과 같다.

"그것에 대해 실제로 그렇게까지 확신을 가질 수 있을까요?"라는 라캉의 비꼬는 투의 대사를 이 "영원한 약속"을 향해서도 던질 수 있지 않을까? 즉, "나"와 "너" 사이에 맺어진 약속의 말, "충만한 말"이 거짓말이라면 어떻게 해야 할까? 거기에서 제기된 "이것이 나다"라는 진리가 오류였다면 어떻게 해야 할까? 오류, 거짓이라면. 약속이 지켜지지 않는다면. 이미지는 거짓말을 하지 않는다. 하지만 말은 거짓을 입에 담고 오해를 낳고 따라서 오류의 유래가 된다. 그런 이상, 약속이 영원하다고 어떻게 말할 수 있다는 말인가? 대타자가 "미지의" "신"이었더라도 말이다.

그러나 그것은 거의 문제가 되지 않는다. 라캉에게 말(파롤)이란 애초부터 거짓말을 하고, 바로 이 "거짓말을 할 수 있는" 능력 덕분에 "진리"를 말할 수 있기 때문이다. 조금 전에 인용한 "말하는 주체, 그것을 가타부타 할 것 없이 주체로 인정해야 한다"는 문장은 다음으로 이어진다. "왜 그럴까요? 여기에서의 말하는 주체가 거짓말을 할 수 있다는 단순한 이유 때문입니다."[89] "진리가 없으면 오류도 없다는 이야기를 하는 것이 아닙니다. 그것은 더 복잡하지요. 즉, 진리로 나타나지 않는 오류는 없는 것입니다." "오류야말로 진리의 육화입니다."[90] 추가로 인용해보자.

현실 속에서 거짓을 만드는 것은 말(파롤)입니다. 말은 존재하지 않는 것을 도입하기 때문에 존재하는 것 또한 도입할 수 있습니다. 말 이전에는 아무것도 존재하지 않습니다. 정말 아무것도 없는 것입니다. 아마 모든 것이 이미 거기에 있을 것입니다. 하지만 존재하는 것―진실이나 허위인 것, 달리 말해 존재하는 것―과 존재하지 않는 것은 오로지 말을 통해서만 있게 됩니다. 실재적인 것에 진리가 박히는 것은 말의 차원에서 [가능한 것]입니다. 말(파롤) 이전에는 진리도 허위도 없습니다. 말과 함께 진리는 도입되고, 거짓 또한 도입됩니다.[91]

즉, 이런 말이다. "태초에 말씀이 있었다." 말 이전의 "진리"는 이미 문제가 아니다. 실재계의 진리, 말이 게재하지 않는 진리는 더는 문제가 되지 않고, 하이데거가 진리와 오류가 구분되기 전에 있다고 한 "존재의 진리" "알레테이아"의 현현 여부가 문제되는 것은 더더욱 아니다. 여기에서 문제되는 것은 "말의 진리", 즉 "계약의 진리"였다. 실제로는 어떠하든 "너는 내 아내"인 것으로 하자, "너는 내 스승"이라고 정하자, "너는 내 남편"이라고 치자. 처음부터 우리가 말해온 "말의 진리" "동의"와 단언의 진리란 이런 "협정"의 진리, "약정"의 진리, "거래"의 진리였다. "그런 것으로 하자" "그렇게 정하자"라고 말할 수 없다면, 즉 "흡사 ~인 것처럼"이라는 형태의 발언, "픽션"으로서의 발언, "거짓"으로서의 발언을 할 수 없다면 이런 진리는 처음부터 불가능한 것이다. 약속과 계약은 파기할 수 있기 때문에 약속이고 계약이다. 말은 거짓말을 할 능력을 부여하고, 이 능력을 부여함으로써 약속과 진리를 가능하게 한다. 여기에는 어떤 수수께끼도 없다. 처음에 협정의 진리라고 말할 때, 이미 거짓은 포함되어 있었다. "정초하는 말(파롤)"과 "거짓된 말, 속이는 말"에는 "양면성의 구조"[92]가 있다. 라캉은 『에크리』에서도 "진리"가 "픽션으로 구성"[93]되고, "픽션의 구조 속에서 진리는 나타난다"[94]고 거듭 말하고 있다. 그렇기 때문에 〈진리〉가 보증을 끄집어내는 것은 그것이 관계하는 〈실재성〉과는 다른 장소다. 〈말(파롤)〉에서 끄집어낸다. 이는 진리가 '픽션의 구조 속에서 그것을 제정制定하는 각인'을 말로부터 받는 것과 같은 이치다"[95]라는 문장 바로 뒤에서 이렇게 말할 수 있었던 것이다. "원초적인 말dit은 명령을 포고하고, 입법하고, 경구警句를 발하니 이는 신탁이다."[96]

예를 들어 『세미나』 제3권에 해당하는 1956년 1월 11일의 세미나에서 라캉은 이렇게 말한다.

> 이 대타자 A는, 소위 거짓말을 할 수 있는 자라고 생각해서는 안 됩니다. 반대로 이 대타자 A는 항상 같은 장소에서 다시 발견되는 것, 천공의 대타자이고, 달리 말해 세계와 대상의 안정된 체계인 것입니다.[97]

하지만 10개월 후, 제4권 『대상관계』에 수록된, 같은 해 11월 21일의 세미나에서는 이렇게 말한다.

> 상상적 관계란 본질적으로 소외·억압·억제·제지되어 가장 빈번히 반전하는 관계입니다. 그리고 이 상상적 관계는 주체와 대타자 간의 말(파롤)의 관계를 심각하게 간과하고 있습니다. 또 다른 하나의 주체인 한에서 대타자는 속이는 솜씨가 뛰어난 타자인 것입니다.[98]

혼란스러워할 필요는 없다. 전혀 난해하지 않다. "천공의 대타자"는 "안정된 체계"를 가져오고, "나는 이것이다"를 최종적으로 보증하는 제3자다. 하지만 그것은 대타자가 속이는 능력 또한 지니고 있기 때문이다. 즉, 거짓말마저 할 수 있는 능력을 지닌 말을, 픽션으로서의 충만한 말을, 픽션으로서의 계약을 집행하는 말을 하고, 말을 "건네는" 대타자이기 때문이다. 이것으로 충분하다.

천공의 대타자, 신의 충만한 발화에 의한 계약과 법의 세계. 그가 통치하는 곳에서 그에게 복종하고, 거기에서 드디어 "나는 이것이다"라는 말이 입에서 나옴으로써 상상적인 자아가 겪는 광란의 증식은 멈춘다. 유보해야 할 부분이 다소 있으나 필립 라쿠-라바르트Philippe Lacoue-Labarthe와 장-뤽 낭시Jean-Luc Nancy가 말한 것처럼, 여기에는 "계약 이론"이 있고, "루소주의"와 닮은 그 무엇이 있다고 할 수 있다.[99] 나는 이것이다. 나는 나다. 약속할게, 나는 너의 남편이다. 나는 너를 부른다, "내 남편" "내 아내" "내 스승"이라고. 말의 기능이란 "부르는 것"[100]이라고 라캉은 말했던 것이다. 져버릴지도 모른다. 배신당할지도 모른다. 한순간에 불과할지도 모른다. 그러나 바로 그러하기 때문에 그것은 충만한 것이 된다. 더불어 이보다 상위에 있는 "천공의 대타자"가 지탱하는 "법"이 그것을 보증하고 있다. 드디어 말의 힘, 계약의 힘에 의해 평화는 달성되었다. 이미 인용한 곳에서 라캉은 이렇게 말하지 않았던가? "말이전에는 아무것도 존재하지 않습니다. 정말 아무것도 없는 것입니다. 아마 모든 것이 이미 거기에 있을 것입니다." 즉, "태초에 말씀이 있었다".

하지만 이 천공의 질서 내부에서 남모르게 움직이기 시작하는 것이 있다. "약속" "협정"이 "부르는" 힘찬 말의 아래에 있는 평화가, 떨림을 억제하지 못하고 불안에 젖은 그 무엇이 되어간다. 말의 기능을 "부르는 것"이라고 말한 바로 그 부분에서 라캉은 모멸적으로 이렇게 말하고 있다. 그 기능은 "정보를 전달하는 데 있지 않다"고. "말은 기호의 활동이 아닙니다. 그것은 정보의 수준에 위치하는 것이 아니라 진리의 수준에 위치하고 있는 것입니다"[101]라고 라캉은 단언했다. 정보를 전할 뿐인 말, 무의미한 대화, 통속적인 아무런 약속도 하지 않는 말. 기계의 말. 라캉이 "충만한 말"에 대립한다고 했던 "공허한 말"[102]이다. 그것은 어디로 갔는가? 대타자를 정초하는 말 속에서 그것은 사라졌는가? 다소 손쉬운 해결로도 보이는 이 "충만한 말의 상징계"로부터 일탈하는 "공허한 말"의 맥동.

그것은 오랫동안 세미나의 단상에 선 라캉의 말 속에서 부침을 계속하고 있었다. 그것은 원래 단순히 동시대의 사이버네틱스나 정보이론의 발흥에 대한 호기심 — 적나라한 반감이 섞이기는 했으나 나름대로 진지한 흥미였다고 말해야 하리라 — 때문에 다양한 삽화를 끼워 넣어 이야깃감으로 삼았을 뿐인지도 모른다. 실제로 그렇게밖에 보이지 않는 장면도 있다. 예를 들어 『도둑맞은 편지』를 다룬 세미나의 계기도 — 전전 세미나에서 분명히 적은 것처럼 — 주인공 뒤팡이 말한 "유리구슬"을 이용한 "홀짝 놀이"에 있었다. 홀인가 짝인가, 플러스인가 마이너스인가, 0인가 1인가? "기계와 홀짝 놀이를 하면 어떻게 될까?"라는, 나중의 인공지능을 둘러싼 고찰과도 닮은 사변을 펼친 다음에 실제로 "홀짝 놀이"를 세미나 참석자끼리 해보자고 말하는 라캉에게, 참석자 중 한 명인 마노니가 "저 말입니까? 저는 속임수를 쓸 건데요?"라고 응수하는, 웃음을 불러일으키는 장면도 있을 정도다. 그런데 0인가 1인가라는 확률 전략과 게임이라는, 라캉이 그 전까지 말해왔던 것과 다른 종류의 내용에 조금씩 원래의 논지가 스며들기 시작한다. 그리고 '이것은 "충만한 말"과 전혀 모순되지 않지 않은가'라는 의심이 드디어 발현하는 순간이 도래한다. 그것은 세미나 안에서의 구체적인 언쟁, 라캉과 참석자 간의 힐난에 가까운 집요한 말싸움으로 분출한다. 그것은 바로 "태초에 말씀이 있었다"라는 「요한복음」의 글귀 해석을 둘러싸고 벌어졌다. 자세히 살펴보자.

제9절 베르붐, 로고스, 다발: 은밀한 전회, 두 번째 상징계로

그것은 우선 1955년 6월 15일 세미나에서 시작된다. 이 시점이 어떤 의미를 지니는지 살펴보자. 그것은 『세미나』 제2권 마지막 부분에 수록된 회합의 기록이자, 같은 해 4월 26일 세미나가 『도둑맞은 편지』에 대한 것이었다. 『에크리』에 수록하기 위해 고쳐 쓴 때는, 표기 내용에 따르면 다음 해인 1956년 5월 중순부터 8월 중순이다. 1955년 6월 15일부터 시작된 일련의 세미나는 그사이에 있었다.

자, 말과 언어, 파롤과 랑가주의 구별을 논하는 이 세미나에서는 이미 르클레르, 마르샹, 리게, 베르네르 신부, 오드리 부인 등의 참석자들이 우리가 "첫 번째 상징계"라 불러온 것과 서어한 발언을 반복하는 라캉에게 의문과 질문을 다양하게 던지는 장면을 볼 수 있다. 그 과정에서 라캉은 이렇게 말한다.

> 내가 베르네르 신부에게 도움을 청한 것은 "태초에 말씀이 있었다in principio erat verbum" 때문입니다. (……) "베르붐verbum"은

언어(랑가주) 혹은 말을 뜻한다고 할 수 있겠지요. 그리스어 텍스트에서는 "로고스logos"라 되어 있는데 이 또한 언어(랑가주)를 뜻하는 것으로, 발화되는 말(파롤)이 아닙니다. 그 뒤에 신은 말을 사용합니다. "빛이 있으라"고 신은 말합니다.[103]

라캉은 갑자기 말한다. "태초에 파롤이 있었다"가 아니라 "태초에 랑가주가 있었다"라고. 이 발언에서 상당한 시간이 경과한 후, 르클레르는 갑자기 떠오른 듯 이렇게 질문한다.

나는 도무지 모르겠는 것이 하나 있습니다. 조금 전에 "처음에 언어(랑가주)가 있었다"고 번역하셨습니다. 그런 번역을 들은 것은 처음입니다. 어디에서 인용하신 것인가요, 아니면 당신의 번역입니까?[104]

이 질문에 라캉은 즉시 "'태초에 말씀이 있었다'의 '베르붐'은 틀림없이 랑가주이지 파롤이 아닙니다"라고 무정하게 말한다. "그렇다면 태초가 사라지고 맙니다만" 하고 당혹해하는 르클레르에게 라캉은 「요한복음」은 내가 쓴 것이 아닙니다"라고 딱 잘라 단언하는데, 르클레르도 "조금 전에 말씀하신 번역은 들어본 적이 없습니다. '베르붐'은 항상 '파롤'이나 '말verbe'로 번역되어왔고, '랑가주'로 번역된 적은 결코 없습니다" 하고 물고 늘어진다.[105]

이때 "X 씨"라고만 표기된 누군가—아마 히브리어에 통달한 자인 것 같다—개입한다. "'베르붐'은 파롤을 의미하는 '다발davar'이라는 히브리어의 번역어로 랑가주가 아닙니다."[106]

미세한, 하지만 중대한 충돌이다. 진의를 확실히 해야겠다는 라캉의 배려인지 다음 회인 6월 22일의 회합에서는 세미나 대신 라캉의 강연이 진행되었다. 「정신분석과 사이버네틱스 혹은 랑가주의 본성에 대해」라는 제목의 이 강연은 한마디로 "이 0과 1, 즉 현전과 부재의 표기"[107]를, "사이버네틱스"를 상징계에 끼워 넣으려는 것이었다. 정보에, 정보의 말에, 정보이론에 그토록—호기심과 흥미가 섞인—반감을 가지고 있던 라캉이 말이다.[108] 하지만 이는 일단 넘어가자. 우리가 주목하고 있는 논지는 그다음 세미나에 이어진다.

6월 29일, 일주일을 건너뛰고 2주일이 지난 후의 회합. 『세미나』 제3권 마지막에 수록된 세미나는 마치 그간의 두 주가 없었던 것처럼 저 "베르붐" "다발" "로고스"를 둘러싼 해석 논쟁으로 시작된다. 게다가 불을 댕긴 사람은 라캉 자신이다. 참석한 X 씨에게 라캉은 입을 열자마자 당신이 말한 다발은 무슨 뜻이냐, 무슨 근거로 그런 이야기를 한 것이냐고 따진다. 그렇다. 라캉에게 "베르붐" "다발"이 "충만한 말" "파롤"이어서는 안 되는 것이다. 이는 언어, 랑가주여야 한다. 라캉은 세미나 앞머리에서 다시 문제 삼고 있다.

나는 "베르붐"이 모든 말(파롤)에, 나아가 「창세기」의 "피아트(있으라)"보다도—모든 것에 앞서는 일종의 공리라도 되는 것처럼—아마도 선행해서 존재했음을 시사했습니다. 그것에 당신은 저 "베르붐"이 히브리어의 "다발"이라고 반론했습니다.[109]

라캉은 자기주장을 완고하게 굽히지 않는다. "처음에 랑가주가 있었다고 한 것은 내가 아니라 성 요한입니다"라고 열변을 토하는 라캉에게 X 씨도 "아니요, 성 요한은 그렇게 말하지 않았습니다"라고 단언한다.[110]

　　이제 충분하리라. 그 후로도 끝없이 계속되는 그들의 엎치락뒤치락하는 모습을 뒤좇을 필요는 없다. 방대한 어원학적 학식을 필요로 하는 부분이기는 하나 간략하게 해답을 내놓자. 어원학적으로 말하자면 베르붐이든 다발이든 거기에 있는 것은 파롤이다. 즉, 발화되는 말(파롤)이다. 확인해두자. 여기에서 문제가 된「요한복음」의 원전은 그리스어다. X 씨가 전거로 삼은 히브리어판「요한복음」자체가 "번역"이고, 거기에 현대 히브리어에서도 일상적으로 "이야기" "말"이라는 뜻을 지니는 "다발"이 번역어로 표기되어 있더라도, 그 사실 자체는 별스러운 전거가 아니다[첨언하자면 히브리어로 "랑가주"에 해당하는 어휘는 "라숀(לשׁון, lāšôn, 혀)" "사파(שׂפה, śāphā(h), 입술)"다].「요한복음」그리스어 원전에 "말"로 표기되어 있는 단어는 "로고스"다. 하지만 세미나에서도 언급한 것처럼「요한복음」이 의거하고 근거로 삼고 있는 것은『구약성경』「창세기」제1장이다. 물론「창세기」원전은 히브리어로 쓰여 있다. 거기에서 "발화되는 말에 의한 창조"를 명백히 확인할 수 있다. 거기에서는 "말한다"라는 동사를 쓰고 있고 이는 일관해서 다른 것, 어근 amr이다. 그리고 이 어근은 오로지 "사건으로서의 말", 행위로서의 발화를 뜻한다. 즉, 충만한 말, 파롤이다. "'빛이 있으라' 하고 신은 말했다. 그러자 빛이 있었다."[111]

　　따라서 라캉의 주장에는 무리가 있다. 물론「창세기」의 "어근 amr"과「요한복음」의 "로고스" 사이에는 뉘앙스의 차이가 있고, 라캉은 이것을 지적하고 싶었다고 볼 수도 있겠다. 하지만 이제 되었다. 우리의 문제는 다른 데 있다. 즉, 라캉은 알게 된 것이다. 자신이 세미나 과정 속에서 조금씩 해온 말이 자신이 제기했던 "충만한 말"과 모순된다는 것을. 어쩌다 알게 된 것인지, 아니면 확실히 자각해서 결단한 것인지 알아내려 하는 것은 의미가 없다. 결과적으로 라캉은 여기에서 자신이 "랑가주"라고 부른 것을 택한다. 라캉이 여기에서 말하고자 한 바는, 충만한 말(파롤)은 이차적인 것에 불과하다는 것이다. 라캉은 말한다. "'피아트(있으라)', 즉 가장 시원적인 정초하는 말(파롤)조차 이차적인 것이라고 생각할 수 있다."[112] "이미 '피아트'에게 그 구조를 부여하고 있는 현전과 부재의 유희."[113]

정초하는 말(파롤). "명령을 포고하고, 입법하고, 경구를 말하고, 신탁을 내리는" 천공에 있는 대타자의 "원초原初의 말".[114] 신의 말. 이것이 단단히 보증하는 협정, 우리의 약속, 우리의 계약, 우리의 맹세. 이것이 바로 "나인 너를 죽이"는 사태를 멈추게 했었다. 하지만 정초하는 말 중에서도 가장 시원적인 세계를 정초하려 하는 절대적인 정초의 말, "빛이 있으라"가 이차적인 것이라는 말이 된다. 진리를 지탱하는 '행위하는 말' "협정"을 함몰시키려는 것이 아니면 무엇이겠는가? 그렇다면 파롤은 이제 충만한 상태인 채로 내용물이 도려내지고, 그 무엇의 효과에 불과한 것이 된다. 그 무엇에 의해 "구조를 부여받은" 것에 불과하다. 그러면 약속의 말, 천공에 있는 대타자가 정초하는 말에 "선행하는" 언어, 라캉이 여기에서 랑가주라고 부르는 것은 무엇인가? 같은 곳에서 라캉은 이렇게 말한다.

내가 말하는 랑가주는 부재와 현전의 연속을 뜻합니다. 혹은 오히려 부재를 기초로 한 현전의 연속입니다. 단, 부재라 해도 어떤 현전이 존재할 수 있다는 전제 아래에 비로소 구성되는 부재입니다.[115]

"태초에 in principio" 있었던 것은 "0과 1의 원초적 대립"[116]이라고 라캉은 말한다. 기계와 컴퓨터 말이다. 0과 1의 교대, 이진수의 세계, "기계의 세계"다. 라캉은 앞서 분명히 말했다. "상징적 세계란 다름 아닌 기계의 세계입니다."[117] 그 이유는, 바로 0과 1이 교대할 때 "제3항"의 기능이 작용하는 데 있다. 0과 1이 있다면 그것을 구별하고 "분할"하는 제3항이 필요해진다. 더 단순해도 된다. 라캉은 이렇게 말한다. "논리적인 곱하기 혹은 논리적인 더하기라도 상관없는데" "한쪽의 경우 0과 1은 1이 되고, 또 다른 한쪽의 경우 0과 1은 0이 되는 것입니다. 달리 말해 3항의 역할을 하는 것이 기계 구조에는 불가결합니다."[118] "기계에서 진정으로 가장 작은 것은 제3의 기능입니다."[119]

상징계는 기계의 세계다. 어떻게 된 일인지 인간을 수치로 변환할 수 있게 하는 다양한 사회공학적 기술이 등장할 때마다 상징계는 더는 통용하지 않는다며 기뻐하는 사람들이 끊이지 않는다. 천박한, 너무 낙관적인 꿈이 아닐 수 없다. 이는 우리가 "순진" "단순"이라 불러왔던 "첫 번째 상징계"만 이해하는 데 그쳤기 때문에 벌어지는 일이다.

같은 세미나에서 라캉은 "제반 담론에 일종의 전회점이 있었는지도 모르겠습니다"라고 했다. 여기에서 첫 번째 상징계에서 두 번째 상징계로의 전회가, 그리고 그것들의 중첩이 시작되는 것이다.[120] 하지만 전환점을 말하는 같은 줄에서 자신의 강연이 "너무 성급하고 생략이 많고 간략하고 말이 부족했던 강연"[121]이었을지도 모른다고 덧붙이고 있다. 머뭇거리다니 라캉답지 않다. 하지만 머뭇거리는 것이 너무도 확연하다. 그와 함께 혼란은 극에 달한다. 랑가주를 기계로 만든 바로 그 세미나에서, 전회와 머뭇거림을 말한 지 몇 쪽도 지나지 않아 "인간의 언어를 통해 구체화된 랑가주"가 "이미지"로 구성되어 있고, 그것은 "상상적 경험"[122]이라는 터무니없는 이야기를 하는 데에서 우리는 혼란을 확인할 수 있다. 혼란을 혼란으로, 터무니없음을 터무니없음으로 내버려두지 않는 관점을 이 장章 마지막에서 제시하기로 하고 앞으로 나아가자.

『세미나』제2권 마지막에 일어난 "전회". 그것은 어떤 의미에서 "상상계의 막다른 골목"에 뒤이은 "첫 번째 상징계의 막다른 골목"이다. 첫 번째 상징계는 어쩐지 순진하고 인공적인 느낌이 난다. 우리의 끝없고 한없는 욕망, 우리를 괴롭히고, 결코 사그라지지 않는 불이 되어 날마다 사람을 미치게 만드는 욕망은 온건한 약속의 말 속에서 정화되고 진정되고 마는 듯하다. 사랑의 욕망은 정말 이런 것이었을까? 성대한 약속의 진리, 계약의 진리인 것은 틀림없다. 그것이 충분한 집행력을 지니고 있음을 우리는 알고 있다. 약속의 파기가 어떤 죄에 해당하는지도. 하지만 정말 약속의 말이 계속해서 옆으로 미끄러져가는 우리의 욕망을, 승인을 얻으려는 몸을 불태워버릴 것만 같은 욕망의 뜨거움을 회수할 수 있다는 말인가? 무엇인가 이상하다. 여기에는 무엇인가 짐짓 모른 척 침묵을 강요하는 것이 있다. 물론 라캉 자신은 이 전회 후에도 "충만한 말"

을 보증하는 대타자를 계속 논한다. 예를 들어 1955년 11월 30일 과 12월 7일, 제3권 『정신병』에 수록될 세미나에서는 그것을 분명히 언급하고 있고, 필자도 이미 인용한 바 있다. 하지만 분명히 은밀한 이행은 있었다.[123] 실제로 라캉은 후에 "충만한 말" "너는 내 아내다" "너를 죽이겠어" 등과 같은 표현을 한꺼번에 "나쁜 영향을 끼친" 것이라고 내뱉으며 부정하게 된다.[124]

그러나 여기를 돌파하려면 도대체 어떻게 해야 하는가? 답은 바로 나와 있다. 라캉이 여기에서 신의 "빛이 있으라"보다 선행한다고 했던 "랑가주"다. 기계의 상징계, 욕망이 옆으로 미끄러지는 상징계, "두 번째 상징계"다. 1955년 11월부터 1956년 7월에 걸친 『정신병』 세미나에서, 그리고 "전회" 이전인 1955년 4월 26일의 「『도둑맞은 편지』」 세미나를 "전회" 이후에 맞추어 1956년 5월부터 8월에 걸쳐 전면적으로 개고하고 중요한 보유補遺도 추가하는 작업을 통해서, 나아가 1956년 11월부터 1957년 7월까지 진행한 『대상관계』 세미나와 같은 시기인 1957년 5월 14일부터 26일 사이에 쓴 논문 「무의식에서 문자의 심급 혹은 프로이트 이후의 이성」의 집필을 통해 라캉은 막다른 골목을 돌파하고자 시행착오를 거듭한다. 때로는 이미 확립한 거울 단계 이론에 대해서도, 충만한 말을 하는 대타자 이론에 대해서도 설명을 덧붙이고 표현을 가미하면서 조금씩 다른 그 무엇을 도출하려는 흔적을 우리는 뚜렷이 확인할 수 있다.

자, 이를 뒤쫓자. 우리는 스스로 제시했던 보로메오의 원환 중 아직 두 개만 "가로질렀"을 뿐이다. 원들이 겹치는 부분까지 가려면 아직 멀었다. 게다가 그중 하나인 "첫 번째 상징계"는 만족스럽지 못하다는 것이 명백해졌다. 다시 한 번 그것을 가로지르는 것 외에 다른 길은 없다.

제10절 두 번째 상징계: 기계의 상징계

/

확인하자. 라캉은 0과 1의 교대, 현전과 부재가 교대하는 구조, 이 기계를 "랑가주"라 불렀고, 그것은 "충만한 말(파롤)"을 발화하는 주체에 "선행한다"고 했다. 이처럼 "두 번째 상징계"인 "랑가주"의 0과 1, 플러스와 마이너스, 현전과 부재가 교대하는 구조란 무엇을 뜻하는가? 물론 그것은 이미 언급한 「『도둑맞은 편지』에 관한 세미나」의 두 판본과 「정신분석과 사이버네틱스 혹은 랑가주의 본성에 대해서」에서 다루고 있다. 후자는 매우 단순한 AND회로와 OR회로, EX-OR회로에 대한 개설에 불과하므로 차후에 몇 가지 결론만 확인하기로 한다. 여기에서는 『도둑맞은 편지』에 관한 세미나 중 『세미나』 제2권에 수록된 판의 설명[125]과, 특히 『에크리』 판 「『도둑맞은 편지』에 관한 세미나」 본문이 아니라 보유[126]를 주의 깊게 읽어가자. 분명히 해두자. 그것은 나중에 등장하는 나쁜 "정신분석의 수학화"와 아무 관련도 없다. 난해한 부분은 없고 다소 "귀찮을" 뿐이다. 여기에 위상학이나 양자역학 등은 전혀 없다. 있는 것이라고는 단순한 초보적 계산과 "산수 게임"에 불과하다. 너무 자세하지 않게, 라캉의 도식에 현혹되지 않으면서 간략하고 명료하게 서술해보자.

먼저 현전과 부재가, 플러스와 마이너스가 있다. 그것은 이미 논한 바와 같이 "홀짝 놀이" "도박"으로 제시되어 있고, 라캉 자신이 말하고 있듯이 이미 여기에 확률론적인 내용이 포함되어 있다.[127] 홀짝 놀이를 해보자. 예를 들면 + − + − + + − − + − ……와 같은 결과가 이어질 것이다. 확률론적 우연으로 주어지는 플러스와 마이너스는 세 개를 하나의 묶음으로 기호화할 수 있다. 변화하지 않는 세 개, 즉 (+ + +, − − −)를 (1)이라는 기호로 표시한다. "후속 결과와 관계없이 동일한 기호가 두 개 있는 그룹"[128]인 비대칭의 세 개, 즉 (+ − −, − + +, + + −, − − +)를 (2)라는 기호로 표시한다. 그리고 번갈아 나오는 세 개, 즉 (+ − +, − + −)를 (3)이라는 기호로 표시한다. 그러면

+ − + + + − − ……

이 홀짝 놀이의 결과는

32122

로 변환된다.

여기에서 예를 들어 (+ + +와 + − +는 둘 다 모양이 대칭이라는 의미에서) 대칭인 (1)과 (3)의 조합, 즉 "11" "33" "13" "31"이라는 결합이 나왔을 때 이를 α로 표기하고, 비대칭끼리의 조합, 즉 "22"만을 γ로 표기하기로 한다. 또한 대칭과 비대칭의 조합이 나왔을 때, 즉 "12" "32"를 β로 표기하고, 비대칭과 대칭의 조합이 나왔

을 때, 즉 "21" "23"을 δ로 표기하기로 한다. 그러면

322122

는,

βδβγ

로 변환된다.

여기에서 상황이 바뀐다. 라캉은 말한다. "일련의 항 중에 제1항과 제4항을 정하면 중간의 두 항에 들어갈 수 없는 문자가 반드시 하나 있다. 또 같은 중간의 두 항 중에 첫 번째 중간항에 들어갈 수 없는 문자가 두 개 있고, 다음 중간항에 들어갈 수 없는 문자도 두 개 있다."[129] 제1항과 제4항의 조합이 (α‥α)인 경우를 생각해보자. 라캉에 따르면 "α 또는 δ에서는 α 또는 β만 올 수 있고, β 또는 γ에서는 γ 또는 δ만 올 수 있다." α는 "1-1" "3-3" "1-3" "3-1"이므로(실제로는 1은 ＋＋＋－－－, 3은 ＋－＋－＋－이므로 "1-3" "3-1"은 존재하지 않는다), 중간항 중 하나인 제2항은 α이거나 "1-2" "3-2"인 β다. 즉, 이때 "2-2"인 γ와 "2-1" "2-3"인 δ는 배제된다. 즉, (αα‥α)와 (αβ‥α)의 두 가지 경우가 있을 수 있다. 자, (αα‥α)일 경우 제3항은 α만 가능하다. 즉, αααα만 올 수 있다(라캉 스스로도 αααα는 가능하다고 말한다). (αβ‥α)의 경우, 다시 설명하자면 β는 "1-2" "3-2"이고 α는 "1-1" "3-3" "1-3" "3-1"이니까

"2-2"인 γ는 올 수 없고, "2-1" "2-3"인 δ만 올 수 있다. 즉, αβδα만 올 수 있다. 제1항이 α이고 제4항이 α라면 제2항은 α 아니면 β만 올 수 있고, 제3항은 α 아니면 δ만 올 수 있다. 즉, "중간의 두 항에 들어갈 수 없는 문자"는 γ이고, "먼저 오는 중간항"인 제2항에 들어올 수 없는 것은 γ와 δ 그리고 "다음 중간항"인 제3항에 들어올 수 없는 것은 β와 γ의 두 문자다. 마찬가지로 예를 들어 (δ‥γ)라면 제2항에는 α 아니면 β(γ와 δ가 배제된다), 제3항에는 β와 γ만 올 수 있다(α와 δ가 배제된다). 따라서 중간의 두 항에서 공통적으로 "δ"가 배제된다. 마찬가지로 예를 들어 (δ‥α)라면 제2항에는 α나 β(γ와 δ가 배제된다), 제3항에는 α나 δ만 올 수 있다(β와 γ가 배제된다). 따라서 중간의 두 항에서는 공통적으로 "γ"가 배제된다. 등등. 이는 모든 패턴에 적용할 수 있다. 순수한 우연의 게임으로 보였던 현전과 부재의 교대가 약간의 변환 규칙(아마 이런 변환 규칙은 얼마든지 다른 판본을 생각해낼 수 있을 것이다) 때문에 기묘한 필연성으로 바뀌고 만다. 반드시 배제되는 문자가 있고, 그것은 어느새 소급적으로 결정된다.

자, 이 "+와 −의 현전과 부재의 놀이"는 어떤 의미를 지니는가? 물론 이것은 프로이트가 말했던 '포르트-다(Fort-Da, 있다-없다)' 놀이다. 유아가 실타래를 던져 자기 시야에서 사라지게 한 다음 "없다"고 외친 후, 실을 잡아당겨 돌아오면 "있다"고 외치는 그 놀이다. 포르트-다 놀이는 아직 상상계의 착란적인 빛(여기에서는 엄마와의 양자 관계가 된다) 속에 있는 유아가 언어의 세계, 상징계로 진입해 "진정한 언어의 주체, 진정한 욕망의 주체"로 자신을 확립하는 첫걸음으로 알려져 있다.

이때 유아에게 소위 엄마는 심리적으로도 물질적으로도 절대적인 "대상"이고, 그녀의 부재는 유아에게 본질적인 위기가 된다. 유아에게 엄마의 부재는 자신의 의지로 어찌할 수 있는 것이 아니고, 따라서 그것은 극도로 "수동적인" 입장, 기댈 곳 없는 무력한 입장에 놓이는 것을 의미한다. 이때 작은 실타래에 엄마의 모습을 기호적으로 의탁하고, 그것을 던진 후에 잡아당겨 "있다" "없다" 놀이로 만들어버림으로써 위기를 능동적으로 받아들여 "길들이는" 것, 그것이 놀이에 건 판돈이었다.

이 놀이는 "기호화하고, 기호를 다루는" 첫걸음으로 설명되어왔다. 라캉은 포르트-다 놀이에 대해, 우리가 논한 「『도둑맞은 편지』에 관한 세미나」 보유 중 "산술 놀이"의 도입부에서 이렇게 말한다. "이 놀이를 우리는, '인간이라는 동물이 상징계의 질서로부터 받게 되는 결정'을 그 근본적인 특성을 통해 명시하는 것이라고 말하고 싶다."[130] 그리고 다음과 같이 말한다. "인간은 현전과 부재가 서로를 부르는 구조적인 교대 운동을 전개하는" 것이다. 그를 "상징의 제반 조건에 굴복하게 하는" "강력한 일격"이 가해지는 시점은 이처럼 "현전과 부재가 결합하는 시점, 말하자면 욕망의 제로 지점이다."[131] 그리고 이 "현전과 부재의 근본적인 교대 운동", 그 "실재성에 있어서는 완전히 '무계획적으로' 배분되는 일척—擲의 연속"에 따랐을 때 비로소 "지극히 엄밀한 상징의 다원적 결정"[132]이 이루어진다. 이 교대의 질서가 바로 "시니피앙의 결정을 시니피에signifié의 결정에 포갠다."[133]

기계의 이진법, 잠재적으로 "욕망의 제로 지점"인 "3"을 내포하고 있으나 그 자체는 단순하고 단조롭기 그지없는 0과 1로 이루어지는 우연의 이진법이 "시니피앙의 결정"으로, "상징적 결정"으로, "필연"으로 변한다. 즉, 라캉은 산술 놀이를 통해 포르트-다 놀이에 대한 일반적인 이해를 정치하게 만들려 한다. "엄마가 부재해 생긴 슬픔을 실타래 놀이라는 기호화로 길들이는 것이 기호와 말, 상징의 세계의 시작이다"라는 일반적인 이해로는, 왜 단순한 "있다-없다"가 단숨에 "주체"를 가져오는지, "언어 세계로의 진입"을 가져오는지 애매모호할 뿐이다. 왜 그것이 집요하게 "언어의 세계"에 도달할 때까지 반복되는지도 알 수가 없다.

    놀이에 라캉이 겹쳐놓은 것을 두 가지 거론하도록 한다. 라캉은 "기묘한 놀이"를 연이어 배치함으로써 놀이를 성립시킨다. 0과 1을 세 개씩 하나의 단위로 묶어 (1) (2) (3)으로 변환하고, 나아가 이 단위를 두 개씩 모아 αγβδ로 변환해, 제1항과 제4항을 정해두면 반드시 소행적으로 배제되는 문자가 있다. 이러한 변환 규칙 속에 있는 "한 묶음의 단위"를 라캉이 "표의表意 단위=시니피카티브한 통일성unité significative"[134]이라 부른다는 점에 주목하자. 즉, 현전과 부재의 교대가 만들어내는 미시적인 언어의 "소리" 차이의 수준이, 각 단위로 묶여서는 '가능성 있는 용법의 집합' 속에서 결정되어 "어휘" 수준으로 올라가고, 이 "어휘"의 수준이 또 한 단위로 묶여서는 '가능성 있는 용법의 집합' 속에서 결정되어 "문장"의 수준에 도달함으로써 하나의 "의미"를 이루는, 이 "의미 작용의 생성" 과정이 놀이와 겹쳐져 있다.[135] 즉, 이 변환 규칙, 라캉이 "시니피앙을 문장보다 위에 있는 단위로까지 직접 구성하는 침식의 질서"라고 부른 것은 말하자면 "문법" "통사법"인 것이다.[136]

    그리고 라캉이 여기에 포갠 것이 하나 더 있다. 말이나 이름은 원래 "부재 그 자체의 현전"이라는 헤겔적 논리다. 『세미나』 제1권에 수록된 1954년 5월 11일의 회합에서 라캉은 "포르트-다"의 "대상의 현전과 부재"를 "기호, 생명을 빼앗긴 대상"과 연결하고서 다음과 같이 말한다. "'코끼리'라는 말에 의해 코끼리가 거기에 제대로 존재하기 위해서는, 게다가 거기에 있는 코끼리 한 마리 한 마리보다 더 실재적으로 존재하기 위해서는 내가 코끼리에 대해 이야기하는 것만으로 충분하고, 실제로 거기에 코끼리가 존재할 필요가 없는 것은 분명합니다."[137] 이 자리에 참석한 이폴리트가 "그것은 헤겔적 논리입니다"라고 말했듯, 그것은 헤겔로부터 유래하는 명명命名의 논리다.

라캉은 그것을 간략히 요약한다. "명명 가능성은 사물의 파괴이고, 또한 동시에 사물에서 상징적 평면으로의 이행입니다. 이 덕분에 인간 자신의 영역이 형성되는 것입니다."[138] 즉, 인간이 코끼리를 코끼리라고 명명하는 순간, 코끼리는 코끼리라고 이름 붙여지기 전의 무구한 "그 무엇"이기를 그만둔다. 이것이 "사물의 살해"[139]라 불리는 것이다. 명명이라는 상징적 살해에 의해 코끼리의 실재는 "코끼리"라는 개념 속에서 "지양"된다. 그 후로는 "코끼리"라는 개념 자체가 코끼리의 "부재의 현전"이 된다. 구체적인 코끼리 한 마리 한 마리 또한 코끼리라고 명명되면 "상징적으로 살해"되기 전의 무구한 상태일 수 없게 된다. 그것은 이제 "부재의 현전"에 불과한 것, 즉 "코끼리"라는 말에 불과한 것이 된다.[140] 실제로 라캉은 이진법 놀이와 헤겔적인 〈사물〉의 부재의 현전을, 프로이트의 포르트-다를 매개로 연결한다.[141] 단적인 0과 1의 연속을 "표의문자"로, 즉 "어휘"나 "문장"으로 묶는 순간, 이 단위 내부에서 "부재와 현전"이 동거하는, 즉 지양되는 것은 분명한 사실이다.

그리하여 놀이 속에 하나의 문장이 성립되는 순간, 상징적 결정이 이루어진다. 라캉의 "산술 놀이"는 이를 노리고 있다. 포르트-다 놀이, 단순한 기호 교대의 유희, 기계의 01010이 조금씩 복잡해지다 돌연 "명명"이, "상징적 결정"이, "너는 이것이다"가 되는 순간을, 즉 우연이 필연이 되는 순간을 라캉은 여기에서 잡아채려는 것이다.

기호의 원초적인 현전과 부재 놀이를 거듭하다 보면 필연적으로 거기에서 탈락하는 것이 있다. 첫 번째 시점에서 선택의 가능성은 여럿 있었다. 때문에 놀이를 하는 사람은 "지금 전미래시제를 지닌 현재성에 기초를 둔"¹⁴² 주체였다. 즉, 제4항에서 "미래는 이렇게 되어 있을 것이다" 하고 예측하는 주체였을 것이다. 그러나 실제로 제4항의 기호가 결정되면 그것은 "소급적으로 작용한다".¹⁴³ 즉, 제4항이 결정된 시점에서 이미 항상 제2항, 제3항 중에 "무엇인가 여러" 가능성이 탈락되었음을 깨닫는 것이다.

탈락된 것에 대해 라캉은 이렇게 말한다. "이 과거와 그것이 기도企圖하는 것 사이에 '시니피앙의 잔재=시체의 머리caput mortuum가 뚫는 구멍'이 있다는 것은 이를 부재인 채로 내버려두고, 그 주변을 계속 선회하게 하는 충분한 이유가 된다."¹⁴⁴ 즉, 여기에서 탈락한 그 무엇, 그 "탈락"이 만드는 구멍이야말로 "반복강박"¹⁴⁵을 낳는다. 이 단순한 홀짝 놀이, 포르트-다가 어떤 결여를 가져온다. 몇 번 시도해도 거기에는 무엇인가 결여되어 있다. 부족한 무엇인가가 있다. 이 결여된 무엇인가를 향해 놀이는 강박적으로 반복된다.

반복 속에서 우연은 필연이 된다. 그것은 이미 확인했다. 몇 년 후의 세미나에서 라캉은 "우연한 것, 그것은 실재계인 것입니다"[146]라고 거듭 말하게 되는데, 라캉은 이 견해를 스스로 선취하고 있다. 그것은 바로 실재계에서 상징계가 발생하는 순간, 〈사물〉이라는 실재계를 살해하고 상징적 세계가 발생하는 순간이다. "β와 δ가 제시하는 결합의 가능성은 α와 γ로 예상할 수 있는 결합의 가능성과 똑같다. 한편 현실의 제비뽑기 하나하나는 완전히 우연에 맡겨져 있다. 따라서 실재계에서 하나의 상징적 결정이 분리되어 나온다는 것을 알 수 있다."[147] 그리고 그것은 β→δ→β→γ라는 "상징적 연쇄"[148]에 의해 이루어진다고 라캉은 분명하게 말한다. 같은 쪽에서 "시니피앙의 다원적 결정"[149]이라는 표현을 쓰고, 1950년대 초기에 라캉이 "시니피카시옹signification"이라는 용어를 차용해 "시니피카시옹은 다른 시니피카시옹에 보내지는 일만 할 뿐이다"[150]라고 말한 데에서 알 수 있듯이, 이는 후에 "시니피앙의 연쇄"라 불리게 된다.[151] 라캉이 말한 바와 같이 이 연쇄는 "무의식의 욕망"의 "불멸의 존속"[152]과 이어져 있다.[153] 아무리 반복해도, 아무리 놀이를 계속해도, 아무리 "시니피앙" 연쇄의 실줄을 끌어당겨도 거기에는 누락된 그 무엇이 있는 것이다.

무엇이 누락되었는가? 누락된 문자는 무엇인가? 이 시대의 라캉이라면 답은 주체 그 자체가 될 것이다. 시니피앙 연쇄 바깥에 소외되고 방치된 주체가 될 것이다. 여기에서는 "상징의 연쇄"라 불리는, "시피니앙의 연쇄"를 구성하는 "시니피앙"이란 "다른 시니피앙에게 주체를 표상하는 것"[154]으로 정의된다. 시니피앙은 β→δ→β→γ와 주체를 다른 시니피앙에게만 계속 표상하고, 결국 시니피앙의 주체에게 주체는 표상되지 않고, 현전하지 않는다. 그렇기에 이 기계적인 이진법에서 유래하는 시니피앙 놀이의 반복이 가져오는 효과로서 주체는 생산된다. 이 βδβγ 등의 결합 관계는 "본원적인 주체성을 설정할 가치"[155]를 지니고 있다. 그리고 "이 반복은 상징적인 반복으로, 고로 당연히 상징의 질서는 이제 인간이 구성하는 것이 아니라 오히려 인간을 구성하는 것으로 여겨진다".[156] 처음에는 주체가 하는 놀이처럼 보였다. 하지만 실은 주체가 하는 놀이가 아니다. 오히려 놀이를 통해 주체가 만들어지는 것이다.

'이 시대의 라캉이라면'이라고 앞에서 말했다. 몇 년 후의 라캉이라면 여기에서 누락된 것을 "대상 a"라고 부를 것이다. 예를 들면 1966년 『환상의 이론』 세미나에서는 "엄마의 현전 혹은 부재와 관련한 포르트-다"는 "시니피앙 놀이에 참여하기의 철저한 분절 같은 것이 아니"고, 거기에 있는 것은 주체가 아니라 대상 a이고, 오히려 이 "실타래"야말로 "대상 a"라고 말하기도 하는데,[157] 이에 대해서는 이 시점에서는 생략하도록 한다. 한마디로 이 시점에서 라캉의 결론은 이렇다. "주체성은" "시니피앙의 각인이 낳은 통사법에 기인한다."[158]

분명 여기에는 역전이 있다. 충만한 "파롤"을 말하던 약속의 주체는 라캉이 "랑가주"라 부른 것의 효과에 불과하게 된다. 무의식의 욕망에 좌우되고, 반복 강박에 젖어 "기계의 세계"의 통사법에 따라 놀이를 거듭하며, 시니피앙의 연쇄를 계속해서 좇아가기—이를 통해 결과적으로 만들어지는 "그 무엇"에 불과하다. "문장"을, "상징적 결정"을, "주체"를 결과적으로 낳는 랑가주는 주체의 발화인 "빛이 있으라"에 선행한다. "태초에 랑가주가 있었다." "태초에 포르트-다가 있었다." 기계의 세계가 신과의 계약에 선행한다.

제11절 부유하는 시니피앙, 유동하는 시니피에, 응시하는 환유

/

너무 앞서가고 말았다. 시니피앙에 관한 이론을 우리는 아직 다루지 않았다. 라캉의 시니피앙, 주체를 효과에 불과한 것으로 소위 "격하"시키는 시니피앙이란 무엇인가? 질문에 답하기 전에 살펴볼 것이 두 가지 있다.

하나, 라캉을 읽을 때 첫 번째 걸림돌이 되는 개념이 시니피앙이다. 그것을 자신의 논리 속에서 윤곽을 소묘하지 않은 채 사용해서는 안 된다. 좀 억지스러운 방법이기는 하지만 시니피앙이라는 개념을 소묘하기 위해 이렇게 단언해보자. 시니피앙이란 단순히 거꾸로 선 "충만한 말"에 불과하다. 연쇄하고 옆으로 미끄러지며 강박적으로 반복하지만 한마디로 주체의 "뒤로" 파고든 "충만한 말"—저 "변형 작용"을 지닌 "나는 이것이다"에 불과하다. 하지만 그 차이는 너무도 확연하다. 그것은 뚜렷이 발화되는 "말"이기를 그만두었고, 말의 다른 영역에까지 스며들었고, 그 "충만"을 통째로 빼앗기기라도 한 것처럼 상실했다. 그렇다. 우리는 이미 논하지 않았던가? 충만한 말 자체의 "공허함"에 대해. 우리는 이미 보지 않았던가? 절대적인 발화하는 주체, 신神=대타자의 "있으라" 뒤에 "랑가주"가 파고드는 모습을. 공허한 것의 있는 그대로의 모습이, 알맹이를 빼앗긴 충만한 말이 부유하고, 유동하고, 삐걱거리며 회전한다. 이것이 시니피앙의 연쇄이고, 여기에서 겨우, 그것이 만들어내는 연쇄의 틈새처럼 주체는 생겨난다. 하지만 이 귀결은 중대하다.

　　이미 일부는 주註에서 다룬 바 있지만 사전 설명을 또 하나 추가하자. 시니피앙과 시니피에뿐만 아니라 라캉이 "랑그langue" "랑가주langage" "디스쿠르discours" "에농세énoncé" "에농시아시옹énonciation" "시니피카시옹" 등과 같은 언어학 용어, 각각 "언어" "언어활동" "담론" "언표" "언표 행위" 등의 번역어로 정착되어 있는 용어를 사용할 때 결국 이들 용어는 애매모호한 채로 사용되는 경우가 적지 않다. 때문에 라캉은 아무려면 어떠냐는 태도로 자신의 언어학을 학술적 언어학과 대립시켜 "언어학 비슷한 것linguisteries"[159]이라 부를 수밖에 없게 된다. 하지만 이는 상관없다. 계속 나아가자. 물론 그 무엇보다 간략함을 지향하면서.[160]

　　시니피앙과 시니피에. 소쉬르가 도입한 유명한 구분에 라캉은 몇 군데 수정을 가한다. 소쉬르가 도입한 파롤과 랑그의 구분을 공공연하게 파롤과 랑가주의 구분으로 대체한 것처럼, 라캉은 은밀하게 혹은 공공연하게 그것에 조작을 가한다. 이를 확인하자. 소쉬르가 "시니피에(의미되는 것, 개념 내용)"와 "시니피앙(의미하는 것, 청각 이미지)"의 구별을 제시한 「시니피에와 시니피앙의 그림」두 개를 보기 바란다.(그림 2)[161] 그리고 라캉이 「무의식에서 문자의 심급 혹은 프로이트 이후의 이성」에서 제시한 "시니피앙과 시니피에의 식, 그림" 세 개를 보도록 하자.(그림 3)[162] 라캉은 이 〈그림 3〉의 첫 번째 "식"을 "'시니피앙이 시니피에 위에 있다'라고 읽으며, 이 '위에 있다'가 두 단계를 분할하는 가로줄에 대응한다"[163]고 설명한다.

한 번만 보아도 차이는 명백하다. 우선 소쉬르의 그림에서 시니피에와 시니피앙은 일체가 되어 하나의 기호를 이룬다는 것을 강조하기 위해 타원으로 둘러싸여 있고, 게다가 대응 관계를 강고하게 하려는 듯 화살표까지 그려져 있다. 그리고 시니피앙은 시니피에 아래에 있다. 이는 나무의 개념 내용을 표현한 그림과 "나무arbor"라는 청각 이미지를 표현한 용례에서도 마찬가지다.

라캉의 경우, 우선 타원을 세 그림에서 모두 걷어냈고, 화살표도 없다. 그리고 시니피앙은 모두 시니피에 위에 있다. 더 기묘한 것은 시니피에의 위치에 화장실 문처럼 보이는 똑같은 문 그림이 두 개 있고, 그 위의 시니피앙 위치에 "신사HOMMES" "숙녀DAMES"라는 글자가 떡하니 나란히 적혀 있다는 점이다.

여기에서 살짝 아이러니한 웃음을 읽어내는 것은 일도 아니다. 하지만 아이러니에 아이러니로 답하는 것은 항상 어리석은 대응이다. 진지하게 이 차이를 받아들이자. 이 차이 때문에 무슨 일이 일어나는가? 타원과 화살표의 소멸, 시니피앙과 시니피에의 상하역전, 그리고 "화장실 그림"으로 무엇이 변하는가?

먼저 뚜렷하게 눈에 띄는 것은 시니피앙과 시니피에 사이에 가로로 그어진 가로줄의 상대적인 강조다. 라쿠-라바르트와 낭시가 명쾌하게 지적하는 바와 같이, 소쉬르의 경우 이 "가로줄"은 타원과 화살표와 결합됨으로써 시니피앙과 시니피에의 통일성, 동전의 앞뒤와 같은 "관계"를 나타냈다. 그러나 타원을 걷어내고 화살표를 삭제함으로써 라캉은 가로줄에 "저항"을 도입한다. 그들이 말하는 것처럼 "라캉은 여기에 저항을 도입한다. 줄을 넘을 때의

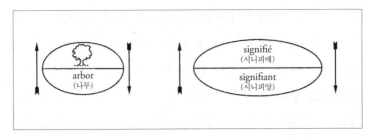

그림 2

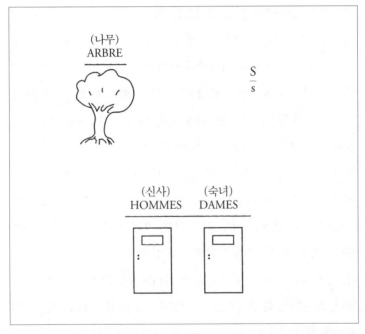

그림 3

저항이고, 시니피앙이 시니피에와 연관되는 것의 저항이다. 즉, 시니피카시옹의 생산 자체가 결코 쉽게 이루어지지 않게 된다".[164] 그렇다. 타원과 화살표를 걷어냄으로써 상대적으로 가로줄의 힘은 강해지고, 시니피앙과 시니피에는 분리된다. 안정된 기호의 의미작용, 이 가로줄 넘기는 "쉽게 이루어지지 않게" 된다. 물론 나중에 다루는 바와 같이 전적으로 불가능해지는 것은 아니다. 하지만 소쉬르에게 "통일성"을 지닌 기호였던 시니피앙과 시니피에는, 라캉에게 넘기 힘든 "저항"을 가져오는 가로줄로 구별된다. 아니, "구별"에 그치지 않는다. "담론 속에 있는 절단의 기능 중에서 가장 강한 기능은 시니피앙과 시니피에 사이에 가로줄을 만드는 기능이다. 여기에서 주체는 돌연 붙잡힌다"[165]라고까지 소쉬르는 말한다.

기호를 하나의 덩어리로 묶은 타원과 가로줄을 건너려는 움직임을 나타내는 화살표를 걷어내고 가로줄만 강조한다. 그러면 어떤 일이 벌어지는가? "시니피앙의 연쇄와 시니피에의 흐름 사이에는 상호적인 미끄러짐glissement과 같은 것"이 일어나 "이것이 양자 간 관계의 본질을 이루게"[166] 된다. 그리고 가로줄은 "부유하는 시니피앙과 흘러나오는 시니피에의 '실재의 가장자리bord'"[167]가 된다. 모든 것은 유동적이 되고, 특히 시니피앙은 그 전부가 부유하게 된다. 따라서 한때 안정적으로 보였던 기호는 틀을 잃고, 가로줄의 저항을 받아 쉼 없이 흘러나오는 유동에 노출되어간다.

그리고 시니피앙과 시니피에의 상하 역전이 의미하는 것은 라캉이 거듭 말하듯 "시니피에에 대한 시니피앙의 우위성"[168]이다. 아니, 우위성 정도로 머물 이야기가 아니다. 이후 라캉은 『정신분석의 결정적 문제』라는 세미나에서 다음과 같이 말한다.

시니피앙이 준거하는 차원이라는 것이 있습니다. 작년에 나는 그것을 다른un autre 시니피앙이라고 부른 적이 있습니다. 그것이 이 차원을 본질적으로 결정합니다.

그렇다면 시니피에란 무엇일까요? 시니피에, 그것은 전혀 이해해야 할 대상이 아닙니다. 주체와의 관계에서조차 그렇습니다.[169]

또한 『앙코르』 앞머리에서 라캉은 "시니피앙, 그것은 시니피에라는 효과를 지니는 것입니다"[170]라고 정의하고, 다음 쪽에서도 "시니피에라는 효과"라는 말을 반복해 쓴다. 다음번 세미나에서는 "시니피에는 사람이 듣는[이해하는, 말하려 하는entendre] 그 무엇이 아닙니다. 사람이 듣는 것은 시니피앙입니다. 시니피에는 시니피앙의 효과입니다"[171]라고 더욱 분명하게 단언한다. 시니피앙과 시니피에가 먼저 있고, 이 중 시니피에가 우선권을 지니느니 우선하느니 하는 이야기가 아니다. 라캉이 운영하는 논리에 있어 시니피에는 시니피앙의 효과이고, "주체와의 관계조차 이해할 수 없는" 그 무엇이 되고 마는 것이다.

시니피앙과 시니피에의 관계는 완전히 달라졌다. 안정된 통일성은 사라졌다. 시니피앙은 부유하고 쉼 없이 연쇄하고 유동한다. 맥동의 효과에 불과한 것이 된 시니피에도 "흘러나온다". 이제 소쉬르가 그린 안정된 관계에서 멀어진 것은 명백하다. 여기에서 문제가 출현한다. 시니피에를 효과로 산출하는 시니피앙의 맥동은 구체적으로 어떤 것인가? 시니피앙 연쇄의 구체적인 사례는 바로 뒤에서 라캉 자신의 예를 들기로 하자. 우선, 시니피앙 연쇄의

"끊임없음"을 우리는 어떻게 보아야 하는 것일까? 이미 말한 것처럼, "다른 시니피앙에게(혹은 "다른 시니피앙 대신에pour") 주체를 표상하는 것"이라고 정의했던 시니피앙이 주체를 표상하려고 하는 일종의 "강박", 결코 채워지지 않는 공허한 "반복"에 활기를 불어넣는 것의 특성. 그 정의定義의 언어학과 수사학적인 엄밀함을 손상할 위험을 감수하면서까지 라캉은 그것을 "환유"라 부른다. 수사학적인 의미에서의 환유의 예(라캉은 근접성을 이용한 비유, 환유의 사례로 "돛 30장을"[172] 든다)도 들고 있고, 프로이트가 말한 꿈의 "치환" 기제와 이를 연결하기도 한다. 하지만 여기에서 중요한 것은 무엇보다 거기에 있는 것이 "무한한 심연을 흉내 내려 하는 열광"이고, "앎의 쾌락과 '향락을 이용해 지배하는 쾌락'을 다 포함하고 있는, 그런 은밀한 공모"이고, 그것은 다름 아닌 "다른 것에의 욕망을 향해 무한히 뻗어 있는 환유의 철로"[173]없이 성립할 수 없다고 단언한다는 점이다. 환유는 욕망의 통로, 끝없이 한없이 "다른 것이 갖고 싶어지는" 통로인 것이다.

이유는 간단하다. 배 30척을 "돛 30장"이라고 환유할 때 작용하는 것, 그것은 라캉 자신의 말을 빌리자면 "리얼리즘"적인 "세밀한 부분의 클로즈업"이고, 라캉이 톨스토이로부터 인용한 바에 따르면 "희미한 가짜 점" "윗입술의 희미한 연지"이기 때문이다.[174] 그렇다. 그것은 여자가 수줍은 듯 아래로 떨어뜨린 눈의 갈색 속눈썹이고, 드러나 있는 흰 어깨에 흐릿하게 난 비스듬한 상처다. 남자가 미소 지을 때 왼쪽 뺨에만 생기는 보조개이고, 봉긋하게 부풀고 애교 섞인 얇은 입술이다. 거리의 쇼윈도에서 우연히 본 새 스트라이프 셔츠의 섬세하고 아름다운 옷깃 언저리의 자수다. 잡지에 실린 새 구두의 앞 끝이 그리고 있는 매력적인 곡선이다. 환유는 응시한다. 쉬지 않고 응시하며 이야기한다. 라캉은 환유 기능을 "시니피앙과 시니피앙의 연결"이라고 정의하고 있다. 그렇다. 환유는 매번 아주 조금 시니피에를 효과로 만들어내기는 한다. 하지만 그 시니피에에 도달하는 일은 없다. 이야기하면 이야기할수록, 여자나 남자의 자태, 세밀한 부분, 표정을 이야기할수록 도대체 무엇을 이야기하고 싶었던 것인지 알 수 없게 된다. 그 자신이 효과일 터인 시니피에에 도달하지 못하고, 가로줄은 그대로 유지된다. 그리고 이 "도달할 수 없음"을 장작 삼아 활활 타오르는 "열광", 그것이 "환유의 구조"인 것이다.[175]

제12절 은유의 "광휘"

/

그렇다면 라캉이 또 하나의 시니피앙과 시니피에 관계의 구조로 꼽은 "은유의 구조"는 어떠한가? 라캉은 "은유의 공식"으로서 "하나의 말을 대신하는 다른 말"[176]을 논한다. 프로이트의 『꿈의 해석』에서 쓰이는 어휘인 "응축"[177]을 여기에 포갠다. "그의 다발[束]은 욕심 많지 않고, 원한 깊지 않고……"[178]와 "사랑은 태양 속에서 웃는 작은 돌"[179]이라는 시구를 예로 들고 있는 것처럼, 그것은 시니피앙과 시니피앙을 "하나의 말을 대신하는 다른 말"이라는 "은유의 공식"에 따라 대치하고 대입함으로써 일어나는 "창조적인 불꽃"[180] "시적인 불꽃"[181]이다. 창작에서 문제가 되는 이 은유가 가로줄을 "뛰어넘기"이고, "시니피앙이 시니피에에 끼어드는 조건"[182]

이다. 여기에서 진정한 의미가 결실을 맺는다.

사실 라캉은 "은유는 의미가 무의미 속에서 태어나는, 바로 그 위치를 차지한다"[183]라고 단언하고 있다. 즉, 의미의 창조적인 생산이다. 그것은 시인의 영감만으로 이루어지는 것이 아니다. 예를 들어 라캉은『정신분석의 결정적인 문제』라는 세미나 앞머리에서 촘스키Noam Chomsky가 무의미한 문장의 전형적인 사례로 만들어낸 그 유명한 문장 "색이 없는 녹색 관념은 사납게 잠잔다Colorless green ideas sleep furiously"조차도 일종의 시적인 의미를 갖고 만다고 논한다.[184] 아마 촘스키는 무작위로 "시니피앙을 시니피앙으로 대체"함으로써 이 문장을 만들었을 것이다. 하지만 그것은 뜻하지 않는 의미를, "시니피에와 시니피앙의 관계"를, 불꽃처럼 "창조"하고 만다. 그리고 아마 그 효과로서의 시니피에를. 이 피하기 어려운 사태가 여기에서 말하는 "은유"인 것이다. 하지만 그것은 한순간 일어날 뿐 시니피에와 시니피앙의 관계가 이러한 "불꽃"으로 안정되는 일은 없다. 그것은 한순간의 출현에 머무른다. 라캉은 오히려 여기에서도 시니피에는 시니피앙이 "창조"하는 "효과"에 불과하고, 창조된 시니피에도 "불꽃"처럼 사라진다는 점을 강조하고 싶은 것이다. "불꽃, 번뜩임étincelle"이라는 말이 같은 쪽에서 두 번 반복되고 있는 것이 그 증거라 할 수 있다.

그리고 여기에서 미리 지적해둘 것이 있다. 이 "은유"는 시니피앙이 연쇄하는 시공인 "두 번째 상징계"의 단계에 속하는 논지 중에서 어디인지 모르게 "붕 떠 있는" 내용이라는 점이다. 물론 이 같은 "은유"의 정식화는 우리가 "두 번째 상징계"라고 불러온 것의 성립과 밀접한 관계에 있고, 그것을 떼놓기는 불가능하다. 그러나 라캉은『무의식의 형성물』이라는 세미나에서 은유는 "환유라는 근본적인 구조"가 없다면 존재할 수 없다고, 마치 은유가 환유의 파생물인 것처럼, 환유에 비해 이차적인 것처럼 말하고,[185] 또한 『정신병』이라는 세미나에서는 환유가 암호라면 은유는 "정초하는 파롤"[186]이라고 분명하게 말한다. 한마디로 은유는 "두 번째 상징계" 안에서 위치를 정하기 힘들고, 이로 인해 서어나 알력을 불러오고 마는 무엇인가를 떠안고 있다. "첫 번째 상징계"나 "상상계" 등 다른 영역에서 보자면, 은유란 어쩌면 "밀수"된 물건일지도 모른다는 혐의가 있는 것이다. 시니피앙 연쇄의 끝없는 "열광"을 가져오는 환유와는 달리, 은유는 두 번째 상징계에 어울리지 않는 무엇인가를 갖고 있다. 은유에 의한 이 "가로줄 뛰어넘기"가 가로줄을 "폐기"하는 일은 없고, 그 뛰어넘기가 환유에 영향을 미치는 일은 없는 듯 쓰여 있는 이유는 여기에 있다고 본다. 시가 있다고 해서 리얼리즘과 우리 욕망의 "철로"가 사라지는 일은 없다. 따라서 상징계는 "환유가 우위"에 있는 세계라고 이 시점에서는 말해두자.[187] 은유에 관해서는 이 장 마지막에서 다시 논할 것이다.

　　자, 저 "소파의 고정 단추, 푸앵 드 카피통point de capiton"도 언급해야 할까? 독자와 청중을 안심시키기 위해 꺼내놓은 듯한, 시니피앙과 시니피에를 "걸어서 고정시킴으로써" 그 무한한 미끄러짐을 멈추는 역할을 맡게 된 "꿰매 붙인 자리"에 대해. 하지만 필자는 이 개념을 중요하게 생각하지 않는다. 라캉 스스로도, 라캉학파 사람들도, 라캉을 비판하는 사람들도 결국 이 개념이 시니피앙과 시니피에의 유동을 멈추게 한다고 해설하거나 "오이디푸스"[188]와의 관련을 넌지시 비추는 라캉을 따라 그것은 아버지의 기능이라고 논하는 정도에 머물 뿐, 결국 별다른 발전을 기대할 수 없는 개념이기 때문이다. 왜냐하면 라캉 스스로 어디인가에서 확실히 이렇게 말하고 있으니까.

내가 말하는 핀, 푸앵 드 카피통은 신화적 영역에 속합니다. 하나의 의미 작용을 하나의 시니피앙에 핀으로 꼽아두는 일은 누구도 결코 할 수 없기 때문입니다.[189]

이미 살펴보았듯 자기 스스로 나중에 시니피에를 이해하려 해서는 안 된다고 말하는 처지에 이르니, 그것과 시니피앙을 고정시키는 것이 있다고 해서는 곤란하다. 다만 문제가 없는 것은 아니다. 그것은 "신화적" 영역에 속한다고 라캉 스스로 말하고 있음을 염두에 두는 것이 좋으리라. 나중에 제2부에서 "신화"의 전문가를 길게 논해야 하니까.

확인하면서 앞으로 나아가자. 시니피앙은 연쇄하고 유동하고 환유적인 구조 속에서 결코 채울 수 없는 욕망을 품고 계속 전진한다. 이 흐름의 넘실거림이나 고임이 가져오는 뜻밖의 섬광에 시니피에를 생산하는 효과가 있다. 기호가 "누군가에게 무엇인가를 표상하는" 것인 반면 — 몇 번이나 말했듯 — 라캉은 시니피앙을 "다른 시니피앙에게(혹은 "다른 시니피앙 대신에") 주체를 표상하는 것"이라고 정의했다. 따라서 시니피앙은 시니피에를 표상하지 않는다. 주체를 표상한다. 게다가 "다른 시니피앙"이라는 "준거의 차원"을 향해 표상한다. 라캉의 개념 조작이라는 찰나의 섬광 속에서 시니피에는 쇠약해지고 소멸해가는 듯하다. 그래서 라캉은 이 말을 지겹도록 반복하는 것이다. 시니피에는 "흘러나오고", 끊임없이 시니피앙 밑으로 "쉼 없이 미끄러져 들어간다"[190]라고.

결국 시니피에는 어디로 가고 마는가? 그것은 무엇인가? 장-프랑수아 리오타르Jean-François Lyotard가 일찌감치 명쾌한 라캉 이론을 내놓으면서 시니피에란 결국 주체를 뜻한다고 말한 것을 모르지 않고, 그것이 틀린 것도 아니다.[191] 시니피앙 그리고 그 연쇄 효과야말로 주체라고 우리도 말해오지 않았던가? 그러나 라캉이 『불안』 세미나에서 "시니피앙의 효과는 주체 내부에, 본질적으로 시니피에의 차원을 출현시키는 것입니다"[192]라고 말할 때, 자세한 설명을 용납하지 않는 서어가 엿보인다. 여기에서는 주체와 시니피에를 각기 다른 것처럼 논하고 있기 때문이다. 하지만 이것은 되었다. 서어는 서어인 채로 내버려두자. 라캉 스스로가 그런 서어를 바랐으니까. 시니피에에 대해서는 자기도 "모른다"고 말했으니까. 시니피에, 즉 시니피앙의 연쇄와 그 효과로서 주체가 만들어내는 그 무엇, 그것이 상상적인 환상에 속하는 것처럼 보이는 서술도 있고, 만년의 「리튀라테르Lituraterre」를 읽으면 실재계와 연관된 것처럼 보이는 서술도 있다. 하지만 이에 관해서는 실재계를 논할 때 간략히 다루자.

그런데도 국내외를 막론하고 목격되는 "시니피에는 말하자면 이미지다"라는 이해는 너무도 단순하다고 할 수 있다. 이런 이해는 소쉬르와 라캉 둘 다 시니피에가 있는 곳에 "나무 그림"을 그려두었다는 것 정도밖에 근거가 없다. 필자가 알고 있는 한. 이는 적어도 소쉬르의 경우 "개념 내용"이지 그 그림을 뜻하는 것이 아니다. 라캉의 경우는 이미 논했다. 반복하지는 않겠다.

더 거칠게 말하자면 우리가 보아온 저 문장이 닫힐 때 떨어지는 글자가 시니피에이고,[193] 거기에 생긴 떨어진 구멍 주변을 선회하게끔 강요받는 그 무엇이 주체인 것이다. 하지만 우리가 라캉의 말을 인용해 입증한 것처럼 이 문자는 대상 a이고 구멍 주변을 선회하는 것은 향락, 잉여 향락이라 불리는 그 무엇이다. 여기에서 더욱 정치한 개념화가 이루어졌다기보다는 우리가 처음에 언급했던 개념의 상호 침투, 불균질성이 있었다고 보는 것이 정확할 것이다. 여기에서는 시니피에와 주체와 대상 a가 서로 침투해버렸다고. 또한 여기에는 라캉이 시대에 따라 자신을 갱신해간 다이나미즘dynamism이 있다기보다는, 단순히 라캉은 항상 같은 "누락", 항상 같은 "구멍"을 꺼내 보이며 설명하는 습성을 버리지 못했을 뿐이라고 보는 것이 공정하리라. 항상 구멍의 논리, 항상 결여의 논리, 항상 배제의 논리인 것이다. 시니피에든 대상 a든 주체든 향락이든. 몇 년 후 라캉은 상징계에도, 상상계에도, 실재계에도 실제로 구멍을 뿌려놓으니까. 그러나 그런 것은 아무래도 상관없다. 우리의 이로 바깥에 있는 일이다. 그러나 라캉이 "진정한 구멍"이라고 부르는 것마저 아무래도 상관없는 것은 아니다. 라캉 중 진정 읽어야 할 곳은 이 부분이니까. 다만 이를 논하기에는 아직 이르다. 계속 가자.

제13절 대타자라는 죽음의 메아리, 시니피앙의 연쇄 끝에

/

우리의 결론은 이렇다. 시니피앙과 그것의 연쇄 효과 때문에 시니피에가 미끄러져 내려가고 탈락해서 사라지는 순간에, 그 미미한

틈새에서 찰나의 잔광처럼 나타나는 것이 주체다. 시니피앙과 시니피에 사이에 있는 "가로줄의 저항"으로서, 아니 그보다는 앞에서 인용한 것처럼 "부유하는 시니피앙과 흘러나오는 시니피에의 실재의 가장자리"로서 한순간만 출현하는 것. 그것이 주체다. 주체를 표상하는 것, 시니피앙. 이 같은 연쇄의 활활 타오르는 환유적 욕망 속에 차례차례로 앞당겨 소환되어 결국은, 마침표가 찍힌 한순간만 한 묶음의 단위가 정해져 소급적으로 출현하는 표상, 그것이 주체다. 한순간만 출현했다 사라지는 주체. 라캉도 확실하게 말하지 않았던가? "자신의 소멸aphanisis을 동반하지 않는 주체는 어디에도 존재하지 않는다"[194]라고. 그러나 그 주체는 문득 문자의 탈락을 알아차리고, 또 환유의 실을 거슬러 올라가는 강박관념에 빠지게 된다. 시니피앙은 다른 시니피앙을 향해, 다른 시니피앙에게 주체를 표상한다. 그런데 구체적으로 어떤 양태에서 그러한가?

그것에 대해서는 조금 바보스럽게 보이기도 하는 "화장실" 그림을 보면서 이야기하자. 이 그림은 무엇을 표현하는가? 직역하겠다. 이 그림이 "상징화하는" 것은 "소변격리법lois de la ségrégation urinaire에 공공 생활을 복종하게 하려는 지상명령, 대다수 원시공동체도 공유하고 있다고 사료되는 지상명령"이다. 소변격리법. 여기는 웃을 부분이 아니다.[195] 이제 막 역에 들어온 열차 안에 마주 앉은 어린 오누이가 역 플랫폼에서 이 그림 같은 광경을 보고 "저기 부인이 있어" "에이 바보, 남자잖아. 안 보여?" 하고 이야기를 나누는 짧은 삽화를 같은 곳에 배치함으로써 라캉은 여기에서 시니피앙이라는 개념에 무엇인가를 "밀수"하려는 것이 분명하기 때문이다. 무엇인가를. 틀림없다. 성별에 관한 상징적인 계율이라는 가치, 남/여라는 말이 시니피앙이라는 사실, 나아가 그것은 남-여와 시니피앙 연쇄를 함으로써 작용하게 된다는 것, 이런 것들 말이다. 이 그림은 라캉이 엷은 웃음과 약간의 해학을 곁들여 살짝 추가한, 소쉬르로부터의 결정적인 변경을 보여준다. 라캉은 낮과 밤도 시니피앙이고, 서로 간의 대비 없이는 성립하지 않는다는 취지를 이야기한 다음, 마찬가지로 "남과 여"도 "시니피앙"이라고 말하고, 그것은 "수동적인 태도나 능동적인 태도 같은" 것과는 관계가 없다고 말한다.[196] 또한 남과 여라는 구분은 미리 주어지는 것이나 경험에서 도출되는 것이 아니라 "개인에게 시니피앙의 체계가 이미 주어져 있기" 때문에 인간은 남자 혹은 여자로 자신을 인식하게 된다고 말한다.[197] 즉, "여자라는 시니피앙은 남자라는 시니피앙에게 주체를 표상한다"는 것이다. 적어도 시니피앙 수준에서는 그렇다. 시니피앙에는 차이만 존재한다. 다른 시니피앙에 또는 다른 시니피앙을 대신해서 주체를 표상하지 않으면 시니피앙이 될 자격이 없기 때문에 다른 시니피앙으로부터 완전히 고립되면 아무 의미도 만들지 못한다. 그래서 라캉은 거기에 "연쇄"와 유동성, "욕망"을 도입하려 한다. "나는 여자다" "나는 남자다", 이는 진정한 대비 아래에서, 차이 아래에서 주체를 표상한다.

그리고 이로부터 라캉의 "진정한 시니피앙이란 그 자체로는 아무것도 의미하지 않는 시니피앙이다"[198]라는 문장의 뜻도 역설적으로 명확해진다. 전혀 아무것도 의미하지 않는 시니피앙이라. 전혀 아무것도 의미하지 않는, 주체를 다른 시니피앙을 상대로 표상하는 것. 이는 어떤 언명일까? 환유의 구조에서조차도, 적어도 저 시니피앙 환유의 실을 잡아끄는 "열광"과 "다른 것에의 욕망"

을 그 응시로써 덧없이 의미하고 말 것이고, 그것이 "공허한 말"의 "의미 작용"에 불과하더라도, 은유란 원래 섬광 같은 찰나에 불과해도 시인의 창조, 완전한 의미의 창출이 아니던가? 어떤 시니피앙이, 어떤 다른 시니피앙에 대한 주체의 표상이 "진정한 시니피앙" "그 자체로는 전혀 아무것도 의미하지 않는 시니피앙"일까? 단도 직입적으로 말하자. "나는 나다"가 그렇다. 더 정확하게는 『구약성경』에 있는 신의 말 "나는 '스스로 있는 자'다"가 그렇다.[199] 나무랄 데 없을 만큼 무의미한 언명이다.[200] "너는 내 남편이다"보다, "아내다"보다, "스승이다"보다, 저 "빛이 있으라"보다 훨씬 치명적으로 공허한 말이다. 이것이 우리가 말한 "두 번째 상징계"의 결론일까?

아니, 그렇지 않다. 아직 결론을 내릴 때가 아니다. 남은 문제가 있다. 첫 번째 상징계에서 약속의 진리를 보증하는 제3자로 제기되었던 대타자, "빛이 있으라"고 정초적인 말을 했던 "진리의 장소"이자 "신"이었던 대타자는 여기에서 어떻게 되는 것일까? 첫 번째 상징계에서는 "거기에서 듣고 있는 사람과 내가 함께 형성되어가는"[201] "제3자로서의 대타자"[202] "시니피앙의 보고宝庫"[203]이자 "말을 통한 계약"의 "성실한 보증인"[204]이었던 대타자는?

우선 대타자와 주체는 어떤 관계에 있는가? 여기에서부터 살펴보자. 두 관계는 단적으로 말해 "욕망"이다.[205] 주체가 욕망하는 것은 항상 "욕망의 욕망" "대타자의 욕망"[206]이고, "자신의 욕망을 승인하게 하는 욕망"[207]이었다. 대타자는 무엇을 원하는가? 주체는 대타자의 욕망을 욕망하는 주체다. 즉, '대타자의 욕망에 따라 승인받기'를 욕망하는 주체이고, 이를 통해 '대타자의 욕망을 욕망하기'를 성취하려는 주체다. 자신의 욕망이 대타자의 욕망이기를.

자신의 욕망이 진리의 욕망이기를. 있는 그대로의 상태가 자신의 진리를, "진정한 자신"을 욕망하는 것이기를. 끝내 찾아낸 "자신의 진리"가 대타자의 욕망이기도 해서, 그 승인 아래에 있기를.

　　　여기에는 무한한 욕망의 "초점 맞추기"가 있고, 그것은 라 캉이 시니피앙 연쇄의 환유적 구조라고 부른 것과 딱 일치한다. X라 는 시니피앙이 주체를 표상한다고 하자. 그것은 다른 시니피앙을 상대로/향해서만 주체를 표상하기 때문에 무한히 옆으로 미끄러 져간다. '나는 X다'라고 할 때의 X는 한없이 마모되고 유출된다. 이 때 사람은 이렇게 말한다. 나는 이것이고, 이것이기 때문에 나는 나 다. 그렇다. 이것인 나는 나다. 하지만 이를 보증하는 것은 무엇인 가? 나는 이것이고, 이것인 나는 나다, 라고 말하는 나다, 를 보증하 는 것은. 나는 이것이고 이것인 나는 나다, 라고 말하는 나는 나다, 라고 말하는 나다, 라고 말하는 나는, 나는……. 무한히 계속될 것 같은 이 공허한 시니피앙 게임이 대타자가 선언하는 "나는 나다" "나는 스스로 있는 자이니라"와 겹치는 순간을, 그 절대적인 보증 과 승인의 순간을, "너는 이것이다" "너는 너다" "너는 X다"라는 마 지막 말이 자신의 욕망과 하나가 되는 순간을, 주체는 시니피앙의 연쇄 속에서 끊임없이 강박적으로 자기 쪽으로 끌어당기려 한다. 명백히 헤겔적인, 아니 '코제브 해석 속의 헤겔적인'이라고 해야 할 대타자와 주체 간의 "욕망의 변증법"은 오랫동안 라캉 사유의 틀 이 된다. 1962년 『불안』 세미나에서도 헤겔을 인용하며 대타자와 주체의 욕망을 포개서 논한다.[208] 또한 "대타자의 향락"을 논한 후, 1974년 『속지 않은 자는 방황한다』 세미나에서도 거듭해서 "주체 의 욕망은 대타자의 욕망이다" "주체는 대타자 속에 이미 잠겨 있

다"고 말해, 이 욕망의 "뒤얽힘"을 논하고 있다.[209]

그러나 이 마지막 말의 순간은 도래하지 않는다. 물론 그것은 시니피앙을 매개로 한 대타자와 주체의 관계가 "소외"[210]로 관철되어 있기 때문이기는 하다. 우리는 상상계의 막다른 골목에서 이미 소외라는 말을 인용했다. 그러나 대타자의 두 번째 상징계에서도 소외는 해소되지 않는다. 이런 욕망은 처음부터 대타자와의 "간격intervalle" "소격écart" "벌어진 틈béance"[211] 속에서 출현한다고 라캉은 말했었다. 대타자는 아직 멀다, 신은 멀다. 하지만 문제는 그것뿐만이 아니다.

『욕망과 그 해석』세미나에서 "'사선斜線이 그어진 대타자'의 시니피앙"이라는 수학소를 거론하면서[212] 라캉은 드디어 대타자에게 사선을 긋는다. 그리고 이렇게 말한다. "'사선이 그어진 대타자'의 시니피앙"이라는 이 수학소는 "파롤의 장소 안에서" "시니피앙의 시스템, 즉 랑가주의 총체"로서, 대타자가 "무엇인가를 결여하고" 있음을 뜻한다고.[213] 나아가서는 이렇게 말을 잇는다. "정신분석의 거대한 비밀, 그것은" "대타자에게는 대타자가 없다는 것입니다" "대타자 안에는 '나는 있다'에 답할 수 있는 그 어떤 시니피앙도 없습니다" "대타자의 담론을 보증하는 것은 아무것도 없습니다."[214]

대타자는 무엇인가를 결여하고 있다. 파롤들의 주체로서도, 랑가주의 총체, 시니피앙의 보고로서도 무엇인가를 결여하고 있다. "나다"를 보증하는 제3자인 대타자는 대타자에게 존재하지 않기 때문이다. 대타자에게 신은 없다. 따라서 대타자는 자신을 보증해주는 자가 아무도 없다. 자신을 보증해주는 말도 없다. 따라서 대타자는 우리 한 사람 한 사람의 "나는 존재한다"조차 보증할 수 없다. 대타자는 그것을 보증하는 시니피앙을 하나도 갖고 있지 않다. 아무리 시니피앙의 연쇄를 손으로 더듬어보아도 마지막 말은 없다. 그것은 대타자에게서 얻을 수 없다. 그러므로 이런 귀결을 피할 수 없다. 즉, 주체는 대타자에게 애교를 부리며 이렇게 말한다. "'나는 존재한다. 왜냐하면 '나는 이것이다'라고 말하는 나는 나니까. 그런 것이지요?" 이처럼 끊임없이 보증을 호소하는 주체의 열띠고 들뜬 목소리를 들은 대타자는 다른 곳을 향해 이렇게 말한다. 대답이 아닌 말을. "나는 존재한다. 왜냐하면 '나는 이것이다'라고 말하는 나는 나니까. 그런 것이지요?"

이런 사태는 이미 오비디우스가 이야기하지 않았던가? 상상계의 나르키소스, 수면에 비치는 자신을 연모하는 저 나르키소스 옆에 있었던 자는 한없이 상대방의 말을 따라 할 뿐인 작은 님프 에코였다고. 그렇다. 궁극적으로는, 대타자는 불쌍한 님프 에코에 불과한 존재가 된다. 메아리(에코)처럼 말을 따라 하는 것 외에는 아무 말도 하지 못하는, 자기 자신의 말을 빼앗긴 에코가. 그에게는 자신의 말을 보증해주는 누군가가 없기 때문에. "나"와 마찬가지로.[215]

라캉이 거듭했던 말, "메타언어(랑가주)는 존재하지 않는다"는 바로 이처럼 "대타자에게는 대타자가 없다" "신의 말을 보증하는 그 누구는 없다"는 의미였다.[216] 라캉이 난해하나 그다지 유익해 보이지 않는 "욕망의 그래프" 도식을 써서 한 이야기는 결국 여기에 귀결된다. 이때 시니피앙의 연쇄 전체는 "대타자가 결여한 시니피앙"으로 귀결된다고 라캉은 말했다. 또한 "대타자에게 대타자는 없다" "진리의 무-신앙"이라고 말했다. 나아가 같은 곳에서 이렇게 말한다.

여기에서 문제 되고 있는 결여를 우리는 이미 '대타자의 대타자는 존재하지 않는다'는 말로 공식화한 바 있다. 하지만 진리의 무-신앙이 지닌 이 특징은 "대타자는 내게 무엇을 원하는가?"라는 질문에 대답으로 내놓아야 할 마지막 말일까? 이 대답은 우리가 분석가일 때, 우리는 과연 그 대변자일까? 물론 그렇지 않다. 우리의 직무는 교조적인 면을 전혀 갖고 있지 않으니까. 우리는 어떠한 최종적인 진리로도 대답해서는 안 된다. 특히 어떠한 종교에 대해서도 이에 찬성하거나 반대한다고 대답해서는 안 된다.[217]

"종교가 이기느냐 아니면 정신분석이 이기느냐" 하고 묘하게 심드렁한 열기를 담아 내뱉은 말년과는 상당히 취지가 다르지 않은가, 하고 훼방을 놓는 것은 나중으로 미루자. 그리고 라캉은 대타자를 역시 죽음과 포갠다. 이전 해에 있었던 세미나에서 이렇게 말했다. "마지막의 절대적인 대타자"는 "죽음의 모습la figure de la mort"[218]이라고. 따라서 필연적으로 이런 이야기가 된다. 어쩌면 대타자의 결정적인 답변은 가능할지도 모른다. 마지막 말은 어쩌면 있을지도 모른다. 대타자를 향해 "나는 무엇인가요?"라고 물어보면 될지도 모른다. 하지만 최후의 절대적인 대타자는 이렇게 답할 것이다. "너는 죽는다."

　　그런 말을 듣고 싶었던 것이 아니다. 여기에서도 역시 엇나가고 있고, 무엇인가 잘못되었다. 돌아오는 말은 결국 무엇인가가 결여된 말뿐이다. "너는 죽음이다"도 아닌 "너는 죽는다". 이것이 상징계의 대답, 대타자의 대답일까? 그렇다.

죽음이 드디어 모습을 드러냈다. 하지만 지금 여기에 이르러서도 아직 문제는 남아 있다. 이런 의문이 떠오른다. 그렇다면 이 대타자와 주체 사이에, 이 "욕망의 변증법"으로 관철된 관계에 동일화의 기제는 존재하는가? 소타자와의 상상적인 동일화 기제에 대해서는 이미 말한 바 있다. 그것이 "질투의 변증법"과 겹쳐진다는 것도, 그것이 거울상으로서 "자기"를 구성한다는 것도. 하지만 이 대타자, 결여를 안고 있는 대타자에게 동일화 기제는 존재하는가? 그렇다. 존재한다. 그것이 라캉이 말하는 "하나의 선=일원적 특징trait unaire"에 따른 "상징적 동일화"였다. 트레 위네르, 그것을 살펴보자.

제14절 트레 위네르란 무엇인가

/

트레 위네르는 1961년에서 1962년까지의 『동일화』 세미나에서 제시되어 서서히 정교해진다. 처음 세미나에서는 "트레 위니크(유일한 선·독자적인 특징)"라 부르지만, 라캉은 그것이 "시니피앙 속에 포함된 단위를 묶는 기능"과는 다르다고 확실하게 구별한다. 우리도 살펴본 '상위의 단위에 시니피앙을 통합하기'는 단순히 시니피앙의 차이를 가져올 뿐이다. 트레 위니크는 그것과 다르다.[219] 그리고 12월 6일 '트레 위네르'라는 말을 새로 차용해 그것을 "종적인, 수직의vertical"라는 말로 형용한다. 가로줄이 아니라 세로줄이다. 그리고 그것을 시니피앙의 차이를 "지탱하는 것support"이라 설명하고, 프로이트를 인용하며 여기에서 문제 되고 있는 것은 두 번째 종류의 동일화라고 말한다.[220] '소타자와의 동일화'와는 다른 동일화를 가져오는 것, 그것이 트레 위네르. 병적인 상상적 동일화와는 다른, 상징적 동일화를 가져오는 것, 그것이 트레 위네르. 해를 넘기고 연초의 세미나에서, 트레 위네르와 "고유명"의 관련을 언급하며[221] 라캉은 이런 말을 한다. "내가 지난번에 한 이야기를 다시 한 번 떠올려봅시다. 여러분에게 고유명에 대해 이야기했습니다. 주체의 동일화, 두 번째 타입의 퇴행적인 동일화, 즉 〈대타자의 트레 위네르〉와의 동일화에 관한 우리의 도정 속에서 그것과 만났기 때문입니다."[222]

이것으로 충분하다. 여기에서 우리답게 1961년 만추부터 겨울에 걸쳐 서서히 형성되어간 이 "트레 위네르"를 간략히 재단하도록 하자. 한마디로 트레 위네르란 "주체를 대타자의 영역에 걸어 끼우는"[223] 것인데, 그것을 통해 "주체를 설정한다."[224] 따라서 그것은 "주체 이전"[225]에 있는 근원적인 "하나"를 기입하는 것이다. 시니피앙의 효과인 주체가 출현하기 위해서는 당연히 주체 이전에 "최초의 시니피앙의 출현"이 필요하고, 이 "가장 단순한" 시니피앙이 바로 트레 위네르다. 라캉에 따르면 그렇다.[226] 여기에서부터 시니피앙의 연쇄 게임이, 저 차이의 게임이 시작된다. 그렇기에 트레 위네르는 시니피앙의 차이를 지탱하는 것이고 그 차이를 "창출하는"[227] 기능이 있다고 정의하는 것이다.

하지만 그 차이란 무엇이었는가? 시니피앙 연쇄의 차이란 무엇이었는가? 저 "열광"적인 "응시"의 차이, 연이어 흘러나와 끌어당겨지는 환유의 차이였다. 그래서 라캉은 프로이트를 소환해 "프로이트가 작은 차이들의 나르시시즘이라 부른 것"[228]과 트레 위네르를 연결시키는 것이고, 트레 위네르는 불가피하게 주체가 말려들게 되는 강박관념의 "한 번"에 해당하는 것, "반복하는 한 바퀴의 단일성"[229]을 지시한다고 말한다. 한마디로 트레 위네르는 시니피앙의 연쇄의 "반복강박"에 있어 "반복의 한 주기"를 "초기 설정" 한다. 그리고 '한 번, 한 번' 하고 시니피앙의 반복을 셈해가는 것이 주체를 만들어가는 이상, 트레 위네르는 주체에게 스스로를 셀 수 있게 한다는 말이 된다. 한 번의 반복이 한 번의 주체 출현이니까. 따라서 트레 위네르는 "주체에게 계산의 기반과 근거"이고, "트레 위네르는 세는 기능을 개시한다"라고 라캉은 말한다.[230]

하지만 그것만으로 주체가 자신을 셀 수 있게 될까? 자신을 하나의 개수로 세는 것. 이는 생각보다 자명하지 않다. 자신을 셈에서 깜빡하고 빼먹기란 자주 일어나는 일이다. 셈은 자신을 세는 또 다른 자신을 요청하기 때문이다. 이는 상식에 속한다. 한 번의 시니피앙 반복이 한 번의 주체 생성에 해당한다고 해서 정말 그 주체가 자기 자신을 하나로 셀 수 있는 능력을 갖게 되는 것일까? 그렇다면 트레 위네르가 주체를 "스스로를 하나로 세는 자" 로 만드는 과정은 어떠한가? 라캉은 트레 위네르를 논하면서 주체를 "하나로서의 대타자"의 "순진한 욕망" 속에 걸려 말려들어가는 "환유일 뿐인 주체"라고 명확히 말한다.[231] 시니피앙 연쇄의 환유적 욕망 속에서 넋을 잃은 이 주체가 어떻게 자신을 하나로 세게 되는가?

그러나 여기에 난해한 것은 하나도 없다. 트레 위네르가 '대타자와 주체 간에 인정 욕망의 변증법을 가동시키는 용수철', 즉 "모순"을 만든다고 라캉은 말한다.[232] 그런데 라캉에 따르면 이 "하나로서의 대타자"와의 욕망의 변증법 과정 자체가 여기에서는 상징적인 "동일화"와 같기 때문에, 하나인 대타자와 동일화하는 주체가 애당초 "하나"가 되지 않을 리가 없다. 즉, 주체는 한 번 한 번 이루어지는 시니피앙의 반복 효과로서의 하나이면서, 시니피앙의 연쇄가 반복하는 "다른 것"에의 욕망이 "하나로서의 대타자"와의 동일화를 향하는 지향성이라는 면에서도 하나다. 시니피앙의 연쇄가 반복하는 한 번 한 번이 부정성에 의해 구동하는 "욕망의 변증법" 내부에서 대타자를 향한 "하나"로의 동일화가 된다. 그래서 트레 위네르는 동일화를 가능하게 한다.

주체는 상징적 동일화를 통해 "한 명"이 된다. 즉, 사람들 중 한 명으로 스스로를 셀 수 있게 된다. 자신을 분류할 수 있게 되고, 그중 한 명에 불과함을 이해하게 된다. 짧고 애매모호하게 말하고 있기는 하지만 여기에서 라캉이 그것을 "분류"와 관련짓고 있음을 알 수 있다.[233] 쉽게 말해 그것은 인류학적인 "친족의 기본 구조"로의, "상징적 분류"로의 근본적인 기입이기도 하다. 그리하여 주체는 트레 위네르에 의해 스스로를 셀 수 있게 된다. 사람들 중에, 남녀 중에, 아무개의 아빠거나 엄마거나 오빠거나 동생이거나 하는 이러한 "분류"의 종種과 속屬 중에 "한 명"으로. 이 대타자에의 기입에서 "남은 것", 주체의 "하나"라는 계산에서 빠진 "나머지"를 대상 a이라 지칭할 터인데[234] 그것은 추후에 논하자.

한마디로 트레 위네르는 우리가 "두 번째 상징계"라 불러 온 것을 모두 실현한다. 그리고 결여를 안고 있는 대타자와 시니피앙 연쇄에 직면한 주체의 환유적인 "욕망" 간의 끝없는 뒤얽힘을 "상징적으로 동일화"한다.

제15절 두 가지 동일화, 두 가지 변증법, 두 가지 죽음의 모습
: 상상계와 상징계, 그 동요

/

따라서 이런 이야기가 된다. 상징계의 주체와 "죽음의 모습"인 대타자 사이에 있는 시니피앙의 "욕망의 변증법"은 최초의 시니피앙인 트레 위네르에 의해, 무한한 "열광"과 허무한 "다른 것에의 욕망"의 "연쇄"에 애태우는 "동일화"가 된다. 상상계의 자아와 "죽음의 필촉"에서 묘사된 "죽음의 이미지"인 소타자 사이에 있는 이미지의 "질투의 변증법"이 최초의 이미지인 거울 단계의 자기 이미지에 의해, 무한한 "애증"과 "살육"의 "증식"을 가져오는 "동일화"가 된 것처럼. 덧붙여야 할 말이 있다. 트레 위네르는 주체에 선행한다. 주체에 선행하는 시니피앙에도 선행한다. 대타자보다도 선행한다. 따라서 라캉은 다음과 같이 말하게 된다.

> 트레 위네르는 주체 이전에 있습니다. "태초에 말씀이 있었다"란 결국 "태초에 트레 위네르가 있었다"라는 뜻입니다.[235]

여기는 웃어야 할 부분일까? 모르겠다. 이제 모르겠다. 태초에 있는 것은 말씀이었다. 그것은 다발도 파롤도 아닌 랑가주였다. 하지만 이제 그것은 랑가주조차도 아니고 트레 위네르라니. 아니다. 망연해할 필요는 없다. 전혀 난해하지도, 회삽하지도 않다. 이는 이미 우리가 검토해온 바다. 라캉의 이로 속에서 맨 처음에 태초에 있어야 할 것은 파롤이었고, 다음에는 랑가주여야 했고, 마지막에 그것은 "최초의 시니피앙"인 트레 위네르여야 했다. 최초의 시니피앙이 없다면 애초에 랑가주조차 존재할 수 없으므로 이는 당연한 귀결이다. 우리는 차근차근 될 수 있는 한 논리적으로 살펴왔다. 우리는 이를 가로질러왔다. 필연적으로 여기에 이르는 이로의 궤적이 우리에게는 이미 뚜렷이 보인다. 우리는 그런 장소에 당도했다.

하지만 역시 무엇인가 이상하다. 위화감을 털어낼 수 없다. 다 털어낼 수가 없다. 역시 아무것도 해결되지 않은 것 아닌가? 주체의 한없는 욕망, "나"의 "이것"을 추구하는 계속되는 욕망이라는 문제는 해결되지 않은 것 아닌가, 하는 말이 전혀 아니다. 애당초 해결 따위 있을 리가 없고 라캉에게 그것을 요구해보았자 소용없다. 의문은 다른 데 있다. 너무도 확연하게 눈에 들어오는 문제다. 이제 감출 수도 속일 수도 없다. 우리가 비스듬히 가로질러온 동그라미 두 개, 상상계와 상징계는 사실 같은 것이 아닌가?

일반적인 이해에 따르면 상상계는 이미지와 애증의 세계이고, 상징계는 언어와 법의 세계다. 이는 단순하지만 딱히 틀린 것은 아니다. 그뿐만 아니라 이미지와 언어가 각자 다르다는 것은 철학적인 지식을 언급할 필요도 없이 우리의 상식에 속한다. 누가 언어와 이미지를 헷갈리겠는가? 하지만 여기에서의 문제는, 라캉에게 상징계의 구성 요소는 파롤도 말도 기호도 아닌 "시니피앙"이라는 기묘한 무엇이라는 사실이다. 기호는 "누구에게 무엇을 표상하는 것"[236]이지만 시니피앙은 그렇지 않다고 라캉은 단언했었다. 시니피앙은 기호와 달리 정의 자체에 "누구"도 "무엇"도 결여되어 있다. 뿐만 아니라 "누구"와 "무엇"을 효과로서 산출하자마자 사라지게 하는 그 무엇인 것이다. 이는 우리가 살펴온 바와 같다.

여기에서 다소 예의에 어긋나는 질문을 하지 않을 수 없다. 시니피앙은 무엇으로 이루어져 있는가? 시니피앙의 재질은 무엇인가?—라는 질문을. 왜 예의에 어긋나느냐면 "다른 시니피앙을 상대로/대신해 주체를 표상하는 것"이라는 시니피앙의 정의는 어디까지나 형식적인 정의이고, 정의상 그것의 재질 등은 전혀 문제되고 있지 않기 때문이다. 따라서 시니피앙의 재질은 무엇이냐는 물음은 정의상 "번지수가 잘못된 것"이고, "우문"인 것이다.

그런데 라캉 자신이 그것을 논한 적이 있다. 더불어 여기에는 큰 문제가 있는 데다 많은 논의도 있어왔다. 익히 알려진 것처럼 라캉은 우선 "문자"를 모델로 "시니피앙의 물질성"을 논했다.[237] 그리고 "문자"에 대해 "우리는 문자라는 말로, 담론이 언어(랑가주)에게 빌리는 물질적인 지지체支持体를 지시한다"[238]고 했다. 그리고 "시니피앙의 물질성"을 논한 『에크리』판 「『도둑맞은 편지』의 세미나」의 같은 쪽에서는 시니피앙과 동일시한 "편지=문자lettre"에 관해, "잘게 찢어도 그것은 역시 편지=문자다"[239]라고 말한다. 잘게 찢어도 변하지 않는 물질이 있고 그것은 시니피앙이라고 말이다.

결국 애매모호하기 그지없는 이야기로, 이것 때문에 라쿠-라바르트와 낭시는 시니피앙이 지시하는 대상은 언어의 관념성도 물질성도 아니고, 여기에는 관념성과 물질성, 관념론과 유물론에 대한 "이중의 거절"[240]이 있다고 했던 것이다. 같은 책에서 그들은 시니피앙은 "장소의 차이"이자 "위치 결정의 가능성 그 자체"이고 장소를 "분할하고 제정하는" 것이라고 결론짓는데,[241] 이는 형식적인 정의에 불과하고 우리의 이로에서 이미 논한 내용이다. 상징적 결정이란 처음부터 "상징적인 위치의 결정"으로, 시니피앙의 연쇄의 차이 아래에서 순간적으로 확정하는 주체의 언명은 다른 시니피앙에게 주체의 장소를, 예를 들어 저 화장실의 그림의 경우 남자에 대비되는 여자를 "표상하는" 것이니까.

나아가 자크 데리다Jacques Derrida는 문자=시니피앙의 "물질성"이란 "분할 불가능성으로부터 연역해보면" "실제로는 관념화에 대응한다"²⁴²고 단언했다. 맞는 말이다. 왜냐하면 라캉 스스로 『에크리』의 같은 쪽에서 이 물질성의 "특이함"을 인정하고 말았고, 어느 강연에서도 "시니피앙, 그것은 물질입니다. 언어 속에서 자기를 초월하는 물질입니다"²⁴³라고 말했다. 그런데 당연하게도 물질과 질료는 자신을 초월하지 않기에 물질과 질료인 것이다. 이는 철학적 소양의 유무와 상관없이 자명한 일로, 라캉도 그것을 알고도 이렇게 말한 것이 분명하다.

후에 라캉은 『앙코르』에서 이렇게 말한다. "시니피앙은 결코 음소적인 지지체로 한정할 수 있는 것이 아닙니다."²⁴⁴ 주의하자. 시니피앙은 소리가 아니라는 말이 아니다. 쉽게 말해 라캉은 시니피앙을 소리로 한정하고 싶지 않은 것이다. 소쉬르가 그랬던 것처럼 그것을 "청각"에만 관계된 것으로 여기고 싶지 않은 것이다. 알랭 쥐랑빌Alain Juranville은 약간 다른 이야기를 섞어가며 꾸불꾸불 전개한 논의에서, 프로이트가 엄밀하게 구별한 "언어 표상"과 "사물 표상"은 일단 소쉬르의 "시니피앙"과 "시니피에"에 대응시킬 수 있다고 전제하면서, 결국 라캉이 말하는 시니피앙은 더는 "언어 표상이 아니라 사물 표상"이라고 주장하는데, 반은 옳은 말이다.²⁴⁵ 그러나 쥐랑빌의 말을 빌리자면 시니피앙은 언어 표상이기도 하고 사물 표상이기도 하다. 혹은 양자의 상호 침투라는 말이 더 정확하리라.

그것은 어느 정도는 물질이고 어느 정도는 관념, 어느 정도는 언어 표상이고 어느 정도는 사물 표상인 것이다.

확실하게 말하자. 시니피앙의 재질은 불확정적이고 균질하지 않다. 우리가 처음에 주장한 라캉의 개념이 지닌 불균질성을 여기에서 볼 수 있다. 역으로 보면 소쉬르는 시니피앙을 "청각 이미지image acousique"로 정의했는데, 그것을 묘한 방식으로 진지하게 받아들인 사람이 라캉이고 라캉의 시니피앙이라고 할 수 있다. 소쉬르는 소리의 울림 자체가 마음속에 만들어내는 그 무엇이라는 뜻으로 이 표현을 썼었다. 그런데 라캉은 이미지이고 소리다. 그와 동시에 이미지이자 소리인 그 무엇이라고 독해한 것이 아닌지 의심스럽다. 게다가 그것은 관념적인 물질이기도 하고, 물질적인 관념이기도 하고 자신을 초월한 분할 불가능이기도 하다. 여기에서 머리를 싸쥐지 말자. 쓸데없는 일이다. 우리는 처음부터 그리 말해왔다. 그것은 "그 무엇"이다. 물론 말과 관계된 "그 무엇"인 경우가 많기는 하다. 그런 경향이 있기는 하다. 하지만 그것은 어디까지나 "경향"에 머무를 뿐이다.[246] 그것은 "그 무엇"이다. 다른 "그 무엇"을 향해/대신해 "주체"를 "표상"하는 "그 무엇"이다. 그리고 그 재질은 결국 무엇이든 상관없다. 물론 이미지여도.

우리는 이미 이렇게 말한 바 있다. 상상계와 상징계는 메커니즘부터가 너무 닮았다. 상징계의 주체에 대비되는 상상계의 자아. 상징계의 대타자의 "죽음의 모습"에 대비되는, 상상계의 소타자의 "죽음의 필촉"에서 묘사된 "죽음이라는 절대적 주인의 이미지". 상징계의 "욕망의 변증법"에 대비되는 상상계의 "질투의 변증법". 욕망의 변증법을 가동시키는 것은 상징계의 "최초의 시니피앙"인 "트레 위네르"였고, 질투의 변증법을 가동시키는 것은 상상계의 "최초의 이미지"인 "거울에 비친 자기 모습"이었다. 시니피앙 연쇄에는 무한의 "열광"이 있었고, 이미지의 소타자의 증식에는 끝없는 "애증"이 있었다. 상상계에 "동일화"가 있었던 것처럼 상징계에도 "동일화"가 있었다. 그리고 시니피앙은 이미지이기도 하다면. 그렇다면 거울에 비친 자기 이미지를 "다른 이미지에게 주체를 표상하는 것"이라고 다시 정의하는 것이 전적으로 가능하지 않은가?[247]

제16절 〈거울〉이라는 장치

/

간단하다. 전혀 어렵지 않다. 맨 처음으로 돌아가 생각해보자. 태초에 거울이 있었다. 우리의 논의는 거울에서 시작되었다. 그 거울 앞면으로 돌아가 생각해보자. 이미 주를 달아 상세한 설명을 해왔으니 일일이 전거를 명시하지는 않겠다. 한달음에 논하도록 한다.

거울 앞에 있는 아이. 그는 거울 속에서 자신의 "전체상"을, 통일된 이미지를 인지하고 환희한다. 그는 이미지의 세계, 상상계에 들어가, 이윽고 상징계의 포르트-다를, 그것에서 산출되는 말을 기다리게 된다. 이미 이미지의 세계에 있는 그는 아직 도래하지 않은 말을 기다리고 있다. 우리는 이렇게 논했다.

하지만 이는 이상하다. 아이는 이미 알고 있기 때문이다. 이미 수취했기 때문이다. "이것이 너야"라는 말을 그는 이미 듣고 있기 때문이다. 그렇지 않다면 어찌 거울에 비친 "이것"이 자기라고 알 수 있을까? 이런 언명이 없다면 "이것"은 평평한 표면에 비친 그 무엇, 약간은 움직이기도 하고 멈추기도 하는 그 무엇 혹은 빨거나 빨림당하는 그 무엇에 불과하다. "이것이 너야"가 거기에 동반되지 않으면 아예 거울 이미지 자체가 존재하지 않는다. 따라서 거기에서 자신의 정체성을 찾아낸 환희도 끓어오르지 않는다. 그 환희의 순간, 이미 말은 거기에 잠입해 있다. "융합적인 카니발리즘" "포악"으로부터 탈출을 가능하게 하는 원초의 이미지에 이미 말은 몰래 스며들어 있다. 말은 항상 빈틈없이 거울 앞면에 심기어 있다. 반복하겠다. 그렇지 않다면 이 묘하게 빛나는 표면이 자기임을 어떻게 알 수 있겠는가? 이렇게 말하자. 이미지는 이미지가 아니다. 모든 이미지의 근본이 되는 최초의 이미지, 거울의 자기 이미지. 그것은 전혀 순수한 이미지가 아니다. 이미지와 말이 섞인 그 무엇이다. 순수한 이미지 같은 것은 존재하지 않는다. 시니피앙이 순수하지 않았던 것처럼.

　　환희를 느끼는 일은 별로 없지만 우리도 매일 거울을 바라보고 거기에서 자신의 모습을 인지한다. "이것이 나다." 그렇다. 거기 있는 것은 "나다". 빛바랜 일상의, 메마른 사실이다. 하지만 이조차 결코 자명하지 않다. 거기에 비친 "나"는 "내"가 아니라는 사실을 모른다면 "거기에 비친 것은 '나'다"라고 말할 수 없기 때문이다. 역설을 늘어놓는 것이 아니다. 너무도 당연한 사실이다. 거울에 비친 이미지가 "진짜 나"라고 말하는 사람은 없을 것이다. 그것은 허상에 불과하다. 실체가 없다. 그것은 표상이고 가상이다. "그것은 내가 아니다." 누가 거울 속에 비친 모습 자체를 자기 자신이라고 생각하겠는가. "그것은 내가 아니"기 때문에 "이것은 나"인 것이다.

이를 모르면, 예를 들어 동물이 거울 뒤를 확인하고 거기에 아무도 없는데 놀라는 식의 잘못을 범하게 된다. 또는 어린아이가 텔레비전 속에 "진짜" 사람이 있다고 생각하는 식의, 순진하고 사랑스럽지만 유년기의 짧은 환상으로 누구나 기억 속에 각인되어 있는 종류의 잘못을 범하게 된다. 도대체 누가 거울에 비친 자기 모습, 그 자체가 "나"라고 생각하겠는가. 그것은 거울상이다. 따라서 허상이다. 표상이다. 그것은 죽어 있다. 당연하다. 그것은 나와 달리 살아 있는 것이 아니니까. 정신분석에서 표상이란 "텅 빈 신체, 유령, 세계와의 관계의 창백한 몽마夢魔, 야윈 향락"[248]을 의미한다고 라캉은 말했었다. 우리는 이 문구에 전혀 당황하지 않고 이해할 수 있는 장소까지 이미 왔다. 〈거울〉의 표상은 생기 있는 채로 어디인가 죽어 있는 인형(사람 모습)인 것이다. 따라서 그것은 "나 자체"가 아니다. 하지만 거울을 보고 "이것은 나야"라고 말하는 것을 이 사실이 가능하게 한다.

거울에 비친 모습은 이미 순수한 이미지가 아니다. "나다" "내가 아니다"라는 이중의 말이 이미 거울 속에 끼워져 있다. 그렇지 않으면 거울이 기능하지 않는다. 거울이 주는 것은 이미지가 아니고, 당연히 거울 자체도 이미지가 아니다.

그렇다면 거울은 무엇인가? 우리 주변에 있는 도구가 아니라는 말인가? 그렇다. 그것은 더는 단순한 의미의 도구가 아니다. 거울은 보이지 않으니까. 당신이 거울을 볼 때 눈에 들어오는 것은 "너다" "네가 아니다"라는 이중의 말이 각인된 이미지에 불과하다. "거울 자체"가 아니다. 그렇다면 거울의 뒷면을 보자. 그것은 거울이 아닌 판자에 불과하다. 거울로서의 역할을 하지 않으니까. 즉,

거울은 특정한 초월론적인 기능을 하도록 조립된 그 무엇이고, 따라서 그것은 경험의 조건을 설정한다. 거울은 보이지 않는다. 하지만 보게끔 하는 것이다. 시각상 거기에 없지만, 거기에 없음 때문에 주체로 하여금 존재자의 지각을 가능하게 하는 것. 그것이 거울이다. 따라서 이런 역할을 하는 것이라면 모두 거울이라 부를 수 있게 된다.

말하자면 〈거울〉이란 하나의 장치인 것이다. 그 자체는 말도 이미지도 아니지만 말과 이미지와 물질로, 무엇보다 말과 이미지의 상호 침투로 정치하게 조립된 하나의 장치인 것이다. 그리고 거울에 비친 자기 모습은 "내가 아니다". 그것은 표상이다. 이를 전제했을 때 비로소 거울의 "이것이 나다"가 성립한다. 여기에 약간이라도 어려운 부분이 있을까? 반복하겠다. 거울은 단적이고 단순한 현전성을, "지향 대상"을 부여하는 단순한 도구가 아니다.[249] '거기에 있는 것은 내가 아니지만 나다'라는 말과 함께 우리는 거기에서 이미지인 우리의 모습을 본다. 거울은 "나다" 이미지와 "내가 아니다" 이미지, 그리고 "나다" "내가 아니다"라는 상반된 두 가지 말로 구성된 몽타주인 것이다. 그러하기에 그것은 일치와 불일치를 동시에 낳는다.

따라서 결론은 이렇다. 〈거울〉은 말과 이미지의 불균질적인 침투 상태로 구성된 장치이고, 이 장치는 말과 이미지 사이에 있는 그 무엇을 생산한다. 즉, 표상을 생산한다. 주체라는 표상을, 자아라는 표상을, 타자라는 표상을 생산하는 것이다. 그리고 그 표상은 욕망하고, 광란한다.

따라서 우리의 이로와는 비록 목적과 어휘가 다르지만 들뢰즈가 『의미의 논리』에서 "거울은 역설적인 심급"이고 "동시에 언어이자 사물이고, 이름이자 대상이고, 의미이자 지시대상이고, 표현이기도 하고 지시이기도 하다"[250]라고 성급함을 두려워하지 않고 연이어 말했던 것은 옳다. 들뢰즈와 가타리가 『안티 오이디푸스』에서 "상상계와 상징계 사이에 경계라도 그어져 있는가?"라고 강력하게 반문한 다음 "상상계와 상징계 사이에서는 어떠한 본성상의 차이도, 어떠한 경계도, 어떠한 한계도 찾을 수 없었다"[251]고 소리 높여 말한 것은 옳다. 그리고 르장드르가 "나르키소스에게 거울은 결정적으로 존재하지 않는다"[252]고 단언하고, "사회적 거울"[253]이라는 개념을 고안해 거울을 사회를 향해 풀어놓는 한편, 일관해서 상상계와 상징계의 분리는 불가능하다고 말해온 것은 옳다. 이 상상적이자 상징적인 〈거울〉, 이 책의 제2부는 여기에서 시작하게 될 것이다.

상상계는 상징계의 뒷면이고, 상징계는 상상계의 안감이다. 여기에 놀라운 사실은 전혀 없다. "이것이 너야"라는 언표를 최종적으로 보증할 터였던 '결여를 떠안고 있는 죽은 형상'인 대타자, 그리고 '눈앞에서 응고되고 동결되어 매혹하는 죽음의 이미지'인 소타자는 이미-항상 거울에 존재한다. 상징계는 상상계에, 주체는 자아에, 시니피앙은 이미지에, 욕망의 변증법은 질투의 변증법에, 트레 위네르는 원초의 자기 이미지에, 상징적 동일화는 상상적 동일화에 갑자기 침투해 그 확연한 구별의 선분은 번져서 파선처럼 흐려진다. 시니피에는 주체와 섞여 대상 a와 유사한 성격을 지니면서 사라져간다. 우리는 말한 바 있다. 라캉의 개념은 근본적으로 어떤 유형의 불균질성을, 불확실성을, 혼성성을 지닌다고. 그래서 난해하다고. 이는 일정 부분 논증되었다.

제17절 상상계와 상징계 사이, 〈의미〉의 영역: 시의 섬광

그래도 아직 이번 장을 마칠 수 없다. 아직 남은 문제가 있다. 우리가 제시한 최초의 보로메오의 상상계 I와 상징계 S가 겹치는 장소, 즉 "의미"의 장소를 우리는 아직 가로지르지 않았으니까. 우리의 이로에 따르면 필연적으로 〈거울〉이 이 "의미"의 장소를 차지하게 된다. 이는 무엇을 의미하는가?

라캉은 『R. S. I.』 세미나에서 의미의 위치를 확정하는 데 다소 어려움을 겪는 듯 보인다. 물론 그림을 보면 알 수 있듯 "의미"의 영역은 실재계의 바깥에 있다. 그래서 라캉은 의미를 실재계의 "외-존外存, existence[현실 존재]"이라고 표현하고, 따라서 실재계는 의미를 결여한다고 논하면서,[254] "실재계, 그것은 백지의 의미인 것입니다"[255]라는 식으로 설명을 시도한다. 같은 날의 세미나에서 라캉은 "어떤 것을 명명하는 데 의미의 고유성이 있고" "이로써 우리가 제반 사물이라 부르는 애매모호한 '사물'의 차-원(dit-mansion, 차원=말해진-무대장치의 일각)이 출현합니다. 그리고 그것은 실재계에 의해서만 확립된 것이 아니지요"라고 말하고, "의미의 출현"을 논한다.[256]

'드디어 여기에서도 서서히 개념의 상호 침투가 시작되었다'는 식으로 말하면 너무 졸속적이다. 그래도 실재계와의 관련만으로 의미를 확정하기는 힘들었다. 그런데 1976~1977년, 전체적으로 노쇠한 인상만 남은 만년의 세미나 중 1977년 3월 15일의 모임에서 라캉은 갑자기 젊었을 때의 이로가, 젊은 시절 초현실주의자들과 교유交遊했던 기억이 떠오르기라도 한 듯 말한다. "시란 상상적으로 상징적인 것입니다." 그리고 그 자리에서 바로 "상상적으로 상징적인 것"은 "진리라 불립니다"라고 서슴없이 말한다.

또한 실재계와 의미의 관계를 거듭 언급하면서 라캉은 이윽고 저 그리운 "충만한 말"까지 꺼낸다. "충만한 말, 그것은 의미로 충만한 말이라는 뜻입니다. 공허한 말이란 의미 작용만 갖는 말이라는 뜻입니다"라고 논하면서, 바로 "내가 진리라고 말할 때 나는 의미를 언급하고 있는 것입니다. 하지만 서투른 시의 경우, 시의 본래의 것은 단지 의미 작용만 갖습니다"라고 말한다.[257] 그렇다. 우리도 떠올리자. 라캉에게 단순한 의미 작용이 아닌, 진정한 "의미"를 낳는 것은 "은유"였다. 시니피앙과 시니피에를 나누는 가로줄의 순간적인 월경越境이자 "시적인 번뜩임" "창조적 번뜩임"이었다. "사랑은 태양 속에서 웃는 조약돌"이었다. 분명히 초기의 『정신병』 세미나에서 라캉은 은유를 단지 암호에 불과한 환유와 구별하면서 "정초적 말"과 동일시했었다.[258] 나아가 "은유적이지 않은 의미는 존재하지 않습니다"[259]라고 단언했었다. "동물이 은유를 구사하는 것은 생각조차 할 수 없습니다"[260]라는 말도 했다. 그리고 우리는 이 "은유"가 아무래도 "두 번째 상징계" 안에서 바로 단정하기 힘든 위화감을 남기는 무엇인가를 잉태하고 있다고 제12절에서 이미 지적했다.

상상계와 상징계 사이에 있는 "의미". 그것은 "시인"의 "충만한 말"이자 "정초적인 말", 새로운 "의미"의 생산, "진리"라고 연로한 라캉은 말한다. 다시 말하자면, 우리가 "첫 번째 상징계"라고 불러왔던 것의 "정초하는" 작용이 "파롤"을 "랑가주"로 대체해도, "트레 위네르"로 대체해도 결국 완전히 해소할 수는 없었다는 말이다. 정초적인 말의 충만한 힘은 '우리가 상상계와 상징계의 구별을 위험에 빠뜨린다고 한 〈거울〉의 정초하는 힘'이 되어, 두 번째 상징계에서 알력을 가져왔던 "은유"의 의미를 창조하는 힘이 되어, 소멸하지 않고 결국은 귀환한 것이다. 은유는 정초한다. 의미는 정초한다. 시인의 말은 정초한다. "상상적으로 상징적인" 것으로.

그러나 거울이 왜 이러한 시인이 창조하는 은유일까? 라캉은 말했었다. 아이의 첫 번째 동일화의 선택, 즉 거울 단계에서의 자기 이미지와의 동일화는 "그로 인해 인간이 자신을 인간이라고 여기는 저 광기 외에 그 무엇도 가져오지 않는다"[261]고. 거울 앞에서서 "이것은 나야, 인간이야"라고 말하는 것은 원칙적으로 "나는 나폴레옹이다" "천황이다"라고 말하는 것과 동일한 광기다. 그리고 이 편집증적 광기는 인격과 동일하다고 우리는 이미 논했다. 거울을 향해 "나다"라고 말하는 것이 은유인 이유는 그것이 내가 아니기 때문이다. 〈거울〉의 상은 표상이지 내가 아니다. 그것은 "죽은 모습"이다. 죽은 모습의 "전체상"이지 "자세한 클로즈업"이 아니다.

"나는 이 죽은 모습이다." 유아가 처음 발화하는 충분히 시적인 이 말이 정초하는 말(파롤)이 되어 주체를 석출析出(분석해 꺼내다를 뜻한다.—옮긴이)한다. 어느 순연한 죽음의 모습, 표상 앞에서 그것이 나라고 말하는 것. 이는 "주체의 은유"[262] 이외의 그 무엇도 아니다.

그러나 예를 들어 다음과 같은 반문도 가능하리라. 그렇다해도 이 거울의 "나다"는 상상적인 것이고, "죽은 모습"과의 동일화는 광기의 애정을 낳지 않았던가? 그것이 시인의 번뜩임과, "은유"와 어떤 관계에 있다는 것인가? 그런데 『에크리』의 보유 논문

「주체의 은유」 중 한 문단에서 라캉은 이렇게 말했다. "은유"가 낳는 것에 바로 "사랑의 막다른 골목"[263]이 있다고. 그리고 라캉에게 비판적인 제자 르장드르라면 오비디우스를 직접 언급하면서 더 명쾌하게 말할 것이다. 거울에서 타자인 자기를 찾아내는 것, 그것이 "은유화"[264]라고.

　　　이번 장의 목적은 달성되었다. 〈거울〉은 상징적이자 상상적인 장치다. 그리고 그것은 의미와 은유를 낳는다. 〈거울〉 앞에서 "덩실"거리는 유아, 그는 스스로를 은유로 정초하는 하나의 시인이었던 것이다. 〈거울〉은 나르키소스에게 속삭이는 에코다.[265] 나르키소스에 대해 거듭 논했던 시인 폴 발레리Paul Valery를 라캉이 거듭 인용하고 있음을 여기에 덧붙인다면 이제 사족이 될 것이다.[266]

　　　하지만 여기에서 끝나지 않는다. 아직 끝낼 수 없다. 시인의 은유가 창출하는 의미는 실재계에 "외-존하는 것"에 머무르지 않는다. 그것은 난데없이 보로메오의 다른 장소에도 침투해 들어가, 돌연 실재계의 구멍 안에서 불온하고 기이한 모습으로 부상하게 된다. 이를 확인하지 않는다면 지금까지 펼쳐온 우리의 논지도 공허한 것이 된다. 그리고 이 "부상"이야말로 라캉의 진정한 가능성이라고 필자는 생각한다. 하지만 그것은 더는 이 장에서 논할 내용이 아니다.

　　　보로메오의 세 번째 원환, 실재계로 향하자.

제3장

○

○

○

○

향락의 레귤레이터
: 팔루스와 대상 a

제18절 실재계란 무엇인가: 작은 소리, 삐걱거림

/

실재계란 무엇인가? "실재계란 무엇인가?"와 같은 질문을 용납하지 않는 그 무엇이다. 라캉에 따르면 실재계는 상상계와 상징계와 전혀 다르다.[267] 그렇다. 근본적으로 의미나 의미 작용의 영역인 이 둘과 달리 실재계는 의미를 결여하고 있다. 이는 이미 논한 바 있다. 1974년 로마에서 열린 파리 프로이트학파 제7회 총회에서 행한 강연 『제3의 여성』에서 라캉은 "실재계는 세계가 아닙니다. 표상에 의해 실재계에 도달할지도 모른다는 희망은 전혀 없습니다"라고 말했고, 또 "실재계란 전칭적(universal, 보편적)인 것이 아닙니다. 무슨 말이냐 하면 실재계란 엄밀한 의미에서 '모든 것'은 아니라는 말입니다. 즉, 실재계의 제 요소 하나하나가 그 자체와 동일하지는 않다는 의미에서 그렇고, 또한 '모든······'이라고 표현할 수 없다는 의미에서 그렇습니다"[268]라고 말했다. 실재계의 요소는 "모든

……는 ……이다"와 같은 전칭 명제로 표현할 수 없다. 그것은 표상이 아니고, 의미도 없다. '그 피안에 있다'가 아니라 그 피안이다. 따라서 "실재계는 엄밀히 말해 사고 불가능한 것이다". "실재계는 나날이 벌어지는 일들affaire의 구멍을 이루는 것이다."[269] 따라서 그 유일한 정의는 "실재계란 불가능으로 정의된다"[270]밖에 없다.

"실재계란 불가능한 것이다."[271] 불가능인 실재계, 그것은 세계 안에 없다. 표상도 의미도 말도 이미지도 따라잡지 못한다. 따라서 상징화할 수 없다. 즉, 〈거울〉에 비치지 않는다. 실재계는 "세계"가 아니니까. 그러나 이렇게 말하면 실재계를 실체화된 형태로 이해할 우려가 있다. 실재계의 실체화. 이를 허용하면 세계에 대한 실재계의 "침입"이 일어난다는 식의 언명도 가능해지고, 실재계를 통속적으로, 사나운 야수처럼 여길 위험도 있다. 세계와 실재계 사이에 저 고풍스러운 중심과 주변의 변증법 같은 것마저 가능하다고 생각할 수도 있다. "실재계의 침입." 이런 이해는 분명히 잘못된 것이고 이론적인 후퇴 외에 아무것도 아니다.

그러니 차라리 이렇게 말하자. 세계가 구성될 때, "정형외과적"인 절차에 의해 표상이나 의미나 말이나 이미지가 나타날 때, 즉 "상징화"가 이루어질 때 이로 인해 결과적으로 "불가능"이 되어 잃게 되는 그 무엇이라고. "존재의 울적"이 일어난 순간에 그로부터 빠져나갔을 터인, 울적되지 않은 그 무엇. 그렇다. 우리가 살펴본 것처럼 상상적이고 상징적인 이 "세계"란 "죽은 모습" "죽음의 이미지"에 포위당하고 관통당한 자동인형의 세계였다. 봉제되고 응고된 직립상의 세계였다. 거기에 포섭되지 않은 것이 실재계다.

그렇다면 "세계의 바깥"인 실재계란 저 "생의 철학"이, 특히 속류의 그것이 주장하는 식의 "개체를 초월한 생명의 바다" "생명의 맥동 자체"라는 말일까? 저 감미로운, 하지만 어쩐지 해이해질 대로 해이해져 속정俗情에 젖은 "풍요로운 바다"라는 말인가? 그렇지 않다. 전혀 다르다. 라캉은 어디인가에서 청중에게 약간 신경질적인 어조로 언명하고 있다. "상상계가 죽어 있고, 실재계가 살아 있다는 따위의 이해는 틀렸습니다."[272] 그렇다. 그것은 오히려 죽음 편에 있다. 라캉은 실재계를 "쾌락원칙의 피안", 즉 "죽음의 충동"과 관계있는 것으로 보니까.[273] 세계가 쾌락의 차안此岸이라면 실재계는 바로 그 "피안"이라고 말하니까. 상상계도 죽음, 상징계도 죽음, 실재계도 죽음이다. 차안도 죽음, 피안도 죽음. 죽음, 죽음, 죽음. 어디를 둘러보아도 죽음뿐이다. 라캉 이론은 결국 궁극적인 니힐리즘의 한 형태가 아닌가 하는 의문은 극히 정당하나 여기에서는 생략하도록 한다.

시니피앙도 이미지도 닿지 않는, 그로부터 뜻하지 않게 누락되는 실재계. 애초에 시니피앙 연쇄는 "우연"을 필연화하는 것이었다. 실재계를 상징화하는 것이었다. 이는 이미 확인했다. 그러나 그것은 확률론적인 우연에 불과하다. 어느 규칙 아래에서 필연 속에 포섭되는 것에 불과하다. 게임을 설정한 후, 그로부터 소행적으로 발견한 확률론적인 계수에 불과하다. 이미 인용한 것처럼 시니피앙 연쇄의 게임을 정치화했을 터인 라캉이 그 후로도 여전히 "우연, 그것이 실재계입니다"[274]라고 집요하게 반복할 때 말하려는 바는, 실재계란 그 게임의 성공을 통째로 실패로 만들어버리는 우연이라는 것이다. 그 게임이 실재계를 계산에 넣어 우연을 완벽히 흡수하고 해소했다고 확신한 승리의 순간에, 그 승리 자체가 돌연 배반당해 그냥 "환상" "망상"이 되고 마는, 그런 "순수한 우연"이다. 그리고 그런 "환각" "환상"으로서의 "성공한 게임"이 우리의 세계이고 우리의 "실재성"이다. 이 또한 이미 논한 바 있다.

그렇다면 실재계의 우연성이란 어떤 것인가? 간단하다. 라캉이 거듭 논하고 있듯, 실재계는 "외상(트라우마)"과의 우연한 "조우"이고, "본질적으로 조우하지 못한 것으로서의 조우"다.[275] 그것은 현전하지 않는다. 조우는 일어나지 않는다. 일어났을 리가 없는 것으로서 일어난다. 주체는 항상 그것과의 조우에 실패한다. 실재계와의 조우는 주체 안으로 "동화할 수 없는 것"이고, 주체에게 "우발적인 기원을 부여하는 외상"이기 때문이다.[276] 그것을 기억하지 않음으로써, 그것을 잊음으로써, 그것을 "없었던" 일로 함으로써, 그것을 "동화하지 않"음으로써 주체가 주체일 수 있게 되는 "그 무엇". 그것이 외상이고, 실재계와의 조우다. 유보해야 할 부분이 있기는 하지만[277] 순수한 우연성은 여기에 있다고 할 수 있겠다.

따라서 그것은 시니피앙이 되는 일도, 이미지가 되는 일도 없다. 적어도 우리가 보아온 〈거울〉에 비치는, 〈시니피앙-이미지〉가 되는 일은 없다. 그 상호 침투 속에서 실재계의 외상은 출현하지 않는다. 출현하지 않을 터다. 정신의학자 나카이 히사오中井久夫가 자신의 저서에서 심적 외상의 "플래시백"이 일반적인 이미지와는 크게 동떨어진 비문맥성·무의미성·반복성을 지니고 있어서 "선명한데도 언어로 표현하기 힘들고, 그림으로 그리기 힘든" "이야기로서의 자기 역사에 통합되지 않는 '이질적 존재'"라고 지적한 것이 이를 방증한다.[278] 〈거울〉에 비치지 않는 구멍, 말할 수도 그릴 수도 없는 구멍. 이것이 실재계다.

시니피앙이 되는 일도, 이미지가 되는 일도 없다고 했다. 하지만 이를 반대로 말할 수도 있다. 즉, 실재계 쪽에서 보자면 "시니피앙을 형성하는 것과 실재계에 균열, 구멍을 도입하는 것은 같은 사태인 것입니다".[279] "실재계에 속해 있고 원초적인 실재계인" "〈사물〉은 "시니피앙 때문에 고통받는pâtit du signifiant"[280]것이기도 하다는 말이 된다. 물론 "주체 이전에 있는""최초의 시니피앙"인 트레 위네르가 실재계를 가르는 시니피앙의 칼끝, 거기에 제일 먼저 꽂히는 화살촉의 역할을 맡아 이와 역설적인 관계를 갖게 되는 것은 명확하다.[281] 이 첫 번째 화살의 타격만이, 그것의 효과만이 우리의 세계를 세계이게끔 한다. 단, 그 타격을 망각 속에 녹아들게 했을 때만 그렇다.

그렇다면 우리는 실재계와 어떤 접촉을 할 수 있다는 말인가? 외상을 통해서 접촉한다는 것은 알겠으나 이미지와 시니피앙의 게임, 즉 이 세계의 실재성이 "환상"이라면 이는 너무도 통속적이지 않은가? 이 세상은 꿈이라는 둥의 이야기라면 우리는 이미 몇 번이나 들어오지 않았던가? 그뿐만 아니라 우리가 저 "환상으로서의 실재성"인 세계 안에 있는 존재라고 한다면, 도대체 우리는 왜 실재계의 존재를 예감하고 마는가? 이렇게 묻지 않을 수 없다. 하지만 이는 그다지 어려운 문제는 아니다. 실재계에 "직접=매개 없이immédiatement는 접근할 수 없다"[282]고 라캉은 말한다. 이 "매개 없이"라는 말은 약간 조악하다는 느낌도 드나 어쨌든 실재계와 "접촉하는""스치는" 사태는 〈일어나〉고, 이것이 바로 우리의 이 실재성을 꿈이, 환상이 아니게 한다. 그렇다면 그것은 어떤 것인가? 라캉은 이렇게 말한다.

실재계의 역할을 대신하는 것으로 산출되는 것, 그것은 통상의 실재성이라는 환상이다. 이 환상의 운반물은 무엇에 의해 언어 속에 미끄러져 들어오는가? 그것은 "전부すべて, tout"(이 책에서 すべて는 중요한 개념이고 저자는 의도를 갖고 이 용어를 쓰고 있다. 따라서 한국어로는 '전부, 모든, 모두'로 번역했지만 원래는 모두 같은 말임을 염두에 두기 바란다.—옮긴이)라는 관념이다. 그렇다 해도 극히 미미한 실재계와의 조우가 이 관념에 반론을 가하지만.[283]

실재계의 장소는 외상에서 환상으로 향합니다. 여기에서 환상이란 원초적인 그 무엇을, '반복 기능을 결정하는 인자가 되는 그 무엇'을 은폐하는 스크린으로서의 환상을 말합니다. 여기에서 우리는 이 실재계의 위치를 똑바로 파악해야 합니다. (……) 실재계는 우발적 사태, 작은 소리, 실재성의 거의 없음(peu-de-réalité, 실재성의 파편)을 통해서만 표상될 수 있습니다. 이것이 우리가 꿈을 꾸고 있는 것은 아님을 증언해줍니다. 하지만 다른 측면에서 보자면 이 실재성은 거의 없음, 파편에 머무르지 않습니다. 우리를 눈뜨게 하는 것은 '표상을 대신하는 것의 결여' 배후에 숨겨진 또 하나의 실재성이기 때문입니다. 프로이트는 이를 충동이라고 부릅니다.[284]

언뜻 그 무엇과 접촉한다. 뜻밖의 그 무엇이 삐걱거린다. 소란 뒤의 거북스러운 정숙 속에 희미한, 하지만 정체 모를 예감이 여운으로 남는다. 일상생활에서의 왕래 속에서, 집 안에서의 별것 아닌 행동거지 속에서, 나도 모르게 거기에 있을 리가 없는 기묘한 무엇인가를 응시하고 있다. 신기해할 이유가 전혀 없는, 수수께끼 같은 것은 있을 리 만무한 상황 속에서 있을 수 없는 이상한 현상이 일어난다. 무엇인가 금이 가고, 무엇인가 스친다. 무엇인가 갈라지고, 무엇인가 드러난다. 어떻게 해야 할지 생각할 여지도 없이 그것은 사라져간다. 뚫어져라 쳐다보는 것도, 귀를 기울이는 것도 다 쓸데없는 짓이다. 무엇인가 일어났는데 그 무엇인가를 어느새 잊어버렸다. 잊어버렸다는 사실만이 또 자기 안에서 소란을 일으킨다. 이 식은 열기 속에서 무엇인가가, 지긋이 이 두툼한 몸뚱아리의 가장자리를 성가시게 한다. 그것이 사람을 묘한 방법으로 격하게 또는 들뜨게, 침묵하게 만든다. 그것은 무엇이었지? 혹시 꿈이 아니었을까? 없느니만 못한 의문이 커져간다. 아니, 분명히 일어났다. 그것은 도대체 무엇이었을까?

필자는 소위 "오컬트적인" 이야기를 하려는 것이 아니다. 비유나 수사 혹은 글치레를 하고 있는 것은 더더욱 아니다. 명석과 간략과 예시를 추구하면서 개념의 주석에 빠지지 않고자 힘쓰며 여기까지 진행해온 우리의 이로를 이대로 계속해가기 위해 이러한 묘사는 피할 수 없는 조치였다. "실재계가 표상될 수 있다면"이라고 라캉은 말했다. "실재성의 거의 없음, 파편"에서 시작된다고. 즉, 꿈이 아닌지 의심될 정도로 실재성이 "거의 없는" 무엇인가의, "작은 소리"의 미세한 돌발이 역설적으로 우리가 살고 있는 실재성이 "환상"임을 폭로하고, 그와 동시에 우리가 살아 있는 이 현실이 꿈이 아님을 드러내는 것이다. 그것은 우리를 "눈뜨게" 한다. 무의미한, 아무것도 아닌, 아무것도 되지 않는 무위의 각성. 그 자체는 아무래도 상관없는, 어디로 향하지도 않는, 어떤 도움도 되지 않는 각성이다. 하지만 그 각성이 가져오는 강렬한 선명함은 나날이 반복되는 일상을 환상에 불과한 것으로 만드는 눈사태를 일으킴과 동시에, 이 "내"가 거기에서 살고 있고 그리고 죽어가고 있는 이것이 전혀 꿈이 아니라는 것을 가냘프게, 하지만 잔혹할 정도로 적나라하게 제시한다. 라캉은 이렇게 말했었다. 실재계는 "전부"가 아닌 것을 뜻한다고. 그렇다. 필자가 묘사한 "실재계에 접촉하는" 사태가 "누구에게나 있는 일이다, 모든 사람에게 있는 일이다"라고는 말할 수 없다. 원래가 그런 것이다. 그렇게 되게끔 라캉이 제기하고 있기 때문이다. 이로 인한 논지의 위험성은 실재계를 논하는 이상, 그 본성에 속한다. 지금 우리가 논하고 있는 실재계란 그런 존재다.

이런 것을 "체험"이라 부르고 특권시하는 것은 유치하기 그지없다. 그 이유는 차후에 제4장에서 논하겠다. 그리고 여기에서 논해둘 것은, 실재계에 대한 이런 말도 안 되는 접근도 기본적으로는 규제·단속·조정·표준화·포위되고, 울타리 쳐지고, 틀에 갇힌 것이고 그 충동의 흐름은 치수治水에 의해 기정 회로 속에 흡수된 후 그 회로의 구동인驅動因이 되어서 변환기에 의해 변환되어 착취된다는 사실이다. 실재계에 대한 접근조차도 많은 경우 예외일 수 없다. 실재계 접촉은 대부분 일종의 조정기(레귤레이터)에, 규제를 가하는 회로에 회수되고 말아, 우리가 묘사한 것과 같은 형태로 현전하는 경우는 거의 없다. 그렇다. 인용한 부분에서도 라캉은 "충동"이라고 말했다. 이 조정기를 살펴보자. 라캉은 "흡인"과 "착취"를 하는 이러한 "회로"를 두 가지로 분류했다. 그것은 우리가 제시한 〈그림 1〉에서 실재계와 겹친 부분인 "팔루스의 향락"과 "대상 a의 잉여 향락plus-de-jouir"이다. "대타자의 향락"은 이와 별도로 있다. 그것은 오히려 지금 말한 삐걱거림 쪽에 있다. 혹은 그보다 더 멀리.

차례대로 살펴보자. 세 가지 향락을 확인하기 전에 질문을 하나 던져야 한다. 향락jouissance이란 도대체 무엇인가?

제19절 향락이란 무엇인가: 마리 알라코크의 삼킴

/

정신분석에 친숙하지 않은 사람도 향락에 쾌락=쾌감plaisir과 구별되는 부분이 있음을 알 수 있을 것이다. 실재계에 있는 것, 이미지도 시니피앙도 안 되는, 보이지도 않고 말로 할 수도 없는 실재계에 속해 있고 다른 원환과 교차하는 지점에서 나타난다고 하니, 그것은 "이루 말할 수 없는" 쾌락이라는 것일까? 아니, 그렇지 않다. 1971년의 『(……) 혹은 더 나쁘게』 세미나의 첫 번째 모임에서 라캉은 이를 실로 명쾌하게 설명한다. 이렇게 말한다. 우선 향락은 신체의 향락이고, 신체가 없다면 향락은 없다는 것이 전제다. "거기에는 신체가 반드시 필요합니다." 그런데 신체란 "죽음을 향해 침정沈靜(마음이 차분히 가라앉을 수 있을 만큼 조용하다는 뜻이다.—옮긴이)해가는 차원"이기도 하다. 프로이트가 말한 "쾌락원칙"의 "쾌락"은 이와 관련이 있다. 즉, "쾌락이란 긴장을 낮추는 것을 뜻합니다". 그럼 향락이 쾌락원칙에 따르지 않는다면 "긴장을 낮는 것 외에 무엇을 향락하면 된다는 것일까요?" 그러므로 라캉에 따르면

향락은 "쾌락원칙의 피안"에 있다.[285]

기본적인 이야기이지만 프로이트가 말한 쾌락원칙이란 일종의 평온함, 욕망의 침정을 지향한다. 욕망하는 괴로움이라는 떨려오는 긴장에서 해방되어 "침정"해가는 것이고, 이는 "작은 죽음"과도 같은 맥 빠짐을 동반한다. 신체는 긴장이 풀리고 힘이 빠져 마치 시체처럼 푹 쓰러진다. 이것이 누구나 경험한 바 있는 "쾌락"이다. 이에 비해 쾌락원칙의 피안, 즉 "죽음의 충동" 쪽에 있는 향락은 "긴장"을 다시 만들어내 이를 지속시키려 함으로써 향수하게 되는 그 무엇이다. 즉, 향락과 쾌락은 최종적으로 "죽음"에 관계된다는 점에서 마찬가지이지만 그 성질은 전혀 다르다.

라캉은 "주체는 욕망에 만족하지 않습니다. 인간은 욕망하는 것을 향락하며 이것이 인간의 향락에 있어 본질적인 차원을 구성합니다"[286]라고 말했고, 또한 "욕망은 대타자로부터 도래하고, 향락은 사물 측에 있기 때문이다"[287]라며 구별하고도 있다. 요약하자면, 큰 향락은 타자와의 시니피앙 연쇄 관계만으로 회수되지 않는, 실재계에 속하는 "사물" 자체의 차원에 깊이 관여하고 있고, 이 '말도 이미지도 되지 않는 그 무엇'을 "계속 욕망하는 것, 욕망하기를 멈추지 않는 것"이라기보다는 오히려 "욕망하는 긴장의 지속을 멈추지 못하는 것"이 향락이라고 보는 것이 타당하리라. 신체적 긴장의 지속, 끝없는 그 지속을 반복하는 것. 그것이 향락이다. 게다가 "사물"이라는 실재계를, 시니피앙도 이미지도 되지 않는 그 무엇을 맴돌면서 어디에도 도움이 되지 않는 불모성을 거듭할 수밖에 없다. 그렇다. 쾌락이 "어디인가에 도움이 되는" 것임에 비해 향락은 "아무런 도움이 되지 않는" "유효성의 내부에 없는" "이용할 수 없

는" "맹목적인" 것이라 할 수 있겠다.[288]

별로 재미도 없는 교과서적인 서술은 이제 그만두자. 서두로는 충분하다. 이런 식으로 계속 기술해가도 향락은 선명해지지 않는다. 곧바로 라캉 자신의 말을 인용하자. 향락이란 이것이다.

여기에서 이웃 사랑의 의미가 우리에게 바른 방향성을 제시해줍니다. 이를 위해서는 다음을 직시해야 합니다. 우리 이웃의 향락, 유해한 향락, 나쁜 향락, 이것이야말로 내 사랑에 있어 진정한 문제로 제기됩니다. (……) 쾌락원칙의 피안, 이름 붙일 수 없는 〈사물〉의 장, 거기에서 벌어지는 일이 우리에게 판단을 요구하는 몇 가지 종교적 위업에서 문제가 되는 것은 분명합니다. 예를 들어 폴리뇨의 안젤라Angela of Foligno는 나병 환자의 발을 씻은 물을 기꺼이 마십니다만 그때 그녀의 목에 나병 환자의 피부가 걸리고 맙니다. 그 이상은 말하지 않겠습니다. 또한 복자 마리 알라코크Sancta Margarita Maria Burgunda는 적잖은 영적 은혜 속에서 병자의 배설물을 먹었습니다.[289]

라캉은 이어서 "칸트 선생님은 미녀와 하룻밤을 보내기 위해 자기 목숨을 거는 사람은 아무도 없다고 당연하다는 듯이 말씀하셨습니다만" 하고 비꼬는 말투로 이렇게 말한다. "하지만 관점을 바꾸어 여성과의 하룻밤을 쾌락이라는 항목에서 향락이라는 항목으로, 즉 죽음의 수용을 함의하는 향락으로 이행시키면" 이 칸트의 우화, 미녀와 하룻밤을 보낸 후에 죽임당하는 상황의 우화는 "성립하지 않게 된다."[290]

나병 환자를 씻긴 물을 깨끗이 마시는 향락. 병자의 배설물을 먹는 성스러운 자선의 향락. 미녀와의 죽음을 앞둔 성교 후에 일격에 죽임당하는 향락. 신의 축복 아래 오물을 입에 넣어 맛을 보고 목으로 삼키는 것, 죽음을 생생하게 눈앞에 두고 맞이하는 최후의 떨리는 애무와 타오르는 육욕의 충동. 우리의 일상적인 쾌락을 경멸하고 철저히 거부하듯 이루어지는 이들 향락의 행위를 보면 향락이 어떠한 것인지 분명해진다.

우선 그것은 생생하게 신체와 관련이 있다. 신체가 스스로를 바르르 떨며 마시고, 집어삼키고, 먹고, 씹고, 빨고, 핥고, 몸을 섞고 그리고 살해되는 데 향락은 흠뻑 빠져 있다. 쾌락도 신체와 관련이 있기는 하다. 그러나 여기에는 "죽음의 충동"이라고 부르기에 적합할 만큼의 긴장과 그 지속이 있다. 감자를 거르고 크림을 부어 만든 차가운 수프를 마시고, 올리브유로 구운 다음, 말린 토마토로 예쁘게 장식한 이탈리아풍 빵을 먹을 때 누가 앞에서 열거한 성스럽고 더러운 행위의 떨림과 긴장을 느끼겠는가? 그런 곳에 향락은 없다. 우리의 안온한 세계에는 없다.

그렇다고 해서 향락이 우리와 멀리 떨어진 곳에 있는 것도 아니다. 라캉이 앞의 인용에 이어서 가벼운 농담조로 다음과 같이 말하고 있기 때문이다. "마리 알라코크는 적잖은 영적 은혜 속에서 병자의 배설물을 먹었습니다. 이들 매우 유익한 사실이 갖는 설득력은, 그 배설물이 젊은 미인의 것이라면 혹은 럭비 팀 포워드의 정액을 마신 거라면 아마 조금 의심스러워지겠지요."[291] 또한 배부른 것은 향락이 아니나 단식이나 굶주림은 향락일 수 있다. 라캉은 말한다. "동물은 일정 주기로 걸신들린 듯 먹습니다만 이는 의심의 여지 없이 굶주림의 향락을 모르기 때문입니다."[292] 단식, 과도한 다이어트의 "굶주림"이 가져오는 향락이라면 누구든 짚이는 데가 있을 것이다.

그리고 또 하나, 향락이 쾌락과 다른 점을 확인해야 한다. 향락은 근본적으로 "법" "금지" "윤리", 말하자면 "계율"에 관계된 다는 점이다. 라캉은 말한다. "향락은 발화하는 자 본인에게는 금지되어 있다."[293] 그것도 이중의 의미로.

향락은 계율과 관련이 있다. 그렇다면 이렇게 물어야 하리라. 절대적 향락이 있다면 그것은 어떤 것인가? 단적으로 그것은 프로이트의 "원부原父 살해 신화"에 나오는 "원초적 아버지"가 향락했을 향락이다. 여성을 모두 독점하고 향락하던 전제군주인 원초적 아버지. 아들들이 공모해서 아버지를 죽인다. 그로부터 "죄의식"이 싹터 죽은 아버지를 향한 동일화 기제가 시작된다. 그리하여 여성을 장악하려는 아들들 간의 끝없는 다툼이 시작되는 것을 막기 위해 죽은 아버지를, 즉 법을 만들게 되었다. 프로이트가 논한 이 신화는 원래 언급 불가능한 "법의 기원"을 언급 가능하게 하려는 것이었다고 할 수 있다. 절대적 향락을 향락하는 전제군주의 살해에서 만인의 만인에 대한 향락을 둘러싼 투쟁으로. 그러나 이를 제지하고 조정하는 "법"의 설립으로. 라캉은 "모든 여성을 향락하는 원초적 아버지를 살해하고" "아들들이 한 여성만 향락하게 되는 이 유명한 신화"를 "사회계약"이라고 지칭한다.[294]

다시 말해 원초적 아버지는 계약 이전에, 계율 이전에 존재한다. 따라서 법도 금지도 모른다. 어떻게 보면 〈인판스〉와 매우 닮은 모양새다. 이 신화적인 아버지가 향수했으리라 사료되는 것이 "불가능"한 "절대적 향락"이다. 이것이 불가능하고 절대적인 향락이라고 불리는 까닭은 물론 "모든 여성" 속에 근친상간의 금지 대상이 되는 여성이 포함되기 때문이기도 하다. 또한 라캉은 이 향락이 "불가능한 것"이고 원부의 신화가 신화에 머무를 수밖에 없는 것은 애초에 "모든 여성"이 존재하지 않기 때문이라고 말한다.[295] 원초적 아버지의 존재 때문에, 그 위압 때문에 아들들은 절대적 향락 근처에조차 갈 수 없었다. 하지만 그들은 아버지를 죽인 후에도 절대적 향락을 얻을 수는 없었다. 그 "죄의식" 때문에, "사회계약" 때문에 향락의 금지는 아버지가 존재했을 때보다 더 "강화되었다".[296] 아들들에게 절대적 향락은 금지되어 있다. 언제나, 항상, 이미. 절대적 향락의 금지, 이것이 "사회계약"의 의미이고 법, 계율의 의미다.[297] 절대적 향락이란 신화적 형상인 "원초적 아버지", 있을 수 없는 법 바깥에 있는 자가 향락했다고 상정한 것이고, 그렇게밖에 존재할 수 없고, 그것에 불과한 것이다. 한마디로 절대적 향락은 존재하지 않는다.

하지만 여기에서 짜증 날 정도로 통속적인 이야기도 도출할 수 있게 된다. 근친상간의 금지를 범할 때 느끼는 것, 그것이 절대적인 향락이라는 이야기가 되기 때문이다. 실제로 라캉학파 사람들은 그렇게 이야기하고, 분명 일반적인 정신분석의 사고방식에 따르면 그렇게 된다. 물론 인류학적인 지식에 기댈 필요도 없이 근친상간의 금지는 금지 중에서도 가장 중요한 금지이기는 하다. 그렇다면 이 금지를 어기기만 하면 절대적인 향락을 손에 넣을 수 있다는 말도 된다. 반대로 이야기하자면 근친상간의 향락이야말로 절대적인 향락이고, 그렇기 때문에 우리에게 금지되어 있다는 추론이 성립한다. 다시 반대로 말하자면, 근친상간의 절대적 향락은 우리에게 금지되었다는 바로 그 이유 때문에 욕망을 계속해서 자극한다고도 할 수 있다. 그리고 그것이 맞는다면 인류학이 절대적인 금지로 여겼던 살인의 금지에 대해서도 이렇게 말할 수 있을 것이다. 살인의 향락이야말로 절대적인 향락이고, 따라서 우리에게 금지되어 있다. 그것은 절대적으로 금지되었기 때문에 욕망을 계속 자극한다. 죽이면, 사람을 죽이면 저 절대적인 향락을 손에 넣을 수 있다, 이런 이야기가 되고 마는 것이다.

과연 향락이란 이런 것일까? 이런 것이기도 한 것일까? 금지의 침범 때문에 빛을 발하는 것, 그것이 향락일까? 살인의 향락, 근친상간의 향락. 이를 인정해야 하는 것일까? 그렇다. 맥 빠질 정도로 지루한 이야기이고, 어떤 의미로든 위험할 수밖에 없는 이야기다. 절대적 향락은 살인과 근친상간의 향락이고, 사람이 향락을 그 절대치까지 추구하는 존재라면 정신분석은 사람은 모두 실은 살인을 범하고 유아를 학대하고 싶어 어쩔 줄 모르는 존재라고 주장하는 것이 된다. 그뿐이 아니다. 이렇게 주장함으로써 정신분석은 누구든 자유자재로 "잠재적 정신이상자"로 지목할 수 있게 되는 것 아닌가? 이 "잠재적 정신이상자"를 사회적으로 배제하는 구체적인 메커니즘의 톱니바퀴가 될 수 있는 것 아닌가? 이런 관점은 전적으로 옳다.

하지만 우리는 쾌락을 이야기하고 있는 것이 아니라 "이미-항상" 금지되어온 것인 "향락"을 이야기하고 있다는 점을 주의해야 한다. 그것이 과연 "쾌락"이었는지, 그냥 입에 맞는 차가운 수프를 마시고 향기가 진한 갓 구운 빵을 먹은 후에 비가 갠 여름 오후에 산책하는 것처럼 "기분 좋은" "쾌적한" 것이었는지, 감금해둔 자기 아이를 강간한 사람은 얼마든지 있으니 물어보면 되고, 전장에서 사람을 죽이고 돌아온 사람도 얼마든지 있으니 물어보면 된다. 그것은 최종적으로 말로 할 수 없을 테고, 그림으로 그려 보여주기도 힘들겠지만.

이미 인용한 문헌에서 나카이가 논한 것처럼 전시든 아니든 살인을 저지른 사람은 "사람을 죽이고 말았다"는 치명적인 외상에 괴로워하는 경우가 많다. 많은 살인범이 빠른 시일 내에 자백하는 것도 이 때문이라고, 살인범에게 정신감정을 실시한 경력이 있는 나카이는 자세히 말하고 있다.[298] 사람을 죽이고 벌 받지 않은 채 입 다물고 계속 살아가는 외상적인 향락을, 그 "플래시백"의 쉴 없는 강습強襲을 사람이 버티기란 힘들다. 그런 영원한 고통의 반복에야말로 "죽음의 충동"과 "향락"이 있다. 절대적 향락이란 오히려 이를 의미한다. 그것은 임상을 통해서라도 혹은 다시 "법의 일격"을 통해서라도 치유해야 하는 그 무엇이다. 그래야 앞뒤가 맞다. 유아 학대의 경우도 마찬가지다. 게다가 이 경우에는 피해자가 겪는다. 절대적 향락이란 다름 아닌 실재계의 향락이다. 외상의 향락이다. 그것은 쾌락이 아니다.

정확히 말하자면 이렇다. 금지는, 법은, 계율은 이중의 기능을 지닌다. 금지는 절대적 향락을 절대적으로 금한다. 그런 일이 일어나서는 안 된다. 법 바깥에 존재하고 절대적 향락을 향락했던 원초적 아버지는 신화상의 등장인물에 불과하다. '죽은 아버지로서의 법'으로부터 소행해서 도출해낸 형상에 불과하다. 자유롭게 사람을 죽이고 누군가에게 죽임당하는 이 법 바깥에 있었을 "터인" 자를 실체화하는 것은 오류이고 무익하다. 이미 인용한 곳에서 라캉도 말하고 있듯이 유사 이래 법이 없는 사회는 존재하지 않는다. 근친상간을 마음대로 어기고 살인을 마음대로 저지르는 향락은 이미 항상 금지되어 있다. 이는 단순히 "해서는 안 된다"고 말하는 것에 머무르지 않는다. 법은 금지를 스며들게 한다. 신체, 정신 그리고 아마도 영혼에도. 죄의식을 쐐기처럼 심신에 박아넣고, 문신처럼 마음과 신체에 가득 새겨 넣는다. 살인하지 마라. 간음하지 마라. 이 말을 신체에 새김—아니, '금지를 통해 신체를 조각한다'고 말하는 편이 정확하리라—으로써 사람은 "'플래시백'에 버티기 힘든" 유죄성의 주체가 된다. 죄의식, 이것이 법의 치밀한 무기이고, 새기는 섬세한 칼끝인 것이다. 프로이트의 "원부 살해 신화"도 이미 아들들의 "죄의식"을 전제로 한 이야기였다는 것을 떠올리자. 그리고 계율은 주체를 철저하게 이러한 유죄성의 주체로 설정한 후에 잔혹하게도 이렇게 말하는 것이다. "향락하라J'ouis!" 라캉은 말한다. "〈계율〉은 사실, 향락하라고 명령한다. 주체는 이에 오로지 한마디, '나는 들었다J'ouis'고 답할 수 있을 뿐이리라. 여기에서 향락은 이제 행간에 담긴 것에 불과하리라."[299]

계율은 이중의 목소리를 갖는다. 그것은 "향락하지 마라!"고 함과 동시에 "향락하라!"고 한다. "향락하지 마라!"와 "향락하라!"는 여기에서 하나가 되어 있다. 계율은 금지하는 목소리로 주체를 도려낸 다음, 향락을 부추기는 목소리로 주체를 공격한다. 애초에 향락하라는 성스러운 명령이 없다면 누가 폴리뇨의 안젤라나 마리 알라코크 같은 행동을 하겠는가.

따라서 이런 이야기가 된다. '벌 받을 위험을 감수하더라도 죽이고 싶으니까 저 녀석을 죽이는 것'과 '이자를 죽이지 않으면 내가 살해되지만 그래도 이자를 죽이지 않고 결국 스스로 죽음에 이르는 것'은 같은 향락의 계율, 같은 "향락하라!"라는 목소리에 따르고 있다. 그래서 라캉은 『에크리』에서 칸트와 사드를 함께 논해 보일 수 있었던 것이다. 도덕의 정언명령을 논한 칸트와 향락의 무한 권리를 요구한 사드를. "죽이느니 차라리 죽임당하는" 자와 "죽이고 싶어서 죽이는" 자를 동렬에 두는 것은 심하다는 생각이 들기는 하다.[300] 하지만 둘의 공통된 부분을 주시해야만 비로소 보이는 것이 있다고 라캉은 추측했던 것이다.

그리고 실제로 이를 통해 보이는 것이 있다. 방금 논한 내용이 그렇다. 견디기 힘든 향락, 그것을 강제하는 〈계율〉. 반복을 두려워하지 않고 말하겠다. 절대적 향락은 금지되어 있다. 금지를 어기면 절대적 향락을 얻을 수 있으리라. 하지만 그것은 그 계율이 같은 목소리로 만들어낸 유죄성의 주체로서는 다 짊어질 수 없는 그 무엇이다. 절대적 향락을 얻고자 정말로 살인을 하면 더는 아무것도 할 수 없게 된다. 이 "플래시백"을 무의미하게 반복하는 것 외에는. 허무조차도 아닌 무엇인가 번져나가고 그 속에서 공허하게 떠는 삶이 계속될 뿐이다. 계율, 법, 금지는 '절대적인 향락을 불가능한 것으로 만들고자' 신체 구석구석에 이르기까지 설정하고 통제한 다음에, 즉 인간을 "외상적인 향락에 버티기 힘들게" 만든 다음에 "초자아의 지상명령"이니 "향락하라!"라고 내뱉고서는 "아무 도움도 안 되는" 향락을 강제[301]한다는 말은 이런 의미다.

계율, 법, 금지는 절대적인 향락을 불가능한 것으로 만들고자 신체 구석구석에 이르기까지 설정하고 통제한다고 말했다.

단순히 금지하는 데 그치지 않고 금지를 통해 규제·표준화·조정·흡수하고, 회로에 끼워 넣어 변환하고, 아슬아슬한 조작으로 충동을 깎아내고 잘라내 어찌어찌 그 향락의 흐름을 치수해야 한다. 죽음에 이르는 내리막길 한가운데에서 맥동하는 신체가 있는 한, 향락과 충동이 없어지는 일은 결코 없으니까. 절대적인 향락을 절대적으로 금지한다. 이를 금지한 후에 "향락하라!"라고 다시금 명령을 내려야 한다. 충동의 흐름을 이제 합법적인 향락으로, '절대적인 향락으로부터 비켜나간 향락'으로 향하도록 해야 한다. 라캉은 '금지와, 금지 때문에 촉발되는 욕망'이라는 식의 단순하기 그지없는 이야기만 한 것이 아니다. 결코 사라지는 일이 없는 향락이 절대적 향락에 이르지 않도록 비켜나게 하기 위한 규제와 통제와 치수를 담당하는 회로의 아슬아슬한 메커니즘을 우선 세밀하게 묘사하기도 했던 것이다. 비합법적인 향락과 합법적인 향락을 나누고, 후자 쪽으로 충동이 흐르도록 유도하는 것.[302] 이 합법적인 향락에 대한 두 가지 통제 방식이 "팔루스의 향락"과 "대상 a의 잉여 향락"이다. 주의해두겠다. 향락의 통제는 어떤 의미로든 아슬아슬하다. 갑자기 실패해 절대적 향락을 향해 무너져 내릴 수 있는 조작이다. 그러나 다른 방법은 없다.

제20절 두 가지 팔루스의 향락, 기관과 왕의 지팡이
: 향락의 레귤레이터 (1)
/

따라서 문제는 다음과 같다. 팔루스의 향락이란 무엇인가? 애당초 팔루스란 무엇인가? 그러나 이보다 골치 아픈 문제는 없다. 페니스와 구별되는 팔루스는 우리가 앞 장에서 고찰한 라캉의 이로를 개념상의 불균질함·장황함과 함께 통째로 거기에 쏟아 넣은 후에 실재계를 부어 넣은 것과 같은 개념이기 때문이다. 게다가 원래 성적 향락과 강하게 연결되어 있는 이 개념은 라캉을, 아니 정신분석 전체를 조소하는 사람에게 절호의 사냥감이 되는 개념이기도 하다. 아무리 페니스와 다르다고 말해도 출발점의 프로이트가 이미 유아어 "고추pipi"에 대한 고찰부터 시작한 것은 사실이고, "남자아이"의 경악, 즉 '고추가 없는 사람이 있구나, 그럼 나도 고추가 없어질지도 몰라'라는 경악에서 시작해 꾸불꾸불 전개되는, 묘하게 "젖내 나는" 이로는 언뜻 보면 너무도 어이없어 보이고, 게다가 젖내 때문에 남녀 모두에게 유아 시절의 기억, 그 통점을 찌르는 듯한 울림을 갖게 된다. 그래서 그 초조함과 더불어 굳은 표정의 조소를 부채질하기도 한다. 또한 팔루스라는 개념의 기묘한 난해함을, 그리고 라캉이 "팔루스의 향락"이 아닌 별도의 향락이 있다고 집요하게 주장하고 있는 점을 간과해버리면 정신분석은 팔루스 중심주의라는 비판을 받지 않을 수 없게 되리라. 더욱이 이 개념은 그 역설적인(신체의 일부이기도 하고 이미지이기도 하고 시니피앙이기도 하다는 의미에서) 불균질성 때문에 많은 철학적 고찰을 도발해왔다. 이미 인용한 들뢰즈의 『의미의 논리』 중 일부만 해도 "팔루스의 논리"라 부를 수도 있을 만한 내용이지 않았던가?

하지만 아무렴 어떠하리. 어쨌든 이번 장의 이로는 실재계에 속한다. 말로 표현하기 힘든 것은 처음부터 당연한 일이니까. 번잡한 주석, 별 의미도 없어 보이는 도식이나 은어는 생략하고 우리는 간략하고 명석하게 가자. 그리고 다시 이렇게 묻자. 팔루스란 무엇인가? 다른 것도 아닌 팔루스. 생물학적인 남성에게만 국한한 것이 아닌, 우리의 향락이 모이는 그 무엇이 향락을 "통제하는" "조정기"라니 도대체 무슨 말인가? 우선 팔루스가 그러한 "레귤레이터" (저자는 조정기와 레귤레이터를 같은 뜻을 가진 단어로 쓰면서도, 둘을 통일하지 않고 어떤 때는 조정기로, 또 어떤 때는 레귤레이터로 표기하고 있다. 따라서 번역 과정에서도 레귤레이터를 조정기로 순화하지 않고 레귤레이터로 번역했다. ─ 옮긴이)가 되어가는 과정을 좇자.

상상계에서 상징계로. 팔루스의 경우에도 "일련의 흐름"은 우리가 논해온 이로와 일치한다. 우선 상상적인 팔루스가 있고, 거기에서 상징적인 팔루스로 전환이 일어난다. 라캉이 "오이디푸스 콤플렉스의 세 단계"[303]로 묘사한 이 과정을 복습하자. 먼저, 갓 태어난 아이에게 팔루스는 "엄마-아이-팔루스"라는 "전前오이디푸스적인" "상상적인 세 항"의 관계 안에 있다.[304] 즉, 아이는 첫 번째 타자인 엄마를 "욕망"한다. 하지만 아이는 엄마도 무엇인가를 결여하고 있고 그것을 "욕망"하고 있음을 알게 된다. 여기에서 결여된 "그 무엇"을 라캉은 상상적인 팔루스라 부른다. "아이는 엄마와 연결되어 있습니다. 그런데 한편으로 엄마는 상상적 평면에서 결여로서의 팔루스와 연결되어 있습니다."[305] 그렇다면 아이는 "그 무엇"을 욕망하고 있는 엄마를 욕망하고 있으므로 욕망은 이중화된다. "엄마가 욕망하고 있는 그 무엇"이고 싶다, 상상적인 팔루스이고 싶다는 욕망이 아이 속에 생겨난다. 이 같은 "원시적인 팔루스기期"에 "주체는 엄마가 욕망하는 대상에 거울상적으로 동일화하는s'identifie en miroir 것입니다".[306] "팔루스'이냐 아니냐to be or not to be'",

상상적 평면에서는 주체가 팔루스이냐 아니냐가 문제가 되는 것입니다."[307] 여기에서 아이의 욕망은 "엄마가 결여하고 있기 때문에 욕망하고 있을 터인 팔루스"와 상상적으로 동일화하는 것, 즉 "팔루스가 되는" 것이다.

　　어머니가 욕망하는 팔루스"가 되기". 이 근친상간적인 욕망에 아버지가, 거세가 개입한다. "거세에 의해 제정되는 상징적 부채에서 문제가 되고 판돈으로 걸린 것"은 "상상적인 대상, 즉 팔루스입니다".[308] 아이와 어머니 사이의 상상적인 양자 관계에서 '결여된 욕망의 대상'으로 존재했던 상상적 팔루스는 거세된다. 오이디푸스 콤플렉스의 두 번째 단계에서 아버지가 등장해 아이에게 선언한다. 너는 어머니가 욕망하는 팔루스일 수 없다. 어머니가 욕망하는 대상은 팔루스를 가진 나, 즉 아버지라고. 여기에서 첫 번째 타자, 첫 번째 대타자였던 "어머니"의 타자, 즉 다음 단계의 대타자인 "아버지"라는 대타자가 등장한다. 주체로서의 아이는 여기에서 "대타자의 대타자, 즉 대타자 자신의 법과 만난다".[309] 이 단계에서의 아버지, 오이디푸스 콤플렉스의 거세하는 아버지는 그야말로 "전능의 아버지"[310]이고, 아이로부터 어머니를, 어머니로부터 아이를 "박탈"해 상상적으로 팔루스가 될 가능성을 절단하고 금한다. '너는 팔루스일 수 없다. 팔루스를 갖고 있느냐 없느냐, 이 둘 중 하나이지 그것일 수는 없다.' 이것이 아버지의 선언이다.

　　라캉은 말한다. "인간은 자신이 팔루스가 아님을 발견한 이상, 남자든 여자든 팔루스를 갖고 있음 또는 팔루스를 갖고 있지 않음을 받아들여야 한다."[311] 『에크리』에 실린 논문 「정신병의 모든 가능한 치료에 관한 전제적 문제에 대해」에 아버지의 이름으로

"어머니의 욕망, 대문자 M"이 삭제되고 아버지의 이름과 시니피앙으로서의 팔루스가 남는다고 쓰여 있는 식이 뜻하는 바는 이것이다.[312] 즉, 욕망하는 대타자는 욕망하는 상상적인 어머니이기를 그만두고, 욕망하는 상징적인 아버지로 변환된다. 이것이 아버지의 이름의 "개입"이고 거세다. 이 거세로 인한 팔루스 "이다"에서 팔루스 "를 갖다"로의 이행은 우리가 보아온 "상상계에서 상징계"로의 이행, 에메에 대한 "법의 일격"과 같은 길을 걷고 있다.

이리하여 "그것이다"였던 상상적인 팔루스가 거세되고 "그것을 갖는" 상징적인 팔루스가 출현한다. 그렇기에 라캉은 팔루스는 "하나의 시니피앙"[313]이라고 말할 수 있었던 것이다. 우리는 이를 힘들이지 않고 이해할 수 있는 곳까지 이미 와 있다. 상징적인 팔루스, 그것은 하나의 시니피앙이다. 따라서 그것이 "있"느냐 "없"느냐, 0이냐 1이냐가 문제가 된다. 라캉은 분명하게 상징적 대상으로서의 팔루스를 "부재임과 동시에 현전하는 그 무엇"이라고 논하고, 그것은 "일종의 근본적인 교대 속에서 만들어집니다. 어느 지점에서 나타나서는 사라지고, 또 어느 지점에서 나타나는 것입니다. 바꾸어 말하자면 그것은 순환하며 자기가 왔던 지점에, 자기 뒤쪽에 그 부재의 기호를 남기는 것입니다"[314]라고 말한다. 그리고 "그것이 팔루스의 상징적 기능입니다. 특히 그것이 거기에 있다 혹은 거기에 없다는 것이 성별의 상징적 문화를 기초 짓습니다"[315]라고 결론짓는다. 그리고 또 "시니피앙 안에 있을 때는 팔루스를 이렇게 위치시키면 족합니다. 이것은 환유적 대상인 것입니다"[316]라고도 말한다.

쉽게 말해 상징적 팔루스란 우리가 보아온 시니피앙 자체다. 현전과 부재의 교대, 즉 누구는 갖고 있으나 누구는 갖고 있지 않은, 이러한 현전과 부재의 한 번씩의 교대를 통해 나타나고, 환유에 의해 구동하는 시니피앙의 연쇄. 그것의 효과로 성별을 가진 주체를 생산하는 "상징적 결정". 시니피앙의 연쇄와 그것에 따른 "상징적 동일화"로 "분류"가 가능해지는 이상, 주체가 "성별"이라는 근본적 분류가 이루어진 상태로 생산되는 것은 뻔한 도리다. 우리는 이 점을 상세히 논해왔다. 더 반복하지는 않겠다. 이리하여 오이디푸스 콤플렉스의 "거세", 즉 상상적 팔루스에서 상징적 팔루스로의 이행이 이루어졌다.

　　"여기까지를 소위 오이디푸스 콤플렉스로 여겼던 시대에는 아버지의 전능성이 해악을 가져온다고 생각했었습니다만" 하고 라캉은 1957~1958년 『무의식의 형성물』 세미나에서 말을 이어간다. 다음 단계가 있습니다, 라고. 오이디푸스 콤플렉스의 세 번째 단계에서 아버지는 자기 아이에게 다음과 같이 "증언한다". 나는 너에게 상상적인 팔루스를 대체하는 상징적인 팔루스의 현전 혹은 부재를 가져왔는데, 그럴 수 있었던 것은 내가 "법의 지지자=법을 견디는 자$_{supporter}$"[317]이기 때문이고 그것은 이 점에서만 가능하다, 라고. 즉, 오이디푸스 콤플렉스의 세 번째 단계에서 아버지는 전능의 아버지가 아니게 된다. '상상적인 이미지의 팔루스'인 자가 아니라 '상징적인 시니피앙의 팔루스', 즉 "말"이기도 한 팔루스를 가진 자에 불과한 자다.

　　전능의 아버지가 아니라 상징적인 아버지인 이상, 법을 준수하고 맹세한 자로서 "약속"을 지켜야 한다. 아이와의 약속을 어겨서는 안 되고, 약속 파기와 같은 "위법"을 범해서는 안 된다. 여기에서 아버지는 더는 전능의 "원초적 아버지"가 아니라 아이와 함께 법에 따르고, 법을 향해 머리를 조아리는 그 누구다. 아버지는 "은유"가 된다. 상상적인 것이고, 아직도 거울상 이전에 속한 "그 무엇"의 그림자를 걸치고 있던 "어머니의 욕망, 대문자 M"이 삭제되고, '아버지의 이름과 시니피앙으로서의 팔루스가 남는다'는 식에 대해서는 이미 언급했는데, 라캉은 이를 통해 아버지는 "은유"가 된다고 말했었다. 부언하자면 "은유"에 불과한 것이. "어머니의 욕망 M"의 삭제는 "은유의 성공 조건이다".[318] 라캉은 다음과 같이 부연한다.

> 오늘은 상징적인 아버지라는 개념에 조금 더 정확성을 부여하도록 하겠습니다. 아버지란 하나의 은유입니다. (……) 은유란 하나의 시니피앙의 자리에 오는 다른 하나의 시니피앙입니다. (……) 이것이야말로 오이디푸스 콤플렉스에서의 아버지라고 나는 말합니다. 정확히 말해, 아버지란 하나의 시니피앙을 대체하는 다른 하나의 시니피앙인 것입니다. 여기에 아버지가 오이디푸스 콤플렉스 안으로 개입해오는 원동력, 본질적인 독특한 원동력이 있습니다. 부성의 결여는 이 수준이 아니라면 다른 어디에서도 찾을 수 없을 것입니다. 오이디푸스 콤플렉스에서 아버지의 역할이란 상징화에 도입된 최초의 시니피앙, 즉 모성의 시니피앙을 대체하는 다른 하나의 시니피앙입니다. 여러분에게 설명한 적 있는 은유의 정식의 논법에 따르자면, 아버지는 어머니의 자리에 [어머니 대신에] 오는 것입니다.[319]

따라서 이렇게 말할 수 있으리라. 오이디푸스의 세 번째 단계, 여기에서 아버지는 "상징화"되어 "전능" "원초적 아버지" 그리고 "법"의 "은유"에 불과한 것이 된다. 상징적인 아버지는 은유가 된 대타자에 불과하다. 그는 이제 법"이 되지"는 못한다. 법을 "가질" 수 있을 뿐, 아니, 아이와 함께 법에 복종할 수 있을 뿐이다. 그리고 또 하나 주의해야 할 것이 있다. 아마도 여기에서 "모성적 시니피앙"이라고 불리는 이상, 아이가 자신의 욕망을 욕망하는 상대가 "어머니"라 불리는 것은 이 시니피앙의 도입으로부터 소급해서 그리 불리는 것에 불과하리라.

여기에서의 문제는 당연히 생물학적인 아버지나 어머니가 아니다. 따라서 여기에서 시니피앙으로서의 팔루스라 불리는 것은 "페니스도 클리토리스도 아니다".[320] "있다" "없다"로 성별을 결정하는 "성의 단위"인 "그 무엇"이고, 그것이 상상적인 것에서 상징적인 것으로 이행한다는 설명이 있을 뿐이다. 그리고 상징계로 이행한 이 시점에서 아버지는 은유이고 팔루스는 환유다. 우리의 이로에 따르면, 아이 입장에서 보았을 때 전자는 〈거울〉에 비친 전체상인 "아버지를 향한 사랑" "상징적 동일화"의 대상이고, 후자는 그것의 "자세한 클로즈업"이다. 다시 한 번 우리의 보로메오를 보자. 팔루스의 향락이 위치한 곳은 상징계의 원환 내부이고, 그것은 상상계의 "바깥에-있다". 따라서 그것은 상징적 팔루스의 향락인 것이다. 여기까지 딱히 어려운 부분은 전혀 없다. 문제는 다음이다.

그렇다면 팔루스의 향락이란 무엇인가? 팔루스가 "향락"과 관계가 있다면 그것은 "실재계"와 연결되어 있어야 한다. 실은 우리가 자세하게 인용했던 1957~1958년 『무의식의 형성물』 세미나의 시점에서 라캉은 이미 이를 알아차린 듯한 발언을 한다. 오이디푸스 콤플렉스의 세 번째 단계를 지적하는 와중에 이렇게 말한다.

> 세 번째 단계는 이렇습니다. 아버지는 어머니에게 욕망하는 것을 줄 수 있는데, 이는 아빠가 그것을 갖고 있기 때문이라는 것이지요. 즉, 여기에서는 성기의 의미에서의 능력과 관계가 있습니다. 아버지란 그런 능력이 있는 아버지라고 할 수 있겠지요. 여기에서 어머니와 아버지의 관계는 실재의 평면으로 재차 이행합니다.[321]

여기에서 다시 슬그머니, 하지만 뚜렷이 개념이 침투하기 시작한다고 해야 할까? 페니스도 클리토리스도 아니라고, 욕망의 상상적인 이미지로부터 단절된 욕망의 상징적인 시니피앙이고 환유라고 역설해온 팔루스가 구체적인 성기로서의 능력을 지닌 페니스이기도 하고, 그것에 근거하는 그 무엇임이 밝혀지는 것이다. 게다가 법을 "참고 견디는 자"이고 "약속을 지켜야 하는", 즉 전능성을 잃은 오이디푸스의 세 번째 단계에 해당하는 아버지에 이르러 팔루스는 처음으로 성적으로 향락하는 것이 된다. 그렇다. 여기에서 팔루스는 향락의 조정기가 되어 향락한다. 그런데 어떻게? 방법은 두 가지가 있다. 팔루스적 향락을 두 가지로 구분하겠다. "첫 번째 팔루스의 향락"과 "두 번째 팔루스의 향락"으로.

1. 첫 번째 팔루스의 향락, 시니피앙으로서의 팔루스의 향락. 우선, 팔루스의 향락이라 할 때 문제되는 것은 "신체의 소타자, 이

성異性의 소타자"³²²라고 라캉은 말한다. 따라서 팔루스의 향락에서 문제 되는 것은 구체적인 성행위에서의 향락이다. 누구나 친숙할, 성행위 때 팔루스가 향유하고 팔루스에 의해 향유하게 되는 향락이다. 여기에서 팔루스는 거의 페니스라 불려 마땅한 것처럼 보인다. 그런데도 여기에서 문제 되는 것은 팔루스이고 따라서 팔루스는 시니피앙이다. 이 팔루스는 거세의 결과로, 즉 전능이 아니게 됨으로써 생겨난 것이고, 상징계에 속한 것에 불과하다. 그것은 빼앗긴 것에 불과하다. 라캉은 명쾌하게 말한다. 주체가 빼앗긴 "그 무엇"이 시니피앙으로서의 팔루스라고.³²³ 그러면 무엇이 어떻게 된다는 말인가? "팔루스의 향락은 남자가 여자의 신체를 향락하는 것을 방해하는 것"이라는 말이 된다. "왜냐하면 그가 향락하는 것은 기관器官의 향락이니까요."³²⁴ 나아가 라캉은 거듭 말한다. 거세된 남자, 즉 여기에서 말한 팔루스를 가진 남자에게는 "여성의 신체를 향락할 어떤 기회도 없습니다. 바꾸어 말해 성교를 할 기회는 없습니다".³²⁵

팔루스에 의한 향락, 그것은 성행위의 장애가 되어 성교를 성립하지 않게 한다. 언뜻 보기에 매우 기묘한 사고방식이기는 하다. 그러나 이 부분에서 라캉의 이로는 명쾌하고 선명하고 오해의 여지가 없다. 이것은 결국 "성관계는 없다"와 관련되어 있다. 이 문장은 1967년 『환상의 논리』에서 "정신분석의 커다란 비밀"이라고 전제한 뒤, "대타자에게는 대타자가 없"는 것과 마찬가지로 "성행위는 없다il n'y a pas d'actes sexuel"³²⁶고 논한, 그리고 "성관계는 없다il n'y a pas de rapport sexuel"라는 표현으로 수정되어, 이후로도 반복해서 언급하게 되는 정식이다. "대타자에게는 대타자가 없다"와 포개놓은 것처럼 보이는 이 문구에 다양한 의미를 덧씌울 수 있을 것이다. 그러나 여기에서는 짧게 이렇게 말하자. 성관계가 없는 것은 팔루스를 갖거나 갖지 않기 때문이다, 라고. 1963년 『불안』 세미나의 단계에서도 라캉은 남녀 간의 교접에서 거세의 기능을 가능하게 하는 것은 팔루스이고, 팔루스가 의미심장한 이유는 "그것의 탈락=실패chute" 때문이고 "실패한 대상objet chu일 수 있기" 때문이라고 말했다.[327] 인용을 계속하자. 『앙코르』에서 라캉은 이렇게 말한다.

> 우리가 Φ로 표시하는 팔루스에 대해, 그것은 시니피에를 갖지 않는 시니피앙이라고 자세하게 논했지요? 이는 남성의 팔루스의 향락에 있어 참고 견디는 것입니다. 이는 무엇일까요? 우리의 실천 중에 중요한 위치를 점하는 자위가 백치의 향락임을 두드러지게 하는 것이 아니라면.[328]

차후에 전개할 논지를 미리 이야기하지 않으면 설명이 불충분한 데다 그다지 유익하다는 생각도 들지 않기에 간단하게 다루는 데 그치겠다. 1973년 3월 13일 세미나의 도입부에서 내놓은 도표에서도 사선이 그어진 남성 주체는 여성인 대상 a로 향하고, 정관사 la에 사선이 그어진 여성은 "사선이 그어진 대타자의 시니피앙"과 남성의 "팔루스"로 향하고 있어서, 남녀 간에 '향락을 얻기 위해 향하는 방향'이 결정적으로 어긋나 있음을 쉽게 알 수 있다.[329] 남녀의 욕망이 향하는 방향은 영구히 엇나간 채다.

그런데 "성관계는 없다"라는 말에는 정말 이런 의미만 있는 것일까? 이 문구에 이런 의미만 있다면, 성행위의 향락은 자위적이라느니, 남녀는 영원히 어긋나 진정 "하나가 되는" 것은 불가능하다느니, 결국 누구나 알고 있는 그런 단순한 사실을 왜 이렇게 거추장스러운 개념들을 늘어놓으며 호들갑을 떨어야 하는지 알 수가 없다. 이 문구에는 이와 다른 의미가 있는 것이 아닐까? 아니, 아직은 그것을 말할 때가 아니다. 우리는 팔루스의 향락에 머무르자. 이어가겠다.

성관계는 없다. 팔루스 때문에. 팔루스는 성관계를 방해하고 그것을 팔루스의 향락으로, "자위의 백치적인 향락"과 닮은 그 무엇으로 바꾸고 만다. 이는 무엇을 의미하는가?

우선 "성관계는 없다"에서의 "관계"란 프랑스어로 rapport인데, 이 단어에는 단순히 관계뿐 아니라 조화, 균형, 이윤 등의 의미도 있다. 그리고 무엇보다 두 항 사이의 "비, 비율"이라는 의미가 있다. 라캉은 성적인 두 항 사이의 "바른 관계=비율"[330]은 존재하지 않는다는 표현도 쓰고 있다. 어떤 프랑스어 사전을 찾아보아도 "비$_{ratio}$"의 동의어로 나오는 "비율"이 필요로 하는 공통된 척도가 성적인 것에는 없다는 말이기도 할 테고, 이런 이해가 틀린 것은 아니다. 하지만 그것이 왜 팔루스 때문에 방해받는가? 라캉은 다른 곳에서 이렇게 이야기했다. 팔루스는 "대타자의 욕망의 비율=이성$_{raison}$"[331]이라고. "비"를 어원으로 하는 이 "비율=이성"이라는 단어를 여기에 둔 것은 아마도 우연이 아니다. 새롭고 순수한 관계=비를 맺으려 해도, 거기에는 그것을 방해하는 이성=비율이 미리 기입되어 있다는 것이다. 따라서 팔루스에 의해 성관계는 이미 규제받고, 통제받고, "없는 존재"가 되었다는 뜻이다.

하지만 이는 라캉의 말놀이에 불과할지도 모른다. 여기까지만 다루고 짤막하게 말하겠다. 법에 따르는 아버지의 위치, "오이디푸스의 세 번째 단계"에서 거세의 효과로 산출되는 팔루스는 "하나의 기관"일 뿐이다. 라캉은 이렇게 말했다. "말하는 자들의 신체는 제반 기관으로 분할될 수밖에 없다. 그러기에 제 기관은 스스로의 기능을 온전히 지니게 되는 것이다." 물론 "분할"의 예로는 "할례"의 대상이 되는 "표피"가, "외과"의 대상이 되는 "돌기물"이 열거된다. "그리고 어떤 기관은 시니피앙이 되는 것입니다."332 그렇다. 팔루스는 "분할"되어 "외과적인" 조작의 대상이 되었을 때, 즉 "거세" "할례"를 통과했을 때 비로소 "기관"이 되고, "하나의 기관"이 되었을 때 비로소 "시니피앙"이 된다. 우리가 제2장에서 살핀 이로에서도 몇 번 등장했던 "정형외과적"인 조작은 이와 별도의 것이 아니다. 시니피앙과 이미지는 외과 수술을 실행해 주체를 봉합한다. 이는 이미 확인한 바와 같다.

　　이리하여 팔루스는 하나의 기관, 하나의 시니피앙이 된다. 남녀가 성행위를 할 때 향락은 "하나의 기관"에 불과한 팔루스에 "집중"한다. 그것을 가진 자도, 갖지 않은 자도. 즉, 여성도. 라캉은 여성도 얼마든지 팔루스의 기능에 정통할 수 있다고 말하며,333 "팔루스적인 여성이 있다는 사실을 누구나 알고 있지요?" 하고 약간 농담조로 이야기한 적도 있다.334 성행위는 하나의 기관에 불과한 팔루스를 매개로, 하나의 시니피앙에 불과한 팔루스라는 매개를 중심으로 이루어진다. 다른 다양한 가능성을 버리면서까지, "융합적인 카니발리즘"과도 닮은 다양한 가능성을 버리면서까지 많은 사람이 팔루스에 집착하고, 그 향락이야말로 성적인 향락의 "중심"이요, "전부"라는 생각에 빠져 있다. 하나의 시니피앙에 불과하나 "비할 데 없는 시니피앙",[335] 욕망의 시니피앙인 팔루스에.

따라서 팔루스 때문에 "기관으로 국소화局所化되지 않은 순전한 성관계"는 사라진다. 비참하기까지 한 하나의 기관만을, 하나의 시니피앙만을 두고 성관계는 직조되어간다. 그래서 라캉은 팔루스의 차원에서 성관계는 없다고 한 것이고, 우리는 팔루스야말로 향락을 "통제하는" "조정기(레귤레이터)"라고 말한 것이다. 향락이 어마어마한 절대적 향락이 되지 않도록 규제·조정·변압·변환·치수하는 것이라고.

팔루스의 향락은 길들여져 있고 합법적이다. 그리고 그것으로 족하다. 아무렴 그래야 한다. 라캉은 팔루스의 향락을 부정하는 것이 아니다. 규제 때문에 사람들은 무엇인가를 빼앗기고 어디인가 죽은 것으로서 성性을 영위하고 그 온건한 향락을 흔쾌히 살아갈 것이기에. 하루하루의 성적인 다정함, 그 격렬하지만 평온한 기쁨을 누가 부정할 수 있겠는가? 묘한 슬픔 따위 신경 쓸 필요는 없다. 팔루스가 시니피앙이라는 말이 의미하는 바는 이러하다. 그것은 빼앗긴, 어디인가 죽은, 거세당한 것이라고 이미 길게 논해왔다. 반복하지는 않겠다.

2. 두 번째 팔루스의 향락. "이미지=시니피앙"으로서의 팔루스의 향락. 하지만 우리의 이로에 따르면 시니피앙은 이미지 쪽으로 녹아들어갔었다. 상징계는 상상계의 뒷받침 없이는 존재할 수 없었다. 따라서 팔루스가 시니피앙이라면 당연히 팔루스는 이미지에 번져가 있다. 이를 "미처 거세되지 않은 것"으로 여긴다면, 대상 a를 논하는 것이 되리라. 그러나 이미지와 시니피앙의 상호 침투 국

면에 있는 팔루스는 그와 전혀 다르다. 그렇다면 그것은 무엇인가? 일관적으로 불균질성과 침투를 논해온 이상, 이 물음에 회피한다는 것은 용납되지 않는다. 물론 라캉도 이 사실을 눈치채고 있다.

시니피앙이기에 이미지에 번져간 팔루스 그리고 그것의 향락이란 구체적으로 어떤 것인가? 자세하게 논하려면 르장드르의 이론을 기다려야 하지만 라캉의 글귀만으로 논할 수 있는 데까지 논해보자. 팔루스의 향락, 이미지 쪽으로 번져간 팔루스의 향락. 상징적이기는 하나 상상적인 것을 완전히 불식하지 못하고 거기에 있는 팔루스의 향락. 한마디로 그것은 "권력의 향락"이다.

계속 인용하자. 라캉은 『무의식의 형성물』 세미나의 1958년 3월 12일 모임에서 팔루스를 "권력의 시니피앙"이고 "왕의 지팡이"[336]라고 말하며, 6월 25일에는 "팔루스를 숭배(컬트) 대상으로 삼고 있는 것", "건립＝발기èrection 자체를 시니피앙으로 해서" "세워진 석상이 우리의 매우 오래된 문화 속에서 갖는 영향, 인간이 집단으로 단결하는 데 이 시니피앙이 미치는 영향"[337]을 논한다. 즉, 권력의 표징으로 세워진 입상立像, 탑, 성곽, 궁전, 그 "우뚝 솟은" 모습을 논한다. 또한 지난해의 『대상관계』 세미나에서도 "시니피앙 안에 포섭된 신체"는 "최초의 문장紋章＝장비armes"를 손에 넣는다고 말한 다음, 그것을 "팔루스적인" 것, "순전한 건립＝발기"와 명확히 연결해 이렇게 말했다. "돌기둥이 하나의 예가 될 것이고, 세워놓은 인간의 신체라는 관념도 또 하나의 사례가 될 것입니다." "이러한 일련의 요소는 신체의 직접적인 경험과 연결될 뿐만 아니라 신체의 키stature와도 연결되어 있는 것입니다."[338] 즉, 우뚝 선 것으로서의 인간 신체＝돌기둥이다.

그리고 같은 세미나에서 클로드 레비-스트로스Claude Lévi-Strauss를 인용하면서 짧지만 매우 흥미로운 고찰을 하고 있다. 여성이 아닌 남성을, 즉 팔루스를 교환하는 질서가 가능할지. 레비-스트로스가 『친족의 기본 구조』에서 근친상간 금지의 존재 이유를 "여성"의 교환에서 구한 것과는 반대로, "팔루스를 가진 소년을 낳아줄 테니 팔루스를 가진 남자를 보내라"라고 말하는 모권적 권력의 질서가 있을 수 있는지. 라캉은 여기에서 "모권제 사회에서도 정치권력은 남성중심적"으로 "표상"된다고 말한다. "왕의 지팡이와 팔루스를 혼동하는 시니피앙의 질서"³³⁹가 여기에 있다. 왕의 지팡이를 쥔 여왕이다. 더 떠올려보자. 라캉이 『에크리』에서 팔루스는 시니피앙이라고 단언한 구절 직전에 "고대인에게 팔루스는 어떤 것이었는지, 프로이트가 그것을 지시하는 이미지에 대해 언급한 것은 이유가 있다"³⁴⁰라고 논했다는 사실을. 또한 시간이 흐른 뒤인 1971년 『가식이 아닐지도 모르는 하나의 담론에 대해』 세미나에서도 라캉은 성관계가 픽션 구조의 가치를 지닌 왕과 여왕의 모습으로 육화한다며 "성관계의 국가화"를 논한다.³⁴¹

여기에는 상상적 팔루스의 모습이 상징적 권력의 시니피앙 위에 덧씌워진다. 어머니가 욕망한 상상적 팔루스가 발기한 모습과, 자신이 〈거울〉 속에 서 있는 모습, 환희와 함께 받아들여지는 그 신체의 윤곽이 "거울상적으로 동일화한다"라고 라캉은 이미 말한 바 있다. 그것이 상징적 팔루스가 된다 해도 이 상상적 팔루스는 계속 남아 있다. "권력의 시니피앙"으로, 즉 이미지 쪽으로 번져가는 "권력의 시니피앙=이미지"로. 건립한, 우뚝 선, 자립한 권력을 과시하는 다양한 축조물. 우리의 일상생활을 둘러싼 탑, 기념비,

궁전이 이를 반복한다. 즉, "수직으로 우뚝 선 모습"에, 우뚝 선 권력의 시니피앙=이미지에 동일화하려는 것. 권력에 동일화하려는 것. 그것의 향락. 이것이 "두 번째 팔루스적 향락"이다. 상상적이고 상징적인 팔루스에 동일화하는 향락이고, 권력의 향락이다. 그렇다. 권력을 추구하는 자들은 무엇을 원하고 있을까? 물론 "권력을 갖는 것"이다. 상징적인 권력의 시니피앙을 "갖는" 것이다. 어떤 지위를 점하는 것, 어떤 상징적 위치의 결정이 있을 때 그 위치를 점하는 것이다. 상징적 팔루스의 향락.

그러나 그것이 슬그머니 "권력이려는" 것과 겹쳐 있다면? 그 권력의 시니피앙을 "가지려"는 욕망이 권력의 시니피앙"이려"는 욕망에 오염되어 있다면? 권력의 모습이려는 향락으로도 향하고 있다면? 권력의 향락은 팔루스적 향락이다. 상상적 팔루스"인" 향락이고, 이와 동시에 상징적 팔루스를 "갖는" 향락이다. 아슬아슬하고 위태로운 이야기다. 상징적일 뿐인 팔루스의 향락과 달리 이는 무시무시한 결론을 끌어낼 수 있다. 그래도 이것은 참으로 진부하면서도 합법적인 향락에 불과하다고 할 수 있다. "권력이고 싶다"는 욕망은 결국 어느새 거세되어 "권력을 갖고 싶다"라는 욕망으로 변환되고 마니까. 사람은 왕이 될 수 있을지언정 왕의 지팡이가 될 수는 없다. 그것을 가진 자를 왕으로 만드는, 왕의 지팡이가 될 수는 없다. 왕의 지팡이를 가질 수 있을 뿐이다. 아버지에게서 건네받고 아이에게 건네주어야 하는 "찰나의 대리인"으로서, 그것을 잠시 "가질" 수 있을 뿐이다.

그리고 첫 번째 팔루스적 향락, 즉 하루하루의 평온한 성적 환희의 향락과 마찬가지로 두 번째 팔루스적 향락도 평범한 것에 불과하다. 권력의 시니피앙=이미지인 '상상적이고 상징적인 팔루스'에 정신이 팔린 사람의 모습은 신문이나 텔레비전에 시선을 던질 필요도 없이 주변에서 얼마든지 떠올릴 수 있을 것이다. 물론 그중에 여성도 있으리라. "팔루스적인 여성이 있다는 것은 누구나 알고 있지요?"라고 라캉은 말하고 "왕의 지팡이를 가진 모권제의 여왕"에 대해서도 말했었으니까. 반복을 두려워하지 않고 말하겠다. 진부하고 평범하지만 이 "두 번째 팔루스의 향락"의 "위험성" 은 "첫 번째 팔루스의 향락"에 비할 바가 아니라고. 전제군주가 "죽이라"고 명령하는 향락의, 근소한 도입이 될 수 있는 향락일지도 모르기에.

하지만 그것은 합법적인 향락에 불과하다. 혹은 권력의 계단을 오르는 향락은 그 자체만으로는 당장 사람을 죽이는 향락이나 자신의 피가 섞인 여인을 수중에 넣는 향락보다도 훨씬 "온순한" "길들여진" 것에 불과하다. 그리고 그것으로 족하다. 아무렴 그래야 한다. 그래야만 하루하루 영위하는 성과 마찬가지로 하루하루 영위하는 권력욕을 평범하게 계속 이어갈 수 있다. 부장이 되고 싶다, 사장이 되고 싶다, 장관이 되고 싶다, "한 단계 위의" 생활을 향유하고 싶다, 유명해지고 싶다. 좋지 않은가? 소박한 소원이다. 정신분석학파 간의 권력 투쟁에서 살아남은 라캉이 이런 향락을 부정할 리 없다. 두 번째 팔루스 역시 향락의 조정기(레귤레이터)였던 것이다. 최대한 전거를 모아 인용을 거듭해왔지만, 라캉은 "두 번째 팔루스의 향락", 즉 "상상적이고도 상징적인 팔루스의 향락"에 관해서는 단편적 고찰밖에 남기지 않았다. 확실하게 말하자면 그것은 라캉에게 벅찼던 것이다. 그것을 계승한 자의 이로는 제2부에서 자세히 살피게 될 것이다.

우리는 첫 번째 향락의 레귤레이터를 좇는 사이에 그것이 두 가지라는 사실을 알게 되었다. 그러나 아직 이야기는 끝나지 않는다. 두 번째 향락의 레귤레이터, "대상 a의 잉여 향락"에 대해 우리는 아직 아무것도 이야기하지 않았다. 계속 이어가자. 이 또 하나의 향락의 조정기는 어떤 것인가? 우선 이렇게 묻자. 대상 a란 무엇인가?

제21절 대상 a의 잉여 향락: 향락의 레귤레이터 (2)

/

우리는 이미 길게 논해왔다. 거세를, 외과 수술을, 정형외과적인 그 무엇을, 거울상에서 "봉합되는" 이미지를, 그리고 시니피앙의 연쇄 속에서 "누락되는" 그 무엇을, 실재계에 "새겨지는" 트레 위네르를. 그렇다. 주체는 조각되는 것이다. 대상 a는 그것의 여분이다. 거기에서 누락되고 떨어져 나간 그 무엇, 깎여 나간 부스러기이고 주변에 튄 체액이다. 주체를 "하나"라고 셈한 순간 그로부터 누락되는 "그 무엇"이다. 주체가 주체가 될 때 상실하는 "그 무엇"이다. 반대로 말하자면 주체가 주체가 되는 것에 저항해 도망치는 "그 무엇"이다. 거울에 비친 모습에서 "무엇인가 결여되었다"고 느끼게 하는 "그 무엇"이다. 시니피앙의 연쇄를 손으로 더듬어가도 "무엇인가 다르다, 무엇인가 부족하다"라고 느끼게 하는 "그 무엇"이다. 팔루스의 향락을 어디인지 모르게 비참한 것으로 만드는 "그 무엇"이다. 자기도 모르는 사이에, "철이 들"면 어느새, 거기에서 이미 결정적으로 사라지고 만 "그 무엇"이다. 그렇기 때문에 우리의 욕망을 가차 없이 도발하는 "그 무엇"이다. 결국 우리는 언제나 대상 a에 대해 논해왔다고 할 수도 있겠다. "욕망의 원인"[342]이라 정의된 대상 a에 대해. 우리는 라캉이 쓰는 개념의 불균질성과 혼성성을 논해왔다. 개념들 자체가 불균질하니 그 모두에서 누락된 대상 a는 그보다 한층 더 "없는 것이 없는", 무엇이든 던져 넣을 수 있는 쓰레기통 같은 개념이 되고 말았다. 따라서 대상 a에 대해 끝없이 설명을 늘어놓을 수 있고, 또한 대상 a를 구사하면 무엇이든 설명이 가능해지는 것이다. 그러나 이런 일들은 우리와 무관하다.

자, 다시 라캉 본인에게 묻자. 대상 a란 무엇인가? 형식적인 주석 달기는 최대한 피하도록 한다. 보로메오에서 대상 a는 상상계, 상징계, 실재계에 다 걸쳐 있고 그 중심에 있다. 걸쳐 있다는 것은 달리 말해 이 셋 모두로부터 벗어나 있다는 말이기도 하다.

우선 원칙적으로 대상 a란 주체가 주체가 된 순간, 주체로부터, 주체의 신체로부터 "떨어진" "분리된" "소실된" 그 무엇이다. 주체를 주체로 재단할 때 떨어져 나간 "부스러기" "여분"이다. 무엇의 여분인가? "대상 a는 리비도의 환원 불가능한 마지막 잔류분rèserve"[343]이고, 이 리비도란 "순수한 성의 본능입니다. 즉, 불사의 삶, 억제할 수 없는 삶, 어떠한 기관器官도 필요로 하지 않는 삶, 단순해져서 부술 수 없는 삶, 그런 삶의 본능입니다." "대상 a는 그것의 대리, 그것에 모습을 부여하는 것에 불과합니다."[344] 이러한 리비도, 아직 기관이 되지 않고, 불사인 리비도. 우리의 이로에 따르면 〈인판스〉에게, 아니, 어쩌면 〈인판스〉 이전에 있을지도 모르는 무한정의 리비도는 주체의 주체화로 인해, 그것의 절단과 단절과 할례에 의해 "여분"에 불과한 것이 된다. 리비도마저 이러한 "재단"에서 소급해 상정된 것일지도 모른다고 또 반복해서 논할 필요는 없으리라. 몇 번에 걸쳐 말해왔으니.

따라서 대상 a란 하나로 셈할 수 있는 주체에게서 잘려 나간 "여분"이다. "이 잉여, 주체를 정초하는 경계선이 정해진 순간에만 나타나는 여분이 바로 대상 a라 불립니다."³⁴⁵ 라캉은 『불안』 세미나에서 주체에 "대타자의 영역에 있는, 시니피앙인 트레 위네르가 각인"될 때의 "뺄셈", 즉 주체를 "하나"로 셈할 수 있게 될 때 이루어지는 계산의 "여분reste"이 대상 a라고 말한다.³⁴⁶ 즉, 시니피앙에 의해 "사선이 그어지고" "거세되어" 주체가 주체가 되는 순간, 거기에서 주체로부터 누락되어 영구히 잃게 되는 "찌꺼기résidu"가 대상 a다. 대타자와의 상징적 동일화로 주체가 형성될 때 "시니피앙의 사선이 그어진 주체와, 그로부터 파생하는 찌꺼기인 대상 a"³⁴⁷가 출현한다. 즉, 그것은 시니피앙에 의해 "상징화"되지 않는 그 무엇, "시니피앙의 목구멍에 걸린, 삼키지 못한 대상과 같은 것"³⁴⁸이다. 상징화에 저항하는, 삼킬 수 없는 그 무엇. 삼키지 못한 이상 "그 본성상 대상 a는 소실되고 두 번 다시 찾을 수 없다."³⁴⁹ 대타자와의 관계에서 절대적으로 잃게 된 "그 무엇". 자신의 몸 안에 있었을 터인 "그 무엇".

여기에서 라캉은 주체의 욕망이 향하는 방향을 바꾼다. 우리가 검토해온 것처럼 그것은 대타자를 향할 터였다. 그러나 1963년 3월 20일 세미나에서 라캉은 "대상 a는 대타자 A의 대리물"이고 욕망의 "진정한 대상은 대상 a"이고 "욕망에서 문제 되는 것은 대타자가 아니라 대상 a"라고 분명히 말한다.³⁵⁰ 여기에서 욕망은 대상 a의 "효과"[351]에 불과한 것이 된다. 따라서 원래 "욕망의 대상"[352]으로 제기되었던 대상 a는 "욕망의 원인"이 된다. 이미 논한 바와 같이 010010 게임이 시작되었을 때 실타래=대상 a는 단지 명멸하는 현전과 부재의 교대 혹은 부재의 현전에 불과했고, "그 자체"는 이미 소실되었었다. 그래서 시니피앙의 연쇄가 시작되었을 때 그것은 이미 "누락되어 있다". 그러기에 라캉은 『환상의 논리』 세미나의 1966년 11월 16일 모임에서 시니피앙이 출현할 때 이미 거기에 없는 것을 시니피앙은 지시할 수 없고, 따라서 시니피앙은 그것을 만들어내는 것입니다, 하고 말한 다음 "달리 말해 기원이 존재하지 않는 것, 그것은 주체 자신입니다. 이를 또 다르게 표현하자면, 대상 a 내부가 아니라면 '태초에 현존재가 있었다'라는 말은 성립하지 않습니다"[353]라고 말할 수 있었던 것이다. 즉, 시니피앙의 포르트-다, 가장 단순한 01011이 가동하기 시작한 순간, 이미 항상 대상 a는 사라진 상태다. 대상 a는 거기에서 오로지 이미 잃어버린 것으로서 존재할 뿐이다. 그리고 처음부터 상실한 대상이자 대상의 상실 자체였던 대상 a에 의해서만 주체는 성립한다. 그렇다면 시니피앙의 연쇄가 발동한 후에는 어떻게 되는가? 주체는 환유적인 욕망의 원인인 대상 a를 잡을 수 있을까? 없다. 라캉은 이렇게 말한다.

나는 당신에게 요구한다 ─ 무엇을? ─ 거부할 것을 ─ 무엇을? ─ 내가 당신에게 제공한 것을 ─ 왜? ─ 왜냐하면 이것은 그것이 아니니까 ─ 이미 아셨을 것입니다. 이 "그것"이 대상 a인 것입니다. 대상 a는 어떤 존재도 아닙니다. 그것은 환유에 의해 주어진 위치에만 존재합니다. 다시 말해 그것은 한 문장의 처음부터 끝까지 보증된 순수한 연속성으로 인해 존재하고 있다는 것입니다.[354]

환유의 실, 이 시니피앙의 연쇄를 강박적으로 더듬어가 보아도 "이것은 그것이 아니다". 내가 나이기 위해 잃었던 "저것"은 아니다. 시니피앙의 연쇄로는 손에 넣을 수 없는, 오히려 그것을 구동하는 잃어버린 대상. 그것이 대상 a라는 말이리라. 그렇다. 그것은 내가 내가 되는 순간 잃은 "그 무엇"이다. 그것이야말로 내가 나인 증거이고, 내가 대타자에게 받지 못했던 "이것이 너다"의 "이것"이 아닐까? 대상 a는 주체의 진리가 아닐까? 라캉도 그렇게 말하고 있다. "주체는 분석 과정에서 이 방법을 통해 '내가 대상 a의 기능이라고 정의한 것'으로 향하게끔 유도됩니다. 즉, 대상 a 안에서 자신의 진리를 발견하도록 유도합니다." 그렇다. 대상 a라는 "나"의 진리가 드디어 주어진다. 그러나 이 문장은 다음과 같이 이어진다. "자신의 배설물 같은 모양을 한 것으로."[355]

깎여 나간 주체의 여분이자 찌꺼기인 대상 a가 배설물 같다는 것은 자연스러운 일이다. 실제로 그것은 "〈쾌락Lust〉의 영역"에 있는 "기껍고, 상냥하고, 좋아할 만한 이미지"일 수 없고, 실재계에서 나타나면 "유방과 똥, 시선, 목소리"와 같은 "하찮은" 것이 된다.[356] "신체에서 분리할 수 있지만 그것과 전적으로 연관된 단편"[357]이 된다. 그리고 이미 몇 번이나 거듭 말한 것처럼 이 대상 a는 "죽어 있다inanimé".[358] 그래서 주체는 그것과 만났을 때 이렇게 말하는 것이다. "이것은 내가 아니다" 혹은 "〈무엇인가〉 부족한" 것으로 느끼면서 그것에 대한 향락을 끝없이 추구하기를 멈추지 못한다. 라캉은 분명하게 말했다. 대상 a는 "쪼가리 같은 대상_objet de dechet_"이고 "불가능한 것"이라고.[359] 쓰레기, 똥, 욕망의 진정한 원인이고 주체의 진리이나 도달 불가능한 "그 무엇". "우리가 대상 a라고 부르는 저 특이한, 견줄 데 없는, 역설적인 대상."[360] 그것은 본질이나 실체가 없고, 자기에 반反해 항상 반전反転하고 있기 때문에 "역설적인" 것이다.

따라서 신체에서 배출된 것이라면 무엇이든 그것일 수 있다. 정신병에서 "환청"이라 불리는 "감시 망상"[注察妄想(주찰망상)을 감시 망상으로 번역했다. 주찰망상은, 항상 누군가 자신을 보고 있다, 감시하고 있다고 느끼는 망상을 뜻한다.─옮긴이]과의 관계 때문에 "목소리"와 "시선"이 강조되고, 엄마라는 시원적 대상과의 관련 때문에 "유방"이 그리고 아이가 엄마에게 처음으로 줄 수 있는 것이어서 정신분석에서는 "금전"과 거의 동의어로 여겨지는 "배설물"이 강조되지만, 일반적으로 신체에서, 몸의 "구멍" "갈라진 곳"에서 배출되는 것이라면 전부 "이것이 아닌" "실재성 안에 출현한 대상 a"일 수 있다. 실제로 라캉은 이렇게 말한다. "우리가 대상 a라고 부른 대상은 유일한 하나의 대상이 아닙니다."[361] 따라서 그것은 침, 오줌, 땀, 피, 잘린 머리카락이나 손톱, 정액을 비롯한 모든 체액일 수 있고, 분리된 맹장이나 늑골일 수도 있다. 그렇지 않다면 왜 의사는 다소 엄숙한 표정으로 환자인 우리에게 수술로 절제한 우리의 늑골이나, 입원 중에 몇 개월이나 다리 관절을 고정시켰던 나사 등을 건네주는 것일까? 왜 전쟁에 나서는 자는 가족에게 유발遺髮이나 손톱을 남기고 가려 하는 것일까? 그리고 왜 그것을 버리지 못하는 것일까? 물론 여성의 경우 자신이 낳은 아이마저도 이 대상 a의 "실재화"일 수 있다. 혹은 그것에서 떨어져 나오는 "태반"이.[362]

이처럼 생생한 모습으로 거기에 있는 주체의 진리. 쪼가리, 여분, 똥. 그러나 그것은 "나"에게 결여되었다. 아무리 거기에 생생하게 존재하고 있어도 그것은 "저것"이 아니다. 대상 a는 주체가 주체가 된 순간 "결여"하게 된 것이고, 그것을 대신하려고 오는 그 무엇이다. 대신하러 오는 것은 항상 "그것이 아니"기 때문에 대상 a는 역설적으로 "그 구멍"이 있음을 나타내고 만다. 따라서 간단히 말하면 이렇다. 대상 a는 실재계에 속하고, "리얼"하다.[363] 라캉은 말한다. "대상 a가 결여된 것이라는 사실이 바로 이 세계의 '리얼리티'를 만들어낸다." 이 세계의 평온한 실재성과, 마리 알라코크가 삼키는 목구멍의, 그 희미하게 위아래로 움직이는 목구멍의 "리얼"에 동시적으로 관계된 것. 그것이 대상 a인 것이다.

그러나 아직 남은 문제가 있다. 상상계와의 관계가. 이렇게 묻자. 대상 a는 눈에 보일까? 당연히 보일 터다. 배설물이, 유발이, 유방이 보이지 않을 리가 없다. 하지만 라캉은 이렇게 말한다. "대상 a는 거울상적인 이미지image spèculaire를 갖지 않습니다. 그것은 거울상이 될 수spècularisable 없습니다."[364] 또한 대상 a를 "맹점"[365]이라고 부른다. 그것은 거울에 비치지 않는다. 따라서 보이지 않는다.

무슨 말일까? 라캉은 『에크리』에서 이처럼 거울상이 될 수 없는 것을, 팔루스를 가리키는 "파이Φ"에 마이너스 기호를 붙인, "마이너스 파이$-\Phi$"라고 부르고 대상 a와 동일시한다.[366] 거울상에 비치지 않는 팔루스. 이상하지 않은가? 팔루스란 우선 상상적 팔루스로서 주어지고, 그것은 거울상에 비친 자기 이미지와 동일화한다고 라캉은 단언하지 않았던가? 상상적 팔루스가 주어지는 거울상에서 팔루스가 "마이너스"가 된다는 것이 도대체 가능한 일일까? 상상적인 차원에서조차 비치지 않는 팔루스가 있다. 그것이 대상 a이고, 따라서 대상 a는 보이지 않는다. 이는 모순이 아닌가? 라캉의 상상적 팔루스는 상징적인 거세에 이르기도 전에 이미 거세되고 마는 것이 아닌가?

실은 『불안』 세미나 등에서 라캉은 몇 번에 걸쳐 이 마이너스 파이의 애매모호함을 고백하고 있다. 즉, 이는 애초부터 상당히 무리가 있는 주장인 것이다. 하지만 우리 입장에서 보면 단순한 문제다. 우리는 상상계와 상징계의 구별을 위험에 빠뜨리는 것이 다름 아닌 거울이라고 논해왔다. 이 이로에 따르면, 거기에 있는 것은 거울이 아니라 〈거울〉이고, 상상적이고 상징적인 거울면이고, 이미 항상 언어가 심기어 있는 앞면이다. 그리고 상상적 팔루스와 상징적 팔루스가 포개져 번져가는 순간도 우리는 논한 바 있다.[367] 그렇다면 이런 말이 된다. 상징적인 팔루스의 거세란 실은 상상적인 팔루스가 출현한 순간에 이미 실행되었고, 그것은 두 단계로 극명하게 구분되는 것이 아니라 어느새 번지고 만다. 상상적인 팔루스에조차 이미 무엇인가 결여된 것이, 빼앗긴 것이 있다.

사실 우리는 이미 이를 논했다. 상상계에서의 자기 이미지가 "무엇인가 이상한" "어디인가 죽어 있는" "죽음의 필촉"에 의한 "죽음의 이미지"라고, 라캉과 함께 우리는 이야기해오지 않았던가? 그렇다. 상상적 팔루스에도 무엇인가 결여되어 있고, 거울의 자기 이미지가 나타난 순간조차 거기에는 무엇인가 결여되어 있다. 그것이 대상 a라고, 라캉은 그렇게 말한 것에 불과하다. 주체가

"전체상"으로 주어진 순간부터, 대상 a는 그것에서 "여분" "쪼가리"로 떨어져 나간 것이었다. 따라서 전체상 안에는 없는 그 무엇이다. 뒤집어 말하자면, 결정적으로 불균질적인 개념으로, 보이지만 보이지 않는, 보이지 않지만 보이는 것이다. 그것은 보이는 순간 "그것이 아니"게 된다. 보이지 않음으로써 잠재적인 욕망의 원인으로 "작용"한다. 그것은 처음부터 그런 존재다. 이미 우리가 논해왔던 것처럼.

대상 a는 리얼한 것임과 동시에 그 상실을 통해 "리얼"하지 않은 "실재성"을 확보한다. 그러나 대상 a는 애초부터 "상실한" 대상일 터이기 때문에 있지만 없고, 없지만 있다. 따라서 그것은 리얼인 동시에 리얼이 아니다. 그리고 우리는 대상 a가 시니피앙의 연쇄 안에 "있을" 터이기 때문에 욕망의 작동 원인이 되고, "그것이 아니"기 때문에 연쇄 반복의 원인도 된다는 것을 보아오지 않았던가? 따라서 대상 a는 시니피앙인 동시에 시니피앙이 아니다. 즉, 말할 수 있지만 말할 수 없다. 대상 a는 실재성 속에 나타나는 순간 "그것이 아니게" 되기 때문에 "있지"만 "없고" 없지만 있다. 보이지만 보이지 않고, 리얼이지만 리얼이 아니고, 말할 수 있으나 말할 수 없다. 순식간에 그것은 도주한다. 대상 a는 처음부터 이런 것이다. 따라서 대상 a는 본질이 없고, 계속해서 "역설"적인 것으로서 존재한다. 한마디로 대상 a는 우리의 〈거울〉에도 비치지 않는, 〈거울〉의 효과로서 산출되고 마는 것이다.

그렇다면 대상 a의 향락인 "잉여 향락"이란 무엇이고, 그것은 어떤 의미에서 향락의 "조정기(레귤레이터)"인가? 사전 설명으로 이미 인용한 적이 있는 글귀를 조금 더 길게 인용하겠다.

이 잉여, 주체를 정초하는 경계선이 정해진 순간에만 나타나는 여분이 바로, 대상 a라 불립니다. 여기에 일격에도 쾌락원칙으로 변질되지 않는 향락이 기거하게 됩니다.[368]

쾌락원칙에 회수되지 않는, 실재계의 향락이 기거하는 대상 a. 그것은 어떻게 향락되는가? 라캉은 세미나 『대타자에서 소타자로』에서 카를 마르크스Karl Marx의 "잉여가치설"과 프로이트의 "농담" 개념을 포개어 "잉여 향락"이라는 개념을 제안한다. 물론 여기에서 노동자의 노동을 등가교환하지 않고 "비지불 노동"이라는 "착취"를 통해 "잉여가치"를 낳아 생산과정에서 어느새 이윤을 산출하는 자본가의 "웃음"이 지닌 농담과 향락을 논하고, 나아가 그로 인해 "착취"당하는 노동자의 곤경을 주인에 의해 "사취"당하는 헤겔의 노예의 곤경과 겹쳐놓는 등, 라캉다운 요설을 볼 수 있고 그것은 그것대로 재미있기는 하다. 그러나 여기에서도 핵심만을 보자. 대상 a의 잉여 향락이란 무엇인가?

우선 라캉은 11월 13일 세미나에서 생산노동에 종사한다는 것은 "향락의 단념"이라고 확실하게 강조한다. 헤겔이 말하는 주인은 마음껏 생산물을 향락하지만 노예는 자신의 향락을 착취당하고 하루하루의 노동으로 몸을 소모해야 한다. 이는 이미 논했다. 그리고 라캉은 말한다. "여기에서 새로운 부분은 이러한 단념을 분절하는 담론이 있다는 것입니다. 그리고 거기에서 나타나는 것은 (……) 내가 '잉여 향락'의 기능이라 부르는 것입니다."[369] 향락의 단념에 의한 향락, 잉여 향락. 그 "잉여 향락의 주변에서 어떤 본질적인 대상이 생산됩니다. 이제 이 대상의 기능을 정의하지요. 그것은 바로 대상 a입니다". "잉여 향락, 그것은 대상 a의 기능을 부각시키는 것은 아닐까요?"[370]

　　대상 a의 향락, "잉여 향락"은 "향락을 단념함으로써 획득하는 향락"이다.[371] 이 잉여 향락은 "더는 향락하지 않는 것" 혹은 "더 향락하는 것"으로도, 즉 이중으로 이해가 가능하다. 대상 a의 향락은 이러한 단념에 입각한다. 왜냐하면 그것은 쪼가리, 찌꺼기, 똥에의 향락이니까. 휘황찬란하게 건립된 팔루스의 상은 이제 없다. 내가 정말 향락하고 싶은 "진짜" "그것"은 이제 거기에 없다. 그것이 남긴 흔적은 있다. 그러니 나는 이 찌꺼기라도 향락하자. 많이 더 많이.

　　따라서 대상 a의 향락은 절대적인 향락이나 팔루스적 향락을 단념한 향락이고, 그것들과는 다른 곳에서 향락을 찾아내려 한다. 따라서 그것은 어디인지 모르게 도착倒錯적인 향락이다. 배설물을 먹고, 오줌을 마시고, 피나 정액을 마시는 향락이니까. 우리는 이미 그런 사례를 들어왔다. 그것이 향락이 아니라면 사람들이 무슨 이유로 나병 환자를 씻긴 물을, 가난한 이의 배설물을, 미녀의 오줌을, 럭비 팀 포워드의 정액을 기꺼이 마시려 하겠는가? 혹은 대상 a는 시선이기도 하니 그 향락은 훔쳐보는 자의 향락, 관음증자의 향락이리라. 혹은 노출광의 향락.

　　이는 도착자들, 그들이나 그녀들만의 향락일까? 그렇지 않다. 라캉도 분명하게 대상 a의 향락을 "도착자들만의 것이 아닙니다"[372]라고 말했다. 입을 맞출 때 연인의 침을 달게 느낀 적이 없는 사람이 있을까? 휴대전화 너머로 멀리 있는 연인의 쉰 목소리를 듣는 향락, 사랑스러운 아기가 손가락을 베어 울기 시작해 자기도 모르게 상처에 입을 갖다 댔을 때 느끼는 피 맛의 향락, 마음에 두고 있는 사람이 무더위에 벗어 던져놓은 옷에서 피어오르는 땀 냄새의 향락 그리고 시선을 느끼고 그쪽으로 시선을 던질 때 그것들이 한순간 교차하는 향락과 전혀 무관한 사람이 과연 있을까? 출정해 전사한 남편이 남긴 머리카락을 뺨에 부비며 우는 아내의 향락을, 아내의 갑작스러운 죽음을 알게 된 남자가 집에 남아 있는 옷에서 그녀의 희미한 체취를 맡으려 하는 향락을 누가 도착이라고 말하며 웃을 수 있을까? 의사는 왜 절제한 장의 일부를 바로 버리지 않고 보여주려 할까? 왜 뽑은 이를 돌려주고, 자기 늑골을 좀처럼 버리지 못할까? 죽은 친구의 서재에 들어가, "바로 며칠 전까지 그 녀석은 여기에서 내가 빌려준 저 책을 읽고 있었구나"라는 생각에 잠겨, 애용하던 만년필을 유품으로 받아, 귀갓길에 그것을 쓰레기통에 던져 넣고도 아무것도 느끼지 않는 사람이 얼마나 있을까? 레비-스트로스가 "결국 종잇조각에 불과한" 고문서의 기묘한 매혹을 논하고, "요한 세바스찬 바흐의 3소절을 듣는 것만으로 가슴이 벅차오르는 사람"이 바흐 본인의 서명이 있는 악보를 손에 쥐었을 때 느낄 전율을 사례로 들 때, 누가 이를 부정할 수 있을까?[373] 물론 대상 a는 유방이기도 하니 여성의 유방에 편집적 집착을 보이는 남자의 향락 또한 잉여 향락이다. 또한 마르크스에서 출발한 향락이고, 정신분석의 "상징의 등식"에 따르면 배설물은 금전이기도 하니 이는 수전노의 향락, 1원이라도 더 많이 모으려는 향락이기도 하고, 투기 대상을 잘 골라 자산을 늘리려는 남자가 예금통장 액수를 보고 겉치레로도 곱다고 하기 힘든 웃음을 지으며 느끼는 향락이기도 하다.

즉, 결론은 같다. 잉여 향락은 합법적인 향락이다. 굳이 말하자면 반₩합법적인 향락이라 할 수 있을지도 모르겠다. "누구나 행하고 있는" 밤의 경범죄이고, 가벼운 도착 행위다. 그것은 따분하고, 벗어나기 힘들기에 어디에서나 볼 수 있는 향락에 불과하다. 그리고 세 번째로 말하겠다. 그것으로 족하다. 아무렴 그래야 한다. 그것은 우리의 일상생활 속에 있다. 그것이 감히 돈이 "전부"라고 단언하는 사람의 향락이라 할지라도, 그 또한 우리 세계의 일상이다. 사실 놀라울 정도로 화려한 슈트나 넥타이를 즐겨 걸치는 멋쟁이였던 라캉이 세미나의 연단에서 청중의 시선을 한 몸에 받으면서 '옷 입기 자체에는 남장, 여장 등의 복장 도착 경향이 있습니다. 그것은 팔루스의 결여를 감추려는 것이고, 따라서 대상의 결여를 감추려는 것입니다'라고 태연하게 말할 때,[374] 여기에서 유머와 함께 "대상 a의 잉여 향락"을 느끼지 않기란 어려우리라.

제22절 향락의 레귤레이터, 그 너머로

/

반복하겠다. 잉여 향락도 평온한 하루하루의 "가벼운 양념"에 불과하다. 그것은 아무것도 뒤흔들지 않고, 아무것도 바꾸지 않는다. 그리고 그것으로 족하다. 대상 a와 잉여 향락이 향락을 흡수하고 조정하고 있는 한, 세계는 "대체로" 평화롭다. 그것이 아무리 분쟁, 비리, 착취가 널려 있는 세계라 하더라도. 라캉 이론에 정통한 사회학자들은 말한다. 자본주의는 "성관계는 없다"라는 "불가능"한 구멍을 중심으로 하염없이 충동을 회전시키고 있다고. 그렇다. 그들의 이러한 발언은 이 세계의 향락을 긍정하는 것이 된다. 권력을 추구하는 것도 좋다. 돈을 추구하는 것도 좋다. 이성 혹은 동성에 미치는 것도 좋다. 좋은 옷을 걸치고, 도박이나 주식에 빠지는 것도 좋다. 때때로 마약을 즐기는 것도 좋고, 약간 사디즘sadism이나 마조히즘masochism에 몸을 담그는 것도 좋다. 매우 즐거울 것이다. 게다가 그것은 자본주의를, 사회를 뒤흔들 일이 없는 안전한 향락이니까. 팔루스와 대상 a는 향락의 레귤레이터다.

우리의 향락은 여기에 흡수되어 깔끔하게 절대적 향락으로부터 분리된다. 절대적 향락은 그로부터 제거된다. 그리고 이를 거부하고 절대적 향락을 직접 추구해 살인을 저질러도 결국은 불모로 귀결된다. 이는 이미 논한 바 있다. 조정기로 여과된 향락이냐, 살인과 근친상간의 절대적 향락이냐? 이 상황에서는 전자밖에 선택의 여지가 없으리라. 그것은 깔끔하게 후자를 잊게 해주기까지 하니까. 이 향락이 너무도 좋아, 향락을 얻는 장소 자체를 확보하기 위해 사람을 죽이고 있을지도 모른다는 것조차 그것은 잊게 해준다.

그렇다. 팔루스의 향락과 대상 a의 잉여 향락으로 세계를 모두 설명할 수 있다. 기꺼이 설명할 수 있다. 라캉을 칭송하려는 자든 비판하려는 자든 여러 라캉 이론과 해설서가 여기에서 논의를 그만둔다. 상상계, 상징계, 실재계, 팔루스, 대상 a. 자본주의의 평화. 자본주의의 "세큐리티". 그리고 그것으로 족한 것이리라. 이런 향락은 사회를 바꾸는 일 없이 평온하고 평화롭게 유지한다. 뛰어나고 온후하고 안전하고 자극적인 향락이다. 향락의 레귤레이터, 팔루스와 대상 a. 그것은 주체와 노예를 끊임없이 착취하고 노예가 스스로를 노예라고 느끼지 않게 하는 정교한 기계인 것이다. 사람들은 기꺼이 착취당하고 그것에 만족한다. 여기에 무슨 이의가 있겠는가?

이의가 있다. 당연히 있다. 라캉은 말한다. 향락은 그것만이 아니다. 이런 향락을 부정하는 것은 아니다. 부정이 가능할 리가 없다. 그러나 다른, 이와는 다른 향락이 존재한다. 향락의 조정기에 말려들어 자본주의의 피로 물든 평화 속에 안주하지 않고, 살인이나 아동 학대의 불모성을 초래하지도 않는 향락이 존재한다. 또 하나의, 다른, 제3의 향락이. 가장 어렵고, 가장 난해하고, 편견으로 가득 찬 "평범한 사람"을 가장 두려움에 떨게 하는 향락이. 말 그대로 "반시대적인" 향락이. 그리고 여기가, 여기만이 라캉에서 진정으로 읽어야 할 부분이다. 나는 그렇게 생각한다. 우리는 향하자. 다른 향락으로. 여성의 향락, 대타자의 향락으로. 사회를 창출하는 향락으로.

제4장

여성의 향락, 대타자의 향락
: 정신분석의 임계점

제23절 "다른" 향락

/

하나만 미리 말해두겠다. 여성의 향락, 그것은 대타자의 향락이다. 여성의 향락=대타자의 향락은 많은 사람이 그 앞에서 두려움에 꼼짝 못 하고, 퇴피삼사退避三舍할 향락이다. 바로 앞 절에서 말한 바와 같다. 실은 라캉 자신도 다소 예외를 면할 수 없다. 라캉이 확신을 갖고 그렇게 단언하는지 의심스럽다. 또한 주의해야 할 것이 있다. 지금까지 몇 번이나 인용해왔고, 앞으로도 제2부에서 길게 논하게 될 르장드르의 관점을 선취해 논하자면, 사회를 창출하는 향락을 "여성의 향락"이라고 부르는 것 자체가 신을 "남성"으로 여기는 그리스도교의 영향 아래에 있는 사회에서만 통용되는 "하나의 판본"에 불과할지도 모른다는 것이다.[375] 하지만 아직은 신경 쓰지 않아도 된다. 여기에서는 라캉의 이로에 집중하자.

먼저, 인용을 계속하겠다. 라캉은 1972년 12월 19일 『앙코르』에서 다음과 같이 말한다.

지난번에 강조했듯 향락이란 사랑의 징표가 아닙니다. 그것
은 팔루스의 향락을 지탱하려 하고, 우리를 팔루스의 향락의
수준으로 향하게 합니다. 그런데 제가 바로 대타자의 향락La
jouissance de l'Autre이라고 부르는 것 ― 여기에서는 상징화된 그
것을 말하는데 ― 은 이와는 또 전혀 다른 것입니다. 예를 들면
"전부"는 아니다pas-tout라는 것이지요. 앞으로 이것을 자세히
논하고자 합니다.[376]

또 1973년 2월 13일에는 이렇게 말했다.

다음 회에는 여성의 편에 있는 하나의 방법에 대해 논해보려
합니다. 이 "여성la femme"의 정관사 la에는 사선을 그어야 합
니다만. 그것은 성관계의 부재를 대신 채우러 오는 대상 a와
는 다른 것입니다.[377]

다른 향락이 있다. 팔루스의 향락이 아닌, 대상 a의 향락도
아닌 "여성의 편에 있는" 대타자의 향락이. 하지만 이처럼 "정관
사에 사선을 그은" "전부는 아닌" 여성이란 무엇일까? 라캉은 말
한다. "여성이란 존재하지 않습니다. 이를 정의하자면 전칭全稱을
지시하는 관사입니다." "본질적으로 그녀는 '전부는 아닌' 것입니
다."[378] 정관사로 지칭되는 "여성"이란 존재하지 않는다. "모든 여
성은 ……이다"라는 명제는 성립하지 않고 "모든 여성"이란 존재

하지 않는다. 그런 "전부"에 들어가지 않는 그 무엇이 여성이고, 그 향락이다. 라캉은 이어간다. 여성에 붙어 있는 "이 la는 시니피앙입니다"라고. 또한 여성은 존재하지 않는다는 표현이 불러일으킬 수 있는 오해를 미리 피하기 위해 이렇게 말을 잇는다. "그렇다고 해서 사물의 본성으로부터 그녀가 배제되어 있다는 것은 아닙니다. '전부는 아니다'라는 특징 때문에 그녀는 '팔루스적인 기능으로 표현되는 향락'을 초과하는 향락을 갖는 것입니다. 주의해야 합니다. 나는 초과적supplémentaire이라고 했지 보완적complémentaire이라고 하지 않았습니다."³⁷⁹

원초적 아버지가 향락했던 것은 "모든 여성"이었다. 그래서 원초적 아버지는 신화 속의 등장인물에 불과했다. 그가 이 세계로 온다면 모든 여성을 향락하고자 분주히 돌아다니면서 의기양양하게 농락한 여성의 숫자를 셈하는 돈 후안Don Juan과 같은 모습이 될 것이다. 그러나 그것은 불가능한 시도도. 여성은 전부가 아니고, 모든 여성 같은 것은 존재하지 않으니까. 따라서 원초적 아버지의 모습은 조금 가엾고 약간 우스꽝스러운 것이다. 라캉이 분명하게 말하고 있듯 원초적 아버지는 어디까지나 "셀 수 있는" 여성만 상대한다. 트레 위네르가 새겨져 하나라고 셀 수 있게 되고, 동일성이라는 전체성으로 틀이 지어져 'La'라는 시니피앙이 붙은 여성만. 쉽게 말해 그가 상대하는 것은 시니피앙이고, 그것에 불과하다. 물론 그 역시 여러 여성의 관능적인 자태, 풍성한 머리카락, 보조개, 점, 입술, 눈썹, 속눈썹, 뒷모습을 상세하게 떠올릴 수 있으리라. 심히 감미로운 추억으로. 하지만 그 역시 환유의 구조 속에 있을 뿐이다.³⁸⁰ 실제로 우리가 살펴온 라캉의 논지는 전부가 "전부"에 관한 것이었다. 자기 이미지는 "전체상"이었다. 시니피앙은 모두 "시니피앙의 보고"인 대타자에 수납되어 있을 터였다. 상상적 팔루스는 엄마와 아이에게 "전부"였다. 상징적 팔루스는 성행위에서 중심이고 "전부"였다. 대상 a마저 신체에서 결여된 그 무엇이었고 그것의 추구는 자신의 전체성을, "전부"를 추구하는 것과 같았다. 전부를 손에 넣고 싶다. 전부이고 싶다. 우리의 욕망은 하나로 셀 수 있는 모든 것을 포함한 집합으로서의 "전부", 통일된 "전부"를 향한 것이었다. 그리고 이는 쉽게 부정할 수 있는 것이 아니다.

그러나 여성은 "전부가 아니다". 여성은 전부가 아닌 향락에 열려 있다. 다른 향락이 있다. 물론 모든 여성이 이 향락에 열려 있는 것은 아니다. 모든 여성이 "전부가 아닌 여성"은 아니다. 라캉은 팔루스적인 "부르주아 여성"의 사례를 들어 "그녀는 거기에서 '전부는 아닌' 것이 아닙니다. 그녀는 그것으로 가득 차 있습니다"[381]라고 말한다. 지금 말한 것 같은, 욕망에 휘둘리는 여성은 얼마든지 있다. 팔루스적 향락으로, 잉여 향락으로 "가득 찬" 여성이 있다고 해서 누가 이를 타박할 수 있겠는가? 아니, 그런 "전부가 아닌" 여성이 과연 존재하는지 의심스러울 수도 있다. 그러나 라캉은 단호하게 다음과 같이 말을 잇는다. "그러나 그 이상en plus의 그 무엇이 있는 것입니다" "팔루스 너머에 있는 향락이."[382]

여기에서 라캉이 정신분석에 항상 따라다니는 비속한 담론과는 전혀 무관한 내용을 논하고 있다는 점은 분명하다. 즉, 성행위에서 여성은 남성 "이상의" 향락을 얻고 있다는, 야비한 사내들의 천한 잡담거리에 불과한 이야기 말이다. 이런 뜬소문을, 라캉이 말하는 여성의 향락과 연관을 지어 논하는 사람이 있다는 것 자체가 쉽게 믿어지지 않는다. 주지하는 바와 같이 이런 이야기의 최종적인 준거가 되는 신화가 있다. 오비디우스가 쓴 테이레시아스Teiresias의 신화, 저주를 받아 여성도 남성도 된 적이 있는 테이레시아스가 여성의 향락이 더 좋았다고 말했다는 신화다. 그러나 「레투르디L'etourdi」에서 이 신화를 논한 다음, 라캉은 이렇게 말한다. "어느 여인une femme에 대해 '전부가 아니다'라고 말한다면, 그것이 의미하는 것, 즉 이 신화가 우리에게 알려주는 것은 어느 여인이란, 성교에 기인하는 향락을 초월한 유일한 자라는 것이다."[383] 즉, 테이레시아스의 신화를 논할 때도 라캉은 일부러 그런 천한 이해를 멀리하려 한다. 테이레시아스가 말한 "그 이상의" 향락이란 팔루스를 뛰어넘은 "전부가 아닌" 여성의 향락인 것이다. 이 점을 잊어서는 안 된다.

그렇다면 여성의 향락이란 어떤 향락인가? "전부가 아닌" "어느 여성"의 향락이 "대타자"의 향락, 신이라 불렸던 대타자의 향락이기도 하다니 대체 무슨 말인가? 향락은 말로 표현할 수 없는데, 사선이 그어져서 결여가 새겨져 있다고는 하지만 분명히 신이라고 지칭되기도 했던 시니피앙의 보고인 대타자가 "향락"하다니. 게다가 그것이 "어느 여성"의 향락이라니. 너무 이해하기 힘들기에, "대타자의 향락의 Autre는 "대타자"가 아니라 "다른 성性"을 의미하고, 따라서 그것은 여성의 향락이라는 의미를 가질 뿐이라고 역설하는 자들이 끊이지 않는다. 두려워서 어쩔 줄 몰라 하는 처사라 하겠다. 이 부분에서 라캉의 주장은 명석하고 오해의 여지가 전혀 없다. 사선이 그어진 대타자의 시니피앙, 결여가 새겨져 에코의 처지가 된 대타자를 논한 다음, 라캉은 이렇게 말한다.

여성은 대타자의 시니피앙과 관계를 갖습니다. 대타자는 항
상 대타자로 존재할 수밖에 없는 대타자입니다. 내가 대타자
에게는 대타자가 없다고 말한 것을 떠올려주십시오. 여기에
서는 그것을 전제로 할 수밖에 없으니까요. 시니피앙이 분절
될 수 있는 모든 것이 기재된 장소인 이 대타자는 그 근거부
터가 근본적으로 대타자인 것입니다. 그러하기에 이 시니피
앙은 사선이 그어진 대타자를 괄호에 넣은 시니피앙인 것입
니다.384

어느 여성은, 전부가 아닌 여성은 대타자의 시니피앙과
"관계를 가진다". 이 "관계"의 뜻을 떠올리자. 그것은 "성관계는 없
다"에서의 "관계"와 같은 단어, 같은 어휘다. 이 관계가 여성의 향
락이고 대타자의 향락이다. 대타자가 없는 대타자, 근본적인 대타
자의 향락이다. "대타자란 단순히 진리가 웅얼웅얼 말하는 장소가
아닙니다. 그것은 '여성이 근본적으로 관계를 갖는 그 무엇'을 표
상하는 힘을 지닙니다."385 라캉은 말을 잇는다. "이 '사선이 그어진
대타자의 시니피앙'은 여성의 향락 외에 그 어떤 것도 지시하지 않
습니다. 그것은, 즉 내가 여기에서 〈신〉은 아직 퇴장하지 않았음을
가리키고 있다는 말입니다."386 게다가 그것이 "시니피앙"이라 불
리는 이상, 그것의 향락은 "언어가 될"지도 모른다. 된다. "이 '사선
이 그어진 대타자의 시니피앙'은 여성의 향락 외에 그 어떤 것도
지시하지 않습니다. 그것은, 즉 내가 여기에서 〈신〉은 아직 퇴장하
지 않았음을 가리키고 있다는 말입니다"라고 말한 직후에는 청중에
게 이렇게 말을 건넨다. "바로 여기에 내가 여러분께 도움이 되기

를 바라며 쓰는 내용이 있습니다. 나는 여러분에게 무엇을 쓰고 있는 것일까요? 조금이라도 진지하게 행할 수 있는 유일한 일, 그것은 연애편지=사랑의 글자lettre d'amour입니다."387 라캉은 여기에서 사선이 그어진 대타자의 시니피앙 혹은 그와의 "관계"를 명백히 "사랑의 글자=연애편지"에 비유한다.388 그리고 이렇게 말한다.

> 성관계가 없는 까닭은 신체로 파악되어왔던 대타자의 향락이 항상 부적절했기 때문입니다. 한쪽에는 도착이 있습니다. 대타자가 대상 a로 환원되어버리면 그것은 도착이 됩니다. 다른 한쪽에는 불가사의한 광기가 있다고 할 수 있습니다. 사랑이 겪는 막다른 골목과 같은 시련, '실재계를 정의하는 불가능성에의 직면'이 아니라면 그것은 무엇이겠습니까? 상대방에게 사랑은 우리가 일종의 시를 통해 불러내는 것을 통해서만 실재화됩니다. 그리하여 나는 이해하는 것입니다, 피하기 힘든 운명으로 향하는 용기를.389

라캉은 무슨 말을 하는 것일까? 대타자의 욕망은 대상 a의 욕망이 완전히 변환시키고 만 것이 아니었던가? 그렇게 단언하지 않았는가? 그런데 그것이 도착에 불과하고, 그것과 다른 것이 있다니. "불가사의한 광기"가 있다니. "사랑" "시" "용기"라니. 그는, 라캉은 어떻게 되어버린 것이 아닐까? 그렇지 않다. 그럴 리가 없다. 라캉은 지극히 명석하다. 그리고 명석함 그대로, 곧바로 이렇게 덧붙인다. "존재의 향락이 있습니다." "지고한 존재의 향락, 즉 신의 향락입니다." "한마디로 말해, 신을 사랑함으로써 우리는 우리 자신을 사랑하는 것입니다." "우리는 신에게 오마주를 바치는 것입니다."[390] 그리고 다음과 같이 반문하게 된다. "왜 대타자의 얼굴을, 신의 얼굴을, 여성의 향락이 지탱하는 것으로 해석해야 하는 것일까요?"[391]

제24절 신의 사랑: 신비주의란 무엇이었나

이제 충분하다. 독자는 우선 『앙코르』의 표지를 봐주기 바란다. 거기에는 베르니니의 고명한 "성 테레사의 법열法悦" 조각상이 있다. 라캉은 베긴 수도회의 여성 신비주의자 하데베이흐Hadewijch의 이름을 거론하고 다음과 같이 말한다.

『앙코르』의 표지

신비주의적인 것la mystique이란 정치가 아닌 모든 것을 말하는 것이 아닙니다. 그것은 무엇인가 진지한 것입니다. 그것에 대해 우리는 몇몇 사람에게 여러 가르침을 받았지요? 많은 경우는 여성들이었고, 또한 십자가의 성 요한처럼 은혜로운 사람도 있었습니다. (……) 사람은 "전부가 아닌" 쪽에도 있을 수 있습니다. 여성들뿐만 아니라 남성들도 있었으니까요. (……) 그녀들 그들은 희미하게나마 본 것입니다. 그녀들 그들은 느낀 것입니다. 저 너머에 있는 향락이 거기에 분명히 있다는 관념을 말입니다. 그들은 신

비주의자라 불리는 사람들이지요.[392]

라캉은 "전부가 아닌" 여성 쪽에 있었던 성 요한과 달리 자기 눈과 신의 눈을 혼동한 남성 신비주의자 안겔루스 질레지우스Angelus Silesius는 팔루스적이고 도착적일 뿐이라고 단언하며 물리친 다음, 다음과 같이 말을 잇는다.

하데베이흐에 관해 논하고 있습니다만, 성 테레사에 대한 논의와 같은 취지에서 그렇습니다. 로마에 가서 베르니니의 조각을 보는 것만으로 충분합니다. 바로 알 수 있지요. 그녀가 향락하고 있다는 것을. 의심의 여지가 없습니다. 그런데 그녀는 무엇을 향락하고 있는 것일까요? 한 가지 명백한 것은, 신비주의자들의 본질적인 증언은 그녀들 그들이 느낀 것을 말하는데, 그러나 그녀들 그들은 그것에 대해 아무것도 모릅니다. 신비주의자들이 거침없이 쏟아내는 기도는 수다도 잡담도 아닙니다. 그것은 더 신중하게 독해해야 합니다. 해당 쪽 아래의 주해에 이르기까지 말이지요. 거기에 자크 라캉의 『에크리』도 추가하고 싶습니다. 그것과 같은 차원에 있으니까요. 이렇게 말하면 여러분은 당연히 내가 신을 믿는다고 생각할지도 모르겠습니다. 저는 여성의 향락을 믿습니다. "그 이상"의 것으로서의 여성의 향락을 말이지요.[393]

신비주의자, 신비주의라니. 신비주의가 우리 세계의 향락을 능가하는 "다른" 향락, "여성의" 향락이라는 말인가? 신비주의 따위는 "형이상학" "종교" "컬트" "신학"과 함께 상대를 매도할 때나 쓰는 말 아닌가? 역시 라캉은 동생이 가톨릭 추기경이었다는 이야기도 있고, 자신의 『로마 강연』에 교황이 왕림하도록 부탁하려 했다는 소문도 있고, 단순한 종교적 인간에 불과했던 것이다. 우리는 속은 것이다. 보아하니 라캉은 신학적이라느니 부정신학적이라느니 말하는 사람도 많은 것 같고, 이에 대해 제대로 반론도 못 한 것 같은데. 애당초 라캉학파라는 것부터가 마치 컬트 같지 않은가? 그러고 보니 20년도 전에 일본의 정신의학자 도이 다케오土居健郞는 옴진리교가 출현하기 전에 라캉을 가리켜 "그는 구루guru야"[394]라고 중얼거렸다던데, 역시 그 말은 옳았다. 이런 두려움에 가득 찬 목소리가 들려올 것 같다.

그래도 잠시만 기다려보자. 여기에서 당신이 눈길을 돌린다면, 라캉이 말했듯 "그런 것은 '여자나 하는 말dit-femme'에 불과하다며 중상하는diffame" 무리와 다를 것이 없다. 즉, 남근주의자이고 도착자인 무리, 자본주의의 향락에 빠져 부끄러움도 의심도 없는 무리와. 하지만 그것 역시 불가피한 것인지도 모른다. 라캉 스스로가 못 미더운 듯 "이렇게 말하면 당연히 여러분은 내가 신을 믿는다고 생각할지도 모르겠습니다"[395]라고 걱정하고 있으니까. 우리는 별생각 없이 상대를 매도하는 말로 신비화나 신비주의라는 말을 입에 담지만, 역사상의 신비주의에 대해 무엇을 알고 있을까? 그녀들이 무엇을 행하고, 무엇을 생각하고, 무엇을 상대로 싸우려 했는지 정말 우리는 알고 있을까?

다른 향락, 여성의 향락, 대타자의 향락. 상상계의 제시부터 시작해 멀고 먼, 이 기나긴 이론의 도정을 거쳐 모든 향락을 다

분류해 보인 다음, 그것을 이것이다, 라고 말한 것만으로 이미 라캉의 위대함은 의심의 여지가 없다. 그렇다. 라캉은 더는 말하지 못하고 죽게 된다. 『생톰Le sinthome』[symptôme(증상)과 saint homme(성자, 성인, 성스러운 사람)을 합친 라캉의 조어다. ─옮긴이]에서도 대타자의 향락의 장소를 가리켜 "진짜 구멍은 여기에 있다"[396]라고 말하고 있지만 그 이상의 진전은 없었다. 그리고 그 제자들도 여기에서 겁에 질려 발걸음을 되돌린다. 당연하다. 여기에 발을 들이는 것은 정신분석의 임계점, 정신분석의 역사성을 파헤치는 것이기도 하니까. 그래도 우리는 더 나아가자. 여성의 쾌락=대타자의 쾌락이 신비주의자의 그것이라면, 그것은 무엇을 의미하는가?

하지만 라캉만으로는 이 이로는 곧 끊어질 것이다. 라틴어도 잘 못하는 내가 신비주의의 역사를 상세하게 논할 수 있을 리도 없다. 도움을 받을 수밖에 없다. "애도 작업으로서의 역사의 글쓰기"에 침정한 대역사가이자 68혁명에 찬동해 "민주주의적 저항"을 선언했던 사상가, 예수회 회원이자 라캉 세미나 참석자로, 아마 라캉이 "몇몇 사람에게 여러 가르침을 받았"다고 말한 그 "몇몇 사람" 중 한 명일 미셸 드 세르토Michel de Certeau의 도움을.[397]

우선 오해를 풀기 위해 간략히 소개하자. 신비주의는 "체험"이 아니다. 신비주의는 "전통"을 갖지 않는다. 신비주의는 "말"이다. 신비주의는 "역사적"이다. 신비주의는 "몽매주의"와 아무 관련이 없다. 그리고 목숨을 건 "저항운동"이다. 미리 푸코의 말을 들어놓자. 푸코는 이렇게 말했다. 신비주의는 사목 권력에 대항하는 "반反-인도引導", 즉 "저항운동"이었다고. 이는 제7장 제84절과 제94절에서 자세히 논하겠다.

차례대로 살펴보자. 우선 "신비주의"라는 말은 19세기에 만들어진 것에 불과하다. 실제로 프랑스어에서 이 말이 처음 쓰인 것은 1804년이다.[398] 따라서 하데베이흐, 아빌라의 성 테레사, 성 요한이 자기 자신과 자기 자신의 행위를 이 말이 가리키는 의미에서의 "신비주의"라고 생각하는 것은 불가능했다. 이 신비주의라는 말은 16~17세기에 전성기를 맞이했던 신비주의자들의 운동을 모델로 해서 "날조"한 말이다. 여기에서 소행해서 이전 시대에서도 "신비주의"가 발견되었고, 신비주의는 바로크 시대에도, 중세 초기에도, 교부 시대에도, 그 전에도 있었던 것으로 "신비주의 전통"이 "창출"되었던 것이다. 어디에서나 볼 수 있는 "전통의 창출"이 신비주의에서도 일어났다. 그뿐이 아니다. 이렇게 만들어진 "신비주의" 개념은 16세기와 17세기 그리스도교 신비주의 운동이 지녔던 "스타일"을 걸러낸 개념이 되고, 지리적으로도 소행해서 "적용"되어간다. 그리고 동방정교회뿐만 아니라 이슬람, 불교, 힌두교, 세계의 온갖 종교에 "신비주의"는 존재한다는 인식이 형성된다. 신비주의와 신비주의 "체험"은 이렇게 해서 보편화된 것이다.

여기에서 꼭 강조해야 할 요소가 두 가지 있다. 하나는 신비주의는 본래 "근대"의 현상, 적어도 "근세"의 현상이라는 사실이다. 그것은 그 시점에만, 16~17세기 서구라는 특정한 역사적 시공에만 존재했다. 그것은 "근대성의 문지방"에 있었던" "역사적 형상"[399]이다. 역사학적으로 조금 더 시대를 넓게 보더라도 기껏해야 13세기에서 17세기까지로, 그 시공 밖에 있는 것은 본래의 의미로 신비주의라고 부를 수 없다. 그리고 역사적으로 소행하고 지리적으로 확대·적용되어가는 "날조"와 "보편화" 작업 과정에서 진묘한 개념이

번성하고, 이 관념이 얕게 퍼져 우리 시대에도 사람들의 상식적인 고정관념으로 자리 잡고 있다. 그 진묘한 관념이란, 동서고금에 걸친 모든 "신비한 체험" "특수한 체험"을 한 자는 모두 "같은" 것을 느끼고, "같은" 체험을 했다, 체험의 유무가 문제이지 그 문화적 차이는 문제 되지 않는다는 관념이다.

　　스페인 신비주의 연구자 쓰루오카 요시오鶴岡賀雄는 이런 태도를 "체험주의"라 지칭하며 단호히 부정한다. 그런 보편적인 "체험" 따위는 존재하지 않는다. 특정한 역사적 시공에서 어떤 특수한 체험을 받아들이는 방식, 그것을 말하는 방식, 그것을 기술하는 방식과 살아가는 방식의 "문체(스타일)"가 문제인 것이다. 그런 "보편적" 체험이 존재하고 그것을 얻기만 하면 신비에 도달한다는 속류적 사고방식이 통용된다면, 그 "체험"은 뇌 내 물질이 만들어내는 것이므로 격렬한 신체 운동을 동반한 "수행"이나 마약을 사용하면 그런 경지에 이를 수 있다는 말도 안 되는 이야기마저 널리 퍼지게 될 것이다. 20세기에는 불가능하다는 것을 알면서도 16~17세기 신비주의자들로 회귀하려 했던 조르주 바타유Georges Bataille가 이런 지식을 접할 수 없는 조건에 있었는데도 "외재적인 모든 수단을 포기해야 한다"라고 단언하고, 강한 어조로 요가나 신체 기법에 빠져드는 사람들을 조롱하고, '내가 체험을 얻었을 때는 제정신이었다. 술조차 한 방울도 마시지 않았다'고 거듭 말한 것은 바타유의 혜안을 보여준다 하겠다.[400] 이러한 신체 기법이나 약물 의존은 신비주의가 아니다. 잉여 향락에 불과하다. 이런 잉여 향락을 중심에 두고 그것을 미끼로 삼는 종교는 종교가 아니다. 그런 무리들이야말로 원리주의적 컬트라 불러야 하리라. 라캉이 말하지 않았던가? 그것은 "그 이상"의 것이라고. 물론 신비주의자들도 금욕이나 고행을 하지 않는 것은 아니다. 그러나 신비주의를 약물이나 신체 기법의 작용으로 환원할 수 있다면, 약물을 자유롭게 처방할 수 있는 의사 국가 자격증을 지녔고 정신병원 근무 경험이 있던 라캉이, 즉 의지만 있다면 강한 마취, 수면약, 정신안정제, 마약으로 분류되는 것마저 자유자재로 투여할 수 있는 권한을 가졌던 라캉이 왜 굳이 신비주의에 주목해야 했는지 전혀 설명할 수 없다.

그렇다면 신비주의자의 체험, "그녀들"의 체험은 어떤 것인가? 우리의 편견이 머릿속에 그리는 "아득해지는 빛으로 가득 찬 강렬한 체험" "작렬"만이 아니다. 실재계와의 조우는 "작은 소리"라고 라캉은 말하지 않았던가? 신비주의를 체험해본 겸손한 세르토는 이렇게 말했다. "작은 새의 노래가 자신의 천명을 알린다. 말 한마디가 마음을 꿰뚫는다. 한 광경이 삶에 전회를 가져온다. (……) '그것은 거기에 있었다.'"[401] 그런데 그것을 떠들썩하게 선전해 자신의 체험을 특권시하고, 그것에서 자신의 절대화를 이끌어내려는 자는 신비주의자가 아니다. "신비주의자의 수줍음pudeur." 체스 애호가라면 체스의 수호성인이기도 한 아빌라의 성 테레사가 체스의 비유를 멋지게 사용한 설교를 기억하고 있으리라. 거기에서 비유로 쓰이는, 청초한 몸가짐으로 신조차 농락하는 '여왕 말[駒]'의 넘칠 듯한 "수줍음" "겸양"을 바로 떠올릴 수 있으리라. 그렇다. 그들은 자신의 체험을 "상대화"해서 보여주기도 한다. 세르토는 말한다. "제도에 걸맞은 확신이든 예외적인 확신이든, 확신을 상대화했을 때 비로소 그녀들은 온전히 신비주의자 전통의 정결함을 갖게 된다."[402]

성 요한과 아빌라의 성 테레사, 스페인 신비주의를 대표하는 "그녀들"은 이구동성으로 반복한다. "신비한 체험의 특징은 말도 안 되게 놀라운 것l'extraordinaire이 아닙니다." "그것이 아니라 어떤 순간 하나하나를 다른 순간 하나하나와 계속 중개하는 것, 마치 어느 말이 다른 말과 관계를 갖듯 그렇게 하는 것, 그 관계인 것입니다."[403] 저 순간을 이 순간과 천천히 대화하게 하는 것. 이 작은 새의 노래와 저 바다로 가라앉는 태양의 빛을. 이 겨울 황혼의 하늘을 내달린 섬광과 저 여름 햇빛의 눈부심 속 불온한 적막을. 숲길에서 몇 차례 나지막이 들려온 저 소리와, 이유 없이 허를 찌르며 흘러내린 눈물을. 그것들을 연결시켜 조용히 엮어가는, 이 기나긴 영위. 그것은 특정한 시공 안에 있고 역사적인 것이다. 따라서 그것은 여러 타자와의 공동성 속에 흘러가는 사계절 가운데 있고, 구체적인 사람들, 타인과 교류하는 삶의 영위에 있다. 체험은 한순간이 아닌 것이다. 체험은 수도원이나 교회뿐만 아니라 그 바깥의 사람들과 나눈 하루하루의 대화 속에, 그것에 둘러싸인 나날들 속에 있다. 체험 후, 삶은 바뀐다. 그리고 다음 체험을 애타게 기다리기도 한다. 그것에 대해 이야기를 나누고 글을 쓴다. 시를 쓴다. 체험은 오지 않는다. 길고 두려운 불모의 감각에 휩싸이면서도 동료와 함께 그것을 견디어간다. 그런 일정한 두께와 길이를 지닌 시간과 공동성 속에 삶을 변혁하고 그것의 방향을 바꾸는 체험은 조용히 스며드는 법이다. 저 삐걱거림, 저 소리, 저 작은 목소리. 그것은 조용히 확산되어 삶을 덮어간다. 자신의 삶뿐만 아니라 구체적인 타자들의 삶도. "삶의 문제"가 거기에서 떠오르게 된다.

그런데 16~17세기의 신비주의는 체험을 조금 특수한 방식으로 체험한다. 그 체험은 신의 방문이다. 「아가」에 쓰인 것처럼 그는 머리카락이 비로 흠뻑 젖은 채 "여동생이여, 이 문을 열어다오" 하고 속삭인다. 그 속삭임을 알아듣는 것. "작은 소리." 그렇다. 이러한 신비주의는 연모다. "신의 신체의 에로틱"[404]이다. 13세기부터 궁정식 연애에 의해 갈고 닦여 세련의 극치에 이른 연모의 어휘와 이미지가 여기에 계승된다. 단, 반전된 형태로. 절대적인 피안에 존재해서 도달할 수 없는 대상은 귀부인이 아니다. "사선이 그어진 대타자"이고, 에코와 같은 신이다. 따라서 방문을 받게 되는 자는 당연히 "전부가 아닌" 여성이다. "내가-전부가 아닌-여성이-되는" 사태. 역사학에서 소위 "혼인 신비주의"라 부르는 이러한 신비주의는 신과 연애한다. 쓰루오카의 논문에서 성 요한의 시 중 한 구절을 인용하자. "그곳에는 바위 동굴이 몇 개나 있어요. 그곳에 함께 가보아요. / 그곳은 모든 사람에게서 감추어져 있는 장소. / 그러니 그곳에 둘이 들어가요. / 그리고 석류주를 함께 마셔요." 생물학적으로 성 요한이 남성이라는 사실은 아무래도 좋다. 성 요한은 여기에서 "전부가 아닌" 한 여성이다. 신과 연애하는 한 여성이다. 라캉도 성 요한의 이름이 나왔을 때 진지하게, 하지만 다소 장난기 섞인 어조로 이렇게 말한다. "성 요한의 팔루스에 대해서는 말하지 않겠습니다."[405] 그리고 물론 "그녀들"은 신과 같은 이불을 덮게 된다. 이는 연애다. 이상할 것이 무엇이 있겠는가? 하지만, 하고 독자는 생각할지도 모르겠다. 신과 연애를 하다니, 여기에는 기묘한 무신론적 관념이 있는 것이 아닐까? 하고. 신이 "신랑", 신비주의자는 "신부"이고, 손에 손을 잡고 숲 속에서 은밀하게 만나고, 석류로 만든 미주美酒를 마시곤 한다. 이것이 신일까? 라캉도 같은 세미나에서 이렇게 말했다. "흥미롭게도 무신론을 다룰 수 있는 사람은 성직자뿐입니다. (……) 불쌍한 볼테르."[406] 여기에 무엇인가 놀랄 만한 사실이 있을까? 들뢰즈조차 말하지 않았던가, "무신론은 결코 종교 외부에 존재한 적이 없습니다. 무신론이야말로 종교를 상대로 작용하는 예술가의 가능태=힘puissance-artiste입니다. 신과 함께 있을 때 비로소 모든 것은 허용되는 것입니다."[407] 그렇다. 여기에는 묘하게 차분한 무신론이 있다. 저 자본주의적 향락의 평온함이 아닌, 한없이 불온한 신과 연애하는, 한없이 기이한 차분함이 있는 것이다.

제25절 글 쓰는 향락: 과감한 파탄, 라랑그

/

그리고 그보다 훨씬 중요한 문제가 있다. 물론 이런 체험, 연애 체험은 "언어화할 수 없다indicible". 그 자체는 "말이 아니다". 하지만 쓰루오카가 신비주의자의 텍스트를 거듭 정독한 후 세르토의 초기 논문에서 인용한 부분은 "담론의 허무함은 말(파롤)의 현전"이다. "따라서 언어는 경험 바깥에서 오는 침입물이 아니다. 침묵은 언어의 피안에 있지 않다. 그것은 언어 한가운데 있다. 그것은 언어의 진리다. 말로 할 수 없는 것은 말해진 것 안에 있다". 젊을 때의 세르토는 이렇게까지 말했다. "이 담론 자체가 바로 그 체험이었다." 그리고 쓰루오카는 말한다. "신비 체험은 언어와 불가분하다." 신비주의자란 "글 쓰는 자"이기 때문이다. 글쓰기를 하지 않는 신비주의자는 존재하지 않는다. 그녀들은 쓴다. 그녀들은 시를 쓰고, 주석을 쓴

다. 연애편지를. 이 연애는 쓰게끔 부추긴다. "사랑받는 신체는 쓰
는 데 매달린다."[408]

그렇다. 라캉은 여기에서 갑작스레 혼란에 빠진다. 라캉
자신은 자각하지 못한, 아니 어쩌면 못한 척하는 사실이 여기에서
분명해진다. 여성=대타자의 향락은 상징계 "바깥에-있는" 것이었
다. 말로 할 수 없는 것이었다. 시니피앙과는 관계가 없을 터인 것
이었다. 그것은 상상계와 실재계가 중첩되는 장소, 간신히 이미지
는 될 수 있어도 언어화는 불가능한 장소일 터였다. 게다가 라캉
자신이 말하지 않았던가? "연애편지"라고. "시"라고. "용기"라고.
여성의 향락은 신과 연애를 하고, 신에게 안기고, 그것에 대해 글을 쓰는 향
락이다. 연애편지를 쓰는 향락, 신의 연애편지와 조우하는 향락. 신
에게 안겨 신의 문자가 자신의 신체에 상흔으로 새겨지는 향락. 그
리고 또 그것에 관해 쓰는 향락. 글쓰기의 향락. 라캉의 이론이 파탄
나는 지점, 그리고 라캉이 "여자가-되려 하는" 지점이다. 라캉은
말했었다. 시의 장소, 은유의 장소, "섬광"의 장소는 실재계 바깥에
있는 "의미"의 장소, 상상계와 상징계 사이에 있다고. 그것은 여성
의 향락의 장소와 겹치지 않는다. 저 위상학, 수학화하려는 의지, 그
리고 보로메오의 원환은 지금 여기에서 조용히 끊어진다. 노인이
된 라캉이 빠져든 정신분석의 수학화란 "전부"에의 의지, 전체화에
의 의지가 아니었다면 무엇일까?

그러나 "전부가 아닌" 그녀들은 쓴다. 16~17세기 대신비
주의자들의 시와 글이 "시인의 섬광" "은유"와 관계없을 리가 없
다. 그녀들은 시를, 연인을 향한 찬양louange을 썼으니까. 그리고 라
캉도 자신의 저작을 그 줄에 머뭇머뭇하며 추가하려 했던 것이다.

이는 이미 살펴보았다. "여자가-되는-라캉." 라캉의 꾸불꾸불한 논지 속에 금방 사라진 것처럼 보이는 노처녀 자클린 라캉. 그래도 "그녀"는 순간적이나마 한 번 나타났다. 다만 문제는 남아 있다. 시인에게 '의미의 장소', 여성에게 '향락의 장소'는 따로 있다. 상징계 바깥에 있다. 그 여성들이 이보다 뛰어날 수 없는 언어의 명수, 시인이었다는 것이다. 드디어 우리는 말이 말 바깥으로 번져가는 순간에 입회하고 있다. 극도의 혼미에 빠진 라캉과 더불어, 자클린 라캉의 출현 및 직후의 실종과 함께.

더 이야기해가는 것은 무리다. 이제 그만두자. 언어 바깥이 있고, 말로 할 수 없는 것이 있고 그것을 우리가 두려워하거나 동경한다는 식의 이야기는. 형편없는 이야기다. 언어에 유일한 구멍이 나 있다는 식의 이야기는. 거기에서 통속적인 의미에서의 "신비"를 도출한다는 식의 이야기는. 기꺼워하며 "말로 할 수 없는 것이 있다"는 따위의 말을 하는, 그런 중학생 차원의 이야기를 언제까지 반복해야 성이 찬다는 말인가? 이를 비판하는, 의사소통이 한 번씩 이루어질 때마다 언어는 "생성"된다는 식의 사고방식도 따분하기 그지없다. 그것이 아니다. 그런 것일 리가 없다. 다른 향락이 있다. 그래서 다른 말이 있는 것이다. 호세 오르테가 이 가세트Jose Ortega y Gasset는 이렇게 말했다. "신비주의자는 가공할 '언어의 명수'다."[409]

그런데 그것은 어떤 말인가? "보이지만 보이지 않는, 말할 수 있지만 말할 수 없는" "역설"을 내포한 사태이나,[410] 대상 a와는 아무런 관계 없는 사태를 이야기하는 말이란. 세르토는 그것을 "한 언어의 통사법이나 어휘로 이해해서는 안 된다"[411]고 분명히 말하고 있다. 그것은 이미지이고 소리, 후각, 광경이다. 여러 제도와 교의의 배치다. 상흔이고, 상처, 부기, 열, 손거스러미, 눈물, 병이다. 신령한 언어, 방언, 신음, 기도, 외침, 노래다. 시, 책, 주해다. 그녀는 그것을 이렇게 말한다. "우리"라고. 거듭 강조하건대 신비 체험은 융합이 아니다. 그녀들이 말하는 "사람과 신의 합일"이란 신 속에 녹아들어가 "하나가 되고"자 하는 욕망이 전혀 아니다.[412] 몇 번이고 말하겠다. 하나의 전체가 되는 것을, 즉 "하나가 되는" 것을 욕망하는 팔루스적 향락이나 이를 단념하는 잉여 향락은 이제 전혀 문제가 아니다. 그녀들이 욕망하는 것, 그것은 신과 "우리"라고 말하는 것이다. 이는 분명 기이한 이야기다. 우리의 이로에 따르면 "너는 내 아내다"를 가능하게 하는, 즉 "우리"를 가능하게 하는 발화는 대타자가 보증해주었을 때 비로소 유효할 수 있었다. 그러나 대타자에게는 대타자가 없다. 대타자는 작고 비참한 에코에 불과했다. 그 대타자를 한쪽에 앉히고 그녀는 말하는 것이다. "우리 둘이"라고. 우리가 살펴온 "보증 없음" 따위는 문제 되지 않을 정도로 치명적인 "보증 없음"이다. 그래서 그녀들은 스스로를 이렇게 부르는 것이다. "미아" "떠돌이" "행복한 난파."[413] 하지만 그녀들은 낭랑하게 공언한다. "우리"를 만들어내는 시의 언어. "우리"를 창출하는 외침. 기도. 상처.

　　　　이 말. 연애의 말. 지금까지 라캉이 논해온 말에서 차츰 기묘하게 일탈하는 "전부가 아닌" 여성의 말. 이 열기 때문에 라캉의 언어관도 크게 요변窯變(도자기를 구울 때에, 불꽃의 성질이나 잿물의 상태 따위로 가마 속에서 변화가 생겨 구워낸 도자기가 예기하지 못한 색깔과 상태를 나타내거나 모양이 변형된다는 뜻이다.—옮긴이)한다. "연애편지"를 논한 이상, 라캉은 "라랑그lalangue" "리튀라테르"라고 말하지 않을 수 없었다. 이를 간략히 살펴보자.

"라랑그"란 "언어(랑그)"에 빗대어 만들어낸 용어인데, 라캉은 그것을 『앙코르』에서 "연애편지"와 연관해 논하고, 나아가 나중에는 확실하게 랑그가 해체된 후 "이 여성들의 모임이 라랑그를 만들어낸 것입니다"[414]라고 말한다. 쉽게 말해 그것은 "상징계에 속하지 않는 말"인 것이다. 그것은 언어학 바깥에 있는 말, 객관적인 대상이 될 수 없는 말이다. 트레 위네르와는 "관계없는" 말이다. "전부가 아닌-여자가-되려 하는" 라캉은 여기에서 구조주의 언어학과 결정적으로 결별한다.

그런데 상징계도 아니고 언어학적이지도 않은 말이란 대체 어떤 말일까? 그것은, 즉 자기동일적이지 않고, 일관된 등질성이 없고, 어휘·글·명제 등의 분류에서 벗어난 말, 문법이나 통사법의 틀에서도 벗어난 말이자 "국어"라는 통일체를 형성하지 않는 말이다. 상징계의 시니피앙과 소쉬르의 시니피앙 모두, 언어는 차이만 지니는 순수한 형식이지 특정한 실체를 갖지 않았었다.[415] 그러나 라랑그, 신을 연모하는 여성의 말은 특정한 내용을 갖는다. 기도의 외침, 연모의 한숨, 상흔의 얼룩, 시구를 고르는 한순간의 망설임이다. 연애편지로서의 언어, 사랑의 문자로서의 언어. 이렇게 말하자. 언어란 언어가 아니다. 언어는 형식화되지 않는다. 동일성을 지니지 않는다. 그것은 열기를 띠고, 향기가 나고, 땀이 나고, 묵직하고, 불투명한 둔탁함을 지닌 그 무엇이다. 그것은 때때로 긁히고, 고이고, 탁해진다. 그리고 산뜻하게 뛰쳐나간다.

그 방증으로 다시 나카이를 인용하자. 신비주의자가 신의 방문을 받지 못해 힘들어하는 "건조乾燥=빈궁貧窮"을 예로 들면서 작가의 창조를 논한 훌륭한 시론이 있다. 거기에서 나카이는 문체에 대해 이렇게 말한다. "역사적 중층성만이 아니다. 균형과 그것의 깨짐, 조화와 그것의 초월만도 아니다. 언어가 환기하는 이미지이고, 소리의 청각적 쾌감만이 아니다. 글씨의 아름다움이고, 소리가 환기하는 색채, 발성 근육의 감각, 구강 점막의 감각이고, 기타 등등이다."[416] 언어를 형식화한 구조주의는 기존의 텍스트 분석에 탁월한 면모를 보였으나, 최고 수준의 문학을 생산하지는 못했다. 라캉이 무의식을 상징계로만 이해했던 것이 아쉽다, 하고 같은 논문에서 나카이가 지탄하고 있는 부분도 포함해, 우리의 이로에 들어맞는 내용이다. 물론 나카이가 이해한 라캉은 초기의 라캉에 불과하지만 구조주의에 "최고 수준의 문학"이 결여되었다는, 발레리의 번역자이기도 한 나카이의 지적은 전적으로 옳다.

그렇다. 구조주의 언어학은 틀렸다. 나아가 언어를 형식화해서 취급하는 모든 언어학은 틀렸다. 언어는 형식이 아니다. 읊조리는 시구의 색채, 문체의 기묘한 삐걱거림, 한 문장 안에 있는 단어들의 내음이 만들어내는 서어이고, 목소리의 톤, 사투리, 우물거림, 더듬거림, 말 사이의 침묵, 말하면서 취하는 몸짓, 입을 열 때 치켜세워지는 한쪽 눈썹, 크게 열린 눈동자, 기묘하게 템포를 잃은 리듬이다. 잘못 나온 말, 농담, 한숨, 말의 이음매, 그 말의 빛깔, 구강의 감각, 덧니에 닿는 혀끝, 목소리가 되지 않은 소리, 삐걱거림, 이 갈기, 아리따운 구취, 희미한 침의 내음, 입술 끝에 붙은 거품, 경련으로 일그러진 입술, 그 입술에서 뻗어 나온 침 줄기를 들이마시는 소리, 붓 끝에 담긴 힘, 그 힘의 압박으로 하얘진 손가락

끝, 닦아내기 힘든 필적의 버릇이다. 반복되는 몇 가지 문구, 쓰고 싶다 생각하면서도 도무지 자기 문장에 잘 끼워 넣을 수 없는 어휘의 일그러짐, 새 잉크 향기와 손톱 사이에 낀 그 얼룩, 종이 위를 스치는 만년필의 촉감 때문에 흔들리는 문장의 흐름, 모니터에 뜬 서체의 호오好惡 또는 애용하는 키보드 위에서 춤추는 변칙적인 손가락 놀림, 따각따각 하고 엇박자로 리듬을 새기는 소리이기조차 하다. 따라서 언어란 문체다. 말-투다. 글-투다. 언어는 언어가 아니다. 언어란 "언어란 무엇인가"라는, 그 또한 언어로 표현될 수밖에 없는 싱거운 물음의 "무엇"이 되지 않는 그 무엇이다. 언어는 언어 바깥을 내포하고, 언어 바깥에서 비로소 언어가 된다. 몇 번이나 말한 것 같은데 언어에 ─ 형식화의 끝이든 무엇이든 ─ 구멍이 나서 그렇다는 유치한 이야기가 아니다. 언어는 언어 아닌 것에 스며들고, 언어는 자기의 신체에 녹아든 언어 바깥을 내포한다. 언어는 녹아 스며드는 수용성 얼룩으로 이루어진 반점의 신체를 지닌다. "전부가 아닌" 여성의 연애편지에 적힌 말은, "우리"라고 신에게 속삭이는 "라랑그"는.

그리고 앞서 본 극도의 혼란에 어울리게도, 라캉은 "리튀라테르"라는 용어로 "글쓰기"를 '얼룩에 찌든 그 무엇'이라고 논할 수밖에 없게 된다. "라랑그"의 논지와 달리, 이는 읽어가기 난감한 내용이라고 필자는 생각한다. 거기에 있는 것은 자크 라캉이다. 자클린이 아니다. 라캉은 "문학littérature"에 빗댄 것이라 한눈에 알 수 있는 리튀라테르 개념을 제시하고, 조이스가 letter(문자)와 litter(쓰레기)의 의미를 겹친 것을 모범 삼아 이 말에 연거푸 의미를 "덧씌워"간다. "바르다" "문지르다"라는 뜻을 지닌 lino, "도료"

"바르는 것" "액체를 발라 가하는 수정, 말소, 얼룩"이라는 뜻을 지닌 litura 혹은 '바르다'라는, 그러나 해안을 의미하는 단어와 같은 철자인 litus를.[417] 라캉은 편지=문자를 시니피앙과 동일하게 파악한 「『도둑맞은 편지』에 관한 세미나」를 부정하는 몸짓을 취하면서 "문자란 (……) 연안적littorale인 것이 아닐까"[418] 하고 물음을 던진다. 여전히 구멍을 메우는 문자라는 이해를 고집하고, 문자는 시니피앙보다 우월하다고 생각하지 않는다며, 아마 데리다의 비판에 신경을 쓴 모습도 보이면서 회삽하기 그지없는 말투로 도달하는 마지막 결론은 "연안적인 것이라는 상황만이 결정적"이고 "문학은 이 연안적인 것 주위를 맴돈다"라는 것이다.[419] 그 전에 존재하는 흔적을 모두 소거하려는 것이 육지이고 문자적인 것이다. 연안적인 것은 그 직전에 있다. 그리고 어찌할 수 없을 만큼 혼미에 빠진 채 연안을 방황하는 라캉은 자기가 이야기해온 것과 전적으로 모순된 데다 새로운 전개는 기대할 수 없는 주장을 반복하고 있다. 거기에서는 시니피앙도 시니피에도 실재계도 전면적으로 한데 녹아 "비"처럼 쏟아져 내리고, 그것이 지면에 "홈"을 판다. 그것을 일일이 뒤쫓지는 않으리. 다만, 일본은 연안적이었다느니 일본 여행에서 실재계를 느꼈다느니 일본의 캘리그라피(서예)는 대단하다, 서양인은 이해할 수 없는 연안적인 것이 있다는 따위의 이야기에 대해서는 '작작해라'라고, 적어도 일본어권에 사는 한 사람으로서 일갈할 권리가 있으리라.[420]

　　이야기가 벗어났다. 요약하자면 우리는 "연애의 말" 앞에서 라캉은 언어에 대한 태도를 근본적으로 바꿀 수밖에 없었다는 점을 지적할 수 있으면 된다. "그녀들"의 향락으로 되돌아가자.

제26절 "성관계는 있다": 개념·임신·투쟁

/

그녀의, 그녀들의, 대타자의 향락. "다른 말"의 향락. 하지만 아직 잘 알 수 없는 것이 있다. 라캉은 실재계의 구멍이 "성관계는 없다는 것"을 의미한다고 했었다. 그렇다면 실재계와 겹치는 부분이 있는 이상, 여성의 향락=대타자의 향락에도 "성관계는 없는" 것이 아닐까? 연애라. 신과의 교접이 정말 가능했을까? 그 불가능성에 직면한다는 점에서 "연애편지" "라랑그" 또한 예를 들면 대상 a와 유사한 것이 아닐까?

그렇지 않다. 그녀들은 신의 연인이다. 신과 한 이불을 덮는 연인이다. 그것이 어떤 의미를 지니는지 생각해보라. 종교사상사적 지식에 속하는데, 그리스도교도에게 인간이 도달할 수 있는 최고의 경지, "완덕完德"의 모습이란 누구의 모습일까? 예수가 아니다. 예수는 신이므로, 사람이 목표로 삼아서는 안 된다. 그럼 누구인가?

마리아다. 적어도 서방의 그리스도교도인 "전부가 아닌 여성"이 근본적으로 바라는 것, 그것은 "신의 여자가 되어" "신에게 안겨" "신을 낳는 것"이다. 신학 문헌에서는 대문자 "말씀Verbe"과 명확히 같은 뜻으로 쓰이는 예수 그리스도를 낳는 것. 확인해두겠다. 그리스도교도의 세계를, 그들의 공동체 전체를 "그리스도교 공동체corpus Christianum"라 부른다. 이는 그리스도교에서 유럽과 같은 규모로 확대되는 "그리스도의 신체corpus christi" 그 자체다. 물론 그것은 우리가 생각하듯 내면적인 신앙을 갖고 자발적으로 모인 "종교적 공동체" "컬트"가 아니다. 그것은 바로 "정신적이고도 정치적인 공동체corpus morale et politicum"이고, 정치적 사회도 포함하는 "세계" 자체였다.

반복하겠다. 신의 여자가 되어, 신에게 안겨, 말씀인 신의 아이를 낳는 것. 즉, "세계"를 낳는 것. 그것이 "여성의 향락=대타자의 향락"의 극점이다. "성관계는 있다." 그렇다. "성관계는 없다"란 '이 세계에는 마리아가 없다, 따라서 예수가 출현하지 않는다'는 것 외에 다른 뜻은 없다. 한 사회를, 한 정치체를, 한 "세계"를 새로 낳지 않는다. 그래서 "성관계는 없다"라는 표현이 쓰이는 것이다. 나아가 "성관계가 없기" 때문에 진정한 혁명이 일어나지 않는다. 하나의 세계가, 하나의 사회가 새롭게 태어나지 않는다. "성관계는 없다"를 둘러싸고 전개될 수밖에 없는 팔루스의 향락과 잉여 향락에서는 혁명이 일어나지 않는다. 바로 이런 점에서 그것은 향락을 조정하고 있었던 것이다. 죽이고 근친상간을 일으키는 향락이 아닌, 향락의 레귤레이터에 회수되는 향락도 아닌 향락. 그것은 이 여성=대타자의 향락밖에 없다.

그녀들이 왜 글쓰기에 집착했는지도 여기에서 분명해진다. 신비주의자는 마리아를 반복하려 했던 것이다. 출산되는 것, 그것은 연애편지다. 사랑의 문자, 사랑의 징표다. 그렇다. 예수는 육화한 "말씀"이다. 그리고 "개념concept"은 원래 "수태한 것, 잉태한 것conceptus"이라는 뜻이고, "마리아의 임신"은 conceptio Mariae다. 따라서 예수는 마리아가 개념화conceptio를 통해 낳은 개념conceptus이다. 그리고 그것은, 그 개념의 신체는 새로운 세계다.[421] 이 "개념=임신"의 문제 계열을 무시해서는 안 된다. 예를 들면 들뢰즈가 "글쓰기"와 "여자-되기"의 연관을 강조하면서 "쓰는 이유 중에 최고의 것, 그것은 남자 되기의 수치가 아닐까"라고 반문하고, 철학이란 개념의 창조라고 정의한 후에, '나 또한 여러 철학자와 교접함으로써 기이한 아이들을 계속 만들어왔다'고 한 것은, 바로 이 점을 말하는 것이다.[422] 또한 니체Friedrich Nietzsche가 평생의 저서의 여러 곳에서 글쓰기를 "임신"이나 "회임의 깊은 침묵"과 연결한 것도 우연이 아니다. 당연하게도 차라투스트라는 '초인(Übermensch, 위버멘슈)'이 아니라 "초인이 태어나기를 기다리는 자"다. 그리고 그 마지막 장은 어떤 예감으로 인해 눈물에 젖은 차라투스트라의 독백으로 마무리된다. 그 예감의 독백이란 이렇다. "내 아이들이 온다, 내 아이들이."[423]

글쓰기. 르장드르가 말하듯 "사회란 텍스트다".[424] 그렇다면 글쓰기란 사회를 직조하고 다시 짜내는 것, 그리고 그 궁극점에 있어 "낳는 것"에 다름 아니다. 신의 여자가 되어 낳는 것. 그것이 이 "연애편지"였다. 따라서 그녀들은 쓰기를 멈추지 않는다. 그것이 진정한 개념이 될 때까지, 진정한 신의 아이를 낳게 될 때까지 그것을 멈출 수 있을 리가 없다. 이미 라캉이 "쓰이지 않기를 그만두지 않는 것"[425]이라고 정의한 저 "불가능성"은 무너졌다. 연애편지를 써가는 하루하루의 영위를 통해 의미를, 개념을, 사회를 만들어내려는 것. 텍스트를 고쳐-쓰는 것, 텍스트를 분만하는 것. 이것이 신비주의자의 시도이고, "전부가 아닌" 여성의 향락인 것이다. 이를 지향하지 않는 "쓰인 것(에크리)"은 연애편지가 아니다. 의미도 없고, 개념도 없고, "섬광"도 없는 서적들. 그것은 팔루스적 향락과 잉여 향락에 관한 정보가 듬뿍 담긴 패키지에 불과하다. 그렇다. 라캉의 모순을 반대로 받아들여도 된다. 상상계와 상징계 한가운데에 있는 의미의 영역에서도 "시를 잘못 만들면" 의미는 산출되지 않습니다, 라고 라캉은 강조했었다. 그렇다. 이 또한 피치 못할 일인지도 모른다. 과연 누가 '사회를 만들어낼 수도 있을지 모른다'는 "불가사의한 광기"에 사로잡힌 "연애하는 여성"이 되어 글을 쓰겠는가? 더욱이 "이 내"가 쓴다는 식의 팔루스적 향락이나, "취미"삼아 "쾌락을 위해" 쓴다는 식의 잉여 향락에 포획되지 않고 그것을 실현하는 것, 그 외의 문체로 쓰는 것이 과연 가능하다는 말인가?

위태로운 시도다. 어떤 이는 몽상적이기 그지없다고 할지도 모르겠다. 그렇다. 어떤 의미로든 그것은 위태로운 시도다. 어떤 사회에서나 텍스트의 서열이 있고, 거슬러서는 안 되는 텍스트가 존재한다. 그것에 어느 정도 의존하면서, 그러나 자신의 체험을 지렛대 삼아 "다른 방식으로" 연애편지를 써가는 것. 그래서 그녀들은 이단 혐의를 받게 된다. 실제로 신비주의자 중에는 이단 심문을 당해 화형에 처해진 자가 적지 않다. 아빌라의 성 테레사조차 음으로 양으로 압박을 받아 평생 시의猜疑의 눈초리를 받아야 했고, 성 요한에 이르러서는 두 번이나 반대파에게 납치 감금을 당했음을 우리는 잊어서는 안 된다. 한 제도 속에서 지위를 극진하게 보증받고 체험에 몰입하도록 허가받은 이런저런 문화의 현자는 신비주의자가 아니다. 그렇다. 라캉도 말했고 세르토도 말했다. 그들은 정치적이라고.

당연하다. 그녀들이 새롭게 낳으려 하는 텍스트=말씀=개념은 "그리스도의 신체"이고, 그것은 "정신적이고도 정치적인 공동체corpus morale et politicum"와 동의어니까. 신에게 안겨, 신과 "함께"

연애편지를, "우리"의 말을 낳으려는 것은 하나의 코르푸스corpus 를, 정치사회를 만들어내려는 것과 같다. 그녀들은 한 역사적 시점 에서, 한 전투에서 함성을 질렀던 것이다. 그래서 이렇게 말해두었 던 것이다. "목숨을 건 저항운동"이라고. 하지만 이렇게 힘준 태도, 풋내 나는 태도는 그녀들의 수줍음을 표현하는 데 적절하지 않으 리라. 당연하다. 신을 향한 연애편지를, 필사적으로 이를 악다물고 쓴다는 식의 표현은. 그것은 죽음의 부채질로부터 아득히 먼 곳에 있는, 기이한 평온함, 불온한 적막함 속에서만 행해진다. 죽음이라 는 절대적 주인에 대한 공포, 성관계의 불가능성 같은 "남성적인" 이야기는 그녀들과 전혀 상관없는 이야기다.

제27절 정신분석의 역사적 임계: "과도기의 형상"

/

하지만 그렇더라도 기도는 실패했다. 그녀들은 유산했다. 그녀들 의 연모와 연애편지는 시간이 경과함에 따라 전투의 함성이 약해 지고 오래된 권력의 공인을 받게 되었다. 그녀들은 사후에 성인이 되었다. 때는 이미 17세기, 새로 권력을 쥔 벼슬아치들과 심리학자 들은 그녀들의 연애편지에 개미처럼 몰려들었다. 그리고 그것에 서 전형적인 신경증이나 분열병을 읽어내게 될 것이다. "신의 여 자가 되었다" "신에게 안겼다"라고 계속 말한 분열병자 슈레버 판 사가 16~17세기에 태어났다면 하고, 말하는 것은 쓸모없는 짓이 겠지만.

　　　그녀들의 텍스트는 낡은 성전을 쥔 교회의 사목 권력과 새로운 통치성의 형식이라는 무기를 창안하던 세속 국가를[426] 동시에 상대해서 싸움을 거는 것이었다. 옛것과 새것을 향해 동시에 이의를 제기하는 것이었다. 이 연모는 전쟁이었다. 그녀들의 텍스트 중에는 훌륭한 것도 많이 있다. 그녀들의 연애편지는 신학 문헌 중에서 혹은 스페인 시 중에서 가장 아름답다는 찬사가 지금도 끊이지 않는다. 그것의 불타오르는 말, 유려한 은유, 품격 높은 우의寓意, 수줍어하는 청초한 자태. 그러나 그것은 역사의 암흑에 녹아버렸고, 교회 권력과 세속 국가 사이에 끼어 짓이겨지고, 역사의 과도기에 한순간의 섬광으로 사라져갔다. 순식간에 이단 선고를 받아 불태워지는 시대에서, 순식간에 분열병자로 선고받아 정신병원에 유폐되는 시대로. 그사이에 벌어져 있는 저 공백. 긴 것 같기도 하고 짧은 것 같기도 한 200년, 그 찰나의 천공, 그 하늘의 푸르름에서만 그녀들은 아슬아슬 살아남을 수가 있었다. 그리고 연애를 했다. 텍스트를 낳았다. 몰락 귀족, 개종 유대인, 무학 여성, 우인愚人, 변방인 출신의 그녀들은 철저하게 "다른" "방식, 스타일"[427]을 관철시켜 보였던 것이다. 다른 연애, 새로운 연애, 새로운 혁명. 하지만 결국 패배했다. 분열병자 테레사, 분열병자 요한. 시대는 크게 선회해서 그녀들은 병리학적인 대상이 되어갈 것이다. 그녀들은 유산한 것이다. 그녀들은 실패한 것이다. 그러나 누가 이를 조롱할 수 있으리. 옛것과의 옛 관계에 집착하지 않고, 새것과의 새로운 관계로 자기를 잃지도 않고, 옛것과의 새로운 관계를, 다른 "관계"를, "연애"를—그녀들은 살았으니.

　　여기까지 왔는데도 그런 연모니 연애편지니 하는 것은 하등 쓸데없는 것 아니냐고 반문하는 자는 이 세계에 자족하는 남근주의자뿐이리라. 마음껏 "여자가 하는 말"이라 중상하라. "전부가 아닌" 자들의 싸움을, "모든 사람"이 이해할 수 있을 리 없으니. 라캉의 여성의 향락=대타자의 향락이 이해하기 힘들다면, 그 이유는 우리가 지적해온 개념의 불균질성과 혼성성이 극에 달해서만은 아니다. 여기에는 개념 자체의 분만이 그럼에도 "가능하다"는 것 자체의 기이한 난해함이 있다. 따라서 여기 있는 것은 난해함이 아니다. "험난함"이고, 일정 정도는 독자의 자질 문제다. 이런 까닭에 "여자가-되는-라캉", 자클린 라캉도 세미나에 수줍음으로 가득 찬 표정을 보이고 한순간에 사라졌다. 이 또한 피치 못할 일인지도 모른다. 그렇다. 세르토는 정신분석과 신비주의의 유사성을 논했던 것이다.[428] 그것은 "과도기의 형상"[429]이다. 중세 세계의 황혼과 근대 세계의 서광 사이의 과도기에 있다는 의식을 갖고 제3의 길을 보여주려 했던 신비주의와 마찬가지로, 근대 개인주의 세계의 황혼 속에 있다는 의식을 갖고―라캉이 코제브의 친구이고, "절대지에 이르는 역사의 종언" 이론에 통달했음은 잘 알려져 있다―다른 방도를 찾으려 했던 정신분석도 과도기의, 어느 공백의 시대 안에 있는 형상이었던 것이다.

신비주의와 정신분석은 이러한 과도기 속에서 내부로부터 사회적 가치를 뒤흔들고, 그것을 "내파"하려는 시도였다. 둘은 많은 어휘를 공유한다. "신체" "무의식" "언어화할 수 없는 것" "욕망의 법" "결여" "사랑" "전이" "주체의 균열" "부정성", 그리고 그것들에 대한 "해석" 등. 한편에는 부르주아사회에 부정적인데도 고객은 대체로 부르주아였던 정신분석이 있고, 다른 한편에는 기존의 권위에 부정적이었는데도 그리스도교의 정통 교의에서 이탈할 수는 없었던 신비주의가 있다. 앞에서 세르토가 한 말에 다음과 같이 덧붙이고 싶다. 그리고 정신분석도 신비주의와 마찬가지로 결국 실패할 것이다. 필자는 정신분석이 신비주의와 같은 저항운동이었고 연애하는 말의 창출이었다고는 생각하지 않는다. 연애의 광란 속에 있었던 것이 신비주의자라면, 연애의 광란을 증상으로 관찰하고, "치료"하는 것이 정신분석가의 역할이니까. 정신분석이 실패하지 않는다면, 살아남을 수 있다면 그것은 단적으로 신비주의자와 같은 사람들을 압살하는 편에 있기 때문이다. 하지만 라캉은, 아니 자클린 라캉은, 한 번이나마 "사회가 창출되는 순간의 향락"을 보여주었다. 정신분석이 해악을 퍼뜨렸는데도 그것이 여전히 내버리기 아까운 이론인 이유는 다름 아닌 이 "여성의 향락=대타자의 향락", 즉 "사회를 창출하고 다시 짜내는" 향락이 팔루스적 향락이나 잉여 향락과는 "별도로 존재한다"라는 것을 극명하게 보여줄 수 있는 유일한 이론이기 때문이다. 이것이 두려워 눈길을 피하는 정신분석이나 정신분석의 응용에는 관심이 없다.

　마지막으로 다룰 내용이 있다. 『앙코르』에서 1년 후, 10쪽 정도 되는 만년의 인터뷰에서 라캉은 종교와 정신분석에 대해 논하고 있다. 이어서 인용하겠다.

　　정신분석과 종교는 사이가 좋다고 하기 힘듭니다. 한쪽에 이것이 있다면 다른 한쪽에는 저것이 있는 식이지요. 아마 그럴 가능성이 높겠습니다만, 종교가 이긴다면—제가 말하고 있는 것은 진정한 종교입니다. 진정한 종교는 하나밖에 없습니다—그것은 정신분석이 실패했다는 징표입니다. 정신분석의 실패는 매우 당연한 일입니다. 그도 그럴 것이 정신분석은 매우 상대하기 힘든 무엇인가와 씨름하고 있으니까요.

정신분석은 종교에게 이길 수 없을 것입니다. 종교는 강인하니까요. 정신분석은 상대가 안 됩니다. 살아남느냐 마느냐지요.

정신분석이 종교가 되느냐고요? 그런 일은 없기를 바랍니다. 하지만 정신분석이 실제로는 종교가 될지도 모르지요. 그러면 안 되는 이유가 있을까요? 다만, 그쪽으로 빠져나갈 길이 있는 것 같지는 않습니다. 저는 정신분석이 어떤 역사적 시점에 등장해도 상관없다고 생각하지 않습니다. 정신분석의 역사적 등장은 어떤 중요한 한 걸음, 즉 과학 담론의 발전과 관계가 있습니다.

정신분석은 하나의 증상입니다. (……) 정신분석은 프로이트가 말한 『문명의 불안』 중 일부인 것입니다.

진정한 종교란 로마적인 것입니다. 모든 종교를 한 부대에 넣어, 예를 들면 각종 종교의 역사 따위를 논한다는 것은 정말 어리석은 짓입니다. 진정한 종교가 있습니다. 그것은 그리스도교입니다.[430]

라캉이 여기에서 말하고 있는 "종교"가 "그리스도교"라는 사실에 눈을 감고 이 문구를 인용해 정신분석은 종교 일반을 비판한다고 득의양양하게 말하는 사람이 있는데 이는 일단 논외로 하자. 여기에는 보다 섬세한 이야기가 담겨 있다. 아마도 라캉은 알고 있을 것이다. 정신분석이 어느 역사적 시점에만 효력을 갖는 과도기적인 것에 불과함을. 그리고 신비주의가 그러했던 것처럼 그리스도교에는 "이길 수 없다"라는 것을. 여기에서 라캉은 그것을 명백히 말하고 있으니까. 어느 역사적 시점에만 살아남도록 허락받은, "과도기의 형상". 정신분석이란 그런 이론이었던 것이다. 하지만 여기에서는 그 이상의 의기소침한 인상을 받는다. 신비주의자가 벌인 연모의 투쟁은 실패한 시도라 할지라도 전투의 함성 그 자체였다. 그에 비해 정신분석은 스스로를 단지 "증상"일 뿐이라고 한다. 그렇다면, 모든 실패한 저항의 시도는 증상에 불과하다는 말이 되리라. 신비주의자도. 그뿐만 아니라 변혁을 이루기 위해 새로운 문체로 쓰려는 행위조차도. 진단을 업으로 삼는 정신분석답다. "그들"은 자신조차 증상이라고 진단해 보인다. 그것이 자신의 명민함, 총명함의 증거라도 된다는 듯이. 하지만 그런 행위가 대체, 대체 무엇을 낳겠는가? 그런 해석이 무슨 도움이 되겠는가? 신비주의자들이 희희낙락하며 '우리가 행한 바는 증상이외다'라는, 아이로니컬한 교사 같은 말을 했을까? 그리고 모든 위대한 시인이, 작가가, 혁명가가, 정초적인 법 초안을 쓴 법학자들이.

더 남았다. 아무렇지도 않은 듯 진정한 종교는 그리스도교뿐이라고 단언하는 라캉의 모습에서 우리는 무엇인가 닫혀 있는, 답답한 느낌을 받지 않을 수 없다. 신비주의자들, 즉 옛 교회의 사목 권력과 새로운 세속 국가의 통치성의 협공을 받던 "그녀들"이 같은 말을 하는 것과는 그 뜻이 전혀 다르다. 라캉은 20세기에, 그녀들과는 다른 과도기에 있다. 이 사실을 라캉이 모를 리 없을 텐데. 참작할 여지가 없는, 그러나 진의를 물을 의지마저 꺾는 답답함이, 이 인터뷰 문구에 충만해 있다.

이제 되었다. 이만하면 되었다. 라캉은 충분히 용감했다. 전부가 아닌 여성이 되고자 한순간이나마 시도했으니까. 라캉의 용기는 인정하자. 그러나 우리는 이 답답한 공기를 참기 힘들다. 천창天窓을 열자. 그러기 위해서는 죽음을 논해야 한다.

괄호

○

○

○

○

표상과 시체
: 하이데거·블랑쇼·긴츠부르그

제28절 죽음, 죽음, 죽음: 하이데거와 라캉, 죽음의 진리

/

죽음, 죽음이다. 우리는 라캉의 이로를 가로질러왔다. 그 길 위에서 항상 조우해왔다. "죽음의 필촉" "죽음의 이미지" "죽음의 그림자"와. 라캉 이론의 "전부"가 어디인지 모르게 죽음의 냄새를 풍기고 있었다. 죽음으로부터 불어오는, 모든 것을 얼어붙게 만드는 바람. 그것은 시체의 부취腐臭와 섞인다. 거기 있는 것은 항상 무엇인가를 결여하고, 어디인지 죽어 있고, 응결되어 있었다. 거기에 있는 것은 항상 "자동인형"이고, 존재의 "울적"이었다. 팔루스조차 어디인지 죽어 있었다. 오로지 무엇인가를 결여한 기관으로서만 그것을 향락할 수 있었다. 그것에서 새어 나오는 대상 a 또한 분명히 "죽어 있는" 것이었다. 상상계도 죽음, 상징계도 죽음, 실재계도 죽음. 죽음, 죽음, 죽음. 정신분석은 니힐리즘의 궁극적인 한 형태가 아닐까? 그렇다. 이미 말한 바다. 그러나 그것이 정신분석에 한정된 이야기일까? 사람은 죽는다. 죽을 수 있다. "모든" 사람에게 해당되는 유일한 진리, 유일한 사실이 있다면 그것은 "죽음"이다. 사람은 "전부" 죽는다. "전부"란 "죽음"을 말하는 것이다. 사람은 전부 죽는다. 이를 쓰고 있는 나도, 이를 읽고 있는 당신도. "사람은 죽는다. 반드시 죽는다. 절대로 죽는다. 죽음은 피할 수 없다."

"사람은 죽는다. 반드시 죽는다. 절대로 죽는다. 죽음은 피할 수 없다." 이 말이 아사하라 쇼코麻原彰晃(1995년에 지하철 사린 가스 살포 사건을 일으킨 옴진리교의 교주다.—옮긴이)의 말이기도 하다는 것을 떠올리자.[431] 죽음을 선동하고, 죽음의 공포를 선동한. 언제 죽을지 모른다. 그러나 죽는 것만큼은 진리이고, 사실이고, 누구든 죽는다. 그러니까. 이 "그러니까" 뒤에 어떤 문구가 올지는 상황에 따라 달라진다. 그런데 이런 "죽음의 선동"이 "죽음의 망각"과 연결되어 때로는 참사마저 불러일으켰다. 그리고 우리의 일상도 이 죽음의 망각과 죽음의 선동 속에 있다. 죽음의 공포에 휩싸여 그것에서 눈길을 피하고, 도피처의 향락 속에서도 희미하게 다시 죽음의 향기를 맡는 것이다. 사람은 "전부" 죽는다. 이것이 "진리"다. 죽음은 피할 수 없다. 라캉이 말한 것처럼 "죽음, 이 절대적 주인"[432]의 노예로서, 미미한 향락에 매달려 여분의 향락을 빨아먹으면서 죽음을 기다리는 수밖에 없다. 죽음이야말로, 죽음만이 절대적인 진리이고 절대적인 왕인 것이다. 다른 모든 가능성을 불가능으로 만드는 가능성으로서의 죽음. 이 건조하기 그지없는 자명성 밑에서 세계의 모든 것은 돌아가고 있다. 너는 죽는다. 그리고 나도. 누구도 도망갈 수 없다. 누구도 부정할 수 없다.

철학사에서도 오랫동안 죽음은 주체 안에서 축이 되어왔

다. 헤겔이나 니체, 하이데거에 이르기까지 자신이 죽을 수 있다는 사실이 "정신의 삶"을 보다 강하게 한다고 이야기해왔다. 여기에서는 하이데거의 말을 인용하자. 『존재와 시간』의 제2편 제1장 「현존재의 가능한 전체존재와 죽음을 향한 존재」의 분석이다. 사람은 누구나 죽는다는 것을 알고 있다. 자기 자신도 그중 한 사람이라는 사실 또한 알고 있다. 그러나 일상의 나날 속에서 과연 그것을 응시하고 있을까? 인용하자.

> 일상적인 상호 존재의 공개성은 죽음을 쉼 없이 발생하는 재난으로, "사망 사례"로 "이해하고 있다". 이런저런 지인이나 친척이 "죽는다". 모르는 사람의 경우, 매일 매시간 "죽어간다". "죽음"은 세계 내부에서 일어나는 당연한 사태다. 그러한 것으로서 그것은 일상적으로 접하는 일들의 특징인 두드러지지 않음 속에 머물러 있다. 그리고 세간 또한 이 사태에 대비해 이미 하나의 해석을 준비해두었다. 죽음에 대해 말할 때 혹은 대체로는 말을 조심하면서 세간에서 "새어 나오는" 말의 취지는 《사람은 언젠가 반드시 죽어. 하지만 당분간 내 순서는 안 와》다.[433]

그렇다. 바로 다음에 하이데거가 이어가듯이 "사람은 죽는다'라는 말은, 죽음은 소위 세상 사람들에게 남의 일이라는 의견을 퍼뜨린다."[434] 사람은 물론 죽지. 그런 법이지. 그리고 우리는 일상으로 돌아가는 것이다. 그리하여 우리는 "죽음은 어느 순간에도 가능하다는 것을 은폐하고 만다".[435]

이것이 하이데거가 말하는 "비본래적인" 현존재의 존재 방식이다. 이는 틀렸다고 하이데거는 힘주어 말한다. "너는 죽는다." 죽음은 "이 나"에게 일어난다. 그뿐만 아니라 죽음만큼은 "이 나"에게 고유한 것이다. 하이데거는 말한다.

죽음은 현존재 자신의 가장 고유한[남의 일이 아닌eigenste] 가능성이다. 이 가능성에 임하는 존재는 그곳에서 현존재의 존재 자체가 걸려 있는, 현존재 자신의 고유한[남의 일이 아닌] 존재 가능을 현존재에게 제시한다. 그 존재 속에서, 현존재는 자신의 그 두드러진 가능성으로 인해 세간과 단절되어 있음을 알게 될 수도 있다.[436]

죽음은 각자의 현존재에 막연히 "속한" 것에 머무르지 않는다. 죽음은 현존재를 개별적 현존재이게끔 부추기는 것이다. 선두에 섰을 때 이해하게 되는 죽음의 얽어맬 데 없음은 현존재로 하여금 스스로를 고독하게 만든다. 이 고독화는 실존을 향해 "현現"이 열리는 모양새다. 남의 일이 아닌 자신의 존재 가능성이 걸려 있을 때는, 우리가 배려하는 상황에서의 존재나 다른 사람들과의 공동존재가 전부 다 입을 다물게 된다는 것을 알게 된다. 현존재가 본래의 자기 자신으로 존재할 수 있는지 여부는 스스로 자신을 그렇게 할 수 있는지 여부에 달려 있다.[437]

너는 죽는다. 죽는 사람은 "너 자신"이다. 언젠가 이 "나"는 죽는다. "내"가 죽는 것만은 누구도 대신해줄 수 없는 "고유"의 일, 남의 일이 아닌 사태인 것이다. 죽음에서 너는 혼자 고독하게 "세 간으로부터 단절"되어 "다른 사람들과의 공동존재"로부터 전적으로 분리되어 죽는다.[438] 그러나 다름 아닌 그것이야말로 자신이 "본래의 자기 자신으로 존재할 수 있는" "가능성" 자체라고 한다면.

누구든 상관없다. 누가 되든 누구와든 대체가 가능하다. 환유적인 욕망을 부추길 요소를 갖추고 있다면 누구든 상관없다. 향락의 조정기가 돌아가고 있는 세계에서 나는 나를 나이게끔 하는 것을 잃고 말았다. "나는 이것이다"의 "이것"은 없었다. 손질된 대타자의 허망한 대답은 "너는 죽는다"였다. 이미 말한 바와 같다. 하이데거는 그것을 역으로 적극적으로 받아들이려 한다. 아무리 누가 되든 누구와든 대체 가능한 세계라 하더라도, 나의 죽음만은 내 것일 수밖에 없다. 나의 죽음은 다른 누구의 것도 아닌 "나만의" 것이다. 이 가능성, 즉 다른 모든 가능성을 불가능으로 만드는 유일한 가능성, 특권적인 "죽음의 가능성"에 이르러 우리는 "본래의 자기"로 회귀할 수 있다. 나의 죽음을 죽는 것은 누구라도 상관없는 그 누구가 아닌, 이 나다. 본래의 나다. "진정한 나"는 죽음에서 출현한다.

이는 어떤 의미에서는 매우 통속적인 이야기다. 사람은 죽는다. 사람은 죽을 때 혼자다. 그러나 죽을 각오가 되어 있기 때문에, 언제든 죽어도 좋다는 배짱이 있기 때문에 하루하루의 삶을 긴장감을 갖고 살 수 있다, 이런 이야기에 불과하니까. 죽음의 응시가 야기하는 정신의 살아 있음, 죽음에-임하는-존재. 그리하여 "본래성"으로 회귀하는 자기. "진정한 나." 그런데 정말 그럴까? 어디인가 이상하지 않은가? 여기에서 절박한 그 무엇을 논하고 있다는 점은 분명하다. 누구도 부정하기 힘든 서리犀利한 분석이다. 그러나 어쩐지 기묘하다. 죽음은 정말 이런 것일까? 여기에는 하이데거가 간과한 부분이 있지 않을까? 눈앞에 있음을 느끼면서도 눈길을 피한 채 발걸음을 돌린 그 무엇이. 그리고 그 돌린 발걸음으로 어디로 향했는지는 다들 알고 있다.

　　　그러나 죽음의 진리는 부정하기 어렵다. 모든 사람은 죽는다는 사실을 누가 부정할 수 있으리. 그리고 "모든" 속에 자신도, 이 자신도 포함되어 있다는 것을. 너는 죽는다. 나도 죽는다. 그러니 그것을 역전시켜 "언제든 죽어도 좋다" "죽을 수 있다"는 "각오"를 하고 하루하루를 살 수밖에 없다. 통속적이라는 야유를 피할 수 없을지라도 "모든" 사람은 그럴 수밖에 없는 것이다. 따라서 "모든 사람"은 이러한 본래성으로 회귀해야 한다.

제29절 죽음의 비-진리, 〈바깥〉과 〈밤〉

/

그러나 정말 그러한가? 사람은 죽을 수 있을까? 블랑쇼는 조용히 그리고 불온하게 말을 건다. 정말 당신은 죽을 수 있는가? "이 내"가 죽는다는 것이 "가능"한가? 죽음은 진리인가? 자신의 진리가 모습을 드러내는가? 블랑쇼는 말한다.

　　　나는 나 자신으로서 죽는 것일까? 혹, 나는 항상 타자로서 죽는 것이 아닐까? 따라서 바르게 말하려면 나는 죽지 않는다고

해야 하지 않을까? 나는 죽을 수 있을까? 나는 죽을 능력을 갖고 있을까?[439]

사람은 죽음을 "기도[projeter, 기투企投]"할 수 없다. 허울만 그럴듯한 기도는 결코 맞출 수 없는 그 무엇을 향한, 노릴 수 없는 목표를 향한 것이다. 또한 그 결과도 결코 결과라고 할 수 없는 것이다.[440]

그것은 불가피하지만 가까워질 수 없는 죽음이다. 현재의 심연이다. 내가 어떤 관계도 가질 수 없는, 현재가 부재한 시간이다. 나는 그것을 향해 비약조차 할 수 없다. 왜냐하면 이러한 죽음 속에서는, 나는 죽지 않으며 죽을 능력을 잃는다. 이러한 죽음 속에서는 사람on이 죽는 것이다. 죽기를 멈출 수도, 죽음을 끝까지 마무리할 수도 없다.[441]

내가 죽는 일은 결코 없고 "사람이 죽는" 것이고, 사람은 항상 자신과는 다른 자로서, 중성中性의 차원에서 영원한 "그것"이 지니는 비인칭성의 차원에서 죽는 것이다.[442]

이것이 무슨 말일까? 나는 죽지 않는다니. 죽을 수 없다니. 블랑쇼가 자살자를 모델로 한 이야기를 살펴보자. 당신이 자살을 기도했다고 하자. 빈틈없이 준비했다. 칼을, 약을, 줄을 골라 달력에서 날을 골라 결행한다. 벤다, 삼킨다, 혹은 목에 걸고 밟고 있던 물건을 발로 찬다. 어떤 방법이든 상관없다. 당신은 죽어간다. 자,

이것이 나다. 나만이 경험할 수 있는 나의 죽음이고 나의 진리이자 나 자신이 내 인생을 끝장내는 용맹하기까지 한 순간이다. 그러나 그 죽음을 향한 일격 후, 양상은 급변한다. 영원한 슬로모션이 출현한다. 거기에서 죽음은 사라진다. 죽음이 사라지고 영생이 나타나는 것이 아니다. 이는 오히려 죽음이라는 사태가 현실에 출현하는 것이니까. 그러나 그 순간에 "죽는 나" 자체가 사라져간다. 죽음의 과정에서 "고유한 나"는 녹아 사라진다. 잿빛 암흑 속에 "이 나"는 내던져지고 그 윤곽은 흐릿하게 퍼져 파선이 되어간다. 나는 내 것이었을 죽음을 영영 손에 넣지 못하며 죽음의 미완료 속에서, 영원히 아직 도래하지 않는 죽음 속에서 사라져갈 뿐이다.

이제 이야기는 자살에 한정되지 않는다. 어떤 죽음이든 여기에서 죽어가는 것은 "이 내"가 아니다. "중성"이 되어 "비인칭" 속에서 "죽어-가는" 그 누구다. 누군가 죽는다. 거기에 있는 것은 내가 아니다. 그리고 그 "죽음"을 "이 나"는 마지막까지 지켜볼 수 없다. 그 행위의 결과는 "결과라고 할 수 없다". "죽는 것을 멈출 수도, 죽음을 끝까지 마무리할 수도 없다."

그렇다. 행위란 기도하고 결행해서 그 결과를 지켜보아야 끝나는 것이다. 그러나 죽음이라는 행위는 끝나지 않는다. 자신의 시체를 본 적이 있는 자는 없다. 그 시체를 보고 "좋아, 나는 죽었다"라고 말하며 행위의 완료를 확인할 수 있는 자는 한 명도 없다. 죽음이란 "이 나"와 "죽음"이 통째로 "사라져가는" 사태인 것이다.[443] 게다가 사라짐은 원칙적으로 영원히 계속된다. 사라짐의 완료를 "이 나"는 지켜볼 수 없기 때문이다. 따라서 죽음은 완수할 수 없다. 죽음은 항상 "미완료"인 것이다. 따라서 "나"는 죽을 수 없다. 거기에서 영원히 "죽어-가는" 것은 누구인지 알 수 없는 "누군가"다. 따라서 내가 죽었는지 여부를 나는 모른다. 죽은 자는 자기가 정말 죽었는지 여부를 모른다.

그렇다. 주체는 상상계에서도, 상징계에서도, 팔루스의 향락에서도, 잉여 향락에서도 "본래"의 "나"를 찾아내지 못했다. "이것이 나다"라는 단언은 공허할 뿐이었다. "누군가"의, "타인"의 것이 아닌 다름 아닌 "나만"의 "그 무엇"은 끝끝내 손에 넣지 못했다. 대타자에게서조차 "진정한 나"를 찾아내지 못했다. 에코가 허망한 목소리로 말한 "너는 죽는다"가 대답일 뿐이었다. 그런데 하이데거의 비호 아래에 드디어 이 "죽음"에서 "본래성"을, "진정한 나"를 찾아낼 수 있었다. 그럴 터였다. 드디어 손에 넣은 "이것이 나다". "내 고유의" "나만의" "이 나의" 죽음, 나의 "진리"다.

그러나 블랑쇼는 조용히 이 진리를, 죽음을 탈구시킨다. 이러한 죽음의 진리를, 잿빛으로 녹아내리기 시작한 불온한 적막 속에 풀어놓아 불어터져 녹아 사라지도록 내버려둔다. 네가 죽는다. 이 죽음만이 자기에게 고유한 것이라고 너는 생각했다는 말인가? "모든" 사람이 죽음을 스스로 받아들여서, 그 받아들임에서 비로소 자신만의 고유한 "진리"가 피어날 터였던 죽음은 "전부가 아니다". 그것은 완료되지 않는다. 따라서 전부가 아니다. 죽음, 그것에서 폭로되는 것은 너의 진리는 없다는 것뿐이다. 그렇다. "나의 죽음"을 지켜보고, 받아들이고, 완수할 수 있는 것은 "타인"이다. 내가 죽었는지 여부조차 "이 나"는 모른다. 절대적인 비-진리, 비-확실성이다. 그것을 받아들이고, 진리로 확정하는 것은 이 내가 없는 세계의 "타인"이다. "전부"를 지켜볼 수 있는 것은 타인, 죽어가는 내 몸을 끌어안고, 그 시체를 애도하는 타인뿐이다.

　블랑쇼가 이러한 "무한히-죽어가는-자" "죽지 못하는" 잿 빛 암흑 속에 있는 자를 시인과, 작가와, 화가와, "작품을 쓰는 자" 와 겹쳐보는 이유는, 우리의 이로에서 보자면 이미 명백하다. "전부가 아닌" 자가 "되지" 않고서는, "여성이-되지" 않고서는 사람은 글을 쓸 수 없다. 연애편지를. 인용하자. 블랑쇼는 자살이라는 경험이 갖는 특징을 논한 다음 이렇게 말한다.

> 이 특징들은 모두 다음과 같은 놀라운 요소를 갖고 있다. 다시 말해 그것들은 어떤 다른 경험, 언뜻 보기에 그다지 위험하지 않지만 비슷하게 광기 어린 경험, 즉 예술가의 경험에도 들어맞는다. 예술가가 죽음과 비슷한 행위를 한다는 뜻이 아니다. 예술가는 죽음을 목적으로 하는 인간이 죽음과 맺은 관계와 비슷한 기이한 관계를 작품과 맺고 있다고 말할 수 있는 것이다.
> 이는 한눈에 이해할 수 있다. 둘 다 모든 기도에 결여된 것을 기도하고 있다. 길은 있으나 목적지는 없고, 자신이 무엇을 하고 있는지도 모른다. 둘 다 강고한 의지로 임하고 있지만 그들의 의지와는 무관한 어떤 요청에 의해 자신이 뜻하는 바와 맺어져 있다. 둘 다 교묘함과 흥정술, 고생, 이 세상에 대한 확신을 가지고 다가가야 할 하나의 지점을 목적으로 하고 있지만, 그 지점은 이러한 각종 수단과는 아무 관련이 없고, 이 세계를 모르고, 어떠한 완료와도 연이 없고, 끝나는 일이 없다. 그 어떤 심사숙고 끝의 결연한 행위도 실패하기 마련이다.[444]

예술에 이르는 길은 알려지지 않았다. 작품은 노고와 실천과 지식을 요구한다. 따라서 이러한 온갖 재능은 헤아릴 수 없는 무지 속에 잠겨 있는 것이다. 작품 활동이 의미하는 것은 항상 다음과 같다. 이미 하나의 예술이 존재하고 있다는 것을 모른다. 이미 하나의 세계가 존재한다는 것을 모른다.[445]

밤에 짐승이 다른 짐승 소리를 듣는 것과 같은 순간이 항상 있는 법이다. 그것이 또 하나의 밤이다. 그것은 전혀 무서워할 일이 아니고 극도로 비범한 일도 아니다. 환상이나 황홀과 연관된 일도 아니다. 그것은 알아듣기 힘든 떠들썩함에 불과하고, 침묵과 분별하기 힘든 소리, 침묵의 모래가 흘러넘치는 소리에 불과하다. 아니, 그조차도 아니다. 그저 하나의 작업 소리, 구멍을 뚫는 작업 소리, 흙을 쌓는 작업 소리다. 처음에 그것은 단절되어 있다. 그러나 우리가 일단 그것을 알게 되면 그 소리는 이제 멈추지 않는다.[446]

영감을 받은 자는, 그렇게 믿는 자는, 자신이 끝없이 말하고 쓰려 한다는 느낌을 받는다. 『기도시집』을 썼을 때 릴케는 자기가 더는 글쓰기를 멈출 수 없다는 느낌을 받았다고 언급하고 있다. 반 고흐 또한 자기는 더는 작업을 멈출 수 없다고 했다. 그렇다. 그것에는 끝이 없다. 그것은 말하고, 그것을 말하기를 멈추지 않고, 침묵 없는 언어가 된다.[447]

명백히 "그녀들"과 유사하다. "극도로 비범한" 일은 전혀 없다. 작은 소리, 작은 새의 노래, 침묵의 모래가 흘러넘치는 소리. 강조해두겠다. 블랑쇼는 그것을 줄곧 〈바깥〉이라고, "밤"이라고 부른다.[448] 그것은 하이데거가 말한 "부르는 소리"가 아니다. "환상이나 황홀과 연관된 일이 아니다." 하물며 기성의 민족 따위와 연결시키다니. 얇은 삐걱거림이고, 찾아옴이다. 그리고 이미 하나의 예술이, 이미 하나의 세계가 존재함을 모르는 것처럼 그녀들은 행동하는 것이었다. 예수 그리스도가, 그리스도교 세계가 이미 존재하는데도 그것을 반쯤 무시하고 그녀들은 신과 연애해 그 개념을 잉태하려는 것이었다. 그리고 그녀들은 쓰기를 멈추지 않았다. 투옥되어도, 죽을 위기에 처해도. 여자가-되는-자인 예술가는, "전부가-아니게 되는" 기이하나 정적으로 가득한 이 공간에서만 쓰고 그릴 수 있다. 그렇다면 "전부가 아닌" "그녀들"이 쓴 것을 읽는 행위는 무엇이었을까? 혹은 "그녀들"이 쓴 연애편지를 "그녀들"이 읽는 행위는. 이런 말이 된다. "사실 독서란 아마도 격리된 공간에서 눈에 보이지 않는 파트너와 함께 추는 춤, '묘석'과 함께 추는 즐겁고 열광적인 춤이다."[449] 그리고 사라져가는 자신의 진리의 장소인 죽음은 절대적인 불확실성의, 비-진리의 장소였다. 본성에 비추어볼 때 이 장소가 픽션의 주거지임은 뻔한 일이다. 이 밤, 이 바깥, 이 죽음의 영원한 미완료라는 픽션의 주거지에서만 그것은 이루어진다. 쓰기, 그리기, 춤 추기가. 개념의 잉태가.

안타깝게도 여기에서 필자는, 적어도 이 시점의 블랑쇼, 『문학의 공간』의 블랑쇼에게 이의를 제기할 수밖에 없다. 여기에는 사랑이 빠져 있다. 블랑쇼는 그것이 왜 "예술가"에게만 해당한다고 말하고 말았을까? 블랑쇼는 분명히 말했다. "예술은 그 자신의 현존이 되어야 한다. 예술이 확증하려는 것, 그것은 예술이다. 그것이 추구하고 달성하려는 것은 다름 아닌 예술의 본질인 것이다."[450] 블랑쇼는 예술을 위한 예술이라고 말하고 말았다. 이를 예술을 위한 예술에 국한하고 말았다. 국가의 예술화라 부를 수도 있는 나치즘. 온갖 방면에서 그것의 참화에 "휩싸여", 그 위험한 도정에서도 친구 레비나스Emmanuel Lévinas와 함께 하이데거에 저항하려 했던 블랑쇼가 예술과 정치를 분리시키려 강하게 염원하는 것은 십분 이해할 수 있다. 68년 5월 혁명 때 블랑쇼가 글쓰기를 다시 정치적인 것과 연결했다는 것도 알고 있다.

　　그러나『문학의 공간』에서 그것은 법의, 정치의 공간이라고 말해야 했던 것이 아닐까? 우리는 용기를 내어 말해야 한다. 작품은 통상적인 의미에서 죽음이 아니고, 그것은 예술가만의 체험이 아니다. "전부가 아닌" "여성의 향락"에서만 글 쓰고 그리는 것은 끝이 없는, 멈출 수 없는 그 무엇이 된다. 그리고 그것은 그대로 연애이고, 구체적인 투쟁, 정치적인 저항이었다. 평온한 미소에 싸인, 수줍음으로 가득 찬, 목숨을 건 투쟁이었다. 신에게 안겨 신을 낳는 것. 개념화하고 개념을 낳는 것. 즉, 회임하고 아이를 낳는 것. 그런데도 새로운 세계를 낳으려 하는 것. 그것이 글쓰기 자체였다. 그것은 의심의 여지 없이 예술이다. 그러나 "예술을 위한 예술"은 아니다. 거기에 갇힌 그 무엇이 전혀 아니다.

　　블랑쇼가 헤겔이 말하는 "예술의 종언"에 굴복하려는 순간이 있다. 그것의 논지를 "예술이 지녔던 모든 진정한 것, 생생한 것은 이제 세계에, 세계 내에서 벌어지는 현실의 과업에 속한다."[451]라고 단숨에 요약하면서, 블랑쇼는 드디어 그것을 끝내 부정하지 않는다. 필자는 그것이 불가사의하다고 생각한다. 여성의 향락, 이 마리아적 향락은 정치적인 투쟁으로서도, 아니 그렇기 때문에 더더욱 끝낼 수 없을 터다. 물론 신비주의자가 이루었던 것처럼 지금 그것을 할 수는 없으리라. 하지만 세계에서의 현실의 과업으로 "전부가 아닌", 죽음을 진리로 여기지 않는 "여성=대타자의 향락"을 계속 영위해가는 것은 "그럼에도 가능"하다. 블랑쇼는 왜 이 사실을 모른 척했을까? 자신의 논지로부터 이런 "현실의 과업"의 진지한 작업을 직접 도출할 수 있는데도. 그것이 물론 "그녀들"의 과업과 한 치의 어긋남도 없이 겹친다고 말하지는 않겠다. 그러나 어떤 변명도 없이 진지하게 고안하는 작업, 시적이기까지 한 작업이라 할 수 있는 "현실의 과업"의 의미를, 간접적으로 밝히고 있는데도. 왜 블랑쇼는 자신의 논지를 멀리했는가. 장례를.[452] 스스로 그것을 알아챈 글귀를 남겼는데도.

제30절 시체·표상·인형

/

"나"는 죽을 수 없다. 죽은 자는 자신의 죽음을 알 수 없다. 따라서 죽음을 죽게 하지 않으면 안 된다. 죽음의 죽음을 허구로써 날조해야 한다. 죽음을 완료시켜야 한다. 장례란 단순히 죽은 자의 죽음을 "받아들이지 못하는" 주변 사람들의 위안을 위해서만 있는 것이 아니다. 장례는 죽음을 죽게 하기 위해 있는 것이다. 그렇다. 누구의 것도 아닌 그 폭로된 비인칭의 죽음을 그녀에게, 그에게 되돌려주는 것. 너의 죽음은 "우리"가 지켜보았고 이어받았다. 죽은 것은 잿빛

중성의 공간 속에 녹아 사라진 누군가가 아니라, '분명히 너다'라고 말하는 것. 죽음을 죽게 하는 것, 그것이 이 종교가, "우리가 종교라 부르는 것"이 맡아온 절대적 요청이다.[453] 종교란 죽음의 완수 장치를 포함한다. 죽음의 완수라는 "픽션"을 위해 방대한 의례용 도상, 말, 몸짓과 기도를 만들어왔지 않은가? 그렇다. 죽음을 죽게 하기 위한 마술이 없는 종교는 존재하지 않는다. 영겁처럼 느껴지는 기나긴 시간에 걸쳐 장송이라는 의례는 반복되어왔다. 말, 이미지, 노래, 춤, 의복, 요리, 온갖 창의創意의 과실이 그것에 아낌없이 투입되어왔다. 이러한 반복의 강고함이야말로 "우리가 종교라 불러온 것"을 지탱하는 주춧돌인 것이다.

　　　　종교 따위는 믿지 않는다. 내가 믿는 것은 나뿐이다. 혹은 나는 아무것도 믿지 않는다. 이렇게 말하는 초근대적인 주체—르장드르라면 "울트라 모던한 산업주의자"라 부르리라—가 왜 21세기가 되어서도 장례에 참석해 눈물까지 흘리는지 분명해졌다. 죽은 것은 그녀 혹은 그가 "아니기" 때문이다. 그 죽음, 누구의 것도 아닌 죽음을 그녀 혹은 그에게 되돌려주어야 한다. 그를 잿빛으로 녹기 시작한 공간 속에 방치해두어서는 안 된다. 사람들은 이런 불안에 휩싸여 장례에 모인다. 물론, 종교적인 장례를 거부하고 자연장이나 산골散骨(유골을 바다, 산, 강 등에 뿌리는 장례를 뜻한다.—옮긴이)을 희망하는 사람도 늘었다. 하지만 그렇다고 바뀌는 것은 아무것도 없다. 거기에 있는 것은 의례의 불멸성이고, 갱신해가는 창의이고, 주어진 과제의, 그 주춧돌의 무게뿐이다.

　　　　종교학자들이 이를 가리켜 "죽음의 개인화"라는 등 이야기하는 것은 전적으로 틀렸다. 장례란 애초부터 "죽음의 개인화"니까.[454] 이 죽음, 이 불확정한 죽음을 그녀의 죽음으로, 그의 죽음으로 인증하고 되돌려 보내는 것. 이 임무의 진지함을 의심할 자가 있을까? 이 임무를 위한 허구의 마술이 "표상"이라 불리는 것이다. 자세히 살펴보자.

죽음이 발생했다. 남는 것은 시체다. 우선 그것을 어떻게 해야 한다. 블랑쇼도 이야기했듯 시체는 "기이"하기 때문이다. 시체는 통상적인 범주에 들어가지 않는다. "거기에, 우리 앞에 무엇인가 있다. 살아 있는 자 자신vivant en personne도 아니고, 어떤 유형의 실재성도 아니고, 과거에 살아 있던 자와 동일한 자도 아니고, 하나의 타자도 아니고, 다른 사물도 아니다."[455] 이 시체는 무엇일까? 죽은 그녀나 그도 아니고, 사물도 아니고, 정신도 아니다. 블랑쇼는 이 기이함을 이렇게 말한다. "시체는 여기에 있지 않고, 또한 다른 곳에 있지도 않다. 하지만 이때 어느 곳도 아닌 장소가 바로 여기인 것이다."[456] 저 불확정한 죽음, 누구의 것도 아닌 죽음이 여기에 흔적을 남겨 일정량의 덩어리로 "존재한다". 기이한 역설이다.

게다가 여기에서 난처한 일이 벌어진다. 시체 자체는 죽은 그녀도 그도 아니다. 그것을 그녀로, 그로 인증하는 의례를 이제부터 집전하려는 것이니 일단 "그것"은 그녀나 그가 "아니다". 그러나 "시체의 현전이 우리 앞에서 알지 못하는 인간의 현전이려 하는 순간, 바로 그 순간에 애도되는 그 죽은 자는 자신과 닮기 시작하는 것이다".[457] "나는 알고 있다. 그것이 완벽하게 자신과 닮았다는 것을. 그것은 자신과 닮았다. 시체는 시체 자신의 이미지인 것이다."[458] 시체는 시체와 닮았다. 그녀 자신과, 그 자신과 닮았다. 놀랄 일이 무엇이 있겠는가? 우리의 이로에 따르면 원래 자기 이미지는 "죽음의 필촉"의 "죽음의 그림자"였다. 그것의 의미는 여기에서 다시 분명해진다. 시체야말로 가장 자신과 닮은 것, 가장 자신과 닮았지만 자기가 아닌 것, 자기가 "진짜로는" 볼 수 없는 그 무엇인 것이다. 자신의 시체를 본 적이 있는 인간은 없다. 따라서 자신의 시체와 제일 "닮은" 것을 보고 싶다면 거울을 볼 수밖에 없다. 그렇다. 그래서 시체는 자기 자신의 이미지이고, 거울에 비친 자기 자신의 이미지는 어쩐지 시체 같은 느낌을 주는 것이다. 앞에 인용한 블랑쇼의 글귀에서 "시체"를 라캉의 "거울상"으로 바꾸어 보라. 완벽하게 의미가 통한다. 신기하리만큼 같은 이야기를 하고 있다는 것을 알 수 있다. 거울상은 죽어 있고, 그것은 어디에도 없는 그 무엇인 것이다.

그런데 난처한 일이 또 하나 있다. 거울상과 달리 시체는 썩는다. 점점 변질하고, 변색하고, 액체가 흘러나오고, 썩어간다. 곤혹스러운 일이다. 모든 문화가 이러한 부패에 대한 조치를 취해 왔다.[459] 그 대신 놓이는 것은 무엇인가? 그것이 "표상"이다.

이탈리아의 역사학자 카를로 긴츠부르그Carlo Ginzburg는 『피노키오의 눈』 제3장에서 최근의 표상문화론인가 하는 분야의 편을 들 생각은 추호도 없지만, 하고 그답게 여유롭게 빈정거리면서 물음을 하나 던진다. 애초에 "표상"이란 무엇인가? 여기에서 긴츠부르그는 연달아 박식을 진열해간다. 1690년 출판된 퓌르티에르Furetière의 『대사전』에 따르면, "표상"이란 프랑스나 영국 국왕의 장의葬儀 때 "관대棺台에 올려놓는 밀랍, 나무, 가죽제 인형" 또는 그 전에 죽은 국왕을 표현하던 "죽은 자를 위해 마련한 시트로 덮인, 비어 있는 장의용 침대"다. 또한 1291년, 국왕 알퐁소 3세를 "표상하는" 관을 에워싸고 있던 유대인이 아랍인의 습격을 받았다는 기술이 있다. 영국에서는 1327년 에드워드 2세 붕어崩御(왕이 세상을 떠남을 뜻한다. ─옮긴이), 프랑스에서는 1422년 샤를 6세의 붕어 때 인형이 사용되었다는 기록이 남아 있다. 칸토로비치는 이 인형이 '국왕의 두 신체'라는 법 이론을 눈에 보이는 형태로 표현하고 있다고 주장했다. 긴츠부르그는 다음과 같은 등식을 제시한다. "영원한 신체=인형=국체國體" "찰나의 신체=유해." 그리고 말을 이어간다. 2세기와 3세기에 로마 황제의 장의에 쓰인 밀랍으로 만든 상像이, 천 년 후에 같은 상황에서 전시된 영국과 프랑스 국왕의 밀랍, 나무, 가죽으로 만든 상과 상당히 닮았다고. 그리고 벤베니스트Émile Benveniste를 인용해 콜로소스=조각상이라는 말의 의미를 다음과 같이 단언한다. "이것이 이 말의 진정한 뜻이다. 장의의 상, 의례의 대체물, 부재하는 것을 대신해 지상에 계속 존재하는 대역代役이다." "여기에 '표상'을 덧붙일 수 있을 것이다."[460]

표상은 시체의 인형이다. 장례에서 사용되는 시체의 대체물이고, 이미 죽었기에 불사의 "대역"이다. 장례, 장의 때 사람들은 사진을 놓는다. 사진이라는, 시체와 닮은 "표상"을. 아니, 원래 우리의 이로에 따르면 〈거울〉에 의해 산출되는 "주체"란, 이미지로서도 시니피앙으로서도 어디까지나 "죽음의 그림자"이고 "자동인형"이었다. 라캉은 말했었다. "부조浮彫"라고. 그렇다. 우뚝 선 모습을 한, 권력의 시니피앙인 왕의 지팡이는 팔루스였다. 즉, 상상적이고 상징적인 "표상"이었다. 〈거울〉에서 산출되는 주체 또한 어디까지나 "표상"이었다. 처음부터 라캉과 함께 우리는 몇 번이나 반복해오지 않았던가? 우리는 처음부터 '향락하는 시체를 본뜬 모양'이고 인형이다. 그리고 죽은 시체를 처리한 후에 다시 그 시체의 인형=표상이 놓인다. 표상으로 살아가고, 표상으로 묻힌다. 시체의 인형으로 살아가고, 시체의 인형으로 묻힌다. 표상으로 살아가는 삶. 이것이 사람의 인생이다.

이는 더는 니힐리즘이 아니다. "멋지게" 살고 싶다는 시시한 생각을 하니까 표상으로 사는 것이 "소외"가 된다. 멋지게 살고 싶다는 욕망이 향락의 레귤레이터라는 함정에 흡수되어 얼마나 착취당하기 쉬운지 우리는 보아오지 않았는가? 처음부터 우리는 시체의 인형이고, 시체의 인형에서 나온 찌꺼기를 핥고, 시체의 인형에 붙은 작은 팔루스에 환희하고, 시체가 되자마자 자신과 닮은 시체의 인형으로 대체되어 이 인형의 세계에서 사라지는 것이다. 이 중 어느 하나라도 슬프고 괴롭게 느껴지는 부분이 있을까? '표상을 비판하라, 이미지를 비판하라, 현실로, 현실을 향해'라고 말하는 경솔한 무리는 끊이지를 않으나 한 번이라도 스스로 "멋지게 살고 싶다"는 속정의 향락에 흠뻑 젖어 말한 적은 없는지 자문해보는 것이 좋으리라. 시체의 인형으로서의 삶, 자동인형으로서의 삶에는 어디인가 부족한, 결여된 것이 있다는 생각이야말로 스스로를 소외와 슬픔의 함정에 빠지게 한다. 몇 번이라도 말하겠다. 이런 슬픔은 유치하다. 그리고 몇 번이라도 말하겠다. 인형의 삶이기 때문에 좋다고. 이러한 인형의 삶을 알맹이가 없다느니 노골적이라느니 동물적이라느니 멸시하는 자는 결국 죽음을 향락하고, 죽는 모습을 향락하고, 자기만은 이런 인간의 삶의 영위에서 벗어나 그것을 "초월"해 있다는 생각에 필사적으로 매달리려는 비참한 무리에 불과하다.

여기에 니힐리즘 같은 것은 전혀 없다. 처음부터 그런 것이니까. 그리고 인형을 만드는 것조차 가능하다. 낳을 수 있다. 인형으로 태어나, 인형으로 살아가고, 인형으로 죽는다. 이 과정에서 틈새처럼 나타나는 "전부가 아닌" 찰나의 천공에 "여성의 향락"의 장소가, 쓰고 그리고 낳는 장소가 있다. 즉, 인형을 만들어내려는, 새로운 인형의 신체(코르푸스)를 만들어내려는, 새로운 세계, 공동체(코르푸스)를 만들어내려는 연애의 기도가 있다. 거기에서 죽음은 더는 공포가 아니다. 우리는 신의 연인, 신의 인형이니까. "죽는 것이 무섭다"니. 거기에는 "사랑"과 "투쟁"과 "시"와 "용기"가 펼쳐져 있다. 우리는 이미 이를 논해오지 않았던가.

자, 인형인 우리는 새롭게 인형을 만들 수 있다. 인형인 우리는, 인형인 우리의 세계를 만들어내는 것마저 가능하다. 신과의 사랑마저 가능하다. 연애편지도 쓸 수 있다. 인형은 표상이기 때문에, 역시 인형 중 하나인 정성스러운 장인의 섬세한 작업을 통해 만들어낼 수 있는 것이다. 그것을 깎아내자. 그것에 색을 입히자. 그것에 말을 가르쳐주자. 글쓰기를, 춤을 가르쳐주자. 인형에게 결여된 것은 아무것도 없다. 이 내재성의 세계에서는 죽음조차 두렵지 않으니까. 죽은 인형의 세계야말로 "실재" 역사의 세계, 투쟁의 세계인 것이다.

자, 이 괄호로 슬픔과 비탄과 울분과 아이러니로 가득 찬 정신분석의 밀실에 달린 천창의 반은 열었다. 이를 더 열어젖히기 위해, 가자. 인형 장인의 세계로. 신화의 주방 냄새 속으로. 르장드르에게로.

제2부

피 에 르
르 장 드 르,
신 화 의
주 방 냄 새

○

○

○

○

제1장

"그들은 돌아온다. 칼을 쥐고"
: 르장드르는 누구인가

제31절 〈소격〉의 인간, 르장드르

/

피에르 르장드르라는 이름은, 르장드르가 주창하는 "도그마 인류학"이라는 이름은 조용히, 은밀히 스며들고 있는 중이다. 르장드르의 다양한 업적도 각국에서 번역 작업이 이루어지고 있고 일본어판도 이미 네 종이 나왔다.[1] 또한 르장드르 제자들의 활약도 들려오기 시작했다. 예를 들어 낭트대학 법학부 교수 알랭 쉬피오Alain Supiot. 프랑스에서 노동법 연구 분야의 일인자로 꼽히는 쉬피오는 도그마 인류학에서 착상을 얻어 유럽에서 나온 기본법의 개정권을 모든 민족에게 "해방"해야 한다는 주장을 하기에 이르러, 그 주장의 간략한 요약이 담긴 논문이 이미 일본어로 번역되었다.[2] 또한 이미 일본법학회의 주도로 일본 방문도 실현했다. 그리고 2005년에는 본인이 인정한 것처럼 아직 르장드르의 압도적인 영향 아래에 있으나 르장드르로부터 전진을 꾀하려는 의욕이 보이는 『법률

적 인간의 출현: 법의 인류학적 기능에 관한 시론』이라는 첫 번째 저서를 출간했다.[3]

그리고 파리 제10대학 법학부 교수 장 피에르 보. 르장드르를 지도 교수로 사사해 박사 논문을 집필하고, 법제사·종교사 그리고 현행 민법의 세칙에 이르는 폭넓은 견지에서 혈액, 정액, "절단된 손" 등 육체의 전체성에서 누락된 각 부분이 로마법을 계승한 근대법 내부에 알력을 낳는, 억압당한 위상을 지니고 있음을 예리하게 지적한『도둑맞은 손 사건: 육체의 법제사』는 이미 일본어판이 출간되었다.[4]

그리고 이 책에서 가장 많이 의거하게 될 파리대학 교수 벤슬라마. 정식으로 학문상의 제자는 아니나 그 논거의 근본적인 부분을 르장드르에게 빚지고 있는 벤슬라마는, 정신분석가로서 파리에서 이민자들의 임상에 진지하게 임하는 한편, 낭시 등과 함께 폭넓은 철학적 논의를 전개하고 있다. 나아가 험난한 "세속과 자유를 요구하는 무슬림"으로서의 발언, 이슬람 급진주의와 세계화의 "관리경영 제국주의"를 동시에 공격하는 정치적 발언 또한 주목을 받고 있다. 법학, 역사학, 이슬람 등에 각별히 흥미를 지닌 독서가라면 전문가가 아니더라도 이 이름들을 들은 적이 있으리라.

르장드르의 이로는 이렇게 제자들의 "응용"이 조금씩 먼저 알려지기 시작했다. 몇 년 전 본인도 일본을 방문해 그 겸허하고 항상 웃음을 잃지 않는 아량을 지닌 인품과, 그 조용한 아량 속에 불가사의한 격렬함을 느끼게 하는 모습을 일본 청중 앞에 드러내 보였다.

그러나 이처럼 조금씩 번지듯이 르장드르의 논지가 알려

져가면서, 내외를 불문하고 다양한 오해 또한 생기고 있다. 자기가 이해하고 싶지 않은 것에는 귀를 틀어막고 전혀 이해하려 하지 않는, 자기가 이해할 수 없는 것에는 눈길도 주지 않고 비방 중상을 내뱉는 것 외에 자랑할 것이 없는 비소卑小한 인간의 비참한 자족에 신경 쓸 겨를은 없다. 그러나 중세 스콜라학·로마법·교회법에 관한 학식을 바탕으로, 특이한 문체로 전개되는 논지는 본인이 일부러 오해하기 쉽게 쓴 것이 아닌지 의심스러운 부분도 없지 않아 있다. 고로 고대부터 중세에 이르는 교회법 학자나 로마법 학자, 나아가 초기 교부나 이슬람의 아리스토텔레스학자의 문헌마저 자유자재로 인용하는 이 고색창연한 논거들을 보고, 또 "〈아버지〉" "법권리" "도그마" "절대적 준거" "정초적 장면"의 중요성을 질리지도 않고 강조하고, "관리경영적" "육류처리적" "과학주의적" 사고방식을 조매嘲罵에 가까운 강한 어조로 힐난하는 굳은 표정을 목격하고, 르장드르는 반동은 아니더라도 보수적인 논객이 아닐까, 인간의 "자유로운" "창조적인" 측면이나 행위를 간과하고 있는 것은 아닐까, 이제는 "옛"것이 되고 만 구조주의적 견지를 복잡하게 한 것에 불과하지 않을까, 혹은 스승인 라캉에게 이어받은 정신분석적인 난해한 개념을 법제사에 회삽하게 "응용"한 것에 불과하지 않을까, 이런 의심을 낳게 된다. 그리고 이런 의심은 일정 부분 피치 못한 면이 있다.

　　미리 강조해둘 필요가 있다. 르장드르의 이론은 기묘한 소화하기 힘듦을 그 특징으로 한다. 실은 이 "소화하기 힘듦"은 라캉과 비교가 안 된다. 라캉 이론의 난해함은 개념 자체의 상호 침투와 혼성성이 그 원인이므로 그 부분만 주의 깊게 파악하면 일정 정도는 누구라도 쉽게 이해할 수 있기 때문이다. 우리가 보아온 것처럼 여성의 향락을 제외하면. 르장드르의 이론은 애초에 이 개념상의 상호 침투를 전제로 하고 있다. 라캉과 유사한 "난해함"을 르장드르의 논지 또한 걸치고 있다는 말이기도 하다.

그러나 이 상호 침투와 장황함을 오랫동안 검토해온 우리에게 이 정도 수준의 "난해함"은 아무것도 아니다. 문제는 따로 있다. 르장드르의 주장이 갖는 "소화하기 힘듦"은 이미 써온 표현을 반복하자면 "난해함"이 아니라 "험난함"인 것이다. 즉, 일정 정도 독자의 자질이 문제가 된다. 독자는 인내해야 한다. 자질에 따라서는 견디기 힘든 "굴욕"조차 감내해야 한다. 르장드르가 반세기에 걸쳐 계속 펼쳐온 주장은 많은 독자 또한 자임하고 있을 "근대적 인간"의 지위 "격하"를 요구하기 때문이다. 이 부드러운 미소와 가열한 단언을 동거시키는 "강철같이 단련된 페시미즘"[5]을 갖춘 르장드르는 오랫동안 이렇게 속삭여왔던 것이다. 당신은 자신을 "자유로운" 근대인이라고, 아니 "초근대인"이라고 생각해왔는가? 광신, 종교, 미신 따위에 매달리는 "야만"스럽고 "야비"한 촌놈들과는 "달리 독특한" 인간이라고 스스로 생각해왔는가? "전혀 새로운" 시대를 살고 있고, "전혀 새로운" 시대를 이제 맞으려 하는 "새로운 인간"이라고 생각해왔는가? 그렇다면 당신은 자신이 살아 있는 동안 역사상 결정적인 사건이 일어날 것이고, 실제로 일어나고 있는 중이라는 믿음에 빠져 있다는 말이 된다. 대단히 실례지만 그런 일은 있을 리가 없다. 역사적으로도, 논리적으로도. 그럴 리가 없다. 불가능한 일이다. 당신은 야만인 중에 한 사람인 것이다. 단, 어떤 종류의 사람들처럼 상스러운 향락을 뽐내는 "성스러운 야만인" "법 바깥에 있는 미개인"의 형상 등이 해당하는 나약한 몽상과는 무관한, 그런 몽상을 깔끔하게 털어낸 만큼만 야만인이다. 평범하고 메마른, 삭막한 나날을 겨우 살아가, 순순히 죽음으로 향할 수밖에 없는 야만인인 것이다. 그렇다. 나처럼.

이런 식으로 말할 수도 있겠다. 당신은 인간이 아니다. 그러나 완전히 동물이 될 수도 없다. "나는 인간이다" "나는 초-인간이다" 혹은 "나는 동물이다". 인간이라는 긍지와, 그로부터 벗어나려고 하는 "동물" "비-인간"에 대한 경멸 섞인 동경. 그러나 이런 것은 하등 쓸모없는 것이다. 이 둘은 그냥 망상에 불과했다. 당신은, 나는, 우리는 이 둘 사이에 놓여 있는 밑도 끝도 없는 공중에서, 체액이 흘러내리는 잿빛 황혼 속에서 영원히 살아가야 한다. 왜냐하면 당신은 누군가로부터 태어나, 그리고 누군가를 낳을 테니까.

무슨 뜻일까? 무슨 말을 하고 있는 것일까? 그러나 아직 이를 자세히 다룰 때가 아니다. 여기에서는 르장드르의 "도그마 인류학"이 그 명칭의 난해함 혹은 '한눈에 파악이 되는 단순한 이해를 뛰어넘은 기이함'을 담고 있다는 것만, 그것만 느낄 수 있으면 된다.

이 장에서 논할 내용은 '르장드르란 누구인가'다. 라캉이나 푸코와는 달리 독자가 르장드르의 이력을 다 숙지하고 있다는 전제하에 논하기는 힘들 것이다. 간단하게 경력을 소개해두겠다.[6]

피에르 르장드르. 전 교황 요한 바오로 2세가 참석하던 연구회에 함께 출석했던 적도 있는 르장드르는 1930년에 태어났다. 대학에서는 법학·경제학·역사학·철학을 공부했다. 그중에서도 후에 여러 의미로 중요시한 것은 각국 도서관에 산재한 라틴어 삽화나 장식이 있는 고문서와 그 사본의 전문적인 취급 방법, 그 서기 기법의 습득이다. 로마법·교회법·중세 스콜라학을 중심으로 면학에 힘쓴 끝에, 중세 교회 법제사의 대가 가브리엘 르 브라 교수의 지도 아래에서 27세의 나이에 파리 제1대학에 박사 논문 「고전 교회법에 침투한 로마법: 그라티아누스에서 인노켄티우스 4세, 1140년부터 1254년까지」를 제출한다. 이 논문은 그 후 르장드르가 자기 논지의 뼈대로 계속 삼는 내용, 즉 로마법과 교회법의 결합에 의해 〈국가〉〈주체〉〈과학적 원리〉 등 근대 국민국가의 기초가 되는 개념이 창출된 것과 연관된 논문이다. 이 논문은 상을 많이 받고, 르장드르는 법제사와 로마법의 교수 자격을 얻는다.

박사 논문의 제출과 교수 자격 취득을 전후해 라캉과 알게 되어, 라캉의 세미나에 초기부터 출석하면서 르장드르는 라캉 밑에서 정신분석 연구를 시작한다. 나중에 라캉이 마련한 "통과 시험"도 합격해 "학파 분석가"의 정식 자격을 얻게 된다.

이처럼 무엇보다 "라틴어 읽기와 쓰기"를 주축으로 한 넓은 분야의 학문 연구에 힘쓰면서도, 르장드르는 고대부터 중세에 걸친 광대한 지식의 숲 속에만 머무르지는 않았다. 1959년부터 1964년에 걸쳐 법제 관료 중 한 사람으로 아프리카 가봉과 세네갈 등에서 산업 정책 고문을 역임했고, 유엔UN 유네스코 전문 직원으로 주로 서아프리카와 중앙아프리카에서 개발 기획을 맡게 된다. 거기에서 르장드르는 "나의 스승은 아프리카 사람들이다"라고 나중에 술회하는 경험을 얻었고, 또한 현지의 토착 습속을 경시해 토착 꾸란 학교를 부수려 하는 상사와 심하게 충돌하기도 했다. 그러나 이에 대해서는 직후에 다시 논하도록 하자. 이러한 국제 관료로서의 경험과 병행해 본래의 전문인 서양 법제사와 중세 스콜라학에 관한 실증적 연구를 쌓아가, 구미 각지의 주요 도서관에 있는 중세 수고手稿 유산을 탐색해간다. 그뿐만 아니라 1960년대에는 프랑스 근대 행정사, 관료제의 역사에 대해 놀랍도록 정밀하고 망라적인 연구를 이루어내, 그 성과로 600쪽이 넘는 실증 연구의 대저 『1750년부터 오늘날에 이르는 행정사』를 1968년에 간행한다. 프랑스 근대 관료제사·행정사 연구의 초석이라고도 불리는 이 견실하고 호한浩瀚한 연구서는 프랑스 고급 관료 육성을 위한 엘리트 기관인 "국립행정학원"의 지정 공인 교과서로 사용하기 위해 저술한 것이었다.

국제중세교회법연구소, 독일의 막스플랑크연구소 유럽 법제사 부문 등에 참가해 자신의 학식을 한층 연마한 후, 릴대학, 파리 제10대학을 거쳐 1968년에 파리 제1대학 법학부 교수로 선임되어 법제사를 가르치게 된다. 1977년 이후, 고등연구원EPHE 종교학 부문 주임 교수를 겸임해 "서양 그리스도교 규범 공간"이라고 자신이 이름 붙인 강좌를 맡는다. 르장드르의 저작의 근간을 이루는 『강의』시리즈는 후자의 강의에서 유래했다.

지금까지 묘사해온 바와 같이 정밀하고 실증적인 학자로서 중세 법제사나 근대 프랑스 행정사에 관한 전문적인 저작을 저술해온 르장드르가 처음으로 자신의 사상적인 기치를 선명히 하는 첫걸음이 된 저작이 1974년에 출간된 『검열관의 사랑: 도그마적 차원에 대한 시론』이다. 이는 라캉의 강한 후원에 의해 간행된 것으로, 실제로 세미나 『속지 않는 자는 방황한다』에서 라캉은 이 저작을 손수 소개하고 있다.[8] 그러나 르장드르 자신이 거듭 말한 것처럼 이 시대의 제도적·법적인 것에 눈을 감고 자폐적인 의사擬似 수학화에 열광하는 일부 정신분석가의 태도에는 극도로 비판적이었고, 라캉에게 "왜 제도적인 것을 탐구하려 하지 않는가?" 하고 몇 번이나 질문한 적이 있는 것으로 알려져 있다. 그 답변인즉슨 "나에게는 그럴 여유가 없다"였다고 한다.[9]

또한 라캉의 죽음을 전후해 분열과 해체를 거듭해 법적 수단마저 불사할 정도로 과열되고 무익한 비판과 상호 중상[10]을 벌이던 라캉학파 위인들과는 달리, 르장드르는「정신분석을 관리 행정하는 것: 파리 프로이트파의 해산을 접하고」[11]라는 극히 냉정한 논문을 파리 프로이트파 해산 직후에 발표한다. 논문에서 라캉 "계승 전쟁"에 여념이 없는 정신분석가들의 우왕좌왕하는 모습을 냉철한 시선으로 분석해 '라캉학파 정신분석은 프랑스적 중앙집권적 관료 제도의 역사적 배치 틀 안에 있고 그 토양 속에서 살고 있는데도, 라캉학파 사람들은 이 사실에 완전히 눈을 감고 있고, 이를 통해 목숨을 유지하고 있다'고 지적한 후, 프로이트와 라캉이라는 형상에 맹목적인 숭배와 광신을 쏟아부음으로써 상상적인 증오를 서로에게 보내고 있을 뿐이라고 말한다. 후자의 "광신" 비판은 지금이라면 누구든 말할 수 있는 내용이다. 하지만 저 말도 안 되는 "학파 분석가"의 자격 심사 시험, 자살자도 나왔던 "통과 시험"까지 합격한 라캉의 애제자 중에 1981년의 시점에서 이러한 냉철함을 관철할 수 있었던 것은, 이미 라캉학파를 스탈린주의라고 비판하고 이탈했던 가타리 외에는 르장드르 단 한 명이었다. 그야말로 〈소격疎隔〉, 〈간격〉의 인간 르장드르답다. 루디네스코도 라캉 전기에서 이 논문을 인용해, 그 냉정함과 명민함을 칭찬하고 있음을 덧붙여둔다. 그 후 르장드르는 어떤 라캉학파 파벌에도 속하지 않고 불편부당한 고립을 지키게 된다.

그 후 르장드르는 착실히 자신의 이론적 기반을 닦아간다. 서리한 분석과 풍부한 식견이 담겨 있기는 했으나 그 길굴詰屈한 논리 전개 때문에 아직 젊은 티가 나던『검열관의 사랑』『권력을 향락한다』에 이어 간행된 1978년의『타자이고자 하는 정열: 춤 연구』에서 일단 한 단계 비약했다고 할 수 있다. 앞의 두 저서에서도 신체의 조련[한국에서는 훈육, 훈련, 교정 등으로 번역되는 것으로 아는데 저자가 일관해서 調教(조교)라는 용어를 쓰고 있고, 이는 한국어의 '조련'에 해당하는 말이므로 이 책에서도 저자의 방침에 따라 '조련'으로 번역했다. —옮긴이] 수준을 논하기는 했으나, 이 서적에서의 당당하고 예리한 분석 수준에는 도달하지 못했었다. 그리스도교 규범 시스템의 역사부터 논의를 끌어내 춤을 연구함으로써, 르장드르는 신체 조련의 개념을 연마했을 뿐만 아니라 '텍스트라는 개념을 경탄을 자아낼 정도로 폭넓은 것으로 제기'할 수 있게 되었다. 그러나 이 비약의 대상代償일까? 다음 저서『텍스트에서 누락된 시적인 말』은 '거의 육체적인 "글자에의 사랑" 체험'과 '역사상의 다양한 제도적 배치와 이미지'가 삐걱거리면서 마모할 정도로 교차하는, 착란적이라고밖에 형용할 수 없는 기이한 서적이었다(이로 인해 르장드르 본인의 신념이 자리하는 곳이 여실히 드러나 있어 필자는 이 책을 중요시하고 싶다). 그리고 르장드르의 서지 중에서 함몰 지대를 이루고 있는 이 착란적 저서가 발판이라도 되었던 것처럼, 다음 해부터 연이어 간행하는『강의』시리즈는 안정되고 충실한 내용으로 채워진다. 또한 영화 애호가이자 세르주 다네이의 친구로서 몇몇 대담도 발표한 르장드르는, 1990년대 후반부터 여러 다큐멘터리 필름 제작에도 몸담게 된다. 현재 파리 제1대학 명예교수, 고등연구원 명예교수, "도그마 인류학회 40개의 기둥" 회장과 여러 연구소의 소장으로 존명하고 있다.

　　　　나도 모르게 기묘한 경력이라는 말을 입에 담게 되더라도 실례가 되지는 않을 것이다. 이는 한 사람의 경력이 아니라 마치 여러 사람의 경력을 모은 것 같다. 각지의 주교좌나 대학 도서관 지하실에서 조금이라도 거칠게 취급하면 통째로 파손될 것 같은 중세의 수고와 사본의 산더미에 묻혀, 그 균 냄새 속에 흠뻑 빠져 손수 그 필적을 필사하는 세심하기 그지없는 작업에 전념하는, 그야말로 먼지를 한 티끌씩 털어내는 착실함으로 로마법제사, 중세 교회법 연구에 몰두하는 르장드르가 있다. 그러나 라캉학파 정신분석가로 정식 자격과 임상 경험을 갖고 있을 뿐만 아니라 라캉 본인에게 그 진의를 묻기 위해 대들고, 제도성에 무지한 분석가를 비판해 정신분석 회합에서의 논의에 불을 지펴서는 긴장감이 감도는 사태를 불러일으킨 르장드르도 있다. 그런가 하면 "나의 스승은 아프리카의 사람들이다"라고 말하는, 산업 고문으로서 개발 활동에 임한 공무원인데도 "산업화" "근대화" "개발"에 강하게 반발하는 법제 관료인 르장드르가 있다. 또한 파리 제1대학과 고등연구원 등의 교수로서 법제사와 인류학 등을 가르쳐 우수한 학문상의 제자를 배출했을 뿐만 아니라 법학자로서 젊은 법조인 육성에도 힘을 기울인, 극히 뛰어난 교육자로서의 르장드르도 있다. 게다가 이 여러 인격을 그 안에 품고 있는 자는 '당신은 인간이 아니다. 스스로 생각하고 있는 그런 인간이 아닌 것이다'라고 낮은 목소리로 속삭여온 저 수수께끼 같은 모습을 한 사람이기도 하다.

자, 르장드르의 경력 소개를 마무리하기 전에 일화를 하나 소개하겠다. 르장드르가 유엔 직원으로 아프리카에서 근무했을 때의 일이다. 주변에 있던 관료들 사이에서 "흑인들이 그들의 춤과 인연을 끊었을 때 비로소 그들은 산업 세계에 적응하게 될 것이다"와 같은 "창백하고 둔탁한 주장"[12]이 판치고 있었다. 르장드르는 이렇게 말한다.

　　예전에 국제기관의 일 때문에, 유엔이나 유네스코의 일 때문에 전문가로서 아프리카에 간 것은 내게 정말 중요한 경험입니다. (……) 거기에서 나는 무엇을 보았는가? 내가 본 것은 국제적으로 퍼져 있는 표준적 담론, 유엔의 언사로 대표되는 담론, 세계 전쟁의 승자인 서양 정치 대국의 담론 등이 활개를 치고 있는 상황, 즉 산업을 통한 진보라든지, 과학기술의 만능이라든지, 혹은 종교는 시대착오적이고 소멸한다는 식의 근대화 담론의 강요였습니다. 그들은 이런 담론을 무작정 강요하려 합니다. 종교가 사라진다고? 그런 일은 있을 수 없다. 근대화는 만능이 아니다. 나는 말했습니다. 그래서 상사와 다투었습니다. 1960년대 초의 일인데, 나는 이런 말을 종종 했습니다. "이슬람을 잘 관찰하자. 이슬람이 과연 무엇인지 현지에서 배우자." 하지만 그들은 '종교 따위는 오래된 유물로 발전에 방해가 될 뿐이다, 이슬람 같은 것은 이미 끝났고 관광객을 위한 민속에 불과하다'는 생각을 갖고 있었습니다. 그러나 나는 이리 말했지요. "이슬람은 돌아온다." 그리고 그때 이런 표현을 썼습니다. "손에 칼을 쥐고."[13]

천창은 열리려 한다. 르장드르는 이슬람의 "정치적인" 회귀를 예언하고 있었다. 1960년대 초두에 말이다. 지금으로부터 40여 년 전, 이란혁명이 있기 약 20년 전에 말이다. 놀라운 일이다. 망연자실할 정도의 일이다. 물론 예언 따위는 시시한 짓이다. 하지만 시시한 짓을 하는 이상, 반드시 맞혀야 한다. 이렇게 말한 것은 시인 폴 발레리였다. 르장드르는 맞혔다. 여기에는 "우리가 종교라 불러온 것"에 대한 신경증적인 공격도, 편집광적인 옹호도 아닌 제3의 길이 있다. 여기에는 소위 원리주의라고도 불리게 될 이슬람 급진주의가 다름 아닌 "근대적 담론을 무작정 강요"한 데에서 온다는 통찰까지 담겨 있다. 이는 누가 '누구의 어떠한 주체 몽타주'를 파괴해서 폭력적인 광신이 출현하게 되었는지 생각조차 하지 않은 채, 그 억압된 죄책감 때문에 정치적 이맘imām(모스크에서 집단 예배를 선도하는 자. 이슬람교의 지도자라는 뜻의 아랍어—옮긴이)의 탄압을 "문화다원주의"라는 이름 아래 미온적으로 정당화하려는 사람들의 우쭐거리는 태도와는 현기증이 날 정도로 멀리 떨어져 있다. 그러나 여기에서 서둘러 달변에 빠지는 짓은 하지 않겠다. 많이 말하지 않도록 하겠다. 여기에는 이미 르장드르의 이로가 갖는 "소화하기 힘듦"의 일단이 드러나 있으니까. 하지만 확실히 말해두겠다. 우리는 이 글귀에 도달하는 길을 택한다. 이런 주장이 당연하다고 느껴질 때까지 르장드르의 이로를 따라가자. 상기하자. 라캉 자신이 제기했으나 르장드르가 마무리하지 못한 논점을 몇 가지 지적했었다. 우리는 거기에서부터 시작하게 될 것이다.

○

○

○

○

제2장

〈거울〉의 책략

: 정치적 사랑과 "도그마"의 의미

제32절 르장드르의 정신분석 "비판"

/

그러나 아직 하나 더 우회를 거쳐야 한다. 미리 솔직하게 고백하겠다. 최근에도 바캉스 기간 동안 낭트 주교좌의 지하 도서관에 틀어박혀 중세의 교황과 주교의 칙령을, 그 수고와 사본을 한 쪽 한 쪽 열람했다는 르장드르의 박인방증博引旁證과 그 거대한 학식은 안타깝게도 필자의 힘에 부친다. 칸트와 헤겔, 라이프니츠를. 또는 아리스토텔레스와 플라톤, 아우구스티누스와 둔스 스코투스, 테르툴리아누스, 그로티우스를. 혹은 『로마법대전』의 원전인 『법학제요』 『학설휘찬』을. 또는 『교회법』 원전인 『그라티아누스 교령집』을 전거로 인용하는 것은 당연하다 치고 겔리우스, 세비야의 이시도르, 길베르투스 포레타누스, 푸와티에의 힐라리우스, 세그시오의 헨리쿠스, 로게리우스, 튜톤인 요한과 교황의 시의侍医 파울스 자키아스를. 예수회의 신학자 포세비노와 아타나시우스 키르허를.

그레고리우스 9세의 칙령과 이를 편찬한 페냐포르트의 성 라이문두스를. 동로마제국의 문관 루피누스도, 오리게네스의 라틴어 번역자로 널리 알려진 루피누스도 아닌, 『그라티아누스 교령집』 주석자인 루피누스를. 나아가 아리스토텔레스학자였던 10세기 무슬림의 미스카와이히에 이르기까지 계속해서, 하지만 과시하는 듯한 느낌을 주는 무익한 우회는 티끌만큼도 없이 르장드르는 인용해간다. 물론 앞에 열거한 것은 익숙하지 않은 손놀림으로 신학사전 등을 찾아서 알게 된 극히 일부의 고유명사에 불과하다. 그야말로 저 에른스트 칸토로비치의 의발衣鉢(승려가 입는 가사袈裟와 바리때를 아울러 이르는 말이다. 승려들은 자신의 후계자에게 의발을 물려주곤 했다.―옮긴이)을 계승하는 자라 불릴 만한 유럽 법제사의 태두로서 "인류학의 브뉘에르"라는 이명을 갖는 석학 르장드르의 이로는 라틴어도 제대로 읽지 못하는 필자에게 때로는 따라가기조차 벅찬 부분도 적지 않다. 법제사의 전문적인 학술 잡지에 게재된 논문은 특히 그러하다. 독자에 따라서는 그 주석에 적혀 있는 전거의 지시 방식이나 신학적인 문구에 대한 독특한 주석에 깊은 흥미를 느낄 수도 있겠다. 하지만 그에 대해 운운할 자격이 내게는 없다. 아쉽게도. 따라서 필자는 석학의 붓이 묘사하고 있는 이러한 역사적인 학식의 많은 부분은 추상화해서 논해갈 수밖에 없다. 우리는 금욕적으로, 직선을 그리며 이론적인 핵심만을 추구하도록 한다.

또 하나 미리 말해두겠다. 르장드르의 문체에 대해. 그 자신이 기탄없이 "바르바로이Barbaroe(야만인)적"이라고 부르는, 단언과 비약과 반복과 뜬금없는 예증이 불온한 격렬함을 띠고 계속 이어지는 그 특이한 문체는, 프랑스인 어학 교사에게 "이런 프랑스어는 없다"는 말을 이끌어낼 정도로 당혹스럽다. 그러나 그 문체는 특히 라캉의 문체가 그런 것처럼 "일부러" 난해하게 쓰고 있다는 인상을 주는 종류의 것이 전혀 아니다. 그냥 악문이라고 체념하고 나면, 일정한 프랑스어 지식만 있으면 충분히 읽을 수 있다. 문법상의 파격은 오히려 난해한 것으로 알려진 다른 프랑스 철학자들보다 적다고까지 할 수 있다. 그렇기는 하나 무엇인가. 무엇이라고 해야 할까, 로마법 라틴어 또는 교회 라틴어 문법 문체 그대로 프랑스어로 글 쓰는 면이 있다고 할까? 저 고명한 잉글랜드법 문체, 고古 프랑스어와 라틴어와 중세 영어가 섞인 채 관계절을 한없이 연결시켜가는 착란적인 문체에 닮았다고 할까? 이도 아니면 법적 사고의 특징인 "속담 사고諺思考"를 억지로 산문으로 펼쳐놓았다고 할까? 그도 아니면 르장드르가 계속 독파 중인 교황이나 대주교의 각 칙령 문체에 닮았다고 할까. 필자의 얕은 학식으로는 도무지 판단이 서지 않는다. 아르토나 미쇼를 애독하는 르장드르이지만 그들의 문체와 다르다는 것 정도는 나도 겨우 알 수 있다. 하지만 그와 다른, 기이한 순간이 르장드르의 문체에 때때로 등장하는 것은 분명하다.

　　이러한 "험난함"을, 그리고 우리 이로의 흐름을 감안하면 정신분석의 방면에서부터 접근하는 것 외에 방도가 없다. 그러나 이는 일종의 위험에 처하는 것이기도 하다. 즉, 르장드르의 "도그마 인류학"이 정신분석의 단순한 "응용"으로 보이게 되는 위험 말이다. 물론 그 자신도 정신분석으로부터 빚을 많이 지고 있다고 명언하고 있고, 반대로 법제사 지식만으로는 르장드르의 저작을 일관된 것으로 읽기 어렵다고조차 할 수 있다. 그러나 르장드르가 정신분석과 맺고 있는 복잡한 관계를 무시해버리면 도그마 인류학의 존재 이유마저 불분명해질 것이다. "'각 제도의 정신분석' 같은 것을 제시할 생각은 내게 없다. 이는 틀림없이 바보스러운 시도"[14]라고 르장드르는 초기의 저작『권력을 향락한다: 애국적 관료제에 관한 개론』에서 단언까지 했으니까. 그리고 라캉이 만년에 말한 '그리스도교가 승리하면 그것은 정신분석의 패배를 뜻한다'라는 문장에 가득 찬 답답함과, 르장드르의 젊은 시절을 회고하는 술회 간의 대비는 선명하다. 이는 이미 확인한 바와 같다. 그렇다. 도입부로 르장드르의 정신분석 비판을 우선 살펴야 한다. 라캉의 조력으로 간행되어, 라캉이 세미나에서 칭찬했던『검열관의 사랑』에서 르장드르는 이미 이렇게 말했다.

> 우리 눈앞에는 오랫동안 계속되어온 정신분석가끼리의 심각한 대립이 있다. 그들은 특정 개인이나 프로이트 문서에 대한 맹목적인 숭배 현상에서 벗어나지 못한다. 이런 대립의 지속과 심각성은 여기저기에서, 자세한 사정을 잘 모르는 의견에 이르기까지, 정신분석은 과학적인 면에서도 권력적인 면에서도 문제를 안고 있음을 여실히 표명하는 것이다.[15]

이 "특정 개인"이 라캉임을 의심하는 자는 없으리라. 이미 라캉 존명 중부터 르장드르는 정신분석가의 "광신"에 경종을 울리고 있었다. 그 벽두에 이러한 명확한 태도 표명이 놓여 있는 서적을 세미나 참석자들에게 추천하는 라캉의 흉중에는, 섣부른 추측을 허용하지 않는 무엇인가가 있다. 그리고 이러한 정신분석가의 광신이 현재도 계속되고 있는 이상, 르장드르가 쏘는 비판의 화살 또한 바닥나는 일이 없다. 르장드르는 지금도 거듭 말하고 있다. 연이어 인용하자. "정신분석가의 태반은 법의 문제를 분쇄하려 안간힘을 쓰고 있는"데, 이런 분석가들이 "프로이트나, 특히 라캉의 문서"와 갖는 관계란 "매체를 경유하지 않고 있고, 이로 인해 전제專制라는 정치적 증상을 그들은 낳고 만다. 이 [전제라는] 말인즉슨 무법을 의미한다. 예를 들어 앙시앙 레짐ancien régime의 공법학자는 프랑스를 각종 법으로 중화된 군주제로 정의해, 전제와 대치시켰다."[16] "강한 척하지 말고 '제정신이 아니다'가 제도적 측면에서 무엇을 의미하는지 생각해보자는 내 제안을 제대로 숙고해달라. 특히 '프랑스에서 일부 정신분석가가 프로이트와 라캉이라는 신적인 창설자의 이름에 광신을 쏟아붓고 있다는 사실'이 우리가 이에 대해 전혀 알려 하지 않음을 보여주는 증거다. 사경을 헤매고 있는 욕망의 광기에 대해 묻기 위해 정신분석—아아, 오늘날에는 바르지 못한 길로 빠지는 경우도 많다—따위에 의존하지 않았던 것은 인류에게 행운이었다."[17] "지금에 이르러 정신분석은 몰라볼 정도로 변하고 말아, 슬픔의 매매 시장 또는 '무엇이든 해주겠다고 답해주는 독트린'이 되고 말았다."[18] "정신분석은 프로이트와 라캉을 성스러운 이름으로 받들어, 새로운 봉건제의 주교관구主教管區를 생산하는 데 딱 좋은 각종 제도의 캐리커처를 정초하기 위해서 이를 대중용 엠블럼으로 개발하는 작업으로 타락하고 말았다."[19] 그리고 거친 유머가 담긴 말투로 르장드르는 말한다. 판에 박힌 표현이 된 은어를 "앵무새처럼 반복하는" 것밖에 할 줄 아는 것이 없는 정신분석을 내버려둘 수는 없다. "따라서 나는 정신분석가를 찾아

가 망치로 때려주려 한다. 정신분석은 서양의 자기 자신에 대한 무
이해를 심화시킬 뿐이니까."[20]

이 정도면 충분하리라. 우리는 애초부터 "수출 품목이 되
고 만 프랑스 라캉주의"[21]에게 볼일은 없다고 몇 번에 걸쳐 이야기
해왔다. "이처럼 관리경영적이고 교과서 냄새가 풍기는 정신분석
은 초근대성의 막다른 상황에 대해 아무 말도 할 수 없다"[22]는 사실
은, 주변을 한번 둘러보면 너무도 분명하니까. 그렇다. 예를 들어
아직도 푸코를 "역사주의"라고 지탄하면서 정신분석은 "보편"이라
고 주장하는 자가 끊이지를 않는다. 그리 말하는 본인이 제정신인
지 의심스러울 정도의 문장을 나열해 보이는 이들 광신자의 무리
를 가벼이 뛰어넘기라도 하듯이 1974년의 『검열관의 사랑』 단계
에서 르장드르는 다음과 같이 말했다.

우리가 우선 인정해야 하는 것은, 정신분석이란 거대한 제도
적 영위의 매듭에 위치한다는 것, 그 매듭은 시간이 지나면서
다른 모습으로 바뀔 수 있다는 것이다. 따라서 정신분석은 그
스스로가 전통의 귀결임을 분명히 한다.[23]

정신분석은 어떤 제도적 영위의, 역사적 형상 중 하나다.
이 제도적 영위는 "다른 모습으로 바뀔 수 있다". 그러하기에 정신
분석은 자신의 전통과 이어져 있다. 이런 아무렇지 않아 보이는 한
마디가 얼마나 큰 사정射程을 갖는지는 제1부에서 부분적으로 밝
혀졌다. 정신분석은 역사상의 "과도기적 형상"이다. 그것은 역사

상, 지리상, 일정한 시공에서만 기능하는 역사적 산물에 불과하고, 사라져가는 그 무엇에 불과하다. 르장드르도 이에 분명하게 찬동하고 있다. 그것은 특정 "전통의 귀결"이고 전통 속에 있다. 이를 우선 확인해두자. 그러나 역사적 형상 중 하나임을 인정했을 때 정신분석은 자신의 지적인 저력을 구현할 수 있게 된다. 물론 "강의" 시리즈 제5권으로 예고되어 있는 『사고의 우연성, 정신분석: 프로이트가 열어놓은 물음에 대한 연구』가 아직 간행되지 않았기 때문에 정신분석에 대한 르장드르의 역사적 위치 지음이나 최종적 평가는 명확하지 않다. 다만 르장드르는 이와 같이 법, 제도, 역사로부터 도피하는 정신분석의 타락을 지탄하면서도 예를 들어 법, 제도가 오로지 성적으로만 기능한다는 사실을 정신분석만이 이해할 수 있다고 분명히 논하고 있고,[24] "정신분석의 남용은 비난받아야 하고, 정신분석 때문에 중대한 오해가 생겨난 것은 분명하다. 그렇다고 해도 정신분석이 '친자 관계의 제도적 진리'를 밝혀냈다는 사실은 전혀 변하지 않는다. 계보적 구축, 즉 규범 시스템인 〈법 권리〉의 임무는 인간 멸종의 저지라는 진리 말이다"[25]라고 명석하게 말하고 있다.

　　　도입부는 이로 족하다. 우리 자신의 이로로 돌아가자.

제33절 〈거울〉의 몽타주: 텍스트·이미지·제3자

　　　/

상기하자. 여성의 향락=대타자의 향락에서 확인한 과감한 파탄과는 별도로, 정밀하게 엮어 만든 라캉 이론이라는 옷감 중 기묘하게 풀려 터진 보풀이 두 군데 있었다. 하나는 상상계와 상징계가 닮은 꼴이 되어 상호 침투한 모습을 확인할 수 있는, 의미와 표상을 생산하는 장치로서의 〈거울〉이었다. 또 하나는 이미지가 시니피앙에 번져감 때문에 상상계와 상징계가 같은 구조를 갖는 이상, 상상적인 것을 거쳐 상징적인 것에 도달했을 "팔루스"도 상상적인 것을 완벽하게 닦아내지 못하고 "상상적이고 상징적인 팔루스", 즉 "권력을 뜻하는 왕의 지팡이"로서의 모습을 보이고 만다는 것이었다. 〈거울〉과 "상상적-상징적 팔루스". 바로 이 두 장소에 라캉 본인이 제자리에서 움직이지 못하고 말을 다 하지 못한 그 무엇이, 법학자이자 인류학자인 르장드르가 계승해가는 그 무엇이 있다. 이 둘을 순서대로 살펴보자.

상상계와 상징계가 포개지도록 하는 것, 그것은 우선 〈거울〉이었다. 반복한다. 〈거울〉은 하나의 장치다. 그것 자체는 말도 이미지도 아니지만, 말과 이미지와 물질로, 그 무엇보다 말과 이미지의 상호 침투로 치밀하게 조립된 하나의 장치다. 여기에서는 이미 시니피앙과 이미지의 구별이 무너져 내렸었다. 즉, 소타자와 대타자의 구별도 비밀스레 위험에 처해 있었다. 우리는 오랫동안 검토했다. 상상계와 상징계는 개념의 배치와 기능하는 방식이 완전히 똑같이 구성되어 있다는 것을. 르장드르도 들뢰즈도 들뢰즈=가타리도, 아니 라캉 자신마저도 이 둘을 전혀 다른 것으로 생각하는 것은 잘못이라고 말하고 있었음을.

이리하여 상상적이기도 하고 상징적이기도 한 〈거울〉은 하나의 우뚝 선 모습, 죽음의 그림자인 조각상의 이미지를 보여주고 말한다. "이것은 너다"와 "이것은 네가 아니다"를 동시에. 〈거울)의 "이것은 너다"라는 언명은, 거기에서 자신의 수직적인 "전체상"을 발견해 '동일화의 애정과 증오'가 솟아나게 한다. 그리고 "이것은 네가 아니다"라는 언명은, 그 상이 표상에 불과하며 자신 그 자체일 수는 없다는 소격, 소외를 설정한다. 〈거울〉은 이 두 언명 없이는 〈거울〉로 기능하지 않는다. 즉, 거울상적 자기이고 언어적 주체인 "나"를 출현시킬 수 없다. 상상계와 상징계가 침투하기 시작하는 이 "의미"의 장소인 〈거울〉에 스스로를 비추는 행위를, 르장드르는 이보다 적확할 수 없는 표현을 사용해 "은유화"라 불렀다. 이는 이미 확인한 바 있다.[26] 그 자체는 볼 수가 없는 〈거울〉. 그 이미지, 이 시체의 필촉의 손이 되는 죽음의 모습, 움직이지 않는 직립상을 보고 "이것이 나다"라고 말하는 것. 이것이 유아의 입에서 최초로 나오는, "시인의 섬광"이라 할 수 있는 "은유"였다. 우리는 이 이론적 지점에 되돌아온 상태다.

그렇다. 여기까지 오면 르장드르를 읽은 자가 제일 먼저 당혹스러워하는 이런저런 기이한 문장은 쉽게 이해할 수 있게 된다. 예를 들어 르장드르는 주저 『〈거울〉을 지닌 신』에서 연이어 이렇게 말한다. "개개의 주체에게 이미지의 차원은 그 말의 폭과 공존한다."[27] "이미지는 말과 연관되어 있다."[28] "이미지란 그 무엇보다 우선해서 담론의 현상이다."[29] "거울이란 말의 몽타주인 것이다."[30] "상상적인 것 안에는 이미 상징적인 것이 있다."[31] 어떤 전제도 없이 이런 문구를 읽으면 혼란스러울 뿐이리라. 하지만 우리는 이미 이를 거뜬히 이해할 수 있는 장소에 있다. 우리는 라캉의 상상계와 상징계의 구별이 파선이 되어 번져가는 장소를 면밀하게 살펴왔으니까.

그렇다. 거울은 거울이 아니다. 그것은 〈거울〉이라는 장치였다. 그것은 이미지와 말로 구성된 몽타주이고, 이미지와 시니피앙의 침투로 이루어진 장치였다. 이미지에는 말이 심기어 있고, 말 또한 이미지 없이는 존재하지 않았다. 그리고 〈거울〉은 상상적 자기와 상징적 주체를 동시에 "표상"으로, 즉 "시체의 인형"으로 설정하는 것이었다. 그러하기에 르장드르가 "자기 이미지가 된 자기 신체의 거울상적인 써넣기"를 통해 "신체는 신체가 아니게 되고, 표상의 위상을 얻게 된다"[32]고 말한 것도 납득이 간다.

"이것은 너다" "네가 아니다"라는 이중의 언명이 비추는 이 빛나는 모습에 의해 우리 개개인은 표상이 된다. 르장드르가 "나르키소스에게는 결정적으로 거울이 존재하지 않는다"[33]고 말할 때 이 표상의 생산이, "은유화"가 실패할 수도 있음을 암시한다. 나르키소스에게는 얼굴이 없다. 주지하는 바와 같이 나르키소스는 수면에 비친 이미지를 흠모하게 되어 그 모습과 하나가 되기 위해 몸을 던져 목숨을 잃는다. 나르키소스는 그 이미지가 자기라는 것만 몰랐던 것이 아니다. 그 이미지가 죽은 표상이고 "실제로는" 자기가 아니라는 것 또한 몰랐던 것이다. 따라서 나르키소스는 자신을 사랑했던 것이 아니다. 나르키소스는 나르시시스트가 아닌 것이다. 나르키소스가 존재하고 있었던 곳은 자기상과 타자상의 구별이 없는, 고로 자기와 타자의 구별이 없는, 고로 자기도 없고 타자도 없는, 나아가 자기와 자기상의 구별이 없는, 고로 현실과 허구의 구별이 없는 시공이었던 것이다. 이처럼 나르키소스의 무지는 몇 겹이나 되는 구조로 이루어진 무지이고, 이 무지를 해소하기 위해서는 그 무지에 걸맞은 "장치"가 많이 필요하다. 이 장치가 바로 우리가 논해온 〈거울〉이라는 장치다.

　　반복하겠다. 〈거울〉이 기능하기 위해서는 "이것이 나다"라는 동일화의 언명만이 아니라 "이것은 내가 아니다"라는 소외와 분리의 언명 또한 그 눈길이 열어젖히는 공간에 울려 퍼지고 있어야 한다. 우리가 나르키소스가 아닌 이유는 "이것은 너다" "이것은 네가 아니다"라는 상호 모순으로 보이는 언명을 과거의 어느 날 알게 되었기 때문이다. 그리고 이 두 언명은 오로지 말을 매개로 전달된다. "이것이다"라는 지시는 거동, 몸짓, 이미지를 통해서도 전달할 수 있다. 하지만 "이것은 너다"를 전할 수는 없다. 말하자면 나르키소스는 이 언명을 수취하지 못한 자의 이름이라 할 수 있다. 여기에는 전달의 실패가 있다. 나르키소스는 "이것이 너다" "하지만 이것은 네가 아니다"라는 언명을 수취하지 못했다. 이러한 주체의 성립에 관여하는 근원적인 메시지 전달의 실패 가능성을 완벽히 해소하는 것은 불가능하리라. 그 "도박"에 대해서는 차후에 논하겠다. 그러나 이를 아슬아슬하게나마 헤쳐나가기 위해 〈거울〉을 조립하는 것이다. 그것은 언어와 이미지와 사물로 구성된 장치다. 그렇기 때문에 그것은 말을 할 수 있다. 여기에 놀랄 만한 것은 전혀 없다. 문제는 그다음이다.

　　일반적인 이해에 따르면 상상적인 소타자와 자기 사이에 분출하는 애증, 때로는 극단적인 살인에까지 이르며 정치적이기조차 한 애증을 조정해 "화약和約"을 이루는 것이 상징적인 "제3자"였다. 그것은 협정이고, 법의 약속이었다. 상상계와 상징계가 확연히 구별되지 않는다면, 즉 〈거울〉이 상상적이면서 상징적인 것이라면 이는 기묘한 일이다. 이 제3자도 이미지라는 말이 되고 말기 때문이다. 이미 인용한 바와 같이 대타자는 "우리를 보는" 자였다. 그렇다면 이 대타자를 보는 것이 불가능할 이유가 없어진다. 소타자와 마찬가지로 그것을 볼 수 있다는 말이 된다. 그렇다. 그것이 맞다. 르장드르는 간략히 말한다. "분할을 구성하는 제3자는 이미지의 장소에도 없을뿐더러, 효력을 갖지 않는다."[34] "제3자는 이미지다."[35] 인용을 계속하자.

> 스스로를 거울의 타자 속에서 인지하고 이에 동일화하는 것. 이는 자신을 분할된 자로, 이 타자와 다시 맺어진 자로 인식한다는 것이다. 거울은 분할하는 제3자라는, 내가 다른 곳에서 "분리하는 인연"이라 불렀던 관계를 설정하는 자로서의 위상을 얻는 것이다.[36]

라캉의 말에 부연해 논의를 전개해가자면 다음과 같이 말하고 싶다. 아이가 거울과 마주 보는 장면에서 목격되는 〈나〉의 출현은 "소외된 정체성"이나 "자아 구성의 오인"이라는 문제로 환원할 문제가 아니다. 이를 뛰어넘었을 때 거울 그 자체의 위상 문제가 나온다. 라캉 이론이 진전되면서 거울은 제3자의 위상을 받아들이지 않게 된다. 이는 단지 광학적 기기로 제시될 뿐이다. 주체에 의한 자기 이미지의 파악, 분신 표상으로의 진입에 관해 라캉이 지적하지 않은 것, 그것은 거울이 제3자를 만든다는 것이다. 거울에 의한 이중화, 그로부터 유래하는 소격 안에서 비로소 표상에 대한 접근은 '이미 창설된 것'으로서 새겨지고, 관계의 세계가 뚜렷하게 출현하고, '주체에 있어 세

계의 입구'를 세계가 만들게 된다. 이런 시각에서 보면 거울이
란 모든 인식의 시작이라 할 수 있다. 특히 그 무엇보다 소격
을 출현시킴으로써 그것은 규범적 관계의 개략을 제시해 "착
수의 첫걸음"이 된다.[37]

  〈거울〉은 제3자다. 그것을 만들어내기까지 한다. 사태의 본질
을 꿰뚫는 말이다. 이를 똑바로 직시하자. 이미 문제는 "사적인 것"
의 영역만이 아니라 제도성, 규범성의 영역에도 걸쳐 있다. 지금까
지의 이로를 걸어온 이상, '개인의 수준과 사회의 수준을 구별하려
하는 생각, 분할 불가능한 개인의 집합이 사회라는 생각'은 이제
포기해야 한다. 이미 심리학과 사회학이 운운하는 추상적인 제3항
의 배제 따위는 문제 되고 있지 않다. 당연하게도 무의식은 공적인
것과 사적인 것의 구별을 모른다. 나아가 3세기의 법학자 울피아
누스의 "공적인 것" "사적인 것", 즉 "공법"과 "사법"을 구별한 정의
까지 거슬러 올라가, 이러한 공적인 것과 사적인 것의 구별은 단지
유럽 법제사 내에서 역사적·지리적으로 한정된 생각에 불과하다
고 단언하는 르장드르에게,[38] 그러한 구별에 매달려 사유하는 것은
법의 검열을 기꺼이 받아들이는 것에 불과하다. 이미 이 〈거울〉은
"사적"이지 않다. 그렇다. 이 〈거울〉은 사회에 놓여 있다. 르장드르
는 말한다. "사회는 거울로서 출현한다."[39]

  지금 이해해야 할 중요한 사실은 〈사회적 거울〉이라는 문제가
물음의 새로운 수준을 설립한다는 것이다. 이 물음은 더는 우
리가 전에 '주체에 의한 분할의 변증법 속에 위치시킨 세 가지

요소'에 대한 물음에만 한정되는 것이 아니라 상연되는 근거에 대한, 인과성의 근거를 표상하는 것에 대한 물음인 것이다. 〈거울〉로서 상연되는 〈제3자〉는 이미지로 고정되어야 한다.[40]

사회인 〈거울〉. 그것은 "이것은 너다"라고 말함으로써 그에 대한 끝없는 사랑을, 이미 개인적인 것이 아닌 "정치적 사랑"을 가능하게 한다. 이 동일화에 의해 표상으로서의 주체는 생산된다. 이와 동시에 "이것은 네가 아니다"라고 말함으로써 거기에 비친 애증의 모습으로부터 주체를 분리하고, 한계를 통보함으로써 "소격"을, "소외"를 생산한다. 이 두 가지 언명을 이미지의 힘을 통해 기능하게 하는 것. 이것이 〈거울〉의 사회적 기능이다. 고로 "이미지란 인간의 모태=내장entraille"[41]이고, 그로부터 생산되는 우리 개개인은 이미지이고 시니피앙이다. 고로 "표상=시체의 인형"이다. 이로써 르장드르는 다음과 같이 말할 수 있게 된다.

우리 사이에서 우리는 이미지인 것이다.[42]

주체성이란 우선 우리가 어떤 관념성을 육화하기 위해 태어남을 의미한다. 그것은 인간 주체의 법적 관념성이다. 이 주체성은 살아 있는 사본, 특수한 형태로 재생산된 이미지라는 우리 자신의 관념성이다. 그 이미지는 텍스트다.[43]

우리는 이미지다. 고로 텍스트다. 상상적이고 상징적인 〈거울〉의 사본으로서 생산되었으니 이는 당연한 귀결이다. 우리는 이에 대해 오래 이야기해왔지만, 예를 들어 "원초적인" "감정"이나 "신체 감각"에 무게를 두려는 사람들에게는 우리 신체가 이미지이고 텍스트라는 발언은 참기 힘든 것일지도 모르겠다. 여기에 이르러서도 말이다. 몇 번이라도 말하겠다. 이런 사람들이 말하는 소위 "신체 감각의 직접성·현전성"은 존재하지 않는다. 우선, 감각의 기체基体인 자기 신체 그 자체가 실제로 "그 모습"을 하고 있다는 인식은 결코 그 "감각"에서만 도출되는 것이 아니다. 후각이든 촉각이든 "일차적" "동물적" 감각이란 결코 존재하지 않는다. 이는 논리적으로 불가능하다. 그런 사람들이 느끼는 감정이나 감각은 쉽게 말해 전체상에 입각한 팔루스적 향락이거나, 그 여분인 잉여 향락에 불과하다. 이는 "향락의 레귤레이터"에 의해 으깨어진 것으로, 그것이 세계를 바꾸는 일은 절대로 없다. 이는 이미 증명된 바다. "신체는 주체에게 이미지를 통해 주어진다. (……) 바꾸어 말하자면 신체는 신체가 아니다. 이미지를 통해 그것은 구축된다. 살아 있는 신체는 이미지의 지배와 분리할 수 없다."[44] 이 이미지가 사회적인 것이라면 사회에 따라, 문화에 따라 신체 이미지가 다른 것은 당연한데, 이는 일단 생략한다.

　　이미지를 통해, 아니 〈이미지-텍스트〉를 통해 〈거울〉 면에는 말이 가득 심기어 있다고 이미 우리는 논했다. 따라서 제3자인 〈거울〉은 텍스트 "이기도" 하다. 따라서 그것은 직조한 것이다.[45] 고로 〈거울〉의 효과로, 표상으로 생산되는 우리는 이미지임과 동시에 텍스트이기도 하다. 우리는 이미 이에 대해 충분히 논해왔다. 하지만 말이다, 제3자는 상징적이기 때문에, 상상적인 애증의 그 한없는 투쟁과는 다른 차원에 있기 때문에 그것을 조정할 수 있는 것이 아니

었던가? 그것이 이미지이기도 하고, 이를 통해서만 주체가 생산
된다면 이 애증을 누가 멈추게 하는가? 이런 의심은 이미 우리가
정신분석의 밀실에서가 아니라 사회, 종교, 신화라 부를 수 있는
분야로 천창을 열어젖혔다는 사실을 간과하고 있다. 여기에서 르
장드르가 말하는 "제3자" "제3항"은 통속적인 방식으로 유추해서
말하는 그런 것이 아니다. 추가로 한마디 덧붙이겠다. '제3자는 존
재하지 않는다. 아니, 제3자는 존재한다, 픽션으로. 아니, 픽션으
로도 필요하지 않다' 등 여러 사람이 여러 이야기를 하고 있지만
르장드르는 이런 주장을 상대조차 하지 않는다. 르장드르는 제3자를 "따
로" 개념화했다. 그러나 이에 대해서는 추후에, 제5장에서 자세히
논하겠다. 우리의 이로로 돌아가자.

　　광기의 애증은 궁극의 지점에서 소타자와의 "융합"을 지
향한다. 이를 이룰 수 없기 때문에 그것을 파괴하는 것이다. 무엇
이 이를 가로막는가? 르장드르는 명쾌하게 말한다. "언어와 〈절대
적 거울〉의 거울상은 어떤 관계에 있는가? 소격의 중요성을 살펴
보자. 언어 구조의 시작, 그것은 소격이다."[46] 또한 "소격의 사회적 구
축이 문화적 차원에서 주체가 타자성[他性(타성)을 타자성으로 번역
했다.―옮긴이] 속에 들어가는 것을 가능하게 한다. 이를 거울 논리의
위치 전환으로 분석해야 한다."[47]

　　즉, 장치로서의 〈거울〉은 "이것은 네가 아니다"라는 표상
화·은유화의 언명을 통해, 거울의 자기 이미지와 주체 사이에 "소
격"을 만들어낸다. 주체를 분할하고, 소외로 몰아가고, 주체에게
한계를 통보하는 "소격" 덕분에 '이 이미지와의 광란의 일체화'인
"나르시스적 광기"를 회피하게 된다. 누가 자신의 모습에 더 가까

워지고 싶다고 안구를 거울에 갖다 붙여야겠다고 생각하겠는가? 하지만 이는 웃을 일이 아니다. 이 소격을 유지할 수 없었기 때문에 에메는 칼을 휘두를 수밖에 없지 않았던가? 이 소격이 붕괴했기에 라캉학파 사람들은 프로이트와 라캉에게 "광신을 쏟아 넣고" 질투와 증오 끝에 분열에 분열을 거듭할 수밖에 없지 않았던가? 이 소격이 사라지는 시공에서 저 "총통의 모습"과 동일화하는 "하일!"의 절규가 울려 퍼지고, 정치적 이맘들에 의한 "파트와(사형선고)"의 노호怒吼가 분출하지 않았던가?

　　따라서 무슨 일이 있어도 소격을 마련해야 한다. 그것은 "사회적으로" 구축해야 하는 것이다. 무엇을 통해서? 우선은 금지를 통해서, 법을 통해서. 르장드르는 말한다. "주체와 그 이미지는 금지 관계에 있다."[48] 주체와 이미지의 융합과 애증을 금하는 "법의 일격"인 금지야말로 소격을 만들어낸다. 그리고 이 소격 없이는 "의미"도 없다. 따라서 "은유"도 없다. 고로 "주체"도 없다. 소격이 있기에 비로소 주체는 자신의 삶을 살 수 있다. 이 소격은 그 자체가 "의미의 메신저"이고, "의미의 표상을 설립하는 '메시지이자 메신저의 가정假定'이 이루어지는 장소"[49]다. 그렇다. 〈거울〉은 소격도 생산한다. 그것은 금지의 말, 법의 말이다. 그것은 이미지가 있는 곳이라면 이미 항상 거기에 있다. 덧붙이자면 그것이 이미 항상 거기에 있도록 하는 장치가 마련되어 있어야 한다. 그리고 그것이 만들어내는 소격이 있어야 그 상상적인 광기는 피할 수 있다. 거꾸로 말하자면 소격을 만들어내는 법의 말은 이미지와 동거하지 않으면 기능하지 않는다. 기능하지 않는다는 것은, 그것이 신체를 만들어내지 못한다는 뜻이다. 법의 언명은 이미지와 불가분인 것이다. 그것이 만들어내는 이미지=텍스트로서의 주체가 지닌 신체는, 마찬가지로 이미지=텍스트이기 때문이다. 고로 "법에 관련한 제반 학문은 신체로 하여금 걸음을 걷게 하는 데 그 목적이 있다. 그도 그럴 것이 〈법〉의 차원은 신체를 통해 전달되기 때문"[50]이라고 말할 수 있게 되는 것이다. 그러나 이 극히 중요한 소격의 문제에 대해서는 차후에 논하자. 그것은 근친상간과 살인과 불가분이니까. 이 외에도 문제가 있다. 르장드르는 〈거울〉을 상상적이고 상징적인 것으로 여기는데, 그렇다면 신에 다름 아닌 대타자도 보이는 존재인가? 그렇다면 이를 소타자와 구별할 수 없는 것 아닌가?

제34절 "거울을 지닌 신", 그 광기

우리는 이미 논한 바 있다. 대타자는 눈에 보일 터라고. 즉, 신은 눈에 보일 터라고. 하지만 정말 그럴까? 르장드르가 중세 스콜라학의 논의에서 끌어낸 문제가 하나 있다. "신은 거울에 비치는가?" "신은 거울을 갖고 있을까? 신은 어떤 그 자신의 타자에게 상처를 받는, 즉 분할되는 것일까? 신이 인간을 위해 거울을 갖고 있다면 그것은 무엇을 위해서일까?"[51] 그렇다. 르장드르도 강조하고 있는 바와 같이 그리스도교에서 인간은 "신의 닮은 모습imago dei"으로, 즉 "신의 이미지"로 창조되었다. 인간은 신의 이미지를 본떠서 만든 피조물이다. 그렇다면 신은 거울을 갖고 있고, 자기 모습을 알고 있었다는 말이 된다. 그렇지 않다면 어찌 "자기 모습을 본떠서" 인간을 만들 수 있겠는가? 그럼 신은 거울을 갖고 있고 그것을 바라보고 있다고 치자. 그렇다면 "신은 상처를 받게 된다". 신 또한 아슬아슬하게 나르시스적 광기의 틈새를 빠져나가고, "네가 아니다"라는 언명이 설정하는 소격에 의해 한계를 통보받고, 저 상상적 애증의 세계에, 상징적인 조정 "밑에" 복종하는 자가 되고 말기 때문이다.

신은 시니피앙 연쇄의 환유적 구조를 허무하게 더듬어가는 우리와 아무런 차이가 없게 된다. 거울에 비친 신은, 주체와 마찬가지로 분할되고 만다. 따라서 이렇게 말해야 한다. "신 앞에 있는 거울은 아무것도 비추지 않는다. 그것은 뒷면에 은박이 없는 거울과 같다."[52] 신은 거울에 비치지 않는다. 〈거울〉에 비친다면 신에게 "타자"가 있다는 것이 되고 만다. "대타자에게는 대타자가 있다"는 말이 된다. 그것은 신이 아니다. 적어도 일신교의 신은 아니다. 하지만 아무래도 이는 기묘하다. 왜냐하면 이미 논한 바와 같이 신은 스스로를 본떠서 인간을 만들었으니 자기 모습을 알고 있었을 터다. 어떻게 신은 자기 모습을 알고 있었는가? 이 물음에는 답하지 않는다. 따라서 대타자에게 대타자는 없는 것이다. 르장드르는 중세 스콜라학자의 편의적인 해결을 소개하고 있다. "중세의 도그마적 논리로 돌아가보자. 〈신〉은 거울에 자기 모습을 비춘다. 하지만 그 거울에 비치는 것은 신의 얼굴이 아니라 세계다."[53] 하지만 르장드르는 곧바로 이렇게 말을 잇는다.

하지만 더 앞으로 나아가야 하리라. 〈신의 이미지〉에 관한 주장이 기이한 것은 그것이 지금 묘사한 측면과는 다른 측면 또한 포함하기 때문이라는 점을 염두에 두기 위해서다. 도상학이 그 측면에 주의를 기울이게 한다. 그 측면을 이해하기 위해서는 〈신의 거울〉이라는 이 장면 혹은 주장이 의심의 여지 없이 미쳐 있다는 것을 명심해야 한다. 그것이 비추는 것은 〈신〉이 아니라 신의 〈창조물〉이니까.[54]

그렇다. 〈거울〉을 보니 거기에 자기가 만든 것이 비쳤다는 주장은 완전히 "미쳐 있다". 예를 들어 필자가 아침에 거울을 보았더니 거기에 이 책의 문장이 가득 비치고 있다면 나는 내가 제정신인지 의심하는 것이 좋으리라.

그리고 그리스도교의 고명한 "삼위일체" 교리도 이 "광기"를 보여준다 하겠다. 아버지와 자식과 성령이 동일하다는, 고로 1+1+1=1이라는 말이니까. 르장드르는 이 삼위일체론에 대해 "신과 거울의 관계가 불가능함을, 자기와의 분리 불가능성을 통지하고 있다"[55]고 명쾌하게 논하고 있다. 신은 〈거울〉에 비치지 않는다. 비치지 않으므로 분할할 수 없고, 트레 위네르도 새겨지는 일이 없다. 따라서 자신을 '하나'로 셀 수가 없다. 따라서 덧셈도 할 줄 모른다. "만능" "전능"이 몇 개나 있어서는 난감한 것이다. 고로 어떠한 신학상의 주석에서도 신의 〈거울〉에 관한 논의는 "미쳐 있는" 것이 될 수밖에 없다. 그리고 그것이 맞다. 그래야 한다. 이와 같은 "명백한 거울의 광기 어린 움직임"에서 "우리는 신화의 원리 자체를 읽어내야 하기" 때문에. 즉, "인과성을, 표상 속에서 이해할 수 있는 것으로 만드는"[56] 신화의 원리. 즉, 〈거울〉을 지닌 신을 그 내부에서 논의하면, 그 논의는 신화적인 것이 될 수밖에 없다.

더 말하자면 "미쳐 있는" 것일 수밖에 없다. "미쳐 있다"는 것은 거기에 근거가 없다, 원인을 특정할 수 없다는 말이다. 그리고 그래도 하등의 문제가 없다. 르장드르가 말한 대로 신화는 그 자체가 "원 광경"이라도 되는 것처럼 그 자체가 "인과성의 심급"이고, 〈절대적인 거울〉의 위치에 도래하는" 것이니 말이다.[57] 따라서 신화란 자주 회자되는 "세계의 설명"이 아니다. 오히려 그것은 "그로부터" 설명이 가능해지는 설명의 한계 지점이고, 인과가 그로부터 시작되는 인과성의 극한이고, 근거가 그로부터 시작되는 무-근거다.[58] 왜 인간은 이런 모습을 하고 있는가? 그것은 신께서 본인을 본떠서 인간을 만드셨기 때문이다. 이는 명백한 신화이고, 설명, 근거, 원인의 명시다. 그렇기 때문에 당연히도 이를 자세히 논하려 하면 그 자체는 완전히 미쳐 있다는 사실이 분명해진다. "신은 모든 거울에 앞서는 〈거울〉이다."[59] 신은 〈거울〉이다. 거울을 거울에 비추어도, 무한 반사 속에는 아무것도 비치지 않는다. 마찬가지로 〈거울〉인 신은 〈거울〉에 비치지 않는다. 우리는 이미 논하지 않았던가? 〈거울〉 그 자체는 보이지 않는다고.[60] 모든 거울에 앞서는 〈거울〉. 그로부터 설명, 인과성, 근거가 개시되나 그 자체는 설명도 되지 않고 인과성도 없고 근거도 없는 이 〈절대적 거울〉의 "신화적 원리".[61] 다시 말하겠다. 이것이 없으면 어떤 설명도, 인과율도, 근거율도 불가능하다. 하지만 〈거울〉 자체에는 인과율도 근거도 없다. 그것은 그 "극한"이다. 그래서 이 〈거울〉을 르장드르는 도그마라 부르는 것이다.

제35절 "도그마"의 의미: 몽타주로서의 엠블럼, 〈사회적 거울〉

도그마, 도그마적인. 르장드르 본인이 말하는 바와 같이 그것은 "증오의 말"이다. 이는 일종의 매도하는 말로만 쓰인다. 르장드르는 상쾌할 정도로 여유롭고 얄궂은 미소가 느껴지는 표정으로 이렇게 말한다. "사람들은 핀셋으로조차 그것을 만지려 하지 않는다." 그러나 "증오는 항상 무지와 이어져 있다".[62] 그렇다. 도그마는 본래 어떤 의미였는가? 도그마라는 그리스어는 원래 '보이는 것, 나타난 것, 그렇게 보이는 것, 그렇게 보이게 하는 것, 그리고 겉모습'을 의미한다. 그로부터 파생된 의미로 '기본이 되는 공리나 원리, 결정'이 있고 '명예, 미화, 장식'이라는 뜻도 있다. 용법을 보면 '꿈과 환각, 의견과 결의, 채택'을 논할 때 사용하는 말이다.[63]

　　　르장드르가 자신의 작업에 "도그마"라는, 이 "미움받는 말"을 고른 이유는 명백하다. 도그마란 이 상상적이고 상징적인 〈거울〉의 작용, 즉 "보이는 것이 원리가 되어 결정한다"는 이 작용을 그 의미의 풍요성으로 뚜렷이 지시하는 말이기 때문이다. 그리고 이 말에는, 그 자체에는 인과성도 근거도 설명도 없으나 그로부터 인과성, 근거, 설명이 개시되는 그 무엇이라는 함의조차 담겨 있다. 그리고 이 어휘를 사용함으로써 우리는 일거에 가족, 심리학, 정신분석의 밀실에서 해방된다. 그렇다. 도그마란 사회적인 것, 권력, 정치, 예술, 종교와 관련한 어휘인 것이다. 따라서 르장드르의 이론은 정신분석을 단지 "응용"한 것이 결코 아니다. 그 반대다. 정신분석은 중세 신학과 교회법과 로마법이, 르장드르의 용어를 쓰자면 "서양 그리스도교 규범 공간"이 끝없이 물어왔던 물음을 계승하는 방법 중 하나의 판본에 불과하다. 그 갱신의 힘은 의심의 여지가 없다 할지라도.

　　　물론 도그마라는 말을 사용함으로써 촉발된 것으로 보이

는 오해가 여기저기에서 목격된다. 도그마가 문화마다 따로 존재한다는데 '문명의 충돌'과 무엇이 다른가, 하는 식의 발언을 하며 마각을 드러내고 마는 사람들이 있는 것은 사실이나, 아마 르장드르의 저서명밖에 보지 않은 것일 테다. 르장드르의 말을 인용해 다시 확인하자. "거울을 보면 거기에 자기 이미지가 있는 것은 의심의 여지가 없다. 표상의 몽타주라는 도그마적 세계는 여기에서 시작된다."[64] "의심의 여지가 없는" 자명성을 부여하는데도 거기에는 "표상의 몽타주"가 있다. 즉, 장치가, 작위作為가 있다. 다시 말하겠다. 도그마적인 〈거울〉은 조립된 장치다. 르장드르의 어휘를 쓰자면 "거울이란 몽타주의 효과다".[65] 따라서 거기에서 만들어지는 인간 또한 "신체, 이미지, 말"로 구성된 "몽타주다".[66]

　　이 "몽타주의 효과"인 〈사회적 거울〉. 궁극적으로 보았을 때 그리스도교 세계에서는 신 그 자체가 이 〈거울〉이었다. 그러나 주의하자. 우리는 대타자는 보일 것이라 말했으나 그 대타자인 신은 〈거울〉 그 자체이고, 고로 보이지 않는다는 결론에 도달하고 말았다. 이는 모순이 아닐까? 그렇지 않다. 〈거울〉은 장치이고, 거기에 비친 이미지를 보는 것이 '상상적이고 상징적으로 신을 보는 것'이다. 더 말하자면, 신을 보면서 자기 이미지를 볼 수 있게 하는 책략이 바로 이 〈거울〉인 것이다. 따라서 그것은 몽타주의 효과이고, 그 자체가 이미지와 표상의 몽타주가 지닌 작용인 것이다. 여러 장면에서 언급되는 저 고명한 "우상숭배의 금지", 「출애굽기」 20장 4절의 "우상을 만들지 마라"로 시작되어 고대 중세와 근대에 걸쳐 몇 번이나 논의가 이루어지고 조금씩 개정되어온 방대한 이력을 지닌 이 금지도, 르장드르에게는 "부정성을 규제하는 하나의 방책"[67]

중 유럽의 한 판본에 불과하다. 즉, 우상숭배의 금지란 〈거울〉이 말하는 "너는 이것이 아니다"라는 언명 속에 있는 "아니다"를, 즉 "부정"을, 즉 금지와 소격과 한계의 통보를 가능하게 하는 "부정사否定辭"의 언명을 조절하는 마술 중 유대·그리스도교의 한 판본인 것이다. 이 〈거울〉 장치를 정치하게 조립해 섬세하게 조절하는 "규칙"의 "책략"에 의해, 역으로 저 풍요롭기 그지없는 유대·그리스도교의 엠블럼, 상징, 회화, 초상, 이미지의 역사가 가능해진 것이다.

　　　이 말과 이미지와 향락이 교차하는 〈거울〉이, 즉 도그마가 개별적으로 구체화된 것을 르장드르는 "엠블럼"이라 총칭한다. 깃발, 엠블럼, 배지, 로고, 마크. 이들 이미지와 말의 중간에 있는 것들이 바로 〈거울〉을 구체화한 것이다. "엠블럼은 우리에게 발송되고, 우리는 이 엠블럼을 볼 때 '보고 있는 우리'를 보고"[68] 있으니까. 예를 들어 풋볼 팀의 서포터를 생각해보자. 그들은 선수 개개인을 사랑하는 것이 아니다. 물론 자기 팀의 훌륭한 선수를 칭찬하고 사랑하기도 하리라. 하지만 이적하면 더는 그 선수는 그들에게 전혀 애착의 대상이 아니다. 그들이 애태우며 "사랑하는" 것은 "팀"이라는 추상적인 "단체"인 것이다. 하지만 어디에도 실체가 없는 이러한 추상적 단체를 어떻게 사랑할 수가 있을까? 그렇다. 그들은 육체적으로도 그것을 사랑할 수 있다. 팀 색깔을, 팀 유니폼을, 유니폼에 박힌 우승 회수를 알려주는 별모양을, 그 무엇보다 팀의 엠블럼을. 거기에서 그들은 신화적인 역사성을, 후대에게 이야기해주어야 할 팀의 극적인 과거, 회고적인 이미지를 본다. 그리고 거기에 비친 자신의 이미지를 보는 것이다. 엠블럼은 〈거울〉이다. 그렇기 때문에 "누구도 엠블럼 없이 군중을 움직일 수 없다. 사회적 수신처를 가진 담론은 모두 계보에 대한 애착을 보이고, 권위 있는 배지를 제시해야 한다. 이것이 그들을 준거에 연결시켜준다".[69] 어떤 집단이든 이러한 엠블럼이나 배지, ID카드, 깃발과 마크가 들어 있는 티셔츠, 아름답게 디자인된 로고를 갖고 있다. 그리고 그 구성원은 그 아름다운 표면에 자신의 모습을 비추어보고 사랑하는 것이다. 야구나 풋볼 팀뿐만 아니라, 학회나 지방공공단체, 국가와 종교도 이러한 엠블럼을 불가피하게 갖게 되고 만다. 엠블럼은 향락을 제공하니까. 그것이 팔루스적인 향락이든, 잉여 향락이든. 르장드르는 말한다. "향락에 삽화를 그려 넣기. 거기에 엠블럼이 있다."[70]

위험한 담론이라고 생각할 수도 있겠다. 엠블럼은 국기이기도 하고, 다름 아닌 국가가 이를 이용해 "국가에 대한 사랑"을 선동해왔으니까. 그러나 국가라는 형식에 대한 르장드르의 논평을 다루기에는 아직 이르다. 분명 위험한 현상을 여기에서 논하고 있다. 깃발, 엠블럼. 그것에 대한 사랑, 동일화. 그러나 이를 야만이라고 말할 자격이 있는 자는 한 사람도 없다. 풋볼 팀이나 국가 등의 단체에 소속하기 싫어하는 자칭 자유지상주의자들도 자기 명함이나 웹 사이트를 아름다운 일러스트나 아이콘(말 그대로 "이콘"이다)으로 정성스레 장식하려 하니까. 그렇다. 도그마라는 말이 "장식"과 관련이 있음을 이미 지적한 바 있다. 도그마는 모양, "가공된 모양"에 대한 사랑이다.[71] 고로 정돈되고 아름답게 디자인된 문자나 형상을 사랑하는 것, 그것을 가공하는 작업은 도그마적인 것일 수밖에 없다.

그뿐이 아니다. 르장드르라는 남자는 어떤 의미에서 보자면 텍스트와 이미지를 구분하지 않는, 기이한 관점을 가진 남자이기 때문에 르장드르에 따르면 한 텍스트를 정성스레 읽어내고 거기에 주석을 다는 작업조차 〈텍스트-엠블럼〉[72]에 대한 애착에 기인하고, "텍스트의 엠블럼적 기능"[73]에 빠져 있는 것이다. 누가 경애하는 작가의 신간 서적을 집어 들고 그 속의 멋진 한 단락을 거듭해서 읽을 때, 그것을 조심스레 책장에 끼우는 짧은 시간 동안 그 표지를 응시할 때, 거기에서 "향락"을 느끼지 않을 수 있을까? 그뿐이 아니다. 르장드르는 "신체-엠블럼"[74]이라는 표현까지 쓴다. 그렇다. 이미 우리는 "이렇게 말할 수 있다. 우리 사이에서 우리는 이미지인 것이다"라는 문장을 인용했는데 이 문장은 다음과 같이 이어진다. "우리는 거기에 표상의 대상처럼 심기어 있다. 우리는 우선 모양을 가진 것, 엠블럼, 준거가 되는 대상, 준거의 창설자로서 현실에 존재하는 것이다."[75] 우리는 〈거울〉에 의해 표상으로 제조된 것인 이상, 이미지이고 텍스트, 엠블럼이기도 하다.

이렇게 르장드르는 〈사회적 거울〉과 〈엠블럼〉이라는 개념을 제시함으로써 미시적 수준과 거시적 수준을 구별하는 작용 자체를 의심한다. 그러하기에 르장드르는 그 수준의 분리를 전제로 이를 접합하기 위해 고생할 필요가 없다. 이로써 이론적인 갱신을 힘으로 밀어붙여 이루어낼 수 있었던 것이다. 여기에 문제가 하나 생긴다. 그 자신 준거의 대상인 여러 미시적 수준의 엠블럼이 최종적으로 준거하는 거시적 수준의 엠블럼을 〈절대적 엠블럼〉이라 부를 수 있다면 그것은 어떤 것인가? 이를 명쾌하게 설명하고 있는 문장을 인용해두자.

〈절대적 엠블럼〉을 거울로 취급할 수 있다면 〈절대적 엠블럼〉은 여러 이미지를 산출한다는 말이 된다. 그렇다면 정체성의 '사회적·주체적인 절차'가 이 〈제3자〉를 지탱하고 있는 것이 된다. 달리 말해 정체성을 가능하게 하는 이미지는 원리적으로 "거울에 의한" 분할의 현전 양태에 속한다. 이처럼 〈텍스트〉의 중계를 통해, 즉 (『토라』『복음서』『꾸란』 등의) 〈텍스트〉의 담론 속에 있는 "미리 말을 건네받은 주체"의 이미지를 통해, 주체는 이 불가사의한 모양을 발견하는 것이고 이와 동시에 타자와 자기 자신을 발견한다. 즉, 유대인이고, 그리스도교도이고, 무슬림임을.[76]

요약하겠다. 〈거울〉이라는 장치는 상상적이면서 상징적이고, 텍스트이자 이미지이기도 하고, 향락을 제공하는 것이기도 하다. 고로 각각의 엠블럼으로 구체화된다. 물론 그것은 사회에 놓여 있다. 아니, 그것은 사회다. 그것은 "이것이 너다"라고 발화하고 동일화, 즉 "정치적 사랑"을 불태움으로써 동일성(정체성)을 가능하게 하고, 그 사회 구성원의 "자기 이미지"를 가능하게 한다. 그것이 "광기"에 가까운 융합을 추구하는 사랑이고, 서서히 증오로 바뀌는 것이라 할지라도.

그와 동시에 이 〈거울〉의 책략은 "이것은 네가 아니다"라고 발화한다. 분리, 소격, 소외, 한계를 통보함으로써 저 나르시스적 광기를 아슬아슬하게 피하게 하고, 그 금지와 약정과 법의 말로 상징적인 동일화를 가동하고, 그 사회 구성원을 "주체"로 만든다. 이 신과 동일시되어온 〈성스러운 거울〉[77]의 "이것은 네가 아니다"라는 발화는 각 구성원에 대한 "너는 신이 아니다"라는 통지와 같다. 즉, 주체는 법을 초월한 자도, 법 자체도 아님을 통지하는 것이다. 때문에 여기에 전적인 금지가, 법의 명령이 존재한다. 정신분석의 다소 경직된 용어를 굳이 사용하자면 "거세"가. 때문에 거기에 비친 모습도, 그와 연쇄 작용을 일으키는 말들도 어디인지 죽어 있고, 어디인지 결여되어 있었던 것이다. 하지만 이미 우리는 이러한 정신분석의 어휘를 먼발치에서 회고하는 장소까지 왔다.

우리는 아직 길을 가는 도중에 있다. 라캉 이론의 보풀 두 군데를 르장드르가 도맡았다고 했다. 우리는 아직 그중에 하나만, 그것도 그 반밖에 논하지 않았다. 우리는 이 〈거울〉이 근거, 인과성, 신화, 설명, "준거"에 관여한다고 예고했다. 이를 더 상세하게 알아보자.

○

○

○

○

제3장

근거율과 분할 원리
: "왜"라는 물음

제36절 근거율이란 무엇인가

/

우리는 이렇게 말했다. 〈거울〉 자체에는 근거도 인과성도 설명도 없다. 그것은 "미쳐" 있고, "도그마"다. 그러므로 그것은 "신화의 원리"이고, 그 자체는 근거도 인과성도 설명도 아닌, 그로부터 근거, 인과성, 설명이 개시되는 그 무엇이다. 르장드르는 말한다. "신화는 세계의 설명이 아니다."[78] 이미 인용한 부분에서 르장드르는 이렇게 논했다. "〈사회적 거울〉의 문제"는 "쉽게 말해 상연되는 근거에 대한, '인과성의 근거를 표상하는 것'에 대한 물음인 것이다."[79] 그러나 이러한 〈거울〉에서 상연되는 "근거"란 도대체 무엇일까? 여기에서는 무엇이 문제가 되고 있는가?

우선 르장드르의 문장에 빈번히 등장하고 르장드르가 극히 중시하는 "근거율=이성 원리principe de Raison"를 논해야 한다. 먼저 말뜻과 관련한 번잡함부터 풀어가자. 이는 원래 라틴어로 Ratio

의 원리principium rationis라 불린다. Ratio에는 "관계" "비율" 등 여러 의미가 있지만, 여기에서 문제가 되는 것은 당연히 "이유"와 "이성"이라는 의미다. 따라서 이는 "이유의 원리"이기도 하다. 하이데거가 말한 대로 18세기에 이 "이성 원리"를 독일어로 번역할 때 선택된 번역어는 "근거율=근거의 명제Der Satz vom Grund"이고, "근거율"이란 이를 다시 일본어로 번역한 말이다. Grund에는 이성, 근거, 이유라는 의미와 함께 강한 "대지"라는 함의가 있는데 Ratio나 Raison에는 그런 함의가 없다. 하이데거도 이 번역에는 무리가 있다고 인정하고 있다(하지만 항상 그래왔던 것처럼 하이데거는 이로부터 깊은 의의를 끄집어내려 한다). 르장드르가 이 개념을 사용할 때 하이데거의 분석을 전제로 하고 있는 것이 분명하기 때문에,[80] 우리는 르장드르의 principe de Raison를 번역할 때 "근거율"이라는 용어를 쓰도록 한다.

하이데거는 말한다. 이 근거율은 "그 무엇도 근거 없이는 없다Nihil est sine ratione"라는 형태로 표현된다. 이는 "무엇인가가 있는 곳에는 근거가 있다"라는 표현과는 다른 것으로, 이 "없이는-없다Hicht ohne"라는 표현, 이 기묘한 절실함이 느껴지는 표현[81]에서 하이데거는 어떤 "필연성"을 본다.[82] 그리고 보통 근거율보다 위에 놓이는 동일율조차 "근거율에 기반을 두고 있다"고 하고, 근거율은 동일율·구별율·모순율·배중율 중에서도 "모든 첫 번째 근본 명제 중 최상위의 근본 명제"라고 단언한다.[83] 그리고 근거율의 두 가지 가능성을 제시한 다음, 처음에 제시한 가능성을 택한다.

근거율이란 그 명제가 지시하는 것, 즉 어떤 형태로든 존재하는 것은 그것이 무엇이 되었든 필연적으로 근거를 갖는다는 것에 해당이 되지 않는 유일한 명제로, 일반적으로 말해 이에 해당이 되지 않는 유일한 그 무엇이다. 이 경우 더할 나위 없이 기이한 사태가 벌어질 것이다. 즉, 다름 아닌 근거의 명제가, 게다가 이 명제만이, 이 명제 자신의 적용 범위에서 탈락하고 말기 때문에 근거의 명제는 근거 없이 존재하게 된다.[84]

근거율이란 "어떠한 것도 근거=이유 없이는 존재하지 않는다"는 것이었다. 하지만 이 "어떠한 것도 근거=이유 없이는 존재하지 않는다" 자체에는 근거가 없다. 고로 거기에는 근거Grund에 제거, 격리, 부정, 소멸의 의미를 갖는 접두사 ab-를 붙인 "파멸의 심연, 무-근거Abgrund"가 출현하게 된다.[85] 근거율은 근거를 부여한다. 하지만 그 자체는 근거가 없고, 파멸적인 심연이다. 고로 이 무근거성은 표상이 불가능하지만 그렇다고 "사고가 불가능"한 것은 아니라고 하이데거는 단언한다. 여기에서부터 하이데거의 논지는 갈지자를 그리기 시작해, 예를 들어 '토착성의 박탈'이나 '대상이 없는 것으로 변화하는 예술' 등을 근거율과 연계 지어 논하는 부분은 크게 얻을 바가 있고, 그 결론 또한 극히 자극적이다. 그러나 우리는 곧바로 우리의 이로를 걷자. 하이데거는 라이프니츠가 근거율과 인과성, 인과율을 등치하고 있는 점에 주목한다. 즉, "그 무엇도 근거 없이는 없다. 혹은 그 어떤 결과도 원인 없이는 없다Nihil est sine ratione seu Nullus effectus sine causa".[86] 즉, "인과율은 근거율의 세력권 내에 속한다".[87] 또한 하이데거는 근거율이 "그 무엇도 원인 없이는 없다Nihil est sine causa"고도 표현되어온 것을 거듭 지적하고, 키

케로의 "내가 원인이라고 이름 붙인 것은 작용의 근거이고, 결과라고 이름 붙인 것은 작용에 의해 일어난 것이다Causam appello rationem efficiendi, eventum id quod est effetum"라는 문구를 가져와 그 방증으로 쓰고 있다.[88] 그리고 마지막에 하이데거는 근거율을 "왜"라는 물음과 연결하게 된다.

> 왜라고 물을 때 우리는 근거를 함께 묻고 있다. 따라서 "그 무엇도 설립되고 선언된 근거 없이는 존재하지 않는다"라는 근거의 명제가 갖춘 엄밀한 외양은 다음과 같은 형식 속에서 주어질 수 있다. 즉, 그 무엇도 왜 없이는 없다Nichts ist ohne Warum.[89]

즉, 이런 말이 된다. 근거율은 "그 무엇도 근거 없이는, 이유 없이는 없다"였다. 우리의 이성적인 판단, 나아가 우리의 표상으로서의 삶은 이를 당연하게 받아들이고 있고 "그것 없이는 없다". 현재에 이르러서도 어떤 담론이든 "근거" "이유" "원인"을, 법학적으로 말하자면 "증거"를, 최근 유행하는 말을 쓰자면 "출처"를 질리지도 않고 한없이 요구하는 것은, 우리가 지금도 이 근거율에 의거해 살 수밖에 없기 때문이다. 그러나 근거율 그 자체는 전혀 근거 없는 "단언"이다. 그리고 그것은 인과율과 동일하다. 즉, "원인 없이 결과는 없다" "어떤 결과가 있는 이상, 원인이 있어야 한다"라는 인과율과. 근거율은 "그 무엇도 원인 없이는 존재하지 않는다"이기도 하다. 그리고 근거를 요구함은 "왜"라고 묻는 것이고, 고로 근거율은 "그 무엇도 왜 없이는 없다"라고 풀어 써야 한다. 그리고 역시

이 자체는 근거가 없다. 그렇다. "사실은" 결과가 있다고 해서 반드시 원인도 있는 것은 아닐지도 모른다. 원인을 특정할 수 없을지도 모른다. 왜에 답은 없을지도 모른다. 하지만 그것은 진정한 의미에서 삶을 영위하는 데 쓸모 있는 명제가 아니다. 따라서 지금도 우리는 무의식적으로 근거율을 전제로 이야기를 한다. 다시 말하겠다. 그 자체에는 근거가 없지만 그로부터만 근거가, 이성이, 이유가, 원인과 결과의 연쇄가, 즉 인과성이, "왜"라는 물음과 그 답이 시작되는 흘수선喫水線. 이것이 근거율이다. 철학자 하이데거가 말할 수 있는 것은 여기까지다.

제37절 근거율의 제조와 "준거": "여기에 왜가 있다"

/

그렇다면 법학자 르장드르는 이에 대해 무엇이라고 말할까? 르장드르는 말한다. 그렇다면 어떻게 해서든 근거율을 만들어내야 한다고. 이성이나 이유 같은 것은 없어도 된다. 왜라는 물음은 성가시고 귀찮을 뿐이고 근거 없이 행동할 수 있는 것이야말로 자유다 하는 식의 최근의 붕 뜬 사고방식은 흔해빠져서 따분할 뿐만 아니라 범죄와 다를 바 없다. 왜 그런가? 여기에서 프리모 레비의 증언을 굳이 다시 반복할 필요가 있을까? 아우슈비츠의 간수가 레비에게 내뱉은 "여기에 왜는 없다Hier ist kein Warum"[90]를 인용해야 할까? 그렇다. 아우슈비츠에 왜는 없었다. 그 비-시공에서 유대인을 학살하는 데 이유 같은 것은 필요하지 않았다. 그 외에 르장드르는 다큐멘터리 작가 리샤르 딘도가 1987년에 완성한 필름 「대니, 미시,

리나트+막스」를 인용한다. 이는 1980년부터 1981년 사이에 취리히에서 실제로 일어난 젊은이들의 폭동을, 희생자 네 명을 통해 묘사하려 한 작품이다. 마피아적인 폭력의 세계에서 살 수밖에 없어 마약 매매와 복용에 빠져 있고, 정치권력과 상상적이고 "결투적=쌍수적"인 관계를 갖는 것만 허용된 등장인물 중 한 명이 하는 말에 따르면 "젊은데 이미 파멸한" 젊은이들이 빠져드는 "출구 없는" 자멸적인 말로를 그려간 이 다큐멘터리 필름을 바탕으로 르장드르는 이렇게 말한다.

> 딘도가 직절直截하게 보여주는 바와 같이, 이러한 "결투의 정치적·법적 제도" 상황에서는 모든 주체가 자기 행동의 척도를 잃고 만다는 것을 알 수 있다. 예를 들면 이렇다. 병원의 침대에서 친구가 리나트를 칼로 찌르고 만다. 이는 리나트와 자신을 진정시키기 위해서였다. 이때 경찰들이 리나트들이 실제로는 서로 증오하고 있는 것이 아님을 모르지 않았다. 그런데 교활하게도 숨은 뜻이 있는 속임수를 선택하고 만다. 이는 젊은이들을 두들겨 패서 땅바닥에 내팽개치는 것과 같다. 판사는 그들 자신이 결투에 말려들고 말았다는 것 외에 아무것도 모르고 있으니 그런 판사의 결의론 따위는 아무런 지침도 되지 않는다.

이처럼 이 필름이 경고해준 덕분에 상기할 수 있는 것은, 존재해서는 안 된다는 판정裁定을 받은 젊은이들의 전망 없는 절망이다. 그러나 그들은 어디까지나 인간이다. 이를 리나트의 묘비명이 증언한다. 그 묘비명은 이렇다. "왜?"[91]

따라서 어떻게 해서든 근거율을 만들어내야 한다. 말해야 한다. 여기에 왜는 있다, 여기에 왜가 있다고. 왜라고 물을 수 있게끔, 왜에 답이 있게끔, 답이 없는 왜를 함께 살아갈 수 있게끔. 그러나 어떻게? 그렇다. 우리는 이를 논해왔던 것이다.

그렇다. 근거율과 인과율에는 근거가 없다. 따라서 어떤 의미에서는 이를 합리적으로 설치하는 것은 불가능하다. 그것은 반복에 의해서, 미적＝감성적인 반복에 의해서, 즉 "도그마적으로" 설치할 수밖에 없다. 이렇게 말할 수 있겠다. 근거율은 예술이고, 근거는 미적·감성적으로 제시할 수 있을 뿐이다. 즉, 우리의 이로에 따르면 시니피앙이기도 하고 이미지이기도 한 그 무엇인가를 통해. 텍스트, 이미지, 엠블럼이기도 한 그 무엇을 통해. 예를 들어 자기가 스스로 자기라는 "근거"를, 즉 자기 존재의 "증거"를 제시하기 위해서는 제3자에게 보증받은 자기 이름과 이미지를 "엠블럼적으로" 제시할 수밖에 없다.

왜 우리는 자기가 자기임을 입증하기 위해 저 작은 손거울 같은 ID카드가 필요할까? 우리는 우리로 여기에 존재하고 있는데 검문소, 관공서, 세관 등에서는 그보다도 이 작은 손거울이—거기에는 말과 이미지가 물질적으로 새겨져 있다—그 자신의 존재보다 우선된다. 거기에 "준거"하지 않으면 우리는 자기가 자기라는 것조차 입증해 보일 수가 없다. 내가 나임을 입증하기 위해 그 검문소에 친구를 몇십 명 데려가도 소용없다. 어떤 사람이 "분명히 이 사람은 누구누구입니다"라고 입증해주었다 해도, 그렇다면 그

"어떤 사람"이 정말 "그 사람"임을 입증해줄 사람을 다시 데려와야 한다. 그렇다면 또 한 사람 데려왔다 해도, 그 사람이 정말 그 사람인지 의심은 가시지 않는다. 이는 무한히 계속된다. 분명 이러한 사례는 우습다. 하지만 그렇다면 우리는 우습게 살아가고 있다는 말이 된다.

이러한 입증의, "준거"의 연쇄를 어디인가에서 멈추기 위해서는 어떤 "절대적 준거"가 있어야 한다. '저 작은 손거울을 "진짜"로 인정해주는 제3자'를 가정해야만이, 우리는 그것을, 증거를, 근거를 보여주는 것으로 제시하고 학교, 도서관, 회사, 공장의 입구를 매일 통과할 수 있는 것이다. 저 ID카드에 붙어 있는 작은 자기이미지와 짧은 문구가 자기가 자기임의 "진리"를 입증하고, 그 "증거" "근거"를 제시한다. 이 작은 손거울, ID카드가 "엠블럼"이 아니라면 무엇이겠는가? 따라서 르장드르는 이렇게 말할 수 있는 것이다. "엠블럼은 준거를 구체화한다. 엠블럼은 이 전제된 절대적 타자의 메시지가 물질화된 증거다."[92]

이 "준거의 구체화"인 작은 손거울들은 최종적으로 어떤 "법인"의 수준에 걸맞은 규모를 지닌 그 무엇에 "절대적"으로 준거하지 않으면 기능하지 않는다. 때문에 그 무엇 자체가 〈거울〉로서 상연되어야 한다. 이 "제3자로서의 〈거울〉"을 치밀하게 설치해야만 "〈근거율〉의 사회적 상연"[93]이 이루어진다. "거울은 인간에게 자기의 원인cause de soi으로서 존재"[94]하기 때문이고, "이미지를 생산함으로써 거울은 결과로서의 기원을 보여주기"[95] 때문이다. 상기하자. 거울상 단계가 시작될 때부터 〈거울〉은 자아와 자기의 기원이었다. 그렇기에 거기에는 "준거"가 되는 모습이 있었다. "보아라,

이것이 나다." 그것은 전적으로 은유의 섬광이었다. 〈거울〉은 원인, 인과, 근거를 제시했다. 게다가 사회의 수준과 주체의 수준이 구별되는 그 경계선상에서. 르장드르는 이 제시하는 작용을 정확하게 "제시하는 권력"이라고 부른다. "이 제시하는 권력은 규범 시스템을 여러 형식과, 〈정치〉를 〈미학〉과, '문화가 형성하는 상징적 질서'를 그 궁극의 근거와 연결하는 곳에 존립"하고 있어, "바로 이 지점, 사회와 주체가 분절되는 지점에서 '제시하는 권력'은 의미를 갖고, 서양의 역사 시스템 안에서 〈절대적 거울〉 혹은 〈정초하는 이미지〉, 즉 〈신의 닮은꼴〉 담론으로 조직되는 것이다. 때문에 우리의 논의 전개는 연극적 원리와 신화에 맞추어서 모습을 나타내는 것이다".[96]

이유, 원인, 증거, 근거를 "왜"에 응해 "제시"하는 것. 물음을 던지는 것, 물을 수 있는 시공을 여는 것. 게다가 이미지로서도, 텍스트로서도. 이것이 주체의 생사를 좌우함은 이미 명백하다. 사회로서의 〈거울〉은 표상으로서의 주체를 생산하는 장치였다. 그리고 이 〈거울〉이 쥐고 있는 권력이 '제시하는 권력'이었다. 그리고 이 〈거울〉은 이미지로서의 제3자였다. 즉, 여기에서 "〈제3자〉가 〈근거율〉에 실체를 부여한다는 말이 된다. 모든 사회는 '논리에, 즉 표상이나 인과성의 담론에' 집요하게 호소하는데 이는 삶을 살고, 삶이 재생산될 수 있게 하기 위함이다".[97] 제3자는 근거율에 실체를 부여하고, 이는 삶에 필요하다. 그렇다. 사회는 근거를 제시해야 한다. 〈절대적 준거〉를, 〈성스러운 거울〉을 상연해야 한다. 개개의 주체를 생산하기 위해서. 그 인형들이 아슬아슬하게나마 살 수 있도록.

제38절 분할 원리: "하나라고 세기"와 "증거가 되는 텍스트"

지금까지 전개한 논지의 정합성을 유지하기 위해 확인해둘 것이 두 가지 있다. 하나는 "분할 원리"이고, 다른 하나는 "증거가 되는 문서"의 특이한 위상이다. 먼저 분할 원리부터 살펴보자.

1. 분할 원리. 당연한 말이지만 인과율이란 "원인"과 "결과"의 "관계"를 설정한다. 마찬가지로 근거율도 "일어난 현상"과 "그 이유"의 관계를 설정한다. 즉, "왜"와 "왜"라는 물음에 답하기 위한 "증거"의 관계를. 그러나 이는 자명한 일이 아니다. 이 원인과 결과, 현상과 이유, 왜와 증거가 관계를 맺기 위해서는 각각 카테고리로 분할되어 독립해 있어야 한다. 고로 인과율과 근거율은 각각의 항이 분할되어, 카테고리로서 독립해 있음을 전제로 성립한다. 더 말하자면 이 "관계성"과 "독립성"은 한꺼번에, 서로가 서로를 전제한 것으로서만 제시된다. 물론 "분할"에 의해서. 그리고 당연히 이 인과율과 근거율의 존재는 자명하지 않다고 이미 말했다. 그것은 〈거울〉로서, 도그마적인 상연에 의해 제조된다.

이 두 항이 분할되어야 한다는 것과, 그것이 〈거울〉로서 상연되어야 한다는 것은 맥락이 이어진다. 르장드르가 말한 바와 같이 "우리는 준거하는 권력을 일단 〈제3자〉의 엠블럼화 현상으로 이해했는데, 이는 분할 원리를 표상하는 권력으로서도 깊이 있게 연구할 수 있기"[98] 때문이다. 르장드르는 『텍스트의 아이들』의 이 부분에서 분할 원리에 의해 분할되는 것을 세 가지 열거하고 있다. 카테고리와 주체, 시간이다. 우선 〈거울〉인 엠블럼화된 제3자는 '법의 말'로서 "카테고리를 분할한다. 즉, 분류한다".[99] 이는 "주체"와

"시간"의 분할과 별도의 것이 아니다. "분할한다는 것은 주체가 인과성 속에 도입됨을 의미하는 것이기도 하다. 이렇게 보자면 〈금지〉와의 관계는 '인과성의 논리'와의 관계를 의미하고 (……) 〈근거율〉과의 관계로서 표현"[100]된다.

솔직히 말해 르장드르의 논지 중에서도 극히 중요하고 어려운 이 부분의 설명이 빼어나다고 말하기는 힘들다. 르장드르는 당연하다는 듯이 말하고 있다. 왜 항상 이해해주지 못하는지 전혀 모르겠다는 어조로. 중세 스콜라학의 텍스트와 교황 칙령의 고문서만 상대해왔던 남자의 입장에서는 당연한 것일지도 모르겠다. 하지만 우리에게는 상당히 이해하기 어려운 부분이다. 따라서 여기에서는 다소 부연하도록 한다. 우선 〈거울〉 장치의 한 부분이었던 "이것은 네가 아니다"라는 분리·소격을 생산하는 언명은 금지였다. 즉, 법이었다. 그것이 주체를 〈거울〉로부터, 즉 "신" "만능"으로부터 분리시킨다. 이 분리 작용이야말로 "최초의 시니피앙"의 도입인 "트레 위네르"였음을 떠올리자. 그리고 그것이 "분류"와 연관 지어졌음을. 우리는 이미 이 개념을 라캉의 제자인 르장드르에게 힌트를 얻은 것 같다고 논했다.[101] 이 "트레 위네르"라는 개념이 "도그마적"이라고 라캉 자신이 말했던 것도 함께 상기하자. 그렇다. 이미지의 금지에 의한 소격, 분리는 "하나"를 셈하기, "하나의 항"의 분리를 가능하게 한다. 여기에서는 이제 라캉을 인용할 필요가 없다. 르장드르의 말을 인용하자.

동일화는 "담론에 의한 분할의 절차"로 이해해야 한다. 분할된 인간은 '이미지의 분화'와 '자기 자신의 이미지와의 분화'

를 통해, 인과성의 표상 안으로 들어간다. 문화라는 차원에서 〈금지〉란 무엇인가? 그것은 〈상징적 절대 타자〉를 상연함으로써 주체에게 인과성과 분화가 생겨나게 하는 것이다. 서양의 경우, 〈성스러운 거울〉이 그렇다.[102]

계산(compter, 셈)하기 위해서는 공허한 장소가 하나 필요하다. 전체적인 바탕[地]은 이 장소를 점하고, 바로 그 장소에서 절대적 준거나 신화적 준거라 부르는 형식 아래에 정식으로 계산이 된다. 숫자를 계산하는 것, 이는 우선 이 공허한 장소를 염두에 두는 것compter avec이고, 인간 세계에서 정치政治 기술은 이를 쉼 없이 달성해왔다.[103]

계산의 담론은 신화적 단계, 즉 〈절대적 준거〉의 단계를 포함하고, 그 단계의 기능은 법적으로 조정된 사회 공간(인간 주체는 사회 공간으로 이해되어야 한다) 사이에 경계선을 긋는 것, 이들 공간을 정초하는 분할 원리를 부과하는 것이다.[104]

계산하고 셈하는 것comptage은 무슨 도움이 되는가? 권력에 도움이 된다. 권력을 기능으로서 상연하고, 권력이 주체를 위해 분화 효과를 생산하는 데 도움이 된다.[105]

〈거울〉과 마주 볼 때 주체는 분할된다. 하나의 "전부", 하나의 "전체상"으로서 스스로를 "하나"라고 "셀" 수 있게 된다. 우리는 자신을 한 사람으로 센다. 인간 중에 한 사람으로. 하지만 이는 전혀 자명한 일이 아니다. 어릴 적, 언제 우리는 자신을 한 사람으로 셀 수 있게 되었을까? 또는 거기에 있는 사람들을 "자기도 포함해서" 셀 수 있게 되었을까? 어디서부터 어디까지가 자기이고, 어디서부터 어디까지가 자기가 아닌지, 이미지를 모르고, 말도 모르고, 〈거울〉에 의한 분할을 경험하지 않은 유아는 모를 것이다. 자기를 "하나"로 세는 것. 이는 방대한 전제를 필요로 하는 능력이다. "어디서부터 어디까지가 자신인지" "어디서부터 어디까지가 한 사람으로서의 자기인지." 이 물음은 장기이식이나 뇌사가 논의되고 있는 이 시대에 들어 새로운 의미를 갖는 말이 되었다. 문제가 되는 것은 다름 아닌 신체이기 때문이다. 그러나 이 문제는 생략하자.

우리가 당연한 능력으로 여기는 셈하는 능력. 어떤 것을 "하나"라고 세는 능력은 우선 자신을 "하나"로 셀 수 있는 능력을 전제로 한다. 다시 말하겠다. 이는 자명한 것이 아니라 방대한 전제를 필요로 하는 능력이다. 여기에서는 이렇게 한마디만 해두겠다. 나르키소스는 자신을 한 사람으로 세지 못했던 자의 이름이 아니었을까? 자기를 "하나"로 셀 때 거기에는 명백히 추상이 작용하고 있다. 그뿐만 아니라 자기를 "하나"라고 말할 수 있다는 것은 이미 같은 종류의 "둘"이 그리고 그 이상의 "숫자"가 있다는 것을 알고 있음을 뜻한다. 고로 자신을 "하나"라고 부를 수 있다는 것은 자기가 특정한 종에, "인간"이라는 종에 속해 있음을 이미 알고 있다는 것이 된다. "인간" 중에 "하나"임을.

따라서 〈거울〉로 주체를 성립시킨다는 것은 그것을 분할해서 "하나"로 셀 수 있게 한다는 것이고, 어떤 분류상의 카테고리 속에 "일거에" 주체가 들어가게 하는 것이다.[106] 따라서 분할 원리는 카테고리상의 분할임과 동시에, 주체에게 금지를 선언宣明하고 한계를 통지하는 것이다. 인간이라는 종의, 어느 단체에 속하는, 어느 계보에 속하는, 어느 성별을 지닌 인간 중에 하나에 불과하다고. 주체는 분할 원리에 의해 항이 하나하나 분할된 분류의 질서 속에 들어간다. 따라서 그것은 인과율과 근거율로 들어가는 것이기도 하다. 이 들어감에 의해 자신이 하나의 "항"이 될 수 있고, 따라서 다른 "항"의 독립성 또한 동시에 가능해진다. 본인이 속하는 "항"과, 본인이 속하지 않는 "항"의 분리가 여기에서 발생한다. 이 분리가 없다면 그 "항"끼리의 관계성도 존재하지 않는다. 즉, 인과성도, 근거율도 존재하지 않는다.

인과성과 근거율은, 이유나 증거가 주체 바깥에 있기를 요청한다. 즉, 그 증거가 "자기"여서는 안 되는 것이다. 그리고 이는 자기가 그 카테고리 중 하나에 속하는 분류를 가능하게 하는 '분리의 선언'에 의해서만 성립한다. 분류 없이 증거와 이유의 외재성은 존재하지 않는다. 반복을 두려워하지 않고 말하겠다. "모든 것에 근거=이유=원인이 있다"는, 그 자체는 근거가 없는 언명은 그 "모든 것"이 구획되고 분리되어 항 하나하나가 분류되어 있음을 전제로 하고 있다. 또한 그 근거와 이유와 원인이 "각각의 모든 것" 그리고 이를 인식하는 주체의 바깥에 있음을 전제로 한다. 즉, "분리되어 있음"을 전제로 한다. 또한 이미 르장드르의 문구를 인용한 바와 같이 이 분리는 이미지와 〈거울〉만이 할 수 있다. 그 작용만이 주체를 분류 속에, 카테고리의 독립성 속에, 근거율 속에, 인과율 속에 들어가게 한다. 앞에서 르장드르는 분할 원리의 대상으로 "시간"을 열거했는데, 이는 이 〈거울〉의 상연이 "역사적 시간"과 "신화적 시간"의 정치적 분할 그 자체이기도 하다는 것을 뜻한다.[107] 그렇다. 그것은 신화적인 상연으로만 존재할 수 있다. "상징 질서에의 가입"이라고 구조주의 이후 흔히들 말해왔던 것은 이러한 〈성스러운 거울〉의 신화적인, 즉 인공적인 책략 없이는 존재조차 할 수 없다.[108] 이미지의 상연 없이 법은 없다. 법의 금지 없이 인과성과 근거율은 없다. 근거율 없이 왜는 없다. 왜 없이 사람의 삶은 없다.

2. 증거가 되는 텍스트. "모든 것에는 근거가 있다." 근거율의 요청이 있다면 거기에서 근거를 제시해 입증되는 것은 "진리"다. 진리의 입증. 이는 단지 지적인 조작에 머무르지 않는다. "나"를 입증하지 않으면 사람은 살아갈 수 없기 때문이다. 그뿐만 아니라, 그 "증명"은 사회적인 차원에서 소격으로서 선언하지 않으면 의미가 없다. 이는 이미 살펴보았다. 개개의 주체에게 자기 증명은 존재하지 않는다. 사람은 자기가 자기라는 것조차 스스로 입증하지 못한다.

그렇다면 입증해야 한다. 증명해야 한다. 그러나 어떻게 하면 이를 할 수 있는가?

증거를, 사실인 증거를 가져온다. 이것도 나쁘지 않다. 하지만 무엇이 증거라는 말인가? 무엇이 증거가 될 수 있는지는 미리 정해져 있다. 소송할 때 이는 명백하다. 무엇이 사실이고 무엇을 증거로 채택할 수 있는지, 이는 법적으로, 사회적으로, 문화적으로 정해져 있다. 예를 들어 살인 사건이 일어났다고 하자. 어떤 사람이 살인 현장에서 피 묻은 칼을 손에 쥐고 도망가는 남자를 보았다고 증언했다고 하자. 이는 이런저런 우여곡절은 있겠으나 증언으로, 즉 증거로 채택될 것이다. 그러나 어떤 사람이 그 살인범의 예지몽을 꾸었다며 이를 재판에서 주장했다고 하자. 아마 그는 제정신인지 의심받을 것이고, 그 증언은 웃음거리로 치부될 것이다. 이는 당연하다고 여길 것이다. 그러나 이는 우리 사회, 로마법과 교회법이 결합하는 기나긴 역사를 거쳐 서서히 형성되어온 법전의 계승자인 근대법 아래에 있는 우리 사회의 상식에 불과하다. 꿈이 재판의 증언으로 인정되는 사회, 문화 또한 당연히 역사상에 존재한다. 점占이 판결과 관련이 있는 사회는 무수히 있고, 그런 문화에서는 언제든 일어날 수 있는 일이다. 따라서 무엇을 증거로 삼고, 무엇으로 증명을 할지, 즉 무엇을 진리의 근거로 할지는, 즉 "무엇이 믿을 만한 증언이고 근거이고 증거인가"라는 문제는 몇번이 되었든 되물을 가치가 있는 문제다. 르장드르는 말한다. "진실의 의사소통을 위한 전면 전쟁의 시대인 이 시대에 '증거란 무엇인가'라는 기본적인 물음에, 법학자들 외에 거의 누구도 관심을 갖지 않는다는 것은 기묘하지 않은가?"[109]

그렇다면 증언을 "믿을 만한" 것으로 만드는 증거와 사실은 무엇에 의해 미리 정해지는가? 이러이러한 것을 증거로 한다는 법 문서에 의해 정해진다. 명문화된 것, 암묵적인 것 모두. 따라서 증거는 그것이 인상적인 사물, 피 묻은 칼이더라도 실은 텍스트에 준거한다. 우리는 사물을 증명할 때 이미지=텍스트=엠블럼에 준거한다. "보아라. 여기에 써 있다"고. 우리를 증명할 때 사람들은 ID카드, 사원증, 학생증 등을 손에 들고 또 말할 것이다. "여기에 써있다." 지적인 설명을 할 때도 그러하다. 사전, 권위 있는 서적을 손에 들고 "봐, 여기에……" 하고, 우리도 날마다 반복하고 있지 않은가? 이 준거의 거동을. 반복하게 되지만 다시 말하겠다. 이는 거울을 마주 보고 "이것이 나다"라고 말하는 것과 다른 행위가 아니고, 엠블럼을 보고 팀을 향한 사랑으로 불타오르는 것과 다른 행위가 아니다. "봐, 여기에 써 있어." 준거를, 전거의 명시를 업으로 삼는 법학자 르장드르는 다음과 같이 말한다.

조금 본격적인 이야기를 하자면 진실과 동등한 것은 "여기에 쓰여 있다(c'est écrit)"다. 그냥 쓰여 있으면 무엇이든 상관없는 것은 아니고, "법은 어디로부터 오는가?"라는 절대적 정치 문제와 관련한 장소에서 유래한 것을 증명할 수 있는 문서.[110]

법학의 총체는 우선 쓰여 있는 것의 집합이고, 텍스트의 취급이 법적 사고를 구성한다. 이로써 여러 관찰이 집중하는 지점은 어떤 중심적인 지점인지 제시했다. 유일하게 문제가 되는 것, 그것은 "쓰여 있다"다.[111]

쓰여 있다고 말하면서 텍스트를 가리키는 것. 이것이 준거의 거동이다. 텍스트, 직조되어 이미지와 섞인 이 기묘한 그 무엇을. 이 준거의 행동에 의해 우리는 증명하는 삶을 살고 있는 것이다. "인간의 삶이란 증명에 의해 구성된다."[112] 그러나 무엇을 입증하는가? 직조된 진리를.

진리란 하나의 장소로, 가정상으로는 텅 비어 있는 그 장소에는 아무것도 없다, 텍스트 외에는. 우리는 이 지점과 거듭해서 마주치게 될 것이다. 도그마적인 그 무엇이 내실을 갖는다면 이는 진리와의 연관 속에서 그러하고, 그 진리란 바로 텍스트 속에 살고 있다. 준거란 텍스트에의 준거다. 달리 말해, 우리가 상대하고 있는 것은 '말하는 텍스트'이고, 각종 제도가 만나는 것은 텍스트의 진리다.[113]

따라서 "모든 사회는 말한다, 〈텍스트〉의 씨실에 기입되어"[114]라는 말이 나올 수 있는 것이다. 텍스트는 사회적 산물이고, 그 텍스트에 준거함으로써, 그 "이름 아래에" 진리와 관계가 성립한다. 이 "이름 아래에"야말로, 절대적 준거를 준거하는 거동이고, 그 선언이다.[115] 준거의 연쇄, 텍스트에서 텍스트로의 연쇄 중에 〈절대적 준거〉인 "도그마"에 이르기까지, 사회란 텍스트이고, 텍스트의 영위인 것이다. 즉, "직조된 것"의 영위다. 우리는 이제 이를 아무 어려움 없이 이해할 수 있는 데까지 왔다. 아이를 낳는 것마저도 텍스트를 낳는 것이고, 텍스트가 낳는 것이니까. 말 그대로 『텍스트의 아이들』[116]이다.

그렇다. 지금까지 우리는 〈거울〉의 이로를 살펴왔다. 이미 이러한 이로에 "소화하기 힘듦"뿐만 아니라 "난해함"도 느끼는 독자가 많으리라. 그러나 이보다 더 이해하기 어렵고, 더 주체의 생사를 좌우하는 이로를 향해 우리는 가야 한다. "계보 원리"를 향해. 이와 함께 라캉의 두 번째 보풀을 다루게 될 것이다. 그렇지 않는다면 우리는 왜 르장드르가 이처럼 험난한 논의를 하고 있는지 알 수 없게 된다. 더욱이 바로 이 "계보 원리"의 문제를 다루어야 근거율과 인과성과 〈거울〉을 둘러싼 "난해함"—"험난함" "소화하기 힘듦"이 아니라—이 구체성을 띠고 생생하게 다가오며, 그 "난해함"

308

이 풀리게 되기도 할 것이다. 그렇다. 왜 〈거울〉이 필요한가? 왜 그것이 인과성과 근거율과 관계가 있는가? 그것은 아이로 태어나, 아이를 낳아야 하기 때문이다.

○

○

○

○

제4장

계보 원리와 〈아버지〉
: 누군가의 아이라는 것, 누군가의 부모라는 것

제39절 누군가의 아이라는 것, 누군가의 부모라는 것
: 계보의 "수상함"

/

그러나 이것보다 더 말로 하기 힘든 것은 없으리라. 성적 향락, 상징적인 팔루스의 향락에 대해서라면 사람들은 쉽게 말할 수 있고, 실제로 기꺼이 이야기한다. 약간의 후안무치함을 발휘하면 어려울 것은 조금도 없다. 그러나 누군가의 아이이고, 누군가의 부모이고, 누군가의 남편이고, 누군가의 아내이고, 특정한 성별을 갖고, 생식하는 자이고, 기약 없는 약속—아무것도 기댈 수 없음을 알면서도 맺을 수밖에 없는 약속—을 하는 자라는 사실. 이것보다 더 생생하게 흘러내리는 체액과 피 내음이 진동하고 오글거리는 갈등의 맛이 나는 것은 없다. 이것보다 더 '할 수만 있다면 입을 다물고 사적인 영역이라는 곳에 밀어 넣어두고 싶은 충동이 드는 것'은 없다. 아이를 낳는 것, 누군가의 아이라는 것. 이 생식—성의 향락이 아니다 — 의 영위는 분명 평범하기 그지없다. 매분, 매초 아이는 태어나고 있으니까. 그러나 과연 그럴까? 자기 부모의 용모를 떠올릴 때 어디인지 즉단하기 힘들지만, '애정이 잔잔하게 퍼지고 증오와 체념'이 솟아나지 않는, 부끄러운 듯 얼굴이 붉어지지 않는 자가 있을까? 자신이 아버지가 되었을 때의, 어머니가 되었을 때의 기묘한 당혹감을 떠올리지 않는 부모가 있을까?

누구든 그 누군가에게서 태어난다. 부모는 고를 수 없다. 정자와 난자의 매매, 대리모 문제가 떠들썩한 현재에 이르러서도 이 사실에서 자유로운 자는 없다. 부모는 고를 수 없어도 아이는 고르겠다고, 정자를 고르고, 난자를 고르고, 대리모의 자궁을 골라도, 그렇게 해서 "생겨난" 아이가 "그렇게" 태어났음을 고를 수 있는 것은 아니니까. 정자 매매와 대리모 문제를 뛰어넘어, 과학자든 철학자든 유전자 조작을 통한 인간 개조를 신나게 권유하는 자조차 존재하는데, 천박한 새로움을 얻기 위해 그들이 무엇을 희생해야 하는지 우리는 신중히 관찰하도록 하자.[117]

문제는 그것뿐만이 아니다. "생식" 문제가 사유하기 어려운 이유는 그것에 우리가 살고 있는 "초근대적" "산업적" 세계의 검열이 작용하고 있기 때문이다. 르장드르가 항상 말하고, 어떤 저작이나 인터뷰에든 몇 번이나 나오기 때문에 굳이 전거를 명시할 필요도 없는데, 아무래도 산업사회에 사는 우리는 계보를, "누군가의 아이라는 것filiation"을 생각하려 하지 않는다. 섹스와 육아, 부모 자식 간의 갈등 등은 잡지를 펼치거나 텔레비전 전원을 켜면 셀 수 없을 정도로 볼 수 있다. 이는 사실이다. 그러나 그것이 다름 아닌 "계보 원리" "모권" "부권" "재생산=번식"이라는, 어떤 사회에서나 기축이 되는 물음이라는 사실에서 사람들은 집요하게 눈길을 피하려 한다. 따라서 친자 관계, 아버지 등의 말을 하기만 하면 그것은 사회학도 철학도 종교학도 아닌 "심리학"의 문제가 아니냐는 반응을 보인다. 그것은 개인적인 마음의 문제라는 것이다. 하지만 아이를 낳지 않는, 부모가 없는 사회는 없다. 생식이 없는 사회도 없다. 법이 없는 사회가 존재하지 않듯. 그런데 이러한 사유의 검열도 불가피한 것일지도 모른다. 아이를 낳고, 아이를 훈육하고, 즉 아이를 "조련"하고, 함께 법 앞에서 머리를 조아리는 것, 이는 어떤 의미로든 "수상한" 이야기니까.

　　　역으로 말해 르장드르가 정신분석을 그토록 격렬하게 비판하면서도 그것만이 다룰 수 있는 부분이 있다고 계속해서 이야기해온 이유도 이 수상함 때문이다. 정신분석은 계보의 앎으로서, 즉 "아이"를 만들어낸다는 유일한 목적을 지닌 방대한 제도적인 앎의 역사적인 일부로서, 법의 고층古層이라 할 수 있는 영역을 시야에 들어오게 한다. 정신분석은 탄생부터 지금에 이르기까지 변함없이 수상하다는 말을 들어왔다. 하지만 정신분석의 수상함은 계보의 수상함이다. 즉, 그것은 아이를 낳아 키워서 성인이 되게 하는 것 자체의 수상함이다. 분만하고 제정하고 분리하고, 삶을 삶이게 하고 죽음을 죽음이게 하는, 이 찰나적인 영겁의 영위. 그 수상함.[118] 그것은 사람의 생사를 판단하는 법학자와 의사의 수상함이고,[119] 사람이 성교하고 출산을 견디고, 자신의 삶을 살기 시작해서는 자신의 죽음이 자신의 소멸이 되는 장소, 동시에 불면과 꿈의 고뇌가 항상 그리고 불현듯 교차하는 장소인 "방바닥"의 앎, 방바닥을 설치하는 앎의 수상함이라 할 수 있다. 따라서 그것은 본질적인 수상함, 없어서는 안 될 수상함인 것이다. 실제로 아이의 재생산, 즉 번식을 위한 제도가 없는 사회는 존재하지 않는다. 만약 있다면 그것은 극단적인 근절, 비유가 아닌 말 그대로의 전멸로 향하는 것만을 유일한 존재 이유로 삼는 사회라는 말이 된다. 국가는 법인이다. 따라서 인격이다. 따라서 르장드르가 자살이 가능하고 스스로 전멸로 향한 유일한 국가로 나치스 제3공화국을 꼽은 것은 우연이 아니다.[120] 그런 사회가 있어서는 안 된다.

따라서 문제는 "가정의 문제"가 아니다. 결단코 아빠와 엄마와 나의 문제가 아니다. 물론 아이를 키우는 어머니들이 참조하는 여러 저작에 담긴 식견이나 아이를 키우려는 어머니들의 지적이기까지 한 노력을 무시하려는 것이 아니다. 그 반대다. 그녀들의 지식은 사람들이 생각하는 것보다 장대한 폭을 갖고 있다. "가정" 또는 "핵가족"은 역사상 특정한 제도에서 실현된 전략적 배치에 불과하다. 사람들은 걸핏하면 "가정의 붕괴"라는 이야기를 하는데, 역사상 붕괴 위기에 처하지 않은 가정은 존재한 적이 없다. 따라서 "가정"이 아니라 "계보"라고 말해야 한다. 예를 들어 르장드르는 "아빠"와 "엄마" 커플만으로 사회적인 "인연"의 문제 계열을 규정할 수 있다는 듯 행세하는 심리학을 비판하면서, 주저하지 말고 "선조"라고 말하자고 제안한다.[121] 그리고 대문자 〈아버지〉의 원리와, "아버지의 역할"을 강조한다. 우리는 르장드르의 이러한 사유를 매우 소화하기 힘들다. 이는 너무나 반동적이지 않은가? 한번 보고 그렇게 생각하는 것도 무리는 아니다. 그러나 이는 이론적으로 소화하지 못하는 것이 아니라 무의식이나 시대의 검열 때문에 소화하지 못하는 것이 아닐까? 우리는 스스로에게 그렇게 물어

볼 필요가 있다. 게다가 르장드르는 계보의 문제를 위급한 문제로 제기한다. 사고의 검열에 의해, 검열에 대한 사고의 무자각에 의해 그리고 국가가 계보 원리를 떠맡을 수 없게 되고 있다는 사실에 의해, 우리는 일종의 계보적 위기의 시대에 있다고 진단한다. 따라서 여기에 이르면 르장드르의 문체는 정치적 색채가 진해지고, "험난함"도 강해진다. 그러나 우리는 도그마를 받아들인 이상, 이것도 받아들여야 한다. 소화불량이 될지도 모른다. 우리의 신체는 텍스트이므로 충분히 텍스트 때문에 아플 수 있다. 그렇다 해도 그것을 천천히 소화해가자.

제40절 "초월하는 신화적 대상"으로서의 팔루스

우리는 라캉 이론의 두 번째 보폴로 〈상징적이고 상상적인 팔루스〉를 꼽았다. 상징적인 팔루스. 주지하듯 그것은 이미 거세되었고, 기관으로 도려내져 "성관계"를 "없는" 것으로 만든다. 그것의 향락은 어디까지나 평온한 일상의 영위로, 전혀 위험하지 않았다. 조정기로 걸러져 기관에 이르기까지 깔끔하게 손질된 팔루스의 향락으로, 평온한 쾌락이었다. 그리고 사람들은 "육욕의 하찮음"에 생각이 미치면서도, 그런데도 '거침없이 음탕한 맥박이 요동치는 행위가 진행되는 방바닥'의 벌레잡이 등처럼 아스라한 불빛 속에서 성의 향락에 빠지고, 때로는 그 영위로 인해 아이를 낳기도 한다. 상징적 팔루스는 요약하자면 이런 것을 뜻하고, 이런 것에 불과하고, 그럼으로써 자신의 임무를 완수한다. 향락의, 육욕의 벌레잡이 등인 팔루스.

　　그러나 상징계는 상상계에 번져 있기도 하다. 따라서 상징적인 팔루스가 상상적인 팔루스 위에 덧씌워지는 순간이 있었다. 그것은 '어떤 전체를 가진 모습'을 향한, "서 있는 모습"을 향한 사랑으로, 그 향락으로 출현한다. '어떤 사람의 모습'을 향한 사랑, 그 아름다운 윤곽을 향한 욕망이다. 또한 그 "전체상"으로부터 넘쳐나올 것 같은, 부분을 향한 사랑이다. 다리, 시선, 볼의 선, 유방, 그 사람 특유의 어깨나 허리 윤곽의 곡선을 향한 욕망이다. 따라서 성의 영위 그 자체는 이 "전체적인 모습"이라는 상상적 팔루스를 향한 사랑을 상징적인 팔루스의 매개를 통해 행하는 것이기도 하다. 또한 그것에서 넘쳐나온 부분적인 대상 a들을 향한 잉여 향락에 빠지는 것이기도 하다. 마치 미끼에 속아 넘어가듯 사람은 성적인 향락에 몸을 맡기고, 때때로 아이를 낳는다. 여기까지는 제1부의 복습에 불과하다. 문제는 다음이다.

　　상상적=상징적 팔루스. 그것은 "권력을 뜻하는 왕의 지팡이"로서, 권력을 "갖는" 것이 권력"임"에 번져나오는 순간이기도 했다. 건립되어 우뚝 선 직립상에 대한 상상적인 동일화를 흡인력으로 해서, 어떤 상징적인 위치의 점유를 노리는 권력의 향락. 이것이 팔루스적 향락의 "전부"였다. 그것도 이미 살펴보았다. 르장드르도 초기 저작에서 "직립한 자세"는 "의미를 정초하는 시니피앙"이고, "직립한 인간을 다루고 그를 걷게 하는 것은 〈보편적인 성〉의 신화적 담론 속에 들어가는 것을 의미한다"고 말했다.[122] 권력 건립의 표상인 궁전, 첨탑, 입상. 이들 직립상과의 동일화야말로 권력과의 동일화이고, 그 관계는 "성적인" 것, 향락과 연관된 것일 수밖에 없다. 따라서 정신분석은 그것을 집요하게 "팔루스"라고 부르는 것이다. 더 이야기해보자. 〈국가〉라는 말의 어원 중 하나는 라틴어 "Status(스타투스)"다. 프랑스어로는 "État(에타)", 영어로는 "state(스테이트)"가 된 이 말은 라틴어 동사 "stare(서다)"의 완료분사에서 왔다. 즉, 국가란 본디 "서 있게 된 것" "서 있는 것"이다. 국가, 우뚝 선 권력의 모습의 시니피앙, 팔루스인 국가. 상상적으로 한없이 동일화하게끔 유혹해서, 상징적인 위치 결정으로 유도하는 "건립된 것". 사람들은 그것의 전체상과 동일화하려 하지만 권력 "이지"는 못하고, 어느새 권력을 "갖게" 되는 것이다. 그러나 이는 우리가 이미 살펴본 이로의 반복에 불과하다. 또한 여기에서 논의를 그만둔다면 국가의 남근주의에 대한 긍정으로 귀결될 우려도 있다. 문제는 다른 곳에 있다. 즉, 왜 이런 "상상적이고 상징적인 팔루스"가 "아이를 낳는 것", 다시 말해 "계보 원리"에 관여하는가? 이를 확인하자. 르장드르에게 팔루스란 무엇이고, 그것은 어떠한 도그마적 역할을 맡는가? 기가 막히게 명쾌한 부분을 인용하자.

> 초월하는 신화적 대상. 그것은 값을 매길 수 없는 상징적인 가치를 갖고, 그 무의식의 위상을 유지한다. 이 대상을 학술적으로 변한 이름으로 불러보자. 팔루스 혹은 절대적 성.[123]

따라서 상상적이고 상징적인 팔루스란 "절대적 성"이다. "완전한" "만능인" "절대적인" 성, "성별을 초월한" 성이다.[124] "불가능한" "존재할 수 없는" 성이다. 이 절대적인 성이 "아님"으로써, 아니 그것을 "갖는" 것조차 허용되지 않음으로써, 우리는 상징적인,

자극적이기는 하나 비참한 기관에 불과한 구체적인 팔루스를 갖거나 갖지 않게 된다. 이러한 "상상적-상징적인" 팔루스, 즉 "초월하는 신화적 대상"이 "권력의 시니피앙"이기도 하다면, 이는 "순수 상태의 권력",[125] 만능의 권력이다. 그러나 이 "팔루스"일 수 있는 자는 아무도 없고, 그 순수 권력을 쥘 수 있는 자는 없다. 르장드르는 말한다. 팔루스라는 순수 권력에 있어서 "권력은 모든 것이 가능하다.' 그런데 여기에서 모든 것이란 무엇인가? 답하겠다. 그것은 무無다".[126]

　　만능이기에 무인 "절대적 성"에서 분리되고 분할됨으로써, 정신분석의 수상한 어휘를 사용하자면 "거세"됨으로써 우리는 "성별"을 갖게 된다. 그래야 한다. 팔루스와의 동일화는 "살인적인 동일화"로, "죽고 싶지 않으면 팔루스와의 관계를 신진대사代謝해야"[127] 하니까. 이렇게 해서 우리는 여성이나 남성이 된다. 남녀 같은 성별은 문화에 의해 계열화된 법적 카테고리이므로, 당연히 문화에 따라 그 의미 내용만이 아니라 개수도 다르다. 그러나 형식상 그것은 몇 가지로 분할해야 한다. 계보를 만들기 위해, 아이를 갖기 위해. 남녀라는 법적 카테고리는 법적인 것인 이상, 자연이 아니라 인위적인 것이다. "여자다운 여자" "남자다운 남자"는 물론 입에 담는 것조차 바보스러울 정도로 환상이다. 여지없이 비판해야 한다. 그러나 "성별", 즉 "성의 분할"은 제도적·법적 필요성에 의해 생겨난 것으로, 아이를 갖고 사회 재생산=번식의 바퀴를 돌리기 위해 없어서는 안 될 "제도상의 책략"이다. 그것은 민법의 "척주脊柱"라 할 수 있는 "신분법", 즉 "가족법" 내 "친자 관계의 몽타주"[128] 중 일부다.

이는 여성 차별일까? "남녀의 구별"이라는 이름 아래에 "차별"을 허용하는 것일까? 그렇지 않다. 남녀는 평등하다. 남성 할 례의 예를 들면서 르장드르는 "거세를 앞둔 두 성의 구조적 평등 성"[129]을 논한다. 중요한 내용이므로 몇 번이라도 반복하자면, 어떤 인간도 팔루스라는 〈절대적 성〉"이 아니"고, 그것을 "가지고 있지 않다"는 점에서, 분할되고 분화된 성은 "절대적으로" 평등하다. 어 떤 인간도 〈절대적 성〉인 팔루스가 아니고, 순수한 권력, 전능한 성 적 권력이 아니다. 그것을 갖는 것조차 불가능하다. 그 누구도. 자 명하다는 의미에서 불가능한 것이 아니라, "허용되지 않는" 것이라 는 점에서 그렇다. 상기하자. 상상적인 팔루스, 그것은 거울상적인 직립상과 같은 것이었다. 그로부터 "소격"을 마련하는 〈거울〉의 금 지하는 말'이 이를 상징화했었다. 어머니를 뒤에 두고 아버지를 우 선하는 표현이라는 이유로, "아버지와 어머니"라는 표현을 좋아하 지 않는다고 확실히 말하고, 교회법학자 이시도루스의 표현을 빌 려 "출산하는 두 사람"[130]이라고 바꾸어 말하는 르장드르를 여성 차별주의자로 보기는 어려울 것이다.

그렇더라도 왜 그것을 여전히 "팔루스"라 불러야 할까? 왜 남성 기관을 뜻하는 말로 불러야 할까? 분명 이론적인 정합성은 존 재한다. 그래도 의심은 걷히지 않는다. 르장드르의 입장을 듣자.

〈팔루스〉는 〈절대적 준거〉, 즉 〈근거율〉 또는 분화 원리(카테 고리 원리, 두 성에게 통보하는 〈아버지〉의 원리)의 은유적 표상에 불 과했던 것이다. "〈팔루스〉와의 관계"라는 정신분석 개념은 여 기에서 〈절대적 성〉으로서 상징화된 〈제3자〉 — 나의 저작에

서 〈준거〉라는 말로 가리키고 있는 〈제정된 제3자〉—의 문제 앞에서 두 성이 평등함을 의미한다.[131]

다시 말하면 이렇다. 개개인이 여자나 남자라는 몇 가지 카테고리 중 하나에 들어가기 위해서는 그 카테고리를 "뛰어넘은" 것을 〈거울〉로써 상연하고, 그것에서 분리시켜 소격을 마련하는 "책략"이 그로부터 개개인을 떼어놓을 필요가 있다. 두 성이 분할되려면 분할하는 제3의 작용이 있어야 한다. 팔루스는 그 작용을 행하는 〈절대적 준거〉 〈근거율〉 〈거울〉의 은유적 표상에 불과하다. 은유적 표상은 당연히 저 "시의 섬광"을, 의미를 "만들어내는" 인위성을 전제한다. 그래서 그것이 "몽타주의 효과"라 불리는 것이다. 따라서 이런 말이 된다. "초월하는 신화적 대상"이라는 제3자가 〈아버지〉의 원리이고, 〈팔루스〉인 것은 유럽에서 통용되는 판본에 불과하다. 서양에서 절대적인 권력, 절대적인 성은 대문자〈아버지〉로 표상된다. 그리스도교의 신이 "남성"이라는 것을 모르는 사람은 없다. 논리적으로 가장 세련된 일신교라 알려진 이슬람의 신에게 성별이 없다는 것도. 따라서 "여기에서 서구적 개념의 〈아버지〉는 사람을 현혹시키는 것이어서는 안 된다. 그것은 로마—그리스도교에서 유래한 분화 원리 중 하나의 판본에 불과하고, 그 분화 원리는 내가 누차 이방의 말을 사용해 토템 원리라고도 불렀던 것이다".[132]

팔루스, 그것은 "초월하는 신화적 대상"이다. 르장드르가 매우 적확하게 지적했듯, 그것은 원래 두 가지 성의 분할 바깥에 있다고 가정된 "성"이다. 무성이고 양성이기도 한 만능의 성. 불가능한 절대적 향락의 성을 지칭한다. 절대적 향락의 표상이기도 하지만 절대적 향락의 차단막이기도 한 그 무엇이다. 그러나 유럽 문화에서 그것은 부권의 영역에 덧씌워져 있고, 그것을 통해 규범적인 기능을 맡는다. 그래서 정신분석은 팔루스라는 호칭을 고집한다. 정신분석이 출현한 토양에서는 그것이 규범상 타당하다고 여겨왔기 때문이다. 또한 단지 그것뿐이기도 하다. 르장드르가 바호펜Johann Jakob Bachofen에 의거해 그것에 모권을 대치시키는 까닭은 그것에 대한 비판적 시점을 확보하기 위해서뿐만 아니라, 부권 속에서는 모권이, 모권 속에서는 부권이 항상 "초월하는 신화적 대상"의 복잡하게 서로 얽혀서는 여기저기 풀어지고 닳힌 안감으로서 존재함을 지적하기 위해서다.[133]

사실 르장드르가 인용하는 바호펜은 원래의 바호펜이 지닌 "잃어버린 모권에 대한 향수"나 "여성 숭배" 같은 낭만주의적 분위기, 즉 여성 "역차별"이 우려되는 부분이 마치 깎아 없앤 것처럼 완전히 결여되어 있다. 르장드르에게 모권은 까마득한 과거에 존재했던 잃어버린 동경의 대상이 아니다. 모권을 기능하게 하지 않는 부권은 존재하지 않는 법이고, 부권을 기능하게 하지 않는 모권 또한 존재하지 않는 법이다. 그 사례로 여기에서 굳이 유대교의 모권을 또는 마리아 신앙을, 신의 목소리를 듣고 미쳐버릴 뻔했던 무함마드를 변하지 않고 비호했던 "누나 같은 아내" 하디자의 위대한 족적을 또는 여성 교황 요한나의 기묘한 전설을 이야기할 필요는 없으리라. 또는 "어머니 같은 조국"(모국母國이나 모어母語를 상기하면 여기에서의 '어머니'가 갖는 뉘앙스를 알 수 있을 것이다.─옮긴이)을 위해 전장으로 향하고, 죽음을 목전에 두고 어머니의 이름을 부르는 병사들을. 분할 원리 그 자체인 초월하는 신화적 대상을 아버지가 맡기 힘들어지면 어머니에게, 어머니가 맡기 힘들어지면 아버지에게 건네는 왕복 운동에 의해, 원래는 무성이고 무한정의 성인 그것은 기능한다.

제41절 아버지란 무엇인가
: 법인으로서의 아버지, 유배의 아버지

/

유럽 판본의 경우, 원래 "만능의 성"이기에 남성도 여성도 아닌 "초월하는 신화적 대상"은 팔루스다. 따라서 유럽 문화에서 신은 〈절대적 아버지〉다. "그것이 아니다"라는 통지를 받을 때, 즉 그것과 분리되고 소격될 때 각각의 아버지는 아버지다. 이는 교황도 예외가 아니다. 물론 교황pape의 어원은 "아버지"다. 철자를 보면 바로 알 수 있듯 "파파"인 것이다. "신의 대리인"이자 중세에는 이 세계에 현현한 "팔루스" 그 자체이기까지 했던 "교황=파파"에 대해, 르장드르는 다음과 같이 적확하게 말한다.

> 교황에 대한 논의로 돌아가자. 그것이 내포하는 변증법으로 그리고 그것이 해결하는 이율배반으로. 실제로 그는 전능과 근본적인 성적 박탈을 표상한다. "그는 아버지이지만 거세되어 있다." 교황의 표상은 절대적인 양가성 속에 있는 질서의 징후이고, 따라서 교황은 팔루스 역할을 하는 자임과 동시에 성적 능력을 박탈당한 자로 기술되는 것이다.[134]

교황은 무류無謬이고 신의 대리인이고 팔루스와 다름없다. 그러나 교황은 무엇보다도 "승려"이고, 적어도 공적으로는 성적 능력이 "박탈"되어 있다. 성적 향락을 누릴 수 없을 뿐만 아니라 아이를 낳을 수도 없다. 매우 교묘한 라틴 그리스도교의 책략이다. 전능의 팔루스에 가장 가까운 자가 거세되어 있는 것이다. 상상적인 동일화를 통해 유혹하고, 동시에 상징적인 절단을 통해 분리하는 이러한 양가성의 논리가 르장드르 이론의 일관된 특징이라는 것은 이미 논했다.[135] 도그마 인류학에서 아버지는 이런 존재다.

다소 멀리 돌지만 피할 수 없는 우회로를 가자. 반복을 두려워하지 않고 다음을 질문해야 한다. 르장드르의 저작을 읽은 사람이 미처 소화하지 못하고 제일 먼저 토해내는 것은 르장드르의 "아버지" 개념이다. 그들이 겁먹은 말투로 르장드르는 반동 아니냐고 말하는 이유는 이 "아버지"라는 개념이 르장드르의 저작에서 극히 중요한 단어로 자주 등장하기 때문이다. 그렇게 말하는 사람도 나무의 가랑이 사이에서 태어나지는 않았으리라. 그 사람에게 아버지가 없는 것은 아니리라. 누군가의 아버지일 수도 있을 터다. 몇 번이라도 말하겠다. 자기가 살아가는 현실을 그 자체로 직시하지 못하는 사고는 시대의 검열을 기꺼이 받아들이고 있을 뿐이다. 나는 독자가 그렇게 겁이 많고 나약한 자가 아니라 믿고 있다. 계보 원리를 떠맡는 팔루스를 논하는 이상, 우리는 아버지를 논해야 한다. 아버지란 무엇인가? 이 물음은 우리가 걸어온 이로에 따르면 두 개로 분할된다. 1. "초월하는 신화적 대상=팔루스"를 연출하는 유럽적 판본인 "절대적 아버지"는 무엇인가? 2. 그리고 절대적 아버지의 밑에 있는 구체적인 아버지는 무엇인가?

1. 〈절대적 아버지〉는 무엇인가? 우선 라틴 그리스도교적 유럽의 제도적 책략인 〈절대적 아버지〉부터 다루자. 르장드르는 다음과 같이 말한다.

절대적인 차원에서 아버지라고 말하는 자는 누구인가? 절대적인 차원에서 근친상간의 규제를 조작하기 위한 아버지란? 어떤 아버지도 이런 위상은 지니지 않는다. 막다른 골목에 다다르지 않는 한. 그렇다. 막다른 골목, 막다른 곳. 이것이 답이다. 하지만 우리는 막다른 곳에 논리적인 의미가 있음을 알고, 이 막다른 곳을 누가 만드는지도 안다. 절대적으로 하나의 시니피앙을 답하는 자, 모든 시스템에서 논리적으로 첫 번째 공준公準으로 제기된 자다. 공화국, 신, 인민 등이다. 그리고 이런 여러 이름 중에 〈절대적 아버지〉가 있다.[136]

반드시 필요한 첫걸음은 말(파롤)과 언어(랑가주)의 제도적 차원을 승인하는 것이다. 〈신화적 아버지〉라는 (……) 표상의 단계를 신화의 문제가 가장 먼저 대두되는 곳에 위치시킬 필요가 있다. 신화의 문제란 말(파롤)의 〈사회적 제3자〉를 해당 사회의 차원에서 그리고 각각의 주체를 상대로 제정하는 담론의 문제다. 그것을 통해 우리는 내가 〈기념비적 주체〉라 부르는 구축물로 향하게 된다. 그것은 〈법〉의 보증인으로, 허구의 〈주체〉다. 그것은 친자 관계의 질서, 즉 분화에 필요한 상징적 절차의 총체를 보증하기 때문이다. 그런데 이러한 허구적인 구축물은 〈주체〉가 주체로 존재한다는 과제를 안고 있음(그것이 허구의 주체에 불과하더라도)을 시사한다. 특히 그리고 당연하게도 주체는 신화의 담론을 통해 금지라는 판돈을 거니까. 이 담론이 '부성과의 관계를 연출하는 각각의 담론'의 준거이고, 각각의 담론은 도그마적 메커니즘에 의해 이 담론에 준거한다.[137]

한 사회는 말할 수 있도록 정초되어야 한다. '말할 수 있도록'이란 '개인의 담론이 아니라 사회 자체의 것인 담론을 유지할 수 있도록'이라는 뜻이다. 이러한 픽션의 주체를 건립하는 것이 바로 제도적 몽타주의 첫 번째 목표다. 이런 논리적인 절차를 거치면 법 권리는 그것의 효과로서 〈기념비적 주체〉와 관계가 있는 담론으로 파생하게 된다.[138]

기념비적 주체란 무엇인가? 〈아무도 없다〉다.[139]

이런 말이다. 〈절대적 아버지〉는 원래 성별을 초월한 "초월하는 신화적 대상"의 이름 중 유럽적 변형이고, 누구도 그것일 수 없는 "기념비적 주체" 중 하나의 판본이다. 단적으로 말해 그것은 〈법인〉이다. 사회, 공공 단체, 협동조합, 국가, 유엔과 같은 〈법인〉이다. 상상적이고 상징적인 "초월하는 신화적 대상"의 명목상의―"이름 아래에" 있는―주체, 그중 하나의 "이본異本"이 〈절대적 아버지〉다. 그것과의 동일화와 분리에 따라 각각의 주체가 산출되는 기념비적 주체. 그 주체는 상징적인 아버지인 이상, 누구도 그일 수 없고, 따라서 그것은 "죽은 아버지"이고 "아무도 없다"다. 따라서 그것이 왜 "주체"이고 법인으로서 "인격"을 지녀야 하는지 이제 명확하다. 법인은 인격을 가져야, 사람의 모습을 하고 있어야, 더 말하자면 "사람의 얼굴"을 하고 있어야 엠블럼적인 〈거울〉로 작용한다. 동일화의 기제가 발동한다. 때문에 어떤 문화에서도 인격신이라는 관념은 끊이지 않는 것이다. 다음으로.

2. 구체적인 아버지란 무엇인가? 르장드르는 당연하게도 구체적인 "아버지들의 권력은 지고하지 않다"고 말하고 다음과 같이 말을 이어간다.

> 역으로 말해, 사회 안에 지고至高 권력이 있기 때문에 법적인 아버지의 성질은 의미를 갖는다. 그것이 의미를 갖는 까닭은 지고자=주권자의 대리이기 때문이 아니라 법 권리의 정치적 현존에서 시작된 사회적 기능을 지닌 논리적 중계점이기 때문이고, 그것은 우리 한 사람 한 사람과 절대적 준거 사이에 방파제를 건설한다. 첨언하자면, 법학은 우리와 신화적 장소 사이의 방파제이고, 모든 사회에서 그 신화적 장소는 착란적으로 관리된 담론이 처리한다. 법 권리의 정치적 현존은 이성理性을 제조하는 스크린으로 기능하고, 사회적 신화를 여과하고, 그것을 조작적으로 번역해서 삶을 살아가는 데 쓸모 있는 것으로 만든다.[140]

각각의 아버지는 "지고자=주권자", 즉 〈절대적 아버지〉의 대리조차 아니다. 그것은 "논리적 중계점"이고, 〈절대적 준거〉인 〈신〉에게 자기 아이가 동일화하지 않게 하는 "방파제"에 불과하다.[141] 논리적 중계점인 이상, 아버지는 아이에게 "논리를 이야기하는 자"이어야 한다. 그리고 그 이야기를 통해 아이에게 "너는 전능하지 않다. 나도 전능하지 않으니까"라고 — 위험하게도 — 이야기하는 자라는 말이 된다. "부성의 복권"을 입에 담는 사람들을 낙담시킬지도 모르겠지만, 르장드르의 논의에서는 어떠한 의미로도 체벌을 가하는 아버지를, 즉 유아를 학대하는 아버지를 정당화하는 담론을 끌어낼 수 없고, 그들이 말하는 걱정스러운 "아버지의 권위" 같은 것을 지탱해주는 돌이라고는 눈을 씻고 찾아보아도 없다. 피에르. "돌"을 의미하는 이름을 지닌 이 남자는, 그런 것의 주춧돌이 되려 한 적은 결코 없다.

　　반대로 이 암석 같은 논지로 몇 번에 걸쳐 이야기하는 것은, 아버지라는 지위의 연약함이고 "부서지기 쉬움"[142]이다. 프로이트도 인용하는 고명한 로마법의 정형 표현 "어머니는 그 무엇보다 확실하나, 아버지는 항상 불확실하다Mater certissima, pater semper incertus"를 르장드르도 거듭 즐겨 인용한다.[143] 그렇다. 그 아이가 "정말" 자기 아이인지 아버지는 알 수 없다. 아버지라는 위상은 어머니가 되려고 결단한 여성이 건네는 "당신 아이예요"라는 말에 대한 믿음에서만 생겨난다.[144] 따라서 법률 용어로 "부성의 추정"이라 불리는 딱 그만큼만 아버지일 수 있다. 르장드르가 "부친의 추정" 사례로 인용하고 있는 『학설휘찬』의 중요한 문구, 모든 근대 민법에 계승된 조문은 이렇다. "어머니는 항상 명백하기 때문에 설혹 그녀가 스쳐 지나가는 관계로 임신했어도 아버지는 혼인이 지정하는 아버지다."[145]

　　아버지는 불확실하다. 이 "불확실함"은 "친자 확인"에만 국한한 것이 아니다. 르장드르는 "확실함"과 "불확실함"의 어원까지 거슬러 올라가서 의미를 획정하려 한다.[146] 라틴어 형용사 "certus(확실한)"은 동사 cerno에서 유래한 것으로, 그것은 그리스어 krino에서 왔다. 이 동사의 의미는 무엇인가? "분리하다" "골라내다" "고르다" "끊다, 끝을 내다" "결단하다" "판결하다"라는 의미다. 그리고 르장드르는 말한다. "이미 골라서 결단을 내린 자가 '확실한' 것이다." "반대로 '불확실한' 것은 분리의 피안에 머물러 있는 자다. 그는 결단을 내리지 않았다."[147] 어머니는 "출산"이라는 사태와 분명한 관계가 있다. 그녀는 낳기로 결단을 내리고, 아버지를 선정하고, 분만이라는 분리를 실행하므로. 그러나 아버지는 불확실하다. 그는 분리하지 못하고, 결단을 내리지 못한다.[148] 아이가 "정말 자기 아이"인지 모르기 때문이다.

그뿐만이 아니다. "아버지가 어떤 기능, 어떤 원리를 갖는지는 아버지 자신이 아들이라 가정해보면 잘 이해할 수 있다. 주관적으로 아버지는 아들을 위해 아버지로서의 조건을 획득하려 노력하는 아들이다. 그러나 그 노력이 성공한다는 보장은 없다."[149] 많은 경우, 여성은 딸에서 어머니가 될 수 있다. 그만큼의 "체험"을 신체적으로 하니까. 그러나 체험을 통과하지 않고 병원 복도를 왔다 갔다 할 뿐인 "아들"은 자신이 "아버지"가 되었다는 사실을 쉽게 받아들이지 못한다. 아들이라는 평온한 지위에서 자신을 갑작스레 분리하지 못한다. "태어나는 것은 아들뿐이다. 아버지는 아버지 역할을 맡는 아들이다."[150] 따라서 "아버지는 항상 불확실"한 것이다. 여전히 계속 아들이고 싶다, 계속 아이이고 싶다는 이런 욕망이 얼마나 뿌리 깊은지 우리 한 사람 한 사람의 내부와 외부에 물어보기만 하면 알 수 있다.

따라서 "아들이 아버지가 된다"라는 언뜻 흔해 보이는 사건은 준엄하기까지 한 "상징적 위치 결정"을 갱신하는 "상징적 위치 교대"[151]다. 그것은 모든 법의 방대한 전제가 되는 도그마적 조작을 통해 "제조"한 "상징적 위치 결정"을 다시 한 번 부수고는 다시 써서 갱신해야 한다는 요청이다. 험난한 요청이다. 그것은 우리 시대에 더욱 험난해지고 있다. 르장드르의 말에 따르면 "포스트 히틀러 사회"의 "친자 관계의 육류처리적 개념화"의 지배 아래에 있는 시대에는, 다시 말해 "과학주의"라는 "비장의 카드"가 있는 나치즘 이후의 사회에서는, 친자 관계는 "생물학적인" 것으로 환원되고, 근거율의 상징적 구축과 그에 따른 결정에서 분리되고 말았다.[152] 친자 관계의 진리가 단지 육류처리적인 "물리적" 개념만으로 자동적으로 처리된다면, 그곳에는 말이 없고, 약속도 믿음도 없고, 따라서 왜가 없다.

　　친자 관계에서의 "왜의 부재"가 어떤 결과를 초래할지 예견할 수 있으리라. 그런 "육류처리적인" 관리경영적 시대에 아이를 낳은 자―이미 인용한 이시도루스의 아름다운 표현을 쓰자면 "출산하는 두 사람" 중 한쪽―로서의 남자가 언제까지나 아이의 지위, 아들의 지위를 고집하고, 그것에서 "분리"되지 못해 "불확실한" 채로 머물러 있다면 어떤 일이 벌어지는가? 태어난 아이는 자기가 상징적으로 점해야 할 "아이"라는 계보적인 장소를 생물학적인 종축種畜(우수한 새끼를 낳게 하기 위해 기르는 우량 품종의 가축을 뜻한다.―옮긴이)이 차지하고 있는 사태를 목도하게 된다. 태어난 아이는 근거율 안으로, 인과율 안으로, 계보적인 장소 안으로 들어갈 수 없게 된다. 이러한 "아이를 낳은 아들들", 즉 "유착 상태이고"

"분리되지 않은"[153] 종축들의 왜곡된 시점에 따르면, 자신의 아이는 본인이 점한 아이라는 위상을 빼앗으러 온 자처럼 보인다. 그래서 그는 "아이들을 충동의 배출구로 삼고" "아이들에게 폭행을 일삼는다".[154] 그리하여 "전제군주의 후계자인 우리의 사회적 일상생활 속에서, 사적인 전제는 가정의 지옥 안으로 계승되었다".[155]

　　　　때문에 아버지의 관념은 "대대적인 법적 조정의 궁극적인 대상"[156]이어야 한다. 관리경영, 과학주의, 생물학주의는 친자 관계의 "전부"를 전혀 통괄하지 못한다. 상징적인 것의 비판 또는 "법"의 비판이 "새롭다"고 생각하지 말지어다. 그러한 자신을 "새롭다"고 오해하는 관리경영적이고 사회공학적인 천박한 수다는 끊이지 않으니, 자신의 그런 말이 생각하지도 않은 데서 유래하지는 않았는지 꼼꼼히 검증해보라.[157] 다시 말하겠다. 아버지는 〈절대적 아버지〉의 대리물도 아니고, "논리적 중계점"에 불과하다. 그가 할 수 있는 것은 말을 믿는 것뿐이고 말로 설명하는 것뿐이다. 교황도 그렇듯 그는 분리되어 있어야 한다. 그는 신이기도 포기해야 하고 아이이기도 포기해야 한다. 아버지 중의 한 사람임을, 비참하더라도 아버지임을 받아들여야 한다. 르장드르가 "아버지에게서 태어난다$_{ex}$ $_{patre\ natus}$"는 문구, 즉 아버지를 "두 번째 어머니"로 정의하는 로마법의 빼어난 문구를 인용하며 강조하는 것은 "아버지는 엄마라도 '흡사 되는 것처럼'" "남성 주체는 아이를 낳는다"는 것이다. 이러한 "픽션" 아래에서만 아버지는 아버지일 수 있다.[158] 이 얼마나 연약한가. 그러나 이런 연약함을 통해서만 아버지는 제대로 된 아버지가 된다. 르장드르가 화가 메이요의 그림에 주석을 달며 논한 내용을 인용하자.

삶을 약속받고, 자기 이미지의 포로가 되어, 아직 어설픈 젊은 이는 앞으로 나아간다. 그는 아버지에게 물음을 던지지만 아버지는 침묵을 지킨다. 두 사람은 대결한다. 대결의 유일한 목적은 서로가 서로에게서 떨어져 존재하는 데 있다. 이 시련에서 두 사람은 진리를 건네받는다. 아버지가 가르쳐주는 유배라는 진리를 말이다. 이것만이 아버지가 줄 수 있는 유일한 가르침이다. 동시에 아버지 자신도 그것을 배운다. 아들은 아버지 안에서 아들인 부분을 발견하고, 아버지와 어머니와 결별해서, 시선을 지평선으로 향한다. 이때 아버지는 이러한 일종의 죽음을 받아들이고, 자기 아들의 출발을 바라볼 뿐이다. 아들은 이미 알고 있으므로.[159]

주석은 다음과 같이 이어진다.

아버지의 역할은 아이가 부모의 부정성을 이어받을 때, 즉 상실의 습득을 도울 때만 옹호할 수 있다. 한 문제의 주변을 〈금지〉의 규범적 몽타주는 맴돈다. 그 문제는 다음과 같다. 장소와 기능의 제도에 따라 부모가 아이로서의 자신의 상태를 상징적으로 단념할 가능성을 열고, 그럼으로써 이러한 주체의 상실에 합법성의 위상을 부여하는 것. 단념은 일시적인 것에 불과한 아이 상태를 자신의 아이에게 양도하기 위한 것이다. 〈모권〉과 〈부권〉이라는 용어에 요약되는 표상의 정치-사회적 구축물은 장소의 위치 전환을 유효하게 하기 위해 기능한다. 아이를 낳는 사람들의 표상 속에서 삶과 죽음이 연이어 일어나

는 것(세대의 질서)을 유효하게 하기 위해.[160]

따라서 아버지는 유배에 있다. 아버지가 아이에게 가르쳐 줄 수 있는 것은 이 유배뿐이다. 아버지는 자신의 장소를 아이에게 양도해야 한다. 아버지가 유배를 통해 깨닫는 것은 결별과 상실과 단념, 그뿐이다. 평범한 영위. 저 한심하고, 연약하고, 비참한 아버지의 모습. 그러나 그것이 옳다. 그것만이 옳다. 이러한 평범한 영위, 어떤 사람은 신파라고 비아냥거릴지도 모르는 영위에 얼마나 방대한 전제가 필요한지 논하려면 이 우회를 마쳐야 한다.

아버지는 유배된다. 아버지는 자기 아이가 "정말" 자기 아이인지 알지 못할뿐더러, 자기 아버지가 "정말" 자기 아버지인지조차도 알지 못한다. 그뿐이 아니다. 아버지는 팔루스도, 절대적 아버지도, 그 대리물도 아니다. 그것들의 논리적 중계점으로서, "초월하는 신화적 대상"이 "아니"고 그것을 "가질" 수도 없음을 아들에게 몸소 보여주는 자다. 중계점에 불과하기에, 스스로의 상실과 무력을 보여줌으로써 "팔루스"에서 분리되는 것을 도와줄 수 있을 뿐이다. 그리고 그것이 옳다. 자, 이 "초월하는 신화적 대상"과의 분리가 아이에게 어떤 작용을 미쳤는가? 이 물음으로 돌아가자.

제42절 "닮은 자"의 제조와 인과율의 상연: 텍스트·이미지·엠블럼

우리는 "초월하는 신화적 대상"이 "아니"기에 성별을 갖게 된다. 태어난 주체는 문화적 카테고리에 따라 몇 가지로 분류된—유럽

법을 계승한 민법의 가족법 내에 있는 우리에게는 두 가지―성별로 분할된다. 교황과 왕조차 팔루스"일" 수는 없다고 이미 논한 바 있다. 역으로 말해 트랜스섹슈얼리티의 매혹은 바로 이 "초월하는 신화적 대상"인 "절대적 팔루스"가 거세되어 여러 기관 중에 하나에 불과한 "상징적인 팔루스"가 될 때의 "여분"과 관련한 잉여 향락에 기인하리라. 그러나 이런 의기양양한 설명은 사족밖에 되지 않을 것이다. 문제는 특정한 성별로 분할되어 자신을 여자나 남자와 동일화하는 것은 지금까지 논해온 근거율로서의 〈거울〉 작용과 별도의 것이 아니라는 점이다. 르장드르는 라이문두스가 작업한『교회법대전』의 한 구절 "첫 번째로, 자연법은 닮은 자가 닮은 자를 낳는, 모든 사물이 본래 지닌 힘이다"[161]라는 문구를 전거로, 아이를 낳는 것은 "닮은 자semblable가 닮은 자를 낳는 것"이라고 말한다. 길지만 중요한 부분이니 많이 인용하자.

> 모든 규범적 체제 아래에서 또한 내가 〈정초적 준거〉라고도 부르는 〈절대적 준거〉의 이름 밑에서, 보편적 구조는 아이에 의한 아이의 재생산, 고대의 표현을 쓰자면 한쪽과 다른 쪽 성에 의한 아이의 재생산이, 즉 닮은 자가 닮은 자를 재생산하는 것이 조직될 때 발견된다.[162]

아이의 재생산이 규범성의 도가니라면, 개인을 설정하고 한 사회를 통치하기 위한 규범이라는 관념 자체가 인간의 분할 문제와 불가분이 된다. 즉, "~의 아이"라는 관념의 표상을 통해 카테고리의 원리에 처음으로 접근하는 방법과 불가분이 된다. 표상 속으로 들어가는 것, 그것은 이미지를 수단으로 인과성의 세계에 들어가는 것이고, 부재의 상징화에 따라 각인된 "닮은 자"의 이미지가 만드는 인연에 도달함으로써 차이의 부재에서 자신을 분리하는 것이다. 우리가 여기에서 발견하는 것은 이미 논한 바 있는 이 부재의 상징화와 관련한 것, 즉 〈금지〉의 근거 자체다.[163]

인간의 법은 언어의 법이고, 〈법 권리〉는 그것의 진수를 사회적으로 번역한다고 했을 때, 그것의 의미는 인간 재생산의 법은 분할·분류·분화한다는 것이다. 구조에 대해 생각해보면, 그것은 〈법 권리〉가 모든 주체를 "~의 아들" "~의 딸"로 규정함으로써 특정한 논리적인 기능을 받아들이고 있음을 의미한다. 특정한 논리적 기능은 분할의 법에 사회적 형식을 부여하고, 그럼으로써 인간에게 종種의 조건에 따라 살아갈 가능성을 열어준다. 종의 조건은 언어를 사용한다는 조건을 뜻하고, 이 조건에 따라 살아갈 가능성의 실체는 주체 한 사람 한 사람이 "주체로 분할되고, 세계를 말로 분화하는" 데 있다.[164]

이미지의 관점에서 아이라는 종을 지시하는 단어에 대해 잘 생각해보자. "~의 아이"라는 관념에 의해 "닮은 자"의 이미지와 "닮은 자" 사이에는 인과관계가 도입된다. 인간의 재생산(번식)은 원본과의 관계를 배경으로 이루어지는데, 그 원본은 재생산된 원본으로 그 자체가 이미지의 이미지이고, 이미지의 이미지의 이미지…… 하는 식으로 계속 이어진다. 이러한 회귀는 본래의 원형, 즉 모든 이미지의 모델이 되는 이미지의,

종으로서의 인간이라는 개념 자체의 설치를 밀어내버린다. 이미지의 인과적 연쇄에 대한 사유는 개인을 '종의 이미지'이 자 '종의 원인이 되는 이미지'로도 생각해야 하는 곳까지 도달한다. 근대 법학의 기초를 명확하게 정의해야 했던 중세 추론 가들은 이를 표현하기 위해 인간은 〈신〉과 세계의 닮은꼴=이미지imago Dei et mundi라고 말했다.[165]

그렇다면, 〈신〉의 닮은꼴=이미지로서의 인간이라는 표현은 인간이 자신과 닮은 자를 재생산하기 위해서는 인과성의 담론이 필요하다는 것을 의미한다. 이 인과성의 담론에는(앎의 내용은 어떠하든 간에) 원인에 대한 앎이 포함되어 있을 뿐만 아니라 담론이 이러한 앎의 원리를 축하한다는 것 또한 포함되어 있다. 이리하여 모든 주체가 합법적으로 이 담론에서 태어나, 〈이성〉에 의한 축하라는 간접적 수단을 통해 '정초적 원리와의 이미지적 관계' 속으로 들어간다. 따라서 결국, 〈신〉의 닮은 꼴=이미지로서의 인간이라는 표현은 근본적으로 〈서양〉 문화 속에 있는 〈근거율〉의 상연이고, 그것에서부터 카테고리를 이루는 규범적 담론의 기초가 만들어진다.[166]

따라서 이런 뜻이 된다. 아이는 우선 누군가의 딸이나 아들임을 "발견"한다. 그 누군가와 〈거울〉에 비친 모습처럼 "닮은" 자임을 발견한다. 이는 부모가 아이와 닮았다는 것 이상을, 즉 "인간"이라는 같은 카테고리 내부에서 "닮은" 자임을 의미한다. 즉, 인간 중에 "하나"이고 "어떤 사람"의 "아이"임을, 스스로를 이미 분류되어 있는 특정한 "항" 속에서 발견한다. 이것이 인과율의, 근거율의 첫걸음이다. 자기의 원인은 부모이기 때문이다. 나는 그 누군가와 "닮은 자"가 된다. 즉, 그 누군가와 "같은 자"가 아니라 분할되고 분리된 독립적인 항이지만, 같은 분류의 카테고리에 속하는 자가 되는 것이다. 이미 인용한 것처럼 "〈거울〉은 자기의 원인을 부여"하는 것이었다. 마찬가지로 부모의 모습은 자신과 "닮은" 자신의 원인이자 근거다. 이를 인정하는 순간, 말없는 아기enfant는 아이fils가 된다. 인간이라는 카테고리 아래에 있는 누군가의 아이이고, 누군가의 딸이다. 즉, 부모와 같은 종에 속하는 "하나"이자 성별이라는 카테고리, 분류를 거친 자가 된다.

　　문제는 아이 이미지와 닮은 이미지인 부모 또한 전에는 아이였고, 이런 이미지의 인과관계는 무한히 소행할 수 있다는 점이다. 부모의 부모의 부모의 부모의 부모……. 그 소행을 절단하는 지점이 바로 인과율이자 근거율로서의 〈거울〉, 즉 "신의 닮은꼴=이미지로서의 인간"이라는 신화다. 이 자체에는 근거가 없고, "미쳐 있는" 도그마임은 이미 논했다. 그러나 이것 때문에 안심하고 이미지의 이미지의 이미지의 이미지……로서, 아이는 신의 "복제"로서의 삶을 살기 시작해, 특정한 분류 질서 속, 즉 근거율=인과율 속에 들어갈 수 있게 된다. 현상과 현상 사이에서 근거와 인과성을 발견하기 위해서는 〈거울〉 이미지의 작용 등에 따라 우선 스스로가 근거 지어지고 인과에 속해 있어야 한다. 자기가 카테고리 내부에 있을 때 비로소 다른 카테고리를 다룰 수 있게 된다. 르장드르는 다윈의 말을 빌려 말한다. "분류는 모두 계보적이다."[167]

　　그런데 르장드르는 왜 이것이 "논리적인 기능"을 담당한다고 말할까? 간단하다. 예를 들어 곤도 레이코近藤玲子와 다키가와 도시오滝川敏夫와 요시오카 기요미吉岡清美가 있는 방에 필자가 들어가서, "곤도 씨와 다키가와 군, 요시오카 씨, 나, '인간 군'이 있으니까 전부 다섯 명이 있다"고 진지한 얼굴로 말하면, 안타깝게도 나는 발광한 것이 되리라. 나아가 자신을 "나는 '인간 군'이다"라고 말했다가는 다소 강압적인 조치가 취해질지도 모른다. 요약하자면 〈거울〉의 근거율에 따라 아이에게 부여되는 분류의 논리적인 기능, 성별과 누구의 아이인가를 시초로 하는 논리적 기능은 "논리적인 분류상의 카테고리 사다리의 건너뛰기"를 금지하고, 그것을 통해 논리를 가능하게 하는 데 있다. 르장드르가 말했듯 이런 논리적인 사다리를 가능하게 하는 분류는 단지 지적인 조작에 머무르지 않는다. 그것은 "계보적"이고, 따라서 삶을 살 수 있게끔 한다. 그래서 르장드르는 "계보 시스템은 전제적인 것이 아니다. 계보 시스템은 단지 사회적인 역사성의 요청뿐만 아니라 논리 기능의 작동이 필요로 하는 것에도 응하기 때문이다"[168]라고 말할 수 있었던 것이다. 그렇다. 저 유배된 아버지도 "논리적인 기능"을 담당하지 않았던가.

다시 확인하겠다. 근거율=인과율은 〈거울〉이 되었을 때만 가능하다. 그 이유는 두 가지였다. 첫 번째는, 우선 그것 자체가 완전히 근거가 없기 때문에 "도그마적"으로, 즉 보이기 위한 미적인 결정으로서만 "제조"될 수 있기 때문이다. 다시 말해 그것은 이미지적·언어적으로 "준거"가 되는 "텍스트=이미지=엠블럼"으로서, 이런저런 역사상의 법적·미적·신체적·시적인 창의에 의해 "상연"되고 "연출"될 때만 존재하기 때문이다.

두 번째. 그 "이미지=텍스트"에 "준거=지시"했을 때만 "원인"근거"증거"가 신화적으로 부여되고, 그랬을 때만 말없는 "아기"를 분류 질서 중 한 장소에 할당할 수 있기 때문이다. 〈거울〉과 마주하고 아기는 이렇게 말한다. 나는 이거야, 왜냐하면 이것이 내 모습이니까. 나는 인간이야, 왜냐하면 이 나는 인간과 닮았으니까. "닮은 자가 닮은 자를 낳는다." 〈거울〉에 비친 "무엇인가에 닮은" 내 모습은 기묘한 죽음의 그림자를 두르고, 근거율과 분류 질서 쪽으로 오라며 끝없이 손짓한다. 이 "닮음"을 가능하게 하는 이미지의 힘에 의해 사람은 "죽음의 모습"이자 동시에 "상징적인 위치"이기도 한 그 무엇과 동일화한다. 그리고 "아이"가 된 그자는 말할 것이다. "왜"냐고. 혹은 "지옥의 물음"인 "왜 법인가"라고. 왜 법인가? 왜 우리는 인간이고, 여자가 아니면 남자이고, 저 남자가 아버지이고, 저 여자가 어머니인 상황에 몸을 내맡겨야 하는가? 〈거울〉의 두 가지 언명, "이것이 너다" "그러나 이것은 네가 아니다"라는 금지의 말, 법의 말을 통해 아기는 자신의 모습을 수취한다. 그리고 이 "법의 모습"을 보며 이렇게 반문한다. 왜 이것이 나인가? 왜 그렇게 "정해져 있는"가—"왜 법인가?" 〈거울〉로서의 근거율=인과율은 "'왜 법인가'로 시작되는 인과성이 제정된 표상의 원천"[169]이다. 그것에 준거하지 않는다면 "정통성"은 불가능하기란. 르장드르는 말한다. "정통성legitimité이란 어느 사회에서 '왜 법인가'에 답하는 담론, 그 대답을 제정하는 담론이고, 그럼으로써 정통성은 우리가 법이라 부르는 일련의 효과를 '권위 있게 한다=가능하게 한다autorise'—그야말로 적절한 말입니다—고 할 수 있습니다. 그것 아래에는 인과성, 즉 이유=근거의 인연을 상기하는 데 필요한 온갖 물음이 존재한다는 것을 깨닫게 될 것입니다."[170]

따라서 도그마는 계보의 원리다. 누군가의 아이가 되고, 누군가와 아이를 낳기 위한 원리인 것이다. 계보 원리로서의 근거율, 즉 〈거울〉은 무슨 일이 있어도 존재해야 한다. 무엇 때문에? 이미지를 사랑하고 법을 체득하기 위해. 말을 습득하고 증명하기 위해. 분류하고 분할하고 논리를 지탱하기 위해. 근거 있음을 사랑하기 위해. 카테고리를 유지하기 위해. 통제 가능한 신체를 얻기 위해. 아이로 태어나, 자기가 살아 있는 인간임을 알고, 누군가의 아이가 되고, 성별을 갖고, 사랑을 알고 욕망을 알아, 약조를 맺고 혼인해 아이를 갖고 부모가 되어 죽기 위해. 즉, "살기 위해". 르장드르가 3세기의 법학자 마르시아누스를 인용해 거듭하는 말 "삶을 제정한다"[171]란, 쉽게 말해 이를 뜻한다.

제43절 도박자로서의 심판자: 근친상간·살인·원리주의

/

그러나 위험하다. 그렇다. 너무도 위험한 작업이다. 이런 작업이 실패할 가능성은 얼마든지 있다. 르장드르는 이처럼 근거율=인과율이 제정되고, 정통성이 준비되고 "왜"와 그것의 대답을 설정했다고 해서 주체의 생산이 항상 성공한다는 낙천적인 이야기는 한마디도 하지 않는다. 할 리가 없다. 르장드르는 몇 번이나 이러한 주체 생산 장치를 "피비린내 나는 구석이 있는" "무의식의 도박장tripot"이라 부른다. 그곳에서는 메시지의 전달을 둘러싼 "근원적인 도박" "잔혹한 사랑"과 체액 내음과 착란과 고통과 환희가 교차하는 "도박"이 벌어지고 있다.[172] 계보 원리는 도박자賭打者 중 하나로, 무슨 일이 있어도 아이를 낳기 위해 이런저런 책략을 써가면서 도박에 임해야 한다. 아이를 낳아 키우기는 무의식의 도박을 하는 것이다. 이렇게 표현하면, 부모인 사람은 마음에 짚이는 것이 있을 것이다. 그것은 패배할 운명, 실패할 운명이고, 법학자와 정신분석가는 이 "법의 실패"의 장면에서 치유자로서 호출된다. 따라서 르장드르는 "다소나마"라는 말을 몇 번이나 반복하는 것이다. 르장드르는 말한다. "그리고 아이가 다소나마 제정되도록, 즉 많든 적든 사람이 태어날 수 있도록 적극적으로 장려해야 한다."[173] 설령 이기지 못하더라도, 적어도 철저하게 지는 일은 없게끔. 그것은 죽음을, 전멸을 의미하니까.

법의 도박이 갖는 위험함. 〈거울〉의 패배, 근거율의 패배, 분류 질서의 패배, 실패. 이는 메시지 전달을 두고 건곤일척의 도박을 해서 졌던 나르키소스처럼 소격의 소멸로 나타난다. 근친상간과 살인. 거기에 절대적 향락이 있을 터였다. 이를 논해야 하리라. 느닷없지만 판례를 하나 인용하자.

어느 여성이 아들과 동거하고 싶어서 술에 취한 아들에게 몸을 맡겼다. 그녀는 그 결과로 임신해 딸을 낳았다. 그녀는 아들에게 진실을 고하지 않고 그 딸을 가족이 아닌 것으로 했고, 나이가 차자 아들과 결혼시켰다. 아들은 그녀가 근친상간으로 낳은 자기 딸이라는 사실을 몰랐던 것이다. 자, 딸과의 결혼이 성사되어 그녀가 엄마가 된 다음, 엄마는 회개하고 아들에게 딸의 출생의 비밀을 알리고, 자신의 행위를 전부 고백했다. 어떻게 해결해야 할까?[174]

어떻게 해결해야 할까? 이 판례가 열어젖힌 공간에는 "왜"라고 외치는 여러 목소리가 울려 퍼지고 있다. 아들의 "왜", 실은 그의 딸이었던 아내의 "왜", 그리고 이 둘이 낳은 아기의 "왜"가. "동거하고 싶었으니까"는 답이 될 수 없다. 울려 퍼지는 여러 "왜"에 답하기 위해 근거율은 다시금 이 물음에 답해야 한다. "어떻게 해결해야 할까?" 이것에 답하지 못하면 근거율이 될 자격이 없다. 법의 해석자이자 각각의 판례를 법에 준거해 해결하는 결의론자인 판사는 근거율을 대신해 "답"을 해주어야 한다. 이 어머니의, 이 아들의, 이 딸의, 이 아기의 생사가 걸린 "왜"를 받아들여 해결해주어야 한다. 그것의 근거를 제시해야 한다. "법을 정초하는 담론의 이름으로 결의론에 근거를 부여"[175]함으로써 "왜가 없는" 근친상간에조차 답해야 한다. 이 어머니의 광기를 만들어내고 말았다는 점에서 이 사회는 모르는 사이에 도박에서 지고 말았다. 그러나 이 도박, "어떻게 해결해야 할까?"라는 도박은 무슨 일이 있어도 이겨야 한다. 적어도 져서는 안 된다. 근친상간의 절대적 향락 운운하며 즐거워하는 사람들의 수준을 우리는 훨씬 뛰어넘었다. 이미 그런 것은 전혀 문제가 아니다.

어느 시대의 어느 문화 판례집을 살펴보아도 이런 판례는 존재할 것이다. 실제로, 지금 이런 판례가 있다고 해도 전혀 터무니없는 일은 아니다. 이 판례는 사실 15세기 말을 살고 16세기 초에 죽은 모로코 출신 이슬람 법학자 알 완샤리시Al-Wansharishi가 저술한 『안달루시아와 마그레브의 법률 상담집』에 게재되어 있다고 지적하는 데에 머무르도록 하자. 문제는 그다음이다.

근친상간이란 무엇인가? 우선 이것을 확인해두자. "피의 근친상간은 존재하지 않고, 그것은 본질적으로 생물학적인 문제가 아니다." "근친상간은 다른 수준, 즉 제도의 관할 아래에 있는 문제인 것이다."[176] 이에 대해서는 레비-스트로스가 이미 논했었다. 레비-스트로스는 『친족의 기본 구조』에서 근친상간의 금지가 존재하는 이유에 대한 기존의 주장들을 하나씩 논파한다. 그것은 생물학적인 이유로 금지된다는 것이 아니다. 즉, 유전적인 실패가 일어나서가 아니다. 가족 간에는 "익숙함"이 있어서 성적인 욕망이 생기지 않는다는 심리학적인 이유도 아니다. 또한 역사적으로 특이한 상황에 환원할 수 있는 것도 아니다. 그리하여 레비-스트로스는 모건과 메인, 웨스터마크와 해브록 엘리스, 뒤르켐과 스펜서 등을 연이어 쓰러뜨린다.[177] 그러나 여기에서 우리는 더는 레비-스트로스의 논지 속에 들어가지 않도록 하자. 근친상간은 생물학적 사실과 심리학적 사실, 역사적 상황에도 환원할 수 없는 "그 무엇"임을 확인하면 된다. 르장드르는 그것을 "제도의 수준"이라고 했다. 이는 무슨 말인가? "근친상간의 금지는 생물학적인 '자연'의 소여가 아니다. 그것은 본질적으로 언어의 현상이다"[178]라고 말한 다음, 르장드르는 다음과 같이 논한다.

> 근친상간의 금지는 근본적인 공허한 형식이다. 금지는 역사적으로나 사회적으로 다양한 내용을 지닐 수 있지만 그 본성의 논리를 손보거나 그것에 흠집을 내지는 않기 때문이다. 그것의 내실은 항상 자기와 타자의 논리적 구별을 통보하는 것, 즉 "어떻게 자기와 타자의 경계선을 표상할 것인가"라는 문제다.[179]

근친상간의 금지로 실현되는 것은 "소격의 설정"[180]이다. 따라서 근친상간의 위반은 소격의 해소이고, "자기와 타자의 경계선"을 말소하는 것이다. 여기에서는 자기와 타자의 구별이 없고, 따라서 한계가 없다고 다시 말할 필요가 과연 있을까? 나르키소스적 광기에 사로잡힌 근친상간은 "전능을 요구한다".[181] 그것의 금지는 한계, 소격, 경계선을 통보하는 것이다. 즉, 카테고리에 종속될 것을 강요하는 것이다. 이는 논리적인 문제, 카테고리상의 문제로, 근친상간의 금지 없이는 카테고리도 없다. 따라서 인과성도 없고, 근거도 없다.

근친상간의 금지는 이미 논했듯 논리적인 사다리 건너뛰기의 금지와 같은 것이기 때문이다. 알 완샤리시의 판례로 돌아가자. 어느 어머니가 술에 취한 아들과 몸을 섞어 딸을 가졌다. 이 첫 번째 단계에서 이미 명백한 착종이 일어난다. 그 딸에게는 "나는 아버지의 딸, 어머니의 딸, 그와 동시에 아버지의 여동생이고 어머니의 손녀다. 할머니의 딸이고 또한 할머니의 손녀다. 내 아버지의 형, 즉 삼촌의 여동생이고 조카……." 이런 착란적인 위상이 자신의 동일성을 표현하는 언명이다. 이는 "동물"이라는 카테고리를 개체와 같은 수준에서 "한 마리"라고 세는 것만큼이나, 우리 문화에서 비유가 아니라 진지하게 "나는 후추인 동시에 셔츠이고 제임스 브라운, 전기電氣다"라고 말하는 것만큼이나 "미친 상태다". 그것은 "논리에 반한다". 카테고리가 붕괴된 상태다. "자기와 타자의 논리적인 구별" "자기와 타자의 경계선"이 무너졌다.

따라서 이런 말이 된다. 근친상간의 금지에 이유 따위는 없다. 그 자체에는 근거가 없다. 그 반대다. 금지에 의해서만 카테고리가,

이유, 이성, "근거율=인과율"이 가능해진다. 근친상간의 금지는 문화의 분류 조직, 논리 형식, 〈이성=근거〉, 근거율의 구축에 직결된다. 그래서 르장드르는 "근친상간의 과제는 가족의 전매특허가 아니"고, "근친상간의 과제는 어디에서든, 따라서 가족 밖에서도 이루어질 수 있다. 그것은 정치적이고, 유연하고, 다채로운 형식이다"[182]라고 논한다. 뒤집어보면, 근친상간은 "전능을 요구한다"는 문구의 의미도 명확해진다. 그것은 근친상간을 범하는 자는 "스스로가 근거율"이기를 요구하고 있다는 말이다. 근거율 자체에 왜는 없다. 따라서 그것은 만능이고 무법이다. 〈거울〉, 〈법〉, 〈신〉 그 자체가 되려는 것과 같다. 이는 있을 수 없는 일이다. 거기에서는 자신과 〈거울〉 사이의 소격이 사라진다. 따라서 "자기와 타자의 경계선"도 사라진다. 자기 아들의 아내와 자기 딸과 자기 손녀와 자기 자신을 구별할 수 없게 된다. 그렇기에 르장드르는 그것은 전능을 요구하는 것이라 말할 수 있었던 것이다.

소격의 소멸. 그것은 "손가락을 까딱하기"만 해도 출현한다. 인용하겠다.

소격의 두 가지 측면 ─〈기념비적 주체〉와 법의 개인·주체 ─사이의 소격을 파괴하는 아주 사소한 위치 전환, 손가락을 까딱하는 것만으로 충분하다. 광기를 실현하려면. 착란으로의 문이 열리고, 합일을 향한 전체주의적 정열은 그 심문관을 낳고, 〈신〉에게, 나치에게, 마오쩌둥 등등에게 미친 자들을 낳을 것이다.[183]

그렇다. 불현듯 알 수 없게 되는 순간이 도래한다. "전능"의 "표상"인 〈기념비적 주체〉가 자신과 다른 직립상이라는 것을, 그리고 그것은 어디까지나 표상이라는 것을. 즉, "현실과 허구"가 구별되지 않는 순간이. 〈거울〉을 바라보고 '이것은 나다. 하지만 "진짜" 나는 아니고, 내 이미지에 불과하다'는 이런 평범한 사실조차 알 수 없게 된다. "이것이 나인가" "이런 것은 내가 아니야" "나를 이렇게 만든 것은 너냐" "너를 죽여주겠어." 하지만 이미 논했듯이 "너"는 "나"인 것이다. 모든 것이 "나"이고, 따라서 더는 "나"는 없다. 〈거울〉 저편으로 가려 하지만 오히려 자기가 〈거울〉 속에 녹아버린다. 거기에서는 자기가 〈거울〉이므로 자기가 근거율 자체인 것처럼 행세할 수 있으리라. 도그마적인 조작에 의해 면밀히 설정되어온 소격이, 각각의 "주체"와 픽션으로서의 〈기념비적 주체〉 사이에 있어야 할 무한한 소격이, 한순간에 증발한다.

이제 그곳에 자신과 소타자와 대타자의 구별은 없다. 따라서 자기와 법의 구별도 없다. 자기가 근거율이기에 근거율은 없다. 왜는 없다. 왜 따위는 필요 없다. 이 나는 만능이니까. 그리고 그는 에메처럼 칼을 들이대고, 수용소의 미군처럼 폭소하면서 죽음에 이를 때까지 이라크 사람들에게 고문과 학대를 가하고, 정치적 이맘처럼 자유자재로 파트와를 선언해 목을 자르게 하고, 증오에 휩싸여 유대인을 발로 찬 후에 화물열차에 채워 넣고, 자기 아들을 몇 시간에 걸쳐 감금해서 때려죽이고, 딸을 강간한 끝에 굶게 내버려 두는 것이다. 전제란 무의식의 소격이 증발하는 사태다. 따라서 거기에 공사의 구별은 존재하지 않는다. 울피아누스를 인용할 필요도 없다. 사태가 여기까지 이르게 되면.

거울은 산산이 부서진다. 금지의 말은 고갈되어 이제 들리지 않는다. 도박에 진 것이다. 소격의 소멸은 〈거울〉의 상이 표상임을 모르게 된다는 것을 뜻한다. 〈거울〉은 자기와 타자의 구별을 분할할 뿐만 아니라, 〈거울〉에 비친 자기 이미지가 "표상"이라는 것을 통보하기도 한다는 것을 상기하자. 자기와 타자의 구별이 없을 뿐만 아니라 "현실"과 "표상", 즉 "현실"과 "픽션"의 구별이 와해된다. 그는 죽일 것이다. "상징적으로 죽인다", 즉 "표상으로 만든다"나 "말로 한다"는 것과 '정말 죽이는 것'을 구별하지 못하니까. "죽이겠다"고 말하는 것, 영화나 연극 속에서 "죽이는" 것과 실제로 "죽이는" 것이 다른 행동임을 이제 그는 알지 못한다. 거울과 자신이 금지 관계라는 것을. 상징적 위치 교환은 이제 없다. 상징적으로 이루어져야 할 위치 교대가 현실의 위치 교대로 바뀔 것이다. 따라서 그는 아버지를 죽인다. 혹은 자기를 아버지로 만드는 자기 아이를. 자기가 비치는 거울을, 사랑의 대상을, 〈거울상적인 소타자〉를 파괴한다. 이리하여 〈거울〉은 산산조각이 난다. 그것에서 나오는 금지 또한. 따라서 "살인을 금지의 살해"[184]로 이해해야 한다. 그는 이제 "전능"이므로, "전부"이므로 남을 죽이는 것과 자기를 죽이는 것도 구별이 되지 않는다. 즉, 타자와 자기의 구별이 없으므로 타살과 자살의 구별도 없다. "친자 관계의 육류처리적 개념"이 이를 가속화한다.

따라서 무슨 일이 있어도 되찾아야 한다. 무엇을? 소격을. 우리와 전능 사이의 소격, 즉 근거율을, 법을, 텍스트를. 〈거울〉을. 그러나 난처하게도 그것만으로는 되지 않는다. 그것만으로는 도박에 이길 수 없다. 르장드르는 냉철하게 말한다. "이렇게 써 있다"는

"원리주의적 논증"[185]이기도 하다고. 법에의 경직된 직접 준거는 자기 준거와 다를 것이 없다. 따라서 살인적인 준거와도 다르지 않다. "이렇게 써 있다. 그러니 죽여라." 원리주의는 모두 텍스트 원리주의다. 원리주의는 텍스트에 복종하는 것이 아니라, 텍스트를 자유자재로 무시하기도 한다. 거기에 소격이 없는 이상, 원리주의자는 텍스트와 자신의 구별이 되지 않으니까. 텍스트, 이미지, 엠블럼과 자신을, 예를 들면 국기와 자신을 구별하지 못하는 자. 그것들이 "몽타주"의 효과에 불과하다는 것이 뇌리에서 증발해버린 사람들. 바로 그들을 정확히 "원리주의자"라고 부를 수 있으리라.

원리주의적인 세계. 르장드르는 우리가 살고 있는 〈매니지먼트〉가 지배하는 세계도 "원리주의"라 부른다. "〈매니지먼트〉란 행동주의적 도그마를 정치적으로나 사회적으로 작동시키는 것으로, 극단으로 치닫는 것을 제어할 기제가 없다. 그것은 원리주의의 담론이고 폭력적인 귀결을 초래하는 것으로, 〈군사 국가〉가 지탱해주지 않으면 확대될 수 없다. 이처럼 〈금지〉의 구조에 맹안인 상황에서, 우리가 살고 있는 〈서양〉은 근본적인 문제를 회피하고 있다."[186]

거기에 결여된 것은 해석, 해석자다. "해석자의 위치는 소격에 있다."[187] 그리고 "해석자란 (……) 자신과 권력의 〈절대적 욕구〉 사이에 설치된 소격을 지지한다고 천명하는 자를 말한다".[188] 우리는 이미 보아왔다. 500년 전 이슬람 법학자의 저 가냘픈 외마디를. "어떻게 해결해야 할까?"를. 이처럼 근거율의 대리가 된다는 험난한 임무를 다하려 하는 자, 그것이 여기에서 "해석자"라고 부르는 자에 다름 아니다. 각각의 사례를 정성스레 살펴보고, 법과 대조해 판례를 쌓아가는 자. 이보다 더 금욕적일 수 없는 도박꾼, 이 기이한 모습. 결의론이란 각각의 사례를 논하는 학문으로, 따라서 결코 법을 직접 적용해서는 안 된다. 그러므로 근거율의 존재만으로는 불충분하다. 그것은 바깥에 있어야[外在] 한다. 모든 사회 영역에는 근거의 외재성뿐만 아니라 근거율의 외재성이 확립되어야 한다. 즉, 근거율과의 소격이.[189] 따라서 그것은 이미지의 위험한 연출을 통해 구축되어야 한다. 이는 이미 논했다.[190]

절대적 텍스트에 직접 준거하기. 매개와 소격을 제거한, 해석을 경유하지 않은 준거. 그것은 〈절대적 준거〉나 〈근거율〉과 자신을 혼동하는 것과 같다. 이런 것이 원리주의라고 이미 논했다. 원리주의가 "살인적"이라는 것도 명백하다. 그래서 사회는 해석자를 제조하고, 해석자를 위한 장소를 제정해야 한다. 그러지 않으면 전제가 등장한다. "전제란 그 영역에서 해석자의 위치가 사라져서 해석자의 몽타주가 파괴된 사회다."[191] 해석과 그 제 규칙은 "이렇게 써 있다"를 억압하고, 직접 준거를 검열해서 그것의 자유를 금지한다. 그러나 그것은 "이렇게 써 있다. 이렇게밖에 읽히지 않는다. 그러니 죽여라"를 금지하는 것이기도 하다. 옛 성전에 "죽여라"고 써 있다고 해서 베일을 벗고 해변에서 해수욕을 즐기는 무슬림 여성들을 사살해서는 안 되고, 존경하는 스승의 명령이라 해서 "포아"(옴진리교가 살인을 정당화하면서 사용한 교의로, 영혼을 더 높은 차원으로 이동시킨다는 뜻이다.—옮긴이)해서는 안 된다. 그렇다. 해석자는 직접 준거를 검열한다. 그리고 그것은 "해석의 자유"를 보장하는 것이기도 하다.

벤슬라마는 세속 지식인과 여성을 계속 탄압하고 학살하

는 이맘들을 비난하며 "거짓 굴욕"에 의한 "자존심의 상상계"에 대해 논했다.[192] 정치적 이맘들은 자기 자신과 "대문자 텍스트"로서의 『꾸란』을 구별하지 못한다. 그들은 해석자가 아니다. 그럴 자격이 없다. 해석은 소격을 유지하기 위해 존재한다. 법의 언어로 된 금지를 실제로 육성으로 말하기 위해 존재한다. 게다가 현실에 맞추어서. 그렇다. 도덕, 윤리, 상식이라 불리는 장소는 여기다. 르장드르는 지극히 명석하게 말한다. "〈법〉과 〈도덕〉의 관계를 어떻게 이해해야 할까? 이렇게 말하자. 해석의 근거에 관한, 〈민법〉에 대한 종속이라는 관계다." 즉, "해석의 근거는 〈법〉 안에 있지 않고 다른 장소에 있다. 즉, 〈도덕〉―우리 시대에 재고의 대상이 된 〈윤리〉―이 그것의 원천을 언어 주체의 표상 속에서, 즉 모든 해석의 정초적 표상―주체의 분할―속에서 스스로 발견하는 장소에 있다".[193] 법의 경직된 직접적인 적용이 위험하다면 그 법 "바깥"에 있는 "준거"의 "장소"가 필요해진다. 즉, 소위 "오오카 재판"(오오카大岡는 에도시대 중기의 명재판관으로, 공정하면서도 인정을 고려한 훌륭한 재판을 오오카 재판이라 한다.―옮긴이)을 가능하게 하는 "다른 준거"의 장소가 필요해진다.[194] 그것을 지렛대 삼아 "해석의 여지"를 낳고 판결을 내릴 때, 누구라도 납득할 만한 형태로 근거를 제시하게 하는 그 무엇이. 그것이 "준-준거"로서의 도덕이고, 상식, 윤리다. 그것은 도박꾼이 가진 비장의 카드다. 역으로 말해 법 없는 윤리는 어불성설이다. 인용하자.

지금 벌어지고 있는 〈윤리〉―1970년대의 흐름 속에서 돌연 다시 부상한 관념인데―라는 즉흥연주의 편을 드는 것은 어불성설이고, 이처럼 확실한 근거가 없는 담론에 심취하는 대신 신중할 필요가 있다. 〈프로파간다〉는 사유가 아니다. 〈도덕〉이라는 학문의 개연론적인 꿈을 상기해야 할까? 그런 것은 데마고그demagogue가 된 지 오래인데 말이다. 16세기에서 18세기 사이에 형식주의자가 자기 생각을 실천에 옮길 때 보여준 비열함이 어떠했는지, 그리고 〈근대 유럽〉에서 해석자의 지적인 위치가 저하하는 데 개연론 이론가들이 어떤 역할을 했는지도 알려져 있다. 적어도 지적인 어떤 서클 안에서는 그렇다. 이렇게 말하는 이유는 무지의 베일이 현재의 공통 조건으로 인정받는 듯하기 때문이다. 이로 인해 번지수가 잘못되었다고밖에 할 수 없는 물음의 비호를 받으면서 〈윤리〉는 자신의 누에고치를 만들고 있다. 쉽게 말해 역사 바깥의 누에고치를. 그러나 숨기 위한 그런 참호는 무너뜨려 평평하게 해야 하리라. 그것은 몇 가지 속임수를 거듭 쓰고 있을 뿐이니까. 그것은 이 『강의』가 다룰 문제는 아니지만, 지금까지 도덕에 관한 주장으로 알려진 학설의 비도덕주의를 괄호 안에 넣고, 솔직하게 〈윤리〉의 새로운 물음이 갖는 몇 가지 근본적인 요소를 분명히 할 필요가 있다. 〈윤리〉여도 된다. 지금 유행하는 예의범절이 된 이 말이라도. 하지만 문제는 이렇다. 현재 〈서양〉에 〈윤리〉의 장소는 있는가? 그것이 정치적이고 사회적인 희극이 아니라고 할 때.[195]

다시 말하면 이렇다. 법이 준거라 할 때, 윤리의 장소는 "준-준거를 이루는" 장소다. 윤리는 법 옆에 법과 비스듬한 위치에 있어야 한다. 이처럼 도덕과 윤리의 심급을 "비스듬한 위치"에 두고, 그것을 비장의 카드로 삼으면서 "소격" 속에서 자기 자리를 잡고 심판하기. 모든 위대한 종교 해석자들도, 현재 하루하루 최선을 다해 자신의 직무를 수행하는 법조가들도 이 점에서는 전혀 다를 것이 없다. 그러니 이렇게 말하자. 해석 없는 법은 무법이고, 해석 없는 종교는 원리주의적 컬트, 해석 없는 법치국가는 전체주의, 해석 없는 매니지먼트는 전제다.

여기까지 논의를 읽고 위화감을 느끼는 독자도 있으리라. 그 위화감은 아마도 정당하다. 〈거울〉의 상연에 의한 주체 창출은 이해되고, 그 도박은 위험한 시도지만 그렇게 위험하고 허약하기 때문에 기능한다는 것도 알겠다. 그리고 그것은 현대 세계의 동향을 관통하는 정치적 사태와 관계있다는 것도 알겠다. 하지만 윗부분은 어디인가 이상하다. 무엇이라고 할까. 국가와 종교를, 우리의 근대적인 법률과 전근대적이고 비유럽적이고 토속적인 계율을 같은 차원에서 논하고 있지 않은가? 우리의 전 지구적 사회의 "규칙"과 그 이전 사회의 "금지"가 같다는 말인가? 더구나 도그마와 〈거울〉 이야기를 하는데, 결국 르장드르라는 남자는 근대국가의 옹호자이고, 쉽게 말해 국가주의자가 아닌가? 당연한 의심, 있어 마땅한 위화감이다. 이를 해소하기 위해 우리는 다음 장에서 세속화를 상대화해야 한다.

○

○

○

○

제5장

세속화를 상대화한다
: 〈중세 해석자 혁명〉과 "국가의 기한"

제44절 의례·조련·텍스트: "더는 춤을 근본적인 정치적 조작 바깥에 있다고 여겨서는 안 된다"

/

우리는 앞의 의심을 해소하기 위해 르장드르의 이로 중에서도 특히 험난한 장소로, 변함없이 최단거리로 향하도록 하자. 앞 장 마지막에 등장한 위화감을 씻어내려면 국가, 세속화, 종교, 법을 사유하기 위한 전망을 전면적으로 바꾸어야 한다. 들어가는 문제는 다음과 같다. 도그마 인류학에서 의례란 무엇인가?

그런데 사실 이 문제는 완전히 설명이 된 상태다. 지금까지 오랜 과정을 거쳐 논지를 살펴온 우리에게 이 물음의 답은 거의 자명하다. 의례란 절대적 엠블럼과의, 즉 〈거울〉=근거율과의 관계, 이미지와 말과 신체를 매개로 한 다종다양한 관계의 거행 자체이고, 그것의 드라마틱한—미적이고 장식적이고 결정적인—반복 자체다. 그것을 통한 주체의 제정이고, 주체의 재설정 자체다.

따라서 우리는 계속 의례를 논해왔다고도 할 수 있다. 〈거울〉과 주체의 관계란 의례다.

라캉 이론에서 도출된 상상적이고 상징적인 〈거울〉에서 필연적으로 "제3자는 이미지이기도 하다는 말이 된다"고 논한 순간부터, 〈거울〉이 사회 자체라고 논한 순간부터, 이런 결론에 이르게 될 것은 명백했다. 르장드르는 말한다. "〈제3자〉는 의례적 본질을 지닌 사회의 창조에 따라 현전한다."[196] "정치적 극장에서 의례적으로 상연되는 〈제3자〉가 없다면, 문화가 제조하는 〈거울〉이 없다면, 규범성은 주체에게 전혀 영향을 미칠 수 없다."[197] 여기에서 필자가 이 인용문을 하나씩 설명한다면 우리가 걸어온 이로를 통째로 반복하게 될 것이다. 르장드르는 말한다. "의례성은 〈준거〉를, 어떤 〈기념비적 주체〉를 상연한다. 즉, 픽션의 주체를."[198] 왜 의례에서 준거가 주체로 상연되어야 하는가? 그것은 "엠블럼의 의례적 기능이란 준거를 말하게 하는 것"[199]이기 때문이다. 픽션의 주체가 말하기 위해서는 의례가 있어야 한다. 즉, 〈거울〉이라는 이미지와 말과 신체의 몽타주가 거행되어야 한다. 그리하여 준거를 말하게 된다. "이것은 너다" 그리고 "네가 아니다"라고. 이미 보아온 것처럼 금지를, 원인을, 무엇보다 근거를 말한다. 따라서 "의례는 〈근거율〉을 낳는"[200] 것이고, 태어난 "〈근거율〉의 사회적 구축"은 반복되는 "의례의 준엄함을 통해 전달되지 않으면 유지되지 않는다".[201] 근거율의 대리인인 판사는, 어떤 게임에서 도박을 하는 자였다. 근거율과 관련된 이상, 게임은 의례적일 수밖에 없다. 따라서 "사법절차란 의례적인 게임이다".[202] 근거율의 외재성은 "〈이성〉을 사회적으로 다듬어가는 의례적 과정의 가치를 지닌 경험"인 "상징적 외

재성"으로 다시 파악될 것이다.[203]

　　〈거울〉을 향한 사랑, 〈절대적 엠블럼〉을 향한 사랑. 다시
말해 〈근거율〉에 대한 믿음. 그것의 "의례는 여러 모습(깃발, 음악,
문장, 조각상 등)으로 나타나고, 무한히 반복되고 계속된다".[204] 그리
고 르장드르는 다시 냉철하게 말한다. 〈거울〉을 향한 사랑, 권력의 모
습을 향한 사랑, 증거와 근거에 대한 믿음은 "순전히 조련dressage이라는 마
술"[205]을 전제할 뿐만 아니라, 그 자체가 의례의 반복이고, "조련의 역사적 양
식"이자 "인간 신체를 통괄하는 일종의 정치"[206]인 것이다. 그렇다. 우리는
표상이자 텍스트이고, "정형외과적"인 조작에 의해 봉합된 것이었
다. 따라서 의례는 바로 신체를 직접적인 대상으로 한 "봉합"과 "재
봉합"이다. 사람이 어떤 모습을 사랑해서 그것과 동일화할 때 이
미 항상 조련은 이루어지고 있다. 어느 증거나 말을 믿고 맹세를
할 때, 이미 항상 신체의 조련이 이루어지고 주체가 설정된다. 게다
가 그 의례적인 과정 자체가 조련의 반복이기도 하다. 르장드르가
유아의 언어 습득에 관한 연구 사례를 거론하면서 "언어에 대한 믿
음은 '반복의 의례'를 통해 달성된다. (……) 이런 출발점의 수준에
서는, 말하는 것은 '연극적으로 이루어진다'는 것을 의미한다"[207]고
논할 때, 이 반복의 의례가 조련 자체임은 명백하다. 그것뿐만이 아
니다. 몇 번이라도 확인해두어야 할 사실이 있다. 도그마적인 수준
에서는 이미지와 언어에 대한 기존의 구별은 용인되지 않는다는
것이다. 따라서 학자와 법조가를 포함해 사람들이 텍스트를 읽고
주석을 다는 것 또한 의례다. 인용하자.

해석자가 전문적인 작업을 할 때, 즉 학문적인 주석을 달거나 사법적 판단을 내릴 때(중세든 근대든) 주석자와 판사는 각자 자신의 직무에 따라 각 텍스트의 문면=문자와 직면한다. 내가 〈텍스트〉라 부르는 것의 총체 중 일부인 각 텍스트의 문면과 말이다. 부채를 갚고 또 갚는 방식으로 이루어지는 이러한 규칙의 반복에는, 어떤 숭배=제례culte가 포함되어 있다. 이 경우, 해석 시스템이 무엇이든 그것은 "문자의 숭배culte de la lettre"다. 달리 말해 부채의 변제는 의례처럼 설정되어 있다. 즉, 〈텍스트〉는 신화라는 본성 때문에 의례적으로만 기능한다.[208]

텍스트에 준거해서 그것을 전거로 인용하기. 그것은 텍스트의 문자에 "부채"를 갚는 행위다. 그 반복 자체가 의례이고 숭배다. 텍스트를 읽고 주석을 달고 준거하고 인용하는 것은 의례. 블랑쇼는 말했다. "읽기란 묘비와의 즐거운, 열광적인 춤이다." 춤은 의례 중 하나이고, 따라서 르장드르는 "정치 관련 학문의 학도라면 블랑쇼를 읽어야 한다"[209]고 단언했던 것이다. 텍스트, 숭배, 의례, 춤. 이들의 연관을 논한 이상, 두 가지를 말해야 하리라. 1. 문화는 숭배. 문화culture라는 말이 "컬트"의 어원인 라틴어 "cultus(숭배)"와 어원이 같다는 사실, 즉 라틴어 "colere(경작하다, 숭배하다, 배려하다)"라는 동사가 공통의 어원이라는 사실은 누구나 알고 있다. 문화는 숭배이기도 하다.

문제는 그다음이다. 르장드르는 여유롭게 도발하는 분위기로 "머뭇거리게 하기에 딱 좋은 이 문화=숭배라는 말"이라고 운을 떼면서, 교회법의 집대성인 『그라티아누스 교령집』의 우상숭배에 관한 텍스트(C. 26, q. 2, c. 9)를 인용해 이 문화=숭배 개념의 근본적인 정의를 내린다. "강의에서 나는 '문화'라는 말을 유럽 법학자들이 사용한 것처럼 문자 그대로의 뜻으로 사용한다.『그라티아누스 교령집』—유럽 중세에 우리의 법적인 근대성을 고한 집대성—에서 찾아볼 수 있는 근본적인 텍스트를 상기해야 한다." 거기에서 "cultura는 야만이라고 번역되어야 한다'고 써 있다. 문화란 타자들, 비그리스도교도의 야만을 뜻한다. 오늘날에는 억압된 의미, 즉 부끄러움과 연관된 의미의 복권을 통해 내가 목적하는 것이 있다. 험난하기 그지없는 각 문제의 연구에 해가 되는, 일종의 인종차별적인 형태를 띤 우리의 편견을 걷어내는 것이다".[210] 문화=숭배란 비그리스도교도의 야만적인 영위이고 숭배, 그리스도교가 자신들은 그렇지 않다고 주장해왔던 그 무엇이다. 그러나 신화를 통해 "문화는 주체를 향해 거울을 표상한다"[211]고 말하고, "문화의 거울에 대한 담론으로서의 신화"는 지금도 여전히 신화로 존재하고 있다[212]고 말하는 르장드르가 이렇게 단언하는 것은 당연하다.

> 산업이란 문화=숭배 자체이고, 무의식을 지배하는 시스템이자 정치적 사랑의 절대주의적 야만이다. 산업은 우리를 매혹한다.[213]

> 산업 시스템은 문화=숭배를 동원해 구축되기 때문이다. 그것은 그 단어의 가장 강력한 의미에 해당하는 문화=숭배 자체다. (……) 종교적이고 야만적인 의미에서.[214]

여기에서 귀결되는 것은 나중에 천천히 확인하도록 하고, 앞으로 나아가자.

2. 텍스트는 반드시 문서일 필요는 없다. "텍스트는 쓰여 있는 것일 필요는 없다"라고 논하면서 르장드르는 여러 문화의 구전 무용과 안무를 거론한다.[215] 이에 따라 르장드르는 "흑인의 위대한 춤"은 텍스트의 조작 자체이고, 따라서 법적·철학적·규범적인 사유 자체라고 아무렇지도 않게 논할 수 있었던 것이다.[216] "또한 주체의 신체는 그것을 통해 〈법〉을 반향하므로, 춤은 이러한 텍스트성 바깥에 기입될 수 없다."[217] 우리는 이미 알고 있다. 우리의 신체가 이미지, 텍스트, 엠블럼이라는 것을. 그렇다면 춤은 그것을 습득하고, 단련하고, 연습하고, 흔들고, 춤추고, 도약하고, 회전하고, 비트는, 즉 "사유하는" 것 이외의 무엇도 아니다. 따라서 춤 동작을 고안하고 "새로운 무용"을 만들어내는 것도 포함해, 춤은 철학적이거나 법적인 텍스트를 읽고, 주석을 달고, 고쳐 쓰고, 새로운 개념을 낳는 것과 전혀 다를 것이 없다. 따라서 "더는 춤이 근본적인 정치적 조작의 바깥에 있다고 여겨서는 안 된다".[218]

무용은 "육체적"이고 "감각적"이고 "미적인" 것에 머무르지 않는다. 무용을 논할 때면, 어찌 된 일인지 미술사가든 인류학자든 "심장박동이 우주와 하나가 된다"거나 "원시적인 신체감각" 등등의 이야기를 한다. 하지만 르장드르의 무용론은 '이미지와 언어를 "뛰어넘은" 원시적(프리미티브)인 신체 감각 따위에 의거하는 사유'를 전혀 상대하지 않는다. 르장드르는 말한다. "춤추는 신체는 제조되었기 때문에 아름답다."[219] 그것은 제조되었으므로 한 사회의 문화=숭배의 텍스트성 속에서 법적이고 정치적인 힘을 갖게 된다. "모든 신체는 시스템의 엠블럼이 된다. 그리고 그곳에서 신앙이 조립된다. 춤은 정치적이다. 그것은 일반적인 행동을 어떻게 다루어야 할지를 제시하기 때문이고, 주체를 섬광 아래 뚜렷하게 보여주기celater 때문이다."[220] 그리하여 "인간은 〈법〉과 함께 춤을 추기 위해 온다".[221] 〈법〉과 〈텍스트〉와 추는 열광적인 춤. 모든 텍스트란, 모든 텍스트의 영위란 그것 외에는 아무것도 아니다. 뒤집어 말해서 우리가 읽고 쓰는 것 또한 "열광적인 춤"이라, 이제 와서 굳이 다시 말할 필요가 있을까? 노래, 시, 회화, 즉 예술. 이것들은 다음과 같은 의미에서 모두 텍스트이고, 정치적 춤이다. 우리는 이미 충분히 말해왔다. 깃발 없이, 춤 없이, 노래 없이, 엠블럼 없이, 음악 없이, 이미지의 상연 없이 사회의 통치는 이루어지지 않는다.

중요한 다음 논점으로 나가기 전에 확인해두겠다. 르장드르는 여기에서도 극히 냉철하다. "춤과 군악대가 있는 대중 축제, 그것은 파시스트의 것이기도 하다"[222]고 지적하고 "공산주의의 의례성 연구의 결여"[223]를 책망하는 르장드르는 이런 비문서적 텍스트성을 통한 의례적 통치에 대해 낙관적인 이야기는 한마디도 하지 않는다. 왜냐하면 그것은 독재자를 위한 의례의 "매스게임"이기도 하니까. 무용, 음악, 시의 이야기라고 해서 무엇인가 긍정적인 이야기일 것이라고 생각했다면 잘못짚었다. 르장드르는 춤의 위상을 거동 조련에서 찾고, "고대 무용의 도덕 위에, 무용수가 아닌 사람들에게도, 산업에 대한 복종의 일부분이 구축되어 있다. 즉, 공장노예는 자세와 행위의 합법성에서 이익을 얻고 있다는 말이다"[224]라고까지 말한다. 즉, "공장 노예"는 규칙적인 시간표대로 상사의 말에 따라 "춤추"도록 "조련"받고 "강요"받고 그 복종의 대가로 소소한 임금을 얻는다. 회화, 춤, 음악, 노래, 엠블럼, 배지의 아름다운 연출, 즉 신체 조련으로서의 정치 조작이 존재한다는 사실은 도저히 피할 수 없는 사태이고, 오히려 거기에서 시작된다. 무엇이? "도박"이.

그런데 이는 너무 억지스럽지 않은가. 이런 탄식이 들려올 것 같다. 춤이, 텍스트를 쓰는 것이, 노래가 정치적이라니. 그것은 지나치게 "미학적인" 생각, 미를 과도하게 강조하는 생각이 아닌가? 결코 그렇지 않다. 반대다. 르장드르는 1970년대부터 거듭해서 이렇게 주장한다. 중세 이래 유럽의 규범은 신체를 직접 조작하는 의례(예를 들면 유럽 각지에서 볼 수 있었던 빙의, 무용, 특히 특권적인 사례인 유대교의 남성 할례 등)를 이단시하고 배제해왔다. 이를 통해 서구는 쓰여 있는 텍스트의 독해를, 즉 언어적인 것만을 법의 체현으로 여겨왔다. 그리고 그것은 유럽에만 있는 편견이다.[225]

르장드르는 그리스도교가 오랜 역사 동안 유대교를 멸시해왔다는 사례로 남성 할례를 든다. 유대교의 할례 의식은 유명한데, 그것은 우리의 이로에 따르면 "신체에 직접 텍스트를 기입하는" 의례로, 텍스트의 영위를 설정하는 작업이다. 텍스트의 영위라는 점에서 그리스도교와 유대교 사이의 차이는 전혀 없다. 그러나 그리스도교는 『신약성경』 중 「로마서」(2·28·29 또는 3·30·4-9-12)에 있는 "할례는 몸에 나타나지 않는다"라는 표현을 방패 삼아 고대부터 이런 "신체적 해석"을 "미친 해석"이라고 비판하고, 야만적이라고 멸시하고, 우리는 더 "영적인" 해석을 한다고 주장해왔다.[226] 이는 근대까지 계속된다. 르장드르는 19세기에 한 유대교 게토에서 수행된 관능적이기까지 한 의례를 사례로 든다. "글자판에 부조된 유대 문자에 랍비가 꿀을 바른 다음, 눈가리개를 한 아이는 눈으로 보고 알기 전에 그것을 핥을 권리를 갖고 있었다." 그리스도교나 근대의 "각종 비신체적 교의에 따르면 이는 극히 야만적인 교육 수단일 것"[227]이라며 르장드르는 비꼬는 투로 야유한다. 그러나 이처럼 여러 텍스트-이미지-신체의 의례적이고 정치적인 "판본"을, 야만이라고 지탄할 수 있는 입장 또한 "유럽의 판본"에 불과하다. 쓰인 것만이 텍스트이고, 쓰인 법 문서만이 정치적이라는 생각은 역사적으로나 지리적으로 한정된 관념에 불과하다. 그것만 전제한다면 단순히 사고의 협소함을 의미할 뿐이다.

이와 밀접하게 연관된 논의를 반복하자. 우리는 〈거울〉 아래에, 근거율 아래에, 인과율 아래에, 즉 "의례" 아래에 있다. 계보 원리를 짊어지기 위해 아이로 태어나, 아이를 낳기 위해. 지금에 이르기까지. 그렇다면 우리는 아직 "종교" 아래 있고, "세속화" 따위는 존재하지 않는다는 말이 되지 않는가? 오랫동안 우리는 "신의 죽음"을 논하고, 종교의 쇠퇴를 논하고, 형이상학과 신학과 부정신학을 매도하는 말로 써왔었는데, 아이로 태어나 아이를 키우는 한, 우리는 여전히 "신자"일 수밖에 없다는 말이 되지 않는가? 이는 너무하지 않는가?

우리가 오랫동안 걸어온 이로에 따르면 그것은 필연이다. 전혀 놀랄 일이 아니고 소리 높여 소란 피울 일도 아니다. 그렇다. 우리는 "산업 종교"[228] 아래에 있다. 르장드르는 그렇게 말한다. 하지만 그것을 예를 들어 디즈니랜드에 가는 것은 순례라거나, 종교 없이 살 수 있을 만큼 인간은 강하지 않기에 "종교의 지혜"는 사람에게 위안을 준다거나, 국가는 말하자면 일종의 종교라거나 하는 식의, 마지막까지 자신이 내뱉은 말의 귀결에 책임질 생각이 털끝

만큼도 없는 헛소리와 혼동해서는 안 된다. 이런 것들은 종교와 세속의 이분법, 즉 르장드르가 말하는 "산업의 도그마적 담론 중에서도 절대 건드리면 안 되는 진리의 카테고리"[229]를 전제한, 나약한 사고가 만들어내는 비열한 아양에 불과하다. 다양한 담론, 문화, 정치, 사회현상을 지칭하면서 그것은 사실 종교적이라는 말만하고 즐거워하는 주장이 세간에 넘쳐난다. 그런 태도는 멀리하도록 하자. 이런 것은 이미 문제가 아니다. 우리는 자기 자신의 문제로 돌아가야 한다.

제45절 〈중세 해석자 혁명〉이란 무엇인가
: 텍스트의 "정보혁명"과 "국가"

/

우리는 지금 본질적인 문제 두 가지에 동시에 직면해 있다. 우리가 쓰인 것, 정보를 채워 넣은 그릇, "자료"를 텍스트로 여기기만 하고 그것의 의례성을 이해하지 못하는 이유는 무엇인가? 텍스트의 의례성을 이해하지 못하므로, 이미 인용했듯 르장드르가 "종교가 사라진다고? 그런 일은 있을 수 없다. 근대화는 만능이 아니다"라고 지극히 당연하다는 듯이 단언하는 이유를 이해하지도 납득하지도 못하고, 그것을 무시무시한 말처럼 받아들이게 된다. 종교와 국가의 "멸망"을 바라면서 큰 소리로 외치는 담론의 역사는 갈수록 길어지고, 그 음량도 커지고 있다. 정치적 좌우를 막론하고. 그런데 멸망이라는 것이 일어날 기미는 티끌만큼도 보이지 않는다. 텍스트란 쓰인 것이자 정보이고, 종교는 언젠가 망한다, 이런 생각은

"유럽의 판본"에 불과하다고 우리는 거듭 말해왔다. 이제 이를 논할 때가 왔다. 이런 생각은 르장드르에 따르면 "중세 해석자 혁명"의 효과에 불과하다. 우리는 아직 교황 그레고리우스 7세의 손바닥 안에 있다.

중세 해석자 혁명이란 무엇인가?[230] 우선 그것의 전사前史부터 확인하자. 6세기에 동로마제국 유스티니아누스 대제의 명령으로 법학자 트리보니아누스Tribonianus가 편찬한『로마법대전』은 11세기 말에 "재발견"될 때까지 "이해 불가능"한 것으로 여겨졌다. 그것이 "재발견"되어 집중적으로 연구 대상이 된 시기와 그레고리우스 7세의 개혁 운동 시기는 정확히 일치한다. 그레고리우스 7세라고 하면 성직자 서임권 투쟁을 둘러싼 하인리히 4세와의 정치적인 갈등과 분쟁, 특히 극적인 "카노사의 굴욕"이 유명하다. 그런데 르장드르는 그레고리우스 7세가 일으킨 "교황 혁명"은 단지 "에피소드"에 불과한 것이 아니라고 강조한다.[231] 그것은 유럽 최초의 정치적인 "혁명"으로, 그레고리우스 7세 자신의 말을 빌리면 "세계 전체에 다시 형태를 부여하는 것reformatio totius orbis"[232]이었다. 이는 나중에 모든 혁명의 "슬로건"이자 "모델"이 된다. 이때 발생한 것은 "한 진리의 제국의 역사적인 조립"이고, 그것은 "그레고리우스 7세의 개혁으로 시작되어"『그라티아누스 교령집』이라는 "로마법의 결정적 승리로 끝났다."[233]

즉, 교회법과 로마법이 상호 침투해서 머리가 두 개 달린 하나의 법 체계가 출현했다. "유럽 법률주의의 본질적인 집대성"[234]인『그라티아누스 교령집』의 달성은 그야말로 혁명이라 할 만한 것이었다. 르장드르는 미리 "독자는 놀랄지도 모르겠지만"이라고 경고한 후 다음과 같이 말한다. "13세기에 스콜라학이 비약하기 전에 제도적인 면에서 이미 주사위는 던져진 상태"였고 "계몽 이전에 이미 우리는 그 도박에 참가한 자였던 것이다".[235] 르장드르는 이렇게까지 말한다. 이 혁명에 의해 "굳이 말하자면 지구가 변한 것이다".[236]

　　무슨 일이 일어났는가? 그 자체는 사사로운 일이다. 법학자들과 주석자들은 새로 발견된 로마법 연구에 열중한다. 문법과 대조해 정성스레 독해하고, 필사해서 사본을 만들고, 교회법에 맞추어 주석을 단 다음 또 수정하고, 교회법 자체의 해석도 조금씩 갱신하고, 그 판례를 다시 수정하고, 따로따로였던 판례, 법문, 법 격언의 단편을 하나로 모아 제본해 편찬하고, 색인을 달아 검색 가능하게 만드는, 이런 "문서화"와 "정보화" 작업을 계속해서 반복했다. "권력의 모습을 소묘하고 고치려는 도그마학적인 조립 작업의 장인들"[237]의 묵묵한 작업을. "목록"을 만들고, 주석과 본문의 "병렬 표기"를 고안하고, 그것을 바탕으로 "문법적인 작은 조작"[238]을 추가해간다. 이는 로마법 조문과 그 단편의 사소한 말소, 소거, 고쳐쓰기였다. 꾸준한 법전 편찬 작업 속에 조용히 침투해가는 "고쳐쓰기"라는, 눈에 잘 띄지 않지만 명백히 작위적인 작업. "복사, 재단, 문법적 조작이라는, 극히 세밀한 정치적 절차."[239] 작위적인 작업. "예를 들면 어떤 단편의 저자를 바꾼다거나, 어떤 접속사를 삭제하고 추가한다거나, 텍스트를 생략해 줄인다거나 등등……"[240] 따라서 여전히 그 영향 아래에 있는 "근대 유럽은 이런 생각을 하고 있다. 한 문장은 무한히 고쳐 쓸 수 있다고".[241] 이마저도 유럽의 판본에 불과한 것이다.

이처럼 정신이 아찔해질 것 같은 섬세한 작업은 200년 이상 계속된다. 그리하여 텍스트는 우리가 알고 있는 그런 "텍스트"가 된다. 즉, 문서가. 정보의 그릇이. "편찬"되고 "정리"되고 "데이터화"된 것이. 이때 추진된 것은 유례가 없을 정도의 "텍스트의 객관주의적인 표상"[242]이고, "문서의 합리적 객관화"[243]다. "텍스트의 관념은 수정된다. 쓰인 것의 합리적인 객관화라는 방향으로."[244] 이는 로마법이 이미 논한 〈쓰인 이성=근거Ratio scripta〉"[245]의 끝없는 철저화다. 법 텍스트의 이러한 문서화·합리화·객관화·계층화는 돌이킬 수 없는 "제도적 골격"을 만들어냈다. 로마법과 신학에 의해 단련된 제도적 원리는 "합리주의적이라고 형용해도 전혀 과장이 아닌" 것이 되었다.[246] 제도적 텍스트는 정보의 그릇으로만 인식되기 시작했다. 우리의 무미건조한 소위 근대 관료제의 세계, "문서" "서류" "데이터" "정보"의 세계가 이때 역사상 최초로 도래한 것이다. 이것 없이는 현재의 "정보이론"[247]도 있을 수 없다. 텍스트는 쓰인 것이 되었고, 문서가 되었고, 그 안의 문장들은 단순한 "자료" "도큐먼트"로서 "정보"의 역할을 맡게 된다. 한마디로, 정치적·법적 텍스트가 객관적인 문서, 정보가 됨으로써 유럽의 규범은 "효율화"된 것이다. 그렇다. 이미 논했듯 이로써 근대산업과 근대 관료제도 가능해졌고 정보이론도 가능해졌다. "관리경영적 이념에 너무나 순종하고 있어서" 깨닫지 못할 뿐, 실은 "산업주의 사회는 중세에 정해진 표상의 선택에 속해 있다".[248] 르장드르는 연이어 말한다. "새로운 세계가 작동하기 시작했다" "해석자의 세계는 다른 모습으로 걸음을 시작했고, 산업 시스템의 법학자가 출현한 것이다" "당신들은 법적 문서의 일반 이론이라는 익숙한 세계에 푹 빠지게 된다."[249] 우리의 세계, 우리의 효율적 세계, 우리의 관리경영적 세계, 우리의 "정리술" "검색" "정보" "데이터베이스"적인 세계. 그 기원은 여기에 있다.

이처럼 쓰인 것의 시스템이 정리된 것은 중요하다. 그것은 담론이 정당한지 아닌지 인증하는 장치를 설치했다는 것, 즉 "해석하는 진리의 독점"을 발명했다는 것이기 때문이다. 그것은 많은 제도적 효과를 낳게 되었는데, 그중 특히 중요한 것은 판사와 결의론의 계급을 관리하는 〈산업국가〉의 효율이다. 여기에서 주목해야 할 점은 이처럼 정리된 하나의 시스템 때문에 국가의 문화가 그것과 다른 '다양한 〈준거〉의 구성 방식들'에서 근본적으로 분리되었다는 점이다. 그것들 역시 〈쓰인 것〉에 의한 상징화 속에 정초되어 있었더라도 말이다. 여기에서 내가 말하고 싶은 것은 이렇다. 로마-교회법의 전통은 원리상 적대적 관계인 두 가지 〈서적〉의 시스템이다. 즉, 『토라』와 『꾸란』의 여러 해석이다.[250]

서양은, 즉 라틴·그리스도교의 규범 공간은 다른 문화에서 자신을 분리한다. 다른 "서적의 종교"에서도 자신을 분리한다. "텍스트의 정보화"를 통해서. 그러나 우리가 오랫동안 보아왔듯, 사실 여기에서 일어난 것은 "〈텍스트〉 관념 자체의 불모화"이고, 이에 따라 우리는 "텍스트의 엠블럼적인 지위를 망각"하게 된다.[251] 그림 그리기는 더는 텍스트가 아니게 된다. 춤 추기는 텍스트가 아니게 된다. 옷 입기는 텍스트가 아니게 된다. 노래하고 연주하기는 텍스트가 아니게 된다. 즉, 정치적인 것이 아니게 된다. 몇 번이라도 다시 말하겠다. 이는 유럽과 라틴·그리스도교의 판본에 불과하다.

물론 이것만으로 〈근거율〉을 지탱할 수는 없다. 우리가 보아온 것처럼. 중세 혁명가들, 해석자들은 그것의 요청에 답하기 위해 텍스트의 문서화·효율화에 걸맞은 〈거울〉의 픽션을 만들어간다. 그것은 "〈살아 있는 문서Écrit vivant〉"[252]로서의 교황과 교황청이다. 로마법에서는 로마 황제의 것이었던 "그는 자기 가슴의 고문서에 모든 법 권리를 갖고 있다Omnia iura habet in scrinio pectoris sui"[253]라는 은유가 교황에게 적용된다. 여기에서 교황은 다시 황제와 "이중화"되어 르장드르의 스승 르 브라가 말한 "교황 군주제"가 성립한다. 그것은 르장드르가 말하는 소위 "표상의 기술 전이", 법제사가가 "제국의 모방imitatio imperii"[254]이라고 지칭하는 테마다. 이보다 중요한 것은 그것이 엠블럼적인 모습으로 제시된다는 점이다. 문서의 〈거울〉, 살아 있는 문서. 교황은 "〈전지한 해석자〉"라는 "〈권력의 이미지〉"[255]로 상연되고, "살아 있는 엠블럼"이라는 "이미지의 몽타주"로 연출된다.[256] 르장드르는 말한다. 이런 "몽타주"는 "일종의 근거율의 판본"[257]이라고. 주의하자. 교황은 "살아 있는 문서"이고 "숨쉬는 법Lex animata"[258]이지만, 그보다 먼저 "가장 높은 해석자" "전지한 해석자"이지 전제군주가 아니다. "교황청은 전제의 위치가 아니라 제기된 문제에 답하는 판사의 위치에 또는 더 아래에 있는 판사들의 논쟁을 한칼에 베는 위치에 있었던 것이다."[259]

이 〈살아 있는 문서〉는 나중에 〈국가〉가 된다. 이것이 "법치국가"—르장드르는 이를 "법학자의 국가"라고 부른다—의 기원이다. 처음에 예수를 지칭하는 은유였던 〈살아 있는 문서〉—말 그대로 "말씀Verbe"이다—가 로마법에 의해 재조합되고 강화되어, "이 새로운 몽타주에서 '지고의 해석자'이자 '예수의 대리인'으로서의 '교황=황제'가 출현했고, 그것이 우리의 '국가'를 낳는 표상 시스템 속에 있는 정치종교적 선조가 된 것이다."²⁶⁰ "초근대문화에서 우리가 최종적으로 〈국가〉로 인식하는 것은 이 〈살아 있는 문서〉를 추상적으로 옮겨놓은 것에 지나지 않는다."²⁶¹ 덧붙여 이렇게 말한다.

> 〈살아 있는 문서〉—이것의 추상적인 후계자는 〈국가〉다—를 이용해 어떤 승부가 진행된다는 뜻이다. 실제로 상징화를 위해 주체는 자기 존재를, 자신의 삶의 원리를, 즉 동일화와 정체성 수립을 가능하게 하는 여러 이미지와 자신의 〈근거=이성〉을 내기에 걸어야 한다.²⁶²

눈을 부릅뜨고 잘 보자. 중세의 해석자 혁명은 "법학자의 국가"를 낳았다. 그 안에 우리도 여전히 존재하는 〈국가〉를. 이 새로운 몽타주, 〈살아 있는 문서〉와 그것의 후계자인 〈법학자의 국가〉는 "문서"에 관여하는 〈준거〉로 처음부터 설정되어 있다. 그러나 이처럼 전면적인 "텍스트의 문서화" "정보화"와 〈준거〉를 체현한 이미지로 연출된 〈살아 있는 문서〉의 엠블럼적인 작용은 서어한 것 아닌가? 이 서어를 그대로 남긴 채로 여기에서 일어난 "법학과 신학의 분리"²⁶³는, 즉 무미건조한 문서 운용과 "교황이라는 이미지 상연의 담론"의 분리는 그대로 "국가와 법(droit, "법 권리")"이라는 "기묘한 한 쌍"에게 계승된다.

〈로마법대전〉 사본의 증가로 널리 퍼진 〈로마법〉이 도달한 곳은 서양 규범 시스템 역사의 새로운 시대였다. 〈법 권리〉는 〈준거〉 담론에서 자립했고, '엄밀한 의미에서의 정초적 담론의 정치적 질서'와 '해석을 실천하는 질서' 사이에 하나의 단절이 가해지기 시작했다. 이는 유럽 문화상 중대한 사건으로, 〈국가〉와 〈법 권리〉라는 기묘한 한 쌍은 이 사건의 잔향인 것이다. 이 사건에 의해 규범을 오로지 테크노크라트가 운영하는 것으로 이해하는 흐름이 서서히 만들어지고, 이는 모든 근거의 이론으로부터 해방된 법적인 조정이라는 사고방식 그 자체다. 우리는 〈국가〉와 〈법 권리〉라는 표현이 무엇을 규정하는지 모르면서 그것들을 쓴다. 〈법 권리〉 없는 〈국가〉가 존재할 수 있을까? 또는 〈국가〉 없는 〈법 권리〉는? 여기에서 접속어 "와"는 어떤 역학 관계에서 나왔는가?[264]

국가와 법. 또는 주권과 법. 우리가 당연한 전제로 여기는 이 표현들은 그야말로 "기묘한 한 쌍"이고, 여기에서 접속어 "와"는 역사적 효과에 불과하다. 그것은 〈살아 있는 문서〉와 『그라티아누스 교령집』 사이를 잇는 "와"를 계승한 대체물에 불과하다. 그리고 우리는 살펴왔다. 숨 쉬는 법인 교황도 "이미지의 몽타주"이고, 로마법과 교회법의 결합에 의한 대법전도 "장인들"의 수작업으로 제작된 "몽타주"에 불과하다는 것을. 그리고 여기에 서어가 있는 것 같다고. 이는 무엇을 의미하는가? 국가란 무엇이고, 국가는 어떤 운명을 짊어지고 있다는 것인가? 그것의 답을 따라가기 전에, 이제는 우회나 주기注記라고 부를 수 없는 극히 중요한 고찰을 해야 한다. 피할 수 없다.

제46절 세속화, 유럽의 "전략무기"
/
그렇다. 교황과 교령집, 국가와 법 권리라는 "기묘한" 두 쌍 사이에 놓인 단절선을 논해야 한다. 사람들은 이를 세속화라 부른다. 그것은 해석자 혁명, "12세기 혁명"의 당연한 귀결이다.

> 〈서양〉에서는 우선 문법학에 의해 세속화가 생겨난다. 지금까지 여기에 제대로 착목한 적이 없다. 〈법 권리〉의 종교적 장식은 누가 원해서 나타난 현상이 아니다. 이미 주의해야 한다고 말한 사실인데, 라틴·그리스도교 안에 그것의 비종교화를 낳는 원인이 있었던 것이다. 나는 여기에서 새로운 요소를 화제로 삼고자 한다. "해석하는 권력이 한 텍스트의 종교에서 해방되었다는 것"이다. 새겨듣기를 바란다. 나는 지금 "한" 텍스트의 종교라고 말했다. 종교로부터의 해방. 그것이 말 그대로 어느 날, 무슨 덤이라도 되는 양 일어났다. 12세기의 〈혁명〉이 이 변동의 도화선이 되었다. 주석자와 로마법학자, 교회법학자들, "문자의 설명explicatio litterae"을 실제로 행하는 사람들, 즉 바로 문법학자의 저작들이.[265]

서어는 의심의 여지가 없다. 12세기 주석자들, 문법학자들, 법학자들의 조용한 작위적 작업, 그들의 "정보 기술혁명"이 "살아 있는 문서"를 살그머니 침식해간다. 모든 것을 정보로, 데이터베이스로 해결할 수 있는데, 왜 저런 "야만"적인 상연 모습이 필요하다는 말인가? 텍스트는 문서이고 정보인데, 저런 이미지와 노래와 의례 같은 것은 필요 없지 않은가? 그런 의심이 서서히 조성된다. 지금에 이르기까지. 세속화는 그리스도교 자체에서, 그것의 척추脊椎인 교회법 자체에서 출현했다.

중복을 무릅쓰고 자세히 살펴보자. 지금까지 논해온 것처럼 세속화 이전의 중세 유럽에서 〈근대국가〉에 해당하는 정치조직을 찾으려 하면, 그것은 "살아 있는 문서"인 "교황"을 "아버지"로 여기는 교회 외에는 없다. 교회라 해도 우리가 거리에서 보는 교회를 떠올려서는 안 된다. 중세 유럽의 교회는 근대처럼 사적인 자발적 결사, 신앙의 내면적 자유를 전제한 사회에서 한정된 형태로 존재하는 집단이 아니다. 교회는 "그리스도교 공동체corpus Christianum" 자체이고, 유럽 규모로 퍼진 "예수의 몸corpus christi" 자체였다. 그리스도교 공동체 "멤버" 한 사람 한 사람은 그 유일한 몸의 "지체[肢]"로 여겨졌다("멤버"의 어원은 "지체"다). 사도 바울의 「고린도전서」 12장 13절에 따르면 "몸은 하나이지만 많은 지체를 가지고 있고, 몸의 지체는 많지만 모두 한 몸"이다. 하나의 유기적 몸으로서의 정치적 사회라는 제도적인 비유는 홉스의 『리바이어던』에만 한정되지 않고 근대에 들어서도 계속 쓰이고 있다. 이는 〈살아 있는 문서〉에서 〈법학자의 국가〉로의 추이를 살펴온 우리의 이로에 따르면 자연스러운 귀결인데 그 경위는 생략하겠다.

즉, 교회는 우리가 생각하는 "종교적 공동체" "신도 집단" "컬트"가 전혀 아니다. 그것은 "정신적이고 정치적인 공동체corpus morale et politicum"로, 우리가 살펴본 "해석자 혁명"에 의해 "합리주의적인" 성격의 제반 제도를 가진 정치사회 자체다. 즉, 사법권, 교황의 익명 선거, 인재 운용 시스템인 성직자 위계제, 성사聖事라 불리는 수많은 의례, 파문과 성직 정지 등의 제재 조치와 같은 여러 "합리적" 권력 기술을 갖춘 거대한 정치적 사회다. 교회는 유아 탄생 세례나 혼인을 거행하고, 죽었을 때 기름을 바르는 등의 비적을 실시하고, 특히 근세에는 소교구 "교회부"마다 개개인의 이력을 기재해 방대한 분량을 집적함으로써 그들의 삶을 관리하기까지 했다. 즉, 사회 속에 종교가 있는 것이 아니라, 종교가 정치이고, 종교가 사회이고, 종교가 세계 자체였다.

세속화 과정은 소위 "정교 분리"의 과정이다. 그것은 정치적 사회 자체였던 교회=교황청이 오늘날 일반적인 의미에서의 "종교 단체"로, "신앙의 자발적 결사"로 지위가 격하되어가는 과정이다. 근대국가의 제반 제도는 그것을 대체하면서 성립되었다. 그것은 종교에서 벗어나 보다 객관적인 제도성을 견지한, 만인에게 보편타당한 존재로 여겨지게 된다. 여기까지는 복습이다. 우리는 보아왔다. 이 〈살아 있는 문서〉를 중심으로 한 예수의 몸, 즉 "교회"와 근대국가는 똑같은 근거율의 엠블럼적 원리에 속하고, "살아 있는 문서와 교회법" "국가와 법"이라는 짝 밑에서 함께 기능한다는 것을. 둘은 거의 같은 것이다.

하지만 둘 사이에 단절선이 놓여 있다면, 그것이 "세속화"라 불리는 것, 즉 "종교의 쇠퇴"라 불리는 것이라면, 그것은 어떻게 일어났는가? 답은 간단하다. 중세 해석자 혁명은 이미 "정보 기술 혁명"이었다. 법과 법학은 "신학"이라는 "근거율"에 관여하는 학문에서 분리되어, 의례와 무관한 것으로 취급된다. 즉, 신과. "여기에서 중요한 것은 유럽의 규범 체계는 스콜라학이 개화하기 시작한 시대에 역설적으로 이미 신 없이 운영될 수 있는 상태가 되었다는 사실을 이해하는 것입니다. 신학과 법의 구별은 12세기의 조류 속에서 실현되었습니다."[266] 텍스트는 문서가 되고, 자료가 되고, 서류가 되었다. 근거율을 상연하는 이미지의 물음은 "잉여물" 취급을 받게 되었다. 이때 〈준거〉는 "무한히 고쳐 쓸 수" 있게 되었다. 르장드르는 그것을 "준거의 추상화"라 부른다. 이로써 "준거의 가역성"[267]과 "〈준거〉를 표상하는 담론의 단편화"[268]가 가능해졌다. 정보화된 법 문서의 데이터베이스, "법전". 그것의 효과와 침식에 의해 우선 〈살아 있는 문서〉는 더욱 추상적이고, 가역적이고, 중립적이고 투명한 것이 되어야 했다. 그리하여 종교는 쇠퇴하고 그 자리에 〈국가〉가 탄생한다.

그러나 사태는 조금도 변하지 않는다. 바꾸어 말하면, 세속화는 근거를 담당하는 〈살아 있는 문서〉를 〈국가〉의 이름 아래에 더욱 취급하기 쉬운 〈가역적〉인 형태로 통째로 계속 보존하는 술책에 불과하다. 따라서 "세속화 관념은 전형적인 유럽적 관념인 것 같다. 그것은 원리상 그리스도교의 변화와 연결되어 있다. 따라서 세속화 관념은 구조적인 가치가 아니라 구조의 역사 중 한 에피소드로서의 가치를 지닌다"[269]고 말할 수 있고, 또한 "세속화 관념" 자체가 "종교 자체의 본성과 관련된 광대한 연극적 총체의 일부"[270]라고 할 수 있다. 인용을 계속하자.

세속화 개념은 얼마나 신용할 수 있는가? 이렇게 답할 수 있다. 필요한 만큼만. 즉, 될 수 있는 한 최소한으로. 세속화 개념은 산업의 역사라는 문맥에서 힘을 얻어 논쟁을 일으킬 정도가 되었고, 덕분에 사회학이 새로 열어놓은 전망에 따라 사회와 권력 질서의 제반 관계를 폭로하는 데 큰 기여를 했다는 것은 분명하다. 그러나 내 관점에 따르면, 모든 규범 체계 특유의 논리에 대해 논하자면, 세속화는 저당 잡힌 상태다. 세속화는 역설적으로 여전히 종교적인 개념으로, 서양인의 〈절대적 준거〉 안에서 조직화를 실현하는 데 기여하고 있다.[271]

인류는 여러 형태의 〈준거〉를 발명해왔는데, 세속화는 그중에서도 서양판 〈준거〉의 한 양상에 불과하다. 이것만으로 다음 사항을 충분히 납득할 수 있으리라. 이 서양판 〈준거〉는 권력의 계율을 표상하는 서양 고유의 방식과 단단히 연결되어 있어서, 서양판 이외의 〈준거〉를 논하는 많은 사람에게는 이해하기 힘들다. 우리 자신은 이 서양판 〈준거〉를 정말 이해하고 있을까?[272]

난처한 일이다. 근대국가에는 교회법과 로마법의 결합으로 생긴 법적 의제擬制가 통째로 보존되어 있다. 로마법의 꾸준한 재연구의 토양에서 형성된 독일법을 이어받은 일본 법 체계도 예외가 아니다. 〈살아 있는 문서〉와 『그라티아누스 교령집』에서 〈국가〉와 〈법 권리〉로. 둘 다 "기묘한 한 쌍"이기는 마찬가지다. 근대국가는 르장드르가 말하는 "그리스도교 규범 공간" 내부에 여전히 존재한다. 그렇다면 세속화 개념은 그리스도교 규범 공간의 갱신과 연명 그리고 확대를 위한 "알리바이"로 기능해왔다는 말이 된다. 그야말로 "부재증명"이다. 세속화했으므로 근대 정치제도 속에 그리스도교는 부재하다는 말이 되는 것이다. 세속화 과정에서 유럽에서 태어난 제도는 "탈종교화" "객관화" "중성화"된 것으로 인식되었다. 따라서 그것은 보편적이고, 세계 규모로 확대될 수 있고, 다양한 사회제도에 수입되어서, 이에 따라 세계 여러 국가의 제도들이 전부 "근대화"되었다. 세계화된 세계가 여기에서 탄생했다.

르장드르는 이 과정을 정확히 "개종 사업"이라 부른다. 세계의 근대화는 그리스도교로의 개종에 다름 아니다. 더 정확히 말해 "정복"에 다름 아니다. 우리가 살펴본 해석자 혁명 이후의 추세에 따라 "〈국가〉와 규범 시스템 간의 개종 가능성=교환 가능성con-vertibilité이라는 서양의 이념"이 제조되었다. 〈국가〉는 〈세속화〉에 의해 탈종교화하고 객관적이고 중립적인 규범 시스템이 되었으므로, 〈종교〉에 속하는 다른 규범 시스템도 세속화해서 근대국가가 되어야 한다. 이것은 사실 〈세속화〉라는 속임수를 사용한 개종이고 정복이다. 르장드르는 이러한 법적 배치를 적확하게 "전략무기"라고 부르고,[273] 다음과 같이 말한다. "중세의 실험실에서 만든 〈법학자의 국가〉는 〈정복 국가〉다."[274] 그것은 중립적·객관적·탈종교적인 것이니 만인에게 타당하다. 따라서 우리의 "국가"는 수출 가능하고, 세계는 우리 손에 의해 근대화—정복—되어야 한다. 그렇다면 세속화 현상은 "개종이라는 세계 정복"을 성립시키기 위한 소위 전략적 조건이었다고 할 수 있다. 세속화는 그리스도교에서 배태된 정복 국가의 전략적 배치이고 그것의 필수 불가결한 일부였던 것이

다. "세속화, 세계를 서양화하기 위한 결정적인 도구."[275] 여기까지
이르면 "내면적인 신앙의 자유"는 문제가 되지 않는다. 르장드르는
말한다.

> 그 "신앙의 자유"라는 것이 둘도 없는 서양의 무기인 것입니
> 다. "신앙의 자유"로 서양인은 무슨 말을 하고자 하는가? 신
> 앙이 개인적인 자유의지에 속한다는 것인데, 그것 자체가 극
> 히 서양적인 개념에 의거합니다. 내가 아는 아프리카에서는
> 아무도 개인의 의지로 신을 고르지 않는데, 그것은 어떤 의미
> 로도 사적인 신앙이 아닙니다. 따라서 "신앙의 자유"란 언뜻
> 공평하게 열린 조건처럼 보입니다만, 그 자체가 이미 극히 서
> 양적인 틀로, 그것을 수출하면 서양은 자신의 개념 장치를 수
> 출한 것이 됩니다. 그래서 공평한 조건처럼 보여도, 실은 이
> 미 세계를 서양화하는 것이 되지요. 결국 그것은 서양에 문제
> 되지 않는 것처럼 만들어서 문제를 말소하는 것일 뿐입니다.
> 왜 서양에 문제가 안 되느냐면 수출된 것 배후에 서양이 종교
> 라 부르는 요소가 이미 포함되었기 때문입니다. 달리 말해 이
> 성=근거의 문제가 있고, 그것이 근본적인 것입니다.[276]

> 나는 그것을 아프리카에서 이해했는데, 서양인은 자신이 종
> 교라 부르는 것에 '신앙'이라는 말을 씁니다. 아프리카에 있었
> 을 때 '당신은 이것을 믿느냐, 저것을 믿느냐'와 같은 형태의
> 물음은 없었습니다. 그것은 서양적인 물음인 것입니다.[277]

그러니 이제 포기하자. 이런 알리바이에 매달리는 것은. 세속화 개념은 다른 규범 시스템을 정복하고 지배하고 복종으로 유도하려는 "〈서양〉을 확대하는 무기로 쓰여왔는데, 더는 조작할 수 없는 개념이 되고 있"[278]으니까. 그것은 근본적으로 그리스도교적인 것으로 "수출 가능한 은유"[279]가 아니다. 바꾸어 말하면, 현존하는 종교는 세속화라는 무기의 협박이 낳은 "해석자들의 세계 정복 현상"의 효과에 불과하다는 것이므로.[280]

필연적으로 이런 문제가 된다. 어느 규범 시스템이 종교인지 아닌지는 문제가 아니다. "종교"는 "사고의 차단막이 되는 개념"[281]일 뿐이다. 문제는 근거율이고 의례다. 따라서 〈거울〉이다. 도박에서 아슬아슬하게 살아남고 소격을 유지할 수 있는 규범 시스템만이 "정당"한 규범 시스템인 것이다. 세속화가 이처럼 서양인의 전략무기였음이 폭로된 이상, 근거율과 〈거울〉을 통해 의례적으로 거행되는 계보 원리는 일종의 "종교적인" 것이 아닐 수 없다는 생각에 이르게 된다. "종교와 세속화"라는 이분법 자체가 서양인이 제조한 "덫 개념"에 불과하다. 우리는 거울상 단계의 제기에서 시작해 멀리 여기까지, 드디어 그 덫에서 빠져나갈 수 있는 데까지 왔다.

그러나 여기에서 필자의 입장을 분명히 해두는 것도 해롭지는 않으리라. 전부는 아니지만, 나는 신구 여부를 떠나 많은 종교가 원리주의적으로 변질되는 것은 피할 수 없다고 생각한다. 왜냐하면 그들은 서양의 무기를 통째로 삼켜서는 자기가 "내면의 신앙"에 임하고 있다는 생각에 빠졌을 뿐만 아니라, 〈거울〉과 근거율과 계보 원리를 짊어져야 한다는 사실을 잊고 말았으니까. 그것은

"종교" "신앙" "세속화"라는 유럽적 개념의 바이스vice로 조여져 신음하는 그 무엇에 불과하다. 이런 내용을 철저하게 사유하지 않고 애매모호하고 미온적으로 "종교의 지혜" "종교가 주는 위안" "종교를 통한 평화" 등을 주창하는 사람들에게 이런 "상상적인" 해결에 의지하는 것은 그만두면 어떻겠느냐고 권고해둔다. 이러한 "상상적 해결"은 "손가락을 까딱"하기만 해도 "최종적 해결"로 치닫고 만다고 몇 번이나 말했으므로.

제47절 〈국가〉의 기한, 계보 권력의 행방

/

여기까지 오면 우리가 앞서 던진 물음으로 되돌아갈 수 있으리라. "알려지지 않은 태두" 르장드르의 길 안내로 〈중세 해석자 혁명〉을 방문한 우리의 물음은 다음과 같았다. 국가는 무엇이고, 그것은 어떤 운명을 짊어지고 있는가? 국가는 폭력이라고 말한 다음 거기에서 한 발자국도 움직이지 못하는 사람들은 아무래도 상관없다.[282] 조금이나마 다른 규범 시스템을 상대하는 "전략무기"로서의 세속 국가에 대해 구체적으로 생각해보기를 바란다.

국가는 〈살아 있는 문서〉인 교황의 후계자로서, 〈거울〉로서의 근거율 자체여야 한다. 국가는 〈절대적 준거〉로서, 무엇보다 아이를 낳기 위한 "계보 원리"를 짊어져야 한다. "국가의 친족 기능"[283]을 말이다. 그것은 무슨 일이 있어도 존재해야 한다. 그런데 르장드르는 여기에서도 끝까지 냉철함을 관철한다. 국가는 이미지를 조종하고 〈아버지〉를 상연해 계보 원리를 짊어지는 이상,

여전히 "종교적 본질"[284]을 갖고 있다. 그렇다면 결과적으로 이런 말이 된다. "〈국가〉는 〈토템〉과 마찬가지로 야만적이고 원시적이다."[285] 달리 말해 바로 그 "야만성"이, "계보 원리"가 "〈국가〉의 원동력"[286]이 된다. 그리고 이렇게 전개된다. 토템이 역사적·지리적으로 한정된 계보 원리 중 한 판본에 불과하듯 "〈국가〉—우리가 서양에서 〈국가〉라고 부르는 것—는", 〈준거〉를 짊어질 "여러 가능성 중 한 판본이다".[287] 따라서 이 같은 역사적 과정을 꼼꼼히 검토해온 르장드르에게 국가는 기껏해야 "〈절대적 준거〉의 찰나적인 한 형식"[288]에 불과하다. "종의 법에 접근하기 위한 다른 의례처럼 〈국가〉도 내일을 보증받지 못하는 것이 사실이다."[289] 사실 "〈국가〉의 계보 권력"은 "붕괴"하고 있고,[290] "서양적인 의미의 〈국가〉는 계보 권력을 행사하는 한에서만 현실에 존재한다. 바꾸어 말하면, 인간의 세계에서 이 권력을 행사할 때 국가 형식은 필요하지 않다. 지금도 그렇고, 미래에도 기필코". "아마 〈국가〉는 역사의 끄트머리에 도달했고 죽음이 임박했다." "우리가 〈국가〉라고 부르는 것의 영속은 전혀 보증되지 않았다."[291] 그리고 이렇게 말하는 것으로 만족해서는 안 된다. 이는 언어도단이다.

〈국가〉 따위는 이제 끝이다. 이런 은밀한 속삭임은 이미 큰 소리로 울려 퍼지고 있다. 그것은 거의 상투적인 말이 되어서, 누구나 흔쾌히 할 수 있는 뻔한 말일 뿐이다. 세계화의 파도에 휩쓸려 혹은 "세계 자본주의" 속에서, 〈국가〉는 그 임무를 다했다고 누구나 말한다. 조금 더 예민한 사람이라면, '〈국민국가〉는 세계화된 제국에서 일정한 역할을 맡고 있으므로 〈국가〉는 쉽게 소멸하지 않는다'라는 정도의 이야기는 할 수 있으리라. 그러나 이런 좌고우면한 문구는 단지 〈해석자 혁명〉에 의한 〈정보혁명〉의 효과에 불과하다. 초근대인이 된 듯한 기분일지 모르겠지만 그들은 아직 그레고리우스 7세의 손바닥 안에 있다. 해석자 혁명은 〈살아 있는 문서〉와 〈국가〉를 만들어냈다. 그러나 거기에 시한폭탄을 설치해두는 것도 잊지 않았다. 즉, 해석자 혁명에 의한 텍스트의 문서화·데이터화·정보화·효율화·관료화는 궁극적으로 〈국가〉를 필요로 하지 않고 그것을 무용지물로 만드는 작용을 포함한다. 그것은 이미지의 상연, 춤의 정치성, 의례와 근거율의 물음 등을 필요로 하지 않고 인정하지 않으니까. 르장드르의 말을 인용하자.

> [12세기 해석자 혁명의 결과] 텍스트의 객관화라는 현상이 나타나서 (……) 〈텍스트〉를 순수한 자료로만 표상하게 된다. 그것은 신화적 정신을 오점으로만 여기면서 사회의 형식주의를 계속 삭제해나간다(예를 들어 사회과학은 입법자의 엠블럼화 문제를 무덤으로 보내려 한다). 그것은 모두 규범 시스템의 점진적인 탈신체화=탈단체화decorporalisation와의 역사적 관계 속에 있다. 즉, (……) 〈살아 있는 문서〉에 의거한 신체성=단체성corporalité이 변화를 거듭한 끝에 〈국가〉라는 개념을 소탕하는 데까지 이른 것이다. 그것은 (18세기의 실증적인 〈이성〉이나 현재의 〈매니지먼트〉와 같은) 기능주의자의 추상이라는 도구 덕분이었다. 그리하여 우리는 객관주의적 담론이라는 시나리오를 구경하고 있는 것이다.[292]

해석자 혁명에 의한 텍스트의 객관화=정보화는 최종적으

로 〈국가〉를 소탕한다. 애초부터 그렇게 될 것이었다. 〈국가〉를 타도하려는 우리의 담론은 〈살아 있는 문서〉와 『교령집』의 정보혁명 사이에 이미 존재했던 서어의 역사적 여파이고 그것의 효과에 불과하다. 그리하여 〈국가〉는 소멸로 향한다. 법전 편찬 사업 때 창시되어 그로부터 가속화된 "텍스트의 객관주의적인 정보화"는 역설적으로도 역류해 〈법 권리〉 자체를 떠밀어내려 한다. 〈국가〉와 〈법 권리〉라는 "기묘한" 한 쌍은 자신을 만들어낸 몽타주 자체의 효과 때문에 위험에 처하게 된다.

　　이때 출현하는 것이 세계화 상태의 "관리경영"이고 "매니지먼트"다. 원칙적으로 이것들은 국가를 필요로 하지 않는다. 이것들은 법과 근거율과 의례 없는 통치를 가능하게 하려 한다. 돌연 활발해진 "윤리"나 "자유주의" 같은 새로운 가짜 규범성에 비익裨益하려는 담론은 굳이 오래된 표현을 쓰자면 "이데올로기"에 불과하다. 따라서 기껏해야 "찰나의 한 형식"에 불과한 〈국가〉를 비판한 정도로 "정의"의 편에 섰다고 착각해서는 안 된다. 우리의 입장은 탄탄하다고 생각해서는 안 된다. 그것은 지금의 가짜 규범성에 따르는 천박한 순응주의에 불과하다. 국가를 비판하는 자신의 말이 관리경영과 매니지먼트의 폭력을 예찬하는 퍼레이드의 창화와 공명하지는 않는지 조심스레 확인해야 한다. 그들은 국가가 쉽게 멸망하지 않는 기묘한 이유를—바로 "이유"다—간과한다. 〈국가〉의 존립을 정당화할 수 있는 유일한 이유는 그것이 〈근거율의 구축〉이고 계보 원리를 짊어지고 있다는 것뿐이다. 그들은 〈국가〉가 짊어져왔고 지금도 겨우겨우 짊어진 "계보 원리"를 〈국가〉가 떠맡도록 내버려둔 채 자기들이 금과옥조로 삼는 문구를 과시하고 있을 뿐이다. 그런 거동은 "저항"은커녕 군림하는 매니지먼트적 사고를 보좌한 것인데도. 이제 나는 이것으로 족하다는 말은 하지 않겠다. 그래야 한다는 말은 하지 않겠다. 할 수 있을 리가 있겠나? 광고와 마케팅이라는 무기를 소지한 〈매니지먼트〉의 실패를 우리는 목격하고 있는데.

유럽 〈국가〉의 장기간에 걸친 정복 시도는 이 영역에 대한 사유에 필요한 제재를 풍부하게 제공한다. 오늘날 여러 사회가 타자성 원리에 대한 무관심의 한계점에 도달할 것처럼 보이기 때문에 더욱 그러하다. 이 무관심 덕분에 〈매니지먼트〉는 모든 것을 동화하고 모든 문화에 열려 있다고 자칭한다. 그것은 자유경쟁의 무기로서 생산되었는데도 말이다. 그런 관리경영의 담론은 불발로 끝났다. 싸우는 〈이슬람〉이나 유럽 내 민족주의의 각성 등이 연이어 출현했기 때문이다. 따라서 문제를 근본에서부터 다시 살펴야 한다.[293]

관리경영적인 평화란 하나의 전쟁, 그것도 종교적 정복이라는 말이 지닌 본래의 의미로서의 전쟁이다. 이것을 지적함으로써 소위 의사소통 과학이 관리경영에 의해 동원될 때는 대의를 위해서라는 사실을 쉽게 이해할 수 있을 것이다. 그리고 세계적 교류 상황에서는 하나의 대의와 다른 대의의 가치는 같고, 모든 조직 시스템이 생존을 위해 투쟁을 벌이고 있지만, 그렇다고 살아남기 위해 모두 같은 무장을 한 것은 아니다. 각 산업국가는 경제학자가 국제 경쟁이라 부르는 것뿐만 아니

라 특히 이슬람처럼 산업적이지 않은 각 종교와도 조우하게
된다. 이는 중요한—'당혹스러운'이라고 표현하는 것이 좋겠
다—고찰의 테마다.[294]

그렇다. 이슬람이다. 우리는 국가의 명운과 매니지먼트의
실패를, 즉 아이를 낳아 기르는 엠블럼적인 근거율의 미래를 논하고 있
는 중인데, 여기에서 다시 우회를 거쳐야 한다. 텍스트의 정보화에 따
라 "매니지먼트"를 통한 "세계화"가 가능해진 이상, 이 전 지구적인 대-매니
지먼트 투쟁은 텍스트의 투쟁, 텍스트를 둘러싼 투쟁이라는 형태로만 출현한
다. 이를 검토해야 우리의 국가와 근거율의 미래에 대한 물음은 진
정으로 납득할 만해질 것이다. 르장드르의 영향 아래 새로운 발걸
음을 내딛기 시작한 무슬림 정신분석가 페티 벤슬라마를 다시 인
용하자. 예리하기 그지없는 저작『뒤숭숭한 픽션: 기원의 분유分有
에 관해』의 분석을. 이 100쪽이 되지 않는 작은—게다가 풍요라고
말할 수 있을 만큼 응축된—벤슬라마의 저작에 르장드르도 찬사
를 보냈다.

제48절 이슬람, 표상의 전쟁: 페티 벤슬라마의 방도

/

1988년 살만 루시디Salman Rushdie의 장편소설『악마의 시』가 간행된
다. 소설이『꾸란』과 무함마드를 모독했다고 해서 이슬람 각지에
서 항의 시위가 일어났고, 인도와 파키스탄에서는 사상자까지 나
왔다. 이슬람 각지에서 출판 금지처분을 받았고, 시아파 최고 지도

자 호메이니가 루시디에게 "파트와"를 내린 것은 주지의 사실이다. 루시디는 영국 정부의 경호 아래 지금도 잠복 생활을 하는 처지에 놓였고, 일본어판 번역자 이가라시 히토시五十嵐一가 쓰쿠바대학 구내에서 누군가에게 살해당한 것도 기억에 새롭다.

왜 이런 일이 벌어지고 말았는가? 그것은 소설의 내용에서 추정할 수 있다. 소설은 무슬림 공동체와『꾸란』자체의 정통성이라는 전통적 주제를 다룬다. 성전『꾸란』은 무함마드가 천사 지브릴이 통역한 알라의 말을 귀로 들은 내용이다. 그러나 그 천사는 진짜였는가? 그는 천사로 변장한 악마이고『꾸란』에 그의 말이 섞여 있다면. "기원의 텍스트", 〈절대적인 준거〉이자 이슬람 공동체의 "근거율"과 직결된 통점痛点에 소설은 펜 끝을 꽂은 것이다. 그뿐이 아니다. 소설은 무함마드를 너무나 "오리엔탈리즘"적으로 묘사한다. 무함마드를 "할렘을 거느리는 사기꾼"으로 취급하면서, 십자군 이래 오랫동안 유럽인이 가져온 전형적인 편견에 따라 묘사하는 것이다. 무슬림이 격분할 만한 이유가 있었다. 조심하자. 적어도 이 1988년의 시점에 그것은 이슬람 내부의 문제였다. 예를 들어 피에르 클로소프스키Pierre Klossowski의『바포메트』에도 무함마드를 조롱하는 부분이 있다. 그러나 클로소프스키는 이슬람의 계율에 따르는 자가 아니라 이교도이므로 상관없다. 무슬림이 격분한 것은 동포인 루시디가 자신들을 조롱하는 유럽인들과 같은 어휘, 같은 문구로 자신들 사회의 기둥인 픽션을 파괴하려 했기 때문이다.

이에 대해 서구 저널리즘과 지식인들의 반응은 "표현의 자유"라는 이념에 준거한 것이었다. "표현"은 자유로워야 하고, 신앙도 자유로워야 한다. 게다가 픽션인 소설을 내용 때문에 정치적으로 법으로 제재를 가하는 것은 "당치도 않다". "아니, 그저 픽션에 불과하지 않은가?" 이것이 서구 그리고 우리 자신의 소박한 관념이다. 이런 것도 모르는 이슬람은 그래서 야만이라는 말이 곧 입 밖으로 나올 듯한 논조가 연이어 등장한다. 인용하자. 벤슬라마는 움베르토 에코와 밀란 쿤데라를 비판하면서 다음과 같이 말한다.

예를 들어 에코는 『악마의 시』에 대한 군중의 항의를 설명하기 위해 이렇게 쓴다. "매스미디어의 효과 중 하나는 지금까지 소설을 한 권도 읽은 적이 없는 사람들에게 픽션을 제공했다는 것이다. 그들은 《픽션 계약》, 즉 쉽게 의심하기를 일시적으로 중단하는 계약에 한 번도 참여한 적이 없었다." 그래서 그들은 이야기를 즐긴다는 것이 무슨 뜻인지를 모르고, 환상적인 이야기나 옛날이야기를 들은 적도 없다는 것인가? 그렇다면 그들은 상상력이 없는, 〈다른 장면〉의 경험이 없는, 환상과 현실을 구별할 줄 모르는 사람들이고, 가장도, 연기도, 척하기도 할 줄 모른다는 말이 된다. 인류란 집에서나 전철에서 조용히 소설(픽션 계약은 표지에 써 있다)을 읽을 수 있고, 그것에 대해 최신 살롱에서 차분하게 의견을 나누고 또는 작가가 자기 머리로만 상상한 것에 대해 텔레비전에서 설명하는 것을 들을 수 있는 사람이라는 말이 된다. 그 기준은 쉽게 믿기를 적절히 중단해 자신의 상상력을 가동시키는, 더는 진짜다움의 불안을 견딜 필요도 없는 인류라는 것일까?
이런 설명이라면 픽션에 진리와 내실은 거의 없다는 말이 되고, 픽션은 공상이 거주하는 방 안에서만 한정적으로 작용하고, 소설을 "거의 전혀" 이해하지 못하는 자들의 손이 닿지 않는 곳에 두어야 한다는 말이 된다. 픽션이라는 관념이 이렇게까지 타락하다니! 그리고 소설의 라벨을 모르는 사람들에게 이렇게 교만할 수 있다니![295]

밀란 쿤데라는 소설 장르는 모두 일반 상대성의 예술에 속하고, 따라서 모든 도덕에서 면제되고 거기에서는 "일체의 도덕적 판단이 중단된다"고 주장했다. 그에 따르면 신권 정치가 실행되고 있는 이란에서는 소설이 무엇인지 이해받지 못하고 있다![296]

우리의 이로에 비추어보아도 이런 비판은 지극히 정당하다. 에코의 주장은 결국 "무슬림들은 〈거울〉에 비친 자기 모습을 보고 자기가 정말 거기에 있다고 생각할 자들이다"라는 말과 다를 바 없으니까. 해석자 혁명이 야기한 텍스트의 "손질"과 "압축"을 논한 우리에게는 훤히 보인다. 소설은, "픽션"은 왜 "자유"인가? 그것은 왜 도덕과 법과 정치와 무관하고, 그것의 내용은 왜 정치적인 물음을 면제받는가? 이는 자명하지 않다. 픽션, 즉 이미지와 춤과 말과 노래를 총동원해서 완성되는 "몽타주"는 바로 정치적인 것, 사회적인 것, 그 무엇보다 종교적인 것, 그리고 주체 형성 "장치" 자체였다.

우리는 유럽이 세속화라는 "책략"과 신의 죽음이라는 "픽션"을 전략적인 조건으로 날조함으로써 자신의 국가를 "전략무기"로 바꾸고, 세계화, 즉 세계의 서양화, 나아가 "그리스도교화"를 추진해왔음을 확인했다. 유럽은 텍스트를 다듬고, 가로막고, 거세했다. 유럽은 법학과 신학의 분리에서 시작되는 근대적인 이념을 설립하면서 〈정치적인 것〉과 〈미적인 것〉을 분리시킨 것이다. 실은 국기와 국가, 선전과 프로파간다 등의 형태로 그것을 "등 뒤로 돌린 손으로" 조종하고 있으면서도, 자신은 그런 이미지의 권력이 갖는 야만성과 관계가 없다는 생각에 빠져 있다. 그것도 살펴보았다.

　이에 따라 예술·연극·소설·시 등 픽션 텍스트는 그야말로 "픽션"이고 본래 의미에서의 "텍스트"인데도, 즉 주체의 생사를 좌우하는데도 정치적 기능을 상실한다. 법적·정치적 텍스트는 관료와 〈매니저〉가 취급하는 "서류"이고 그래야 한다. 이런 식으로 법이니 주체니 정치니 종교니 하는 것에는 "신경 쓰지 않는" 자율적 예술 개념이 형성된다. 미는 무관심성이라고 말한 칸트를 인용할 필요도 없으리라. 그것은 이미 우리 자신의 상식이 되었으므로. 이에 따라 예술에는 "자유"가, "표현의 자유"가 보증되는 것이다.

　바꾸어 말하면, 소설이 표현의 자유를 갖는다는 것은 어떤 의미에서는 소설이 거세된 상태라는 것을 뜻한다. 소설·시·회화·연극은 현실에 영향력을 행사할 수 없는 대신 왜소한 자유를 손에 넣고 그 상태에 자족하고 있다는 말도 된다. 유럽 작가들이 루시디를 옹호하며 "문학적 자유"를 외칠 때, 그들의 행동은 역설적으로 자신들이 만드는 소설이 "죄를 지을" 수조차 없고 현실 세계에서 진지한 상대로 인정받지 못함을 옹호하는 것이 되고 만다.

　이는 물론 근대적인 〈준거〉다. 거듭 말했듯 그것은 정치적 텍스트의 객관적·합리주의적 환원이라는 유럽적 판본의 관할 아래에 있을 뿐이다. 이슬람과는 관계없다. 따라서 『악마의 시』 사건은 단순히 "예술의 문제"가 아니다. 광기가 "가정의 문제"가 아닌 것처럼. 그것은 '어떤 "표상을 선택"²⁹⁷한 사회'가 근거율을 표상하는 문제이고, 따라서 그것 때문에 벌어진 소란은 서양과 이슬람의 전면적인 투쟁이 된다. 르장드르가 거듭 말하는 "표상의 전쟁"²⁹⁸은 이를 뜻한다. 『꾸란』이라는 텍스트의 픽션과 그것의 "합법성"에 의거해 자신을 창설하는 이슬람과 세속화와 신의 죽음이라는 픽션, 〈국가〉를 추축으로 한 정치적 픽션, 그리고 "순수이성" "미" "예술" 등의 근대적 이념이라는 픽션, 그 "합법성"에 기반을 두고 자기를 창설하는 서구 근대의 한없는 투쟁이다.

서양은 자기가 지닌 "표현의" "문학적" 자유라는 픽션, 말 그대로 "도그마"를 아무 전제 없이 "보편적"이라고 여긴다. 그러나 그것이 어떤 역사적 추세에 의해 "보편적"이 되었는지는 전혀 자각하지 못한다. 그러하기에 "기본적 인권"인 "표현의 자유"를 인정하지 않는, 픽션이 픽션이라는 것조차 모르는 이슬람들은 "야만"이고 "말이 안 통한다"는 경멸적인 언사가 미디어에 넘친다. 하지만 그렇다면 무슬림도 이처럼 말할 권리를 갖고 있을 터다. "알라의 진리"인 "『꾸란』의 정당성"을 인정하지 않는 유럽은 "비속"하고 "무례"하다고. 이는 물론 원리주의적 사고다. 그러나 이는 유럽 또한 마찬가지가 아닐까? 다른 텍스트를 손에 쥐고 "이것 봐, 여기에 써 있다. 그러니까"라고 중얼거리는 자들끼리의, 끝이 없는 싸움이다. 우리는 논해왔다. "여기에 써 있다"는 "원리주의적 논증"이라고. 고로 벤슬라마는 이 저서에서 우선 유럽의 원리주의를 공격했던 것이다.

그리고 벤슬라마는 이미 인용한 적이 있는 2006년의 강연 「모독하는 양¥: 『이슬람의 이름으로 진행되는 검열』에서의 발언」[299]에서 역으로 이슬람의 "정치적 이맘"들이 부추기는 "죽이는 검열"의 원리주의를 공격하게 된다. 주지하는 바와 같이 덴마크에서 최다 발행 부수를 자랑하는 고급 매체 「유랜즈 포스텐」은 2005년 9월 30일 지면에 무함마드를 이슬람 급진파로 묘사한 풍자화를 게재해 덴마크 내외의 무슬림으로부터 격렬하게 비난받았다. 이에 벤슬라마는 반대로 이슬람 급진파의 원리주의를 비판한다. 루시디 사건이 일종의 "판례"가 되어, 정치적 이맘은 누구라도 누구에게든 파트와를 선고할 수 있게 되어버린 상황을 두고 벤슬라마는 "나는 생각이 납니다"라고 거듭 말하면서 이슬람 급진파가 벌인 여성 차별과 세속적 이슬람 작가들의 학살, 탄압을 연이어 열거해간다.

1985년 카이로의 풍기 심문소는 『아라비안 나이트』 편집자와 인쇄인에게 유죄를 선고해 그들을 투옥하고 "그리고 그들은 셰헤라자드의 말을 공공의 장소에서 불태우라 명했다". 파트와를 회피하기 위한 신학상의 해결법을 모색하던 브뤼셀 모스크 관구장과 그 보좌역이 1989년 3월에 이란 첩보 요원들의 습격을 받았다. 유럽의 중심에서 몇 번이나 책이 불태워졌다. 작가를 지키기 위한 모임이 열린 집에서 터키 지식인들이 산 채로 불태워졌다. 1992년 6월 8일, 47세였던 작가 파라그 푸다가 총탄을 맞았고, 푸다의 네 살배기 아들 아흐마드 군과 아흐마드의 친구 와히드 라파트 자키 군도 피해를 입었다. 1992년 9월 3일, 사우디아라비아의 카티프에 있는 광장에서 신에 대한 모독과 신앙 포기의 죄를 지었다고 해 시인 사디크 멜랄라흐가 참수당했다. 1993년부터 알제리에서 지식인과 예술가의 대학살이 일어났다. 사회학자 질랄리 리아베스, 작가 타하르 쟈우트, 정신과의사 무함마드 부셉시, 사회학자 무함마드 부홉자, 저널리스트 겸 작가 메르자그 바그타쉬, 저널리스트 사아드 바흐타위, 작가 겸 저널리스트 아브델라흐만 셰르그, 시인이자 작가 유세프 셉티, 각본가 겸 연출가 압델카델 알룰라, 작가 바흐티 베나우다, 페르하트 셰르키트, 유세프 파트할라프, 라민 라그우이, 자이얀 화라프도 살해당했다. 서양에도 알려진 시인 타리스마 나스린에게도 파트와가 선고되었고, 노벨문학상 작가 나기브 마푸즈조차 카이로에서 전통주의자 청년의 칼에 목이 찔렸다. 겨우 목숨은 구했지만. 벤슬라마는 이렇게 말한다.

> 많은 민주주의자와 유럽의 좌익은 인종차별주의와 싸우면서 이런 검열이 실제로 사람을 죽이고 있다는 사실을 잊고 있습니다. 그리고 그들은 일치 협력해서 이런 덫을 거들어주고 있습니다. 여러분께서 바로 이 덫에 저항해주었으면 합니다. 새로운 기계장치는 이미 꽤 오래전에 발명되었으니까요. 그것은 "굴욕 받고 있는 무슬림"이라는 기계장치입니다. 이는 지옥의 기계장치로, 여기저기에서 경멸받고, 권리를 빼앗기고 있는 확실한 현실성 때문에 기세를 얻어, 정체성에 관여하는 신화를 정당화하고, 이를 무장시키려 합니다. 이 신화에 의해 성스러운 자의 이름으로 실행되고 있는 것은 무엇인가? 바로 신자들이 공동체와 거리를 두지 못하게 하기 위해 그 거리를 뿌리째 뽑아버리는 것, 자유를 위한 혁명의 후예들이 이야기하고 쓰고 그리는 것에 대한 방해 활동을 정당화하는 것입니다.

권리와 평등을 위한 반인종차별주의자들의 싸움은 굴욕이라는 잘못된 진로 결정으로 인해 길에서 벗어나, 가장 무시무시한 정체성에 관여하는 신화의 방위, 범죄적인 편집증자들의 종교성 지지로 향하고 있습니다. 이런 싸움은 이런 설교사들을, 우리가 생각하고 이야기하고 쓰는 자유의 희생자로 꾸밈으로써 그 악행을 결백으로 만들어버립니다. 유럽인의 그리스도교와 유대교 비판은 정당하지만 무슬림 문화의 남성과 여성에 의한 이슬람 비판은 그에 비해 정당성이 없다는 주장이 나오는 격리 상황에까지 우리는 오고 말았습니다. 이슬람을 비판하는 무슬림은, "이슬람을 혐오하는 자"가 아닐까, 인종차별주의적인 우익과 결탁하고 있는 것이 아닐까 하는 의심을 받고 비난을 당합니다. 종교를 비판하는 유럽인들은 명백한 권리를 행사할 뿐이라고 평가받는데 말이지요. 계몽의 후예 중 일부는 타자들의 계몽에 맹목 상태인 것입니다.

벤슬라마는 유럽의 "표현의 자유" 원리주의를 공격하는 한편, 이슬람의 "표현의 검열" 원리주의를 공격한다. 이를 모순으로 느끼는 사유의 협소함으로부터 우리는 이미 완전히 벗어나 있다. 확인해두자. 벤슬라마는 근대 이슬람의 사상적 틀이 된 "근대주의"와 "이슬람주의" 어느 편에도 서지 않으려 한다. 벤슬라마는 르장드르가 함께 창화한다. 종교가 없어지는 일은 있을 수 없다고. "종교는 회귀한 것이 아니다. 한 번도 멀리 떠난 적이 없으니까."[300] 그러나 이슬람 급진주의의 "죽이는 검열"을 지탄하는 문장에서 알 수 있듯이 세속성에 입각한 자유의 희구가 벤슬라마의 말에서 흘러넘치는 것은 명백하다. 이것이 모순일까? 전혀 그렇지 않다. 우리가 살펴온 이로에 따르면 종교와 세속적 자유는 모순되지 않는다. 상기하자. "세속화"로 인한 "탈종교화"는 〈중세 해석자 혁명〉의 효과이고, 유럽의 "그리스도교 규범 공간"이 "세계 정복" "개종"해가기 위한 "전략무기"였다. 르장드르는 역설하지 않았던가. "그것은 수출할 수 없다."

그러나 실제로는 수출되었다. 그렇다면 이는 폭력에 의해서다. 식민지화라는 폭력에 의해. 그렇다면 벤슬라마가 고안하고 르장드르가 칭찬한 표현을 빌리자면 거기에서 생겨나는 것은 대량의 "준거의 투항병"[301]들이다. 자신의 기원을 잃고, 자신의 법적 준거와 근본적 규범의 정당성을 잃은 사람들, 법의 난민이고 구체적인 유럽이나 아메리카 대륙 각국으로 이산한 이민들의 모습이다. 그들은 다음과 같은 말을 듣게 된다. 신 같은 것은 없으니 근대법에 따르라. 그러나 그런 말을 들어보았자 애초에 이슬람에는 신의 죽음이나 종교의 죽음을 가능하게 하는 메커니즘이 존재하지 않는다.

서양은 텍스트 개념을 객관화하고 세속화라는 전략무기를 생산해서 "신의 죽음"이라는 픽션을 만들어냄으로써 그 "절대적 텍스트"인 "성서" 혹은 〈살아 있는 문서〉인 교황과의 관계를 가역화·추상화·(가짜)중립화·단편화하고 〈국가〉를 낳았다. 그리고 이를 뛰어넘어 매니지먼트와 관리경영의 단계에 이르려 한다. 이는 그들 자신의 판본이 걷게 되는 역사적 귀결이기는 하다. 그리고 이슬람 또한 식민지화와 이에 저항하는 투쟁 과정에서 그 〈절대적 준거〉와 맺은 관계를 변경할 것을, 또는 관계를 해소하고 그로부터 이탈할 것을, 즉 "개종"할 것을 요구받았다. 그러나 너무도 당연한 일인데, 이슬람은 스스로가 원해서 그런 이탈, 유배의 처지에 몸을 둔 것이 아니다. 그들에게 그래야 할 역사적 필연성은 없다. 유럽에 의한, 자신을 세계 규모로까지 확대하는 식민지화라는 사건 때문에 그 정당성이 손상된 채로 어쩔 수 없이 신으로부터의 유배를, "개종"을 강요받은 것이다. 그러하기에 그들은 "절대적인, 유일한 텍스트"와의, 『꾸란』과의 관계를 끊을 수가 없다.

　　세속화. 신의 죽음. 근대. 그러나 가장 세련된 일신교로 알려진 이슬람의 신은 애초부터 정의상 "죽지" 않는다. 따라서 생식生殖은 필요하지 않다. 따라서 이슬람의 신은 남자가 아니고, 신의 아이도 십자가에서의 죽음도 없다. 게다가 무함마드는 최후의 예언자이기에 적어도 수나파[아랍어로 수나는 이슬람의 관행을, 수나(수니)파는 수나에 따르는 사람들이라는 뜻이다.─옮긴이]에게 메시아주의 또한 있을 수 없다.

　　그러나 주의해야 할 점이 있다. 그렇다고 해서 이슬람에 "세속의 세계"가 없었던 것은 아니라는 점이다. 역사가도 아닌 필자가 서투르게 역사적 사실을 늘어놓을 필요도 없다. 셰헤라자드의 말이 불태워지지 않던 시대도 당연히 존재했었으니까. 어떤 종교도 세속성의 전통을 지니고 있는 법이다. 이를 둘의 대립으로 받아들여 '종교가 있는 곳에는 자유와 세속성이 없고, 세속성과 자유가 있는 곳에는 종교가 없다'고 생각하는 것은 순전히 사고의 비참한 자폐이고 질식일 뿐이다. 근거율과 소격의 요청을 떠맡고 있는 〈종교〉와, 소격의 해소를 임무로 삼는 원리주의를 우리는 세밀하게 구별하지 않았던가. 따라서 이슬람에는 세속화가 존재하지 않는다고 말할 때의 "세속화"란 해석자 혁명에 의해 세밀하게 편집된 『그라티아누스 교령집』에서 출발하는 역사적 과정이 낳은 "그리스도교적 세속화"을 지칭한다. "이슬람에는 그리스도교적인 세속화가 존재하지 않는다." 이렇게 말하면 너무도 당연한 것인데도 우리 시대에는 그것이 잘 보이지 않는다.

여기까지는 괜찮다. 하지만 이뿐만이 아니다. 당연히 벤슬라마는 〈살아 있는 문서〉의 후계자인 〈국가〉의 객관성과, 이마저 벗어난 〈매니지먼트〉의 보편성을 인정하지 않는다. 벤슬라마는 '이슬람의 각종 제도를 철폐하고 근대화를'이라고 외치는 근대주의자가 아니다. 그러나 종교의 쇠퇴와 "세속화"가 그리스도교 규범의 "알리바이" "전략무기"라고 해서, 그 속임수 때문에 많은 무슬림이 고난의 길을 걸어야 했다고 해서 서구 문명의 "굴욕"을 날조하고 적의를 선동하고 여성의 권리와 "자유"를 박멸하려 하는 사람들을 긍정할 수는 없다. 거기에는 소격이 결여되어 있다. 이 소격을 파괴하는 기계를, 벤슬라마는 정확히 "굴욕이라는 기계"라고 불렀다. "자존심의 상상계"를 분출시키는 이 원리주의 기계가 '소격을 "도박 속에서" "조금이라도" 산출하는 〈거울〉'이라는 정교한 장치를 분쇄한다. 그러나 그렇다면 "매니지먼트 원리주의"³⁰²와 무엇이 다르다는 말인가?

벤슬라마는 제3의 길을 가려 한다. 이슬람의, 이슬람 자신에 의한 "계몽"이고, 이슬람 자신이 "다른 세속성"과 "자유"를 고안해내는 길이다. 말할 필요도 없이 여기에서 말한 "자유"와 "계몽"은 미국과 유럽의 전매품이 아니다. 새로운 것과의 새로운 관계가 아닌, 옛것과의 옛된 관계도 아닌 "옛것과의 새로운 관계" 속에서 자유를 직조해야 한다. 이렇게 벤슬라마는 말한다. "유럽의 〈신의 죽음〉에 의해 해방되는 일도 없이, 이슬람과 기타 전통 속에 살아 있는 신에 압도되는 일도 없이."303 이것이 벤슬라마가 노리는 제3의 길이다. 말하자면 이슬람은 자기 텍스트의 "미래"를, 다른 "소격" 형식을, 새로운 "근거율"의 "준거 형식"을 만들어내야 한다는 절대적 요청 아래에 있다. 벤슬라마는 살만 루시디의 『악마의 시』를 이 문맥 속에 위치시킨다. 벤슬라마에 따르면 루시디의 기도는 "이슬람에서 〈아버지〉 신화를 이야기하는 텍스트의 분쇄를 문학적으로 고하려 한다".304 즉, 벤슬라마는 이런 말을 하고 있는 것이다. 루시디는 잘못하지 않았다. 루시디는 노린 곳을 정확하게 공격했다. 근대의 폭력에 짓밟혀 우왕좌왕하다 살인적인 상상계로 몰릴 수밖에 없는 이슬람의 정치적 픽션을 갱신하기 위해서는 픽션의 충격요법을 처방할 수밖에 없으니까. 우리의 어휘를 쓰면 이렇게 된다. 루시디는 도박장에 뛰어들었다. "소설"이라는 "비장의 카드"를 무기로. 이슬람의 미래를 위한, 그 정치적인 갱신을 위한 첫걸음이 되고자.

이렇게 보면 "신앙의 자유"나 문화적 다원주의를 구실로 이슬람주의자들의 "사람을 죽이는 검열"을 "문화가 다르니까"라는 한마디로 미온적으로 긍정하려는 사람들에게 벤슬라마가 경종을 울리는 것은 당연한 이치다. 존재하지도 않는 "굴욕"을 부추기며 불가능한 "회귀"를 표방하는 사람들은 자유의 적일 뿐만 아니라 실은 종교의 적이기도 하다. 자유란 소격이고, 소격이란 자유의 다른 이름이다. 이를 소외 같은 이름으로 부르니까……라는 말은 더는 반복하지 않겠다. 소격의 자유. 이는 유럽만의 역사적 산물이 아니다. 우리는 되돌아갈 수 없다. 우리는 자기 손으로 스스로 새로운 자유를 만들어내야 한다. "유머"—신체적 위험을 각오하고 발언하는 자신들을 "모독하는 양"에 빗대는, 진정한 의미에서의 "유머"—조차 느껴지는 어조로 이야기하는 벤슬라마의 말이 일본어권에 사는 사람들에게도 남의 일이 아니라고 덧붙인다면 이는 순전한 사족이 되리라.

제49절 매니지먼트 원리주의와 국가의 종언
: "아무것도 끝나지 않는다"

우리의 이로로 돌아가자. 르장드르가 대체 무슨 이야기를 하고 있는지, 벤슬라마의 도움을 빌린 지금의 우리는 선명하게 느낄 수 있다. 우리는 무엇이라 물었던가? 국가의 명운과 매니지먼트의 실패, 즉 아이를 낳아 기르는 엠블럼적인 근거율의 미래에 대해 물었다.

광고와 마케팅이라는 무기를 손에 쥔 관리경영, 매니지먼트는 근본적으로 〈해석자 혁명〉의 후계자 자리를 계속 차지하고 있다. 말하자면 못된 아이로서. 그들은 〈해석자 혁명〉이 가동시킨 '텍스트의 정보화'의 충실한 광신자로서, 〈국가〉도 〈법〉조차도 밀어내려 한다. 그들은 스스로가 법학자임을 인정하지 않는 법학자이고,[305] 고로 법 없이 "통치술"[306]의 재편만으로 사태를 마무리지을 수 있다는 생각에 빠져 있다. 이미 말한 바와 같이 그것은 계보 원리를 "국가"에게 통째로 떠맡기고 등 뒤로 돌린 손으로 이미지와 시적인 "은유"를 조작한다. 자신이 도그마에 종사하는 자임을 인정하고 싶지 않다는 이유만으로. "손실보전" 없이 도박하는 것이 무서워서. 우리는 법학자가 아니다. 편협한 민족주의자가 아니다. 우리는 종교 따위에는 관심이 없고, "육아"는 중요한 문제지만 이는 심리학의 문제일 뿐이다. 그것은 그렇고 "가정 붕괴"와 "소년 범죄" "이민 범죄"는 난감한 문제다. "자유"와 양립시키기는 어렵겠지만 조금 더 "세큐리티"를 중시해주었으면 한다 등의 이야기를 그들은 한다.

그러나 그 목소리는 두려움에 떨고 있다. 그 유래부터가 그들은 근본적으로 종교적이다. 이렇게 말하자. 그들은 이 말을 무엇보다 두려워하니까. 우선 이미지와 관련한 기술인 이상 "광고 마케팅은 그 리더의 지식과 미를 찬양하는 민족주의자나 혁명가의 선언처럼 원리상 종교적이다".[307] 그리고 "산업은 종교와 똑같이 대단한 수단을 사용한다. 즉, 전례典禮라는 수단, 텍스트의 콜라주라는 실천을".[308] 오래된 종교가, 〈살아 있는 문서〉가, 〈법학자의 국가〉의 몽타주가 그랬던 것처럼 그들 또한 미적인 것을, 도그마적인 것을, 시를 필요로 한다. 시대의 검열 때문에 그로부터 눈길을 피하고 있을 뿐이다. 왜냐하면 객관화·자료화·정보화되었더라도 텍스트는 여전히 텍스트니까. 즉, 여전히 텍스트=이미지=엠블럼이다. 여전히 이미지이고 시니피앙이다. 즉, 아무리 발버둥을 쳐도 "서양 〈합리주의〉의 의례적 측면"[309]은 여전히 남아 있다. 우리의 서류, 우리의 데이터, 우리의 텍스트 파일이 "광기의 대상으로서의 문서"[310]와 결별하는 일은 결코 없다. 아무리 "탈의례화하고 있다고 공공연히 단언"[311]해도 소용없다. "텍스트는 그 신화라는 본성 때문에 의례적으로만 기능"[312]하니까. 이는 이미 인용한 적이 있다. 우리가 글을 쓸 때, 서류를 서식에 맞추어 쓸 때, 단말기를 향하고 자판을 두들겨 검색할 때, 서체를 고를 때, 거기에서 기능하고 있는 것은 의례 이외의 그 무엇도 아니다. 따라서 "우리는 인정해야 한다. 우리 자신이 야만임을".³¹³ 텍스트와 관련한 우리의 거동은 해석자 혁명에서 오는 야만성 중 하나의 판본에 불과하다. 이를 간과함으로써 무슨 일이 일어나고 있는지 생각해보자. 예술은 정치에서 분리되어 질식하고 있다. 그러나 우리가 오랫동안 보아온 것처럼 〈이미지=텍스트〉는, 은유는, "시의 섬광"은 무슨 일이 있어도 필요하다. 이는 무엇을 의미하는가?

　　"매니지먼트는 시를 거부함과 동시에 시를 필요로 한다". "은유"와 "이미지"를 조작하지 않는 규범 시스템이 존재하지 않는 이상, 그들도 "문화=숭배를 동원해서 구축하기 때문이다. 그것은 문화=숭배 자체다. (……) 종교적인, 야만적인 의미에서".³¹⁴ 매니지먼트도 실은 시를, 문학을, 픽션을, 이미지를 조작하고 있다. 등 뒤로 돌린 손으로. 우리의 일상도 온갖 엠블럼, 이미지, 영상, 배지, 로고, 서체, 포스터로 도배되어 있지 않은가? 마치 액체로 변한 〈거울〉을 안개처럼 흩뿌려놓기라도 한 듯. 그 "야만적인" 애증의 작용을 부정할 수 있을까? 그 외에 방법은 없고 그럴 수밖에 없다. 권력은 그 말의 본래 뜻대로 "도그마적"으로만 작용할 수 있으니까. 그러나 그 "관리경영 문학"³¹⁵은 어떤 것이었는가? 르장드르는 "〈매니지먼트〉에 적용된 〈십계〉의 모조품"인 "F. 브이규의 『12계율』"과 "기업에 적용된 〈윤리〉"인 "1991년 미합중국에서 전문가 3천명을 상대로 조사한 『비즈니스 에틱스』"³¹⁶를 열거한다. 그리고 르장드르는 말한다. "매니지먼트 문학은 위대한 미의 단편을 제공해준다. 단, 위작의 그것을."³¹⁷ 우리 눈앞에 펼쳐진 비즈니스 서적·자기계발서·성공 철학·수첩술이 우리 시대의 신화, 정초하는 시의 섬광, 주체를 구축하는 춤, 정치적 극장을 관장하는 시, 성전으로서의 "텍스트"다. 『복음서』와 「아가」, 『꾸란』과 『대장경』과 『논어』 대신에 스티븐 코비의 『성공하는 사람들의 7가지 습관』이 있고, 『맥베스』와 『돈키호테』와 『파우스트』와 『악령』과 『팔월의 빛』 대신에 나폴레온 힐의 『생각하라! 그러면 부자가 되리라』가 있고, 횔덜린과 블레이크와 릴케와 랭보와 첼란의 시 대신에 데일 카네기의 『인간관계론』이 있고, 홉스와 로크와 몽테스키외와 칸트와 헤겔 대신에 드러커와 버나드가 있다고 할 수 있다. 멋지다. 우리는 야만에서 벗어난 것이다. 포스트모던이다. 그리고 이런 현재 상황을—아이로니컬하든 아니든 마찬가지다—긍정해 보이는 지식인들의 발언도 끊이지를 않는다. 한마디만 하겠다. 이런 것은 비극도 희극도 아니다. 그냥 가소롭다.

이리하여 그들은 "다른 귀결은 차치하더라도 법 시스템이 근거를 생각하지 않고도 운영될 수 있다는 환상, 즉 그것이 단순한 테크놀로지가 되거나 아니면 현재의 관리경영적인 언어로 말하자면 조정의 테크닉이 된다는 환상"[318]에 흠뻑 빠져 있다. 그리고 그들은 말한다. 종교와 국가 따위는 종말을 맞이할 것이고, 재판도 전쟁도 민영화할 수 있다고. "민영화"라는 말은 정확한 표현이 아니다. 르장드르를 따라서 이를 "재봉건화"라 부르자. 그렇다. "경영자"와 "상사"와 "부하"의 계약에 기반을 둔 사적인 관계가 "주인"과 "종자從者"의 "계약"에 기반을 둔 사적인 관계와 무엇이 다르다는 말인가? "우리는 합법성을 관장하는 유럽적 시스템의 재봉건화라는, 새로운 원리주의의 결과를 목격하고 있는 것은 아닌가? 즉, 〈매니지먼트〉가 가져온 산업적 시스템의 재봉건화를."[319] 그것이 봉건제라도 상관없다. 상하 관계와 계약이 존재하는 한, 그것은 쉽게 없어지지 않는다. 그러나 스스로가 봉건제와 똑같다는 것을 흔쾌히 망각하고 있는 그들의 행동이 〈국가〉보다 큰 참사를 초래하지 않는다는 보증은 어디에도 없다. 봉건제를 향해 눈사태처럼 몰려가는 자기 모습을 자유의 사자라고, 꿈에서라도 생각하지 말지어다. 국가의 역사적 한계를 철저하게 지적해 보인 후에 르장드르는 이렇게 말한다.

> 우리는 보편적인 〈매니지먼트〉를 향해 갈 수밖에 없는 것일까? 〈금지〉와 아이의 재생산을 보증하는 〈국가〉조차 파괴하려 하는데도. 생각해보자. 요령이 뛰어나서 미디어가 환호하는 이론이 주장하는 것처럼 이런 관점에서 보자면 〈국가〉는 이제 계보 권력에 무관심한 공허한 껍질로서 존재할 수 있을 뿐이다. 즉, 지구 규모로 활동하는 산업을 중개하는 전문 기관으로서, 나아가 크고 작은 마피아적인 협동조합으로서. 이런 상황이 긍정되는 처지가 되었다. 그런데 마피아 자체를 이렇게 분석할 수 있겠다. 그것은 봉건적인 조직 형태이고, 따라서 그것은 결과적으로 규범 질서의 민영화를 가져온다. 서양의 제 사회는 〈국가 원리〉에 대항하는 재봉건화 추세에 이끌려가고 있는 것일까?[320]

마피아적인 매니지먼트 원리주의자는 법을 경멸한다. 그들은 "사회 조정의 테크닉" "관리경영" "윤리" "로비 활동"에 기대려 한다. 그러나 법 없는 통치가 가능할까? 애당초 관료적인 "통치성"이란 무엇이었을까? 르장드르의 말을 계속 인용하자.

주의해두겠다. 〈매니지먼트〉의 이데올로그인 전문가들은 학
식 있는 비평가라기보다는 개념을 미끼로 써먹는 생물이다.
이런 사람들이 말하는 관리경영에 의한 해방이 아무리 주체에
게 지배권을 내놓으라고 요구해서 모두를 황홀하게 만든다 해
도, 우리가 보기에 이런 과격주의는 "관리=행정administration"
의 강조를 노리고 있다. 〈매니지먼트〉는 〈왕으로서의 주체〉를
관리한다gere. 그러나 법-신학의 옛 용어 "관리하고 통치한
다administrer"의 중요성을 이해하지 못하고 있다. 이 용어가 명
예를 회복한 것은 18세기의 국가 재정학 덕분이었다. [원주: "관
리하고 통치하는" 것은 정초하는 권력의 장소―〈준거〉의 장소―로
승인받는 것을 전제로 한다. 따라서 〈관리=행정〉은 그 자체가 이 장소
와는 구별된, 이 장소에 의거한 심급으로서 승인받아야 한다. 여기가
바로 아킬레스건이라 부를 만한 곳이다. 왜냐하면 관리경영자들은 모
든 장소를 "합법적으로 점유한 자"라고 자칭하고 있으니까. 실제로 그
들은 이미지를 조작하고 있고, 마찬가지로 규범 원리를 조작하고 있다.
이런 실천은 현재의 문화에서 벌어지고 있는 상징 질서의 중대한 착오
라고 할 수 있다. 이런 "가짜 규범성"에 따르는 자에게는 당연히 파괴적
인 결과가 따를 테니까.][321]

간단하다. 관리경영, 행정은 합법적인 질서 속에서만 살
수 있다. 그것은 우리가 보아온 "윤리" "도덕" "상식"과 마찬가지
로 법에 대한 직접적인 준거를 막는 "준-준거"로서만 의미를 갖는

다. 따라서 그것은 법 옆에 있어야 하나 법과는 "다른 장소"를 가져야 한다. 그러하기에 행정조직인 관료제의 장소는 법과의 연계 속에서만 필연성을 갖게 되고, 저토록 증오를 받고 있는데도 계속 존재하는 것이다. 르장드르가 그 방대한 근대 관료제 연구 속에서 꺼내어 보여준 것은 바로 관료제의 기원이 "교황청" "주교좌"에 있다는 사실이었다. 〈살아 있는 문서〉와 『교령집』의 한 쌍이 〈국가〉와 〈법〉의 한 쌍으로 바뀌는 과정에서 성직자 위계제=관료제가 한없이 그리고 꾸준히 증오의 대상이 된 이유는 그들이 "상상적인 것"을 조작하기 때문이다.[322] 그것은 증오받을 운명인 것이다. 도덕과 마찬가지로.[323] 그러나 매니지먼트 원리주의자들은 증오받을 운명을 피하고자 스스로 "절대주의적인" 야만을 껴입고 있고 여전히 종교적이라는 사실을 망각하고, 법과 국가를 경멸하려 한다. 즉, "물음의 제도"를 파멸시키려 한다.

실제로 우리가 목도하고 있는 것은 〈제3자〉 원리를 제거하려는 것이 아니라—그것은 불가능하다—물음 자체를 쫓아내려는, 즉 주체와 관계된 결의론의 쉼 없는 활성화를 없던 것으로 해버리려 하는, 반복된 시도다. '이를 과학적으로 해결하기 위한 탐구'와 '법의 공허에 종지부를 찍으려는 포교 활동'은 필요하다면 로비 활동의 방법론을 〈윤리〉에 적용해서 사용하는데, 이런 행동의 뒷면에는 선명하게 매니지먼트 원리주의의 모습이 보인다. 그 본성이 대중을 조작하는 것인 이 원리주의는 아직 우리 사회에서 그 정치적 한계에 봉착하지 않았다. 오늘날 계속 발전하고 있으나 결국 그 이름에 걸맞은 비판적 연구가 이루어지지 않은 〈서양 매니지먼트〉는 우리가 타고 있는 통치 양식까지 데려다주지만, 그 통치 양식은 고전적인 타입의 결의론에 어떤 여지도 남기지 않는다. 더 확실히 말해 지금이라는 역사적 문맥에서 보았을 때 〈매니지먼트〉는 '물음의 제도'의 폐지를 고하고 있다. 그렇게 되면 주체의 기능에, 삶에, 아이의 재생산에 필수 불가결한 사회 수준에서의 계보 조작은 어떻게 되고 말까?[324]

〈국가〉의 기한이 도래한 것은 사실이리라. 이는 우리도 거듭 말해왔다. 〈국가〉는 망해야 한다. 맞는 말이다. 우리도 때에 따라서는 창화할 뜻이 있다. 하지만 매니지먼트 원리주의자들은 그 "이유"를 간과하고 있다. 〈국가〉는 망해도 된다. 그러나 〈근거율〉이, 〈거울〉이, 〈소격〉이—"왜"와 "사랑"과 "자유"가 없어지는 일이 있어서는 안 된다. 물음을 던지고, 사랑하고, 권위를 웃어넘기는 이 인형의 영위가 없어져도 된다고 어찌 생각할 수 있겠는가? 시대의 검열 아래에서 우리는 맹목에 익숙해져 자신의 맹목 자체를 깨닫지 못하게 되고 있다. 눈을 뜨자. 용기를 내어 눈을 떠야 한다. 이를 위해 필요한 것은 용기뿐이니까. "인간은 관리경영 속에서는 살 수 없지만 위기 한가운데에서, 시련 속에서도 살 수는 있"[325]으니까. 다시 말하겠다. 무엇이 〈국가〉의 본질이었는가?

〈서양〉의 제도적 세계 여기저기에서 〈국민국가〉의 전통(관습법 아니면 성문법)이 어떠하든 간에, 〈국가〉는 각자 어떤 열쇠가 되는 장소를 차지하고 있다. 그 장소는 종種의 재생산 구조에 자물쇠를 채워 잠그는 "절대적인 장소"이고, 고전적으로 법학자들이 "주권의 장소"로서 가리키는 장소다. 하지만 그 〈국가〉가 어떤 자격으로 그 장소를 차지하고 있느냐면 그것은 "아이 재생산의 보증"(한 성과 이성 간의 아이라고 또 말할 필요가 있을까)이라는 자격, 이 자격밖에 없다.[326]

〈국가〉의 역사적 한계를 지적하고 그 쇠망을 예언하는 르장드르의 모습에 독자는 안도했으리라. 게다가 르장드르는 저 "이슬람의 회귀"를 1960년대에 예언한 바로 그 사람이다. 그러나 막간을 두지 않고 이렇게 말한다. "'〈국가〉라는 관념은 여전히 받아들여지는가.' 경제적으로, 금융적으로 혹은 군사적으로, 즉 세계 규모의 기술산업적 제국의 관점에서 생각한 권력과 사회 조직의 관계를 통해 보자면 대답은 아마 '그렇다[諾]'다. 그러나 인간의 재생산에 필수 불가결한 제도적 몽타주 논리에서 보자면 문제는 크게 달라진다. '〈국가〉의 수명은 다했는가?' 구체적으로 말하면 이렇다. 아이—한 사람과 그 이성의 아이—재생산을 정초하는 권력은 국가가 관할하는 여러 축으로부터 빠져나가게 될까? 그리고 다른 도그마적인 수준에 다시 세워진다면 그것은 어떻게 세워지는가?"[327]

몇 번이든 말하겠다. "〈국가〉는 자기 역사의 끄트머리에 와 있고 죽음이 임박해 있다."[328] 이 문장을 다시 여기에 두자. 여기에서 쾌재를 부르고, 자유다 포스트모던이다 하며 호들갑을 떠는 자는 아무 생각이 없다. 아무 생각도. 뇌수까지 "기술산업적 제국"의 프로파간다에 푹 빠져 있다. 이 문장은 우리를 끝 모를 험난함 속으로 밀쳐낸다. 벤슬라마가 가리키던 고난의 길, 제3의 길 한가운데에서 우리 또한 의지할 것 하나 없이 망연히 서 있을 뿐이라고 이 문장은 말하고 있는 것이다. 〈국가〉는 망해도 된다. 그러나 그렇다고 해서 "아이의 번식"을 정초하는 〈거울〉과 〈근거율〉이 없어져도 될 리가 없다. 그래서 우리는 그 새로운 판본을 만들어야 한다. 게다가 우리는 세속화가, 종교가, 국가가 역사적 산물에 불과하고 "전략무기"이기조차 하다는 것을 알았기에 우리는 일체의 "종언"을 빼앗긴 상태다. 그 어떤 위안도, 그 어떤 안도도 없다. 해결된 것은 아무것도 없다. 그 무엇도 끝나지 않는다. 그 무엇도. "우리는 역사의 종언이니 커뮤니케이션의 시대 운운하는 그 어떤 전환 속에서 살고 있는 것이 아니다."[329]

르장드르는 말한다. 아무것도 끝나지 않았다고. 해결된 것은 아무것도 없다고. '지금 무엇인가 끝나려 하는 것이 있다면 그것은 아마 중세입니다. 근대가 끝난 것이 아니라 중세가' 하고 운운하며 매우 견개狷介한 어조로 말하기도 한다.[330] 반세기에 걸쳐 계속 이런 주장을 해온 이 남자는, 그러다 보니 반동이라 불릴 때도 있다. 무리도 아니다. 르장드르는 자기가 말하는 한마디 한마디가 사람들의 신경을 건드릴 것임을 알고 있었다. 관료제는 끝나지 않는다. 봉건제는 끝나지 않는다. 법은 끝나지 않는다. 의례는 끝나지 않는다. 우리가 야만을 벗어나는 일은 없다. 르장드르는 말한다. "종교가 끝난다고? 종교가 없어지는 일은 없다. 근대화는 만능이 아니다."[331]

그렇지만, 하고 주저하는 독자도 있으리라. 당연하다. 우리가 야만, 종교, 법, 의례로부터 벗어날 일은 앞으로도 영원히 없고, 어떤 종언도 없고 해방도 없는 잿빛 공간에, 누군가의 아이이고 아이를 만들어 유배를 살아가는 무의식의 착란이 지배하는 도박장의 공간에, 어떤 휴식도 허용되지 않는 투쟁의 장소에 영구히 내던져진 상태니까. 그 주저는 오랫동안 필자의 것이기도 했음을 말해두고 싶다. 그러나 이 주저를 극복함으로써 소중하다고 말해도 될 만한 인식을 틀림없이 얻을 수 있게 된다. 세 가지를 지적하면서 앞으로 나아가자. 1. 제3자의 위상에 대해. 2. 안트로포스와 후마니타스에 대해. 3. 혁명에 대해.

제50절 역사의 도박장
: "트리보니아누스의 장소"와 제3자의 "돌연"

1. 제3자의 위상에 대해. 제3항=제3자Tiers는 평판이 좋지 않다. 제3자는 존재한다, 아니 존재하지 않는다. 제3항은 픽션으로서 필요하고 존재한다, 아니 그런 픽션조차 필요 없고 존재하지 않는다. 이처럼 여러 사람이 여러 이야기를 한다. 그러나 이런 상투적인 말은 눈앞에서 치워버리자. 도입으로 이 말을 하고 싶다. 제3항이란 역사적인 도박장의 결과다.[332] 그것은 "돌연突如" 거기에 출현해 사람에게 멍에를 씌운다. 우리는 유스티니아누스와 트리보니아누스로 돌아가 이를 검토해야 한다. 물론 르장드르의 길 안내에 따라.

우선 "광기"가 문제가 된다. 텍스트는 광기다. 유스티니아누스로 돌아가 생각해보자고 하면서 르장드르는 강조한다.

합리주의적 습성을, 합리적인 독해 방식이라는 습성을 내던지고 "광인"처럼 텍스트를 읽는 법을 배워야 한다. 이는 극히 험난한 길이다. 즉, 텍스트에는 광기가 서려 있고 읽는 자를 "광인"으로 만든다. 텍스트는 정보를 넣어두는 자료라고 생각하는 관점이 여기에 끼어들 여지는 없다. 문제가 되는 것은 서로 얽힘=포옹enlacement, 즉 에로틱한 정사affaire이기 때문이다. 상스러운 말을 빌려 다시 말하자면 텍스트와의 거래는 도박장tripot이다.[333]

우리는 이 문장에 쉽게 소화할 수 있는 장소에 있다. 텍스트가 객관적인 정보로 취급되는 것은 역사적인 효과에 불과하다고 우리는 누누이 이야기해왔으니까. 텍스트는 춤이고 시, 노래, 극이고 아마도 성교와 분만이기조차 하다는 것을 우리는 이미 알고 있으니까. 그리고 객관적이고 정보화된 텍스트도 의례적인 측면을 피할 수는 없다고 우리는 말해왔으니까. 그 선조가 되는 텍스트의 작업, 로마법을 만든 광기의 작업을 살펴보자. 자주 회자되는 속된 "정초하는 입법자의 광기, 폭력"과는 전혀 다른 광기가 여기에 있다. 제3자, 제3항이란 이것이다.

때는 6세기. 유스티니아누스 대제의 명령에 따라 법학자 10명이 『로마법대전』 편찬에 착수한다. 그 필두이자 책임자였던 법학자의 이름은 트리보니아누스다. 이 남자의 경력은 거의 알려진 바가 없다. 소아시아의 팜필리아에서 태어난 이교도였다는 것, 법전 편찬 중에 반란이 일어나 사람을 쉽게 의심하게 된 대제 때문에 일시적으로 투옥되었다는 것, 그리고 547년경에 죽었다는 것 정도밖에 모른다. 투옥된 이유로는 뇌물을 받아 법전 편찬을 왜곡하려 했다는 설도 있으나 이 설의 신빙성에 대해서도 고대부터 의심스러운 것으로 여겨왔다. 그런 남자가 아니었다는 것이다. 쉽게 말해 어떤 남자였는지 전혀 모른다.

트리보니아누스는 528년, 대제의 명령으로 법전 편찬 사업에 착수했다. 아마 그때는 아직 30세가 되지 않았던 것으로 보인다. 그리고 후에 법제사 용어로 "트리보니아누스의 수정"이라 불리는 작업에 착수한다. 트리보니아누스는 "기존의 법 권리 전체를 소재로ex omni vetere iure, 이를 다시 사용할 수 있도록 손질하고 씨앗을 발라낸 법 권리iuris enucleati를 산출하는 조작"334 작업을 했다. 즉, 산란한 법전을 하나로 모아 현실에 맞게 고쳐 쓰고, 삭제하고, 수정해 모순 없이 일관성을 갖게 하는 작업이다. 법을 고쳐 쓰는 것. 그리고 이를 "황제 폐하. 무기를 갖추기만 해서는 안 되고 법으로도 무장해야 한다Imperatoriam maiestatem non solum armis decoratam, sed etiam legibus oportet esse armatam"나, 황제는 "법의 신성한 저자와 절대적으로 얽혀서 포용하고 있다"—르장드르는 iuris religiosissimus라는 법제사상 중요한 의미를 갖는 표현을 이렇게 번역한다—등과 같은 "광기어린" 은유로 장식한다. 이것이 트리보니아누스가 이루어낸 작업이었다. 인용하자.

　　편찬된 이 서적 50권을 한 묶음의 저작으로 본다면 저자의 이름별로 정리된 무수한 단편이 표제별로 다시 정리되어 있는 것을 발견하게 되리라. 예를 들어 매매 관련의 표제와 노예 해방, 신부의 지참금, 유산 상속 등이다. 표제별로 나뉜 이 서적 50권은 로마법의 역사를 이해하기 위한 귀중한 원천이고, 인용된 저자들은 고대의 다양한 연대에 걸쳐 있다. 유스티니아누스의 기도가 없었다면 이 저자 중 대부분은 이름조차 남기지 않고 사라져버렸을 것이다. 그러나 이 시도의 목적은 역사의 재구축이 아니라 법 권리를 손질하고, 소비에 걸맞은 새로운 법 권리를 제조하는 것이었다. 유스티니아누스에 의해 편찬위원장으로 임명된 트리보니아누스라는 인물은 공경해야 할 옛 법 권리를 각색하라는 명을 받았다. 그래서 마땅하지 않은 절을 삭제하고 어휘를 바꾸어 자기식의 표현을 가필해 의미를 왜곡함으로써 텍스트를 손질했다. 이 손질에 의해 완성된 미지의 산물, 즉 가필을 전문용어로 "트리보니아누스의 수정"이라 부른다.[335]

묘한 작업이다. 조용한, 그러나 조용한 채로 완전히 미쳐 있다고까지 말할 수 있는 작업이다. 르장드르가 이 절의 도입부에서 "광기"를 언급한 것은 우연이 아니다. 법을 손질하고, 다시 제조하는 것. 법문에서 "씨앗을 발라내는" 것, 그것을 각색하는 것, 마땅하지 않은 절을 삭제하는 것, 어느 저자의 이름은 남기고 어느 저자 이름은 지우는 것. 어휘를 바꾸는 것, 자기식 표현을 가필해 왜곡하는 것. 즉, "텍스트를 손질하는" 것. 트리보니아누스가 이루어낸 일은 바로 이것이었다.

트리보니아누스에게 묻고 싶다. 무엇을 근거로 그리했는가? 트리보니아누스가 쓴 것은 바로 근거율을 가능하게 하는 〈준거〉니까. 그 자체는 대체 무엇을 근거로 작업을 했을까? 트리보니아누스의 손이 어느 조문을 삭제할 때, 트리보니아누스의 붓 끝이 어떤 은유를 가필할 때 거기에는, 말하자면 여성의 향락이, 대타자의 향락이 있는 것이 아닐까? 텍스트를 고쳐 쓰는, 저 조용히 발광한, 부끄러움을 띤 시도가. 그 한 줄을 지움으로써 몇십 명, 몇백 명, 아니, 더 많은 사람이 죽을지도 모르는데도. 거기에 쓰인 은유에 대한 "여기에 써 있다"라는 원리주의적인 준거에 의해 몇만 명에 이르는 제국 신민의 생사가 좌우될지도 모르는데.[336] 트리보니아누스는 어떻게 그 텍스트와의 소격을 유지할 수 있었을까? 이 내력도 모습도 뚜렷하지 않은, 수수께끼 같은 이 남자는. 거기에 지금 막 쓰고 있는 그 조문을 믿고 있었을까? 그것이 진실이라고 믿고 있었을까? 그렇지 않다. 그럴 수 없다. 쓴다는 것은 그것을 다르게 쓸 수도, 삭제할 수도 있다는 것을 의미한다. 따라서 트리보니아누스는 그 은유를, 표현을, 문장을 "믿지"는 않았을 것이다. 하지만 믿지 않는다면, 즉 그것이 옳게 운용될, 새로운 소격을 마련할 법률로 통용될 수 있을 것이라고 믿지 않는다면, 그것을 굳이 "왜곡"할 수는 없는 노릇이다. 믿지 않는다면 고쳐 쓸 수 없으나, 고쳐 쓸 수 있다는 것은 믿지 않는다는 말이 된다. 트리보니아누스가 있는 장소는 신앙과 무신앙 사이에 있는 영구한 공간이다. 저 잿빛 공간, 이는 너무 닮지 않았는가? 신비주의자의 공간에, 작품의 공간에.

물론 이는 지나친 생각이리라. 근거는 있었을 것이다. 판례도 있고 다른 법학자와 의논도 할 수 있다. 도덕, 상식, 관료, 즉 "준-준거"라는 비장의 카드도 있었을 것이고, 그에게는 의거할 수 있는 학식도 부족하지 않았으리라. 하지만 블랑쇼가 말한 바와 같이 글쓰기는 은밀한 유배로 이끈다. 글쓰기, 말소하기, 고쳐쓰기. 무엇을 근거로. 그렇다. 나는 여기에서 모델을 하나 도출하고자 한다. "텍스트를-쓰는-자"의, "신화를-쓰는-자", "법을-쓰는-자"의 조용한 착란이 삐걱거리는 장소를 뜻하는 한 모델을. 해석자 트리보니아누스, 소격의 사람 트리보니아누스. "트리보니아누스의 장소". 정초하기, 이는 일반적인 인상과 달리 통속적이고 폭력적인 광기의 산물이 아니다. 여기에는 무엇인가 다른 향락이, 다른 광기가 있다. 모든 문화의 텍스트―이 말의 진정한 의미로서의 "텍스트"―를 쓰는 자, 직조하는 자의 불온한 적막으로 가득 찬 무엇인가가 여기에 있다. 여러 구분에 의해 단편화된 것이더라도 현재의 텍스트를 직조하는 자들도 순간이나마 접하는 그 무엇이 여기에 있다. 그리고 그것이 순전한 도박임을 누가 의심할 수 있겠는가, 라고 여기에서는 한마디만 해두자.

이렇게 해서 태어난 50권의 서적, 『로마법대전』은 기묘한 지위를 갖게 된다.

고대 법학자들의 텍스트를, 각자의 견해를 단순히 설명하는 것이 아니라 법적으로 옳은 텍스트로서 수집하는 조작이란 어떤 것일까? 달리 말해 이들 텍스트는 똑같으면서도 변화한다. 트리보니아누스가 고쳐 쓴 텍스트이든, 그렇지 않은 텍스트이든 텍스트는 원저자의 이름 밑에 있으면서도 전혀 다른 것이 되었다. 이 수집 작업의 손에 걸리면 텍스트는 돌연tout à coup 지위가 바뀐다. 그렇다면, 이 "돌연"은 어떤 성질을 지니고 있을까?[337]

텍스트는 "돌연" 다른 것이 된다. 이 "돌연"을 설명하기 위해 르장드르는 2세기의 철학자 및 법학자인 겔리우스의 "죽음이란 무엇인가"에 관한 논의에 의거해 거기에서 인용된 플라톤의 문장에 주석을 붙인다. 돌연이란 무엇인가? 그것은 "성장하는 것이 안에 구비하고 있는 절대적 순간과 닮은 그 무엇이다. 성장하는 것은 모두 '돌연' 덕분에 특징을 변화시킨다. 어떤 특징이 정반대의 특징으로 바뀌는, 그 중간의 한순간 말이다. '돌연'이란 중간entre-deux을 가리키는 각인이고 시간적 연속성의 절단이다".[338] 돌연. 이 중간에 있는 것, 절대적 순간. 이리하여 『로마법대전』에서 "고대 법학자들의 텍스트는 상태가 변화하고, 거기에 '돌연'이 각인된다. 이 '돌연'에 의해 이들 텍스트에게 수여되는 지위는 폐지가 아니라(저자들은 저자이기를 그만둔 것이 아니다), 다른 더 복잡한 지위(모든 것을 무無로 돌아가게 하는 지위와는 대조적인)이고 중간의 각인이 찍히는 순간을 포함하고 있다".[339] 그리고 르장드르는 플라톤의 문장에까지 거슬러 올라가 이 "돌연"을 동사형으로 표현한 "변화하다"라는 의미를 지닌 용어, 그리스어의 "신진대사하다métaboliser"라는 용어를 도출해낸다. 여기에서 법을 신진대사한 것이다. 르장드르에 따르면 이 텍스트들이 "돌연" "신진대사되어" 〈법의 저자〉, 즉 "입법자"로서의 유스티니아누스라는 "픽션"을 성립시킨다. 더 정확히 말하자면 이 "돌연성"이 바로 픽션의 작용이고, 즉 "모양 짓기, 만들기fingere"[340]다. 어떤 작업, 어떤 텍스트를 조작하는 작업이 "돌연" 다른 것이 되는 그 순간. 이것이 만들기, 모양 짓다. 그리고 그 "다른 것"이 "제3항" "제3자"다.

　　　　여기에 이런저런 의미를 덧씌울 수 있을 것이다. 몇 년이라는 세월이 지나 모든 세포가 신진대사해서 바뀌어도 그 인물이 법적으로는—제3자인 "민법"이 보증하는 형태로—같은 인격인 것 또한 이와 관계가 있으리라. 어느 화가가 한평생 살면서 이런저런 흔적을 남긴다. 어릴 적 낙서, 카페 냅킨에 그려 넣은 밑그림, 자신의 한 계절을 총결산한다는 마음가짐으로 혼신을 다한 대작, 이들은 모두 "돌연" 그 화가의 이름이 들어간 "작품"이 된다. 그러나 왜 그 저자를, 하나씩 하나씩 흔적을 남긴 이 화가를 같은 한 명의 "작가"라고 부를 수 있는 것일까? 어디서부터 어디까지가 그 화가의 "작품"일까? 이 화가의 유품 속에서 발견된, 꼬깃꼬깃 접혀 있던 영수증에 그려진, 각도에 따라서는 인간의 얼굴로도 보이는 동그라미는 작품일까? 이 화가의 친구가 그린 최고 걸작으로 평판이 높은 그림 한 점이 실은 이 화가가 그려서 그에게 준 것임이 밝혀졌을 때, 이 두 화가의 지위는 "돌연" 변화하지 않을까?

누구나 경험했을 법한 예를 들어도 좋다. 어떤 사람이 무엇인가를 쓴다. 이 막막하고 어떤 결론에 이를지 전혀 모르는 작업, 저 새벽의 작업, 신앙과 무신앙 사이에 있는 저 잿빛 공간의 작업을 그녀는 어찌어찌 마무리하게 된다. 믿고 있는 것은 아니나 그렇다고 믿지 않는 것도 아닌, 이 자기가 쓴 것이 그 순간 "돌연" 자기가 믿고 있는 것이 된다. 이를 읽은 타인 또한 당연히 그녀가 이것을 믿고 있다고 생각하리라. 그도 그럴 것이 "여기에 써 있으"니까. 그리고 불현듯, 돌연 그녀는 깨닫게 된다. 어느새 자신도 믿고 있다는 것을. 자기도, 자기가 쓴 것을 의심의 여지가 없는 신념으로 받아들이고 말았음을.

이렇게 표현해보자. 텍스트를 쓴다는 것은 텍스트인 자신의 신체에 그것을 문신으로 새긴다는 것이다. 정처 없는, 의지할 곳도 없고 끝도 없는 작업의 산물은 "돌연" 주체를 "결정"하고 작품으로 "결정"된다. 텍스트를 낳기란 "돌연" 새겨지고 결정된다는 것이고, 만들어진 것=픽션이란 이 "돌연" 제3항을 낳는 작업과 그 산물이다.

여기까지 예를 들면 이제 이 문장에 수긍할 수 있으리라. 제3항이란 도박의 결과다. 막막한 작업의 결과이고, 이는 돌연 준엄한 준거가 되는 증거라는 픽션을, 주체라는 텍스트와 주체가 분만한 텍스트를 "결정된" "법"으로 성립시킨다. 하기에 법은 몽타주이고 제3자, 제3항은 몽타주 조작의 효과인 것이다. 제3자는 있다고 말만할 뿐인 사람들이, 제3자 같은 것은, 제3항이라는 픽션 같은 것은 없다고 비판하는 사람들이 얼마나 생각이라는 것을 하지 않고 있는지 알 법하다. 이것이 몽타주의 효과이고 픽션의 효과라는 사실을 부정하려는 것은, 그것을 창의성을 발휘해 개정하고 고안하고 손질할 수단을 스스로 기꺼이 버리는 것과 같다. 그러나 후에 논하는 바와 같이 그들이 글을 쓰는 이상 "등 뒤로 돌린 손으로" 실은 이를 행하고 있다. 그러니 소극笑劇일 따름이다. 그들은 저 "쓰는-자"의 잿빛 공간, "역사의 도박장"³⁴¹을 직시한 적이 없다.

텍스트로서 텍스트를 낳을 때 "돌연" 법이 출현한다. 준거가 되는 텍스트가 출현한다. 그리고 그것이 역사의 도박장인 이상, 역사의 암흑 속으로 녹아 사라질 수도 있다. 유스티니아누스=트리보니아누스가 만든 이 위대한 법전조차도 수 세기에 걸쳐 완전히 잊혔었고 이해 불가능한 것으로 취급당했다는 것을 떠올리자. 그것은 사라졌었다. 완전한 망각에 덮여 있었다. 그리고 그 도박에 뛰어든 사람이 있었다는 것을 우리는 알고 있다. 우리 눈앞에 그 증거가 있으니까. 제3자는 역사의 도박장에서 만들어진다. 이를 이해하지 못한 채 제3항을 마치 자명하게, 자연히, 논리적으로 거기에 있다고 생각하거나,[342] 도박에 뛰어들지도 않고 매니지먼트 원리주의의 시종이 되어 그런 것은 픽션으로도 필요하지 않다고 떠드는 사람들은[343] 이제 되었다. 상대를 하지 말자. 다만 이것만은 덧붙이도록 하자. 르장드르는 이렇게 말한다. "상징적 위치 전환 속에 있는 제3자로서의 아기의 기능을 상기하라. 달리 말해 한 아기의 탄생은 근본적으로 아버지와 어머니의 양태를 분할시킨다."[344] 그야말로 "돌연" 그러하다. 막막한 작업을 통해 테스트를 낳고, 그 출산이 "돌연" 다른 것 또한 출현하게 한다. 즉, 제3자의 기능을. 그 텍스트가 아기라도 사태는 변하지 않으니까. 이 "텍스트로서의 아기" "상징적 위치 교대"에 관해서는 우리가 아버지란 무엇인지 물었을 때 길게 논했다. 반복하지는 않겠다.

즉, 르장드르가 야유하는 바와 같이, "심리=사회학은 광고가 그러하는 것과 똑같이 법을 제정한다". "관리경영적인 심리-사회학은 '돌연' 법을 제정"[345]하는 것이다. 이 "돌연"은 피할 수 없다. 어찌할 바 없이, 싫다 해도 우리는 "돌연" 제3자를 만들어내고 만다. 같은 문장을 반복하겠다. 오히려 그로부터 시작되는 것이다. 무엇이? "도박"이. 다만 새로운 수준의 "역사적인 도박"이. 도박의 끝에 결정이 있고, 또 그 결정을 둘러싼 도박이 벌어지는 것이다. 그리고 그것은 끝나지 않는다. 끝날 수가 없다. 그리고 같은 곳에서 르장드르는 말한다. "따라서 산업 시스템이 남은 인류로부터 분리된 시스템이라고 생각하지는 말자."[346] 그렇다. 우리는 이를 생각해야 한다. 제3자를 "돌연" 만들어내고 마는 자인 이상, 우리는 초-인간도 아닐뿐더러, 어쩌면 인간도 아닐지 모른다.

제51절 안트로포스의 〈영겁〉: 안트로포스와 후마니타스에 대해

/

2. 안트로포스와 후마니타스에 대해. 이는 니시타니 오사무西谷修가 세계사에 관한 자신의 사색과 도그마 인류학을 바탕으로 만들어낸, 르장드르와 알랭 쉬피오가 칭찬을 곁들이며 자신들 내부에 받아들인 개념이다.[347] 유럽의 어휘에는 "인간"을 지칭하는 어휘가 두 개 있다. 하나는 "인간humain" "휴머니즘humanisme" "인도적인humani-taire"의 어원이 된 "후마니타스Humanitas"인데, 이는 라틴어가 기원이다. 또 하나는 "인류학anthropologie" "유인원anthropoïde" "의인화an-thropomorphisme" "인체 측정법, 범죄자 식별법anthropométrie" "인육식人肉食, anthropophagie"의 어원인 "안트로포스Anthropos"로, 이는 그리스어가 기원이다. 후마니타스는 근대의 단서인 르네상스기부터 지식인들이 써온 말(인문주의)로, 한마디로 서양인의 "자칭"이다. 한편, 안트로포스는 중세 후기에 신학에서 일부 인간에 관한 지식을 지칭하는 데 쓰여왔는데 19세기 초기부터 "근대의 세속적인 지식 시스템에서는 전혀 다른 지위"를 갖게 된다. 즉, "문명적인 인간"을 가리킬 때의 "인간"은 반드시 "후마니타스"를 쓰고, 결코 "안트로포스"를 쓰는 일은 없었다. "인간의 위기"가 회자될 때의 "인간"도 반드시 "후마니타스"를 쓴다. 요약하자면 "후마니타스"란 모든 지식의 "주체"인 반면, "안트로포스"란 그 지식의 "객체"로, "인류학"의 "관찰 대상"으로까지 "격하된" 자를 가리킨다.

그리고 주지하는 바와 같이 "인류학"의 관찰 대상은 그 이름이 가리키는 바와 같이 인류가, 인간 전체가 아니다. 그것은 16세기에 자신들이 "발견"한 "원시적인", "토착"의, "미개"인 사람들을 "안트로포스"로서 "연구"한다. 쉽게 말해 이는 우리가 보아온 "세속화라는 전략적 조건" 아래에서 "세계 정복"을 한 서양인들의 "연구 대상"이다. 따라서 인류학은 원칙적으로 자기 사회를 연구 대상으로 삼지 않는다. 후마니타스는 연구의 "주체"이고, 대상은 항상 "안트로포스"다. 연구하더라도 그것은 "전근대" 유럽을 "대상"으로 한다. 이는 근대적 서양인의 타자를, 즉 "비-서양인"과 "전-서양인"을 연구하는 학문인 것이다. 그리고 이 "전-서양인"에는 근대 이전의 유럽인과 "아기"가 함께 들어가게 되고, 이들에게 "미개인"에게 보내는 것과 같은 시선을 던지게 된다. 여기에 널리 퍼진 다윈의 진화론을 겹쳐보면 우리가 사회인류학, 종교학, 민속학의 역사로 알고 있는 과정 전체를 총람하는 일정한 태도를 파악할 수 있게 된다.

그러나 문제는 이뿐만이 아니라고 니시타니는 말한다. 또 하나의 인류학이 있다. "자연인류학" 또는 "형질인류학"이라 불리는 것으로, 골상학과 인상학의 관련 분야에서 형성되어 인간의 육체적·해부학적 측면을 연구한다. 이는 인간의 "동물상相" "생물상"을, 즉 그 "서식권"을 연구한다. 후에 생물학과 고고학에 이바지하게 된다. 또한 범죄자의 신상을 밝히기 위해 지문 등 인체의 특징을 감정하는 "인체 측정법"이라는 범죄학 수단으로, 소위 "생명정치"적인 관리의 일부로 흡수된다.

여기에서는 니시타니의 논지에서 일단 벗어나 확인해둘 것이 있다. 이런 지문이나 공동 측정 등 신체적인 "동일성", 즉 "정체성"를 결정하는 기술의 출현으로 상징계, 법, 말, 픽션의 지위가 위협받는다는 사람들이 있는데, 안타깝게도 사태의 본질을 간과하고 있다. 예를 들어 지문 하나만 보아도 이 지문 인증은 손쉽게 "속일" 수 있다. 인류학자인 와타나베 고조渡辺公三가 정보공학 연구자 마쓰모토 쓰토무松本勉의 연구를 인용해 논한 바와 같이, 아무리 정밀하게 만든 지문 인증 시스템도 "손쉽게, 게다가 저렴하게 손에 넣을 수 있는 젤라틴으로 만든 인공 손가락을 걸러내지 못한다".[348] 1킬로그램에 천 엔도 안 되는 젤라틴이나 퍼티putty가 최첨단 기술을 아무렇지도 않게 무용지물로 만든다. 바이오 인증이나 유전자 검사도, 예를 들어 다른 사람 피를 사서 제출하면 마찬가지다. 위조할 수 있다. 그리고 위조와 위작이 가능한 것은 모두 "만들어낸 것", 즉 픽션임을 여기까지 온 우리가 굳이 힘주어 말할 필요가 있을까? 이런 일에 일일이 우왕좌왕해서는 안 된다.

동물은 의태를 한다. 하지만 거짓말은 하지 않는다. 위조하지 않는다. 그리고 은유를 쓰지 않는다. 역으로 말해, 안트로포스는 거짓말을 하고, 위조하고, 은유를 쓰는 자다. 따라서 그것은 동물이 아니다. 다시 한 번 역으로 말하자. 인간이 "동물"이라고 할 때는, 이처럼 위조와 은유를 산출하는 "습성"도 포함해, 즉 "시를 쓰고" "픽션을 고안하고" "근거율을 상연"하는 "생태"도 포함한 "동물"이라는 말이다. 왕잠자리가 늦은 여름 노을에 물들어 미풍 속을 아름답게 활공하듯이, 저 황록색 잔상을 전원의 녹음과 천공 사이에 멋들어진 곡선으로 그려 넣듯이, 우리는 춤을 추고 시를 쓴다. 인간을 "생명 정치"의 대상인 "동물", "단적인 생존"으로 환원하려 하는 매니지먼트 원리주의자들은 무엇을 두려워하는지 이 사실로부터 눈길을 피하고 있다. 그들이 말하는 상징계로부터, 아니 말 자체로부터 분리된 동물로서의 인간이란 날개를 빼앗긴 배추흰나비이고,

등껍질이 부서진 바다거북이고, 코가 짓이겨진 자칼인 것이다. 소격을 모르는 매니지먼트 원리주의자들의 인간 이해는 근본적으로 학대적이다. "말하는 동물"이라고 인간을 정의하는 르장드르가 이러한 이해를 "육류처리적"라는 표현을 쓰며 강하게 비판하는 것은 충분히 납득이 간다.

니시타니의 논지로 돌아가자. 문화 혹은 사회인류학과 자연인류학. 확실히 이 두 인류학의 대상은 문맥이 다르다. 그러나 니시타니는 말한다. "이 둘은 완전히 교차한다. 즉, 〈서양인〉은 〈안트로포스〉를 앞에 두고 박물학자가 자연을 앞에 두고 행동하듯이 행동한다." 개체로든 집단으로든 인식 대상으로서의 인간이 "안트로포스"인 것이다.

그렇다면 누가 이 "안트로포스"를 인식하는가? 그 대상을 인식하는 주체는 누구인가? 그것은 항상 "서양인" "서양적 인간", 즉 "후마니타스"였다. 르네상스기에 이 용어가 사용될 때 그것은 "디비니타스", 즉 "신"의 대의어로, 종교적인 것으로부터 독립된 지적 주체를 가리켰다. 종교의 멍에로부터 해방된, 자유로운 인식 주체로서의 서양인. 후마니타스인 그들은 우선 후마니타스를 연구하려 한다. 여기에서 유래한 것이 칸트에서 헤겔을 거쳐 포이어바흐가 "철학적 인간학anthropologie philosopihique"이라 부른 "인간학=인류학anthropologie"이었다. 그러나 이는 근본적으로 자기언급적이고 자기실현적인, 스스로를 초월론적이고 경험론적인 이중체로서, "자기를 아는 주체"로서 실현하고 정초하는 것이다. 후마니타스는 스스로를 후마니타스로 정초하기 위해서 스스로를 알 필요가 있다. 스스로를 보편화하고 스스로를 보편적인 지식의 주체로 위치시키기 위한, 스스로를 알려는 노력.

그러나 거기에 앞에서 말한 의미에서의 "안트로포스"는 존재하지 않는다. 묘한 일이다. 문화 혹은 사회인류학은 타자의 사회를 알려 할 때, 우선 그 의례를 조사한다. 신앙을 조사한다. 친족 관계를 조사한다. 부계의 삼촌과 모친과 부친이 어떤 관계에 있고, 그것이 어떠한 계보적 기능을 맡고 있는지 하나하나 조사해간다. 그리고 그들의 문장紋章을, 숭배를, 제례를. 문화인류학은 항상 그 사회의 계보 원리를 "친족의 기본 구조"를 알고자 했다. 그런 철학적 인간학은 자신의 의례를 조사하지 않고, 자신의 엠블럼 숭배를 조사하지 않고, 자신의 친족 관계를 조사하지 않고, 자신의 사회에서 삼촌이나 고모, 이모가 부계와 모계의 차이에 따라 어떤 계보적 기능을 맡는지 조사하지 않는다. 물론 철학적 인간학은 자연인류학처럼 자신의 지문을 채취해 거기에서 "동일성"의 근거를 도출하지는 않는다. 헤겔이 격렬히 골상학을 비난했던 것을 떠올릴 필요도 없다.

지금까지 니시타니의 논지를 필자의 이로에 맞추어 부연해왔다. 이를 르장드르의 다음과 같은 문장과 함께 생각해보자.

또한 〈국가〉와 〈법 권리〉의 문제 계열은 고도로 인류학적이다. 이는 전적으로 계보 원리에 속한다.[349]

나는 〈근거=이성〉을 〈거울의 대상〉의 상연 자체라고 부른다. 이 이성은 인류학적인 방식으로 표상이 살아가도록 구조적으로 기능한다. 즉, 종의 법에 따라 말하는 동물이 살아가도록 하고, 이를 재생산하는 기능이다. 따라서 〈근거=이성〉이란 표상의 〈근거=이성〉이고, 기호와 카테고리의 근거=이성이고, 주체의 근거=이성이라고 할 수 있다.[350]

거울이란 몽타주의 귀결이고, 우리는 거기에서 신화 기능의 인류학적 기원과 마주하게 된다.[351]

〈국가〉의 친족 기능이 존재한다. 즉, 〈국가〉를 '야만 혹은 전통적인 제도'와 마찬가지로 인류학적인 가치와 의의를 갖는 것으로 취급할 수 있다. 그러면 이것이야말로 〈국가〉의 원동력임을 알게 된다. 〈제3자〉를 〈정초하는 텍스트〉의 정비라는 관점에서 연구하면 친자 관계의 건축물이 무엇에 의존하고 있는지 알게 된다.[352]

종의 재생산이라는 관점에서 보았을 때 정통성의 요청은 〈근거=이성〉을 요구하는 요청과 같은 뜻이고, 고로 계보 원리는 주체의 실존적인 물음의 핵심에 있을 뿐만 아니라 합리성을 획득하는 절차의 핵심에도 있다. (……) 마찬가지로 이 관점에서 보면 한 학문 영역 또는 기존의 학문 영역의 한 묶음인 인류학은 그 자신에게 시선을 돌려 관리경영적인 서양을 되돌아보아야 한다.[353]

즉, 르장드르가 말하는 바는 다음과 같다. 다소 거칠게 말하자면 후마니타스 따위는 존재하지 않는다. 후마니타스이면서 안트로포스일 수는 있다. 안트로포스만일 수는 있다. 그러나 후마니타스만일 수는 없다. 더 분명하게 말하자. 후마니타스란 안트로포스의 특수한 한 판본에 불과하다. 안트로포스의 로고스(그야말로 "안트로폴로지"다) 기능이야말로 계보 원리이고, 근거율이고 〈거울〉의 상연이다. 아이로 태어나 아이를 낳는 자인 한, 사람은 안트로포스이기를 피할 길은 없다. 계보 원리를 담당하는 근거율 자체인 〈거울〉의 절대적인 필요성은 반드시 존속할 것이고 또 그래야 한다. 〈국가〉가 토템 원리인 이상, "나는 일본인이다"라는 말은 곰을 토템으로 삼는 부족의 남자가 "나는 곰이다"라고 말하는 것과 하등 다를 것이 없다. 이렇게 표현해보자. "나는 생각한다, 고로 존재한다"가 아니다. 이는 거짓이다. 누군가가 "나"를 낳았기 때문에 "내"가 존재하는 것이다. 철학적 인간학의 주체는 자신을 "출산한 두 사람"의 모습을 까맣게 잊고 있다. 우리는 안트로포스다. 태어나 낳고 말하고 쓰고 춤추는 자다. 후마니타스도, 초근대인도, 포스트모더니스트도, 동물도, 벌거벗은 삶도 아니다. 그 무엇도 끝나지 않는다. "전혀 새로운 시대" 따위는 오지 않았다.

이리하여 우리는 체액에 젖은 끝없는 잿빛 공간에 내던져지게 된다. 사랑과 증오에 협공당해 절치액완하고, 육욕의 비소함을 그 깊은 바닥까지 알고 있으면서도 기댈 곳 없는 애무를 거듭하고는 몸을 떨며 감미로운 소모로 희미하고 길게 숨을 헐떡이고, 밤의 어둠을 가르는 가로등의 푸른빛 아래에서 사람들의 시선을 피해 경범죄의 흐릿한 향락에 뜻하지 않게 몸을 맡기고, 어떤 모습을 애타게 동경하다가 그 모습의 비소함을 깨닫고는 녹슨 철을 맛본 것처럼 쓰디쓴 절망을 맛보고, 아기가 생겼다는 말을 듣고는 마음속 동요를 기쁜 표정으로 감추고, 익숙하지 않은 손놀림으로 우는 아기를 달래고 말을 잘 들으라고 가르치고, 그러는 사이에 모르는 아기의 울음소리가 들릴 때마다 몸이 그쪽으로 움직이는 습관이 배고, 다 큰 아이와 쓸쓸한 갈등을 겪고는 자신의 젊었던 시절을 회고하고, 자신의 비소함을 꿰뚫어보는 아이의 냉혹한 시선을 견디면서 자기 행동에 행여 잘못이 있었던 것은 아닌지 당황해하고, 불현듯 자신의 몸놀림에 노쇠의 떨림이 동거하고 있음을 깨닫고, 옛 친구가 죽었다는 소식을 기운 빠진 상태에서 듣고는 찾아간 장례식에서 어찌할 바를 모르고, 저 그리워하던 방바닥, 삶을 부여받고 사랑과 증오를 나누고, 병에 걸려 누워 있던, 항상 체액이 스며들어 있는 저 방바닥에서 자신의 죽음을 성취하는 일 없이 그 소멸에 이를 때까지. 그사이에 저 짧은 영원 사이에 여름 정오에 내리쬐는 빛의 눈부심과 바다 내음에 잠기고, 밟을 때마다 가을 낙엽에서 아스라이 피어나는 단 내음 속을 걸어가고, 겨울의 얼어붙은 대기에 흰색 숨을 내쉬고, 봄의 부드러운 대기의 윤기를 느끼고는 껴입은 옷을 벗어 던지며 바깥에 나가본다. 그 순간순간을, 그 삐걱거림을, 하나하나 고이 접어가듯이 삶을 살아간다. 말을 배우고 글씨를 배우고 쓰는 법을 배우고, 신화를 듣고 이야기를 듣고 책을 읽고 배우면서 함께 이야기하고, 노래하고 춤추고 기도하고 낭송하고 약속을 하고, 펜을 그어 도안을 그리고 그림 붓을 가로로 쥐며 캔버스를 노려보고, 하나의 화음을 넣을 때의 순간적인 망설임에 전율하고는 악기와 악보 앞에서 우두커니 서 있고, 섬세하게 이런저런 세공이 되어 있는 공예품을 만드는 장인의 긍지를 자신의 겸손의 덕과 겹쳐보고, 하나의 율동을 제대로 해내지 못해 남 몰래 아픈 다리를 주무르면서 연습을 거듭하고, 이런저런 책을 탁상 위에 쌓아두고는 사전을 찾아보면서 주를 정성스레 읽어가고, 자신의 작은 손에 모인 이미지와 말과 거기에 스며들어가는 향락을 하염없이 연약하나 기댈 곳 삼아, 자신의 몸을 짜내어 무엇인가를 낳으려 한다. 도박에 나서려고 하는 것이다. 왜는 있다. 여기에 왜는 있다. 여기에 왜가 있기를. 이것이 우리의, 안트로포스의 세계다. 공중에 열려 있는 영겁의 세계, 영원한 영위의 세계.

그러나 이것으로 족할까? 우리는 냉철함을 관철해야 한다. 매니지먼트 원리주의의 창궐은 이슬람의 그것을 시작으로 여러 저항에 부딪혀 그 실패가 드러나고 있다. 그러나 어디를 둘러보아도 소격을 결여한 사람들이, 그 결여를 피할 수 없는 필연이라고 역설하는 논지가 번성하고 있지 않은가? 이런 평범하기 그지없는 삶의 영위를 "제조하기" 위해서 이상하리만치 방대한 전제가 필요하다는 사실을 우리는 긴 시간을 거쳐 보아왔는데도. 그렇다면 우리는 갱신해야 한다. 신진대사해야 한다. "돌연"을 일으켜야 한다. 하지만 어떻게? 르장드르의 이로 속에 "여성=대타자의 향락"은 있는가? 있다면 어디에?

제52절 신화의 주방 냄새

/

3. 혁명에 대해. 도입으로 말해두겠다. 르장드르는 신비주의자에 대해 부정적이다. 일본에 왔을 때 필자가 신비주의에 대해 물었는데 르장드르는 이렇게 말했다. 우리가 보아온 신비주의에서 "그리스

도교적 성격을 빼내서 비종교화하고 세속화하면 개인이 자기 자신과 합체하는 사태가 벌어지고, 이는 대중적인 나르시시즘을 상기시킵니다. 이는 해석자도 없고, 거울도 없고, 간격도 없고, 나아가 제도조차 없는 종교와 같습니다".[354] 주어진 시간이 충분하지 못해 세르토의 이로를 원용하지 못한 것도 아쉽지만, 무엇보다도 필자 자신의 미숙함 때문에 신비주의의 방증으로 질레지우스를—라캉이 "팔루스적"이라고 야유한 신비주의자를—예로 들고 만 것이 후회된다.

그렇다 해도 르장드르가 신비주의자 일반에 부정적이라는 사실은 부정할 수 없다. 신비주의자는 16세기에서 17세기까지의 역사적 현상이고, 거슬러 올라가도 13세기가 효시라고 지적한 바 있다. 즉, 신비주의자 운동이 시작된 시기는 중세 해석자 혁명이 완성된 시기와 완전히 일치한다. 중세 해석자 혁명, 아마 교회의 사목 권력과 세속 국가의 규율 권력을 동시에 준비했다고 할 수 있는 이 혁명의 완성에 대한 작은 저항은 그 내부에 있었을 뿐이다. 아마 르장드르가 말하고자 한 바는 이렇다. 이미 언급한 것처럼 르장드르의 냉철한 관점에 따르면 신과 연애를 해 새로운 텍스트를 낳는 것을 "여성의 향락"이라 불러야 하는 이유는 그것이 신이 남자인 그리스도교 세계의 판본에 불과하기 때문이다. 이렇게 보면 라캉이 그것을 여성의 향락이라고 부른 순간부터, 정신분석의 역사적 한계가 드러나기 시작한 것은 필연이자 당연한 일이었다. 또한 세르토와 쓰루오카가 비판한 바와 같은 "신비주의" 개념의 이해, 즉 신비주의자의 개념이 확대되고 확장되어 기타 여러 종교의 유사현상도 "신비주의"라는 이름으로 불리게 된 것 또한 르장드르의 입장에서는 "수출 불가능한 것의 폭력적인 수출"이 될 것이다. 그러나 역으로 말하면 이렇게 된다. 르장드르의 이로에 견주어보아도 "유럽의 판본"에 불과한 것이 세계로 확대되었을 뿐만 아니라 "전 지구적인 세계" 자체를 출현시킨 것은 사실이다. 고로 그런 이상, 역시 현재에도 텍스트의 투쟁의 향락은 필연적으로 "전부가 아닌 여성"의 것이 될 수밖에 없다.

그러나 그뿐만이 아니다. 국가는 망한다는 재잘거림이 퍼짐과 동시에 혁명은 불가능해졌다는 말 또한 옅게 퍼져 우리의 상식이 되어가고 있다. 입장의 좌우, 사태에 대한 찬반을 떠나 특히 20세기의 〈혁명〉 경험은 너무도 피비린내 나는 것이었으니까. 이는 볼셰비키 혁명도 제3제국 혁명도 마찬가지였다. 거기에서 흐른, 수천만 명에 이르는 피의 기억과, 소격을 사라지게 하는 독재자의 전제는 우리 뇌리에서 사고와 행동을 주저하게 만드는, 꽂혀서 빠지지 않는 화살촉과 같이 계속 작용하고 있다.

그러나 르장드르는 말한다. 17세기 영국혁명도, 18세기 프랑스혁명도, 20세기 볼셰비키 혁명도, 기타 여러 혁명도 법적으로는 거의 변화를 가져오지 않았다. 이들은 "텍스트의 객관주의적 표상"에 의한 "준거의 가역화"를 실현할 수 있음을 믿게 하는 데 성공한 "중세 해석자 혁명"의 효과에 불과하고, 각각의 〈정치적 혁명〉과 〈해석자 혁명〉은 같은 수준에 있지 않다.[355] 이들 혁명은 유혈을 초래했는데도 〈중세 해석자 혁명〉이 이루어낸 법의 요람—"공법"과 "사법" "민법"과 "형법"의 근본적인 분할 등을 기축으로 한 로마법=교회법적인 체계—을 크게 뒤흔드는 일 없이 단지 그 운영 과정에서 소격을 사라지게 하고, 많은 경우 대량의 살상을 초래했을 뿐이다. "강철같이 단련된 페시미즘"이라고 다시 말해야 할까? 아니다. 르장드르는 말한다. "제도적으로는 하나의 성공한 〈혁명〉이라도 특수한 도그마적 시스템 그 이상도 그 이하도 아니다."356 성공한 혁명은 도그마적 시스템이다. 물론 이는 비판적으로 말하고 있는 것이리라.

그러나 그렇다면 이상하지 않은가? 르장드르는 기본적으로 법학자의 입장에서 "준거의 파괴"인 폭력혁명에 비판적이다. 그런데 여기에서 르장드르는 "혁명은 가능하다"고 말해버린 것이 아닐까? 게다가 많은 유혈을 부른 "정치적 혁명"보다 훨씬 차원이 높은 〈혁명〉이, 각종 〈정치적 혁명〉만이 아니라 "코페르니쿠스 혁명도, 아인슈타인 혁명도, 〈실증주의〉의 도래마저도"357 가능하게 한 〈혁명〉이 가능했음을 논증해왔으니까. 그뿐이 아니라 그 거대한 업적과 거대한 죄악을—그 공죄의 규모조차도 각종 〈정치적 혁명〉에 비할 바가 아니었다—열거해왔으니까. 법과 도그마와 의례의 준엄함을 호소하는, 보수적 또는 반동적이라고 불리기도 하는 르장드르가 보여주는 창고蒼古한 계율의 세계가, 어디인지 모르게 나에게는 여성의 향락이, 대타자의 향락의 "불가사의한 광기"가 한없이 부풀어 오른 세계처럼 보이는 것이다. "우리가 '여성의 향락'이라 부르는 것"이 한없이. 그리고 이는 틀리지 않았다. 이를 필자는, 우리는 지금이라면 확신할 수 있다.

〈국가〉는 점점 계보 원리를 떠맡을 힘을 잃어가고 있어, 그 무엇도 〈국가〉의 내일을 보증하지 않는다.358 매니지먼트 원리주의와 종교적 원리주의는 아이를 낳는 〈거울〉과 근거율의 요청을 〈국가〉라는 침몰선에 내던져놓은 채로 있다. 다시 말하겠다. 그래서 그것은 근본적으로 학대적이다. 지식인들도 연이어 새로운 개념을 제안할 뿐, 그것이 매니지먼트 원리주의의 요청에 기여하고 만다는 사실을 자각하지 못하고 있다. 이러한 참혹과 비참과 무치無恥와 무지 속에서 누가 미래를 말할 수 있으랴. 세속화라는 "지침"조차 단순한 "전략무기"임이 폭로된 이 마당에.

험난한 것은 사실이다. 헤쳐가기 힘든 막대한 험난함이다. 그러나 험난하다는 사실조차 보이지 않았던 때보다 우리는 한 걸음 앞으로—르장드르가 좋아하는 표현을 빌리자면 "한 걸음 옆으로"—내디뎠다. 그렇다. 우리에게는 〈혁명〉이 가능하다. 텍스트의 혁명이, 이미지의 혁명이. 고로 순전한 법의, 정치의 혁명이. 르장드르는 말한다. "지금 사고라기보다는 관리경영의 모습으로 등장하고 있는 〈과학〉", 이 "〈전체적 과학〉의 환상에 저항해 우리는 〈예술〉이라는 맞불을 계속 놓을 것"[359]이라고. 누가 미래를 말할 수 있으랴, 라고 자문하면서 거듭 말한다. "확실한 것이 하나 있다. 〈국가〉는 사라질 것이고, 이제 상징 질서 그 자체를 보증할 수 없게 되리라. 그래도 여전히 〈금지〉의 요청은 변함없이 계속 있을 것이다. 즉, 해석자적 사고의 필요성에 계속 따르게 될 것이다."[360] 그리고 르장드르는 이렇게 말한다.

그렇다면 고전적인 개념으로 돌아가자. 거기에서 목하의 대혼란에 관한, 그리고 그것이 낳은 환상에 관한 풍부한 고찰의 출발점이 될 개념으로. 〈국가 원리〉 중 보편적 구조에 해당하는 것은 무엇인가? 왜 〈국가〉의 실체는 계보적 관념과 연결되어 있는가? 이런 질문이 타당하다면, 〈금지〉를 보증하던 국가가 사라지면 당연히 어마어마한 희생을 거쳐 〈금지〉의 보증은 몽타주적 조직의 다른 형식으로 전이할 수밖에 없게 된다.

그러나 이런 예측불허의 전이는 사전에 계획해두지 않으면 일어나지 않고, 그것은 오랜 시간에 걸쳐 전환을 어떻게 방향을 설정해왔는지 여부에 달려 있다. 여기에서 상기해야 한다. 계보권력으로서의 사회 권력은 막대한 픽션의 공급備給, cathexis을, 즉 우리가 〈준거〉라 부른 은유화 작업을 전제로 한다는 것을.[361]

기나긴 작업이 시작된다. 노고로 가득 찬 작업이. 고통으로 가득 찬 작업이. 그것은 가능하다. 이백수십 년에 걸친 중세 해석자 혁명에 필적할 만한 세월을 걸고, 법과 〈거울〉과 근거율의 "몽타주의 다른 형식"을 만드는 것. 이는 항상 가능하다. "막대한 픽션"을 축적해 격렬하기조차 한 "시인의 섬광"인 은유를 계속 분만하는 것은. 그렇다. 기나긴 작업이라고 했다. 그러나 그 하나하나의 분만이 전적인 저항이고, 야전 속에서 희미하게나마 순전한 혁명의 섬광을 뿜어내는 단편 그 자체인 것이다.

미래의 혁명을 위해 지금은 인내하라고 말하며 복종을 강요하는, 이제 그런 협소한 혁명관에 사로잡힐 필요는 없다. 중세 해석자 혁명의 효과가 다해가고 있는 이상, 그것은 객관주의적이고 정보적인 텍스트일 필요도 없다. 그러하기에 사태는 더욱 험난해진다. 그러한 텍스트의 이해에 매달리는 사람들이 싫어하는 표현을 써보겠다. 모든 것이 정보라니, 이 얼마나 낡은 사고방식인가. 근거=이성 문제의 핵심에 있는 것은 "종교와 예술"[362]이 아니냐고 반문하는 르장드르를 따라, 라캉 이론에서 출발해 오랫동안 이미지=텍스트=엠블럼을 논해온 우리에게 이는 당연한 귀결이다. 우리는 텍스트를, 텍스트의 존재 방식 자체를 갱신해야 한다. 거기에 끝도 없고 새로운 시대도 없다. 아무것도 끝나지 않는다. 아무것도. 혹은 "다른 형식의 요청"에 답할 필요가 있을 뿐이다. "낡았다"는 비판을 두려워할 필요가 어디에 있는가?

우리는 고안해내야 한다. 〈준거〉와의 다른 관계를. 어떻게 쓰면 될까? 어떻게 춤추면 될까? 어떻게 노래하면 될까? 어떻게 그리면 될까? 어떻게 낳으면 될까? 어떻게 이야기하면 될까? 어떻게 먹으면 될까? 갖가지 고안이 혁명의 긴 도정을 위해, 그 자체가 혁명인 도정을 위해 필요하다. 어쩌면 우리가 잊고 있는 것이 있지 않을까? 중세 해석자 혁명을 일으킨 사람들이 직전까지 유스티니아누스와 트리보니아누스의 가공할 서적 50권을 망각하고 있었던 것처럼 우리도 무엇인가 잊고 있을지도 모른다.

그러나 무엇을 잊고 있을까? 모르겠다. 아무것도 예측할 수 없고, 아무것도 의지할 수 없다. 모든 것이 이미 부서진 것처럼 보이고, 원리주의자의 외침만 울려 퍼지는 이 세계에서는. 우리에게도 희망하는 아침이 있고, 또는 체념하는 밤이 있다. 그러나 이는 무엇을 위해 존재하는가? 어느 것도 믿을 것이 못 되고, 진척도 없고, 보증도 없다. 하지만 이는 당연한 것이다. 몇 번이나 거듭 말하지 않았던가? 우리는 시인이자 도박자라고. 우리의 일터에서는 어떤 냄새가 난다. 르장드르가 스승으로 모시는 칸토로비치에게 바친 아름답고도 불온한 표현을 쓰자면 "신화의 주방 냄새가 난다".[363] 그 냄새 안에서 우리는 자기 몸을 떨며 낳은 것을 아낌없이 내놓으며 도박을 계속할 것이다. 역사라는 도박장에서 근거율을 새로 만들기 위해. 물론 냉철과 소격의 인물 르장드르는 안이하고 허약한 혁명의 몽상을 노래하는 사람이 아니다. 그러나 르장드르가 제시한 "법과의 열광적인 춤"의 세계는 라캉이 "여성의 향락"이라고 부른 것에 의해 지금도 조용히, 정밀靜謐한 채로 한없이 불온하게 맥동하고 있다.

그렇다. "우리는 도그마 연구라는 이름 아래에"라고 말하고 잠시 침묵을 둔 후에, 르장드르는 조용히 선언한다. "소위 '평화'를 위해 일하고 있는 것입니다."[364]

*

이것으로 끝나지 않는다. 아직 끝나지 않는다. 끝날 리가 없다. 우리는 이 도그마주의자의 일터에 한 남자를 초대해, 그의 격렬한 비판 속에 우리 몸을 맡기고자 한다. 그 비판의 저력을 의심할 수 있는 사람은 하나도 없을 그를, 이제 여기에 맞이할 때가 온 것이다. 그의 강력한 비판을 받아들이고, 우리 논지의 칼날을 더욱 예리하게 연마하기 위해. 이윽고 그와 손잡게 될 그 순간에 이를 때까지. 그렇다. 푸코를 맞이하자. 그리고 성급히 신경질적인 반비판은 하지 말고, 푸코의 논지를 그 끝에 이르기까지 따라가도록 하자.

제3부

미 셸 푸 코,

생 존 의

미 학

너 머 에 서

제1장

○

○

○

○

"권력과 전략"

제53절 어느 비판

/

1977년의 일이다.

『레 레볼트 로직』 제4호에 짧은 대화가 게재된다. 이 「권력과 전략」이라는 제목이 붙은 "문서에 의한" "즉흥적인" 대화는 발언 분량이나 내용으로 보았을 때 오히려 인터뷰에 가깝다. 인터뷰어는 알튀세르의 제자로 출발해 독자적인 길을 걷기 시작한 37세의 자크 랑시에르. 인터뷰이는 갓 51세가 된 푸코다.

랑시에르의 처음 질문에 맞추어 대화는 소비에트 강제수용소를 논하는 담론을 비판하면서 시작된다. 이 대답에 이어 전체 분량의 중간 지점에 이르기 조금 앞에서 랑시에르는 두 번째 질문을 던진다.

권력의 행사에 관한 물음은 오늘날 (지배자를 향한) 사랑이나

(파시즘에 대한 대중의) 욕망이라는 용어 내부에서 사유되기 십상입니다. 이러한 주체화의 계보학을 만들 수 있을까요? 또 주체화 때문에 그 기능이 분식粉飾되고 마는 합의 형식이나 "종속하는 이유"를 특정할 수 있을까요?

어떤 사람들은 성性 언저리에서는 지배자가 불가피하게 존재할 수밖에 없다고 하고, 또 어떤 사람들은 성 언저리에서야말로 가장 근본적인 전복이 가능하다고 합니다. 양쪽 모두 권력을 금지로 표상하고, 법을 그 형상으로, 성을 그 질료로 표상합니다. 이 모순된 두 담론을 정당화하는 이러한 장치는 프로이트의 발견이라는 "사건"과 연관이 있을까요, 아니면 권력의 경제 내부에 있는 성의 특정한 기능을 보여주는 것일까요?[1]

다소 성급하고 딱딱한 이 물음 그리고 명백히 자신의 저작에서 촉발된 이 물음에 푸코는 "지배자를 향한 사랑과 대중의 욕망이라는 두 관념을 같은 방식으로 취급할 수 있다고는 생각하지 않는다"[2]고 말해 이 둘을 분리한 다음, 파시즘 분석의 난관에 대해 짧은 의견을 내놓는다. 하지만 이 부분은 다소 뻔한 이야기라는 인상을 지울 수 없다. 문제는 그다음이다.

푸코는 "지배자를 향한 사랑/지배자의 사랑amour du maître이라는 관념은 이 외에 몇 가지 다른 문제를 제기할 것"이라고 논한 다음, 이 "지배자를 향한 사랑/지배자의 사랑"이라는 관념을 비판하기 시작한다. 어조는 열기를 띠고 있고, 간략하고 엄격하다. "이 관념은 권력 문제를 제기하지 않기 위한 방법입니다. 아니, 오히려 이 문제를 분석할 수 없게끔 제기하는 방법인 것입니다"[3]라고까지 말한다. "주인과 노예, 스승과 제자, 우두머리와 장인, 법과 진리를 고하는 지도자, 검열하고 금지하는 지배자"[4]라고 열거해, 지배자로도 주인으로도 스승으로도 우두머리로도 번역 가능한 이 maître라는 개념의 애매모호함을 지적하면서, 권력의 심급을 이와 같은 "지배자의 형상la figure du maître으로 환원해버리는 것"[5]이 실은 "권력의 절차를 금지의 법으로 환원하는 것"[6]과 연계되어 있다고 주장한다.

　　이러한 환원이 낳는 세 가지 오류 혹은 편향을 푸코는 차례로 열거해간다. 먼저 이런 환원은 권력을 "등질적"[7]인 것으로 보이게 한다. 때문에 가족, 국가, 교육기관, 생산관계 등 어떤 영역에서든 권력은 같은 식으로 작용하는 것처럼 보인다. 둘째, "이 환원에 의해 권력을 거부, 제한, 방해, 검열과 같은 부정적인 용어로만 사유하게 되고 만다".[8] 즉, 항상 권력은 "안 돼non라고 말하는" 존재, 오로지 '안 돼'라는 말만 하는 존재가 되고, 따라서 이에 맞서는 행위는 모두 "침범transgression"에 머무르고 만다. 즉, '법의 침범이 갖는 가치'가 이를 금지하는 법 자체에 의거하는 위반이라는 초보적 역설을 보여줄 뿐이다. 그리고 세 번째 지적은 이렇다. "이 환원에 의해 권력의 근본적인 작용이 법의 발화나 금지 담론의 발화 행위un acte de parole로 인식되고 만다."[9] 즉, 이 환원에 의해 권력은 "너는 하지 말지어다"라는 순수한 발화 행위 자체가, 즉 '안 돼'라고 말할 뿐인 존재가 되고 마는 것이다.

　　이처럼 권력의 이해와 깊이 연결되어 있고, 그로부터 많은 은혜를 받아온 분야를 푸코는 지명한다. "인척 관계의 거대한 금지 분석에 주안을 두는 민족학(에스놀로지)"과 "억압의 메커니즘에 주안을 두는 정신분석학"[10]이 그렇다. 이리하여 권력은 유일하고 동일한 "금지"라는 측면에서만 논해지고, 이 공식이 "모든 사회 형태에, 모든 수준의 종속=주체화assujettissement에"[11] 적용되어간다. 푸코가 그 무엇보다 이러한 초역사적인 거동을 싫어한 것은 주지하는 바와 같다. 그리고 응축된 발언이라는 표현이 걸맞을, 바로 다음에 이어지는 문장도 극히 중요한 지적이다. 인용하겠다.

> 권력이 '안 돼'를 말하는 심급이라면 사람은 이중의 "주체화subjectivation"를 거치게 되겠지요. 권력을 행사하는 측은 권력을 '금지를 언명하는 〈거대한 절대적 주체〉의 일종'으로 이해하게 됩니다. 이것이 현실적인 것인지 아니면 상상적인 것인지, 그것도 아니면 순수하게 사법적인 것인지 여부는 아무래도 상관없습니다. 이는 결국 아버지, 군주, 일반의지의 주권souveraineté입니다. 권력 행사의 대상이 되는 측 또한 마찬가지로 사람들은 권력을 "주체화"하고 마는 경향이 있습니다. 금지를 받아들이는 지점, 권력에 대해 "예"인지 "아니오"인지 말하는 지점을 결정함으로써 말이지요. 이 때문에 주권의 행사에 관해 무엇인가 말할 때는 자연권의 포기라느니, 사회계약이라느니, 지배자를 향한 사랑이니 하는 것을 전제하게 됩니다. 권력은 본질적으로 부정적인 것으로 한쪽에는 금지하는 역할을 하는 주권자를, 다른 한쪽에는 금지에 대해 어떤 형태로든 "예"라고 말해야 하는 주체를 전제하고 있다―이런 식으로 고전 시대 법학자들이 만들어놓은 요람에서 작금의 사고방식에 이르기까지 항상 같은 입장에서 문제를 제기해왔

던 것입니다. 권력을 리비도라는 용어로 다루는 현대적인 권력 분석 또한 여전히 이 오래된 법학적인 사고방식에 따라 표현하고 있으니까요.[12]

대체 왜 권력을 이러한 법 권리의 용어, 금지의 용어로만 사유해왔는가? 당연한 의문이다. 푸코는 유럽 역사 속에서 법 권리와 주권 개념이 때로는 군주 권력에 기여하는 기능을 하고, 때로는 군주 권력에 맞서는 투쟁 수단이 되어온 사실을 시사하면서도 "결국 법률은 권력을 표상하는 주요한 양식이었다"[13]라고 결론짓는다. 게다가 꼼꼼하게도 이 표상이라는 어휘에 잊지 않고 주를 단다. 이 주에 따르면 표상이라는 말은 스크린이나 환영이 아니라 현실의 행동 양식으로 이해되어야 한다. 법은 오래된 양식에 불과하다. 법은 "권력의 진리"가 아니다. "법이라는 형식이나 법이 가져오는 금지라는 제반 효과는 법적이지 않은 다른 많은 메커니즘 속에 재배치해서 다시 생각해야 한다".[14] 이리하여 푸코는 법으로부터 "권력의 진리"라는 자격을 박탈하고, 이를 "복합적인 동시에 부분적인 도구"[15]라고 선언함으로써 이 비판을 마무리한다.

여기에서 비판받고 있는 것은 누구에게나 익숙한 사고방식이기는 하다. 권력이란 항상 우리의 욕망이나 행동 중 일부를 금하고, 이를 억압한다. 권력은 우리에게 "해서는 안 된다"라고 말하거나, 검열과 배제와 제거 등을 통해 있는 그대로의 우리를 "부정한다". 그렇지 않은가? 실제로 우리가 권력의 강제를 가장 강하게 느끼는 순간은 우리의 욕구가 어떤 "계율"에 의해, 법에 의해, 금지에 의해, 도덕에 의해 방해받을 때가 아니던가? 또 그로 인해 반대로 욕망이 불타오르기도 하는 그 순간.

　　나아가 법이라는 모습을 취하지 않더라도 세상에는 권력
자라 불리는 권력을 소유하고 있는 사람들이 있어서 그들은 많은
자유를 구가하고 있을지도 모르지만, 권력 없는 서민인 우리는 그
들의 명령에 따라야 한다. 우리는 어릴 적부터 "이것은 하면 안 돼
요, 그렇지 않으면……" 하는 말을 계속 들어오지 않았던가. 이는 우
리의 상식에 속하는 것으로 도대체 왜 지금에 와서 이에 대해 생각
해야 한다는 말인가? 이는 주권이니 인류학이니 정신분석이니 하
는 것을 굳이 열거하지 않더라도 누구든 경험한 적이 있지 않은가?

　　하지만 푸코는 말한다. 그렇지 않다. 그것이 아니다. 권력
은 법이 아니다. 권력은 금지가 아니다. 권력은 "하면 안 된다"고
말하는 것이 아니다. 권력을 가진 자란 없고 그것은 애초에 "안 돼
[否]"가 아니다. 권력을 특정한 인간이나 제도에 기반을 둔 법이자
'안 돼라고 말하는 것'이라고 여긴다면 이는 권력의 실제를 오인하
는 것이다.

　　그렇다면 푸코에게 권력이란 어떤 것인가? 이를 어떻게
이해해야 하는가? "이하의 내용을 제기하고 싶다"고 푸코는 말을
잇는다. 몇 가지 항목으로 정리하면서 푸코의 말을 따라가보자. 일
단 설명 없이 열거해본다.

　　1. 권력은 "이미 항상 거기에 있다". 권력 외부에 있는, 거
기에서 사람이 자유롭게 행동할 수 있는 "여백"은 존재하지 않는
다. "권력과 사회체의 폭은 일치한다. 권력 그물망의 틈새에 기본
적인 자유의 구역이 존재하는 일은 없다." 그렇다고 해서 그것이

"법의 절대적 특권을 인정해야 한다는 것은 아니다". 즉, '법적이지 않은 형태로 이해되는 권력'은 사회 전체에 침투해 있고 우리는 어느새 그 속에 완전히 빠져 있다. 그 권력 바깥에서 권력을 전반적으로 조정하고 통괄할 수 있는 자는 존재하지 않는다.

2. "다양한 권력관계는 다른 다양한 형태의 관계(생산관계, 인척 관계, 가족 관계, 성적 관계) 속에서 뒤엉켜 있다. 그 관계 속에서 권력관계는 조건 짓는 역할과 조건 지어지는 역할을 동시에 행하고 있"는데, "이들 권력관계는 금지와 징벌이라는 단일한 형식에 따르지 않는다. 그 형태는 다양하다".

3. 지배라는 사실을 "처음부터 하나의 덩어리와 같은" 것이라고 생각해서는 안 된다. 한쪽에 지배자가 있고 다른 한쪽에 피지배자가 있는 식의 "이항 구조"는 없다. 그 반대다. 앞서 말한 바와 같은 다양한 권력관계의 얽힘이 "전략으로서 조직"된 결과, 이러한 "지배라는 일반적인 제반 사실의 윤곽을 그려내는" 것이다.

4. 이들 복수의 권력관계가 "유익한" 역할을 하는 것은, 이것이 근원적인 것으로 주어져 있는 경제적 관계에 봉사하고 있어서가 아니다. 복수의 전략 속에서 구체적으로 이용되기 때문이다.

5. "저항 없는 권력관계는 존재하지 않는다." 권력에 대한 저항이 현실성 있는 것이기 위해 저항이 다른 곳에서 와야 할 필요는 없다. 권력이 있는 곳마다 이미 저항은 존재한다.[16]

즉, 이런 말이다. 여기에서 푸코는 권력으로부터 자유로운 지배자와 권력 행사의 대상인, 구속된 피지배자 사이에 "금지와 징벌"이라는 법적인, 즉 "안 돼라고 말하는" 부정적이고 언어적인 관계만 있다는 생각을 비판하고 있다. 이런 생각을 유일한 모델로 여기는 권력 이해를 비판하고 있다. 정신분석과 인류학은 이런 이해에 사로잡혀 있다.

여기까지는 받아들일 수 있다. 다만 여기에서 하나 눈에 띄는 것이 있다. 이 대화에서 푸코가 하고 있는 비판은 두 부분과, 이 두 부분의 이음매 역할을 하는 한 문장으로 구성되어 있다. 즉, "지배자를 향한 사랑/지배자의 사랑"이라는 관념의 비판과 "권력에 대한 법적인 사고방식, 금지 발화로의 환원"이다. 이 두 가지 비판을 이음과 동시에 분리하고 있는 문장이 이미 부분적으로 인용한 "권력의 심급을 지배자의 형상으로 환원해버리는 것이 또 하나의 환원과 이어져 있다. 즉, 권력의 절차를 금지의 법으로 환원하는 것과"라는 것이다. 지배자를 형상으로 환원하는 것이, 금지의 법으로 환원하는 것과 이어져 있다lier. 이 연관에 실은 중요한 문제 계열이 가로놓여 있다고 한마디만 덧붙여놓겠다. 다음으로 가자.

여기까지 푸코의 비판을 읽어보고 구조주의 이후 여러 이론, 통속적인 것이든 세련된 것이든 이런저런 분야에 영향을 준 이론의 제 개념을 몇 개 떠올린 독자도 많으리라. 단적으로 말해 여기에서의 비판 대상은 상징적 권력이라는 관념과 그에 부수付隨하는 법 혹은 공동성의 이해라고 할 수 있으니까. 이런 비판은 푸코가 여러 강연·대화·저작에서 거듭하고 있다. 다소의 무례함을 무릅쓰고 여기에서 누구를 비판하고 있느냐고 물어보고 싶어지는 것도 당연하다. 예를 들면 라캉일 수도 있고, 물론 프로이트일 수도 있다. 또는 푸코가 다른 곳에서 거론한 것처럼 라이히일 수도.[17] 부정하고 억압하고 배제하고 결여를 강요하는 언어적인 법 등과 같은 거의 상투적이라 할 수 있는 표현은 그들만, 특히 라캉학파만 즐겨 쓰고 있고, 실제로 푸코는 『앎의 의지』를 "프로이트와 라캉"에 대한 비판이라고 단언한 적이 있으니까.[18]

또는 예를 들어 푸코가 어느 대화에서 강한 비아냥거림을 섞어 우롱한 적이 있는 지라르라든지 혹은 푸코와 공감과 반발이 교차하는 복잡한 관계를 맺어온 "금지와 침범의 인물" 바타유일 수도 있겠다. 더욱이 이 비판은 그 논지부터가 "근친상간 금지의 보편성"을 인정하지 않으므로 레비-스트로스와 기타 인류학자도 그 비판의 사정권 안에 들어 있다고도 할 수 있다.[19] 그 외에 홉스 이후의 사회계약에 대해 새롭게 고민해온 법철학자라든지, '그 법을 기초 짓는 계약 합의'에 도달하는 정치적 과정을 중시하는 정치학자라든지, '언어 행위에 관한 단순한 도식'에서 사회관계와 관련한 일정한 교훈을 도출해내려 하는 사회학자라든지, 푸코가 다른 곳에서 한 발언을 함께 감안해보면 이런 인물이나 분야 이름의 일람은 얼마든지 늘려갈 수 있을 것이다. 그러나 이런 일람표 작성에 열을 올리는 것은 무익할 뿐만 아니라 유해하기조차 하리라.

이 비판은 여러 분야의 여러 논점과 논의가 폭주輻輳하고 교차하는 장소에서 이루어지고 있음을 알 수 있다. 그러니 말해보았자 소용없을지 모르겠으나, 그래도 논의의 착종을 피하기 위해 다시 한 번 논의의 영역을 한정할 필요가 있다. 이를 위해 다시 다음과 같이 묻겠다. 여기에서는 누구를 비판하고 있는가? 우리가 보아온 이 비판이 대상으로 삼고 있는 사고방식은 널리 유포되어 있고, 따라서 이 비판이 미치는 범위 또한 광대하다. 푸코 자신의 논지 흐름만 보아도 여러 저작에서 보이는 고찰의 밑그림이나 보조선이 될 수 있는 영역임은 분명하다. 그러나 푸코가 거듭해온 이 유형의 비판 중 이 판본, 즉 상술해온 「권력과 전략」 판본에는 다른 판본에는 보이지 않는 논점과 용어가 존재한다. 이는 동시에, 기묘한 이해하기 어려움을 남기는 곳이기도 하다. 그것은 "지배자를 향한 사랑/지배자의 사랑"이고, "이중의 주체화", 즉 "절대적 주체"와 "각각의 지점"의 동시 주체화다. 다시 묻겠다. 여기에서는 누구를 비판하고 있는가? 그렇다. 여기에는 명확한 비판 상대가 있다. 누구인지 알아내는 것은 전혀 어렵지 않다. 그 인물의 이름은 주에 확실하게 적혀 있으니까. 그 사람은 피에르 르장드르다.

*

제3부의 물음은 이렇다. 이 비판은 옳은가? 그리고 이런 비판은 푸코의 어떤 사고방식에서 나왔고, 이 비판을 함으로써 푸코는 어디로 나아가게 되었는가? 우리는 제1부에서 라캉의 "두 군데 보풀"을 찾아내, 라캉이 "여성의 향락=대타자의 향락"을 제시하고 쓰러진 것을 보았다. 그리고 제2부에서 르장드르가 라캉의 "두 군데 보풀"을 받아들여 이를 광대한 "우리가 여성의 향락이라 부르는 것"이 거품처럼 부풀어 올라오는 "역사의 도박장"에 풀어놓는 모습을 보았다. 우리가 거쳐온 이 이로는 쓸모없는 것이었을까? 잘못된 것이었을까? 아무런 의미도 없었을까?

　　이 물음에 성급하게 답할 수는 없다. 몇 겹에 걸쳐 도입부를 마련하는 데 그치지 않고, 우리는 여기에서 급속히 속도를 떨어뜨려『감시와 처벌』이후의 푸코의 논지를 정성스레 하나씩 하나씩 살펴보려 한다. 물론 이는 이 비판을 성실히 받아들여 이에 응답하기 위해서다. 졸속한 대응은 용납되지 않는다. 방대한 우회와 정밀한 요약이 불가결하다. 푸코가 실제로는 무엇을 말하고 있는지 엄밀하게 파악하지 않는다면 이 비판에 답할 수 없으니까.

    물론 너무 세밀하게 논지를 따라가면 읽기에 번거로운 요약이 되고 만다는 불평도 당연히 있을 수 있다. 그래서 이리 말해두겠다. 푸코의 논지를 숙지하고 있는 독자는 이 제3부의 제1장부터 제6장까지는 읽지 않고 넘어가도 된다고. 자, 또다시 시작하자. 일단 이 비판의 전사를 구성하는 대담을 하나 살펴보자. 그 저서 중에서도 특히 명쾌한 서술 덕분에, 오히려 잔혹할 정도로 정신분석 비판의 농도가 짙은『앎의 의지』를 간행한 푸코가, 라캉의 "정통 후계자"인 자크 알랭 미렐을 비롯한 정신분석가들과의 대담에 초청되었을 때의 기록이다. 체면을 지키기 위한 뜨거운 비난이 느껴져 읽는 자로 하여금 안쓰러운 인상을 갖게 하지만, 이는 푸코가 르장드르에 대해 논한 첫 번째 문서이기 때문에 인용하지 않을 수 없다. 권력을 위에서 아래로, 중심에서 주변으로 흐르는 것이 아니라, 미세한 것에서 미세한 것으로 작용하는 미시적인 부분에 주목해 분석하려 하는 이 시대의 푸코에게, 분석가 글로리샤르는『앎의 의지』의 한 부분에서 푸코 스스로가 권력을 위에서 아래로 작용하는 것처럼 서술하고 있다고 지적한다. 시시콜콜한 부분을 꼬투리 잡는 것도 정도껏 해야지 하는 느낌이 드는 이 지적에 푸코는 다음과 같이 답하고 있다.

푸코 당신이 읽는 것을 듣고, 정말 그렇네, 내가 조금씩 퍼져가는 점의 은유를 쓰고 말았네…… 하고 부끄러워 귀까지 빨개지고 말았습니다. 하지만 이는 명확히 하나의 사례를 논한 부분입니다. 즉, 트리엔트 공의회 후의 교회입니다. 일반적으로는 권력의 거대한 전략을 권력의 미세한 관계 속에 어떻게 끼워 넣고, 그 속에서 자신을 행사하는 조건을 어떻게 도출하는지 살펴보아야 한다고 봅니다. 하지만 항상 역작용의 운동도 있는 법으로, 그 역운동에 의해 각각의 권력관계를 연계하고 있던 전략은 새로운 효과를 낳아 그 전에는 관계가 없던 분야에 진입하게 됩니다. 예를 들어 16세기 중반까지 교회는 성 현상을 상당히 간접적으로만 관리해왔습니다. 즉, 여러 죄의 고백이 행해지는, 1년에 한 번씩 있는 고해의 의무를 다하기만 하면 자신의 사제에게 하반신의 이야기를 거의 하지 않아도 되기 때문에 이는 보증된 상태였습니다. 트리엔트 공의회, 즉 16세기 중반부터는 예부터 지속되어온 고해 기술뿐만 아니라 일련의 새로운 절차가 등장합니다. 이는 성직자의 정화와 육성을 목적으로 교회 제도 안에서 형성된 것입니다. 즉, 신학교와 수도원을 위해 일상생활의 담론화, 자기 자신의 검증, 고백, 양심의 교도, 지도하는 자-지도받는 자의 관계 등에 대한 엄밀한 기술이 완성에 이르게 됩니다. 그렇습니다. 분명 위에서 아래로 작용하는 운동을 통해 사람들은 이러한 것을 사회 속에 주입했습니다.

미렐 그것은 피에르 르장드르가 관심을 갖고 있는 분야네요.

푸코 저는 아직 르장드르의 최근 책(『권력을 향락한다』)을 읽지 않았지만 르장드르가 『검열관의 사랑』에서 한 작업은 전적으로 필요하다고 봅니다. 르장드르는 현실에 존재하는 과정을 기술하고 있으니까요. 하지만 저는 권력관계의 산출이 그처럼 위에서 아래로만 이루어진다고는 생각하지 않습니다.[20]

이처럼 인용을 거듭해도 독자가 보기에는 다소 엇나간 비판이라는 인상을 지우기 어려울지 모르겠다. 1977년에 푸코는 51세. 이미 논해온 바와 같이 간행 자체가 사건이라 할 수 있는 저작을 몇 권이나 세상에 내놓았고 "투사이자 콜레주 드 프랑스 교수"로서 정치 운동의 소용돌이와 유럽의 지적 중심에서 동시에 그 존재가 두드러졌던 푸코…… 운운한다면 이미 사족이 되리라. 실은 이때 푸코가 이름을 거론하며 비판했던 인물은 몇 명 되지 않는데, 여기에서 그 대상이 된 르장드르는 이미 47세, 유엔 직원으로 오랜 기간에 걸친 가봉과 세네갈 근무를 마치고 로마법·교회법·스콜라학 분야 법제사의 젊은 석학으로서 파리 제1대학 법학부 교수로 부임한 지 이미 9년이 지났고, 이해에는 겸임으로 고등연구원 종교학 부문 교수로 취임한 공적인 경력과 함께 라캉학파 중에서도 아는 사람은 다 아는 인물이기는 했으나, 법제사와 행정사의 극히 전문적인 저작을 제외한 이론적 저작은 두 권을 썼을 뿐이었다.

르장드르는 필자가 아는 한, 그리고 적어도 직접 이름을 거론한 형태로는 이 비판에 반론다운 반론을 하지 않았다. 이 반응은 아무리 보아도 묘하게 어긋난 모습을 보이고 있어, 우리가 거쳐 온 논지 안에서도 좀처럼 소화하기 힘들다.[21] 그래서인지 여기에서 참조하고 있는 두 권 『검열관의 사랑: 도그마적 차원에 대한 시론』

『권력을 향락한다: 애국적 관료제에 대한 개론』 이후에도 르장드르는 원칙적으로 입장을 바꾸지 않는다. 즉, 역으로 말해, 물론 용어가 아직 적절하게 정비되지 않은 인상은 있지만, 르장드르가 그후에 걷게 되는 이론적 도정이 이 두 권에 그대로 담겨 있다고 해도 과언이 아니다.

그렇다면 푸코의 이 비판, 많은 사람을 동요하게 하고 아연실색하게 만들기에 충분한 이 비판은 정당한 것일까? 르장드르의 논의에 대한 비판으로 성립할까? 이를 확인하기 위해서는 상당한 우회가 필요하다. 우리는 조금 전에 푸코의 이로를 끝까지 따라가겠다고 했다. 여기에서는 권력은 "안 돼라고 말하는" "언어적인" "법"이라는 이해와, '그 법을 발화하는 자가 "절대적 주체"이고 그 "절대적 주체"에 대한 사랑과 그 법의 발화에 대한 복종이 "각각의 주체"를 만들어낸다는 구도' 자체가 비판의 대상이라는 것, 그리고 푸코가 이 "절대적 주체"를 직선적으로 "주권"과 동일시하고 있다는 것을 분명하게 확인해두자.[22] 이는 르장드르가 주장했고 우리가 살펴온 〈거울〉로서의 법적 주체, 즉 르장드르의 어휘를 쓰자면 "모뉴멘털한 주체"와 의례적인 관계를 반복함으로써 "주체"가 생산된다는 과정 자체를 비판하고 있다는 데까지는 이야기해두도록 하자.

여기까지 이로를 따라온 독자로서는 여러 반론이 떠오를 것이 분명하다. 르장드르에게 법의 발화는 언어에만 한정한 것이 아니고, 애당초 르장드르는 텍스트를 발화와 언어로 한정하고 마는 객관주의적 표상의 역사적 한계를 지적해오지 않았던가? 르장드르의 이로는 "재생산=번식"을 주축으로 삼고 있는데, 이를 "부정적인" 이해라고 싸잡아서 비판해도 된다는 말인가? 르장드르의

"이성"과 "주체"는 소위 "안트로포스의 이성, 안트로포스의 주체"인데, 이를 소위 일반적인 "주체 비판"의 문맥 속에서 비판할 수 있을까? 르장드르는 주권을 유럽의 판본에 불과하다고 말하지 않았던가?[23] 이런 반론은 틀리지 않았다.

하지만 즉각적인 반론은 삼가자. 푸코의 논지를 당분간 길게 따라가도록 하자. 푸코는 왜 이런 말을 이 시점에 했고, 이리 말함으로써 푸코는 어디로 나아가게 되었는가? 이를 확인한 후가 아니면 푸코와 르장드르의 기묘하게 어긋난, 그러나 속단하기 어렵게 공명하고 있는 관계를 정확히 끄집어내 확인하는 것은 불가능하니까. 한마디만 예고해두겠다. 푸코는 법을 너무도 근대적 주권과 동일시해 이를 집요하게 격렬히 비판했고, 그로부터 벗어나려고 안간힘을 써 "법=주권"이 아닌 그 무엇을 차례차례 지적해갔다. 물론 이는 무리한 도주극이었던 것이다. 이는 그 자신이 최후에 희미하게, 그러나 분명히 인정하지 않을 수 없게 된다. 르장드르라면 주권과 한 쌍일 때만 존재할 수 있는 법 따위는 원래가 "유럽 판본에 불과하다"고 말할 테니.[24]

그러나 그 주권적인 법에서 벗어나려 하는 긴 도정, "법 =주권"을 괄호 안에 넣으려는, 존재하지 않는 것으로 생각해보려는 무모한 도피행의 그 장대한 우회를 통해 푸코는 각양각색의 놀라운 식견을 우리에게 보여주게 되었던 것이다. 그리고 이렇게 예고해두자. 우리는 그 끝에 이르렀을 때 푸코의 논지를 마치 장갑의 속과 겉을 뒤집듯이 뒤집어서 보여줄 수 있게 된다. 그리고 우리의 이로에 이보다 든든한 우군은 없을 것이다. 그리고 거기에서 푸코와 뜻밖에도 손잡게 되는 순간이 도래할 것이다. 우리는 그 순간을 목표로 삼는다.

그 순간이 "영원한 야전"의 때 그 자체니까.

하나의 대화, 짧은 만큼 응축된 이 대화에 다소 과하게 매달려 있었는지도 모르겠다. 이로 인해 논지가 갑갑해졌을지도 모르겠다. 푸코의 이로에 익숙한 사람이라면 괜찮겠으나, 이 부분만 잘라내 보여주면 무슨 말인지 모르겠다는 핀잔을 받기에 충분하다. 당연하게도 이 너무 짧은 대화에 주석을 다는 것만으로는 이 비판을 정확히 이해할 수가 없다. 첫째, 이 대화에서 푸코가 비판하는 권력 이해의 세 가지 특징, 즉 등질적·언어적·부정적 권력이라는 세 가지 특징과 푸코가 그 직후에 대비하는 권력 이해의 특징, 즉 권력의 편재·권력 형태의 다양성·권력의 분산성과 전략성·권력의 구체적인 유익성·권력과 저항의 상호 내재성 등의 특징이 완전히 대응하고 있지는 않다. 그뿐만 아니라 중간에 "형상"의 물음이 사라지고 말았다는 것을 알 수 있다. 이것이 이 대화에 일종의 불투명한 인상을 준다. 무엇인가 어긋나 있는 것이다. 엇갈려 있는 것이다. 무엇인가를 도중에 간과한 것이다. 그러나 이런 인상의 많은 부분은 불식할 수 있다. 불식할 수 있는 것을 불식하기 위해서도, 불식하려 해도 불식되지 않는 무엇인가를 명확히 하기 위해서도, 이를 통해 우리 물음의 칼날을 더 예리하게 만들기 위해서도, 이 비판의 이로를 조금 더 넓은 시야에서 보아야 한다. 이는 동시에 푸코가 한 비판의 윤곽을 더 선명하게 하고, 그 장대한 사정을 조망하는 것도 되리라. 이를 위해 우선 이렇게 묻겠다. 이 비판을 한 1977년의 푸코는 어떤 푸코였는가?

우선 연대기적인 사실을 개략적으로 서술하겠다. 1977년 겨울의 푸코. 이는 1975년에 있었던 『감시와 처벌』 간행 후 2년이

지났고, 전 해의 『앎의 의지』 간행에서 1984년 『쾌락의 활용』 간행에 이르기까지 8년 가까운 "침묵"의 시기의 초반부에 해당한다. 이 침묵은 출판사와 계약상의 문제 때문이라고 알려져 있는데, 그런데도 이 침묵에서 위기를 읽어내는 사람이 끊이지를 않는다. 이해 초두에 푸코는 『오욕에 찌든 사람들의 삶』에 스스로 서문을 붙여 이를 간행했고, 푸코의 콜레주 드 프랑스 강의는 일시 중지 상태였다. 전 해인 1976년 1월부터 3월까지 진행한 강의는 『사회를 보호해야 한다』이고, 다음 해인 1978년 1월부터 4월까지 진행한 강의는 『안전·영토·인구』다.[25] 즉, 1977년 겨울의 푸코는 『앎의 의지』의 푸코다. 이와 동시에 수개월 후에 시작되는 다음 해 강의에서 "돌연 푸코에게도 청강자에게도 새로운"[26] 통치성gouvernementalité의 문제를 부각해가는, 그 예감 속에 있는 푸코다.

　　　이 「권력과 전략」에서의 비판은 『감시와 처벌』 전후에 시작되어 『앎의 의지』에서 전면적으로 전개되고 만년에 이르기까지 유지되는 "법적·주권적 권력 이해의 비판"에 속하는 주장 중 하나라고 할 수 있다. 단 하나의 논점만 제외하면 「권력과 전략」에서의 이 비판에서 도출되는 흐름은 후기 푸코의 이론 전체를 관통하는 보다 일반적인 비판의 수맥에 합류한다. 권력은 법이고, 권력은 발화이고, 권력은 부정한다. 푸코는 10년 이상에 걸쳐 죽음에 이를 때까지, 기묘한 동요를 내포하면서도 '권력의 이러한 개념화'를 꾸준히 비판했다. 권력을 주권적인 것으로만, 법적인 것으로만, 부정적인 것으로만 생각하는 것은 잘못되었다고 푸코는 쉬지 않고 거듭 또 거듭 말했다. 그 놀라울 정도의 집요함. 대체 푸코가 주권적·법적인 권력 이해를 비판하고 있는 것인지, 아니면 주권과 법 자체를 증오하고 있는 것인지 언뜻 분간이 가지 않을 정도다. 이렇게 말해도 개인적인 감상에 불과하다고 지탄받는 일은 없으리라. 이 가벼운 추측을 용납하지 않는 기묘한 순간, 푸코를 읽다 보면 반드시 도래하는 저 기묘한 순간은 이 책에서도 여러 번 출현하게 될 것이다. 후기 푸코의 법적·주권적 권력 이해 비판이란 어떤 것이었고, 그 비판에 의해 푸코는 어떤 장소로 나아갔고, 거기에서 무엇을 발견하게 되는가? 이를 더 넓게, 더 정밀하게 살펴보는 작업을 계속해 가야 한다.

제2장

○

○

○

○

푸코의 "전회"
: 「아티카 형무소에 대해」와 「진리와 재판 형태」

제54절 배제에서 생산으로, 규율 권력 쪽으로

/

우선 확인하자. 후기 푸코라고 했다. 그렇다. 푸코가 처음부터 이런 권력 이해를 비판하지는 않았다. 1961년 『광기의 역사』 단계에서는, 아니 1971년 『담론의 질서』에 이르기까지 '언어의 부정성에 입각해 공동체로부터 배제하는 법 개념'에 머물러 있었다. 즉, 당시 푸코의 논지는 나중에 스스로 비판하게 되는 법적·주권적 권력 이해 내부에 있었다. 이는 본인도 여러 곳에서 인정하고 있다.

　　예를 들어, 만년의 푸코가 자신의 작업을 회고하면서 『광기의 역사』를 위치 지었던 글이 있다. 푸코에 따르면 '유럽 사회학과 사상사에서 부정과 배제, 금지는 실정적인 현상으로만 취급되어왔으나 레비-스트로스 이후에 이는 부정적인 구조와의 관련 속에서 다루게 되었다. 본인의 광기의 역사에 관한 연구는 이를 사상사에 응용한 것이다.'[27] 법에 의한 금지, 경계선의 선언, 이로 인해 분할되는 안과 밖, 실시되는 광인의 배제, 폐기, 부인, 억압, 이렇게 말하면 딱 이 시대 푸코다운 구도다.

다른 인터뷰에서는 『담론의 질서』에 이르기까지 권력을 법적인 메커니즘으로, 배제·제거·방해·부인·은폐와 같은 부정적인 작용을 하면서 '안 돼라고 말하는 것'으로 생각했음을 인정하고, 그 후에 그로부터 탈출했다고 말한다.[28] 분명 『담론의 질서』에서도 "정신분석이 밝혀낸 바와 같이"라는 말로 시작되는 담론, 금지, 욕망 간의 결정적인 관계를 인정하는 발언, 즉 여기에서 법적·주권적 권력 이해라 불러온 것의 적어도 일부를 긍정하는 발언을 하고 있다.[29]

즉, 『광기의 역사』부터 『담론의 질서』에 이르는 초기 푸코와 『감시와 처벌』부터 『앎의 의지』를 거쳐 죽음에 이르기까지의 후기 푸코 사이에는 단절이 있다. 두 시기를 나누는 선명한 선을 볼 수 있다. 여기에서는 분명히 전회라 불러야 할 사태가 일어났다. 그렇다면 이 전회는 언제 일어났는가? 아마 1971년 8월에 징벌에 관한 인터뷰에서 "말할 수 있는 것보다 밑에 있는 현상"에 지금은 관심을 집중하고 싶다고 포부를 밝혔을 때가 가장 먼 예감이라 할 수 있을 것이요,[30] 1972년에 있었던 들뢰즈와의 대담에서 "은폐된 것, 억압된 것, 언어화되지 않는 것"을 "싸구려" 취급하는 정신분석과, 에크리튀르écriture를 "억압된" "괴란壞亂적인"(풍속 따위를 무너뜨리고 어지럽게 함을 뜻한다.—옮긴이) 것으로 논하는 사람들—분명 라캉과 데리다를 염두에 두고 있다—을 호되게 비판하고 있는 것도[31] 그렇다. 또한 같은 해에 마오주의자들과 대화하면서 격렬하게 사법 권력을 통매痛罵(몹시 꾸짖음을 뜻한다.—옮긴이)—통매라 불러도 전혀 과장이 아닐 정도의 격렬한 통매—한 것도 그 전조에 포함되리라. 푸코는 말한다. "사법 장치의 근본적인 제거를 거치지 않고서는 혁명은 불가능하다." "혁명적 장치가 결코 승복해서는 안 되는 두 가지 형태가 있다. 관료제와 사법 장치다."[32] 그러나 우리 이로를 가는 데 과도한 천착은 무익하다. 여기에서는 전회점이 되는 어느 인터뷰와 강연을 인용하자. 우선 「아티카 형무소에 대해」라는 인터뷰다.

　　미합중국 뉴욕 주에 있는 아티카 형무소는 이 인터뷰의 8개월 전까지, 즉 1971년 8월 22일부터 한 달 동안 처우에 대한 항의 행동으로 촉발된 폭동으로 수인들이 점거하고 있었다. 이 「아티카 형무소에 대해」는 1972년 4월에 형무소를 방문한 푸코가 그 직후에 수록한 인터뷰를 바탕으로 수정을 가해 1974년 봄에 잡지에 게재된다. 수록에서 게재까지 2년 가까이 시기가 벌어져 있다. 이 사이에 푸코에게 전회가 일어난 것이 분명하다. 이 인터뷰가 있기 1년 전의 푸코와 후반의 푸코는 거의 다른 사람이라도 되는 듯 완전히 반대되는 말을 하고 있기 때문이다. 우선 도입부를 인용하자.

　　사람들은 감옥을 고결한 인간을 효율적으로 생산하는 곳이라고 믿어왔습니다. 하지만 오늘날 감옥은 그런 유형의 인간을 전혀 생산하지 않는 것으로 알려져 있고, 행정 측도 이를 완전히 자각하고 있습니다. 감옥은 전적으로 아무것도 생산하지 않는다는 것을. 이는 말도 안 되는 속임수일 뿐이고 순환적인 제거라는 정말 기묘한 메커니즘이라는 사실을. 즉, 사회는 사람을 감옥에 보내 제거하고, 감옥은 그들을 부수고 으깨어 물리적으로 제거하는 것입니다.

그들이 부서지면 감옥은 그들을 석방해 사회에 되돌려보냄으로써 제거합니다. 감옥에서 그들이 보낸 생활, 참아온 처우, 극복한 처지, 이들 전부로 인해 사회는 반드시 그들을 제거해 다시 감옥으로 되돌려보내고 감옥은 (……) 이처럼 교묘하게 고안되어 있습니다. 아티카는 제거하기 위한 기계, 일종의 거대한 위胃입니다. 흡수하고, 부수고, 으깨서 쫓아내는, 이미 제거된 자를 제거하기 위해 흡수하는 콩팥인 것입니다.[33]

감옥은 제거éliminer한다. 제거하기 위해 제거한다. 물론 여기에서 법과 언어는 논하지 않고 있고『감시와 처벌』의 논지와 이어지는 "감옥과 비행자非行者, délinquant의 순환"을 예감하게 하는 내용으로도 보인다. 그러나 이 부분에서 푸코가 감옥의 기능을 오로지 "제거한다"는, 기이하리만큼 연호하고 있는 이 동사로 지칭하고 있음이 너무도 명백하다. 한마디로 말해, 아직 푸코는 감옥의 기능을 부정적으로, 네거티브하게 보고 있다. 몇 년 후, 『감시와 처벌』에서 논하는 내용과는 정반대로 "그것은 아무것도 생산하지 않는다"고 말하고 있으니 말이다. 자, 같은 인터뷰에 있는 문장을 인용하자. 원전에서는 똑같은 쪽에 실린 내용이다.

—당신은 배제의 과정을 일종의 추상적 개념으로 연구해왔기 때문에 병원 내부에 대해서는 몇 가지 제도 내부와 마찬가지로 잘 알고 계시리라고 생각합니다. 아티카를 방문하고—실제로 그 안에 들어가보라는 뜻입니다만—배제의 과정에 관한 당신의 태도에 감정 면에서 변화가 일어났습니까?

아니면, 살펴본 후에 배제에 관한 당신의 입장은 더 강고해졌을 뿐입니까?

푸코 아닙니다. 이번 방문으로 나는 동요한 것 같습니다. 어쨌든 문제는 명확해졌습니다. 전에 내가 고찰했던 것과는 전혀 다릅니다. 아마 직접 눈으로 보았다고 결정적인 변화가 생기지는 않았겠습니다만 변화를 촉진한 것은 분명합니다. 지금까지 나는 사회의 배제를 일반적이고, 다소 추상적인 작용으로 여겨왔습니다. 이런 작용을 소위 사회의 구성 요소처럼 생각하려 했습니다. 어떤 사회도 일정수의 구성원이 배제된 조건 아래에서만 기능할 수 있다는 생각 말입니다. (……) 즉, '어떤 배제 시스템을 통해, 누구를 배제함으로써, 어떤 분할을 낳음으로써, 어떤 부정과 거절의 작용을 통해 사회는 기능할 수 있게 되는가?'라는 문제에 흥미를 갖고 있었습니다.

그런데 지금 나는 이와 반대되는 입장에서 문제를 설정하고 있습니다. 즉, 감옥은 매우 복잡한 조직이기 때문에 감옥을 배제라는 단순한 네거티브한 작용으로 환원할 수는 없다는 입장입니다. 그 비용, 그 중요성, 감옥 운영에 쏟는 면밀함, 감옥을 정당화하기 위해 동원되는 여러 논리, 이런 모든 것이 감옥의 포지티브한 작용을 시사하고 있다는 생각이 듭니다.[34]

여기에는 기묘한 서어가 있다. 한 쪽을 약간 넘을 정도밖에 되지 않는 지면 안에서 이 서어는 뚜렷하게 눈에 띈다. 감옥은 아무것도 생산하지 않는다, 그것은 제거할 뿐이다. 그렇게 단언한 바로 그 뒤에서 감옥은 배제만 하는 것이 아니다, 거기에는 포지티브한 기능이 있다고 말하는 이 두 문장 사이의 서어와 "제거"와 "배제"라는, 정의가 다르다고 생각할 근거가 전혀 없는 두 어휘 사이의 그 어디인가에, 바로 전기 푸코와 후기 푸코를 단절하는 분할선이 있다. 아직 아슬아슬한 파선이기는 하지만.

무리도 아니다. 이때 푸코는 아직 "부정하고 배제하는 권력"이 아닌 권력, "포지티브한" 권력 형태에 정확한 호칭을 부여하는 데까지 이르지 못했으니까. 언제 부여하게 되는가? 아마 2003년에 간행된 『정신의학의 권력』 중 1973년 1월 14일 강의 때일 것이다. 여기에서 선명하게 "규율 권력"이라는 명명과 그 정의가 출현한다.

이 간행 이전에 이 분할선을 판단할 큰 표식을 찾으려 한다면 1973년 5월 하순, 리우데자네이루 주교대학에서 5일간에 거쳐 행한 연속 강연의 기록을 바탕으로 1974년 6월에 잡지에 게재된 「진리와 재판 형태」를 꼽을 수 있다. 이 후자의 강연은 참으로 명쾌하고, 더구나 1970년대 초반 푸코의 여러 문제 계열이 하나로 응축된, 빼어나다고밖에 표현할 길이 없는 내용이다. 담론의 언어학적 이해와 담론의 전략 게임의 대치. 푸코가 몇 번에 걸쳐 언급해온 니체의 "기원의 발명"이라는 문제 계열의 재검토, 즉 "수치스러운 기원"에 관한 열띤 언급. 그리스 시대 앎과 권력 간의 연관성 해체부터 중세 형사재판을 둘러싼 앎의 두 가지 형태 간의 알력에 대한 명석한 기술. 그리고 들뢰즈=가타리의 『안티 오이디푸스』로부터 자극받은, 만년의 그리스에 대한 관심을 예고하는 듯한 소포클레스의 『오이디푸스』 원전의 치밀한 독해 작업. 여기에서 근친상간은 거의 논하지 않고, 오히려 진리를 획정하기 위한 사법적 절차와 조치를 문제로 삼고 있다. "근친상간 욕망의 상연이라기보다는 오히려 그리스 법을 연극화한 역사의 일종"이라고, 즉 정신분석적인 독해 따위는 아무것도 아니라고 지적하는 부분 등은 매우 두드러져, 강연 후 청중과의 대화에서도 정신분석에 의한 가족주의적 오이디푸스 신화 해석을 유머마저 느껴지는 여유 있는 어조로 계속 비아냥거린 다음 "저를 못돼먹은 녀석이라 생각하시겠지요. 그렇게 생각하는 당신이 옳습니다. 저는 못돼먹은 녀석입니다. 오이디푸스 따위 모릅니다"[35]라고까지 말한다. 푸코를 읽어온 사람에게는 반갑게 느껴지기까지 하는, 그 특유의 저 통쾌하고 예리한 거칢이 있고, 폭소마저 이끌어내는 유쾌한 심술기가 있다.

　　그 이로 하나하나를 자신의 붓으로 베껴 쓰고 싶은 욕망을 자극하는 매력을 지닌 논고이나, 지금 우리에게는 1973년 1월부터 5월까지의 시점에서, 즉 『정신의학의 권력』과 「진리와 재판 형태」의 시점에서 푸코가 이미 명확하게 "규율"이라는 개념을 정식화했다는 사실을 지적해두는 것만으로 족하다. 전자의 두 번째 강의에서 푸코는 영국 왕 조지 2세가 광기에 빠져 감금당해 주치의에게 "당신은 더는 왕이 아니다"라고 언도받고, 소위 치료로 인해 왕위를 찬탈당해 무력한 몸 하나로 굴러떨어지는 과정을 묘사한 후에, "그리하여 참수되어 왕위를 빼앗긴 권력 대신에 다양하고 막연한, 색채 없는 익명의 권력이 설립됩니다. 나는 이를 바로 규율 권력이라고 부르고 싶습니다. 주권 타입의 권력은 규율 권력이라 부를 수 있는 권력에 의해 대체되는 것입니다"[36]라고 분명하게 논하고 있으니까. 또한 후자의 네 번째 강연을 푸코는 이런 이야기로 시작했다. "지난번 강연에서는 중세 형사재판의 국가 통합 메커니즘과 그 효과가 어떠했는지를 제시하려 했습니다. 따라서 이번에는 18세기에서 19세기를 살펴보려 합니다. 이 시기에 내가 '규율 사회'라는 이름으로 이번과 다음 강연에서 분석하고자 하는 대상이 형성되었습니다. 현대사회는 규율 사회라 부르기에 합당한 사회인데 그 이유를 이제부터 설명하겠습니다."[37]

　　여기에서 푸코는 이미 단절선을 넘어섰다. 푸코는 후기 푸코, 『감시와 처벌』의 푸코가 되었다. 법과 주권이 아닌 규율을. 여기에서 언어적이고 부정적인 주권 권력에 대치되는 "포지티브"한 권력에 "규율 권력"이라는 이름을 부여한 것이다. 그러나 『정신의학의 권력』「진리와 재판 형태」를 인용하면서 그 자세한 내용을 논하게 되면 이는 논지의 중복을 가져온다. 이를 피하기 위해서 그리고 주권 권력과 대비되는 "규율 권력"이 어떤 것인지 살펴보기 위해서, 또한 이를 통해 반대급부로 더 뚜렷해지는 "주권 권력"의 모습을 보기 위해서, 나아가 왜 법적·주권적 권력 이해에 대한 비판이라 불리는 이 내용이 정신분석과 인류학의 비판이 되는지 이해하기 위해 우선 서둘러 『감시와 처벌』로 향하자.

○

○

○

○

제3장

규율 권력의 전략 (1)
:『감시와 처벌』

제55절 세 가지 광경

/

『정신의학의 권력』과 「진리와 재판 형태」의 푸코는 이미 『감시와 처벌』[제3부 제3장에는 『감시와 처벌』에서 인용한 내용이 많이 있다. 이 인용 부분은 오생근 역의 『감시와 처벌』(나남, 2003)을 참조·번역했다.―옮긴이]의 푸코였다. 이는 이미 확인했다. 파선은 실선이 되었다. 이 실선이 여전히 여러 이로의 시계視界 한구석에서 부침하기를 그만두고, 뚜렷하게 그리고 전면적으로 풍경의 전면으로 나온 결정적인 시기는 1975년 1월에서 3월 사이다. 1975년 1월부터 3월까지 행해진 도발적인 콜레주 드 프랑스 강의 『비정상인들』과 이 강의가 진행되던 2월 25일에 간행된 『감시와 처벌』의 논점으로 거슬러 올라가 이를 보충하자면, 거기에서는 우선 하나의 이로가 선명하게 떠오른다. 이처럼 부상한 법적·주권적 권력 이해의 비판은 완전히 이어진 내용으로 다음 해 1월 7일부터 3월 중순까지 진행된, 이보다 파란만장할 수 없는 콜레주 드 프랑스 강의 『사회를 보호해야 한다』와 접속해, 명석하기 그지없는 『앎의 의지』의 논지를 향해 전면화되고, 그 비판의 칼날은 눈에 띄게 예리해진다. 1976년 여름에 집필을 끝낸 것으로 알려진, 같은 해 12월에 간행된 『앎의 의지』에 이르는 이 1년 10개월 사이에 이 비판의 논점은 거의 다 나오게 된다. 시간을 들여 이를 따라가도록 하자. 미리 말해두자면 이 푸코의 논지를 따라감으로써 주권 권력과 대비되는 규율 권력에 이어, 우리는 더 "새로운" 생명 권력의 출현을 보게 될 것이다. 그리고 푸코의 그 논지가 막다른 골목에 몰리는 데까지는 가지 않는다 하더라도 너무도 기묘한 동요와 그림자가 얼굴에 나타나는, 그 징조를 보게 된다.

상기하자. 우리는 「권력과 전략」에 있는 어느 비판에서 시작했다. 우리의 목적은 그 비판의 더 일반적인 형식을 추출하는 데 있다. 요약하자면 이렇다. 르장드르는 권력을 주권적인 법으로, 절대적인 주체와 각각의 주체 간의 관계로 파악할 뿐 규율 권력과 생명 권력을 보지 못하고 있다. 따라서 르장드르의 권력 이해는 "낡았다". 푸코는 이렇게 이야기했다. 그러나 이 비판의 묘한 어긋남과 그로부터 도출되는 귀결은 방대하고, 즉단을 용납하지 않는다. 하나씩 살피도록 하자.

먼저 『감시와 처벌』이다. "주권 권력의 신체형에서 규율 권력에 의한 교정·관리로." 이 책에 대해 널리 쓰이는 이 요약은 부정확하지 않다. 그러나 여기에서는 텍스트의 보조에 맞추어 이를 정밀하게 다시 생각해보자. 이 저서는 이후, 푸코가 몇 차례에 걸쳐 되돌아가고 또 거기에서 벗어나려는 시도를 거듭해가는 커다란 자장磁場이라고 할 수 있는 책으로, 번거로움을 마다하지 않고 이를 상세히 검토하면 큰 폭으로 논지의 중복을 회피할 수 있기 때문이다. 또한 연대기적인 순서는 다소 등한시해서라도 일단 이 저서를 검토하고 몇 가지 정치한 개념을 얻는 편이, 예를 들어 이 저서를 간행하기 2년 전에 있었던 강의『정신의학의 권력』의 식견이 명료해지리라.

단, 푸코에 익숙한 독자에게는 따분한 복습이 될지도 모른다. 더구나 애초에 "텍스트 독해" 자체에 일관해서 이견을 주장하고, 자신의 제 개념을 해석 대상이 아니라 그냥 도구로 써달라고 말해왔던 푸코를 상대로 할 일이 아니라는 나무람을 들을지도 모른다. 그러나 제2부에서 논한 바와 같이 필자는 전혀 텍스트 해석을 비판하는 입장에 서지 않는다. 도구 만드는 법을 배우기 위해서는 도구를 분해해보는 수밖에 없다. 여기에서 조잡한 요약에 만족할 수는 없는 노릇이다. 이는 이 책 이로의 근간에 직결되는 일이니까. 우리는 제1부에서 제2부에 걸쳐 전개한 자신의 이로를 비판의 과녁으로 드러내놓은 상태니까. 자기에게 불리한 미세한 내용에 눈감는 짓은 논할 가치도 없다. 성가신 일이기는 하나 처음부터 정성스레 살펴보는 것 외에 달리 방법은 없다. 그 이유는 차후에 밝혀지리라.

도입부에서 푸코는 세 종류의 처벌 능력과 특정 시대에 볼 수 있는 이들의 병존을 생생하게 묘사해간다. 18세기 말의 유럽에는 기원도, 원리도, 방법도, 각각이 걸어갈 운명도 전혀 다른 세 가지 처벌 형식이 동시에 존재했다. 당시 사람들은 "처벌 권력을 조직하는 세 가지 방법"[38] 혹은 "세 가지 권력 기술"에 직면해 있었다.

첫 번째는 고문하고 추방하고 살해하는, 즉 "배제"하는 주권의 "신체형"으로, 이는 의례적이다. 두 번째는 상징을 설치해 죄와 벌을 연관 짓는 "기호"를 사람들의 뇌리에 심으려 하는 "18세기 형법 개혁자들의 체계"로, 이는 기호론적이다. 세 번째가 폐쇄되고 조정된 시공에서 신체를 포위 공격하고 훈련하는 "감옥"으로, 이는 규율적이다. 푸코의 이 책은 가장 오래된 첫 번째가 그 잔인성과 비효율성 등으로 인해 두 번째로부터 비판받고 사라진 것처럼 보인 그 순간에, 돌연 세 번째가 출현해 다른 둘을 누르고 승리를 손에 넣는 과정을 기술하고 있다. 자세한 논의로 들어가기 전에 푸코가 인용하고 있는 당시 자료를 세 개 나열해, 그 처벌 형식의 "광경"을 각각 예시하겠다.

먼저 첫 번째 처벌 능력인 신체형이 원하던 광경은 다음과 같다. 제1장 도입부에 묘사된 1757년 3월 2일의 대역죄 주범 다미엥에 대한 사형 집행 장면을 인용하자. 이 유죄 판결문은 이렇다. "손에 2파운드 무게의 뜨거운 밀랍으로 만든 햇불을 들고, 속옷 차림으로" "파리의 노트르담 대성당의 정문 앞에 사형수 호송 마차로 실려 와, 공개적으로 사죄를 할 것". "그레브 광장으로 이송한 다음, 거기에 설치된 처형대 앞에서 가슴, 팔, 넓적다리, 장딴지를 뜨겁게 달군 쇠 집게로 고문을 가하고, 그 오른손은 국왕을 살해하려 했을 때의 단도를 잡게 한 채, 유황불로 태워야 한다. 계속해서 쇠 집게로 지진 곳에 불로 녹인 납, 펄펄 끓는 기름, 지글지글 끓는 송진, 밀랍과 유황의 용해수를 붓고, 몸은 말 네 마리가 잡아끌어 사지를 절단하게 한 뒤, 손발과 몸은 불태워 없애고 그 재는 바람에 날려버린다."

많은 구경꾼이 지켜보는 가운데, 이 판결문대로 집행된다. 뜨겁게 달군 쇠붙이는 지정된 순서대로 살갗을 태워간다. 다미엥은 극도의 고통 때문에 몇 번이나 "예수님, 도와주십시오"라고 외친다. 한편에 있는 주임 사제의 당당한 풍모는 구경꾼들에게 감명을 준다. 한편, 집행인은 빨갛게 달아오른 쇠 집게로 쥐고 있는 생살을 잘라내는 데 애를 먹어 두 번 세 번 이를 반복한다. 쇠 국자로 펄펄 끓는 액체를 상처에 붓자 온갖 고통을 맛보면서도 "대담하게 다미엥은 가끔 머리를 들어서 자기의 몸을 바라보았다". 그러나 판결의 신속한 집행은 여기에서 멈춘다. 가장 중요한 사지 찢기가 좀처럼 진전되지 않는 것이다. 말 네 마리로는 찢지 못해 여섯 마리를 써보지만 튼튼한 다미엥의 사지를 찢기에는 역부족이었다. 달리 방법이 없어 우왕좌왕하는 집행인들에게 "불평하지 말고 맡은 일은 하시오, 나는 당신들을 원망하고 있지는 않소" 하고 질타한 것은 다미엥 본인이었다. 할 수 없다. 사지가 찢어지지 않는다면 사지 일부를 칼로 베어서 쉽게 찢어지게 해야 한다. "근육을 자르고 관절을 으깨야 했"던 것이다. 단도를 꺼내 "뼈에 닿는 데까지" 살을 도려내서 겨우 찢겨 나가 사지를 잃은 다미엥은 "장작더미 위에 던져 넣으려 했을 때도 살아 있었다". "판결 집행으로 모든 것은 재로 변했다. (……) 살덩이와 몸통은 약 네 시간 동안 탔다." "이튿날 화장을 했던 들판에는 개 한 마리가 누워 있었다. 몇 번씩이나 쫓아냈으나 그 개가 다시 돌아오는 것을 보고, 사람들은 어떤 결론을 이끌어내고 싶어 한다."[39]

두 번째 처벌 능력, 즉 "18세기 형법 개혁자들의 체계"가 원하던 광경은 이렇다. 거기에는 많은 관객도, 외침 소리도, 뜨겁게 타오르는 불꽃도, 죽음을 목전에 둔 영웅적인 행동도 없다. 있는 것은 진묘珍妙하다 해도 이상할 것이 없는 여러 색깔의 "상징" "그림" "자수", 그림연극풍의 삽화가 들어간 교훈담이다. 우선 푸코는 바바리아 왕국에 제출한 베송Bexon의 초안을 인용한다. "사형수를 처형대로 운반하는 차는 붉은색이 섞인 검정색으로 칠하든가 휘장을 두르도록 한다. 모반을 일으킨 자는 빨간 속옷을 입히고, 가슴과 등에는 반역자라는 말을 써 붙이도록 한다. 그가 존속 살해자라면 얼굴을 검은 두건으로 씌우고, 그 속옷에는 단검 또는 사용된 흉기를 수놓도록 한다. 독살범인 경우에는 붉은 셔츠에 뱀과 기타 독성이 있는 동물의 장식을 붙이도록 한다."[40] 또한 1767년에 간행된 세르방Servan의 『범죄 사법 행정에 관한 논설』은 이렇다. "끔찍한 형벌의 그림(이마주)을 많이 보고 도덕적으로 유익한 생각에 흠뻑 젖은 시민들은 그것을 자기 가족에게 전할 것이고, 그들이 열심히 한 이야기를 마찬가지로 열중해서 들었다면 그 자리에 함께 있었던 아이들은 생생한 기억을 충분히 살려 범죄와 징벌의 관념, 법과 조국에 대한 사랑, 사법관에 대한 존경과 신뢰 등을 마음에 새겨서 잊지 않을 것이다. 이러한 본보기를 보고 들은 시골 사람들은 이웃들에게 널리 알릴 것이고, 미덕에 대한 취향은 거칠고 촌스러운 사람들 마음속에 뿌리내리게 될 것이다. 또한 그 반대로 악인은 미덕을 기꺼워하는 사람들 모습에 놀라고, 자신에게 이토록 많은 적이 있는 것을 보고 두려움을 느낀 나머지, 순간적이면서 치명적일 수 있는 결과에 이르는 범죄 계획을 아마 단념하게 될 것이다."[41]

그리고 세 번째 처벌 형식이다. 레옹 포쉐Léon Faucher가 기초한 「파리 소년 감화원을 위한 규칙」이다.

제17조. 제소자의 일과는 겨울에는 오전 6시, 여름에는 오전 5시에 시작된다. 노동시간은 계절에 관계없이 하루 9시간으로 한다. 하루 중 두 시간은 교육에 충당된다. 노동과 일과는 겨울에는 오후 9시, 여름에는 오후 8시에 끝내도록 한다.

제18조. 기상. 첫 번째 북소리가 울리면, 재소자는 조용히 기상해 옷을 입고, 간수는 독방의 문을 연다. 두 번째 북소리가 울리면, 재소자는 침상에서 내려와 침구를 정돈한다. 세 번째 북소리가 울리면 아침기도를 하는 성당에 가기 위해 정렬한다. 각 신호는 5분 간격으로 한다.

제19조. 아침기도는 감화원 소속 신부가 주재하고, 기도 후에 도덕이나 종교에 관한 독송을 행한다. 이 일은 30분 이내에 마치도록 한다.

제20조. 노동. 여름에는 5시 45분, 겨울에는 6시 45분에 재소자는 마당으로 나와 손과 얼굴을 씻고 제1회의 빵 배급을 받는다. 뒤이어 즉시 작업장별로 정렬해 일을 하러 나가야 하는데, 여름에는 6시, 겨울에는 7시에 시작해야 한다.

제21조. 식사. 10시에 재소자는 노동을 중단하고 마당에서 손을 씻고 반별로 정렬해 식당으로 간다. 점심식사 후 10시 40분까지 휴식시간으로 한다.

제22조. 학습. 10시 40분에 북소리가 울리면 정렬해 반별로 교실로 들어간다. 읽기, 쓰기, 그림 그리기, 계산하기의 순서대로 한다.

제23조. 12시 40분에 재소자는 반별로 교실을 나와 마당에서 휴식을 취한다. 12시 55분에 북소리가 울리면 작업장별로 다

시 정렬한다.

제24조. 1시에 재소자는 작업장에 도착해 있어야 한다. 노동은 4시까지 계속한다.

제25조. 4시에 작업장을 나와 안마당으로 가서, 손을 씻고 식당에 가기 위해 반별로 정렬한다.

제26조. 저녁식사와 휴식시간은 5시까지로 하고, 재소자는 다시 작업장에 들어가야 한다.

제27조. 여름에는 7시, 겨울에는 8시에 작업을 종료하고, 작업장에서 하루의 마지막 빵 배급을 받는다. 교훈적인 뜻이나 감화적인 내용을 담은 15분간의 독송을 재소자 1인 혹은 감시인 1인이 하고, 이어서 저녁기도에 들어간다.

제28조. 여름에는 7시 반, 겨울에는 8시 반에 재소자는 마당에서 손을 씻고 의복을 검사받은 뒤 독방 안에 도착해 있어야 한다. 첫 번째 북소리가 울리면 옷을 벗고, 두 번째 북소리가 울릴 때 침상에 들어가야 한다. 각 방의 문을 잠근 후 간수들은 질서와 침묵을 확인하기 위해 복도를 순회한다.[42]

물론 같은 죄를 지은 사람들이 아니고, 같은 종류의 사람들을 벌하는 것도 아니다. 이는 푸코도 인정하고 있다.[43] 하지만 아무리 그렇다 해도 광경의 차이는 확연하다. 겁화劫火와 아비규환, 도안과 교훈, 고요한 감시와 시간표. 첫 번째는 소멸한다. 과도기적 형태인 두 번째는 흡수된다. 세 번째는 전면화한다. 첫 번째는 신체가 공격 목표다. 두 번째는 신체로부터 거리를 두려 한다. 그리고 세 번째는 전혀 다른 형태로 신체를 포위하려 한다. 자, 이 세 가지를 자세히 살펴보자.

제56절 신체형, 이는 주권의 의례다

/

첫 번째, 즉 18세기에 소멸하는 "신체형"의 원리는 무엇인가? 푸코는 우선 1670년 프랑스 국왕의 명령을 참조해 그 징벌 일람을 제시한다. 사형, 고문, 갤리선의 노젓기형, 채찍형, 공개사과형, 추방. 즉, 신체에 직접 고통을 주려는 형벌이다. 푸코가 인용한 부분을 보면 지금은 고통을 주지 않는 방식으로 쓰이는 교수형도 "손을 잘라내"거나, "혀를 잘라내"거나, "차형을 집행"하거나, 죽은 후에 차형을 하거나, 교수형 후에 다시 화형을 하거나, 능지처참하거나, 두개골을 부수거나, 참수를 하는 등[44] 신체형은 범죄 성질이나 범죄자 신분 차이에 따라 여러 부가형이 마련되어 있어 신체에 고통을 주려는 처형 경향은 마찬가지였다. 예를 들어 추방과 같은 비신체적 형벌도 신체적인 부가형이 추가로 가해져 "죄인공시, 효수형, 쇠고리에 머리걸기, 채찍질, 낙인 등 신체형의 차원을 포함하는 형벌을 수반하고 있었다". 즉, "어느 정도 중요한 모든 형벌은 그 자체로 신체형적인 요소를 유지해야만 했다".[45]

물론 이는 "법이 없는 극도의 광폭성과 동일시되어서는 안 되"[46]고, 저지른 죄의 경중에 정확히 대응하도록 단계별로 나누어 "세칙에 따라서 계산"된 "최대한으로 정교한 고통"[47]을 주려 한다. 사법 권력은 자제심을 잃고 미친 듯이 날뛰며 형벌을 내리지 않는다. 냉정한 계획과 계산에 따라 형벌을 내린다. 무엇을 위한 계산인가? 형벌을 하나의 의례로 만들기 위해서다. "신체형은 의례rituel의 일종이다. (……) 신체형은 형의 희생자에게 흔적을 남겨야 한다. 혹은 그것이 수반하는 화려함éclat을 통해 형의 희생자를 불명예스러운 인간으로 만들어야 한다."[48] 여기에서는 죄인이 부르짖는 비명 자체가 "법의 영광"이고, 이는 "승리"를 널리 알리기 위해 "자신의 힘을 과시하는 사법 의식cérémonial de la justice 자체"인 것이다.[49] 신체형은 의례다. 두 가지 의미에서 그것은 의례다. 1. 진리를 손에 넣기 위한 앎의 기법으로서의 의례이고, 2. 왕의 신체를 침해한 것에 대한 복수로서의 의례다.

1. 진리의 의례로서의 신체형. 판결을 내리려면 사법은 증거를 모아 범죄의 진실을 밝혀내야 한다. 어느 것이 결정적인 증거이고 "경미한" 증거인지를 계량하는 "결의론에 의해 조정이 이루어진 산술"[50]을 적용해 진실을 확정해야 한다. 신체형은 진리, 진실을 획득하기 위한 사법상의 절차로서 당시 행해지던 고문과 결부된다. 사법관은 용의자의 신체에서 범죄의 진실을 캐내야 한다. 자백을 얻기 위해서다. 이 시대에 "자백은 극히 확실한 증거를 구성하므로 다른 증거를 추가할 필요도 없고, 힘들고 의심스러운 방식으로 각종 증거의 조합을 만들 필요도 거의 없기 때문이다. 자백이 정식으로 이루어지기만 하면, 고발자는 다른 증거들(어쨌든 대단히 힘들고 까다로운 증거들)을 제시하는 배려를 하지 않아도" 되니까.[51] "정식" 자백, 즉 증거로 유효한 선서를 거친 자백, "강요의 성과이기는 하지만 반 정도는 자기 의지에 따른" 자백이어야 한다.

고로 이를 얻기 위해 행하는 고문도 "무절제한 근대적인 심문과는 전혀 달리" "잔혹하기는 하나 야만적이지는 않은" "엄격

480

히 규정된 절차에 따르는 규칙적인 집행"이 된다. 실제로 고문은 시기·시간·도구, 무게추의 중량부터 쐐기 개수에 이르기까지 정확히 규칙이 정해져 있었다.[52] 여기에서 모습을 드러내는 것이 이전부터, 게르만법 시대부터 실시되었던 "결투"라는 사법 형식이다. 고문을 명하는 고문관과 용의자 사이에는 일종의 결투가, 승부가 이루어졌다. "단계적으로 가혹해지는 일련의 시련을 참아내고 강한 인내심으로 저항한 경우에는 승리하고, 자백하면 지게 된다."[53] 실제로 고문이라는 수단을 썼는데 자백이 없었을 경우 재판관은 파면되었고, 용의자는 결백까지 보장되지는 않더라도 적어도 사형은 면했다. "고문에 의한 진리 탐구는 분명 하나의 증거, 가장 중대한 증거인 유죄 고백을 밝히는 수단 중 하나다. 그러나 이는 또한 결투이기도 해서 한쪽이 다른 한쪽에 승리함으로써 의례적으로 진실을 '낳게《produit》rituellement la vérité'"[54] 된다. 목숨과 진리를 건 투쟁.

　　여기에서 푸코는 기묘한 점을 지적한다. 이 "진리를 낳는 의례"[55]는 증거가 확정되고 판결이 내려진 후에도 계속된다는 점이다. 신체형은 고문의 연장이다. 따라서 신체형은 냉철하게 계산된 집행 절차 속에서 더 많은 자백을, 더 많은 진리의 현현을 기다리고 있다. 신체형은 범죄의 진실을 공중을 향해 상연함과 동시에, 더 높은 진리를 그 무대 위에 현현하려 한다. "자백한 죄인은 자신의 처벌과 자신이 범한 죄의 진실을 공개적으로 감당하고 견디어야 한다. 구경거리가 되고, 끌려다니고, 전시되고, 형벌을 당하는 그 신체는 (……) 소송절차의, 말하자면 공개적인 근거가 되어야 한다."[56] 수형자 가슴에 죄상을 게시하고, 큰 목소리로 판결문을 낭독하고, 행렬을 이루어 거리를 돌면서 알린다. 수형자는 민중의 눈앞에서 죄를 공표하고, 죄를 인정하고, 몇 번에 걸쳐 자백을 해야 한다. 이 집행 절차가 의도하는 바는 "혹시 판명될지도 모를 공범자의 이름"이요, 판결이 결정된 후에도 아직 자백하지 않은 다른 범죄의 진실이다. 이를 위해 수형자에게는 처형대 앞에서 새 자백을 할 수 있는 유예가 주어진다. 오래된 게르만식 결투는 계속된다. 진실을 얻기 위한 결투가. 실제로 다미엥의 능지처참을 순조롭게 진행하지 못한 집행인은 무능함을 보였기에 "패배"했고, 후에 처벌된다.[57]

공중은 진실을 원한다. "급격한 새로운 전개"이고, 수형자의 마지막 단말마와 함께 그 입을 통해 나오는 뜻밖의 공범자의 이름, 뜻밖의 동기, 뜻밖의 여죄다. 이 때문에 이러한 고문이 있고 이와 동시에 신체형으로서 일련의 의식이 집행되는 것이다. "진정한 신체형에는 진실을 선명하게 하는 기능이 있고, 따라서 공중 앞에서도 고문 작업은 계속된다."[58] 신체형이란 고문의 연장이고, 고문이란 이미 시작된 신체형이다. 이 둘은 "진실"을 가운데에 둔 두 바퀴이고, 그 회전은 진리의 의례를 상연한다.

2. 왕권의 정치적 의례로서의 신체형. "사법적 신체형은 또한 정치적인 의례로 이해되어야 한다. 아무리 규모가 작은 형태일지라도, 그것은 권력이 자신의 모습을 과시하는 의식에 속하는 것이다."[59] 이 시대에 범죄는 "법을 행사하는 자"[60]를 침해하는 행위였다. 즉, 범죄는 피해자 외에 "주권자(souverain, 왕)를 공격하고"[61] 왕을 해치는 행위였다. 법은 "주권자의 의지(la volonté de souverain, 왕의 의지)"[62]이고, 고로 그 침해는 왕의 인격을 해친다. "모든 법률 위반 속에는 일종의 대역죄가 존재하고, 아무리 사소한 범죄자들 속

482

에도 작은 국왕 살해자가 잠재적으로 존재하고 있기 마련이다."[63] 따라서 신체형이란 왕의 복수이고, 왕의 보복이다. "처벌권은 주권자가 자기 적과 싸울 권리 중 일부인 것이다."[64] 즉, 저 오래된 로마법에 있는 "생사여탈권"이다.

군주의 신체는 법의 신체이고, 그 침해에 대한 반격은 사적 및 공적으로 이루어져야 한다. "따라서 신체형은 법률적이자 정치적인 기능을 갖는다. 이는 상처받은 주권을 회복하기 위한 의식이라 할 수 있다. 의식은 주권을 화려한 모습으로 과시하면서 이를 회복시킨다. 아무리 성급하게, 아무리 일상적으로 실시되더라도 공개 처형은 침해당한 후에 회복하는 권력이 영위하는 일련의 대규모 의례 전체(예를 들어 대관식, 정복한 도시에서 열리는 국왕의 입성식, 반란을 일으킨 신하의 항복식) 속에 포함되는 것으로, 주권자를 경시한 죄를 상대로 모든 사람이 보는 앞에서 무적의 힘을 과시하는 행위다."[65]

왕을 경시한 자에게 왕의 힘을 과시해야 한다. 그래서 군주의 힘은 "수형자의 신체에 맹렬히 덤벼들어서 그에게 낙인을 찍고, 항복시키고, 상처 입힌 모습을 보여준다. 따라서 처벌의 의식은 전적으로 〈전율적〉"[66]인 양상을 보인다. 즉, 이 권력, 수형자가 내는 고통의 신음 소리에 의해 찬란히 빛나는 권력은 "끊임없는 감시를 하지 않는 대신 독특한 과시 행위의 화려함을 통해서 자신의 효력을 계속 쇄신하려 하는 권력, 초권력의 힘을 의례를 통해 화려하게 과시함faire éclater으로써 다시 활력을 얻는 권력"[67]이다. "신체형의 화려함=고통의 번뜩임L'éclat des supplices."[68]

신체형은 의례다. 보는 사람이 없는 의례는 존재하지 않는다. 그것은 보여야 한다. 그래서 "신체형의 의식에서 주역은 민중으로, 실제로 현장에 민중이 없으면 의식은 완성되지 않는다".[69] "그들로 하여금 두려움을 품도록 해야 하기 때문이고, 처벌의 보증인으로서 입회인이 되어야 하고, 어느 정도까지는 처벌에 참가해야 하기 때문이다."[70] 가증스러운 범죄자, 왕을 해친 반역자에게 민중은 격노하고, 폭력을 가하고, 욕설을 퍼부어 이 형 집행의 일부를 담당한다. 그러나 여기에서 기묘한 애매모호함이, 양의성이 출현한다. "바로 이 점에서 민중은 그들을 전율시키기 위해 고안된 처형이라는 구경거리에 빠져들면서도 처벌 권력을 거부하기도, 때로는 단호한 반항마저 하는 것이다. 부당하다고 생각하는 처형을 방해하고, 사형집행인의 손에서 사형수를 탈취하고, 폭력으로 압박해 죄인의 사면을 얻어내고 때로는 사형집행인을 쫓아가 공격하고, 재판관을 매도하고, 판결이 불만스럽다고 큰 소동을 벌인다. 이러한 모든 일은 신체형의 의례를 에워싸고, 그것을 방해하고, 뒤엎는 민중의 실천인 것이다."[71]

수형자는 지금 여기에서 왕의 거대한 반격을 받고 있다. 그렇다면 그는 왕의 거대한 힘에 혼자 맞서고 있다는 뜻이 된다. 무고한 자가 죄를 뒤집어썼다는 의심이 든다면 더욱 그러하고, 설혹 그렇지 않더라도 그의 모습은 일종의 용맹스러움을, 영웅적인 분위기를 자아내는 것이다. 이럴 때, 왕과 게르만적인 결투를 벌이는 이자에게 "격려"가, "환호"가, "동정"이, "갈채"가, "찬사"[72]가 쏟아지는 법이다. 모여든 군중은 그의 반항을 보고 싶고, 저주의 말을 듣고 싶다. "군중이 처형대 주위에 몰려드는 이유는 단순히 사형수의 고통을 목격하기 위해서나 사형집행인의 분노를 자극하기 위해서만은 아니다. 이제 아무것도 잃은 것이 없는 사형수가 재판관을, 법을, 권력을, 종교를 저주하는 목소리를 듣기 위해서이기도 하다. 처형당할 것이니 사형수는 이제 무엇을 해도 금지나 처벌을 받지 않는다. 말하자면 일시적인 난동이 허용된다. 곧 도래할 죽음을 구실삼아 죄인은 무슨 말도 할 수 있고, 목격자들은 그에게 환호성을 보낼 수 있다."[73] 한순간의 공백, 한순간의 천공, 한순간의 무법 상태다. 재판관을 저주하고, 사제를 경멸하고, 왕을 욕하고, 신을 모독할 수 있는 한순간. 푸코는 말한다. "이러한 처형에는 〈카니발과 같은 축제〉로서의 얼굴이 있고, 여기에서 각자의 역할은 역전되어 권력자가 농락당하고 죄인은 영웅이 된다."[74] 불요불굴의 죄인은 "검은 영웅"이 되고, 자기 죄를 순순히 인정한 죄인은 응당한 "성자"가 된다.[75]

구조주의 이후, 아니 종교 연구 분야에서는 그 전부터 몇 번이나 반복해 논하다 보니 상투적인 말이 된 "성과 속"이 역전하는 〈축제〉가 그 모습 그대로 여기에 있다. 단, 역사적인 것으로서. 사실 이 "수없이 벌어지는 '처형대의 소동'"[76]은 사법 권력에게 불안의 씨앗이었다. 예외적인 사태인 사형 집행이라는 한 지점, 이 왕권이 폭력적으로 분출하는 한 지점이 그대로 민중의 격노와 저항이 불붙는 한 지점이었던 것이다. 영광과 오욕. 왕의 적을 죽이는 잔학의 극장은, 그대로 왕을 저주하는 반역의 극장이 된다. 그런 이상, "여하간 권력 측이 이러한 양의적인 의례의 효과를 경험하고 정치적인 공포를 갖게 된"[77] 것도 무리가 아니다. 의례의 양의성이고, 예외적인 축제의 양의성이다. 문화인류학적인 권력이라 불러야 할까? 아니다. 그 반대다. 말하자면 문화인류학 이론이 "신체형적"이라고 말하는 편이 정확하리라.

    그러나 "신체형은 소멸한다".[78] 그 "화려함"과 함께 그것은 사라진다. 그 계기가 두 번째 처벌 형식, 즉 "18세기 형법 개혁자들의 체계"의 등장이다. "형벌을 완화해 범죄에 합당하게 처벌해야 한다. 사형은 이제 살인범에게만 부과해야 한다. 인간성에 위배되는 신체형은 폐지해야 한다"는 "신체형에 대한 항의"[79]의 목소리는 점차 높아진다. 신체형에서 적나라하게 드러나던 저 복수의 의지, 저 잔학함, 저 유혈의 참극, 저 민중과 왕의 군대 간의 충돌, 이 모두를 기피해야 하지 않는가, 라는 목소리가. 사람들은 인간성이라는 말을 쓰게 된다. "신체형에 대해서 그렇게까지 이구동성으로 혐오를 표현하고, '인간적'인 징벌을 줄기차게 요구하는 서정적이고 간곡한 탄원"[80]이 사법 장치 안에서 들끓는다.

    물론 베카리아, 세르방, 듀파티, 라크르텔, 듀포르, 파스토레, 타르제, 베르가스 등 그 이름이 열거된 개혁자들이 "더 적게 처벌하기"를 원한 것은 아니었다. 그들의 목표는 "더 잘 처벌하는 것, 가혹함을 완화한 처벌을 하는 것이면서 더 많은 보편성과 필연성이 따르는 처벌을 하는 것"[81]이었다. 무엇을 위해서? 그들의 목적은 뚜렷하다. 왕의 "초권력"과 민중의 "하부 권력infra-pouvoir"을 동시에 억누르는 것, 왕의 무한한 권력 발휘와, 이와 공존하는 민중의 영속적인 위법행위를 억제하는 것이다. 신체형이 비판받는 이유는 그 잔혹함 때문만이 아니다. 왕이 지닌 권력의 영광과 민중 반란의 오욕이 교차하는 신체형이야말로 "군주=주권자의 무제한적인 권력과, 항상 발생하기 마련인 민중의 위법행위가 뚜렷이 결합되어 있는 형상"[82]이기 때문이다. 왕의 무제한적인 권력의 발현과, 법의 빈틈을 교묘히 빠져나가 경범죄를 거듭 저지르는 민중의 이런저런 위법행위가 신체형을 매개로 서로를 지탱해 하나의 형상을 만들어내고 있기 때문이다. 부르주아지에게 이는 반항해야 할 대상과 혐오하는 대상이 교차하는 지점인 것이다. 그들에게 "인간성"이란 "군주의 권력과 민중의 위법행위에 모두 제한을 두어야 한다는, 처벌 제도의 준칙"[83]에 불과하다.

제57절 개혁자들의 "기호 기술"

/

이를 위해 개발한 권력 기술이 "기호 기술"[84]이다. 그들은 명확하게 정의되고, 분류되고, 코드화된 기호를 다루려 한다. 기호를 설치해 이를 반복하는 것. 이를 보고 들은 자가 더는 범죄를 저지를 생각조차 하고 싶지 않도록. 이를 통해 죄 없는 사람들의 초범을, 범죄자의 재범을 예방하는 것. "이미 저질러진 범행이 아니라 미래의 무질서에 목표를 두어야 한다. 범죄자가 되풀이해 악행을 저지를 생각을 못 하게 하고, 범행을 모방하는 자가 나올 가능성 또한 없애도록 조치해야 한다."[85] 이제 처벌은 특정한 효과를 위해, 그 효과를 미리 계산하고 감안하면서 조율된다. 즉, "본보기"다. 이는 별로 새롭지 않다. 신체형을 본보기가 아니라고 할 수 없고 푸코도 이것이 "오래전부터 있었던 사고방식"임을 인정한다.[86] 다만 그것은 더는 "화려함"이 필요하지 않다. 그것은 "과시"가 아니게 된다. "본보기는 이제 과시적인 의례가 아니라 범죄를 방지하기 위한 기호signe다."[87] 여기에서는 효과적·효율적·경제적이고, 계산 가능한 징벌의 기호론이라 불릴 만한 것을 요청하고 있다. 즉, 죄를 과도하고 격렬한 신체형으로 통감하게 하는 것이 아니라 "범죄를 강행하기보다는 형벌을 받지 않게 되는 편이 더 이득이다"[88]라고 계산하게끔 조치를 취해야 한다. 또한 직접 고통을 주는 것이 아니라 벌을 받게 되었을 때 강제되는 "고통·불쾌·불편의 관념"을 주어야 한다. "즉, 괴로움에 대한 기억 때문에 재범이 방지될 수 있는 것이다."[89]

권력이 작용하는 영역은 "이제 신체여서는 안 된다". "그것은 정신이어야 한다. 또는 표상과 기호의 게임이어야 한다."[90] 신체에서 기호로. "민중의 정신에 가장 효과적이고 가장 영속적인, 그와 동시에 죄인의 신체에는 가장 잔혹하지 않은 그런 인쇄=인상"[91]을 사람의 기억 속에 새겨 넣어야 한다. 그런 기호, 그런 표상, 그런 각인, 그런 "뱀 모양의 장식이 달린 빨간 속옷"을 표시해서 "관할 아래에 있는 사람들 마음에 범죄와 형벌 간의 엄밀한 연관이 생기게 하고",[92] 그리하여 효과를 갖게 한다.

이 원칙은 법전에도 미친다. 형법은 전적으로 명석해야 하고, 전통적인 구전에 의지하는 법과는 인연을 끊어야 한다. "법조문은 인쇄해서 모든 사람이 알 수 있게 해야 한다. '오로지 인쇄술만이 특정한 사람들이 아닌 모든 사람을 모든 법에 있는 신성한 법규(코드)의 수탁자로 만들 수가 있는'"[93] 것이다. 이를 위해 모든 범죄를 빠짐없이 분류하고 명시하고 열거해, 이들과 형벌 간의 대응을 망라해야 한다. 처벌은 일반화되어야 한다. 균질하고 전반적이고 보편적인 대응표가 있어야 한다. 즉, 법전=기호 체계(코드)가 있어야 한다. 오래된 법 해석의 결의론이 아니라 "범죄와 형벌의 린네적인 체계"[94]가 필요한 것이다.

그야말로 "형벌의 기호학"[95]이다. 만인이 알 수 있기 때문에 만인의 것이고, 만인에게 적용할 수 있기 때문에 만인을 대상으로 한 기호학이다. 게다가 모든 범죄와 형벌을 객관적으로 정리하고 분류하고 열거해두었다. 여기에서 출현하는 "위법행위에 대해 엄밀한 바둑판과 같은 경계망을 펼치는"[96] 처벌 형식은 그 촘촘한 정리와 분류와 열거와 망라로 범죄와 범죄자를 "객관화=대상화" 하려 한다. 모든 것은 코드와의 조회를 통해 객체가 된다.

범죄자는 이제 주체가 아니다. 왕이라는 절대적 주체를 상대로 용감하게 외로이 대치하는, 저 오욕에 찌든 영웅적인 주체가 아니다. 성과 속 그리고 그 반전도 증발한다. 대신 범죄자는 "만인의 적"[97]이 된다. 만인에게 공개되고 만인에게 적용되고 만인을 대상으로 한 만인의 법이 지정하는 만인의 적이다. 범죄자는 이제 왕의 적이 아니고, 고로 이제 민중의 편도 아니다. 만인의 적인 범죄자, 그는 "협정에서 제외되고, 시민의 자격을 상실하고, 그 본성상 야만의 단편을 내부에 지닌 자로서 갑자기 출현하는""괴물적 인물, 병자, 비정상인"[98]이 된다. 법을 고의로 침범했던 영웅은 사회계약을 지키지 못하는 변질자變質者가 된다. 이제 "범죄는 하나의 불행으로만, 악인은 사회생활을 다시 가르쳐야 할 적으로만 인식될 뿐이다".[99] 곧 그는 처벌의 대상이 아니라 "과학적 객관화와 〈치료〉의 대상에 속하게 될 것이다".[100] 그러나 이는 이 시점에서 다소 미래의 일이다. 제4장에서 논하자.

"표상의 기술"[101]이고, 다시 인용되고 있는 세르방의 표현에 따르면 "뇌의 물렁물렁한 섬유질" 속에 짜이는 "처벌의 기호 기술"[102]이다. 이 기술이 가장 좋아하는 처벌은 무엇인가? "공공 토목

사업"에 종사하게 하는 노동형이다. 신체형의 경우 수형자의 신체는 왕의 소유물이었으나, 이제 그것은 "사회의 소유물"이 되었다. 고로 그 신체는 사회 전체에, 만인에게 유용해야 한다. 노동으로 생산물을 만들어 사회에 도움이 되는 형벌. 그러나 이득은 이에 그치지 않는다. 그것은 "가시적이라는 특징"[103]을 지닌다. 즉, 그 자신이 노동하는 모습 자체가 하나의 기호, 하나의 표상이 되는 것이다. "이리하여 죄인은 두 번 죗값을 치른다. 즉, 그가 제공하는 노역과 그가 만들어내는 기호로 보상하는 것이다. 사회 속에 있으면서, 광장이나 대로에 노출된 수형자는 이익과 의미 작용을 낳는 원천이 된다. 그는 가시적인 형태로 개개인에게 도움을 주지만, 동시에 만인의 정신 속에 범죄가 바로 징벌이라는 기호를 몰래 주입시킨다."[104] 본보기 역할을 하는 것은 어디까지나 기호, 표상, 범죄와 징벌 사이에 놓인 등호인 것이다.

비대칭인 두 주체 간의 복수극을 보여주는 것이 아니라 기호를, 등호를 보여주는 것. 신체형이라는 잔혹한 극장의 공포가 아니라 "공중도덕에 관한 교훈, 담론, 판독할 수 있는 기호, 무대와 그림을 통한 표현이다".[105] 푸코는 세 번째로 세르방을 인용한다. "어떤 잔인한 범행 뉴스가 우리가 사는 거리나 마을 안에서 퍼져 가게 되는 처음 얼마 동안을 생각해보라. 시민들은 벼락이 옆에 떨어진 것을 목격한 사람들처럼 누구나 분노와 공포에 사로잡히게 될 것이다. (……) 그때가 바로 범죄를 처벌해야 할 때다."[106] 범죄는 알려지고, 처벌도 알려지고, 형법전의 내용도 빠짐없이 알려진다. 즉, 이는 기호론적이고 미디어론적인 처벌 권력이라 부를 만한 것이다. "게시판, 모자, 벽보, 플래카드, 상징, 사람들이 읽거나 인쇄되는 문서 등 이러한 모든 것이 〈법전〉의 내용을 지치지 않고 반복해 말한다."[107] 물론 신체형과 마찬가지로 이 권력이 기호론적인 것이 아니라 기호론이 이 권력의 양해 아래에 있다고 말하는 것이 정확하겠지만.

그러나 이런 개혁자의 기호론은 "거의 한순간에 일어난" "요술"[108] 같은, 노골적이고 급속한 전개에 의해 배반당하게 된다. "당시의 개혁자들이 곧바로 생각조차 못 했던 관념이었"[109]다는데도, 눈 깜짝할 사이에 감금이 징벌의 본질적인 형태가 되어간다. 그때까지 감금은 형벌이 아니었다. 왕의 적을 해치지도 않고 가두어두는 것을 벌이라 할 수 있을까? 노동형을 부과해 민중에게 그 기호를 알리기 위해 본보기로 삼지도 않는데 이를 벌이라 하겠는가? 그러나 1810년의 형법전에서 감금은 "가능한 처벌의 거의 모든 영역을 차지하게"[110] 되고, 더구나 법률로 규정했을 뿐만 아니라 당시 나폴레옹 제정 정부는 즉각 이를 집행한다. 감옥의 탄생. 물론, 법률가들은 "감옥은 형벌이 아니"라는 원리를 고집할 것이요, 프랑스에서는 그 당시까지 감옥이 왕의 자의적인 특권 행사—푸코가 자주 분석 대상으로 삼았던 "봉인장"—와 연계되어 있었기 때문에 장애가 없지는 않았다.[111] 저 형벌 기호론자들, 18세기 형법 개혁자들은 이 형벌을 "명백히 비판"하고 있다. 그런 보이지 않는 밀실 안에 수인을 가두면 "대중에 대한 효과를 결여"하지 않는가? 이는 "사회에 무익하고" "비용이 들지" 않는가?[112] "암흑이고, 폭력이고, 의심인"[113] 감옥은 그들이 간절히 원하는 표상과 기호의 투명성과 원리상 양립할 수 없다. "감옥은 형벌=효과, 형벌=표상, 형벌=일반적 기능, 형벌=기호 및 담론의 모든 기술과 양립할 수 없다."[114]

생각해보면 감금이란 기묘한 형벌이다. 감금이 벌이 되려면 자유롭게 이동할 수 있는 권리를 전제해야 하고, 결국 인권이라는 개념의 출현이 감금형의 전제가 된다는 등의 뻔한 주장은 일단 제쳐두더라도, 조국을 배신한 자도 아버지를 죽인 자도 경범죄자도 아무튼 가두어두면 된다는 것이니까. 푸코는 당시의 한 의원이 당혹해하며 한 말을 인용한다. "어떤 병이든 똑같이 치료하는 의사를 보는 심정이다."[115]

제58절 감옥의 탄생: 권력은 미세한 것에 깃든다

그러나 이미 논한 바와 같이 사태는 급속하게 전개된다. 감옥의 법적인 지위 변경도 신속히 이루어진다. 다시 신체가 부상한다. 정신이 아니라, 기호가 아니라, 표상이 아니라, 신체를. 그러나 이는 신체형이 아니다. "권력의 전혀 다른 물리학이고, 인간의 신체를 포위하는 전혀 다른 방법"[116]이다. 왕정 복고시대부터 7월 왕정시대에 걸쳐 감금자는 프랑스 전역에서 벌써 4만 3천 명에 이르게 된다. 유럽에, 합중국에 벽이 등장한다. 왕권의 힘과 영광을 과시하는 성벽이 아니라 사람들을 가두는 음울한 벽이다. "감싸서 보호하는 벽도 아니고, 자신의 특권적 지위로 권력과 부를 과시하는 벽도 아니다. 세심하게 폐쇄되고, 어느 방향으로도 넘어갈 수 없고, 더구나 이제는 처벌이라는 불가사의한 이유로 폐쇄된 그 높은 벽은 19세기의 도시 바로 근처에서 혹은 그 한복판에서 처벌하는 권력의 물질적임과 동시에 상징적인 단조로운 형상이 된다."[117]

베카리아의 원리, 다시 범죄를 저지르지 못하도록 반복해서 기호의 등호를 제시하는 저 기호론이 여기에서 소멸하는 것은 아니다. 어찌 보면 흡수되어간다고 할 수 있겠다. "징벌은 일종의 교정 기술을 포함해야 한다"[118]는 원칙은, 그들 18세기 개혁자들의 원칙이기도 하니까. 그러나 18세기 개혁자들의 체계는 어디까지나 표상과 기호를 조작하는 것이었다. 그 체계 속에서 범죄자는 "시니피에"[119]였던 것이다. 법전=기호 체계(코드) 속에 "재도입"[120]되어, 코드의 시니피앙 체계 자체를 "재활성화"[121]하는 것, 이것이 바로 이 기호화되고 의미되는 것(시니피앙)으로서의 범죄자가 맡는 역할이었다고 푸코는 말한다.

하지만 "교정 중심의 형벌 기구는 아주 다른 방식으로 작용하고 있다. 형벌의 적용 지점은 표상이 아닌 신체 그 자체이고, 시간이고, 매일매일의 동작과 행동이다. 또한 그것은 정신이기도 하지만 어디까지나 습관의 범위 안에 있는 정신이다. 행위의 근본 원칙으로서의 신체와 정신이야말로 이제는 처벌이 간섭하는 기본 요소다".[122] 이제 표상이 아니라 "구속의 도식들을 적용하고 반복하기"이고, 이제 기호가 아니라 "훈련이다".[123] "예를 들어 시간표, 일과시간 할당표, 의무적인 운동, 규칙적인 활동, 혼자 하는 명상, 공동 작업, 정숙, 근면, 존경심, 좋은 습관"[124]이다. 이런 기술 속에서 구성되는 것은 "사회계약의 근본적 이해관계 속에 포섭된 법적 주체"[125]가 아니다. 그것은 일차적으로 "복종하는 주체"[126]다. 그 조련이 이루어지면서 "구경거리는 배제"[127]된다. 불태워지는 신체를 상연하는 축제가 아니라, "뇌의 물렁물렁한 섬유질"에 기호를 새겨 표시하는 것이 아니라, "동작, 행동의 단속"이고, "죄인을 한 사람 한 사람 재조련하기 위해 그들에게 적용하는 신중한 정형수술"이다.[128] 그것은 의례도, 기호의 유통도 아닌 조련이다. 푸코는 여기에서 일단 감옥이라는 주제에서 멀어져 감옥이 그 일부를 이루는, 보다 일반적인 권력 형태, 즉 "규율"을 소묘해간다.

조금씩 신체를 교정하는 것. 감옥, 군대, 학교, 공장에서 끝없이 계속되는 작업이다. "미리 계산된 구속이, 신체 각 부위로 두루 퍼져 나가 이들을 지배하고 신체 전체를 복종시켜, 신체를 언제든지 마음대로 사용할 수 있게 한다. 이러한 구속은 습관이라는 무의식적인 동작을 통해 암암리에 계속 작용하게 된다."[129] 예를 들면 군대에 징병된 농민들의 신체는 개조되어 신병의 신체가 된다. "머리를 뽑내는 듯이 꼿꼿이 세우고, 등을 굽히지 않은 채 똑바로 서고, 배를 내밀고, 가슴을 펴고, 등을 당기는 자세에 익숙해져야 한다. 또한 신병들에게 이러한 습관을 체득시키기 위해 다음 사항을 지켜야 한다. 발뒤꿈치, 종아리, 양어깨, 몸통 부분, 나아가 손등이 벽에 닿도록 그들을 벽에 밀착시켜야 하고, 몸에서 떨어지지 않게 조심하면서 양팔이 바깥쪽을 향하게 하고. (……) 또한 다음과 같이 가르쳐야 한다. 시선은 결코 땅을 향해서는 안 되고, 그들이 마주치게 되는 상대방의 얼굴을 어색하지 않게 주시할 것. (……) 명령을 기다릴 때 머리와 손발은 움직이지 않은 채 부동자세를 유지할 것. (……) 끝으로, 무릎을 펴고 발끝은 내려서 바깥을 향하게 하고, 단호한 발걸음으로 행진할 것."[130]

이처럼 푸코는 이 책 제3부의 도입부에서 1764년 3월 20일자 왕령을 소개하고, 이를 18세기 고전주의 시대의 일반적인 앎의 추세와 연결한다. 푸코에 따르면, 라 메트리La Mettrie의 『인간 기계론』은 "데카르트가 그 첫 쪽을 쓰고 의사와 철학자가 그다음을 쓴 해부학-형이상학의 영역과 군대·학교·구빈원의 제반 규칙들, 신체 활동을 통제하거나 교정하기 위해 경험적이고 사려 깊게 정리된 절차들로 구성된 기술-정치학의 영역"에 걸쳐 논한 "정신의 유물론적 환원인 동시에, 조련에 관한 일반 이론"[131]이다. "조작 가능"하고 "복종시킬 수 있고, 유능하고, 다시 조립해서 완성할 수 있는" "순종적"[132]인 기계로서의 신체, 명석하게 이해할 수 있으면서 유용한 신체, 물질적인 신체가 부상하는 것이다. 때는 "소형 기계에 세심하게 주의를 기울이"면서 "철저하게 조련한 군대와 장시간의 훈련을 고집했던" 프리드리히 2세의 세기다.

　　　금지를 선언하고 침범을 단죄하는 권력은 이미 없다. 투명한 기호의 온화한 설치도 이미 없다. 그것은 "미세하게 신체에 작용"하는 "활동적인 신체에 미치는 한없이 작은 권력"[133]이다. 미세한 신체에 반복해서 작용해, 이를 통해 순종적인 신체를 만들려는 권력이다. 이것이 바로 "'규율discipline'이라 부를 수 있는 것이다".[134] 규율은 권력의 "미시물리학"[135]이고 "미세한 것에 대한 일종의 정치해부학"[136]이다. 권력은 미세한 곳에 깃든다. 권력은 이후 한결같이 사소한 부분으로, 미세한 부분으로 향한다. 푸코는 장 밥티스트 드 라 살Jean Baptiste de La Salle이 저술한 『그리스도교 학교 수도사의 의무론』에서 사소한 것의 중요성을 찬양한 부분을 인용해 "라이프니츠와 뷔퐁을 스치고, 프리드리히 2세를 통과해 교육학, 의학, 군사 전술, 경제를" 가로지른 후, "아무리 사소한 세부도 놓치지 않으면서 이 [국가라는] 거대한 기계장치를 파악하기를"[137] 원했던 나폴레옹 보나파르트의 모습에까지 이르는 하나의 줄을 다 그은 다음

이렇게 단언한다. "그리고 이러한 사소한 일들로부터 근대적 휴머니즘의 인간이 탄생하게 되었을 것이다."[138] 즉, 감옥의 탄생은 "인간"의 탄생이다.

여기에서 푸코의 붓은 아마도 고의적으로 너무 앞서간 느낌이 든다. 세 번째 처벌 권력의 실체는 아직 명확하지 않다. 아니, 글을 따라가면 따라갈수록 그것이 형법의 관할 아래에 있는 처벌에만 관련한 것이 아니라는 사실이 분명해지지만 이 권력 형식, 즉 규율의 실체는 아직 부분적으로 밝혀졌을 뿐이다. 이는 구체적으로 어떤 조치를 취해 자신의 실효성을 구현하는가? 네 가지가 있다. 1. 배분의 기술. 2. 활동의 통제. 3. 발생 과정의 조직화. 4. 힘의 합성. 이어서 이를 살펴보자.

제59절 규율 권력의 네 가지 기법

/

1. 배분의 기술. "규율은 제일 먼저 공간에 각 개인을 배분하는 조치를 취한다."[139] 이를 위해서 필요한 것은 무엇인가? 폐쇄된 공간이다. "다른 모든 사람이 있는 곳과는 다른, 그 자체를 위해 닫혀 있는 장소의 확보"[140]다. 초기 푸코가 『광기의 역사』에서 묘사했던 광인의 "대규모 감금"보다 훨씬 "은밀하지만 교활하고 효과적인"[141] 감금이 필요하다. 예수회 수도사들로부터 이어받은, 저 완벽한 기숙 제도로 통제되는 "사립학교(콜레주)"가 출현하고, '유랑하고 약탈하고 폭행을 일삼는 용병, 불량배의 이합집산이었던 군대'를 감금해 정착하게 하고 변혁하기 위해 "병영"이 출현한다. 이 시대에 연이

어 건설된 병영의 높은 외벽은 1745년 시점에 병사 약 20만 명을 감금하게 된다. 그리고 18세기 후반 "공장"이 출현한다. 공장은 "분명히 수도원이나 성채나 폐쇄적인 도시"[142]를 닮아가게 되고, 수위는 직공들의 출퇴근 때만 입구를 개방하게 된다. 15분 지각해도 이미 문은 닫혀 있는 것이다. 감옥은 물론이요, 병영, 학교, 공장 등은 이후 폐쇄된 공간이 되어간다.

그러나 이 폐쇄만으로는 충분하지 않다. 이 닫힌 공간은 더욱 세분화되어야 한다. "훨씬 더 유연하고 교묘한 방법으로"[143] 공간을 재구성해야 한다. "기본적인 위치 결정의 원칙이나 바둑판식의 분할 원칙에 따라 각 개인마다 자리가 정해지고, 각각의 위치에 한 사람씩 배치된다."[144] 잡다한 집단의 혼합은 피해야 한다. 멋대로 출입하고 위험한 모임을 갖는 움직임은 주의 깊게 제거해야 한다. 도망과 사보타주를 용납해서는 안 된다. 보고 없이 멋대로 돌아다니는 것은 있을 수 없다. "중요한 것은 개개인의 출결 상황을 명백히 하고, 각 개인을 어디에서 어떻게 확인할 수 있는지 파악하고, 유익한 소통 체계를 확립함으로써 기타 불필요한 것들은 차단해 언제든 개개인의 행동을 감시하고 평가하고 상벌하고 그 자질과 장단점을 측정할 수 있도록 하는 것이다."[145] 규율의 공간은 "본질적으로" "수도원의 독방"[146]인 것이다.

그러나 이 기능적이고 물질적인 위치 결정도 충분하지는 않다. 수도원의 사례가 계속 나오는 것에서 알 수 있는 바와 같이 이런 건축물이 구성하는 폐쇄 공간 자체는 이미 존재했고, 이는 "건축술을 통해 일반적으로 어디에든 적용이 가능했고 다양한 용도로 제공되고 있었"[147]으니까. 이런 구획된 폐쇄 공간이 규율 권력의 공간이 되기 위해서는 추가적인 조작이 필요하다. 여기에 이름을 붙이고, 표식을 기입하고, 각 변수를 배분해야 한다. 개개인이 배치된 장소는 일람으로 정리해 시시각각 감시하고 기록해야 한다. 병원에서는 "각 침대에는 그곳에 있는 환자의 이름표가 붙고, 치료받는 모든 환자를 기록해, 진찰할 때 의사는 그 명부를 참조해야"[148] 하고, 공장에서는 각자 자리를 정해서 감시해 직공의 출결과 근면성, 업무의 질을 계속 확인해야 하고, "그 능력—기력, 신속성, 숙련도, 끈기—의 개인별 변수"[149]를 관찰할 수 있어야 한다. 즉, 규율은 폐쇄 공간에서 세분화된 공간을 조직할 뿐만 아니라, 그곳에 배치된 모든 개개인의 신체를 측정해 "완전히 독해 가능한" 것으로 만들고자 한다.[150]

공간이 하나 주어졌다고 하자. 그곳을 벽으로 둘러싸 폐쇄 공간으로 만들라. 그리고 그 닫힌 공간을 분할하고, 구획하고, 세분화하라. 그곳에 신체를 배치하라. 그 작은 빈 눈금에 목록과 측정치 항목을 만들어 일람할 수 있도록 장부에 기입하고, 시시각각 그 변수를 감시하라. 이렇게 해서 형성된 규율 공간에서는 "기본적 요소들은 상호 교환이 가능하다. 각 요소들은 어떤 계열 안에서 그것이 차지하는 위치에 따라, 그리고 다른 요소와 구별되는 간격에 따라 규정되기 때문이다".[151] "규율은 서열의 기술이고, 배열을 변형시키기 위한 기술"[152]이다. 신체에 한 장소가 주어지나 거기에 정착하지는 않는다. 그것은 배분되어 제 관계의 그물망 속에서 순서에 따라 돌고 돈다. 그런 동적인 서열의 관계론적인 그물망 속에서 이 권력은 신체의 위치를 결정한다. 개개 신체의 실체도 아닌, 장소도 아닌, 간격과 관계의 그물망을 통해서만 확정할 수 있는 교환 가능한 서열.

  이렇게 말하면 왠지 난해한 느낌이 들 수도 있지만 전혀 그렇지 않다. 이는 "학교의 학급 나누기, 자리 바꾸기, 성적 등수"를 뜻한다. "교실, 복도, 운동장에서의 학생의 정렬, 숙제나 시험을 통해 모든 학생에게 부과되는 서열, 매주 매월 매년 학생 각자가 갖게 되는 서열, 연령순에 따른 학급의 배치, 난이도에 따른 교재와 과제의 순서"[153]다. "이런 모든 강제적 배열 속에서 학생 각자가 차지하는 서열은 그 나이·성적·품행에 따라서 그때그때 변화한다. 학생은 이러한 일련의 세분화된 바둑판 모양의 항목들 위를 끊임없이 이동한다."[154] 즉, "일렬로 배치된 간격들로 명료하게 구분되는 공간 속에서, 학생 개개인은 서로 끊임없이 순서가 뒤바뀌는 운동"[155]이다. 폐쇄되고 장소를 지정받고 감시받고 계열화된 동적인 공간, 학생의 좌석은 정해져 있으나 그 좌석은 성적이나 품행에 따라 학기마다 바뀌는 공간, 누구에게도 익숙한 저 공간이 출현한다. "학교 장학사의 명령과 동의가 없는 한"[156] 마음대로 자기 자리를 떠나서는 안 되고, 좋아하는 아이 옆에 앉아도 안 된다. 이로써 "어떤 한 학생이 선생과 몇 분 동안 공부하고 있는 동안 기다리는 학생들은 어수선하게 감독도 받지 않은 채 놀고 있는"[157] 일은 없어진다. 따라서 규율 공간은 단순히 물질적인 공간이 아니다. 푸코는 이를 이중의 공간, "혼성적인 공간des espaces mixtes"[158]이라고 부른다. "건축물·방·내부 설비 등의 배치"면에서는 "현실상의 공간"이나 개개인의 평가와 서열을 "투영하는" 점에서는 "이념상의 공간"[159]이기도 하다. 주의하자. 문제는 권력이 작용하는 공간이 서서히 물질적이 되고 있다는 것이 아니다. 특정한 물질성과 이념성의 배합 상태가, 그로부터 어수선한 인간의 무리를 "질서 지어진 다양성"
으로, 일람할 수 있는 "살아 있는 표(타블로)"[160]로 재구성하는 것이
문제다.

　　2. 활동의 통제. "모든 사람은 (……) 아침에 일터에 오자마자
일하기에 앞서 우선 손을 씻고, 자기의 일을 하느님께 바칠 것, 성호
를 긋고 일을 시작할 것."[161] 수세기에 걸쳐 "규율의 달인" "시간 처
리의 전문가"[162]였던 수도사들의 도움을 받아 수도원의 시간 기술,
즉 "시간표"는 손쉽게 규율 권력에 이식되었다. "〈공장=수도원〉"이
었고, 군대라면 "수도원과 같은 완벽함"을 실현해야 했다.[163] 그러나
이는 규율 권력 속에서 더욱 정교해진다. 시간의 단위는 한 시간에
서 30분으로 바뀌고, 30분은 15분으로 바뀌고, 15분은 분으로 바뀌
고, 분은 초로 바뀐다. "8시 40분, 교사 입실. 8시 52분, 교사의 집합
신호. 8시 56분, 아동의 입실 및 기도. 9시, 착석. 9시 4분, 석반石盤
위에 첫 번째 받아쓰기. 9시 8분, 받아쓰기 끝. 9시 12분, 두 번째 받
아쓰기."[164] 그리고 임금노동 제도는 시간 관리를 더욱 철저하게 만
들어간다. 농담, 내기, 음주도 금지되나 그 무엇보다 지각을 엄격히
금지한다. "측정해서 임금을 지불하는 시간은 불순하지 않고 결함
도 없는 시간이어야 한다. 그동안 신체는 계속 일에 전념하는, 질적
으로 뛰어난 시간이어야 한다."[165] 즉, 노동의 구속 시간이다.

　　이 구속 시간 속에서 행위는 "정교해진다". 병사의 걸음걸
이는 두 종류에서 네 종류가 된다. 좁은 걸음은 보폭이 32센티미터
여야 하고, 보통 걸음과 빠른 걸음과 행군 걸음은 보폭이 64센티미
터여야 한다. 좁은 걸음과 보통 걸음은 1초당 한 걸음 걸어야 하고,
빠른 걸음은 1초당 두 걸음 걸어야 하고 행군 걸음은 걸음당 1초를

약간 넘도록 한다. 비스듬하게 행진할 때는 마찬가지로 1초 정도여야 하고, 보폭은 486밀리미터 이상이어야 한다. 들어 올린 다리는 "무릎을 펴고, 발끝을 약간 바깥쪽으로 향하고, 낮추고, 멋 부리려 하지 않고" 지면을 스쳐야 한다.[166] 정해진 시간 내에 행위의 밀도와 정밀성과 정확성을 최고로 높여야 한다. "행위는 여러 요소로 분해되고, 신체와 팔다리, 관절의 위치가 정해지고 하나하나의 동작에는 방향과 범위, 소요 시간이 설정되고, 그것들의 연속적인 순서가 정해진다. 시간이 신체에 침투한다. 그와 더불어 권력이 모든 것을 치밀하게 통제하게 된다."[167] 신체의 거동은 전부 통제되어야 하고 "발끝에서 검지에 이르기까지"[168] 철저하게 규칙에 따라야 한다. 바른 글씨를 쓰기 위해서는 "상체와 책상의 간격은 손가락이 두 개 들어갈 정도"여야 하고, "받들어총은 세 박자"[169]에 해야 한다.

신체는 분해할 수 있다. 활동을 통제할 때, 몸 하나에 기호 하나가 대응하는 것이 아니다. 손가락, 손, 허벅지, 무릎, 눈, 턱 등과 같은 신체 관절 하나하나로 구성된 계열이 펜, 칠판, 격철, 스패너, 나사 등등 그 대상이 되는 계열에 세밀하게 일대일로 대응하는, 그런 한 묶음이 되는 동작 기호의 체계가 출현한다. 이 동작의 획일적인 체제가 거동의 정밀성과 신속성을 보증하고, 그 거동의 정밀함이 정해진 시간 내의 최대 효율을 보증한다. 신체는 시간에 의해 효율화된다. 규율의 시간 원리는 "포지티브한 경제"[170]를 배치하는 것이다.

3. 발생 과정의 조직화. 이리하여 "어떻게 해서 이익이 증가하는 상태가 지속될 수 있도록 조직할 것인가"[171]가 문제 된다. 규율 권력은 공간적일 뿐만 아니라 개개인의 시간을 "자본화"[172]하기

위한 장치이기도 하다. 가장 효율적으로 최대한의 이익을 얻기 위해서는 개개인의 생존 시간을 어떻게 조정하고, 배치하고, 안배하면 되는가?

우선 "시간의 흐름을 연속적이든 동시적이든 간에 여러 조각으로 나누어야 하고, 각 개인은 그 조각의 끝 지점까지 도달해야 한다".[173] 푸코는 학교를 예로 든다. 습득해야 할 전체를 잘게 분할해서 이를 특정한 시간축 속에 배치해야 하고, 그 사이에 단계를 설치해야 한다. 즉, 신병 교육과 고참병 교육을 함께해서는 안 되고, 초등학생과 중학생을 동시에 가르쳐서는 안 된다. 바른 자세를 취할 수 있고 경례를 할 수 있으면 그다음에는 행진을 하고, 다음에는 어깨총을 하고, 다음에는 사격을 한다. 한 자릿수 더하기를 할 수 있으면 두 자릿수 더하기를 하고, 다음에는 빼기를 하고, 다음에는 곱하기와 나누기를 한다. 이들 하나하나의 단계에는 목표가 설정되어 있어야 하고, 물론 그 단계 마지막에는 "시험"[174]이 있어야 한다. 시험을 치르면 그 개인이 그 단계를 넘어가도 되는지 알 수 있을 뿐만 아니라 각 개인의 습득 내용이 같다는 것을, 즉 동질적임을 확인할 수 있게 된다. 그뿐이 아니다. 각 개인의 능력을 판별하고 구별할 수조차 있게 된다. 시험과 진급과 낙제의 탄생이다. 개인의 삶은 여러 수준에서 "양성 기간" "취업 기간"으로 구획되고, 교육 단계도 연령이나 숙달 정도에 따라 구분되어 각각 다른 방법으로 단계적으로 난이도가 높아지는 여러 교과 과정과 코스에 따라 분기된다. 규율 권력은 공간만이 아니라 그 공간의 통제에서 파생하는 시간도 포획한다. 규율 권력은 시간을 관리한다. 개개인의 생애를, 그 이력을 관리한다. 세밀하게, 시시각각으로 개입해 개개인이 자기 코스를 올라가는 그 달성도에 맞추어 개인을, 개인의 시간을 활용한다. 권력은 시간적인 존재가 된 것이다.

그러나 이뿐이 아니다. 정확히 말해 권력이 시간을 대상으로 삼게 되면서 특정한 타입의 시간이 역으로 가능해졌다. "규율방식에 의해 직선적인 시간이 출현한다."[175] 감옥의 탄생은 직선적이고 정밀하게 분할되어 있는 시간의 탄생, 적어도 그 일반화다. 푸코는 행정과 경제 기술에서도 동시에 직선적인 시간이 탄생했다고 지적하면서 이를 요약하자면 "진화"의, "진보"[176]의 시간이 탄생한 것이라고 말한다. 그리고 물론 규율은 개개인의 성장 과정을 세밀하게 좇아가기 때문에 여기에서 "발생genèse"이라는 관념도 탄생한다. "사회의 진보와 개체 발생이라는, 18세기의 양대 발명"[177]이 여기에서 태어난다. 진보하고 진화하는 사회와 개인, 이런 관념은 규율 권력의 효과다. "역사가 '진화'한다고 여기는 역사성은, 권력의 특정한 운용 양식과 관련이 있다. 마치 연대기, 족보, 무훈, 국왕 통치, 기록 등의 유래를 다룬 이야기가 오랫동안 다른 유형의 권력 양식과 관련이 있었던 것처럼."[178]

고로 사회가 진보한다고 생각하는 이 권력 안에서는 개체도 성장하고 진화해야 한다. 이를 위해 규율 권력은 각 개인에게 무엇을 부과하겠는가? "연습=훈련"[179]이다. 직선적이고 세밀하게 단편화된 시간축 위에는 훈련이 배치되어 있다. 과제를 연습해야 한다. 습득했으면 시험을 보고 합격해야 한다. 합격했으면 다음 과제를 연습해야 하고, 그 연습의 진척 상황을 통해, 그 수치를 통해 사람은 자신의 개성을 보여주어야 한다. 이런 구조는 "종교에 그 기원이 있다".[180] 아마 이런 교과 과정 제도는 "라인강변의 신비주의 철학"의 영향을 받은 한 그리스도교 분파에서 유래한다. 그러나 그것이 지니는 의미는 역전되었다고 푸코는 말한다. "신체와 시간에 관한 정치적 기술의 한 요소로 편입된 훈련은 천상의 세계를 향해 올라가는 것이 아니라, 끝없이 계속되는 복종=주체화를 지향하는 것이다."[181] 그리스도교적 완덕完德이 없는 수도원. 이미 논한 것처럼 그리스도교에서 인간이 도달할 수 있는 최고의 경지는 신의 아이를 낳은 마리아의 경지다. 따라서 규율의 시공은 "마리아 없는 수도원"이다. 학교를 나오면 군대가 있고, 군대를 나오면 공장이 있고, 병에 걸리면 병원에 가고, 죄를 지으면 감옥에 간다. 졸업, 실업, 정년, 출소가 있기는 하다. 하지만 완성은 없다.[182]

　　4. 힘들의 합성. 여기에 병사나 노동자 집단이 있다. 지금까지 논해온 것처럼 이들은 재구성되고, 닫힌 공간 안에 분산해서 배열되고, 하나하나의 부품으로서 직선적인 시간축 위에 배치되어 있다. 여기에서 문제가 생긴다. 이들 각 개인을 어떤 단위로 묶어내고, 어떤 순서와 어떤 방식으로 배열해야 가장 효율이 좋은가? 최고의 정예 연대를 어디에 배치해야 하고, 어느 생산과정에 숙련노동자들을 배치해야 하는가? 애당초 이들을 모아 "연대"라는 한 묶음으로 만들어버려도 되는가? 숙련노동자들을 한데 모아 한 집단을 만드는 것이 아니라, 한 사람씩 생산 라인에 분산하는 것이 더 나은가? 아니면 그 반대인가? 시시각각 변화하는 상황에 맞추어 어떤 경우에 어떤 위치 교환과 전환을 실시하고, 어떤 진형과 생산 체제를 구축했을 때 효과를 가장 높일 수 있는가? 규율 권력은 이 물음에 답해야 한다. "한 기계장치를 구성하는 기본 부품의 신중하고 유기적인 배치를 통해 그 장치의 성과가 최대가 될 수 있게 하

는, 그런 기계장치를"[183] 만들라는 요청에 응해야 한다.

부품을 어떻게 배열해야 하는가? 우선 전제가 되는 것은 개인의 신체가 "부품"이어야 한다는 점이다. 병사에게 용기가 있고, 명예심이 있고, 또 뛰어난 완력이 있는 것 등은 부차적인 일이다. 그는 한 집단, 한 기계에 속한 동적인 부품이 되어야 한다. 따라서 "오른쪽 병사가 왼쪽 병사에게 맞추어야 할 점을 가르치기 위해 두 병사가 장소를 서로 바꾸어야" 한다. "신체는 다양한 조각으로 이루어진 기계장치의 부품"[184]으로 조직되어야 한다. 신체가 부품인 이상, 공간 내에서 교환 가능해야 한다. 그 특징은 교환 가능한 성격을 지닌 것으로서만 기능해야 한다. 또한 시간의 측면에서도 신체는 "톱니바퀴가 맞물려 돌아가듯이"[185] 배치되어야 한다. 고참병은 신병을 지도하고 조련해야 하고, 상급생은 하급생을 "감시하고" "학업을 감독하고" "교육"[186]해야 한다. 저렴한, 때로는 공짜 노동력일 뿐만 아니라 그들이 일하는 동안에는 "이제 누구에게도 부담을 주는 존재가 아닌 것이다".[187] 면밀한 계산에 의해 인간의 제반 힘들을 합성해서 최대한의 결과를 산출하는 것.

이를 위해 필요한 것이 하나 있다고 푸코는 말한다. 명령 그리고 명령을 위한 조직이다. 그러나 이는 법이 아니다. 법이라면 준거하는 법조문을 명시하고 그 해석을 붙여야 한다. 즉, 근거와 인과성을 설명해야 한다. 우리 어휘로 말하자면 "상연된 근거율"을. 그러나 "명령에는 설명이 필요 없다".[188] 그뿐만 아니라 그것은 언어일 필요도 없다. "그것은 말로 표현할 필요조차 없고, 필요한 행동을 하게 만들면 충분하다." 그것은 "신호의 제시다".[189] 여기에는 해석도, 설명도, 근거도, 이해도 없다. 있는 것은 "반응", 하나의 신호에 하나의 신체 반응이나 반사다. 이것은 "조련의 기술"[190]이다. 종, 손뼉치기, 시선과 같은 신호가 바로 행동을 낳아야 한다. 이해할 필요는 없다. 생각할 필요도 없다. 단지 반응만 하면 된다. "기도가 끝나면 교사는 한차례 신호를 보낸다. 읽히고 싶은 아이를 쳐다보면서 시작하라는 신호를 보낸다." "자리에 앉으라고 명령했을 경우, '자리에'라는 말이 떨어지면 아이들은 소리를 내면서 오른손을 책상 위에 올려놓고 동시에 의자 안으로 한 발을 넣도록 한다."[191]

이리하여 규율 권력은 작전을 계속 입안한다. 자기가 손에 쥔 공간 기술과 시간 기술과 신호 기술을 구사해 작전을 펼친다. 시시각각으로 변화하는 상황에 맞추어, 신체에게 공간을 지정하고, 그 모든 활동을 감시하고 시험하고 단계적으로 교육함으로써 그의 개성과 능력을 "개발"하고, "적재적소"의 조합을 만들어서 그 능력을 "최대한 활용"해야 한다. 계속 변하는 측정 수치에 맞추어 장치를 조정하고, 항상 효과를 최대치에 이르게 해야 한다. 이것이 규율 권력의 전술이고, 병참, 전략이다. 규율 권력은 군사적이다.[192]

제60절 규율은 의례가 아니다: 감시와 시선

/

따라서 18세기는 구조가 이중이다. 한편에는 자연 상태의 투쟁을 피하기 위해 맺은 원시 계약에 의한, 사회계약에 의한 주권 건설, 사회 신체 건설의 꿈이 있었다. 만인의 만인에 대한 투쟁이 아니라 계약에 의한 법, 이를 통한 평화. 평화의 계약이고, 권력의 이양을 통한 법질서. 그러나 다른 한편에서 규율 권력의 기술자들은 사회 영역

전체에 퍼지는 전술과 병참의 전선戰線을 그은 것이다. 누구라도 상관없는 그 누구의 지휘에 따른 만인의 군사 행동이다. 이들은 전적으로 서로 어긋나 있다. "원시적인 계약이 아닌 끝없는 강제, 기본적 인권이 아닌 무한히 발전하는 조련, 일반의지가 아닌 자발적인 복종"이다.[193] 18세기는 '전쟁을 조정하고 평화로서 사회를 통치하는 사회계약론'과 '끝없는 규율 전략과 작전 행동'의 병존이고, 위대한 정치철학을 남긴 장 자크 루소와 사소한 것에 이르기까지 신호를 보내는 사감, 무시무시한 중사, 현장감독의 병존이다. "자유를 발견한 계몽은 규율도 발견한 것이었다."[194] 그러나 『감시와 처벌』은 이 논점을 완전히 펼쳐내지 못했다. 그 본질적인 서어는 차후에 밝혀지게 될 것이다. 이는 나중에 다시 논하자.

   푸코는 여기에서 매우 중요한 것을 지적한다. "훌륭한 조련 수단"인 규율 권력이 "개개인을 〈만들어내는〉 것이다. 그것은 개인을 권력 행사의 객체와 도구로서 손에 넣는, 권력의 특정한 기술이다. 그것은 스스로의 과격함을 바탕으로 자기의 초권력을 뽐내는 의기양양한 권력이 아니"라, "주권의 위엄 있는 의식이나 국가의 으리으리한 장치"보다 "수수하고 다소곳하고 보잘것없는"[195] 권력이다. 따라서 규율은 의례가 아니다. 그것은 신체형의 저 "화려함"을 티끌만큼도 갖지 않는다. 관객도 없고 연극처럼 상연되지도 않는다. 장엄한 단죄도 없고 무자비한 추방과 배제도 없다. 잔혹하지만 진실을 걸고 본인의 담력을 시험하는 판사와의 일대일의 승부, 즉 고문도 없다. 상연이 아닌 감시가 있다. 단죄가 아닌 제재가 있다. 고문이 아닌 시험이 있는 것이다.

   권력은 이제 보이는 것이 아니다. 그것은 본다. 규율은 "보는 것을 가능하게 하는 기술에 의해 권력의 효과가 생기는 장치이고, 또한 반대로 그 적용 대상이 되는 사람들을 뚜렷이 가시적으로 만드는 장치"[196]를 전제로 한다. 사람들은 이제 삼삼오오 모여 구경꾼이 되지 않는다. 영광과 오욕의 극을 보고 쾌재를 부르거나 분노에 들끓어 도당을 꾸리지 않는다. 교훈을 주는 기호로 기능하는 수형자를 보고 뇌리에 도덕적인 등호를 떠올리면서 위험하다고 속삭이지도 않는다. 그들이 관찰 대상이 된 것이다. 민중이 왕과 반역자를 구경하는 것도 아니고, 만인이 설치된 기호를 보는 것도 아니다. 누구라도 상관없는 그 누군가가 만인을 지켜본다. 수형자, 학생, 병사, 환자, 노동자 모두가 한결같이 감시되어야 한다. 야영지에서는 상관이 직속 부하의 천막을 감시한다. 공장에서는 공장장이 노동자를 감시한다. 교실에서는 임무를 부여받은 우수한 학생이 다른 학생을 감시한다. 규율 권력 아래에서는 감시자도 항상 감시당한다. 유일하게 감시로부터 자유로운 권력자는 존재하지 않는다. "규율의 위계질서화된 감시를 통해 권력은 하나의 소유물도, 하나의 양도 가능한 권리도 아닌, 하나의 기계장치로 기능한다."[197] 흑막은 존재하지 않는다. 감시에서 벗어나 있는 자는 존재하지 않는다. "이 권력은 도처에 깔려 있고, 항상 감시하고 있다. 원칙상 어떠한 사각지대도 방치하지 않고, 감시하는 자 또한 감시받"는다.[198] "치밀하게 계산된 시선의 중단 없는 작용"[199]이고, 항시 작동하는 권력의 광학이다.

　　여기까지가 『감시와 처벌』 앞부분에서 제2부 제2장의 첫번째 절 「위계질서적인 감시」까지의 요약이다. 이로써 세 가지 처벌 권력의 특징과 그 병존에 관한 논점은 충분히 설명이 이루어졌다. 그렇다면 법·주권적인 권력 이해는 신체형 시대에 해당하기 때문에 이미 과거에 속한다는 것이「권력과 전략」에서 논한 내용이라는 말인가? 푸코는 단지 이를 말하고 싶었을 뿐인가? 이 감상이 아주 틀린 것은 아니다. 그러나 이에 답하기에는 아직 너무 이르다. 우리는『앎의 의지』도, 콜레주 드 프랑스 강의록 세 권도 검토하지 않았으니까. 성급함은 피해야 한다. 우리의 이로를 더 정밀하게 하자. 푸코는『감시와 처벌』에서 지금까지 묘사한 밑그림에 시간을 들여 두텁게 색을 칠해간다. 따라서 이후의 내용은 적어도 그 개략을 이미 다루었던 논점이다. 그러나 말할 필요도 없이 그 서술은 이미 논한 내용의 반복이라는 것을 잊게 할 정도로 선명하다. 이를 다음과 같이 정리하면서 차례대로 확인해가자. 1. 규격화와 법. 2. 시험의 가시성과 에크리튀르. 3. 일망 감시 방식. 4. 감옥의 생산물.

제61절 규율은 법이 아니다: 규격화

/

1. 규격화와 법. 푸코는 규율을 법과 대비시킨다. "규율은 일종의 반反-법률로 간주되어야 한다."[200] "규율은 자신의 통제 아래에 있고, 자신이 권력의 비대칭성을 작용시키는 공간과 시간 속에서는, 결코 전면적이지는 않으나 또한 결코 취소되는 일이 없는 법의 일시 정지를 실현한다."[201] 푸코는 쉬지 않고 다시 말한다. "규율이 아무리 규칙적이고 제도적이더라도, 그 메커니즘은 하나의 '반-법률'이다."[202] 실제로, 규율 권력이 작동하는 폐쇄 공간에는 공적인 사법 권력이 미치지 않는 상대적인 독립성이 존재한다. 학교에는

학교의 교칙이 있고, 군대에는 군대의 규칙이 있다. 그곳에서 약간의 실랑이가 있었다 해도 곧바로 사법이 개입해 상해죄를 묻는 일은 없다. 규율의 폐쇄 공간에는 일정 정도 사법으로부터 분리된 독자적인 "작은 형벌 메커니즘"이, "그 자신 고유의 계율, 그 자신이 명시하는 위법행위, 그 자신의 특수한 처벌 형식이, 재판의 심급이" 존재하고, 이는 말하자면 "하위의 형벌 제도infra-pénalité"[203]를 형성한다. 복도에서 뛰지 마라. 떠들지 마라. 타임카드를 찍어라. 넥타이를 매라. 인사해라 — 이런 유형의 세칙과 이에 부합하는 가벼운 체벌, 몰수형, 공개 사죄형이, 사법과는 거의 관계가 없는 세칙과 형벌이 대량으로 그리고 치밀하게 만들어진다.

사소한 세칙이고 비소한 벌이기는 하지만 이는 엄연한 계율이고 법, 금지사항에 해당하기 때문에, 이를 가지고 규율이 법률과 대립 관계에 있다고 생각하는 것은 성급하지 않은가? 이는 다만 규모의 차이에 불과하지 않은가? 당연히 이런 반문이 있을 수 있다. 그러나 푸코는 규율의 처벌 방법을 "일반적인 법정의 축소 모델이 아니다"[204]라고 결론짓는다. 독자적인 "수량화와 계산된 경제학"[205]이 존재하기 때문이다. 규율 권력의 목표는 교정이었다. 교정에 동기를 부여하기 위해서는 보상과 벌이 필요하다. 그렇다면 그 기준은 어떻게 정해지는가? 행위의 모든 부분에 걸친 평가, 업적과 성적의 평가, 그것도 수량화와 단계화를 거친 평가로 정해진다. "형사재판에서 볼 수 있는 금지의 단순한 분할 대신에 긍정적인 극과 부정적인 극 사이의 분포가 있는"[206] 것이다. 유죄냐 무죄냐가 아니라, 수우미양가 또는 표준 점수가 36점이냐 51점이냐 73점이냐. 인사고과이고, 성적표, 내신 성적, 표준 점수다. 여러 수준에 선분을 하나씩 그어, 개개인을 평가하고 수량화해서 그 분포를 측정한다. 공권력의 사법제도처럼 단순히 무죄와 유죄의 이분법이, 이를 결정적으로 나누는 판결의 단절선이 있는 것이 아니다. 뚜렷하게 분할되고 갈라지기는 하지만 일정 정도의 일탈은 쉽게 허용되는 넓은 중간 지대, 어디까지나 "평균"과의 거리로 측정하는 상대적인 "최고"와 "최저" 사이에 분포하는 중간 지대에 많은 장소, 계층, 숫자가 산재한다. 평균 점수에서 아무리 위로 또는 아래로 일탈하더라도 이 분포도를 통해 언제든 일람이 가능해지고, 그에 따라 보상과 벌을 부여하고, "우수한 집단"과 "그렇지 않은 집단"을 다양한 방식으로 분할할 수 있게 된다. 과 내에서 내 업적은 지난번에 4위였고 이번에 12위였지만, 그는 지난번에 36위였고 이번에 1위다. 다음 상여는 어떻게 될까? ─ 이런 현실이 실현되는 것이다. 순위가 지배한다. 순위는 "전원에게 항상 압박을 가하는 효과"[207]가 있고, 이에 더해 그 순위 안에 있는 자들을 "같은 모델"[208]에 종속시킨다. 순위에서 1위를 하기 위해 필요한 품행과 행동 규칙은 사전에 공지하기 때문에 "전원은 서로를 닮아"[209]가게 된다. 이는 규율 권력의 동일화, 동질화, 균질화 기술인 것이다.

　그리고 "규율적인 권력 체제에서 처벌 기법은 속죄를 추구하지 않고, 더 정확히 말하자면 억압도 추구하지 않는다".[210] 사람들의 개별적인 행동과 성적, 품행을 수량화한 수치를 시시각각으로 계측하고 기입해, 개개인은 분포도 안에서 하나의 고유한 위치를 점한다. 이는 항상 사후적으로 도출되는 "평균"과의 차이를 통해, 거리를 통해, 간격을 통해 의미를 갖게 된다. 그리고 이 분포도는 하나의 가치를 제시하기 위해 기능하며 항상 사람들에게 실현해야 할 척도를 부여한다.

사법이 상시적으로 개인마다 점수를 매겨 단계별로 분류하고, 이를 통해 사람들을 동질화하려고 할까? "전 국민 법률 준수 순위"가 있을 수 있을까? 죄의식을 주지 않고, 해석하지 않고, 억압하지 않는, 이를 부차적인 것으로 여기는 법이 존재할까? 따라서 여기에 있는 것은 법률이 아니다. 규율 권력의 세칙은 법이 아니다. 푸코는 이를 "규격norme"이라고 부른다. "법의 보편적인 규범"에 따라 "법적 주체"를 규정하는 것이 아니라, "특정 규격 주위에" "개개인을 분포"하게 한다.[211] "따라서 이 형벌 제도는 법의 형벌 제도와 일일이 모든 면에서 대립한다."[212] 그것은 "법과 텍스트의 집대성corpus에 준거"할 필요가 없다. 개개인을 미세한 수치로 분포시키는 것이지, 금지와 허용의 단순한 이항 대립으로 환원하지 않는다. 사람들을 차이화해서 분포도 안에 가두어놓고 동질화하는 것이지, 사람들을 유죄와 무죄로 분할하는 것이 아니다. "〈법〉의 권력과 〈말(파롤)〉의 권력, 〈텍스트〉와 〈전통〉의 권력"이 미치는 "범위를 제한하는" 권력, 즉 "규율을 통해 출현한, 〈규격〉의 권력"이다.[213] 법이 아니라 규격을. 말이 아니라 신호를.

제62절 가시성과 에크리튀르

／

2. 시험의 가시성과 에크리튀르. 고사, 진찰, 조사 등으로 번역할 수 있는 이 "시험examen"은 규율 권력 안에서 결정적인 역할을 한다. 이는 이미 확인한 바 있다. 간단히 말해 "규격화하는 시선이고 평가,

분류, 처벌을 가능하게 하는 감시다".²¹⁴ 시험은 가시성을 설정한다. 즉, 규율 권력은 개개인을 시험, 조사를 통해 본다. 병원 회진은 병실 환자들의 상태를 상시적으로 감시하는 것이고, 학교 시험은 학생들의 "실력"을 보이게 만드는 시선이다. 군대에서는 사찰과 조련이라는 고사考査가 끝없이 진행된다. 시험이란 보는 것이다. 권력은 시험을 통해 본다. "전통적으로 권력이란 보이는 대상, 자기를 내보이는 것, 자신을 과시하는 것"이었으나 "규율 권력은 자신을 보이지 않게 함으로써 실효성을 갖는다. 또한 거꾸로 권력은 복종하는 상대에게 보여야 한다는 원칙을 강요한다".²¹⁵ 가시성은 역전한다. 권력은 이제 사람들이 보는 대상이 아니고, 그것이 사람을 본다. 보지 못하게 하고 보는 권력. 이리하여 규율 권력의 지배는 만전을 기하게 된다. "규율은 개인을 항상 보이는 처지, 항상 보일 수 있는 처지에 놓이게 함으로써 복종화=주체화 상태를 유지한다."²¹⁶ 연습해야 한다. 세칙을 지켜야 한다. 노력을 게을리해서는 안 된다. 누군가 보고 있으니까.

규율 권력은 개인을 일람한다. 시험과 조사를 통해 그 다양한 평점을 감시한다. 푸코의 "규율"에 관한 이로 중에 어찌 된 일인지 간과되는 경우가 많은, 그러나 극히 중요한 문제가 여기에서 부상한다. 시험은 개인성을 "문서 영역"²¹⁷을 통해 파악한다는 점이다. 시험, 조사, 회진, 고사를 통해 개인은 시간적·공간적으로 기록되고, 문서화되어 "정리된 세밀한 아카이브"²¹⁸가 형성된다. 개인은 보일 뿐만 아니라 기입된다. 쓰인 것이고 쓰는 것이고 쓰는 방식이기도 한, 따라서 글자이고 문체이고 기술법이기도 한 "에크리튀르"의 힘이 규율 권력의 "본질적인 한 부분"이 된다. 그렇다고 해서 무엇인가 심오하고 난해한 것이 아니다. 쉽게 말해 생활 통지표이고, 출석부, 장부, 군적 등록부, 진료 기록부다. 개개인의 방대한 측정 수치를 수시로 기록·취합·정리·일람해야 한다. 데이터를 축적해, 바로 검색하고 열람할 수 있게 해야 한다.

　　푸코에 따르면 18세기는 "글쓰기 방식"의 변혁기였다. 증상, 개별적 특징, 평점, 성적 등 개개인의 "데이터"는 전부 기입해 두어야 했다. "서식"이 다 달라서는 안 되기 때문에 양식이 정해진 카드나 노트가 필요해졌고, 대량의 카드를 얼마든지 참조할 수 있도록 "파일링"해야 했다. "규율적 에크리튀르"[219] 기술, 즉 서류 작성 기술이 개발되어 경찰, 병원, 학교, 회사, 공장에는 "서류"가 축적된다. "표기법, 장부 기입, 서류 구성, 쪽과 항목란의 분할, 도표 작성법" 등과 같은 "우리에게도 익숙한 사소한 기술"[220]이 출현한다. 초범과 재범을 구별하기 위해 신체형 시대에는 "낙인"이 사용되었다. 즉, 범인의 신체에 직접 각인을 했다. 그러나 그것이 여러 우여곡절을 거쳐 소멸함과 동시에, 경찰서에는 방대한 사건 파일이 쌓이게 된다. 이 서류 "범죄 기록표"는 경시총감 지스케가 직접 고안한 스프링 서류철에서 카드로의 개량을 거쳐, 서류 항목에 사진과 지문이 추가된다.

　　개인을, 그 동일성을 파악하는 방법이 바뀌었다. 즉, 기재 내용과 기재 수단이 바뀐 것이다.[221] 이리하여 더 효율적으로, 더 범위를 넓혀 개인을 파악할 수 있게 된다. 이를 가능하게 한 것은 "인식론상의 봉쇄 해제"다. 푸코가 『임상의학의 탄생』에서부터 꾸준히 언급해온 "아리스토텔레스의 오래된 금지"—개념은 개체보다 적으므로 앎은 개체나 개인을 대상으로 해서는 안 된다는 금지―는 이 "사소한 기술"에 의해 해제된 것이다. 이제 무수의 개체를 파악해서는 안 될 이유가 없다. 우리에게는 카드가 있고, 파일이 있고, 이를 위한 시스템이 있으니까. 문방구와 인쇄술이 승리한다. 금지는 파괴되고, 지식의 존재 방식도 큰 폭으로 바뀐다. 인간과학이 출현한다. "지식 분야에 개체(더는 종이 아니다)가 등장하게 되는 문제와, 학문적 담론의 일반적인 전개 과정에 개별적인 기술, 취조 사항, 병력 구술서, 사건 파일이 등장하게 되는 문제다."222 아리스토텔레스의 이름을 거론한 후 푸코는 다소 얄궂게 말한다. 이런 거대한 문제에는 해답 또한 거대한 것을 내놓아야 한다고 생각하는 사람도 있을지 모르겠으나, 이에 대한 해답은 그리 거대할 필요가 없을 것이다, 라고.

　　　　개인을 기재한다. 개개의 "사례"를 기재한다. 하지만 "사례의 학문"인 유서 깊은 법의 결의론이나 법 해석학은 이제 문제가 아니다. "더는 사례는 결의론이나 법 해석학에서 그러했던 것처럼" "하나의 총체적인 상황이 아니다."223 이제 사례는 시험, 검사, 계측, 측정, 비교, 분포, 교정, 분류, 즉 규격화된 개인에 대한 세부 항목과 변수의 기술記述이다. 사람들을 기재한다. 푸코는 말한다. 오랫동안 기재되는 것, 기재해서 남겨지는 것, 에크리튀르의 대상이 되는 것은 특권적인 사태였다. 전기, 연대기는 왕과 영웅의 것이었다. 특권적인 인간만이 쓰일 가치가 있다고 여겨왔다. 즉, 읽힐 가치가 있다고. 그러나 규율 권력은 이를 전도시킨다. 만인에 대해 쓰고, 개개인들에 대해 읽는다. 이리하여 "이 개인성의 기술은 하나의 통제 수단, 하나의 지배 방법이 된다. 더는 미래의 기억을 위한 금자탑이 아니라, 필요에 따라 사용되는 문서다."224

18세기 이후, 환자, 정신병자, 아이, 수형자의 삶이 기재된다. 조사가 시작된다. 심리학자, 정신분석가, 정신과 의사는 "당신에게 아이 같은 점이 남아 있다면 어떤 점인가? 당신 안에는 어떤 비밀스러운 광기가 도사리고 있는가? 당신은 어떤 큰 범죄를 저지르고 싶다는 생각을 갖고 있는가?"[225]라고 심문을 시작한다. 그것을 메모에, 진료 기록부에 기재하고 파일을 정리해 증례 보고로 모아둔다. 개인의 삶을 특정하고 조사하고 기재해서 축적하는 것. 이러한 심리 분야의 학문들은 "개인화가 진행되는 역사적 전환 속에 자리 잡고 있다".[226] 증상 사례는 제시되고, 범죄자의 인생은 서류가 되어 열람 대상이 된다. 이는 이제 "영웅이 되는 절차가 아니"라 "객체로 만들어 복종하게 하는 절차"다.[227] 쓰이는 것은 "위"가 아니라 "아래"다. 영웅담이 아니라 경과 관찰이다. 유배의 이야기가 아니라 유년기의 비밀이다. 굴욕적인 반역자의 파란만장한 내력이 아니라 상습적으로 경범죄를 일으키는 남자의 지문과 사진과 키와 몸무게다. 기사의 마상 창시합이 아니라 개인의 망상과 환각이다. 신과 왕과 영웅의 비극에서 평범한 사람들의 흔한 심리극으로. 즉, "서사시에서 소설로"이자 "기사 랜슬롯에서 슈레버 의장으로"[228]다. 문학은 심리적인, 즉 규율적인 것이 되었다. 이는 뜻밖에도 무미건조한 서류의 산더미와 결탁한다. 그러나 이와 같은 "문서화"의 추세는 다름 아닌 저 〈중세 해석자 혁명〉의 효과가 아닌가, 라는 반문은 뒤로 미루자. 졸속은 금물이다. 앞으로 나아가자.

제63절 일망 감시 방식: 그것은 의례가 아니다

/

3. 일망 감시 방식. 기묘한 일이다. 감옥은 학교, 공장, 군대와 너무 닮지 않았는가? 감옥은 범죄자를, 수형자를 위해 존재한다. 말하자면 사회에서 배제된 자들을 위해 존재한다. 배제된 자와 배제되지 않은 자의 취급이 너무도 닮아 있지 않은가? 맞는 말이고, 이는 옳다. 푸코는 중세의 나병 취급과 근세의 흑사병 취급을 비교하는 것으로 "일망 감시 방식"의 설명을 시작한다. 간결하게 요약하자면 나병 환자는 배제되고, 낙인찍히고, 추방되어 "거대한 폐쇄" 상태에 놓이지만 어수선한 채로 방치된다. 흑사병의 경우는 전혀 다르다. 흑사병이 발견된 도시는 도시가 통째로 격리되고 봉쇄된다. 평상시의 법은 일시적인 효력 정지가 선언된다. 외출 금지령이 발동되고, 공간은 바둑판 모양으로 구획되어 끊임없는 순찰이 이루어지고, 각 지구, 각 집마다 상시적인 감시가 이루어지며 쉬지 않고 각 개인의 증상, 생사, 상황이 장부에 기재된다. 즉, "나병은 배제의 의례"를 가져오고 "흑사병은 규율의 도식"을 가져온 것이다.[229] 추방과 접촉 불가와 배제, 폐쇄와 감시와 규율. 이는 전혀 다른 권력 기술이다. 그러기에 감옥은 기묘한 것이다. 그것은 "배제 공간을 상대로 규율적인 바둑판형 분할 특유의 권력 기술을 적용"[230]하고 있으니까. 이제 그것이 어디인지 알 바 아닌 "외부"로 영구히 추방해, 그 후로는 상관하지 않는 "배제의 기제"는 통용하지 않는다. 배제된 자들 또한 규율 권력의 저 치밀한 감시와 조사와 문서화를 면하지 못한다. 내부와 외부를 절대적으로 분할해 외부로 영구히 추방하는 것, 즉 "배제"는 소멸한다. 외부는 증발한다. 배제 공간도

규율화 한다. 이 사태의 "건축학적인 형상"이 바로 벤담의 "일망 감시 방식panopticon"이다.[231]

중앙에 탑을, 원주 모양으로 이를 둘러싼 건물을 배치하라. 그러면 자연히 안뜰이 생긴다. 건물의 안뜰 쪽에, 즉 중앙에 우뚝 선 탑을 향해 큰 창을 설치하라. 그러면 탑에서 건물 내부가 다 보이게 된다. 다음으로, 원을 그리는 회랑 같은 이 건물을 촘촘하게 구획해서 독방을 만들라. 모든 독방에서 탑을 볼 수 있다는 것이 확인되면 완성이다. 이제 "중앙의 탑 속에 감시인을 한 사람 배치하고, 각 독방 안에는 광인, 환자, 수형자, 노동자, 학생 등 누가 되었든 한 사람씩 가두어두면 충분하다. 역광선의 효과로, 주위 건물의 독방 안에 갇힌 사람의 작은 그림자가 뚜렷하게 빛 속에 떠오르는 모습을 탑에서 파악할 수 있기 때문이다. 독방과 같은 숫자의 작은 무대가 존재하는 것이고, 거기에서 각각의 연기자는 오로지 한 사람뿐으로 완전히 개인화되어 있고, 항상 시선에 노출되어 있다".[232]

이 "일망 감시 방식"의 주된 효과는 무엇인가? "권력의 자동적 기능을 보장해주는 가시성의 영구적인 자각 상태에 감금된 자가 빠지게 하는 것"[233]이다. 즉, 네가 보인다. 이미 항상 보이고, 감시하고 있다. 그뿐만 아니라 너는 자신이 감시 상태에 있음을 알고 있다. 그런 이상 "수형자를 실제로 감시할 필요는 없다".[234] 권력은 보지만, 권력을 볼 수는 없다. 벤담은 미늘창 등을 개량해 탑에서는 모든 수형자를 볼 수 있지만 수형자는 탑 안에 누가 실제로 있는지 없는지 알 수 없는 건축 방식을 고안하려 한다. 가시성은 비대칭이 된다. 따라서 실제로 감시할 필요가 없다. 탑 안에 항상 누가 있어야 할 필요는 없다. 수형자들은 항상 자기가 감시당할 가능성이 있다는 것을 알고 있다. "보고 있다"가 아니라 "보고 있을지도 모른다"다. "일망 감시 방식이란 '봄-보임'의 결합을 분리하는 기계다."[235] '보는 자는 보이며 보이는 자는 본다, 보려면 보일 위험을 감수해야 한다'는 시각의 일상은 단절된다.

보이지 않으면서 보기 위한 기계에 의해 권력은 "자동으로 작용"하게 되고 "탈개인화"[236]한다. 이제 권력은 인격 안에 있지 않다. 탑 안에 있을지도 모르지만 없을지도 모르는 누군가가 어떤 인격의 소유자인지는 전혀 문제가 안 된다. 감시당하는 쪽은 세세한 부분까지 특정되고, 평가되고, 기록된다. 즉, 개인화된다. 그러나 감시하는 쪽은 누구든 상관없는 것이다. 보이지 않으니까. 누구라도 상관없는 누군가가 본다. 그 누구도 아닌 자가 본다. 신체, 빛, 시선, 건축물을 정교하게 배치하고, 설비하고, 조립한다. 이 권력의 광학기계는 자동으로 작동한다. "군주=주권자가 더 큰 권력을 과시할 때 쓰던 의식, 의례, 각인은 필요하지 않"[237]고, 또한 그 시설은 물리적으로 "매우 단순해"[238]진다. 쇠창살, 묵직한 문, 커다란 자물쇠 등도 전보다 덜 필요하다. 왜냐하면 감시당하고 있는 것이 아니라 "감시당하고 있다는 것을 알고 있는" 그는, 그 자각 때문에 자발적으로 방을 정결하게 유지하고 행동을 조심할 테니까. "자기가 자신을 복종하게 만드는 원천이 되는" 것이다. "모든 물리적 충돌을 피하고, 늘 앞서서 결정되는 영원한 승리"[239]다. 따라서 규율 권력은 법-주권 권력보다 "물리적"이라는 이해는 틀렸다. 푸코는 권력이 시대를 거치면서 서서히 물질적인 것이 되었다는 주장을 했다는 통속적인 이해가 퍼져 있는데, 이는 조잡한 독해의 산물에 불과하다. 푸코는『정신의학의 권력』에서 일망 감시 방식을 "물질성이

없는 권력"이라고 불렀다. 푸코에 따르면 이는 "광학적 효과 외에 그 어떤 것도 아니다".[240]

더 있다. 흑사병이 발생한 도시는 "예외 상황"[241]이었다. 그곳에서 작용하는 도식도 예외적인 것에 머물렀다. 그 목적 또한 흑사병을 이 이상 퍼뜨리지 않는다는 소극적(네거티브)인 성격을 지녔다. 하지만 일망 감시 방식 시설은 일반적으로 적용 가능한 모델, "이념적 형식에까지 이르게 된 특정 권력 메커니즘의 다이어그램"[242]으로서 꾸준히 가동된다. 여기에서 문제가 되는 것은 물질이 아니라 "이념적 형식"이고 "다이어그램"이다. 이 "다이어그램"은 마지막 장에서 논하기로 하고, 이 당시 푸코의 이로를 계속해서 좇아가자. 이 다이어그램은 일반화하고 일상화한다. 무엇을 위해? 그 탁월한 효율을 이용해 꾸준히 생산하기 위해서다. 이제 규율은 여러 무위, 나태, 광기를 부정하고 억압하는 "네거티브"한 기능만 하는 것이 아니다. "이제 개개인의 효용성을 증대하는 포지티브한 역할을 규율에게 요구하게 된다."[243] 이제 군대에서 병사의 행패, 명령 위반, 약탈, 반란을 억누르기 위해서만이 아니라 병사의 기능을 증대시키기 위해, 군사력을 강화하기 위해. 공장에서 태만, 도난, 무단결석을 없애기 위해서만이 아니라 질서 정연하고 생산고와 이익을 효율적으로 늘리기 위해. 학교에서 무지와 나태를 나무라기 위해서만이 아니라 몸이 튼튼하고 영리한 아이들을 사회로 내보내기 위해. 이리하여 "규율은 유용한 개인을 만들어내는 기술로 기능하게 된다".[244]

사회는 효율화된다. 폭력적일 뿐만 아니라 비용도 드는 주권의 사치스러운 의례는 이제 필요 없다. 푸코는 규율의 탄생이 "서양의 경제적인 이륙"에, "자본축적"에, 결국 자본주의 탄생에 관여했음을 시사하고 있다.[245] 자본주의는 규율적이다. 그 무기는 규율의 성능, 규율의 효율이다. 그러나 지금까지 묘사해온 미세하고 정교한 훈련이 정말 공장과 학교에서 이루어질까? 군대와 감옥이라면 그나마 이해가 되지만 우리가 다니는 학교와 회사는 더 자유롭지 않은가? 일반 사회에 퍼지기에는 너무 엄격하지 않은가? 맞다. 푸코는 규율이 일반화하는 과정에서 "자신을 탈제도화하고, 자신이 원래 기능하고 있었던 폐쇄적인 요새에서 벗어나 '자유로운' 상태로 퍼져가는 경향을 띤다"[246]고 말한다. 더 유연하고 "융통성 있는" 것이 되어간다. 물론 그 중심에 국가에 의한 규율, 즉 "폴리스"[247]가 있기는 하다. 하지만 학교, 공장, 군대, 병원, 진료소, 조합, 시민 단체, 종교 단체, 가족마저도 각자의 전략적 목표를 가진 여러 담당자, 그만큼 빈틈도 많은 규율의 담당자로 기능하게 된다. 규율의 시대에 사회 영역은 이들로 뒤덮인다. 즉, 그 누구도 아닌 누군가가 많은 사람을 보는 여러 시선이 교차하는 곳이 된다. 푸코는 집요하게 거듭 말한다. "우리 사회는 스펙터클의 사회가 아니다. 감시 사회다."[248] 구경거리는 이제 문제가 아니고, 연극적인 무대 또한 문제가 아니고, 의례도 문제가 아니다. 권력이 "스펙터클한 권력이라는 낡은 측면"[249]을 갖는 것은 나폴레옹 보나파르트까지, 규율 권력과 주권적이고 의례적인 권력이 교차하는 지점에 위치하는 그의 시대까지다. 그 이후, 주권의 호화로운 과시나 권력의 스펙터클 등은 "하나씩 하나씩 사라진다". 일망 감시 방식이 이들을 쓸모없게 만든 것이다. 18세기, 새로운 권력, 전적으로 새로운 권력. 계몽의 빛은 감시의 빛이다. 따라서 르장드르가 말하는 〈거울〉과 의례의 사회 같은 것은 이제 존재하지 않는다, 이런 말일까? 물론, 결론은 뒤로 미루자.

제64절 감옥의 '성공': 매춘, 마약, 암흑가

/

4. 감옥의 생산물. "권력은 '배제한다'. 권력은 '억누른다'. 권력은 '통제한다'. 권력은 '억압한다'. 권력은 '검열한다'. 권력은 '내버린다'. 권력은 '은폐한다'. 권력은 '가면을 쓴다' ― 항상 이런 부정적인 용어로 권력의 효과를 기술하는 것은 그만두어야 한다. 사실, 권력은 생산한다. 실재하는 것(le réel, 실재계)을 생산한다. 객체의 영역을, 진리의 의례를."[250] 명백히 라캉을, 정신분석을 염두에 둔 발언이기는 하지만 이에 대한 검토는 일단 생략하겠다. 이미 보아온 것처럼 권력은 억압하지 않고 배제하지 않는다. 그것은 생산한다. 조련하고 주시함으로써 효율을 추구한다. 맞는 말이다. 학교, 군대, 병원이 무엇인가를 만들어낸다는 말은 맞는 말이다. 실제로 "착한 아이"들, 정예부대, "건강"을 생산하고 있고, 공장이야 말할 필요도 없으니까. 하지만 말이다. 감옥은 무엇을 생산하는가? 감옥이 생산하는 것은 아무것도 없지 않은가? 감옥은 역시 배제를 위해, 죄를 범한 죄인들을 가두어두는 네거티브한 역할을 위해서만 존재하기 때문에 감옥을 "포지티브한" 권력 모델로 제시하려는 푸코의 시도는 무리가 있지 않은가? 당연하게도, 그렇지 않다. 감옥은 생산한다. 마피아를, 경범죄자를, 불량배를, 암흑가의 거주인을, 요약하자면 "비행자"를 만들어낸다. 매춘과 마약이라는, 어떤 상품보다 수익률이 높은 이들 상품을 취급하는 사람들을.

1820년대부터 현재에 이르기까지 감옥을 비난하는 몇 가지 상투적인 문구가 쓰이고 있다. 감옥은 전혀 범죄 발생률을 줄이지 못하고 있고 줄기는커녕 늘고 있지 않은가? 감옥에서 출소한 사람이 죄지은 적이 없는 사람보다 다시 죄를 범해 감옥으로 되돌아올 기회가 많은 것 아닌가? 감옥 상황이나 그 교정이 반항심을 자극해 오히려 감옥은 비행자를, 깡패를 만들어내는 것 아닌가? 감옥은 비행자들이 밀담하고, 공모하고, 연대해 장래의 범죄 계획을 세우는, 그런 온상이 되고 만 것 아닌가? 감옥은 범죄의 병영이 되어버린 것이 아닌가? 감옥에서 나온 사람은 경찰과 사회로부터 요주의 인물로 취급당하고 감시당해, 세상 사람들의 차가운 시선을 견디며 다시 취직하기도 힘든 가혹한 조건에 놓인다. 따라서 그는 어쩔 수 없이 다시 법을 범할 수밖에 없게 된다. 실상은 그렇지 아니한가? 일가의 버팀목이 감옥에 가게 되면 가족 전체가 빈곤해진다. 이 가족 구성원들은 피치 못하게 비행자가 될 수밖에 없는 처지에 놓이는데, 이런 점을 보아도 감옥은 역시 간접적으로 범죄자를 늘리고 있지 않은가?[251] 한마디로, 감옥은 실패한 것 아닌가?

그렇다. 그것은 실패했다. 맞는 말이다. 하지만 이렇게 몇 번씩 반복되는 비판에도 100년 이상에 걸쳐 감옥이 존속해온 이유는 무엇인가? 불가사의한 일이다. 푸코는 이렇게 답한다. "소위 감옥의 '실패'는 그 운용 과정 중 한 부분이 아닐까? 감금과 밀접하게 연결된 규율과 그 기술이 사법 장치에 적용해간 권력의 효과, 더 일반적으로는 그것이 사회에 적용해간 권력의 효과 안에 이 실패는 부속 기능으로 장착되어 있는 것이 아닐까?"[252] 따라서 물음은 '감옥은 어떤 역할을 하느냐?'가 아니다. '감옥의 실패는 어떤 쓸모가 있느냐?'다. 그렇다. 그것은 역할이 있다. 그것은 감금함으로써 비행자를 비행자로 고정하고, 재범을 유발하고, 그들의 연대마저 매개함으로써 일시적인 법률 위반자를 상습적인 비행자로 만든다. 즉,

"범죄를 일으키지 않고는 살아갈 수 없는 환경"253을 조성한다. 감옥은 비행의 학교이고, 학생들은 그곳으로 몇 번이고 되돌아온다.

그들은 직접적인 역할을 한다. 우선 매춘과 마약이다. 그들은 이들의 품질을 관리하고, 상황을 정돈하고, 유통시키며 세금을 납부한다. 그들은 반半비합법적인 상품의 징세원 겸 사업주다. 이들 향락을 그리 쉽게 손에 넣을 수 없는 것으로 만들어 이를 비싸게 받고 파는 것이다. "어떤 공업대국의 대기업도 매춘 시장의 수익성을 따라갈 수 없습니다. 금주법 시대의 술도 마찬가지입니다. 오늘날의 마약과 담배와 무기의 암거래도 그렇습니다."254 그래서는 안 된다고 지시하고, 이를 억압하는 행위가 다름 아닌 이들의 가격을 끌어올리고, 높은 수익을 올리게 한다. 푸코는 19세기의 매춘 제도를 논하면서 퓨리터니즘puritanism의 금욕주의와 암흑가는 이처럼 뜻밖의 "공모" 관계에 있었다고 말한다. 꺼림칙하고 희소한 상품을 취급하는 "벌이가 좋은" 경범죄이고 "쓸모 있는 비행"이다.255 "비행성은 여러 위법행위를 관리하고, 그로부터 착취하기 위한 하나의 도구다."256

나아가 비행성은 정치적으로 유용하다. 공안 경찰은 이들로 밀고자, 정탐꾼, "권력의 주구"를 보충할 수 있다. 대혁명 이후, 경찰은 비행자 중에 선발한 정탐꾼을 여러 단체에 보내는 것이 주특기 중 하나가 되었다. 그들은 활동가로, 밀고자로, 정탐꾼으로 정당과 노동조합에 숨어들어 파업을 방해하고 폭동을 감시하고 정황을 밀고한다. 권력의 비합법 활동은 많은 경우 "비행자로 구성된 주력 부대"에 의해 실행되어왔던 것이다. 즉, "그들은 권력의 비밀경찰, 예비군"이다.257 편리한 언더그라운드이고, 쓸모 있는 암흑가다. 비행자는 감시 아래에 놓이지만 그 비행자들은 사회의 여러 활동을 감시한다. 즉, "비행성을 이용해, 비행자 자신을 매개로 사회 전체를 통제할 수 있는 장치를 설치한다. 비행성은 일종의 정치적 감시 기구로 기능하게 되는 것이다."[258] 푸코는 말한다. "경찰이 비합법적인, 탈법적인 활동을 하게 된 것은 당연하다. 이는 근대 형벌 제도의 구조적 특징이니까."[259] 푸코는 비도크Eugène François Vidocq와 라스네르Monsieur Lacenaire의 사례를 들어 모험, 사기, 다툼, 결투, 마약, 탈주, 매춘, 도박, 강도, 투옥, 혁명과 동란의 참가, 경찰의 주구가 아니냐는 의혹, 화려한 전설, 민중의 찬미 등과 같은 "전형적인 비행자"의 인생을 묘사하기도 한다. 뒤이어 탄생한 비행성을 찬미하는 글들, 삼면기사나 탐정문학, "아르센 루팡"[260]을. 범죄는, 불량배는, 악인은 "멋있어"지는 것이다. 반영웅이 탄생한다. 그러나 그들은 더는 신체형을 받는, 그 "고통의 번뜩임" 속에서 불타오르는 반항자가 아니다. 그들은 "걱정할 필요가 없는 인물"[261]에 불과하다. 그것이 어떤 미학이나 미의식을 가졌든지 간에 비행은, 범죄는 규율 권력에 저항할 수 없다. 할 수 없기는커녕 그들은 믿음직한 규율 권력의 수탁자로서 마음껏 이익을 추구한다. 법을 위반했다고 해서 규율을 위반한 것은 아니다. 규율의 비인칭적이고 자동적인 책략은 빈틈없이 사회에 침투하고, 악의 광채 따위는 그 적은 물론 아군도 되지 못한다. 그것은 규율의 주구다. 규율 권력에서 탈출하려는 시도 자체가 그를 주구로 만든다. 규율의 감시망에는 "외부가 없다."[262]

제65절 장치: 서어와 착종

/

그렇다면 권력에 저항하려면 어떻게 해야 한다는 말인가? 이런 성급하고 초조에 휩싸인 질문은 나중에 다루도록 하자. 오히려 여기에서 주목해야 하는 것은 어긋남이다. 착오이고 착종 상태다. 푸코의 비행성 분석은 이러한 서어의 전형적인 사례다. 감옥을 비판하는 담론, 종교적인 또는 도덕적인 정열로 매춘과 마약을 비판하는 담론과 비행자를 그 어두운 빛 속에서 찬미하려는 담론이 있다. 또한 감옥에, 학교에, 공장에, 군대에 장치를 설치하고, 과학적인 감시기계를 설치하며 장부와 파일을 비치한다. 그곳에서 교정을 실시하려는 사람들의 담론이 있고, 그로부터 이익을 얻으려는 사람들의 타산이 있다. 그러나 그들의 진의는 모두 배신당할 것이다. 그들은 실패할 것이다. 하지만 그 실패의 과정에서 우연히도 이들 담론과 장치는 기묘한 구도를 형성하고 기능한다.

무엇인가를 잃는 데, 좌절하는 데 개인의 진정한 욕망이 있다는 말이 아니다. 그런 것은 문제가 아니다. 이렇게 말하는 것이 좋겠다. 개개인의 진의나 욕망이 성공하느냐 실패하느냐는 아무래도 상관없다. 이들은 그 자신의 효과로 특정한 배치를 그리면서 어떤 효과를 낳고 만다. 뜻밖의 담론과 장치가 뜻밖의 담론 및 장치와 연결되어 의도하지 않은 효과를 낳고 마는, 그런 배치. 이를 푸코는 전략이라고 부른다. 주의하자. 전략가 같은 것은 존재하지 않는다. 암흑가에 사는 남자가 품었던 잠깐의 긍지와 자의식과 속셈, 정신의학자들의 나름대로 진지한 담론과 일상의 임상, 떠드는 아이들 때문에 골치를 썩고 있는 열의에 찬 교사의 고민, 교사의 비위를 맞추고 좋은 성적을 받으려는 우등생의 타산과 교사에게 반항하며 번화가에 드나드는 낙제생의 평범한 정열, 법조가들이 추진하려 하는 사법제도의 개혁, 공장의 수익 증대 명령을 받은 공장장의 진땀나는 일상, 해고당하지 않으려면 업적을 올려야 하기에 한 손에 수첩을 들고 발이 닳도록 돌아다니는 영업사원, 이런 모든 상황을 내려다보는 전략가는 존재하지 않는 것이다. 벤담이 매춘과 마약의 수익성까지 생각했을 리가 없다. 여기에서는 전략가인 체하는 것보다 무의미한 것은 없다. 우리의 말 또한 예외는 아니고 이러한 기묘한 어긋남, 서어를 피할 길은 없을 것이다. 우리의 말도 감옥을 비판하거나 비행성을 찬미하는 담론과 마찬가지로 그 전말이 어찌 되었든 효과로서는 뜻밖의 전략에 봉사하는 톱니바퀴가 되어 있을 것이다. 아니면 역사의 평면 위에 두껍게 내려 쌓이는 잿빛 말들 속에서 녹아 사라질 뿐이다. 이 둘 중에 하나만이 가능하다.

이야기가 옆길로 샜다. 즉, 푸코가 말하고자 하는 바는 여기에서 담론은 담론의 내용을 통해 기능하는 것이 아니라는 점이다. 담론의 내용과 기능은 일치하지 않는다. 그것은 어긋남, 서어를 가져온다. 문맥에 의해 담론 내용이 바뀐다는 이야기가 아니다. 저 감옥의 거대한 건축물과 그곳에서 반복되는 조련의 마술을 전부 "문맥"이라는 언어학적 개념으로, 어디에도 끼워 맞출 수 있는 만물상적인 개념으로 처리하는 것은 용납되지 않는다. 그것은 담론을 가능하게 하는 조건 중에 하나가 아니라, 현실 속에서 담론과 함께 특정한 기계를 형성하고 기능하는 그 무엇이다. 담론은 장치의, 기계의 일부다. 그것은 기능하고 작용해 포지티브한 무엇을 만들어낸다. 그러나 아직 이 논점을 다 논하기에는 이르다.

권력은 법이 아니다. 권력은 말이 아니다. 권력은 부정이 아니다. 법에서 무한히 멀리 가려고 하는 푸코의 도주가 그리는 궤적은 우선, 법을 낡은 것으로 보이게 하는 규율 권력의 제시에 도달한다. 이 시점의 푸코가 이제 법이 아닌 규율이고, 우리도 규율 권력 안에 있다고 말한 것은 이미 확인한 바와 같다.

자, 이 도주의 궤적을 더듬는 우리의 작업은 계속된다. 물론 이 책(『감시와 처벌』)에서 권력은 법도 사회계약도 협정도 금지도 의례도 아닌, 감금이고 조련, 감시, 군사행동, 전략이다. 권력은 언어도 텍스트로 아닌, 신호이고 명령이다. 권력은 억압도 검열도 은폐도 배제도 아닌, 생산이고 도발, 선동, 수익, 효율이다. 이미 다 논해온 내용이다. 그러나 추가로 여기에 『정신의학의 권력』과 『비정상인들』을 포개고, 또한 『앎의 의지』와 『사회를 보호해야 한다』를 포개는 작업을 계속하자. 우리의 이로를 더 명쾌하게 부각하기 위해. 이미 골격은 완성되었다. 지금까지와 같이 번거로울 정도로 자세하게 쫓지는 않을 것이다. 자, 예고한 바와 같이 1973년의 강의 『정신의학의 권력』까지 거슬러 올라가서 이것과 『비정상인들』을 포개보자.

○

○

○

○

제4장

규율 권력의 전략 (2)
: 『정신의학의 권력』과 『비정상인들』

제66절 규율적 정신의학: 그 아홉 가지 작전

/

극히 풍부한 식견으로 가득 찬 두 강의이지만 구석구석까지 살펴보고 싶은 마음은 억눌러야 할 것이다. 두 강의의 목적은 구체적인 사례를 통해 규율 권력이라는 개념을 더 정밀하게 하려는 데 있고, 이 책에서는 『감시와 처벌』을 통해 그 윤곽을 이미 파악했으니까. 그러나 이 두 강의에서 거론되고 있는 주요한 구체적 사례만이라도 검토하면 이 규율 권력이라는 개념의 비판적 성격을 조감할 수 있게 되리라. 여기에서 푸코는 정신분석, 인류학, 기호론적 식견의 "역사적 기원"을 더 자세하게 특정해간다. 한마디로, 정신분석적·인류학적인 "법" 이해는 이제 통용되지 않고, 그런 이해 자체가 "규율 권력"의 전략 중 일부에 불과하다는 것이다. 우선 『정신의학의 권력』부터 살펴보자.

이 책의 주제는 이렇다. 정신의학은 규율적이다. 이는 정신분석도 예외는 아니다. "최초로 탈정신의학화를 이룬 공적은 프로이트의 것이 아니다."263 정신분석은 스스로 정신의학과의 차이를 강조하나 기실 정신분석은 정신의학의 규율 권력을 모두 이어받았다, 라고 푸코는 단언한다.264 따라서 그곳에는 신체의 포위가 있고, 명령이 있고, 구타가 있고, 체벌이 있고, 일망 감시 방식이 있고, 감시가 있고, 장부와 진료 기록부가 있고, 주권 권력의 쇠퇴가 있고, 비정상성으로부터의 효율적인 이익 착취가 있고, 여러 규율 기술의 병용이 있다. 그리고 저 이중성이, 저 "서어"가 있다. 1975년의 논지를 자세히 살핀 우리는 몇 가지 논점이 아직 명쾌하지 못하다는 것을 알 수 있다. 예를 들어 푸코는 "개혁자들의 체계", 즉 기호와 표징의 표시를 축으로 한 권력을 다른 것과 뚜렷하게 구별하지 못하고 있다. 『감시와 처벌』에서도 몇 번 인용한 세르방의 "뇌의 물렁물렁한 섬유질"이라는 글귀를 푸코가 규율 권력에 해당하는 것으로 쓰고 있다는 사실은 그 방증이 될 것이다.265 그러나 어찌 되었든 정신의학은 규율 권력 아래에 있고, 정신분석 또한 예외는 아니다. 먼저 그들의 "가정"에 대한 이해를, 아버지의 "주권적인" 메커니즘이 지배하는 가정 개념을 푸코는 비판한다.

　11월 28일의 강의에서 푸코는 스스로 반문한다. 규율 시스템이 사회를 완전히 뒤덮고 말았다고 했는데 과연 정말 그러한가? 정말 주권적인 메커니즘이 사라졌다고 할 수 있을까? 저 "계약"과 "법"의 메커니즘이. 아니다. 지금도 주권적인 메커니즘은 존재한다. 푸코는 즉석에서 이렇게 답한다. 학교도 군대도 감옥도 병원도 아닌 가정에. 가정은 아버지의 권력이 그 "이름 아래에" 최대한의 힘을 발휘하는 장소라는 의미에서 그러하고, 또한 결혼이라는 하나의 "계약", 법에 의한 "인연"에 끝없이 준거한다는 의미에서도 그러하다. 그렇다면 가정이란 낡은 잔재, 사라져야 할 구식 제도에 불과한 것일까? 그렇지 않다고 푸코는 답한다. "가정은 주권의 잔재도 구식 제도도 아니다. 반대로 규율 시스템 내부의 본질적인 부품, 서서히 본질적인 위치를 차지하게 된 부품입니다." "가정이란 구속의 심급입니다. 개개인을 규율의 제반 장치에 영구적으로 고정해, 소위 그 안에 주입하기 위한."[266]

즉, 이런 말이다. 가정은 학교와 공장과 감옥과 병영 사이에 있는 저수지와 같다. 여러 규율 시스템은 가정에 압력을 가해 인원을 보충한다. 아이의 미래를 위해서라도 아이는 교육을 받아야 한다. 나라를 위해 병역에 임해야 한다. 당연히 당신의 자녀도 예외가 아니다. 이제 슬슬 아이를 위해서라도 일해야 하지 않을까? ─ 이렇게 학습의 의무, 병역의 의무 그리고 "가족 부양을 위해" 할 수밖에 없는 노동의 의무는 가정을 매개로, 가족을 동기로 통지된다. 나아가 한 규범 공간에서 다른 규범 공간으로 개인이 이동하는 것도 가족을 통해 이루어진다. "비정상인이라는 이유로 개인이 규율 시스템 바깥으로 배제될 때, 그는 어디로 이송될까요? 그렇습니다. 가정으로 이송됩니다."[267] 이리하여 규율 권력 내부에서 가정은 규율에 따르지 않는, 따를 수 없는 자를 잠시 수용해두는 장소로 기능한다. 가정이란 규율 권력이 마련한 저수지, 창고다. 학교나 공장에서 쫓겨난 "비정상인"은 암흑가나 정신병원과 같은 새로운 규율 시스템으로 가기 전에 잠시 가정에 재고처럼 맡겨지는 것이다. 게다가 가정은 개인이 새로운 규율 시스템으로 가도록 동기부여도 제공한다. 언제까지나 이렇게 빈둥거릴 수는 없다. 슬슬 바깥에 나가서 일해야 한다. 가정은 주권 권력이 지배하는 장소다. 하지만 그것은 규율 시스템 간을 중개하고, 개인을 받아두기 위한 역할을 하는 한에서 그렇다. 그래서 "규율은 가정을 소멸하지 않았던"[268] 것이다. 그것에 제한을 두고, 압축하고, 강화했다.[269] 주권적인 권력의 도식을 손질해, 남녀 관계와 가정 관계만을 그 적용 범위로 남겨두었다. 규율 권력에 기여하는 여러 요소 중 하나인 주권 권력, 즉 "핵가족"은 이때 탄생한다. 그리고 오이디푸스적인 아빠-엄마-나로 구성되는 "핵가족"은 이런 규율 권력의 효과에 불과하고, 그 부품에 불과하다. 이를 중심에 둔 정신의학이나 정신분석 이론 또한 그 부품에 불과하다.

자, 규율 권력의 부품인 정신의학의 전략이 시작된다. 정신의학, 정신분석, 심리학은 규율적인 것이 지니는 무기를 모두 갖고 있다. 이를 사용해 이 가정을 상대로 이익을 내야 한다. 몇 가지 책략을 배치한다. 물론, 거듭 말하듯이 "전략가는 존재하지 않기" 때문에 많은 경우 우연히 그리고 그 진의나 의도와는 다른 형태로 이 전략은 배치되었고 기능했다. 푸코에 의한 이 "정신의학의 전략" 묘사는 다양한 수준, 다양한 역사적 시점을 아우르고 있어서 논리적으로 일관된 전망을 갖고 있다고는 하기 힘들다. 또한 작전 하나하나가 책 한 권으로 결실 맺기에 충분할 정도로 커다란 연구 대상이라는 점도 알 수 있지만 여기에서는 금욕적인 태도를 견지해 푸코의 논지를 간략하게 제시하는 데 머무르도록 한다.

첫 번째 작전. 우선, 정신의학, 심리학, 정신분석은 "가정의 약화"를 외친다. 개인이 학교, 공장, 군대에서 규율에 따르지 못할 때 그들은 우선 가정을 탓한다. 왜 이처럼 규율에 따르지 않는 사람이 늘었을까? 이는 가정이 약해졌기 때문이다. 가정이 붕괴 위험에 처했기 때문이다. "이리하여 19세기 후반에 개인의 규율적인 결함은 전부 가정의 태만 때문이라는 인식이 퍼집니다."[270]

이처럼 가정 실패의 담론을 퍼뜨림으로써 "심리"를 다루는 학문은 자신의 존재 이유를 정의할 수 있게 된다. 즉, 이런 가정의 실패를 보완하고 지원하는 것이 이들의 사명이라는 것이다. 이를 위해 그들은 "가정을 대신함과 동시에 가정을 재편성하고, 가정 없이도 잘 운영되는 일종의 규율로 이루어진 조직"[271] 속으로 들어간다. 처음에는 고아원이나 소년원 등 말 그대로 가정의 부재나 결여를 보완하기 위해 의사擬似 가족을 구성하려 하는 규율 시스템 내부로, 이어서 더 일반적으로 학교와 공장과 감옥으로. 즉, 그들은 가정이 실패했으니 이를 보완해야 한다며 다른 규율 시스템에 "가정 모델"을 유포하고, 이를 통해 사회에 침투하려 한다. 결국 이런 말이다. "가정의 붕괴" "가정의 쇠약"을 외치는 담론은 정신의학적 권력의 지위와 수익을 확보하기 위한 전략적 조건에 불과하다.

두 번째 작전. 광인을 식별하는 권리를 가정으로부터 빼앗는 것. 광인을 특별히 설정하는 권리는 가정에 있었다. 19세기 이전, 누군가를 광인으로 인지해서 광인이라는 이유로 감금할 수 있기 위해서는 "심신상실"을 그 요건으로 하는 "금치산 선고"라는 근본적인 절차가 필요했다. 가정은 그 구성원 중 광인으로 보이는 자가 있을 경우, 사법에 신청해 금치산 선고를 받아 그의 법적 지위를 변경할 수 있었다. 법적인 지위 박탈을 가능하게 하는 이 결정은 어디까지나 가정의 협의 아래에 이루어지는 것으로 "그것은 가정의 권리에 관한 에피소드 중 하나였다."[272] 그러나 상황은 바뀐다. 프랑스에서는 1832년의 법 개정에 의해 금치산 선고 없이 감금할 수 있게 된다. 그리고 이 감금은 가정의 신청을 필요로 하지 않고, "의학적 권위에 의해 뒷받침된 지사의 권한"[273]에 의거하게 된다. 물론 가족이 광인을 병원으로 데리고 갔을 것이다. 그러나 그가 광인인지 여부는 "정신감정"이 결정하게 된다. "그리고 가정은 이제 광인에 대해 상대적으로 한정된 권력만 갖게 된다."[274] 광인을 광인이라고 결정하는 권리는 정신의학의 권력이 된다. 따라서 정신의학과 정신분석이 광인 여부를 식별하는 정신감정이라는 법적 권력을 휘두르는 것은 역사적인 배치의 결과에 불과하고 자명한 것이 아니다.

세 번째 작전. 감옥이 비행자를 생산하고 특정한 비합법적 이익을 가능하게 한 것처럼, 규율 시스템의 담당자인 정신의학의 권력은 비정상성으로부터 이익을 얻어야 한다. 매춘과 마약이 법과 도덕에 비추어 기피해야 할 대상이 되고 "주변화"됨으로써, 그 대가를 올려 받을 수 있게 된 경위는 이미 논했다. 마찬가지로 정신의학은 한 개인을 "광인"으로 판단함으로써 이를 주변화하고 이를 통해 대가를 얻어야 한다. 유복한 부르주아계급을 상대로 한 "건강의 집"이라 불리는 시설에서는 "치료를 위한 지불"[275]을 요구할 수 있었다. 그러나 치료하기 위한 지불을 가정에 요구하기 위해서는 몇 가지 전제가 필요할 터다. 1. 우선 환자가 자택에서는 치료 불가능할 것. 자택에서 치료할 수 있다면 정신병원은 가정에 대가를 요구할 수 없게 된다. '우리는 당신 가족을 고칠 수 있고, 우리의 정비된 시설에 있어야 빠른 치료가 가능하다'는 식으로 "격리의 원칙"이 여러 담론 속에서 강조된다. 2. 치료가 일정 정도 보증되지 않으면 가정에 대가를 요구할 수 없다. 이때 치료란 무엇을 의미하는가? 광인이 가정에 돌아갈 수 있게 되는 것이다. 즉, 건강의 집은 환자를 다시 "가정화"하는 기능을 지녀야 한다. 이리하여 그 내부는 가정화된다. 원장은 아버지이고, 환자는 아이다. 3. 반대로 가정은 규율화되어야 한다. 즉, 감시다. "우리를 위해 광인, 정신박약자, 난폭한 자, 방탕자를 찾아주시오. 가정의 주권 중에 규율 타입의 관리를 행사해서 말이오. 이제는 규율화된 주권 작용을 통해 그런 자들이 당신 가정에서 발견되면, 우리는 당신의 가정이 최대한의 이익을 내게 기능할 수 있도록 이런 자들을 규격화 장치로 여과한 후에 돌려드리겠소. 우리는 그들을 당신들이 원하는 바에 따르게 하겠소. 우리는 그를 통해 이득을 얻지만 이는 어쩔 수 없는 것 아니겠소".[276] 그렇다면 부르주아를 대상으로 하지 않는 정신병원은 어떻게 되는가? 이는 다섯 번째 작전과도 관련이 있는데, 한마디로 "강제 노동"을 시킨다. 푸코는 1893년에는 비세트르에 아이 200명이 있었는데 "솔 제조, 구두 수리, 꾸러미 제작" 등의 노동을 강요당했고, "매우 저렴한 가격으로" 판매해서 "7천 프랑의 수익"[277]을 얻었다고 지적한다.

네 번째 작전. 어린 시절을 포획해야 한다. 광인에게 의사가 "심문"할 때 묻는 내용이 바로 "어린 시절"[278]에 대한 것이다. 원래 광기는 어린이와 아무런 관계가 없었다고 푸코는 말한다. "미친 아이가 출현한 것은 19세기 후반부터라고 생각됩니다."[279] 그러나 원래 "광기 일반"과는 아무런 관계가 없는 "치우痴愚인 아이" "백치 아이" "지진아"[280]를 매개로 광기 일반에서 "어린 시절"이 정신의학적으로 강한 의미를 갖게 되고, "어린 시절"을 확대 적용하게 된다. 즉, 거의 아무런 근거도 없이 역사적인 과정에서 이런 "백치 아이"가 광기의 일반적인 모델이 된다. 역으로 말해 누구에게도 어린 시절이 있는 이상, 누구라도 어릴 적에는 미쳐 있었다는 이야기가 되고 만다. 이리하여 어린 시절에 모든 사람은 광기를 "다소나마 서둘러 가로지른다"[281]는 말이 된다. 다시 역으로 말해 범죄자나 사회에 위험을 가한 자는 크든 작든 어린 시절에 문제가 있었기 때문에 교정하기 힘들다는 담론이 날조된다. "이렇게 해서 비정상이고 위험한 아이"[282]가, "비정상적인 어린 시절"[283]이 부상한다. 어린 시절의 특권성은 역사적 배치의 결과에 불과하다.

　　푸코는 잊지 않고, 이 작전을 위한 합창 속에 물론 "프로이트"[284]도 포함되어 있다고 지적한다. 따라서 아이를 일종의 (자애행동, 인육식, 근친상간의 욕망 등등) "광기"의 모델로 여기는 사고방식은 이러한 "날조"의 효과에 불과하고, 더 일반적으로 말해 어린 시절을 강조하는 것은 정신의학과 정신분석의 "전략적 조건"에 불과하다. 이리하여 이 책의 맨 앞에 등장했던 라캉의 전제는 역사적 효과에 불과한 것이 됨으로써 다소 위험에 처하게 된다. 다만 라캉 자신의 이로에서는, 어린 시절의 광기를 그와의 단절로부터 소행해서 도출되는 것, 즉 실체화된 적이 없는 것으로 독해할 여지가 항상 남아 있다. 이는 우리의 이로가 확인한 내용이다. 하지만 이 푸코의 지적을 저버릴 수는 없다.[285]

　　다섯 번째 작전. 결여를 만들어내야 한다. "정신병원에서는 근본적인 결여(carence, 결핍 상태), 음식 부족이나 모든 만족감(담배, 디저트 등)의 부재라는 근본적인 결여 때문에 몇 가지 욕구가 만들어진다."[286] 이리하여 정신의학은 "욕구를 만들어내고, 자신이 구축한 결여를 관리한다".[287] 이리하여 "체계적 결여"[288]를 구축함으로써 환자에게 욕구를 갖게 만든다. 그리고 환자는 그 욕구를 채워주는 대가를 얻기 위해 정신병원에서 강요하는 "노동에 종사"[289]하거나, 의사에 대한 반항을 그만두거나, "규율에 따를"[290] 수밖에 없게 된다. 여기에서 정신의학은 수익을 얻는다. "체계적으로 만들어낸 욕구로 (……) 치료에 대해 지불할 수단을 만들어내는 것. 이것이 정신병원을 구성합니다."[291] '근본적인 결여가 새겨져 있기 때문에 영구히 실현 불가능한 욕망이 분출한다, 이를 치유하기 위해' 운운하는 정신분석의 결여 이론은 이런 비소한 유래를 갖고 있다, 라고까지 단언해버리는 것은 지나치리라. 하지만 여기에서 연관을 읽어내는 것은 어렵지 않고, 강의를 통해 끊임없이 프로이트를 거론하는 푸코의 거동에 비추어보아도, 아마 푸코는 이를 시사하고자 하는 것 같다.

여섯 번째 작전. 임상 교육적 권력의 제기. 의사는 제자의 "스승"이 되어야 한다. "환자의 임상 사례 제시"라는 "의례"[292]를 통해 의사는 임상 자체를 "교육"한다. 정신분석을 포함한 정신의학에서는 "의사를 진리의 주인=스승으로 구성"[293]하고, 의사는 제자에게 "주인=스승"으로서의 권력을 휘두른다.

일곱 번째 작전. 규율 권력 전체의 "정신의학화·심리학화". "학교, 공장, 감옥, 군대에 심리학자가 나타난다."[294] 우리 일상에서도 그런 것처럼 직장과 학교에 "카운셀러"가 출몰하고, "심리 테스트"가 실시되고 "적정" 여부를 판정하기도 한다. 그러나 "역사적 관점에서 보면 심리학적 기능은 온통 정신의학의 권력에서 유래하고, 그곳에서부터 다른 장소에 뿌려집니다". 그리고 그것은 "현실을 권력으로 강화하는 역할"[295]을 한다. 따라서 이런 "사회의 심리학화"는 규율 권력의 효과에 불과하다.

여덟 번째 작전. 최면, 마약의 사용. 최면은 물론 적어도

1840년부터 1845년에 걸쳐서 특히 아편, 대마, 에테르, 클로로포름이라는 마약이 사용되었다고 푸코는 지적한다. 이는 "명백한 규율의 도구로, 질서, 평온, 침묵을 유지하기 위한 것입니다".[296] 즉, 마약과 그와 유사한 것을 투여하면 규율 권력이 필요로 하는 닫힌 공간 내부의 "평온함"은 유지된다. 난동을 피우거나 소리치는 것보다는 도취하고 만취해 있는 편이 성가시지 않아 좋다는 말이다. 마약을 사용하거나 매매해도 침해 행위에 해당되지 않는다. 오히려 그것은⋯⋯ 하고 『감시와 처벌』에서의 논지를 반복할 필요는 없으리라.

또한 19세기를 통틀어 그 반대도 가능해진다. 즉, 의사 자신도 대마를 비롯한 마약을 사용함으로써 "광기와 직접 소통하는"[297] 것이 가능하다는 관념이 등장한다. 즉, 광기가 뇌 내 물질로 환원되면서 외적 투약으로 "광기"를 "체험"할 수 있다는 관념이 등장했다. 대마 흡입을 경험함으로써 "스스로 자기 안에서 광기를 재구성"[298]할 수 있다고, 당시의 정신의학자는 생각했다. 따라서 우리 의사는 광기를 식별할 수 있고 파악할 수 있다. 왜냐하면 우리는 그것은 "실제로 체험"했고 "이해"하고 있으니까. 마약은 이처럼 정신의학적 진단의 진리를 보증하는 그 무엇으로 사용되었다. 정신의학과 마약─보아온 것처럼 그 무엇보다 규율권력적인 "상품"이다─의 기묘한 관련성이 이렇게 해서 탄생하게 된다. 아마 푸코의 이 지적을 디딤돌 삼아 "향정신성 의약품"과 정신의학적 권력의 연관성의 기원을 논할 수도 있을 것이고, 또한 제1부의 마지막에서 논한 "신비 체험을 화학물질로 환원하는 것"에 대해서도 이 지적을 통해 재고할 수도 있을 것이다. 그러나 이는 우리의 사명이 아니다. 다음으로 가자.

아홉 번째 작전. "외상"을 강조하기. 철도 사고가 빈번히 일어나 "사회보험제도"가 정비되자 "보험에 가입한 환자"가 보험금을 얻기 위한 구실로 "심적 외상(트라우마)"이 등장한다. 즉, 그 심리적인 외상이 위장인지 아닌지 여부의 문제가 환자와 의사 간에 부상한다.[299] 자신의 이익을 둘러싸고 의사와 환자가 서로가 서로를 이용하는 흥정 관계가 성립한다. 이런 문맥을 거쳐 정신의학은 "외상을 중심으로 한 재배치"라는 "책략"[300]을 써서 이를 이론의 중핵에 둔다. 이는 제1부의 긴 주를 통해 나카이 히사오의 식견을 인용해 논한 바 있으니[301] 간략하게만 다루겠다. 단, 트라우마라는 개념이 역사적인 것에 불과하다는 사실을 다시 한 번 확인하는 것이 필요하다.

물론 『정신의학의 권력』에서는 의사가 환자를 "심문"하는 수단으로 차가운 물을 오랫동안 끼얹는 "샤워 요법"이나 "소작燒灼"이라 불리는 "불이나 열탕으로 뜨겁게 한 철을 머리끝이나 목덜미에 대는 치료법"[302] 혹은 아마 동양의 세밀한 그것과는 달리 학대적인 의미밖에 없었을 것으로 사료되는 "뜸 요법"을 사용했다는 흥미로운 기술도 있고, 또 한 부분에서는 섹슈얼리티 문제도 다루고 있지만 이는 『앎의 의지』에서 논하도록 하자.

여기에서는 극히 예리한 분석이 이루어지고 있고, 그 빼어나게 서리한 비판의 사정은 그 무엇보다 넓다. 지금도 진지하게 일하는 정신의학자와 심리학자, 카운슬러가 이런 기술을 읽고 격앙하는 것도 무리가 아니다.[303] "핵가족"만 염두에 두고 "가정의 붕괴"를 논하는 것. 정신감정을 자명하게 여기는 것. "유년기" "유아

기"를 특권적인 시기로 여기고, "마음의 어둠" 운운하는 것. 금지
와 계율로 또는 "말로 할 수 없는 것"에 의해 근본적인 "결여"가 새
겨진 주체와 사회에서야말로 욕망이 끊임없이 번져간다는 생각에
수긍하는 것. 예를 들어 자크 알랭 미렐처럼 라캉을 위대한 지도자
이자 소크라테스라고 외치는 것. 트라우마를 '근본적인 것'이라고
여기는 것. 마약과 최면술에 흥미를 갖고 이와 유사한 것의 도움을
받으려는 것. 이것들은 모두 규율 권력의 효과에 불과하고 그 일부
인 정신의학적 권력의 전략 속에 존재하는 것에 불과하다─그뿐
이 아니라 취직의 적성 테스트 결과를 기쁜 마음으로 바라보거나
카운슬러에게 고민을 상담하는 것조차 예외가 아니라는 말이 된
다. 앞의 사항과 무관한 사람이 오히려 소수일 것이다. 그렇다면 라
캉과 르장드르를 거쳐온 우리의 이로는 어떨까? 하지만 이를 논하
기에는 아직 이르다. 푸코의 날카로운 비판 속 더 깊은 곳으로 들
어가자. 한마디만 필자의 의견을 내놓겠다. 푸코는 옳다.

제67절 비정상인과 위험인물의 출현

1975년 1월부터 3월 사이에 진행된 『비정상인들』 강의에서 푸코
는 『정신의학의 권력』에서 제시한 논점을 심화한다. 푸코는 지난
해에 간략히 다루었던 "위험이라는 관점"을 논하며 이 강의를 시
작한다. 즉, "모든 광기의 핵심에는 범죄의 가능성이 각인되어 있
다"는 인식 때문에 정신의학자들은 "우리는 사회를 지키기 위해
존재한다"[304]라는 말을 할 수 있는데, 이를 가능하게 만든 "위험인

물"의 형상을 논한다.

1832년에 제정된 "정상참작" 규정에서 "그 인물은 위험한가" "그 인물에게 형벌을 부과해도 되는가" "그 인물은 치유나 사회 복귀가 가능한가"라는 질문 항목이 생긴다. "책임 있는 법적 주체"는 이제 문제가 되지 않는다. 대신 "이 주체는 사회에 위험한가"라는 물음이 문제가 된다. 바로 여기에서 "위험인물"의 형상이 출현한다.[305] 판결은 "범죄의 성질"이 아니라 범죄자의 "성격 결정, 평가, 진단"을 근거로 하게 된다.[306] 즉, 최근에도 자주 회자되는 "마음의 어둠"이 있는지 없는지 여부가 문제가 된다. 여기에서 사법과 정신의학의 "유착"은 더욱 결정적인 것이 된다. 푸코는 말한다.

> 치료와 사법이라는 두 극을 가진 이 연속체, 제도적 혼성체의 전체가 대처하는 대상, 그것은 위험입니다.
> 그런 제도 전체는 위험인물이라는, 결국 정확하게는 환자도 아니고 말 그대로 범죄자도 아닌 대상에 대처하는 것입니다.[307]

그렇다. 범죄라는 법적 개념과 비정상이라는 의학적 개념이 뒤섞여 하나의 형상을 만들어낸다. 이 위험인물이라는 기묘한 역사적 형상이야말로 지금도 계속되는 법의학 감정의 "이론적 핵"이다. 여러 우여곡절과 비판은 있지만 역사상의 어느 지점에서 "위험인물"의 형상과 "법의학 감정"이라는 기묘한 혼합적 제도가 출현한 후, 정신의학은 "사법적 권한"을 갖게 된다. 그렇다. 이는 기묘한 혼합적 제도다. 푸코가 적확히 지적하는 바와 같이 이는 유죄인 자와 무죄인 자 또는 건강한 자와 병자라는 카테고리에 개입하는 것은 아니기 때문이다. 이는 정상이라는 극에서 비정상이라는 극을 향해 단계적·점진적으로 변화하는 영역에 개입한다. 따라서 푸코는 이를 "규격화=규범화normalisation"의 권력이라 부른다.[308] 그러나 이는 이미 우리가 살펴본 내용이다. 뚜렷이 구획되고 닫혀 있으나 일정 정도의 일탈이라면 가볍게 허용하는 넓은 중간 지대에서의 위치 판별, 이 권력 기술은 이미 학교, 감옥, 공장에서 사용되고 있었다. 이 기술이 법의학 감정에도 도입되었다. 각각의 사법적 실천도, 의학도 그 혼합체인 법의학 감정을 통해 "규율화"되어간다.

그리고 푸코는 이미 우리도 살펴본 18세기의 "서어"를 반복해서 논한다. 두 가지 수준의 "통치"가 떠안고 있는 서어 말이다. 즉, 18세기에는 정치기구를 둘러싼 의지意志의 양도, 대체 등과 같은 "사회계약"과 관계된 이론이 형성되고 국가기구 또한 정비된 한편, 그"보다 아래"에서는 "통치의 기술"이라 부를 수 있는 "권력의 일반적 기술 정비"가 진행되었다. 즉, 우리가 보아온 것과 같은 규율 권력에 의한 "규격화"를 추구하는 조직이 꾸준히 만들어졌다.[309] 이 지워지지 않는 서어에 대해서는 이미 검토했다. 푸코는 쉬지 않고 다음과 같이 말한다.

권력을 본질적으로 억압이라는 네거티브한 메커니즘으로 여기는 사고방식. (……) 이는 방법론적·역사적으로 보아서 잘못된 것이라고 저는 생각합니다. 또한 권력을 여러 힘의 게임과 대비해 상부구조 수준에 위치한다고 여기는 사고방식 또한 잘못된 것이라고 생각합니다. 그리고 마지막으로, 권력이 본질적으로 오인의 결과와 연결되어 있다는 사고방식 또한 잘못된 것입니다. 권력에 대한 그런 사고방식은—역사서나 최근의 정치적·논쟁적 텍스트에서 볼 수 있는 전통적이고 널리 퍼져 있는 권력에 대한 사고방식은—사실은 이미 과거의 것이 된 몇 가지 역사적 모델에서 출발해 구축한 것이라 생각합니다. 그것은 잡다한 요소를 끌어모아 만든 개념이고, 수 세기 전부터, 즉 적어도 18세기 말 이후에는 우리 현실에 맞지 않게 된 개념입니다.[310]

"과거의 역사적 모델에서 출현한 이론이기 때문에 우리 현실에 맞지 않다." 푸코가 항상 반복하는 이 말투를 강조해두자. 푸코는 항상 "전혀 새로운 권력이 출현해 오래된 모델은 통용되지 않는다"고 말해왔다. 그리고 연이어 그 "과거의 모델"에 기반을 둔 "현재의 이론"의 "낡음"을 지적한다. 그것은 이제 현실에 맞지 않다. 시대에 뒤처져 있다고. 그리고 이 강의는 『감시와 처벌』이 인쇄되던 바로 그 시기에 진행된 것이기 때문에 그 논지를 그대로 살펴보기에는 중복되는 내용이 너무 많다. 따라서 그 "낡음"을 지적하고 있는 부분 중에 몇 가지 놀라운 사례만 열거하기로 한다. 세 가지가 있다. 1. 범죄자와 폭군의 유사성이라는 주제. 2. 근친상간과 인육식, 마리 앙투아네트의 형상. 3. 자위 박멸 캠페인을 통한 근친상간 금지의 강조와 "핵가족"의 고안.

제68절 범죄자와 전제군주

/

1. 범죄자와 폭군의 유사성이라는 주제. 18세기의 계약에 의거한 새로

운 형법 이론에서 범죄자란 당연히 "계약을 파기한 자"다. 사회계약을 일방적으로 파기한 이상, 범죄자는 "자연 상태로 돌아간" "야인"으로 취급된다, 라고 말한 후 푸코는 다음과 같이 논한다.

> 따라서 범죄는 본질적으로 권력의 남용과 같은 성질을 지니게 됩니다. 말하자면 범죄자는 항상 자신의 개인적인 이익을 전제적으로, 그리고 그 고유의 수준에서 주장하는 작은 전제군주인 것입니다. 이리하여 1760년경에(즉, 프랑스혁명이 일어나기 30년 전에) 프랑스혁명 때 극히 중요한 의미를 지니는 주제, 즉 범죄자와 폭군, 위반자와 전제군주 사이의 본질적 유사성이라는 주제가 매우 명확한 형태로 제시됩니다. 계약의 파기라는 점에서 범죄자와 전제군주 사이에 일종의 대칭성, 일종의 유사성이 있습니다.[311]

> 법 위에 있는 군주와 법 아래에 있는 범죄자가 연계된다는 주제, 군주와 범죄자는 법 바깥에 있는 두 유형이라는 이 주제는 우선, 프랑스혁명 전에 형성됩니다. (……) 이는 1760년부터 1780년, 1790년에 걸쳐서 형법 전문가들로부터 계속 확인할 수 있는 주제입니다.[312]

법을 어기는 자, 사회계약을 일방적으로 파기하는 자. 이는 전제군주와 범죄자다. 법의 위와 아래가 공유하는 이 "폭군"의 형상은, 요약하자면 사회계약을 그 추축에 둔 18세기 형법 개혁 이후의 역사적 산물에 불과하다. 푸코는 그렇게 말한다. 위와 아래의 "법 바깥"을 겹쳐 생각하는 사고방식에 역사적인 비판을 가한다. 자, 이에 관해 바로 여기에서 말해두는 편이 좋겠다. 자의적으로 푸코에 의거하고 있는, 아감벤Giorgio Agamben의 "호모 사케르"와 같이 법의 예외 상태를 비역사적으로 확대해서 적용하는 조잡한 사고방식을 상대할 때, 푸코의 이러한 날카로운 지적은 역으로 비판으로서 그 효력을 발휘할 것이다. 하지만 르장드르를 상대할 때 이는 비판이 되지 못한다. 르장드르가 "20세기의 전제군주자들"과 "가정의 폭군"들을, 또는 정치적 입장의 좌우를 막론하고 "원리주의자"를 같은 형상으로 여기는 이유는 그들이 "법 바깥"에 있어서가 아니기 때문이다. 르장드르가 그들을 "법 바깥"에 있다고 한 적은 한 번도 없다. 그들은 〈거울〉=근거율과 자기 자신을 구별하지 못하기 때문에, 즉 법 바깥에 있어서가 아니라 법과 자신을 구별하지 못해서 전제군주가 되는 것이다. "나는 법이다" "나는 근거율이다." 이것이 그들이 단언하는 "전제"다. "여기에 써 있다. 그러니 죽여라." 냉철한 르장드르의 이로에 따르면 완전히 합법적으로, 법 내부에서 사람은 전제적 원리주의자가 될 수 있다. 그렇기 때문에 더욱 상대하기 힘들다고 르장드르는 거듭 말하지 않았던가? 그 절박한 사례를 벤슬라마가 제시해주지 않았던가? 관료 경력이 있고, 행정사를 다룬 대저서를 집필하고, 도덕신학을 포함한 스콜라학에 조예가 깊은 르장드르는 법이 있으면 만사가 다 잘 돌아간다는 식의 경박한 말은 결코 한 적이 없고, 법 바깥은 그 자체만으로 "침범적"이고 "질서 파괴적인" 힘을 갖는다는 식의 쓸데없는 말을 한 적이 없다. 더욱이 르장드르의 이로는 "실재계의 침입"과 같은 진저리가 나도록 따분한 관념과 한없이 멀리 떨어져 있다. 이를 우리는 오랜 시간에 걸쳐 검증했다. 소격을 "연출"하지 않으면 법은 통째로 "전제"가 될 수 있다. 르장드르는 그리 말한 것이다. 이 큰 차이를 간과해서는 안 된다. 여기까지 논하고 푸코의 이로로 되돌아가자.

제69절 마리 앙투아네트라는 "괴물": 푸코의 사회학·인류학 비판
/

2. 근친상간과 인육식, 마리 앙투아네트와 민중의 형상. 앞에서 살핀 범죄자와 전제군주의 유사성이라는 관념을 바탕으로 18세기 말, 왕가의 범죄에 관한 문서가 대량으로 출현한다. 특히 거기에서 "괴물적 인간"으로 지목된 사람이 "마리 앙투아네트"다.[313] 그녀는 "외국인"이고, 왕으로서 "법 바깥"에 있음 때문에 "맹수이고, 자연 상태인 존재"이고, "하이에나이고, 식인귀이고" "결국 민중의 피에 굶주린 군주, 인육을 먹는 자"이고, 형, 의부, 의형과 몸을 섞고 자매나 종자매와 동성애를 탐닉하는 "근친상간"을 범한 행실이 나쁜 여성이다, 이와 같은 탄핵 문서가 대량으로 유포된다.[314] 푸코는 말한다. 여기에서는 "인육식과 근친상간이라는 두 가지 중대한 금지 사항의 침범이 결합되어 있습니다. 이것이 바로 18세기 말의 법적인 실천, 사고, 상상력 등의 지평에서 제일 먼저 제시되는 괴물의 특징이라 생각합니다."[315]

물론 "위"에 있는 법 바깥의 형상으로 마리 앙투아네트가 출현한 이상, "아래"에도 법 바깥의 형상이 출현하는 것은 자연스러운 이치다. 푸코는 "아래"에 나타나는 괴물의 형상으로, 반혁명파 문서에 빈번히 출현하는 폭력적이고 피에 굶주린 "혁명을 꾀하는 도당으로서의 민중"을 제시한다. "이제 왕이 아니라 혁명을 꾀하는 도당으로서의 민중이 바로 피를 원하는 왕의 거울상이 됩니다." "말하자면 마리 앙투아네트의 거울상이 거기에 있습니다." 사회계약을 위로부터가 아니라 "아래로부터 파기하는 괴물"입니다. 이들 혁명의 괴물들의 경우 "근친상간"보다 "인육식"이 강조된다. 물론 이러한 "사람 고기를 먹는" "야만적인 폭도"에 대한 공포의 묘사가 역사상 이 시점에서 처음으로 출현했다고 보는 것은 무리가 있고, 옛날부터 존재했던 관념이라는 사실을 푸코는 인정하고 있지만.[316]

이 두 "법 바깥에 있는 괴물", "위"에 있는 마리 앙투아네트와 "아래"에 있는 혁명 폭도의 형상을 비추어주는, 소위 "괴문서"가 왜 중요한가? 우선 이 괴문서 내용이 19세기의 법학과 의학의 문제 계열에 계승되어가기 때문이다. 그들이 제일 먼저 문제시한 것은 명백한 광기가 아니라 "근친상간을 범하고 사람 고기를 먹는다는 이유로 또는 음식과 성에 관한 두 가지 중요한 금지 사항을 침범한다는 이유로 괴물로 인식되는 대상의 존재였습니다."[317] 푸코는 자기 딸을 죽여서 먹는 세레스타의 여성 사건, 고독 때문에 자연 상태로 돌아간 레젤이라는 양치기가 어린 여아를 살해·능욕한 후 성기를 잘라내서 먹고 심장을 도려낸 사건 등을 사례로 열거하는데 자세한 내용은 생략하겠다. 문제는 그다음이다.

이러한 "위"와 "아래"에 공통되는 "법 바깥"의 형상, 근친상간과 사람 고기를 먹는 "마리 앙투아네트"와 "폭도"의 모습을 "이해 가능성의 격자"로 사용한 분야를 푸코는 지목한다. 바로 민족학과 인류학이다. 이어서 푸코는 말한다.

인류학이라는 학구적인 학문 분야는 어떻게 해서 형성되었을까요? 인류학의 정확한 기원은 없다 하더라도, 맨 처음 대학의 대대적인 연구 분야로 명확한 형태를 부여한 인물로 뒤르켐을 들 수 있겠는데, 뒤르켐의 문제 계열의 근저에서 발견되는 것은 바로 인육식과 근친상간에 관한 제 문제입니다. 미개사회에 대한 의문점 중에 토테미즘이 있습니다. 토테미즘은 도대체 무엇을 뜻하는 것일까요? 그것은 피로 연결된 공동체의 문제이고, 동물의 문제입니다. 즉, 집단에 가치를 가져오고, 집단의 에너지와 생명력, 달리 말해 집단의 생명 자체를 가져오는 동물의 문제입니다. 그것은 그 동물의 의식적儀式的인 소비의 문제이고, 따라서 개개인에 의한 사회체(corps social, 사회 신체)의 동화 흡수同化吸收라는 문제 또는 사회체 전체에 의한 개개인의 동화 흡수라는 문제입니다. 토테미즘의 배후에서 읽어낼 수 있는 것, 그것은 뒤르켐에 따르면 공동체가 고양되는 순간인 의례적인 인육식인 것입니다. 그리고 뒤르켐에게 그런 순간은 단지 가장 큰 강도强度를 지닌 순간일 뿐으로, 사회체의 소위 안정적이고 규칙적인 상태의 특징을 두드러지게 한 것일 뿐입니다. 그렇다면 그 안정된 상태의 특징은 도대체 무엇일까요? 그것은 바로 공동체의 피가 금지되어 있다는 사실, 그 공동체 자체에 속한 사람들에게 위해를 가해서는 안 된다는 사실, 특히 여성에게 위해를 가해서는 안 된다는 사실입니다. 토테미즘의 성대한 연회, 인육식이 배후에 있는 그 성대한 연회는 외혼제外婚制, 즉 '근친상간의 금지라는 법이 지배하는 한 사회'를 규칙적인 방식으로 두드러지게 할 뿐이라는 것입니다. 절대적으로 금지된 음식, 즉 인간을 때때로 먹는 것. 같은 공동체에 속하는 여성과의 간통을 규칙으로 금하는 것. 인육식의 꿈과 근친상간의 거부. 뒤르켐에게 그리고 그 이후 이 학문 분야 발전 전체를 준비하고, 이에 명확한 형태를 부여한 것은 바로 이 두 문제인 것입니다. 당신은 무엇을 먹고, 누구와 결혼을 하지 않는가? 당신은 누구와 혈연관계를 맺고, 무엇을 요리할 권리를 갖는가? 결혼과 요리. 여러분이 잘 알다시피 이 문제는 지금도 여전히 이론적이고 학문적인 민족학과 깊은 관계가 있습니다.[318]

앞에 이어서 레비-브륄과 레비-스트로스의 이론을 거론하면서 푸코는 이렇게 단언한다. "이 두 이론은 인육식과 근친상간으로 둘러싸인 범위 안에, 즉 마리 앙투아네트의 계보 안에 여전히 갇혀 있습니다. 18세기 이후, 우리의 법적이고 정치적인 내부가 거대한 외부, 거대한 타자성으로 규정하는 것은 결국 인육식과 근친상간입니다."[319] 그리고 푸코는 말한다.

아시다시피, 민족학에 해당되는 것은 그대로 정신분석에도 해당됩니다 — 인류학이 일정한 궤적을 그리면서 토테미즘, 즉 인육식이라는 이 학문 역사상 첫 번째로 다룬 문제부터 근친상간 금지라는 보다 최근의 문제에 이르게 되었다면, 정신분석의 역사는 이와 반대되는 궤적을 그렸다고 할 수 있습니다. 우선 프로이트가 신경증을 이해하기 위해 근친상간이라는 틀을 제시했었지요? 근친상간, 이는 곧 왕의 범죄이고, 권력 과잉에 의한 범죄, 오이디푸스와 그 일가의 범죄입니다. 근친상간을 통해 신경증을 이해할 수 있게 됩니다. 그리고 그 후에 멜라니 클라인이 정신병을 이해하기 위한 틀을 제시합니다. 이는 무엇을 출발점으로 삼아 형성되었을까요? 출발점은 바로 탐욕의 문제, 좋은 대상이나 나쁜 대상을 섭취하는 문제, 즉 더는 왕의 범죄가 아니라 굶은 인간의 범죄로서의 인육식의 문제입니다.[320]

따라서 인류학과 정신분석은 "마리 앙투아네트의 계보" 안에 있고, 그에 불과한 학문이다. 그들이 운운하는 "법" "계율" "금지"의 중요성은 기껏해야 저 혁명기 괴문서의 역사적인 효과에 불과하다. 법으로부터 도주하려 하는 푸코, 그의 비판이 조준하는 곳은 정확하다. 동시대 이론이 법의, 계율의 핵심으로 여겼던 "근친상간과 인육식 금지"를 푸코는 역사적 효과에 불과하다고 단죄한다. 분명 우리는 보아왔다. 라캉이 "인판스"의 "인육식"에 대해 역설하는 것을, 르장드르가 근친상간을 강조하는 것을. 이 둘에게도 이 비판의 화살은 닿을까? 물론 결론을 내리기에는 아직 이르다. 푸코는 근친상간 금지가 중요해지는 역사적 과정을 또 하나 거론하고 있기 때문이다.

제70절 '핵가족', 그 우연한 창출: 자위 박멸 캠페인

3. 자위 박멸 캠페인을 통한 근친상간 금지의 강조와 "핵가족"의 고안. 18세

기 중반, 갑자기 대대적으로 출현한 "어린이 자위 박멸 캠페인"이 그 시작이었다. 자위라는 나쁜 버릇을 박멸해야 한다. 이를 위해 아이가 자위를 하는지 여부를 부모는 감시해야 한다. "실제로 가정 공간을 끊임없는 감시 공간으로 만들어야 합니다. 몸단장을 할 때, 잠자리에 들 때, 아침에 일어날 때, 잠자고 있을 때도 아이를 감시해야 합니다. 아이의 신체를 항시적 주의 대상으로 삼는 것. 이것이 어른의 가장 우선적인 배려가 됩니다. 부모는 아이의 신체에서 자위의 문장紋章 또는 자위를 시사하는 징후를 읽어내야 합니다."[321] 이리하여 이 가정에서 벌어지는 감시하는 시선의 드라마는 20세기까지 계속 이어지게 된다. "가정이라는 이 작은 극장에서 침대, 시트, 밤, 램프, 발소리를 죽인 접근, 냄새, 세심하게 살펴본 시트의 얼룩 등과 함께 희비극이 상연되는 것입니다."[322] 이 자위 박멸 캠페인은 한마디로 아이와 "밀착하라"는 명령으로서 기능하게 된다. 부모는 아이와 접촉해야 한다. "한없이 가까이 가고, 접촉하고, 거의 뒤섞일 것. 한 신체를 다른 신체에 단호히 포갤 것. 시선, 현전, 인접, 접촉을 집요하게 의무로 삼을 것."[323] 이러한 캠페인 아래에서 서서히 형성되는 것이 "핵가족"이다.

캠페인의 당초 대상이었던 귀족과 부르주아지에게 가족이란 원래 선조와 계승, 혼인 관계에 의한 상속 등 여러 요인이 얽힌 광대한 정치적 제 문제의 뭉텅이였다. 그러나 이 수 세기에 걸친 "밀착" "감시"를 장려하는 캠페인을 통해 "좁게 한정된, 실체를 가진, 무게감을 지닌, 신체와 애정에 근거한 형태로 소위 가족의 핵이 구성됩니다. 관계에 의거한 가족을 대신해, 친자 간의 직접적인 관계로 완전히 포화 상태에 이르는 핵가족이 신체, 애정, 성을 중심으로 한 공간과 함께 출현하게 됩니다".³²⁴ 즉, 순서는 정반대다. 핵가족이 성립해서 아이의 섹슈얼리티가 "억압"된 것이 아니다. 아이의 섹슈얼리티를 날조해 그것을 금하기, 이를 지렛대로 "핵가족"은 성립한 것이다. 바로 "아이의 자애 행동이야말로 견고하고 강고한 소가족, 신체와 애정에 기반을 둔 소가족을 구성하기 위한 하나의 요인"³²⁵이었던 것이다.

주의하자. 물론 푸코는 그 "핵가족 이전"의 광대한 정치적 관계의 뭉텅이로서의 "대가족"이 근친상간 금지에서 출발해 형성되었다는 것을 전적으로 부정하지는 않는다. 이는 푸코 자신도 인정한다. "분명 역사 속에서 관계에 의거한 대가족, 즉 허용과 금지 등의 관계에 의거한 대가족이 근친상간의 금지에서 출발해 형성되었다는 것은 충분히 있을 수 있는 일입니다(저도 그럴 것이라고 생각합니다). 그러나 저는 오히려 애정에 기반을 둔 견고하고 실체가 뚜렷한 소가족, 18세기 말에 출현한 우리 사회의 특징인 이 소가족이야말로 아이의 신체를 둘러싼 시선과 거동을 통한 치한과 다를 바 없는 근친상간에서 출발해 형성된 것이라고 생각합니다. 근대적인 가족의 기초에 있었던 것은 그와 같은 캐내기 좋아하는 근친상간, 즉 접촉, 시선, 감시를 통한 근친상간인 것입니다."³²⁶ 그렇다. 바로 자위 박멸 캠페인은 당초의 자기 목적을 뛰어넘어 모자 또는 부자의 "밀착"을, 푸코의 말을 쓰자면 "근친상간"과 비슷한 상황을 만들어내고 만다. 그리하여 그 효과로서 우리가 잘 아는 저 "핵가족"이 성립했다는 말이다.

푸코는 이런 추세가 생긴 요인으로 "아이를 죽게 해서는 안 된다"는, "아이의 생존에 관한 정치적·경제적 관심이 싹트기 시작한 것"³²⁷을 꼽고 있다. 이는 후에 "생명 정치"의 개념화와 연결되는 주제다. 이러한 아이의 성에 대한 생명정치적 관리화의 추세 속에서 부모에게 위임되었던 "아이의 성적 신체"는 후에, 어떻게 보면 정신의학의 권력과 국가권력에 의해 "박탈당한다". 즉, 더 규격화된 교육 공간, 심리학화되고 정신의학화된 학교에게. 또는 군대, 공장 등에게. 아이의 신체 쾌락은 정신과의가 맡는 전문 분야가 되고, 아이의 성교육은 그에 기반을 둔 공적 기관의 소관이 된다. 가정에 이를 맡길 수 없다는 말이다. 그래서 아이와 밀착하고 아이를 감시해 아이의 성적 신체를 관리해야 한다는 "부모의 권력, 그것은 허구의 권력이었습니다". "그러나 그런 허구의 조직화는 내가 말한 이유로 부모가 집착해오던 공간을, 실제로 설정하게 되었습니다."³²⁸

　　다시 말하겠다. 푸코에 따르면 핵가족은 "자위 박멸 캠페인"이 일종의 "근친상간"을 "장려"해서 나타난 효과에 불과하고, 핵가족과 핵가족을 전제로 한 이론이 근친상간 금지를 강조하는 것은 역사적인 "선전"의 여파에 불과하다. 19세기 말에 근친상간이라는 주제를 여러 이론이 역설하게 된 것도 이런 역사적 배치 속에서의 일이다. 푸코는 근친상간 금지 이론이 이처럼 빨리 받아들여진 것은 그럴 만한 이유가 있어서라고 말한다. "아이들에게 밀착하라"고 100년 동안 쉼 없이 말한 후 갑자기 부모에게 "아이들은 당신들과 근친상간을 원하고 있다"라고 말하게 된 것이다. 즉, 1세기에 걸친 밀착을, 감시를, 즉 거의 "근친상간적 행동"을 해온 부모의 죄책감을 메우기 위해서 그 "도덕적인 특별사면"³²⁹으로서 근친상간 금지 이론이 제시되었다고 푸코는 말한다. '근친상간을 욕망하는 것은 당신들이 아니다. 아이들이다. 이는 우리 정신의학자, 정신분석가가 보장한다'라는 말이다. 이러한 "도덕적인 특별사면"을 제공해주는 정신의학과 정신분석의 보증 때문에 핵가족은 의학적 권력과 접맥된다. 그렇기 때문에 "정신분석 이후, 즉 20세기 초부터 부모가 왜 가정의 의학적인 규격화=규범화라는 새로운 파도에 마음을 빼앗겨 열의, 열광과 함께 (스스로 나서서!) 그 공모자가 되었는지 이해할 수 있게 됩니다".[330]

그러나 이는 귀족이나 부르주아의 이야기다. 도시 프롤레타리아트는 사정이 달랐다고 푸코는 말을 이어간다. 19세기 초두, 도시 프롤레타리아 사이에는 "결혼외적 섹슈얼리티"가 발달했다. 이는 딱히 혼인 제도에 반항해서가 아니라, 단지 인구가 유동화했기 때문이다. 그러다 보면 사생아가 대량으로 태어나게 되고, 이 때문에 "결혼 장려 캠페인"[331]이 대대적으로 전개된다. 그리고 집이 좁아 따로 잠잘 공간을 마련하기도 힘든 프롤레타리아트 가정에게는 반대로 부모와 이성 형제자매 간에 같은 침대를 사용해서는 안 된다는 담론을 유포한다. 즉, 이는 자위 박멸 캠페인과 반대되는 것으로, 정신분석이 중시하는 엄마와 아들의 근친상간이 아니라 형제자매 간의 근친상간 그리고 아빠와 딸 간의 근친상간을 금지하려는 목적을 지닌다. 따라서 19세기에 두 계급에게는 전혀 다른 "두 캠페인, 두 메커니즘, 근친상간에 대한 두 공포"[332]가 존재했다. 그러나 어느 쪽도 귀결은 같다. 결국, 두 캠페인, 두 공포는 같은 "핵가족" 구성으로 귀결되니까. 그러나 문제는 이뿐이 아니다.

푸코는 근친상간의 금지에 관한 두 캠페인과 근친상간 금지의 두 이론은 전적으로 병행한다는, 도발적인 주장을 한다. 첫 번째 캠페인의 후계자인 정신분석은 부르주아에게 아이는 근본적으로 당신들과의 근친상간을 욕망한다고 말하고, 두 번째 캠페인의 후계자인 사회학 이론은 서민 계급에게 자기 아이를 만져서는 안 된다, 그것은 "혼인"이라는 "사회적 교환"을 위해 제공해야 한다고 말한다. 이렇게 단언하고 푸코는 즉시 다음과 같이 말을 이어간다.

> 제가 강조하고 싶은 것은 근친상간에 관한 모든 일반 이론이 그리고 그중에서도 특히 어른에 대한 근친상간의 금지를 아이들의 근친상간적 욕망과 접맥시키려 하는 민족학적·정신분석학적 시도가 결국은 추상적이고, 틀에 박힌 관제 학문 분위기가 풍긴다는 점입니다.[333]

근친상간 금지에 대한 이런 자세는 일관된 것으로 푸코의 만년까지 바뀌지 않는다. 1982년, 죽기 2년 전에 했던 한 인터뷰에서 변하지 않고 푸코는 도발적으로 이렇게 말한다.

> 관용의 분야에 관해 우리는 상당한 환상을 품고 있다고 생각합니다. 근친상간을 예로 들어보지요. 근친상간은 매우 오랫동안 인기 있는, 즉 민중 사이에 널리 보급된 실천이었습니다. 여러 사회적 압력이 근친상간을 향하게 된 것은 19세기 말에 불과합니다. 그리고 근친상간의 강력한 금지는 틀림없이 지식인이 발명한 것입니다.[334]

이와 같은 '근친상간과 인육식을 추축으로 한 이론'에 대한 역사적 비판에 외에, 『비정상인들』에는 후의 『앎의 의지』와 이어지는 논점이 있다. 즉, "섹슈얼리티"와 "생명 정치"의 문제 계열과 이어지는 논점이. 그러나 이는 나중에 다루자. 문제는 따로 있다.

제71절 투쟁의 울림소리: 베아스와 "오욕에 찌든 사람들의 삶"

법으로부터 도주하는 푸코. 대신 그는 이처럼 "규율 권력"의 전략을 논해왔다. 존재하는 것은 법의 발화나 금지가 아니다. 존재하는 것은 구체적인 신체적 조련이다. 건축과 이미지, 담론 유포에까지 이르는 구체적인 전략이다. 정신분석과 인류학이 운운하는 법이나 근친상간의 금지는 별 의미가 없다. 법 바깥에 있는 인간이라느니, 인간이라는 존재가 불가피하게 떠안고 있는 결여로 인한 소외라느니, 광기의 모델인 인판스라느니, 그런 것은 단지 역사적 효과에 불과하고, 그 역사는 기껏해야 200년 정도밖에 되지 않았다. 이것은 극히, 극히 예리한 논법이고 반론을 허용하지 않을 만큼 강렬한 분석이다. 법을 통해 의례적인 금지를 행하는 발화는 "신체형" 시대에 한정된 것에 불과하다. 즉, 18세기에 그 마지막 광망光芒을 발하고 불현듯 사라진 것에 불과하다. 이처럼 권력을 법으로만 이해하는 태도는 "구시대적"이고 "우리 현실"을 분석하는 데 도움이 되지 않는다. 그뿐만 아니라 이런 "근친상간" 등의 "절대적 금지" 운운하는 정신분석, 사회학, 인류학이 바로 규율 권력의 "캠페인"과 목소리를 높여 창화하는 것들이고, 그 후계자이고, 쉽게 말해 규율 권력의 전략 중 일부다. 한마디로 권력의 주구일 뿐이다. 근친상간 금지는 여러 전략 중 하나에 불과하다. 결과적으로 핵가족을 낳은 전략의 일부다. 근친상간은 "인기 있는 실천"이었고, 영원한 계율이 아니다. 그렇다. 근친상간의 금지조차 문제가 아닌 이상, 법 권리가 무슨 문제겠는가. 문제가 되는 것은, 구체적인 규율의 작용이고 그 전략이고 전술이다.

그러나 여기에서 푸코는 오히려 일종의 난관에 봉착하게 된다. 규율 권력에게는 외부가 없다. 이 시점에서 푸코는 지금이 바로 규율 권력의 시대라고 생각했다.[335] 나아가 "전혀 새로운 권력" 체제를 발견해, 현재의 사회는 규율 사회가 아니라고 말하게 되는 것은 후의 일이다. 고로 물음은 절박하다. 규율 권력에 저항하려면 어떻게 해야 하는가? 이 구체적이고, 신체적이고, 개별적이고, 전략적이고, 미세한 곳까지 퍼져가는 권력에 어떻게 저항할 수 있다는 말인가? 이제 낡은 법에 호소할 수도 없는데 말이다. "그 저항의 거점이 바로 푸코의 자기에의 배려이고 생존의 미학이다"라는 식으로 격앙된 목소리로 재빠르게 뻔한 상투적인 답을 하는 것은 그만두자. 우리는 천천히, 면밀하게 살펴보도록 하겠다.

규율 권력의 닫힌 내부. 그 외부의 부재. 푸코가 "오욕"과 "전쟁" "투쟁"을 강조하기 시작한 것은 이때부터다. 규율 권력은 미시적이다. 그것이 개별적·구체적·신체적인 이상, 이에 대한 투쟁도 미시적 성질을 띨 수밖에 없다. 이는 구체적이고 개별적인, 즉 비소하기조차 한 "힘겨루기" "다툼"이 되어간다. 푸코는 몇 가지 저항의 형상을 꺼내 보인다. 우선 『감시와 처벌』의 마지막 부분에서, 즉 감옥의 실패와 암흑가와의 연관성을 다 지적한 후에 등장하는 불량소년 베아스의 초상이다. 방랑죄 혐의로 법정에 선 이 13세 소년에 대해 푸코는 이렇게 말한다. "법원이 위반으로 규정한 모든 위법행위를 저 피고는 '활기찬 힘의 긍정'이라고 거듭 표명했다. 즉, 주거가 없는 것은 방랑 생활이고, 주인이 없는 것은 자율이고, 노동을 하지 않는 것은 자유롭다는 것이고, 시간표가 없다는 것은 주야를 가리지 않는 충만이라는 것이다."[336] 푸코는 자신이 판사에게 말한, 여유로 가득 찬 도발적 언사를 법정 기록 문서에서 인용해, 2년간 징계 교정이라는 선고를 듣자마자 '2년이라면 기껏해야 24개월에 불과해. 자, 출발'이라고 기분 좋게 되받아치는 베아스의 초상을 묘사한다. 그러나 이때 푸코의 필치에서 기묘한 호의와 당혹스러움의 교차를 읽어내게 되는 것이다. 분명 베아스는 규율 권력에 저항하며 밝게 살아가는 한 사람의 모습이기는 하다. 이를 누가 부정할 수 있으랴. 그러나 베아스는 또한 규율 권력에 의해 만들어진 "비행소년" 중 한 명에 불과하고, 그의 인생은 감옥이 만들어내고 그로부터 수익을 올리는 저 "암흑가"에 포획되고 말았으리라. 베아스의 초상을 묘사한 후, 푸코는 이렇게 단언하지 않을 수 없다. "감금망은 동화하기 어려운 자를 어수선한 지옥에 내던지지 않는다. 그것은 바깥을 갖지 않는다. 스스로가 한쪽에서 배제하는 것처럼 보이는 자를 다른 한쪽에서 빨아들인다. 자신이 벌하는 자도 포함해, 모든 것을 절약한다."[337] 그리고 『감시와 처벌』 마지막 쪽에서 푸코는 어디까지나 법적·주권적인 권력 이해를 부정하고, 그 대신 전략과 장치를 권력으로 이해해야 한다고 원칙을 논한다. 그리고 위대하다고 해도 전혀 과장이 아닐 이 저작의 마지막 문장은 이러하다.

이 [감금 도시] 중심부, 그것도 중심부에 모인 사람들은 복합적인 제반 권력관계의 결과이자 도구이고, 다양한 〈감금〉 장치에 의해 복종을 강요받은 신체와 힘, 이러한 전략의 구성 요소인 담론의 대상이다. 바로 이런 사람들 속에서 투쟁의 울림소리를 들어야 한다 il faut entendre le grondement de la bataille.[338]

그리고 이 마지막 문장에 달린 주는 다음과 같다. "여기에서 이 책을 중단한다." 그렇다. 『감시와 처벌』은 중단된 서적임을 잊어서는 안 된다. 여기에서 푸코는 "말문이 막혔다"고 보아도 틀리지 않을 것이다.

규율 권력에 외부는 없다. 그로부터의 해방도 없다. 하지만 그 속에 있는 사람들, 복종을 강요받고, 조련당하고, 갇히고, 구타당하고, 꺾이고, 교정당하고 있는 사람들 "속에서" "투쟁의 울림소리"를 들어야 한다. 규율 권력은 그 자체가 전략이고 작전이고 전술이다. 고로, 피할 도리 없는 복종과 감금 속에서, 그 전략상의 구성 요소인 구체적인 개개인들이 현실 속에서 존재하고 행동하는 것 자체가 저항의 다툼이, "투쟁의 울림소리"가 된다. 물론 — 여기에서는 권력을 비인칭적인 존재로 여기고 있으므로 위험한 비유이기는 하나 — 이는 권력 편에서 보았을 때 좀처럼 말을 듣지 않는 불평분자가 많아서 애를 먹는 정도에 불과하다. 그러나 투쟁의 울림소리를 들을 수 있는 곳은 그곳뿐이다.

푸코는 예를 들어 『정신의학의 권력』에서 정신과 의사와 논쟁을 벌여 음란한 절규를 해 보이는 "히스테리 환자"에게 혹은 『비정상인들』에서는 다소 시대를 거슬러 올라가나 그 출현 이후에 교회 권력과 의학 권력을 골치 아프게 만드는 악마에게 홀려 "경련하는 사람들"에게 이 "투쟁의 울림소리"를 듣게 되리라. 언뜻 비소한 그러나 구체적이고 한순간 한순간의 힘겨루기와 다툼이 문제가 된다. 교사의 눈을 훔쳐 도망치는 학생이고, 자리에 눕히려는 간호사의 손을 뿌리치고자 애쓰는 치매 노인의 뜻밖의 완력, 차가운 물을 계속 뿌려대도 정신과 의사의 말을 들으려 하지 않는 광인, 시간표대로 행동하지 않아 그때마다 심하게 구타당하는 수형자의 무겁고 튼튼한 신체, 꾀병인지 외상인지 진단하는 의사와 환자 간의 교활한 흥정과 연기와 탄원과 묵인, 푸코가 자료집 한 권으로 정리한 존속 살인자 피에르 리비에르의 날카로운 요설로 가득 찬 증언이 보여주는 문체, 아마 정신병원에 유폐되어 전기요법을 몇 번이나 받으면서도 "나는 미치지 않았다. 미친 것은 너희다"라고 말한 앙토냉 아르토의 격노다.

이리하여 사회는 기묘하게 비소한 힘겨루기와 다툼으로 거품이 올라오고 있는, 그 자체가 끓기 직전 상태를 유지하며 대류의 흐름에 출렁이는 뜨거운 물의 수면과 같은 것이 된다. 그러나 베아스의 묘사에서 느껴지는 일종의 당혹감이 푸코를 조금씩 가격해간다. 푸코는 깨닫게 된다. 그들의 투쟁하는 외침, 투쟁의 울림을 자기가 들을 수 있었던 것은 다름 아닌 그들의 말과 글이 법 문서로, 규율 권력의 문서로 남아 있기 때문이다. 그들의 목소리에 접할 수 있었던 것은 규율 권력의 문서화 절차 때문이다. 그것을 자유롭게 열람할 수 있는 특권을 지닌 자신의 입장은 그들과 너무도 멀리 떨어져 있는 것이 아닌가? 규율 권력과의 미세한 힘겨루기가 없었다면 그들의 존재와 그 외침은 역사의 암흑 속에 사라지고 말지 않았을까? 기묘한 역설이다. 그러나 투쟁의 흔적이 남아 있는 곳은

거기뿐이다. 푸코는 이 주저와 당혹 속에서 다음과 같이 쓰지 않을
수 없게 된다. 길어지나 인용하자.

그들 입자 중 일부가 우리에게 당도하기 위해서는 그러나 적
어도 한순간이나마 그것들을 빛나게 만드는 빛의 묶음이 도
래해야 했다. 다른 장소에서 도래하는 빛. 그것이 없었다면 그
들은 밤 속에서 계속 숨어 지낼 수 있었을 것이다. 아마 항상
그 속에 머물러 있는 것이 그들의 운명이기도 했을 밤으로부
터 그들을 떼어내는 빛, 즉 권력이라는 빛과의 조우가 있었다.
권력과의 충돌이 없었다면 아마 그것들이 그리는 궤적을 한
순간이나마 볼 수 있게 하는 어떠한 말도 쓰이는 일은 없었을
것이다. 그들의 삶을 노리고, 추적해 짧은 한순간에 불과하더
라도 그 신음 소리나 비소한 웅성거림에 주의를 기울이고 관
심을 쏟은 권력, 그들의 삶에 한 줄기 긁힌 자국을 새긴 권력,
그것이 바로 우리에게 남겨진 몇몇 말을 여기励起한 것이다.
혹은 고발하고, 고충을 알리고, 탄원하기 위해 사람들은 권력
에 호소하기를 원했다. 혹은 권력이 개입하기를 원하고, 권력
은 최소한의 말로 판결하고 결정을 내렸다. 그 어떤 담론도 거
치지 않고 그 밑을 지나쳐갈, 한 번도 말해지지 않고 사라져
갈 운명이었던 이들의 삶은 권력과 이 한순간의 접촉점을 통
해ㅡ짧은, 깊게 베는 듯한, 때로는 수수께끼 같은ㅡ그 흔적
을 남길 수 있었던 것이다. 따라서 이들의 삶이 〈자유로운 상
태〉에서 그러했을지도 모르는 모습, 그 원래 모습을 파악하는
것은 아마도 영원히 불가능하다. 할 수 있는 것이라고는 권력

의 장난기, 권력 간의 제반 관계가 전제로 하고 있는 선고와 전술적인 치우침, 명령조의 허위 속에 남겨진 모습을 확인하는 것뿐이다.

이런 목소리가 들려온다. 당신은 이번에도 그 선을 뛰어넘지 못하고, 건너편으로 가지도 못하고, 다른 곳에서 또는 밑에서 도래하는 말을 들을 수도, 듣게 할 수도 없다. 언제나 항상 선택은 같다. 권력 편에, 권력이 말하고 말하게끔 하는 편에 서 있다. 왜 이 삶을, 그들이 자기 자신에 대해 말하는 장소에서 들으려 하지 않는가? 그러나 우선, 이들의 삶이 권력과 한순간도 교차하는 일이 없었고, 그 힘을 환기하는 일도 없었다면 폭력과 특이한 불행 속에 있었던 이들의 삶은 도대체 우리에게 무엇을 남겼을까? 결국 우리 사회의 근본적인 특성 중 하나는 운명이 권력과의 관계, 권력과의 투쟁 혹은 그에 저항하는 투쟁이라는 형태를 띤다는 것이 아닐까? 그들의 삶에서 가장 긴박한 지점, 그 에너지가 집중하는 지점, 그것은 그들이 권력과 충돌하고, 격투하고, 그 힘을 이용하고 혹은 그 함정으로부터 도망가려 하는 그 지점에 있다. 권력과 가장 비소한 실존 사이를 오간 짧은, 삐걱거리는 소리 같은 말들, 아마도 바로 거기에 비소한 실존의 기념비가 있다. 시간을 초월해 이들 실존에게 희미한 광휘, 한순간의 섬광을 부여하는 것이 우리에게 그것들을 전달해준다.[339]

본인은 권력 편에, 권력이 말하고 말하게끔 하는 편에 서 있다. 그리고 그 외에 다른 존재 방식은 없다. 푸코의 갑작스러운 혼란이고, 망연자실하게 할 정도의 성실함이고, 너무도 진지한 주저다. 그러나 이 투쟁의, 그 자체는 비소한 사소한 것에 불과한 울림소리를, 미시적인 "삐걱거리는 소리"를 푸코는 또 다른 방식으로 받아들이려 하게 될 것이다. 사회란 미시적인 수준에서의 영원한 전쟁이고, 이런 투쟁의 울림소리 그 자체다. 그렇다면 이는 무엇을 의미하는가?

그렇다. 법 권력은 이미 낡았고, 전략과 방대한 양의 작은 힘겨루기의 반복인 규율 권력이 지배하게 되었다는 생각을 갖게 된 이상, 사회계약을 통해 평화를 가져오는 "법"이라는 이해 또한 사라진다. 평화는 존재하지 않는다. 이리하여 푸코는 규율 권력의 사회, 규율 사회 자체를 쉼 없는 미시적인 싸움, 쉼 없는 전쟁 상태로 파악하는 시도를 하게 된다. 고로, 다음 해에 있었던 콜레주 드 프랑스의 강의 『사회를 보호해야 한다』는 홉스의 "사회계약을 통한 평화" 비판으로 시작되고, 사회를 쉼 없는 전쟁으로 보는 불랭빌리에의 담론을 분석하게 되고, 이를 전후해 푸코는 친구들에게 "지금까지 5년간은 규율, 앞으로 5년간은 전쟁"이라고 자신의 계획을 계속 말하게 되고, "군대 제도에 대해 책을 쓰겠다"[340]라고 공언하게 된다. 물론 군대 제도에 관한 책은 없다. 법으로부터 계속 도주하는 그 기나긴 여정에서 드디어 "전쟁" "투쟁"을 분석하기로 하고, 그 선을 따라가다가 푸코 자신도 아마 생각하지도 못했던 상대를 만나게 되었기 때문이다. 여기에는 기묘한 뒤틀림이, 어느새 일탈해버린 궤적이 있다. 그렇다. 이를 살펴야 한다. 저 파란만장한 강의 『사회를 보호해야 한다』로 향하자.

○

○

○

○

제5장

전쟁·생명 권력·인종주의
: 『사회를 보호해야 한다』

제72절 주권론 비판

: 규율 권력은 "완전히 새롭고, 결코 호환 가능성이 없다"

/

『감시와 처벌』을 간행한 지 1년이 채 지나지 않은 1976년 1월 7일 부터 시작한 극히 자극적인 강의 『사회를 보호해야 한다』는 무엇에 홀린 듯한 분위기로 시작해, 그 인상을 계속 유지해간다. 물론, 후기 푸코의 이로를 쫓아온 우리가 푸코에게 기대하는 내용은 "미시적인" 수준의 투쟁으로서 사회를 바라볼 수 있게 해주는 새로운 전망이다. 무엇보다 그 강의 제목이 이를 기대하게 한다. 『사회를 보호해야 한다』. 즉, 사회란 쉼 없이 공격과 수비가 반전하는 연속적 과정 자체이고, 우리가 앞 장의 마지막에서 논한 것처럼 오욕을 겪은 사람들의 외침과 맥동이고, 그 자체가 자연 상태조차 아닌 "전쟁 상태"로 묘사될 것이다. 이는 쉽게 예상할 수 있다. 책을 펼쳐서 읽기 시작할 때까지는 말이다. 그렇다. 푸코의 논지는 도중에 기묘하게 일탈해간다. 거기에서부터는 "개별화"하는 규율 권력도, 각각의 미시적인 투쟁도 어떻게 된 일인지 누락된다.

그러나 이에 대해 논하기 전에 우선 푸코가 행한 이 강의를 순서대로 살펴보자. 이미 말한 바와 같이 푸코는 우선 무언가에 홀린 듯한 분위기로 주권론을 비판하기 시작한다. 그렇다. 아직 푸코의 법·주권·사회계약으로부터의 도주는 끝나지 않았다. 여기에서 푸코가 비판하는 대상은 바로 르장드르가 〈중세 해석자 혁명〉이라 부른 중세의 로마법 부활로 시작되는 권력 체제이고, 또한 홉스의 사회계약론인 것이다. 먼저 푸코는 중세의 로마법 부활과 함께 시작되는 권력 체제를 노골적으로 비난하는 어조로 이렇게 말한다.

> 중세 로마법의 부활은—그 현상의 주변에서, 그 현상을 출발점으로 해서—로마제국 붕괴 이후 제각각이었던 법 체계가 재편성되었다는 의미에서 큰 사건이었습니다. 그러나 이 로마법 부활이 바로 군주제 권력, 전제 권력, 행정 권력, 마지막으로는 절대주의 권력을 구성하기 위한 일련의 기술적 도구 중 하나였다는 사실을 잊어서는 안 됩니다. 즉, 왕이라는 인물 주변에서, 왕권의 요청으로, 왕권의 이익을 위해 법 체계는 형성되었습니다. 이후 수 세기 동안 이 법 체계가 왕의 관리를 벗어나, 왕권에 반기를 들었을 때 문제시된 것은 여전히 이 왕 권력의 한계, 각종 특권의 문제입니다. 달리 말해, 서구 법 체계의 중심인물은 왕이라고 저는 생각합니다.[341]

푸코는 이를 단순히 "기술적 도구"라고 말하지만 르장드르의 이로를 살폈던 우리가 보기에 그 "기술적 도구"가 어떤 의미를 지닌 기술적 도구였는지 푸코가 정말 알고 있었는지 의심스럽고, 중세 로마법 부활은 바로 교회법의 갱신이었는데도 푸코가 여기에서 교회법과 교황의 문제를 모두 생략해버린 점—푸코가 이를 몰랐을 리 없다. 르장드르의 책을 읽었으니까—또한 의심스럽다. 그러나 이는 일단 넘어가자. 푸코 입장에서는 '이 "왕"의 "왕권"을 중심에 두고 사법을 사유하는 사고 형태'가 바로 비판해야 할 상대라는 사실은 명백하다. 푸코는 쉴 틈을 주지 않고 비판을 이어간다.

서구 사회에서 주권의 문제가 사법의 중심적인 과제였다는 말은, 사법의 담론과 기술이 지배 사실을 권력 내부에서 해소하고, 지배를 대신해서 두 가지 사항을 출현하게 하는 역할을 본질적으로 맡았음을 의미합니다. 두 가지 사항이란 주권의 정당한 제 권리와 복종의 법적 의무입니다. 즉, 사법 체계란 최종적으로 지배 사실과 그 제반 결과를 내쫓기 위한 것이었습니다.[342]

"권력에 관한 연구를 주권의 법 체계나 국가기구, 권력이 동반하는 각종 이데올로기 쪽으로 향하게 하는"[343] 것은 이러한 구체적인 지배, 폭력적인 지배로부터 눈길을 피하는 것에 불과하고 이를 정당화하는 결과를 가져오고 만다. 바로 그 때문에 『리바이어던』 모델 "법적 주권과 국가 제도"[344] 바깥에서 권력을 분석해야 한다고 푸코는 열변을 토한다. 이때 필요한 것이 "권력의 미시적"[345] 분석이다. 강의가 진행될수록 푸코의 비판은 치밀함과 날카로움을 더해간다. 푸코는 중세 로마법 부활을 기원으로 하는 "주권의 법·정치학 이론"이 유럽 역사에서 네 가지 역할을 했다고 말한다. 1. 봉건 군주제 메커니즘의 준거가 되었다. 2. 행정 군주제 성립의 도구가 되었고, 또한 이를 정당화했다. 3. 16~17세기에 왕권의 제한과 강화 양쪽으로 이용되었다. 즉, 주권론은 16~17세기 권력을 둘러싼 정치투쟁·이론투쟁에 있어서 거대한 도구였다. 4. 왕정에 대항하는 모델, 의회제 민주주의의 모델을 구축하는 역할을 했다. 프랑스혁명 때도 이 역할을 했다. 권력을 주권에 의거한 법으로 이해하는 사유 방식은, 왕권을 옹호하는 측에게도, 이에 저항하거나 혁명을 일으키려는 측에게도 "거대한 도구"로 쓸모가 있었던 것이다.[346]

그러나 푸코는 17세기와 18세기 사이에 하나의 단절을 놓으려 한다. 그 시대에 "권력의 새로운 역학"이 출현한다. "주권 관계와는 결코 호환이 가능하지 않은absolument imcompatible" "전혀 새로운 도구, 극히 다른 장비" "이 새로운 권력 기계"[347]가. 이것이 우리가 오랫동안 보아온 규율 권력의 기술이다. 그것은 토지나 생산물이 아니라 "신체 및 신체의 행동"을 대상으로 하고, 신체를 통해 노동과 수익을 얻으려 하는 감시 시스템이다. 이는 이미 보아온 바다. 같은 쪽에서 연이어 튀어나오는 푸코의 말을 인용하며 확인하자. "주권론은 계속적이고 항시적인 감시 시스템이 아니라 군주의 신체적 존재를 둘러싸는 그리고 그로부터 시작해 권력을 구축할 수 있게 하는 이론입니다. 주권론은 소위 권력의 절대적 지출 속에서 절대 권력을 구축할 수 있게 하는 것으로, 최소한의 지출과 최대한의 효과로 권력을 계산하도록 허용하지 않습니다." 이 새로운 권력, "이 비주권적인 권력, 따라서 주권의 형식과는 전혀 다른 권력이 '규율적인' 권력입니다". 이는 산업자본주의가 성립하기 위한 근본적인 도구이고, "주권론의 용어로는 기술할 수도 없고, 정당화할 수도 없고, 근본적으로 이질적이고 원래는 주권론의 저 거대한 법 체계 자체의 소멸을 가져왔을 권력".[348] 다시 말하겠다. 살펴본 바와 같이 주권 권력은 언어적·부정적 권력이다. 그렇다고 해서 규율 권력이 언어적인 것을 포함하지 않는 것은 아니라는 점도 살펴보았다. "사실, 규율은 독자적인 담론을 갖고 있습니다." "규율은 특정한 담론을 가져옵니다만, 이것이 법의 담론이나 사법적 담론일 수는 없습니다."[349]

  법, 주권을 비판하는 푸코. 우리는 규율의 시대에 있고, 법과 주권 그리고 "국가기구"는 이제 낡았다고 집요하게 반복하는 푸코. 예고해두겠다. 푸코는 죽기 직전까지, 이 비판을 멈추지 않는다. 법, 주권, 국가는 이제 낡았다. 그렇다. 푸코의 말이 맞으리라. 우리도 때에 따라서는 수긍할 준비가 되어 있다. 그러나 그것들이 왜 아직도 낡은 유물이 되지 않고 있는지 푸코는 한마디도 말해주지 않는다. 그러나 이는 넘어가자. 푸코가 말하고자 하는 바는 규율 권력에 저항하기 위해 주권적인 법에 의존해보았자 소용없다는 것이다. "규율에 저항하기 위해 주권에 의지해보았자 규율 권력의 제반 효과 자체를 제한할 수는 없습니다." "사실을 말하자면 제반 규율, 아니 규율 권력과 싸우기 위해서 비규율적인 권력을 탐구하고자 한다면 우리가 나아가야 할 방향은 오래된 주권법 쪽이 아닙니다."[350] 그리고 푸코는 다음 해의 「권력과 전략」과 직접 연결되는 내용을 논하기 시작한다. 인용하겠다.

저는 이렇게 생각합니다. 주권 이론은 소위 "순환"이라 부를 법한 것을 설정하고 맙니다. 즉, 주체에서 주체로의 순환 말이지요. 순환이란 다음과 같습니다. 주체는—자연 본성적으로 (또는 그 본성부터가) 법 권리와 법적 능력을 부여받은 개인으로 이해되는 주체는, 주체가 될 수 있고 되어야 한다. 그러나 이때, 이 주체는 권력관계에 복종하는 요소로 이해되기도 합니다. 주권이란 주체에서 주체로 향하는 이론이고, 주체에서 주체로의 정치적인 관계를 만들어가는 이론인 것입니다.[351]

주권 이론은 주체를 전제로 합니다. 주권 이론은 권력의 본질적인 통일성을 정초하려 하고, 또한 사전에 준비된 법이라는 요소 속에서 그 논의는 진행됩니다. 여기에는 세 가지 "원초성"이 있습니다. 즉, 복종하는 주체의 원초성, 정초하는 권력이 지닌 통일성의 원초성, 존중해야 할 합법성의 원초성. 주체와 권력의 통일성, 계율인 것이지요.[352]

문제는, 하고 푸코는 말을 잇는다. "주체는 어떻게, 왜, 무슨 법 권리의 이름 아래에 종속을 받아들일 수 있는지를 묻는 것이 아니라, 실제로 효과를 지니는 종속화=주체화의 제반 관계가 어떻게 해서 주체를 제조하는지 밝히는 것입니다."[353]

이리하여 푸코는 다음과 같이 반문하게 된다. 이 "주체를 제조"하는 권력의 제반 관계는 "하나의 대결 관계, 생사를 건 투쟁 관계, 전쟁 관계"가 아닐까? "평화로운, 질서 있는, 풍요로운, 권위에 복종하는 평온한 질서가 있는 국가 밑에 실은 일종의 원초적이고 항구적인 전쟁을 발견할 수 있지 않을까요?"[354] 그리고 다음과 같이 단언한다. "따라서 정치란 다른 수단에 의한 전쟁의 연속인 것입니다."[355]

자, 강의 현장의 열기가 더해가면서 푸코의 논의 순서는 다소 난잡해져가는 인상을 준다. 다소 전후를 오가면서, 우리가 항상 그래왔듯이 직선적으로, 그러나 정확성을 염두에 두고 정리하면서 뒤좇아가자. 우선, 법=왕권 이론의 대표 격인 홉스의 "사회계약론" 비판부터 보도록 한다.

제73절 자연 상태는 존재하지 않는다: 홉스 비판

/

정치사상사적으로 유명한 저 홉스의 "만인의 만인에 대한 투쟁"이라는 "자연 상태"에서 "주권의 양도" "협정"에 의한 "평화"로, 라는 시나리오의 "허점"을 푸코는 『리바이어던』의 글귀를 정성스레 좇아가면서 밝혀낸다. 먼저, "만인의 만인에 대한 투쟁"이라는 "자연 상태"는, 예를 들어 여행지에서 만나게 되는 "도둑"이라는 형태로 또는 "미국의 숲"이나 국가 성립 후의 "국가 경계"에서 출현한다고 홉스 자신이 말하고 있는 점을 지적해, 푸코는 "국가 성립 후에도 전쟁의 위협은 존재하고 전쟁은 바로 거기에 있습니다"[356]라고 말한다. 그러나 여기에서 그치지 않는다. 홉스 자신의 "자연 상태"가 근거 없이 전제로 하고 있는 기묘한 가정이 있다고 푸코는 말한다. 『리바이어던』의 제13장 모두에 있는 "인간의 평등"이 그것이다. 홉스는 거기에서 다른 사람보다 육체적으로 또는 지적으로 우수한 사람이 존재하기는 하나 모든 능력을 감안하면 개인차는 극히 적고, 한 사람 한 사람의 능력차가 크다면 애초부터 "전쟁"은 일어나지 않을 것이라고 말한다. 압도적으로 뛰어난 자가 있다면 그가 지배할 뿐 "자연 상태"가 생겨날 리가 없다. 그러나 홉스는, 이런 개인 간의 큰 차이는 존재하지 않는다, 존재하지 않기 때문에 "전쟁"이 일어난다고 분명 말하고 있다. 따라서 "자연 상태"란 개인 간에 "차이가 없는" 상태 또는 "차이가 적은" 상태가 된다. 그런 상태가 정말 존재할까? 실제 역사상의 전쟁이나 투쟁, 분쟁에서 이처럼 묘하게 추상적인 평등성이 존재한 적이 있을까? 이런 상태는 분명 이해할 수 없는 전제 아래에 있다고 푸코는 말한다.[357]

> 홉스가 묘사하고 있는 상태란 그 속에서 여러 힘이 직접 대립하는 자연 상태도 폭력 상태도 아니라는 말이 됩니다. 현실에 존재하는 직접적인 힘 사이의 관계 차원으로 들어가는 일은 없습니다. 홉스의 원시적 전쟁 상태 속에서 조우하고, 대립하고, 교차하는 것은 무기도, 주먹도, 야만적이고 구속으로부터 해방된 힘도 아닙니다. 거기에는 피도 없고 시체도 없습니다. 있는 것은 표상이고, 선언, 기호, 과대 포장한 교활한 거짓으로 구성된 여러 표현인 것입니다. 거기에 있는 것은 가짜 미끼이고, 정반대의 것으로 왜곡된 의지, 확실한 것처럼 위장된 불안인 것입니다. 그곳은 교환되는 표상의 극장입니다. 그곳에서 사람들은 시간적으로 무한한 공포의 시간 속에 있습니다. 하지만 현실에서는 전쟁 속에 있는 것이 아닙니다. (······) [홉스의] 전쟁 상태의 특징은 일종의, 자연 본성적으로 평등한

경합 관계 속에서 벌어지는 무한한 외교입니다. 사람들은 "전쟁" 속에 있는 것이 아닙니다.[358]

즉, 홉스의 "자연 상태"는 추상적인 인간의 평등성을 전제로 하고 있고, 거기에 있는 것은 실은 전쟁이 아니다. "따라서 홉스에게는 애초부터 전쟁이 없는 것입니다."[359] 푸코는 홉스가 제시한 주권 형성 과정의 여러 유형을 좇아가면서, 결국 홉스가 보기에 "주권은 항상 아래로부터, 공포를 가진 자의 의지에 의해서 형성됩니다. 따라서 설립이든 획득이든 간에 그곳에는 메커니즘상의 깊은 동일성이 있"다고 공언한다.[360] 결국, 홉스는 진짜 전쟁은 생각하지도 않은 채, 전쟁의 "공포"라는 "가짜 미끼"를 슬쩍 보여준 후에 마지막에는 주권을 꺼내 보인다는 말이다. 푸코는 말한다. "무한한 외교를 낳는 공포든 목에 댄 칼의 공포든 아이의 외침 소리든 아무래도 상관없습니다. 결국 주권은 정초되는 것입니다."[361] 푸코는 말을 잇는다. "주권의 설정은 전쟁을 모릅니다. 전쟁이 있으나 없으나 같은 방식으로 주권은 설정됩니다. 근본적으로 홉스의 담론은 전쟁을 '부정'합니다."[362] 그렇다. 개개인의 차이의 추상화를 전제로 하는 자연 상태는 전혀 전쟁이 아니고, 그 후에 도래하는 것 또한 전쟁이 아니다. 홉스의 이로에서 전쟁은 한 번도 일어나지 않는다. 왜 홉스는 전쟁을 삭제했는가? 푸코는 말한다. "한마디로 홉스가 삭제하고 싶은 것은 정복인 것입니다."[363] 그렇다. 홉스가 삭제하고 싶은 것은 실재하는 주권이 정복에 의해 성립했다는 구체적이고 역사적인 사실이다. 따라서 홉스 이론에 사실 "전쟁은 없다". 그리고 비꼬듯이, 푸코의 강의에서 자주 목격할 수 있는 해학을 담아 홉스를 흉내 내면서, 푸코는 다음과 같이 결론짓는다.

> "당신들이 이것을 원했던 것이야. 당신들을 대표하는 주권을 설정한 것은 바로 당신들, 제반 주체들이야. 그러니 이제 그 지긋지긋한 역사에 집착하지 말라는 말이야. 정복 끝에서(왜 나하면 정복을 당신은 실제로 원했으니까), 그곳에서 당신들은 계약을, 주체의 두려움에 떠는 의지를 찾아내게 될 테야"라는 말인 것이지요.[364]

하지만 여기에 전쟁은 없다. 피도, 시체도, 구타도 없다. 근본적으로 추상적인 전쟁 관념을 가짜 미끼로 삼아 주권이라는 복종의 평화를 만들어내는 사기가 있을 뿐이다. 홉스는 "정복"을 삭제한다. 진정한 전쟁을, 주권을 만들어낸 "정복"을. 이 푸코의 비판을 보면 푸코가 어떤 의미로 이와 같은 "평화"에 "전쟁"을 대치하는지 분명해질 것이고, 다음과 같은 문장의 사정도 이해할 수 있으리라.

> 전쟁이야말로 제도와 질서의 모터입니다. 평화는 그 장치 속에 있는 가장 작은 톱니바퀴로 몰래 전쟁을 하고 있는 것입니다. 달리 말해, 평화 속의 전쟁을 꿰뚫어보아야 합니다. 전쟁은 평화의 암호 그 자체입니다. 따라서 우리는 서로가 서로와 전쟁을 벌이고 있는 와중에 있습니다. 전선은 사회 전체를 관통하고 있습니다. 그것도 계속해서 그리고 영구적으로. 이 전선이 바로 우리 한 사람 한 사람을 어느 쪽 진영으로 또는 다른 쪽 진영으로 나누고 있습니다. 중립적인 주체 따위는 존재

하지 않습니다. 모두가, 불가피하게 누군가의 적인 것입니다. 즉, 이항 구조가 사회를 관통하고 있습니다.[365]

바로 제3항의 질서가 있다, 복종의 피라미드가 있다, 유기체가 있다 등등의 말을 믿게 하려는 망각이나 환상이나 거짓말이 있습니다. 그리고 이런 거짓말은 예를 들어 자연의 필연성 또는 기능적인 요청에 의해 사회 신체가 통제되고 있다는 믿음을 심으려 합니다만, 이런 거짓말을 통해 계속되는 전쟁을 찾아내야 합니다. 즉, 본인들의 우발적인 위험이나 파란波瀾과의 전쟁을 말이지요.[366]

제74절 반-역사가들, 전쟁의 담론

/

전쟁. 전쟁의 담론, 투쟁의 담론이다. 제3자의 평화 따위가 무엇이란 말인가―이리하여 푸코는 "17세기에 정치적 역사주의를 저지하려 했던"[367] 홉스의 "거대한 호적수"를, "국가 주권을 정초하는 철학적·법적 담론의 호적수"[368]를 불러내려 한다. 그것은 바로 16세기의 시민전쟁, 종교전쟁 후에 출현한 "사회관계 근저에 있는 전쟁"에 관한 역사적·정치적 담론이다.[369] 에드워드 코크, 존 릴번, 불랭빌리에, 시에예스 등의 이름을 푸코는 열거해간다.[370] 홉스의 라이벌인 그들의 담론은 바로 전쟁을 옹호하는 담론이었다. 그들의 주장은 이러했다. "정치적·사법적 담론이 말하는 것과 달리 정치권력은 전쟁이 끝난 곳에서 시작하는 것이 아니다. 조직, 권력의 법적 구조, 국가, 군주제, 사회 모두 무기의 소리가 그친 곳에 자신들의 원리를 갖는 것이 아니다. 전쟁은 결코 사라지지 않는다."[371]

전통적인 역사, 로마적인 "주권을 정당화하는 역사"에 저항하는 "반-역사"[372]의 담론이라고 푸코는 이를 형용한다. 그들이 구체적으로 강조하는 것은 "제반 민족의 투쟁"의 역사다. 예를 들어 노르만인의 색슨인 정복, "노르만 정복" "헤이스팅스 전투"라는 구체적인 "전쟁"이고, 애초에 정복된 쪽인 "색슨인" 정권도 "켈트인" "브리튼인"을 정복해서 성립했고,[373] 이들 제반 민족은 각각의 "계급"에 의해 계승되었다. 고로, 언뜻 평화롭게 보이는 당시 잉글랜드는 준동하는 이들 제반 부족=제반 계급 간의 끊임없는 긴장 관계에 있었다. 푸코는 말한다. 홉스의 의도는 이런 준동, 이런 전쟁의 불씨를 상대로 "벽"[374]을 쌓는 것이었다, 라고. 사회가 전쟁 상태에 있다는 사실을 사회계약이라는 신화로 은폐하는 것. 그들은 이 벽과 신화에 저항해 "전쟁"의 역사, "반-역사"적인 역사를 논한다. 그리고 이는 그 자체가 전쟁의 담론이다.

우리의 이로를 감안했을 때 이를 깊이 있게 논할 필요는 없으나 요약하자면 그들은 자신의 신분, 자신의 계급, 자신이 속한 부족을 정당화하는 담론을 의기양양하게 논하려 한다. 그들에게 객관성은 없다. 자신이 논하는 역사가 옳다고 그들이 생각했는지 조차 의심스럽다. 그들이 논하는 역사는 투쟁의 역사이고, 이는 그대로 투쟁의 거동 자체이기도 하니까. 예를 들어 푸코는 에드워드 코크의 "날조"를 예로 들고 있다. 16세기, 노르만 정복에 유래하는 왕권과 대립해 그 권력을 제한하고자 온갖 모략을 꾸민 의회파 정치인 에드워드 코크는 천연덕스럽게 아서왕 이후의 보통법common law에 따른 정의의 전통이 쓰여 있다고 일컬어진다는 『정의의 거울』이라는 저작을 날조해서 "발견"했다고 선전해, 노르만 정복보다 1000년 이상 전부터 존재한 이 저서의 "보통법적 전통"의 권위에 왕은 따라야 한다고 큰소리쳤던 것이다.[375] 황당무계한 이야기다. 그러나 그래도 전혀 상관없다. 그들은 전쟁을 하고 있으니까. 그래서 그들은 "반-역사"가라 형용되는 것이다.

이러한 벽에 저항하는 "반-역사"를 프랑스에서 논한 자로 푸코는 불랭빌리에를 꼽는다. 잉글랜드와 달리 프랑스에서는 "헤이스팅스 전투"와 같은 극적인 정복 사건이 없었다. 로마제국의 갈리아 정복, 그 후에 있었던 게르만 민족의 로마령 갈리아 침입은 아주 먼 고대 이야기니까. 17세기 말까지 프랑스의 "나시옹nation이라는 신체 안에 어떠한 이질성도 없었던 것입니다".[376] 그러나 귀족 불랭빌리에는 여기에 균열을 일으키려 한다. 귀족인 자신의 기원을 순수하고 용맹스러운 금발 "게르만인"으로부터 찾아내고, 제3신분을 로마 예속민이자 게르만의 피정복민이었던 "갈로 로만"인에서 유래한다고 주장한 것이다. 거기에 있는 것은 제 부족 간, 제 제급 간, 제 "민족(나시옹)" 간의 끊임없는 전쟁이다. "불랭빌리에는 갈색의 위대한 야만족을 역사 속에 순식간에 도입한 것입니다. 침입과 폭력적 정복의 법적이고 역사적인 사실을."[377] 그리고 이 역시 황당무계한―푸코는 "저는 불랭빌리에가 옳다고 이야기하는 것이 아닙니다. 불랭빌리에의 오류를 하나하나 증명할 수도 있습니다"[378]라고 말한다―반-역사 속에서 불랭빌리에는 이중의 투쟁, 왕권을 상대로 한 투쟁과 제3신분을 상대로 한 투쟁의 전선을 만들려고 한다. 역사 전체를 전쟁의 끊임없는 과정으로 바라보려 한다. 즉, "나시온" 간의 전쟁 과정으로. "이 시대에 나시온은 영토적으로 정의되는 것이 전혀 아니었습니다. 또한 명확히 결정된 정치 형태라든지, 특정한 제국에 복종하는 시스템으로 정의되는 것도 아니었지요. 나시온에게 국경은 없습니다. 확실하게 결정된 권력 시스템도 없습니다. 국가도 없는 것입니다. 나시온은 여러 국경과 제도 속에서 순환합니다."[379] 이러한 나시온들 — 게르만인, 로마인, 갈리아인 또는 색슨인, 켈트인, 노르만인 — 간의 끊임없는 전투로서의 역사에서는 당연히 "사방에 불평등과 폭력이 있고, 그 폭력이 불평등을 정초하고, 사방에서 전쟁이 벌어지고 있다는 말이 됩니다."[380] 따라서 필연적으로 "자유란 쟁취하는 것이고, 점유하는 것이고, 이익을 올리는 것이고, 명령하는 것이고, 복종을 계속 강제하는 것입니다. 자유의 첫 번째 기준은 타자의 자유를 빼앗을 수 있다는 것입니다. (……) 불랭빌리에에게 자유란 바로 평등의 반대입니다. 그것은 차이를 통해, 지배를 통해, 전쟁을 통해, 모든 역학 관계의 시스템을 통해 행사됩니다. 불평등한 역학 관계라고 할 수 없는 자유 따위, 추상적이고 무력하고 허약한 자유입니다."[381]

불랭빌리에의 전쟁은 쉽게 말해 미시적인 저 "투쟁의 울림소리" "다툼"이 아니다. 그것은 "군사력의 배분으로, 군사력의 본성으로, 전투 기술로, 징병으로, 병사에게 보수를 주는 군비 예산을 위한 세금으로 이해되는 전쟁. 내적인 제도로서의 전쟁이고, 더는 전투의 생생한 사태로서의 전쟁이 아닙니다. 이것이 바로 불랭빌리에의 분석에서 볼 수 있는 조작 단위인 것입니다. (……) 전쟁이란 군비의 일반 경제입니다. 무장한 사람들과 무장하지 않은 사람들 사이의 이코노미입니다."[382] 즉, 그것은 법과 정치와 제도 전체를 거의 포함한 피비린내 나는 영원한 투쟁의 과정인 것이다. 불랭 빌리에에게 "전쟁은 사실 법 권리 전체를 포함합니다. 자연법마저 도 전부 포함합니다. 이로 인해 거의 비현실적이고 추상적이고 어디인지 모르게 픽션 같은 것이 되고 말 정도입니다".[383] 픽션 같다 니. 그렇다면 그것은 정말 전쟁일까, 하고 딴죽을 거는 짓은 그만두 자. 문제는 그것이 아니다.

　　푸코는 여기에서 길을 잃었다고까지는 할 수 없다 하더라 도, 알고 그러는 것인지 모르고 그러는 것인지 자신의 이로를 일탈 하고 말았다고 나는 생각한다. 그렇지 않은가? 여기에서는 이 강의 의 목표였던 애초의 논점이 사라지고 말았기 때문이다. 푸코는 이 강의를 시작할 때 규율 권력이 투쟁 자체임을 논증하겠다고 했다. "이 비주권적인 권력, 따라서 주권의 형식과는 전혀 다른 권력이 '규 율적인' 권력입니다." "주권론의 용어로는 기술할 수도 없고, 정당 화할 수도 없고, 근본적으로 이질적이고 원래는 주권론의 저 거대한 법 체계 자체의 소멸을 가져왔을 권력"[384]이라고 강의를 시작할 때 소리 높 여 말하지 않았던가? 규율 권력이 개별화하는 권력인 이상, 그 투 쟁과 전략 또한 개별적인 "힘겨루기" "다툼"이어야 한다. 이는 푸 코가 분명히 확인한 바다. 그렇게 단언하면서 푸코는 주권 권력의 비판을 시작했다. 그러나 어느새 논의가 묘한 방향으로 벗어나고 있다. 어느새 정신과 의사와 다투는 광인의 힘도, 리비에르의 기이 한 요설도, 베아스의 당찬 태도도, 아르토의 외침도 사라지고 말았다. 규율 권력의 이야기는 도대체 어디로 가버렸는가? 저 각자 벌어지 고 있는 다툼의 울림소리는? 개체화를 가져오는 규율 권력으로 사 회는 온통 투쟁이 되고, 그 투쟁의 다툼 하나하나의 요소인 개개인이 각기 당면하고 있는 복종과 주체화와 벌이는 "투쟁의 울림소리"를 내고 있는 것이 아니었던가? 푸코 자신이 그리 말했었다.

　　홉스 대 불랭빌리에의 대립 구도를 거론해 불랭빌리에에게는 사회 전체, 역사 전체가 전쟁이라고 단언하면서 그것은 "개인 대 개인의 전쟁"이 아니라 "집단 대 집단의 전쟁"이고, 이 "집단 대 집단의 전쟁"을 일반화한 것이 불랭빌리에가 말한 바라고 논할 때[385] 무엇인가 엇나갔다. 불랭빌리에의 전쟁은 규율 권력 전체에 몰래 울려 퍼지는 "투쟁의 울림소리"가 아니다. 실제로 강의 중간부터 상당 기간 동안, 규율 권력에 관한 논의는 전혀 나오지 않게 된다. 수형자의 "투쟁의 울림소리"도. 그것은 『앎의 의지』에서 다시 회고되고, 그 후의 "통치성" 이로를 거쳐 돌연 다시 부상하게 될 것이다. 우리는 여기에서 규율 권력과의 "투쟁의 울림소리"가 일단 해결되지 않은 채 사라지고 말았다는 사실만 확인하면 된다. 그리고 푸코는 이 이로를 일탈한 끝에 규율 권력을 "뛰어넘는" 권력을 찾아내게 된다.

　　그 대신 푸코가 논한, 이 불랭빌리에의 담론이란 무엇인가? 어디인지 모르게 통속적인 ―조몬인繩文人이니 야요이인弥生人이니 운운하고 싶어 하는 사람들의 말과도 닮은― 이들 담론은 무엇의 기원이 되었을까? 물론 "인종주의"의 기원이고, 푸코는 처음부터 이를 언급했었다. 이들 "반-역사가"들의 담론이 도달한 귀결을 "19세기 말의 인종주의적인 생물학이나 우생학 등에서 찾을 수 있을 것입니다".[386] 우리는 사회를 보호해야 한다. 무엇으로부터? "다른 인종, 열등한 인종, 반-인종의 생물학적인 위협으로부터."[387] 그러나 어떻게 받아들여야 할까? 푸코의 어조에는 기묘한 습성이 있다. 우리는 이미 말했다. 권력을 법으로 이해하는 것을 비판하는 것인지, 아니면 법과 주권 자체를 증오하는 것인지 쉽게 판단하기 힘든 순간이 푸코의 이로에 출현한다고. 주권 권력이라고 스스로 정의한 것을 매도에 가까운 말투로 비판하고, 그것은 낡았다, 새로운 규율 권력이 중요하다고 말할 때 푸코는 규율 권력을 — 물론 "아이로니컬"하게이기는 하지만 — 사랑하고 있는 것이 아닌가 하는 의심이 드는 순간이 있다. 여기에서도 주권 권력과 홉스를 열띤 어조로 비판하고 있고, 이에 인종주의의 전쟁을 대치하고 있으니 역시 — 쓰인 글을 통해서도 그 열기로 떨리는 목소리가 전해져오는데 — 무엇인가 기묘한 뒷맛을 청중에게 남긴다. 물론, 그렇지 않다는 것을 알고 있다. 알고는 있다. 역으로 말하자면 푸코의 이로가 지닌 위험함과 날카로움과 매혹은 어떤 대상을 비판하기 위해 꺼낸 그 무엇, 그 또한 철저하게 비판해야 할 그 무엇에 대한 — 기묘한 애착이 틈새 사이로 보이고 마는, 그런 외줄타기를 굳이 해 보이는 데에 있다고 할 수 있겠다. 특히 '주권 권력은 이제 낡았다, 새로운 규율 권력을 보아라, 아니 규율 권력도 이제 낡았다, 새로운 생명 정치를 보아라'와 같은 말을 할 때의 푸코의 고양된 어조에는 그것이 너무도 적나라하게 나타난다. 위험하다. 그러나 푸코의 이로가 우리를 지독하게 매료해 놓아주지 않는 이유가 여기에 있다.

주권 권력을 극히 강한 어조로 비난하고 이를 인종주의의 전쟁과 대치시켰을 때 실제로 청중은 웅성거리고 당혹스러워했다. 물론 여기에 푸코의 니체주의가 있다는 것을 모르는 청중은 그러했을 것이다 — 이를 진정한 의미의 "니체주의"라 부를 수 있는지 나는 의심이 가지만. 그리고 실제로 푸코는 다음 강의의 모두를

"저는 지난번에 인종주의자의 담론을 찬양하려 한 것이 아닙니다. 이는 전혀 잘못된 것입니다". "그것이 아니라, 전쟁이나 인종 투쟁 담론의 역사를 (……) 인종주의란 전쟁이나 인종 투쟁이라는 거대한 담론 중 19세기판에 속하는 하나의 에피소드에 불과하답니다"라며 어쩐지 변명처럼 들리는 말로 시작해야 했다.[388] 그러나 이는 사소한 일이다. 문제는 그다음이다.

제75절 인종주의와 생명 정치

/

주권 권력에 대비되는 규율 권력 그리고 거기에 울려 퍼지는 "투쟁의 울림소리"를 묘사할 것처럼 보였던 논지는 불현듯 홉스 대 불랭빌리에의 대립 구도를 호출함으로써 큰 호를 그리며 인종주의 쪽으로 일탈해간다. 이를 푸코가 처음부터 의도했는지 여부는 알 수 없다.[389] 그러나 그 귀결은 중대하다. 이와 같은 제반 나시온의 투쟁은 시에이예스 이후 "국가화"되어가니까. 즉, 시에이예스는 나시온을 바로 "법적인 것"으로 정의한다. 불랭빌리에의 정의와는 전혀 다른 정의다. 이리하여 시에이예스 이후, "나시온의 힘을 정하는 것, 그것은 물리적인 위력도, 군사적인 적성도, 야만족의 강인함도 아닙니다. 18세기의 귀족 역사가가 묘사한 그런 것이 아니게 되는 것이지요. 이제 나시온의 힘을 정하는 것은 국가의 형상에 배치되는 역량이고 잠재성입니다". "이제 다른 나시온에게 지배 관계를 강요하는 것이 나시온의 기능이나 역사적 역할의 본질을 결정하지 않습니다. 자기 자신을 행정적으로 관리하는 것, 국가의 형상이나 권력의 체질constitution과 기능 방식을 관리하고, 통치하고 보증하는 것 — 이것입니다. 지배가 아니라 국가화인 것입니다."390 이리하여 인종주의의 전쟁은 "군사 충돌이 아니라 국가의 보편성을 향한 노력, 경쟁, 긴장 관계"가 된다. "국가가, 국가의 보편성이 바로 투쟁의 목표가 되고 전장 자체가 되는 것입니다."391 즉, 제 나시온의 투쟁은 "국가화"되고, 나시온은 국가로 향하는 그 무엇으로만 정의하게 된다. 나시온은 승리만이 아니라 국가도 추구한다. 양자가 결합한 "국민국가"를. 따라서 인종주의는 국가와 연결되는 것이다.

> 인종주의란 말 그대로 혁명의 담론입니다. 단, 거꾸로 뒤집힌 혁명의 담론입니다. 덧붙이자면 이렇게 말할 수 있습니다. 인종을 둘러싼 담론, 투쟁하는 인종에 대한 담론, 이것들은 로마적 주권의 역사적-정치적 담론에 저항하기 위한 무기로 쓰인 것입니다. 단일 인종 담론은 이 무기를 되던지는 방법 중 하나이고, 국가가 보존하는 주권의 이익을 위해, 즉 그 광휘와 위력이 이제 마술적-사법적 의례가 아니라 의학적-규범화적인 기술에 의해 보증되는 주권의 이익을 위해 이 무기를 칼로 쓴 것입니다.392

인종 간의 투쟁은 주권 국가의 것이 된다. 국가의 "단일 인종"적 정통성을 옹호하는 요소가 된다. 인종주의라는 주제는 국가에 의해 사라지는 것이 아니라 국가의 담당 요소가 되는 것이다. 이때 앞의 인용에서도 볼 수 있듯이 "의학적-규범화적인 기술", 즉 생물학을 대거 흡수한다. "19세기의 근본적인 현상 중에 하나가 권력에 의한 삶의 감안이라고 저는 생각합니다." "살아 있는 존재로서의 인간을 다루는 권력이라는 이해" "생물학의 국가화."[393] 여기에서 푸코는 규율 권력과는 또 "다른" 권력 체제를 찾아낸다.

푸코에 따르면 주권 권력은 "죽이는 권력"과 "살려두는 권리"로 구성된다.[394] 신체형의 잔혹한 극이 바로 그러했다. 주권 권력은 특정한 개인을 "죽일 수 있"기에 위력을 갖는다. "주권의 법은 죽게 하고 살게 내버려두는 권리입니다. 다음으로" 하고 푸코는 말을 잇는다. "이 새로운 법 권리는 이처럼 설립됩니다. 살게 하는faire vivre 권리, 죽게 내버려두는laisser mourir 권리."[395] 죽게 하는 권력에서 살게 하는 권력으로. 살게 내버려두는 권력에서 죽게 내버려두는 권력으로. 이는 이제 규율 권력이 아니다. 17세기에서 18세기에 걸쳐 출현한 규율 권력과는 별도로 "18세기 후반이 되어 또다시 새로운 그 무엇이 나타났고 생각합니다. 그것은 권력의 또 다른 기술로, 이는 규율적이지 않습니다. 이 권력의 기술은 처음에 말한 것, 규율 기술을 배제하지 않습니다."[396]

규율 권력은 개인의 신체를 감금하고, 조련함으로써 개인의 동일성을 생산하는 권력이었다. 그것은 개인을 대상으로 한, 개인화하는 권력이었다. 이 새로운 기술은 개인에게 관여하지 않는다. 다른 것에 관여한다. 즉, "탄생, 죽음, 발생, 병 (……) 등 삶의 고유한 과정 총체에 촉발된, 포괄적인 집단"에. "18세기의 흐름 속에서 출현한 인간 신체의 해부정치학 [규율 권력] 이후에, 우리 세기의 마지막에 이르기까지 이제 인간 신체의 해부정치학이 아닌 그 무엇이 출현한 것입니다. 그것을 저는 인류의 『생명 정치』라 부르고자 합니다."[397]

법 권리의 이론은 근본적으로 개인과 사회밖에 모릅니다. 개인은 계약을 하고, 사회 신체는 '제반 개인의 의지에 따른 혹은 암묵적인 계약'으로 설정됩니다. 규율이란 실천적으로 개인과 그 신체에 관여합니다. 그렇다면 이 권력의 새로운 기술을 통해 사람은 무엇에 관여하게 될까요? 정확히 말하자면 그것은 사회가 아닙니다(또는 법학자가 정의하는 것과 같은 사회 신체도 아닙니다). 또한 그것은 개인의 신체에 관여하지도 않습니다. 그것은 새로운 신체에 관여하는 것입니다. 다양한 신체, 머릿수로 센 신체, 무한하지는 않지만, 적어도 필연적으로 무수無數가 되는 신체. 이것이 〈인구〉라는 관념입니다. 생명정치학은 인구에 관여합니다. 정치 문제로서의 인구이고, 과학적이고 정치적인 문제로서의 인구, 생물학의 문제이자 권력의 문제이기도 한 인구입니다.[398]

물론 이 "새로운 사태"를 결코 소홀히 해서는 안 된다. 생명 정치를 비역사화하는 것은 용납할 수 없다. 하지만 이렇게는 말할 수 있다. 중세부터 근세에 걸쳐 이를 다른 형태로, 다른 분야와 중복된 형태로, 즉 다른 권력 형태로 담당해온 것은 폭력적 수단 없이 유아세례, 결혼, 죽음 앞의 도유塗油, 장례에 의한 "삶의 관리"를 해왔고, 봉건영주보다 훨씬 더 인간의 집단적인 삶을 파악하고 있었던 교회이고, 아직 거의 연구가 진행되지 않은 저 방대한 "교회부"에 기록된 탄생·결혼·사망의 망라적인 기록과 그에 의거한 부조扶助이리라. 푸코도 이 시점에서 이 점을 염두에 두고 있는 것처럼 바로 이렇게 말한다. 이 생명 정치는 "본질적으로 교회에 귀속되어 있었던 방대하지만 편차가 심했던 대량의 부조보다 정교하고, 훨씬 더 경제 면에서 합리적인 메커니즘"[399]을 만들었다, 라고.

이리하여 이 "정교한" 생명 정치의 메커니즘은 아마도 교회 권력의 그것보다도 국소화된 형태로, 예를 들면 역병과 같은 "인구 현상으로서의 병"[400]을 다루고, "이환율을 수정해서 낮추어야 한다" "더 오래 살게 해야 한다" "출생률을 높여야 한다"[401]와 같은 요청에 답하기 위해 "지속적인 인구 추이 중에 우발적으로 일어나는 사건들"[402]을 조정해간다. 이때 필요해지는 수단이 "큰 척도를 다루는 통계학적인 예측, 개산概算"[403]이다. 생명 정치의 목적은 규율 권력과 마찬가지로 최대의 효율과 잠재력의 최대 실현이다. 그러나 거기에서 "개개의 신체는 문제시되지 않는다."[404] 생명 권력이라고도 불리는 이 생명 정치가 사용하는 것은 규율의 훈련이나 조련이 아니라 "조정regularisation"[405]이다. 그리고 놀라울 만큼의 집요함으로 푸코는 말을 잇는다. "이리하여 주권 권력이 아닌 권력이"[406]라고.

이리하여 죽음은 사적인 것이 되어간다. "권력이 의존하는 것, 그것은 죽음이 아닙니다. 죽을 수 있음입니다. 이런 척도로 보면 죽음이 지금 사적인 쪽으로 향하는 것은 당연한 일입니다." "권력은 이제 죽음을 모릅니다. 엄밀한 의미로, 권력은 죽음을 내버려 두는 것입니다."[407] 이제 권력은 죽이지 않는다. 신체형의 화려한 의례와 관계가 없다. 따라서 죽음은 공적인 것으로 상연되지 않는다.[408] 푸코가 강조하는 것은 생명 정치=생명 권력이란 근본적으로 "제반 신체를 생물학적 과정 전체로 치환하는" "세큐리티 기술"[409]이라는 점이다. 이는 규율 권력과 "서로 명확히 분절되어"[410] 병존한다. 개인의 신체를 대상으로 하는 것과, 인구라는 생물학적 집단을 대상으로 하는 것으로. 역으로 말해 세큐리티가 19세기에 들어 극히 중요시된 이유는 그것이 규율적인 것과 생명정치적인 것, 즉 "다름 아닌 신체와 인구가 교차하는 지점"[411]이기 때문이다. 즉, "영구적인 감시"를 통한 "개인화"(자위 박멸 캠페인 등)와 "생물학적 과정"을 대상으로 한 "인구의 조절"이 동시에 관여하는 지점이기 때문이다.[412] 이리하여 의학은 "신체와 인구에, 유기체와 생물학적 과정에 동시적으로 행사되는 앎-권력이다. 따라서 그것은 규율적인 효과와 조정의 효과를 모두 갖게 된다"는 말이기도 하다.[413] 그리고 푸코는 규율 권력의 것이라고 논해왔던 "규격=규범" "규격화=규범화"를, "조정하고자 하는 인구에도 적용되는" 것으로 규정해 생명 권력에 이를 포갠다. 고로 푸코는 여기에서 정의를 변경한다. 규격화는 이제 규율 권력만의 것이 아니게 된 것이다. 푸코는 자신의 정의를 수정하면서 이렇게 말한다. "규격화 사회는 규율화 사회가 아니다" "규격화 사회는 직각으로 교차하는 교차점처럼 규율의 규격과 조정의 규격이 겹치는 사회다"[414]라고.

제76절 생명 권력의 폭주, 주권 권력의 폭주

/

이렇게 말한 직후에, 문맥을 거의 무시하고 푸코는 돌연 "원자력"과 "바이러스"를 논하기 시작한다.

　　　생명 권력Bio-pouvoir을 행사하면 그 극한에서 역설이 출현하고, 이는 곧바로 눈에 띕니다. 이 역설 말입니다만 한편으로는 원자력[pouvoir atomique,핵 보유의 권력]과 함께 출현합니다. 이 원자력이란 모든 주권자에게 주어진 법 권리에 따라 몇백만 명이 되는 사람을 죽이는 권력에 그치지 않습니다(그것은 결국 전통적인 것입니다). 그것이 아니라, 바로 현재의 정치권력이 기능하도록 원자력을 만들어내는 것은 일종의 피할 수 없는 역설인 것입니다. 완전히 회피 불가능한 것은 아닙니다만. 원자폭탄을 제조하고 사용하는 권력을 행사하면서 사람들은 원자폭탄을 주권 권력의 게임 속에 투입합니다. 하지만 이 주권 권력은 무차별적으로 죽이는, 즉 삶 자체를 죽이고 마는 권력입니다. 따라서 이 원자적 권력을 통해 삶을 소멸시킬 수 있는 방식으로 권력은 행사됩니다. 고로 스스로를 소멸시킬 수도 있습니다. 삶을 보증하는 권력이 그러한 것처럼. 예를 들어, 주권자인 한 사람이 원자폭탄을 사용했다고 합시다. 그 순간 그는 19세기 이후 존재해왔던 권력, 생명 권력, 삶을 보증하는 권력이 아니게 됩니다. 또 다른 극한에서 보았을 때, 더는 생명 권력에 대한 주권적 법 권리의 과잉이 아니라, 주권적 법 권리에 대한 생명 권력의 과잉을 확인할 수 있습니다. 이 생명 권력의 과잉은 인간에게 기술적·정치적 가능성이 부여되었을 때, 즉 생명[生]을 준비할 뿐만 아니라 생명을 번식시키는, 생물vivant을 제조하는, 괴물을 제조하는, 궁극적으로는 제어하지 못해 보편적인 파괴를 가져올 바이러스를 제조할 수 있는, 그런 가능성이 주어졌을 때 나타납니다. 제가 지금 원자적 권력에 대해 말한 것과는 대조적으로, 생명 권력의 놀라운 확

장은 모든 인간의 주권을 뒤덮고 마는 것입니다.[415]

　　정리하자. 푸코는 여기에서 "생명 권력 행사의 극한"에서 출현하는 "역설"을 논하고 있다. 이는 두 가지 형태를 띤다. 1. 생명 권력에 대한 주권 권력의 과잉으로서의 핵무기. "몇백만 명"의 "삶을 소멸할 수 있는" 권력. "인구"를 통째로 "죽인다"는 사고방식 자체는 생명 권력이 등장하지 않았다면 아마 존재할 수 없었을 것이다. 그러나 여기에서 생명 권력의 등장 이후, 생명 권력과 접합한 주권 권력의 "과잉" 또는 폭주가 돌발적으로 일어나면 극단적인 살육이 벌어진다. 이때 이 주권자는 통상적인 생명 권력, 즉 "19세기 이후 존재해 왔던 권력, 생명 권력, 삶을 보증하는 권력"이 아니게 된다. 말하자면 여기에서는 주권 권력과 생명 권력의 단락短絡(중간의 논리 전개를 무시하고, 원래는 관계가 없는 두 요소를 성급하게 연결하는 것을 뜻한다.—옮긴이)이, 직접적인 접속이 일어난다. 2. 주권 권력에 대한 생명 권력의 과잉으로서의 "생명공학". 유전자를 조작해서 "괴물" 같은 생물을 제조하고, 제어조차 할 수 없는 바이러스를 만들 수 있는 가능성이 열려 이를 실행에 옮겼다 치자. 거기에는 "주권을 뒤덮는" "생명 권력의 놀라운 확장"이 있다. 달리 말해 생명 권력의 독주, 폭주가 일어날 수 있다. 여기에서 푸코가 생명공학의 어떠한 국면을 얼마나 염두에 두고 말하고 있는지는 분명하지 않다. 푸코의 말을 조금 더 따라가자.

　　푸코는 자문자답한다. 이러한 삶의 기술이, "인구"를 대상으로 하고 "삶"을 목표로 하는 "생명 정치" "생명 권력"이 19세기에 등장했다면 "죽이는 법 권리와 살인의 기능은 어떤 방식으로 행사될까요? 정말 주권 권력이 점점 쇠퇴해간다면, 반대로 규율적 혹은 조정적인 권력이 점점 진전해간다면".⁴¹⁶ 그렇다. 생명 권력은 본질적으로 생명을 늘려가는 것을 자신의 사명으로 삼는 권력이었다. 인구 증가율을 높이고, 이환율과 사망률을 낮추고, 평균수명을 높인다. 이를 위해 인구 분포와 인구동태를 파악하고, 이런저런 환경과 주거의 변수를 "조정"하려 하는 권력이었다. 강제적으로 "살게 만드는" 권력이었다. 그러나 "이러한 권력은 어떻게 죽일 수가 있을까요?" "죽게 내버려 둘ₗₐᵢₛₛₑᵣ ₘₒᵤᵣᵢᵣ 수 있을까요? 이 권력은 본디 살게 하는 것이 목표인데."⁴¹⁷ 삶을 유지하고, 보존하고, 증식하려 하는 생명 권력이 살인을 할 때 누구를 죽이는가? 아니, "누구"라는 말은 정확하지 않다. 정확히 말하자면 이렇다. 어느 "인구"를 죽이는가? 그 기준은 무엇인가? 푸코는 즉시 대답한다.

여기에서 바로 인종주의가 개입한다고 생각합니다. 나는 이 시대에 인종주의가 발명되었다고 말하지는 않겠습니다. 그것은 오랫동안 실제로 존재해왔으니까요. 그러나 여기에서 인종주의는 다른 형태로 기능하고 있는 것 같습니다. 생명 권력의 출현으로 국가 메커니즘에 인종주의가 편입되었습니다. 그 순간에 바로 인종주의는 권력의 근본적인 메커니즘으로서 편입된 것입니다. 실제로 그것이 근대국가를 통해 행사된 것처럼 말이지요. 그리고 이 메커니즘 때문에 근대국가가 기능하는 데 있어서 그 어떤 순간에도, 그 어떤 한계 상황에서도, 그 어떤 조건 아래에서도 인종주의를 회피할 수 있었던 적은 거의 없습니다.

사실, 인종주의란 무엇일까요? 그것은 우선 권력이 받아들이는 삶의 영역에 단절을 도입하는 수단입니다. 살아야 하는 자와 죽어야 하는 자 사이의 단절입니다. 인류라는 생물학적인 "연속체"에 이런저런 인종이 출현하고, 인종을 구별하고, 인종의 서열을 매겨서 어떤 인종은 우수하고 다른 인종은 열등하다는 평가를 하는데, 이런 것들은 모두 권력이 받아들이는 생물학적인 영역을 세분화하는 방법이 됩니다.[418]

　　규율 권력의 "투쟁의 울림소리"를 찾기 위해 주권 권력의 평화를 비판하고, 법으로부터의 도주극을 벌여온 푸코는 그 "투쟁"이 바로 "인종주의"가 되는 장면에 부딪힌다. 생명 권력이 등장한 이후, 주권 권력은 인종주의를 기준으로 그 인종의 "인구"를 통째로 죽이게 된다. "개인"을 만들어내는 규율 권력과 구별되는 생명 권력은 "인구"라는 "삶" 자체의 "연속체"를 "조정"할 수 있게 했다. 인종주의는 "세분화"한다. 생물학적 연속체 사이에 "단절"을 도입한다. 그 "생물학적인" "연속체"에 단절을 가져오고, 경계선을 가져오고, 인종 간의 "구별"을 도입하고, 기꺼이 "열등"하다고 판단된 인종의 "인구"를 죽일 수 있게 된다. 즉, 학살이 가능해진다. "죽게 내버려둔다"가 기묘하게 "죽게 한다=죽인다"와 유착해 폭주한다.

　　이리하여 역설적으로도 인종주의는 불랭빌리에 등의 "전쟁의 담론"과 위화를 보이기 시작한다. 푸코는 "네가 살고 싶다면 타자는 죽어야 한다"는, 그 자체는 옛날부터 있었던 "전쟁의 담론"이 인종주의에서 "전적으로 새로운 수법에 의해" 기능하게 된다고 말한다.[419] "이는 바로 생명 권력의 행사에 적합한 수법입니다."[420] 인종주의는 자신이 사는 것과 타자가 죽는 것 사이에 관계를 만들어낸다. 그것은 "군사적 혹은 전쟁적인 대립 관계가 아닙니다. 그것은 생물학적인 유형의 관계인 것입니다".[421] 푸코는 말을 이어간다.

이렇습니다. "열등한 종이 소멸할수록, 비정상적인 개체를 삭제할수록, 종의 변질은 줄어들 것이고 나—개인으로서가 아니라 종으로서의 나입니다—는 살아가고, 강해지고, 튼튼해져 번식할 수 있게 되리라." 타자의 죽음은 단순히 나의 삶을 뜻하지 않습니다. 개인적인 자신의 안전을 고려한다는 의미에서의 내 삶을 뜻하는 것이 아닙니다. 그것이 아니라, 타자의 죽음은 나쁜 인종의 죽음이고, 열등한(변질된, 비정상인) 인종의 죽음이고, 그것은 일반적인 삶을 더 건강하게 하는 것이지요. 더 건강하게, 더 순수하게.
따라서 군사적인 관계가 아닙니다. 전쟁이나 정치의 관계가 아닙니다. 생물학적인 관계입니다. 그리고 이 메커니즘이 작용하는 대상은 소멸해야 할 적이지, 더는 정치적인 용어로 말하는 적adversaire이 아닙니다. 그것은 인구에 관련한 위험, 인구에 있어서의 위험인 것입니다. 외적인 위험이고 내적인 위험입니다. 달리 말해, 죽음에 이르게 하는 것, 죽음의 지상명령은 생명 권력 시스템 내부에서는 용납되지 않습니다. 그것이 정치적인 적에 대한 승리를 목적으로 하는 한은 말이지요. 그것이 아니라 생물학적인 위험을 삭제하는 것이고, 이 삭제에 직접 연관된 종 자체나 인종의 강화인 것입니다. 그러했을 때만 죽음의 명령은 인정받습니다. 인종, 인종주의란 규격화 사회에서 죽음에 이르게 하는 것을 용납 가능하게 하기 위한 조건입니다. 규격화 사회인 곳에서는, 적어도 표면상으로 첫 번째 심급의 권력이 생명 권력인 곳에서는 바로 인종주의가 누군가를 죽음에 이르게 하기 위한, 타자를 죽음에 이르게 하기 위한 조건으로서 필수 불가결합니다. 국가가 생명 권력의 형태로 기능할 때만, 즉 인종주의에 의해서만 국가의 살인 기능은 보증됩니다.[422]

생명 정치가 "낡은 죽이는 권력"을 작용하게 하려면 "반드시 인종주의를 거쳐야 한다".[423] 반대로 주권 권력이 스스로 살인을 행하는 권력을 생명 정치의 기술 속에서 실현하려면 이 또한 인종주의를 거쳐야 한다. 푸코가 이 시점에서 말하는 바를 명확히 하기 위해 이렇게 표현해보자. 인종주의란 주권 권력과 생명 권력을 ─ 소격 없이 ─ 직접 접속하는 단락로다.

푸코는 이 "살인"을 직접 죽이는 것에만 한정하지 않는다. "죽게 내버려두는 것" "죽음의 위험을 늘리는 것" "정치적인 죽음" "추방" "배척" 등으로 이 살인은 여러 형태를 띠게 된다. 또한 범죄도 인종주의 용어로 사유되기 시작한다. 범죄자, 광인, 비정상인을 죽음에 이르게 하고 추방할 수 있게 되는 것은 "인종주의", 즉 "생물학적인" 요소라는 회로를 통해서다.[424] 이때 인종주의는 이데올로기나 프로파간다에 귀결되는 것이 아니라 "포지티브"한, 생물학적 실체성을 지닌 것으로 기능하게 된다.

그러나 의심이 다 사라지지는 않는다. 우선 질문을 하나 던지자. 규율 권력은 어떻게 되었는가? 물론 그것은 생명 권력과 "병존"하고 "규격화"라는 점에서는 교차하는 존재라고 푸코는 논했었다. 그러나 이 생명 권력의 살인―"학살" 또는 "생물학적 배제"―에서 규율 권력은 어떤 작용을 하는가? 이 강의는 분명 주권 권력과 대비되는 규율 권력으로 시작했다. 거기에서 울려 퍼지는 투쟁의 울림소리라는, 『감시와 처벌』에서 결정적인 형태로 제시된 구도로 시작했다. 이 "싸움"은 돌연 규율에서 분리되어 주권 권력의 사회계약론에 반하는 전쟁의 담론이 되었고, 인종의 싸움으로 변질되었고 그 인종주의는 "국가화"되어 주권과 직접 접속하게 되었다. 그렇다면 저 『감시와 처벌』의 마지막 문장, 절규에 가까운 글귀―"투쟁의 울림소리를 들어야 한다"―는 내버려진 상태가 아닌가? 그 힘겨루기, 다툼은 "죽게 내버림"당하고 마는 것이 아닌가? 규율 권력은 생명 권력과 완전히 양립 가능함과 동시에 "주권 관계와는 결코 호환이 가능하지 않은absolument imcompatible"" 전혀 새로운 도구, 극히 이질적인 장비"인 "이 새로운 권력의 장치"[425]이고, "주권론의 용어로는 기술할 수도 없고, 정당화할 수도 없고, 근본적으로 이질적이고 원래는 주권론의 저 거대한 법 체계 자체의 소멸을 가져왔을 권력"[426]이라고 이 강의를 시작할 때 푸코는 큰소리치지 않았던가? 그러나 규율 권력을 "뛰어넘어" 그로부터 일탈해가듯이 출현한 생명 권력과 인종주의는 묘하게도 주권 권력과 끈끈한 관계를 과시하고 있다. 주권 권력 비판에서 나오게 된 인종주의, 이것이 생명 권력과 주권 권력의 접합, 아니 "용해"를 이끌어내고, 그것이 생물학적인 실체성 아래에서 사람을 계속 죽여간다. 규율 권력은 주권 권력의 소멸을 가져올 터였다. 푸코는 분명히 그리 말했다. 이 시점의 논지를 정리하면서 달리 표현하자면, 주권 권력은 인종주의의 매개로 생명 권력과 단락한다. 생명 권력과 규율 권력은 규격화를 매개로 양립 가능하다. 그러나 여전히 규율 권력과 주권 권력은 양립 불가능하다. 이 기묘한 단락과 양립 불가능성 간의 모순은 이 강의의 마지막에서 통째로 전부 유착해 정점에 달한다. 거기에서 논하는 대상은 물론 나치스다.

제77절 나치스: 주권·규율·생명 정치

/

푸코는 단언한다. 나치스보다 규율적이고 생명권력적이었던 국가는 존재하지 않는다, 라고. "규율 권력, 생명 권력. 이들이 나치 사회 전체를 빈틈없이 뒤덮어, 있는 힘껏 지탱하고 있었던 것입니다."[427] 푸코는 계속해서 말한다. 나치 사회는 전면적으로 [복지를] 보장했고, "전면적으로 세큐리티를 확보했고, 전면적으로 조정과 규율을 실행함과 동시에 이 사회에 의해 가장 완벽한 살인 권력이 확보하게 됩니다. 즉, 이 낡은, 죽이는 주권 권력이. 이 죽이는 권력은 나치 사회의 전全사회 신체를 관통합니다."[428] 나치 체제 아래에서는 국가뿐만 아니라 SS나 SA, 나아가 일반 시민까지도 밀고를 통해 만인이 이웃을 "삭제하고 삭제시킬" 수 있었다고. 전면적인 주권 권력, 전면적인 규율 권력, 전면적인 생명 권력, 고로 전면적인 인종주의, 전면적인 세큐리티. 상기하자. 르장드르도 나치스를 "자살로 향하는 국가"라고 불렀던 것을. 나치스 체제의 목표는 자멸이기도 하다. 즉, 독일인의 자멸.

따라서 다른 인종을 단순히 멸종시키는 것만이 나치 체제의 목적은 아니었습니다. 다른 인종의 멸종은 계획의 한 측면이었습니다. 다른 한 측면은 죽음의 절대적이고 전면적인 위험에 자기 인종을 노출시키는 것이었습니다. 죽음의 위험, 전체적인 파괴에 노출되는 것. 이것이 나치의 근본적인 복종 의무 안에 그리고 그 정치의 본질적인 목표 안에 들어 있던 원리 중 하나입니다. 전 인구가 죽음에 노출되는 그 지점까지 도달해야 한다. 전 인구를 전면적으로 죽음에 노출시키는 것. 이것만이 인구를 우수한 인종으로 설정할 수 있게 하고, 완전히 근절되는 인종이나 결정적으로 노예가 되는 인종을 목도해야 비로소 인구를 결정적으로 갱신할 수 있는 것입니다.

따라서 나치 사회에는 역시 터무니없는 무엇인가가 있습니다. 그것은 생명 권력을 절대적으로 전면화한 사회였습니다. 그러나 그와 동시에 죽이는 주권의 법을 전면화한 사회이기도 했던 것입니다. 고전적이고 고대적이기조차 한 권력, 국가에게 시민에 대한 생사여탈권을 부여해온 메커니즘과, 규율과 조정 주변에 조직된 새로운 메커니즘, 한마디로 생명 권력의 새로운 메커니즘. 이 두 가지 메커니즘이 딱 일치한 것입니다.[429]

푸코는 다그친다. 1942년부터 나치스 체제가 사용한 "최종해결"이라는 어휘가 유대인뿐만 아니라 모든 다른 인종을 멸종시키라는 의미였음을 지적하고, 1945년 4월 히틀러가 내린 텔레그램 71번의 명령 "독일 인민의 생존 조건을 파괴하라"를 거론한다. "다른 인종의 최종해결이고, 독일 인종의 절대적인 자살이다."[430] 나치즘은 "주권의 죽이는 권력과 생명 권력의 메커니즘 간의 게임

을 발작에 이르기까지 밀고 나간 것입니다".[431]

　　그리고 푸코는 다소, 하지만 명백히 주저하면서도 그답지 않은 일반화를 한다. "그러나 이 게임은 사실 모든 국가 기능 속에 각인되어 있습니다. 모든 근대국가, 모든 자본주의국가에도? 그렇습니다. 확실한 이야기는 할 수 없습니다. 다만 사회주의국가, 사회주의에도 이 근대국가, 자본주의국가의 기능과 똑같이 인종주의가 각인되어 있다고 생각합니다." "사회주의는 19세기 초반부터 원래 인종주의였습니다."[432] 그렇다. 사회주의는 푸리에에서 무정부주의자에 이르기까지 "생명 권력을 비판한 적이 없고, 그뿐만 아니라 그것을 발전시키고 수정해왔다".[433] 모든 근대국가, 모든 자본주의국가, 모든 사회주의국가에 "잠재적으로는" 이러한 인종주의가 각인되어 있기 때문에 나치와 같은 주권 권력·규율 권력·생명 권력의 "동시적 전면화"로 인한 "멸종" 메커니즘을 내재하고 있다.

　　무엇인가 이상하다. 예의에 벗어난다는 비난을 받더라도, 우선 이렇게 말해두자. '아우슈비츠 학살을 흥분된 어조로 역설하는 사람들의 입에서 흘러나오는 그 무엇'이 묘한 "절대적 향락"과 닮았다면, 이를 감지하고 허덕이는 듯한 논지는 논할 가치조차 없다.[434] 물론 그것은 아무래도 상관없다. 푸코가 그런 함정에 빠졌다고 생각하기는 힘들기 때문이다.

제78절 몇 가지 의문

/

그러나 나치즘의 이러한 참화는 주권 권력과 규율 권력과 생명 권력의 동시적 전면화에 의한 것이고, 이들을 매개한 것이 "인종주의"다. 푸코는 그리 말한다. 푸코의 말대로 규율 권력과 생명 권력은 규격화라는 교차점을 통해 처음부터 접합되어 있으니까 인종주의라는 단락으로만 있다면 그 동시적 전면화의 길이 열린다. 그리고 일정한 유보를 덧붙이면서도, 지당하게도 푸코는 이를 다른 근대국가의 형식에 일반화한다. 분명 근대국가의 역사에서 국가가 가장 대규모의 학살을 시작한 것은 생명 권력을 행사해 인구의 "건강"에 유의하기 시작한 때와 일치하고,⁴³⁵ 푸코는 나중에 "생명 정치의 뒷면은 죽음 정치thanatopolitique"라고 단언하게 되니까.⁴³⁶ 그러나 무엇인가 이상하다. 푸코는 '주권 권력이 소멸한다, 쇠퇴한다'고 말해왔는데 이를 쇠퇴시키고 소멸시킬 또는 시대를 전후할 규율 권력과 생명 권력과 함께 나치즘의 설명에 쓰고 있어서가 아니고, 생명 권력과 주권 권력은 전혀 다르다고 정의했는데 이를 함께 설명하고 있어서도 아니다. 물론 여기에는 일종의 모순이 존재하고, 이 모순을 지적하는 것은 의미가 있다. 일정 정도는. 이 모순을 굳이 무시해도 된다는 조야한 사고방식이 발호하고 있는 지금에는. 그러나 문제는 따로 있다.

　　당연한 일이지만 그래도 확인해두자. 만년의 푸코는 말한다. "권력은 악이 아닙니다. 권력이란 전략적 게임을 지칭합니다. 권력이 악이 아니라는 것은 누구나 알고 있을 것입니다!"⁴³⁷ 그렇다. 주권 권력도, 규율 권력도, 생명 권력도 그 자체로는 "악이 아니다". '푸코가 그토록 집요하게 비판해온 "푸코가 주권 권력이라 부르는 것"까지도 이미 지적한 바와 같이 "비판해야 할 대상에 대한 기묘한 애정"을 갖고 기술하는 모습'을 우리는 신체형에 등장했던 인물들의 "영웅적인" 여러 거동과 민중의 소란에 대한, 회고적이라고조차 말할 수 있을 법한 생생한 묘사를 통해 보아왔으니까. 푸코가 여기에서 탁견을 제시하는 부분을 고른다면, 주권 권력과 규율 권력과 생명 권력이 인종주의라는 회로를 통해 "융합"하고 마는 사실이 갖는 결정적인 위험성을 폭로한 부분이다. 그러나 그래도 여전히 위화감이 남는다.

두 가지 문제가 있다. 첫 번째는 하나의 의문으로 출현한다. 이미 논한 바와 같이 주권 권력과 생명 권력은 인종주의를 매개로 단락하고, 규율 권력과 생명 권력은 규격화하는 권력으로서 교차한다. 하지만 규율 권력과 주권 권력의 관계는 이 시점에도 "양립 불가능"하고, 그런데도 주권 권력은 살아남아 있다. 이 때문에 이와 같은 풀리지 않는 의문이 튀어나온다. 규율 권력과 주권 권력이 양립 불가능하다는 것은 거짓말 아닌가? 물론 우리가 보아온 것처럼 18세기에 주권을 옹호했던 담론의 수준과 규율 권력을 휘두르는 담론 또는 "신호" "조련" "포위" 수준 사이에는 "서어"가 있었다.[438] 이는 귀중한 지적이고, 그 무엇보다 중요한 지적이다. 그러나 푸코가 말한 것만큼 규율 권력은 주권 권력과 배치背馳되지 않고, 그것의 "소멸을 가져오는 권력"도 아니지 않을까? 이 강의에서 이 의문을 풀지는 못한다. 제7장에서 다시 논할 것임을 약속하고 뒤로 미루자.

두 번째 문제가 있다. 권력이란 전략적인 게임을 지칭하고, 고로 거기에는 전략이, 책략이, 작전이, 이미 항상 불현듯 그 목표를 벗어나 생각하지도 못한 것을 낳고 만다 해도 그런 "인위성"이, "장치"가 있을 터다. 그러나 푸코는 적어도 이 지점에서는, 특히 통계학과 생물학과 연계된 생명 권력과 인종주의의 결합에서 그러한 "인위성"을 명확한 형태로는 인정하지 않는다. 그것을 "물질적"이고 "생물학적"이고 "실체적인" 것처럼, 아니 그런 오해를 낳을 여지가 충분히 있게 묘사하고 만다. 즉, 인위성이나 고안의 여지가 없는 "있는 그대로의 사실"을 기반으로 한 권력이라도 되는 것처럼. 그러나 그런 일은 결코 있을 수 없다. 결론을 미리 말하겠다. 생명 권력은 통계학이나 자유주의와 톱니바퀴처럼 정밀하게 연결된 장치이고, 이는 일종의 역사적인 우연의 인위성에 의해 "제조"되었기 때문이다. 생명 권력은 자연적인 소여가 아니다. 그것은 역사의 우연이 만들어낸 산물에 불과하다. 통계학, 인구, 이환율이라는 개념이 "제조된" 역사적 기원은 누구나 얼마든지 지적할 수 있다. 유전이라는 개념조차 예외가 아니다. 푸코는 이미 극명히 지적했었다. "유전"이란 "병을 개인의 신체 차원에 위치시킬 수 없을 때, 병에게 신체를 부여하기 위한 수단"이고, 여기에서 유전이라는 "거대한 환상으로서의 신체"가 "발명"되었다고.[439]

고로 그것은 바꿀 수 있는 것 혹은 역사의 암흑 속에 사라질 수 있는 것에 불과하다. 그리고 우리는 이 인종주의가 풀처럼 고정시키는 주권=규율=생명 권력의 "융합체"인 나치즘을 필연화해서는 안 되고, 이를 일반화해서도 안 된다. 왜냐하면―이미 답은 나와 있지 않은가? 푸코가 이 강의에서 논한 내용은 거꾸로 독해할 수 있다. 즉, 인종주의란 에드워드 코크나 불랭빌리에와 같은 가짜 역사가들이 정략의 도구로 갈겨쓴 황당무계한 담론과 생물학, 자연 인류학의 일부 식견이 우연히 결합되어 만들어진 것에 불과하다고 푸코는 말하고 있는 것이니까. 푸코는 바로 이 강의에서 그 역사적 기원을 밝혀내지 않았는가? 인종주의는 장치다. 그것은 여러 전략과 전술과 인위와 책략과 속임수에 의해 날조된, 기원을 특정할 수 있는 단순한 "장치"에 불과하다. 왜 이런 이야기를 굳이 해야 하는지 모르겠으나, 생명 정치도 인종주의도 보편이 아니다. 따라서 초역사적인 "삶 자체"도 존재하지 않는다. 그런 벌거벗은 삶 따위는 푸코에 의해 기원이 밝혀진 장치가 영사하는 환상에 불과하다. 생명 정치를 실체화해서는 안 된다. 순수하게 물질적인 권력은 존재하지 않는다.

결론은 이렇다. 모든 권력은 장치이고 몽타주다. 그것은 "현실에 있어서" 효력을 낳는다. "포지티브"한 효력을 낳는다. 그러나 그 자체는 날조된 것, 우연한 인위에 의해 고안된 것으로 이를 실체화해서는 안 된다. 이를 결코 변경 불가능한, 대체 불가능한 것으로 여겨서는 안 된다. 이는 당위의 문제가 아니라 단적인 오류다. 그뿐이 아니라 푸코를 인용하면서 '시대가 이렇게 되어버렸으니 이런 비참한 일이 벌어져도 어쩔 수 없다'는 말을 하는 무리는 단지 시대의 주구에 불과하다. 벤슬라마가 『꾸란』과 이맘들의 소격을 소멸해 학살을 초래하는 기계장치를 "굴욕이라는 기계"라고 부르며 비판한 것처럼, 주권 권력과 규율 권력과 생명 권력 간의 소격을 소멸하는 인종주의라는 기계를 파괴해야 하는 것이다. 그러나 그리 말해도 인종은 실재한다고 말하겠지. 그것은 그렇다. 무슬림의 굴욕이 실재하는 만큼은 말이다, 라고 말해두는 것으로 여기에서는 만족하자. 몇 번이든 다시 말하겠다. 새로운 시대 같은 것은 오지 않는다. 그래서 우리는 투쟁할 수 있다. 그것들을 변혁할 수 있다. 그렇다. 이 주장이 푸코의 논지와 전혀 배치되지 않음을 알게 될 때까지 우리는 푸코의 이로를 살펴가겠다고 약속했다. 그 자체가 잘 갈아 놓은 칼의 뛰어난 한 줄기 섬광 같은 책, 『앎의 의지』로 향하자.

제6장

    ○

    ○

    ○

    ○

섹슈얼리티와 "규율적 생명 정치"
: 『앎의 의지』

제79절 성과 규격: 규율 권력과 생명 권력의 접합면

／

『사회를 보호해야 한다』는 파란만장한 강의였다. 거기에서는 생명 권력이라는 새로운 권력이 제기되었을 뿐만 아니라 주권 권력과의 "야합"이 가져온 참혹한 귀결까지 제시되었다. 그 단락로 역할을 한 인종주의의 기원마저 밝혔다. 우리의 이로에서도 문제는 더 첨예화되었다고 할 수 있으리라. 생명 권력과 인종주의의 실체화라는 오류는 잘라냈고, 주권 권력과 규율 권력의 양립 가능성 여부 문제가 여기에서 명료하게 제기되었으니까.

　　　이 강의를 마치고 5개월이 지난 1976년 8월에 탈고한 『앎의 의지』, 『성의 역사』 제1권이라고 이름 붙인 이 서적의 초점은, 푸코의 이로를 오랫동안 살펴온 우리로서는 손쉽게 알 수 있다. 푸코가 이 시점에서 성을 논한다면 그것은 규율 권력과 생명 권력의 접점, 접점이라기보다는 "접합면"인 "규격" "규격화"의 권력을 논한다는 것을 의미하고, 그 외에는 있을 수 없다.⁴⁴⁰ 이미 살펴본 것처럼 규율 권력의 목표인 개인의 "신체"와, 생명 권력의 목표인 집단적인 "인구"가 교차하는 지점이 "성"이고, 그것은 "바로 신체와 인구가 교차하는 지점"⁴⁴¹이었으니까.

간략하게 복습하자. 먼저 『감시와 처벌』에서 "규격" 개념은 어떻게 출현했는가? 물론 규율 권력이 하나의 "반-법률"임을 확인하기 위해서였다. 학교, 공장, 군대, 감옥, 핵가족 등에서 실제로 존재하는 "하위의 형벌 제도"⁴⁴²는 결코 "법"이 아니고, 거기에는 이를 대신해 끊임없는 교정을 위한 "수량화와 계산된 경제학"⁴⁴³이 존재했다. 법이 설정하는 무죄와 유죄를 양분하는 극명한 판결의 일격이 있는 것이 아니라, 닫혀 있지만 일정 정도 일탈을 허용하는 "중간 지대"가 있었다. "평균"으로부터의 거리로 측정되는 상대적인 "최고"와 "최저" 사이에 존재하는 중간 지대. 거기에는 속죄도 억압도 겁벌劫罰(지옥에 떨어진 것과 같은 고통스러운 벌을 뜻한다.—옮긴이)도 없다. 존재하는 것은 "성적"과 "측정치"의 부단한 감시이고, 감시 기술로서의 시험, 그 중간 지대 안에서 개개인을 특별히 정하는 "분포"였다. "표준 점수"의 세계. 푸코는 이를 "법의 보편적인 규범"에 의해 "법적 주체"를 규정하는 것이 아니라 "한 규격 주변에" "개개인을 분포"시키는 것이라고 했다.⁴⁴⁴ "따라서 이 형벌 제도는 법의 형벌 제도와 일일이 모든 면에서 대립한다." 즉, "규율을 통해 출현한 〈규격〉의 권력"⁴⁴⁵이다. 규격화하는 권력은 감시하고, 조사하고, 시험하고, 맵핑하고, 분포도를 만든다. 한마디로 "통계"를 만든다. 이 규격화가 "법의학 감정" "정신감정"에 침투하자 그것은 유죄도 무죄도 아닌, 그러나 광인도 정상인도 아닌, 일정한 분포와 척도 안에서 "감시"당하는 "위험인물"의 형상을 낳았다.

　　푸코는 강의를 통해 발견해간 "생명 정치" "생명 권력"의 개념화에도, 이 "규격" 권력을 덧칠해갔다. 규율 권력과 생명 권력은 "서로가 명확히 분절되어"[446] 병존한다. 그리고 '개인의 신체'와 '집단의 신체인 인구' 간의 "교차점"이 성인 이상, 성은 어느 시점부터 "신체와 인구가 교차하는 지점"으로서 "규격화 권력"의 대상이 된다. 즉, 항구적인 감시와 조사 대상이 된다. 평균을 가운데에 두고 일정 정도의 일탈이라면 허용하는 중간 지대 안에 성 또한 편입된 것이다. 규격화하는 권력의 우위. 푸코는 스스로가 구분한 권력유형을 위험에 빠뜨리면서까지 앞 장에서 다룬 강의에서 이렇게말했다. "규격화 사회는 규율화 사회가 아니다." "규격화 사회는 직각으로 교차하는 교차점처럼 규율의 규격과 조정의 규격이 겹치는사회다."[447] 그러나 규격화 사회, 규격화 권력이라고 부르면 이는혼란만 초래할 것이다. 쉽게 말해 푸코의 뇌리에서 규격화는 규율의 기술에만 속하는 것이 아니게 되었다. 그것은 생명 권력의 "조정"과 규율 권력의 "교정"을 위한 이중의 기술, 이중의 "전략적 조건"이 되었다. 물론, "반-법률"적인 전술상의 기술로서.

제80절 성은 억압받고 있지 않다. 그것은 선동당하고 있다

/

고로 법=주권을 계속 비판하는 푸코가 제기하는 문제는 이렇다. 성은 법이나 계율이나 금지와 관련지어 생각할 것이 아니라 규율권력과 생명 권력의 접합면인 규격화와 관련지어 생각해야 한다.

한마디로 말해 이 책의 내용은 바로 이것이다. 이는 두 가지 명제로 구성된다. 1. "성은 법이나 계율이나 금지와 관련지어 생각해서는 안 된다." 2. "성은 규율 권력과 생명 권력의 접합면인 규격화와 관련지어 생각해야 한다." 그러나 이 두 명제의 비판적인 사정의 폭은 확연하다. 즉, 성이 금지, 검열, 억압을 받고 있다는 생각은 잘못되었다. 성은 금지도 억압도 받지 않고 있다. 그렇다면 성을 "억압으로부터 해방"함으로써 "혁명과 행복"448이 이루어지는 일도 없다. "혁명과 '[지금과는] 다른 신체, 더 새롭고 더 아름다운 신체'이고, 더 말하자면 혁명과 쾌락이다. 제반 권력을 거역해 진실을 논하고, 쾌락의 향유를 약속한다."449 이러한 "성의 해방"이 바로 "삶의 해방"이고, "쾌락의 해방"이라는 혁명 담론에는 여전히 "성을 억압과 관련지어 논하려는 태도"450가 보인다. 그리고 이는 잘못되었다. 우리 사회에서 성은 억압, 금지, 검열과 같은 부정적인 기제에 의해 작용하고 있지 않기 때문이다. 성의 억압은 존재하지 않는다. 고로 성의 해방도 존재하지 않는다. 따라서 성에 관한 금지, 성에 관한 터부, 성의 억압 등과 같은 "이 모든 부정적 요소―방어, 거부, 검열, 부인 등"은 "국지적이고 전술적인 역할을 지닌 부품들에 지나지 않다".451 무슨 부품인가? "선동이기도 하고 강화이기도 한" "권력의 다형적多形的 기술"452의 부품이다. 이는 무슨 의미일까?

　　시초는 16세기의 트리엔트 공의회다. 거기에서 가톨릭 주교 규율과 고해·회개 성사에 변화가 일어난다. 한마디로 그것은 언뜻 모순된 것처럼 보이는 두 가지 방책을 가능하게 한다. 먼저, 죄를 고백할 때 불가결한 요소였던 성의 세밀한 고백, "즉 당사자의 체위, 취한 자세, 몸짓, 쓰다듬는 방식, 쾌락의 정확한 순간" 등과 같은 "극히 세부적인 사항"에까지 이르는 발화를 요구하지 않게 된다.[453] 사용되는 말과 묻는 방식은 더 세련되고 엄선된다. 이와 동시에, 육욕의 고백이 포괄하는 범위는 꾸준히 확대되어간다. 때는 반종교개혁의 시대로 그 운동이 자기 검증의 빈도와 영역을 가속하고 확대한다. "그때부터 생각, 욕망, 관능적인 상상력, 열락, 영혼과 육체의 순차적 움직임, 이런 모든 것이 상세한 부분에 이르기까지 고백과 지도의 흥정 속에 들어와야 한다."[454] 성을 노골적으로, 반발과 혐오를 불러일으킬 여지가 있는 어휘로 말하게 하는 것을 신중히 회피하는 대신에, 그런 세밀한 부분까지 토로하지 않아도 된다는 보장 아래에, 성은 오히려 면밀하게 특정되고, 고백되고, 검증되는 대상이 되어간다. 여기에서 근대 서양에서의 기묘한 요청이 부상한다. 푸코가 아마 서양에밖에 없을 것이라고 거듭 말한 그 요청이. 즉, "쾌락 작용과 관계가 있어 보이는 것은 전부 말할 것" "자기 자신에 대해, 타자에 대해, 그것도 될 수 있는 한 빈번히 말할 것".[455] 이리하여 "그리스도교 사목은 성에 관한 모든 사항을 수준 제한 없이 말하게 하는 임무를 자신의 기본적인 의무로 등록했다".[456]

　　여기에서 "야릇한" 문학으로, 자기 성의 비밀을 한없이 고백하는 문학으로 "바로 이어지는 직선을 그을 수 있을지도 모르겠다".[457] 마르키 드 사드를 정점으로 하는 이 문학은, 그러나 그리스도교 사목과 같은 틀 안에 있다. 즉, 둘 모두 "욕망을 남김없이, 게다가 집요하게 담론화하는 오로지 그 작업만으로 욕망에 대해 특별한 효과와 작용을 낳으려 했던 것이다".[458] 이리하여 지금까지 계속 작용하고 있는 "권력 메커니즘"[459]이 하나 마련되었다. 성을 말해야 한다. 성의 담론은 생산되어야 한다. 대량으로, 치밀하게 이야기해야 한다. 부끄러워할 필요는 없다. 이는 중요하고, 필요하고, 종교적이고 과학적이기조차 하니까. 자, 말하라. 이리하여 "18세기 즈음에 성에 대해 말하게 하는 정치적·경제적·기술적 선동이 태동한다".[460] 우리가 보아온 것처럼 "성은 심판의 대상일 뿐만 아니라 행정의 대상"이기 때문이고, "관리경영의 절차"에 따라 처리해야 하기 때문이다.[461] 생명 권력은 인구를 관리한다. 따라서 그것은 출생률, 임신율, 결혼 연령, 성적 교섭의 빈도와 밀도, 그것이 시작되는 평균 연령, 피임법의 유통을 철저히 조사해야 한다. "생물학과 경제학의 경계에서" "담론과 지식과 분석과 명령으로 이루어진 커다란 하나의 그물코가 성을 둘러쌌다."[462]

그리고 당연히 이를 규율 권력도 계승하게 되리라. 이미 "캠페인"에 대해 논했으므로 간략히 논하는 데 머물겠으나 예를 들어 18세기에 적정 나이의 젊은 자제가 집단생활을 하는 기숙학교의 기숙사에서 얼마나 성에 관해 미세한 배려가 있었는지 ─ "자위"와 "동성애"에 대한 언어상의 훈계에서 시작해 건축상의 장치, 배치에 이르는 섬세한 배려였다 ─ 쉽게 상상이 될 것이다. 침실에 "차단벽이 있는지 여부, 커튼이 있는지 여부" 등.[463] 푸코는 1776년 어느 기숙사에서 대대적으로 이루어진 "장엄한" "성교육의 대제전"을, 아마 쓴웃음을 지으며 인용했을 것이다. 독일이 자랑하는 저명인사가 참석한 자리에서 "괴테는 그 초대를 거절한 몇 안 되는 한 명이었다".[464] 이렇게 해서 아이들과 사춘기 청소년의 성은 이 역사적 시점에서 처음으로 제도적으로 중요한 전략 목표가 되었고, "이를 둘러싸고 무수의 제도적 장치가 만들어지게 되었다".[465] 그리고 이런 변화는 학교뿐만 아니라 공장, 감옥, 핵가족을 대상으로―아마도 다소의 희비극을 동반하며―벌어졌음을 우리 이로를 염두에 두면 쉽게 알 수 있다.

즉, 18세기 이후 성은 끊임없이 "전면적으로 담론상의 비정상적인 흥분"[466]을 불러일으켰던 것이다. '괜찮다. 성은 소중하고, 만인이 성적 욕망을 갖고 있고, 이는 과학적으로도 정신분석적으로도 보장되어 있으니 부끄러워할 필요는 없다. 너는 어떨 때, 어떤 식으로, 어떤 자극으로, 어떤 것에 성적 쾌락을 느끼느냐? 무슨 말이든 자유롭게 하렴.' 이리하여 보증을 받아 안도한, 흥분으로 숨을 헐떡거리는 담론이 번성해간다. 권력에 거슬러, 도덕에 거슬러, 성에 대해 득의양양하게 말하는 자도 많았을 것이다. 오히려 그런 쪽이 많았으리라. 그러나 이미 보아온 것처럼 "그것은 바로 권력이 행사되는 장소에서, 그 행사 수단으로서"[467] 발화되었던 것이다. 성을 말하는 것은, 성은 더는 침범 행위가 아니다. 장소를 가리지 않고 성에 대해 세세한 부분까지 조사하고, 심문하고, 관찰하고, 문장으로 쓰고, 자기 검증하고, 청취하고, 기록해 "경제·교육·의학·재판의 각 차원에서 성 담론을 부추겨 추출하고 조정하는" "하릴없이 거대한 말의 산"[468]이 쌓여간 것이다. 아마 지금도. 그러나 그래도 "묘한 우려에 잠겨 스스로에게 말한다. 우리는 성에 대해 충분히 말하지 못하고 있다. 우리는 너무도 겁이 많고 소심하다"[469]고.

이리하여 그리스도교의 고해실은 "인구통계학, 생물학, 의학, 정신병리학, 심리학, 도덕, 교육학, 정치 비판"[470]으로 확산되어간다. 물론 거기에 공공연하게 "정신분석"도 추가될 것이다.

성은 금지되어 있지 않다. 성은 억압받고 있지 않다. 성은 "말로 할 수 없는 것"이 아니다. 그것이 아니라 '성을 말하라'라는 이 기묘한 명령, 생명 권력=규율 권력의 명령에 의한 선동으로 사람은 항상 성을 말해왔던 것이다. 이는 극히 교묘한 책략이라 할 수 있다. 성을 말하는 것 자체가 금지와 억압을 어기는 쾌락을 주기 때문이고, 그 상기된 목소리로 말을 하면 할수록 성은 "아무리 말을 늘어놓아도 다 말로 할 수 없는" "심연"이 되어가니까. "성의 심연" "성의 비밀"은 오히려 "성을 말하라"는 선동의 효과인 것이다. 선동의, 비밀의 무한한 증식.

이 "증식" 안에 주변적인 성 현상, 즉 도착도 편입된다. 지난 세기에 걸친 색정광 "돈 후안" 형상의 지속, 동성애, 동물 애호증, 페티시스트, 노출광, 시간視姦 애호증, 냉감증 (……) 이러한 일람이 연이어 만들어지고, 그 항목수가 늘어갔다. 이는 "배제하기 위해서"가 아니다. 그것이 아니라 "그것을 분류와 이해 가능성의 원리로 삼고, 무질서의 존재 이유이자 자연적 질서로서 성립시키기" 위해서다.[471] 한마디로 말해 "규격"의 분포도 안에 위치시키고 평가하기 위해서다. 이러한 끊임없는 담론의 선동이 강제하는 자기 검증을 통해 자신의 동성애적 자질이나 색정광적 자질 혹은 특정한 페티시즘을, 희미한 도착의 향기를 자아내는 "성적 취향"을 자기 안에서 발견한 적이 없는 자가 오히려 더 적을 것이다. 때때로 사람들은 이를 자랑스레 이야기하기도 한다. 꺼림칙함과 이를 어기는 쾌감에 젖은 눈빛으로. 그러나 물론 이런 행동은 "교정되고" "강제된" 것에 불과하다. 권력은 "관능화"한다.[472] 따라서 "성도착의 증가는 (……) 특정한 형태의 권력이 신체와 신체의 쾌락에 간섭함으로써 생겨난 현실적 산물이다".[473] 그러므로 아마도 이렇게 말할 수 있을 것이다. 특정한 성적 취향을 자신의 비밀스러우나 확고한 독자성·개성·동일성으로 여기는 것은 쓸데없는 짓이다. 푸코는 말한다. 서양은 이때 새로운 성적 쾌락을 발견한 것이 아니다. "그 게임의 새로운 규칙을 정한" 것으로, 거기에는 "성적 도착의 얼어붙은 얼굴이 그려져 있을" 뿐이다.[474]

> 바로 주변적인 성적 욕망의 분리, 그 농밀화와 강화를 통해 성적 쾌락과 권력의 관계는 세분화되고, 다양화하고, 신체 위를 거닐고, 행동 안으로 침입한다. 성적 욕망은 이러한 권력의 돌출부 여기저기에 특정한 연령·장소·취향·행위의 유형에 따라 마치 표본을 핀으로 꽂아둔 것처럼 고정된다. 권력의 확대가 가져온 성적 욕망의 증식이고, 이들 특정 영역의 성적 욕망 하나하나가 개입의 표면을 만들어내는 권력의 증가를 의미한다. 이 연쇄는 특히 19세기 이후, 무수한 경제적 이익에 의해 보장되고 중계되는데, 그 경제적 이익은 의학과 정신병리학, 매춘과 포르노그래피 덕분에 쾌락의 이러한 분석적 세분화 그리고 이를 통제하는 권력의 증가와 동시적으로 연결되어 있다. 쾌락과 권력이 서로를 부정하는 일은 없다. 양자 사이에 반목은 없는 것이다.[475]

따라서 우리는 억압받고 있지 않다. 오히려 선동당하고 있다. 성의 방종은 저항이나 해방과 관계가 없다. 쾌락의 강도 운운하는 도학자나 작가의 말은 믿지 않는 것이 좋다. 왜냐하면 우리 시대에 존재하는 것은 "쾌락의 강도와 권력의 집요함이 서로의 불꽃을 돋우는 불구덩이"[476]니까.

성의 과학. 성은 앎의 대상이 되고, 부추겨진 욕망에 의해 방대한 양의 데이터가 축적되어간다. 물론 푸코가 말하는 바와 같이 이는 서양 사회가 "진리의 산출"이라고 여겨온 "고백"이라는 "의례"의 역사적인 효과다.[477] "관찰과 입증에 따른 학문적 방법과는 별도로, 고백은 서양에서 진리를 산출하는 기술 중에 가장 높은 평가를 받고 있었다. 그때부터 우리 사회는 유달리 고백을 좋아하는 사회가 된 것이다. (⋯⋯) 재판, 의학, 교육, 가족 관계, 연인 관계, 가장 일상적인 차원부터 가장 엄숙한 의식에 이르기까지 말이다."[478] 자신의 상처받은 과거를, 자신의 욕망을, 자신의 병을, 자신의 비참을, 자신의 유아기를, 자신의 죄를, 자신의 과오를 어디인지 기꺼워하면서, 어디인지 상기된 어조로, 묘하게 젖은 눈빛으로. 문학 또한 "영웅적인 혹은 신비로운" "시련"[479]의 이야기에서 고백으로 방향을 틀 것이다. 서점의 책장을 훑어보기만 해도 "체험담"이나 고백체 소설 등이 산처럼 쌓여 있으니 루소 운운하며 구체적 사례를 들어 논증할 필요도 없으리라. 그리고 사태가 묘해진다. 고백이 "진리의 산출"인 이상, 이 성의 고백이 18세기 이후 거세게 선동되었다고 하면, 그리고 우리가 그 "효과"로 산출된 주체라고 하면―성이야말로 우리 한 사람 한 사람의 진리라는 말이 되고 만다. 한 여성이 해트hat나 캡cap보다 헌팅캡 쓰기를 좋아한다는 것을 안다고 해서, 한 남성이 버튼다운 셔츠나 워크 셔츠보다 웨스턴 셔츠 입기를 좋아한다는 것을 안다고 해서 특별히 그녀/그의 "진리"를, 고백된 비밀스러운 진리를 "알고 마는" 것은 아니다. 그러나 그 여성이 동성애자이고, 그 남자가 관음을 즐기는 자임을 알게 되면 사태는 급변한다. 그것은 그녀/그들의 은밀한 "비밀"을, 기억에서 지우기 힘든 "진리"를 안 것이 된다. 그러나 이 또한 권력 기술이 설치한 장치의 "효과"에 불과하다.

그렇다. 이제 권력은 입 다물라 명령하지 않는다. 권력은 침묵을 강제하지 않는다. 권력은 말하라고 명령하고, 말하도록 유도하고, 자세히 말하도록 부추긴다. 고백하라는 유혹이 있기 때문에 자기 안에 "비밀"이 출현한다. 우리의 이로를 염두에 두었을 때 흥미로운 푸코의 말을 하나만 인용하자. "고백이란 말하는 주체와 말해진 문장의 주체가 합치하는 담론의 의식이다. 그것은 또한 권력관계 안에서 전개되는 의식이다."[480]

여기에서 푸코가 "'말하게 하기'의 임상의학적 코드화"[481] "성적 현상에는 본질적으로 잠재성이라는 특성이 내재한다는 원리"[482] "해석이라는 방법"[483] "고백 효과의 의학화"[484]를 꼽으면서 노골적으로 비판의 칼날을 들이대고 있는 일차적인 대상이 정신분석임은 분명하다. 이는 주체에 관한 앎이고, 주체의 분할에 관한 앎, 주체 결정에 관여하는 앎, 무엇보다 "주체가 주체 스스로를 파악하기 힘들게 만드는 것에 관한 앎"[485]이다. 무의식의 욕망은 말하기 어렵고, 파악하기 힘들기 때문에 이를 말해야 한다—이러한 언표는 모두 푸코가 지적해온 억압-선동 장치 한가운데에 있다.

그렇다. 억압이 있으니 억압을 없애면 해방이 오고, 법과 금지가 있기에 이를 침범하려는 욕망이 생기며 솟아오른다는 생각은 "훨씬 일반적"이다. 욕망과 법의 이론. 삶과 성의 해방을 노래하는 희망의 이론. 푸코는 이를 매섭게 비판한다. 그리고 그런 사고방식의 특징을 다음과 같이 열거한다. 1. "부정적인 관계."[486] 권력은 성을 "부정"한다. 그것을 거절하고, 배제하고, 삭제하고, 검열하고, 방해하고, 은폐하고, 억압한다. 권력은 "하지 마라"고 말한다. 권력은 성에게 "한계와 결여"를 부과하는 것이다. 2. 언어의 발화(담론 행위) 권력은 성에게 법을 부과한다. 성은 허가된 성과 금지된 성으로 분할된다. "성에 대한 권력의 개입은 언어를 통해 이루어진다."[487] 권력의 순수 형태는 이러한 법이고, 그것은 법률적-담론적이다. 3. "금지의 순환."[488] 권력은 금지한다. 성에 가까이 가서는 안 된다. 접촉해서는 안 된다. 향락해서는 안 된다. 그것에 대해 말해서는 안 된다. 권력은 바로 금지에 의해 성을 통제하려고 한다. 4. "검열의 논리."[489] 이런 금지는 묘하게 모순된 형태를 띤다. 성은 허용되지 않는다. 성을 말해서는 안 된다. 성은 존재하지 않는다. 법으로서의 권력은 이 세 가지 모순된 설명을 동시에 하는 것이다. "말로 표현되지 않는 것"으로서의 성, 현실에서 사라진, 말할 수 없는 것으로서의 성. 5. "장치의 통일성."[490] 성에 관여하는 권력은 하나의 균질한 통일체로서 기능한다. 똑같은 권력이 법과 금지와 검열이라는 단순한 거동을 국가·가족·학교·공장·개인의 수준, 즉 모든 수준에서 일반적인 형태로 수행한다. 한편에 균질한 통일체로서의 법이 있고, 다른 한편에 균질한 통일체로서의 복종하는 주체가 있다. 그리고 푸코는 격렬한 기세로 연거푸 반문한다. "왜 이러한 권력의 법률적인 사고방식을 이토록 쉽게 받아들이는가?" "왜 권력을 금지라는 부정적이고 야윈 모습으로만 인정하려 하는가?" "왜 제반 지배 장치들을 '금지하는 법'이라는 하나의 절차로만 이해하려 하는가?"[491]

　　"결국 시대와 목표가 달라져도 권력의 표상은 여전히 왕정의 이미지에서 벗어나지 못하고 있기 때문이다. 정치를 사고하고 분석할 때 사람들은 여전히 왕의 목을 잘라내지 못하고 있다. 그래서 시대가 바뀌어도 권력 이론은 여전히 법 권리와 폭력의 문제를, 의지와 자유를, 특히 국가와 주권의 문제를 중시한다."[492] 그리고 푸코는 연이어 말을 퍼붓는다. 이런 "법적 왕정"을 모델로 삼아 권력을 생각하는 것은 "극히 특수한 것으로 결국 과도기의 형상에 불과하다".[493] "극히 새로운 여러 권력 메커니즘이 서서히 침투해오고"[494] 있는데 "사람들은 〈법으로서의 권력〉〈주권으로서의 권력〉이라는 이미지를 여전히 고집하고 있다".[495] "그리고 바로 이러한 이미지로부터 벗어나야 한다."[496] "권력의 법적·부정적 표상과 결별하자. 권력을 법·금지·자유·주권 등의 말로 생각하는 것을 그만두자".[497]

그리고 푸코는 성에만 국한하지 않고 보다 일반적으로 통용되는, "권력"을 다르게 바라보는 시점을 제기한다. 푸코는 말한다. 권력은 국가나 기관이나 "권력자"가 특권적으로 소유하고 휘두르는 것이 아니다. "권력은 매 순간 모든 지점에서, 더 정확히 말해 한 지점과 다른 지점이 관계를 맺는 곳이라면 어디에서든 발생하기 때문이다. 권력은 도처에 있다. 모든 것을 통괄해서가 아니다. 도처에서 생겨나기 때문이다."[498] 권력은 획득할 수 있는, 손에 넣을 수 있는, 소유할 수 있는 것이 아니라 무수한 지점에서 진행되는 게임 속에서 행사되는 것이다.[499] 권력관계는 다른 여러 관계에 내재해 있다. 경제 과정, 지식의 전수 관계, 성적 관계의 모든 요소에 그것은 존재한다. 권력은 그때마다 그것이 발생하는 장소에서 작용하고, 직접적으로 무엇인가를 산출한다.[500] 권력은 아래로부터 온다. 위로부터만 오는 것이 아니다. 그것은 사회체의 모든 곳에서 작동하는 다양한 "역학 관계" 그 자체다.[501] 권력은 주체가 아니다. 권력은 한 주체의 선택이나 결정에서 유래하지 않는다. "권력의 합리성을 관장하는 사령부를 찾으려 하지 말자."[502] 즉, 우리의 어휘로 말하자면 "전략가는 존재하지 않는다".

　　권력이 있는 곳에, 권력 그 한복판에 저항은 존재한다. 따라서 저항은 권력 바깥에 없다. 권력이 작용하는 곳곳에서, 그 순간마다 저항은 있다. 권력에 대항하는 특권적인 "반란의 중심"[503] 같은 것은 없다. 유일한 혁명의, 그 핵심 같은 것은 없다. "여러 저항이 있고 그것들 모두가 특별한 사건인 것이다. 가능하고 필연적인 것처럼 보였는데 전혀 일어날 성싶지 않고, 자연 발생적이고 통제를 거부하고 고독한 것처럼 보였는데 공모하고 있다. 차분하게 말로 해결할 것처럼 보였는데 폭력적이고, 타협 불가능해 보였는데 흥정이 빠르고, 이해관계에 민감한 것처럼 보였는데 자기희생적이다."[504] 이쪽이 불랭빌리에적인 인종주의의 전쟁보다는 『감시와 처벌』에서 묘사했던 "투쟁의 울림소리"에 속한다는 점을 확인해두는 것이 좋겠다. 왜냐하면 그것은 "유동적이고 과도기적인 저항점이다. 그것은 사회 내부에 움직이는 단층을 만들어내 통일체를 파괴하고 재편성을 부추기고, 개인 자체에 홈을 파고 이를 토막 내 그 면모를 쇄신함으로써, 개인 속에 ─그 신체와 영혼 내부에─ 요지부동의 영역을 획정"[505]하니까. 우리는 이미 보아왔다. 의사와 환자의, 엄마와 아이의, 교사와 학생의 매 순간 부단히 변화하는 내재적인 "힘겨루기" "다툼"을. 이를 몇 겹으로 둘러싸고 있는 여러 분야에 걸친 "전략" "작전" "전술"을. 그리고 그들 간의 피하기 힘든 "서어"를. 그리고 논지에서 일단 그것이 사라진 것을. 특별히 새로운 관점이 추가되지는 않았지만, 그것이 보다 예리한 형태로 다시 부상했다. 물론 보아온 바와 같이 성의 권력은 규격화 권력일 테고, 규격화는 개인화의 메커니즘이기도 하니 어떤 의미에서 이 귀결은 당연하다. 그리고 푸코는 집요하게 거듭한다. "주권의 특권시"가 아니라 "역학 관계의 다양하고 유동적인 장"이라고. "전략의 모델이지 법 권리의 모델이 아니"[506]라고.

물론, 하고 푸코는 두 가지 유보 사항을 추가하지 않을 수 없게 된다. 모든 사회에서 성적 관계는 "혼인 장치"[507]를 낳았다. 결혼 시스템을, 친족 관계의 고정과 계승 시스템을. 그리고 이는 누가 무어라 해도 법적인 것이다, 라고. 이는 옳은 말이다. 그러나 18세기 이후에 근대 서양 사회는 이와 중복되게 "성적 욕망의 장치"[508] 또한 설치했다. "캠페인" "선동"에 의해 운영되는 유동적이고 상황 의존적인 "권력 기술"을. 물론 "근친상간의 금지"는 혼인 장치에서 필수 불가결하다. 이 또한 분명하다. 그러나 핵가족을 성적 욕망의 중추에 둔 우리 사회에서 이는 더는 "초문화적"[509]일 수 없다. 이는 여러 캠페인이나 전술의 대상인 것이다. 이 또한 이미 보아왔다.

18세기부터 19세기에 걸쳐 이 전략, 이 성적 욕망 장치의 작전은 "유전"과 연결되고, "생물학"과 연결되고, "우생학"과 연결된다. "노출광이나 동성애자의 가족 계보를 조사해보라. 반드시 반신불수의 선조나 폐병을 앓은 부모나 노인성 치매에 걸린 백부 등이 발견될 것이다."[510] 도착과 유전, 변질, 물론 "인종주의"가 있다. 고로 결정적이고 철저한 정신분석 비판을 가해 분석가의 격노를 초래하게 되는 이 책—거의 "규탄"에 가까운 대담은 이미 부분적으로 인용했다—은 프로이트의 정신분석에 일정한 평가를 부여하게 된다. 즉, 정신분석은 이 도착·유전·변질의 생물학적·우생학적 기술에 "결연히 대항했던 것이다". 단, "1940년대까지는".[511]

제81절 규율적 생명 정치와 "인구를 죽이는 것": 푸코의 태도 변경
/

이리하여 피의 연속성으로 자신의 계급 계승과 고귀함을 보장해온 귀족계급의 "피"의 원리는 부르주아지의 "유전" 원리로 계승된다. 물론 "생물학적·의학적·우생학적인 형태"[512]로. 결혼할 때, 경제적인 요청이나 신분뿐만 아니라 유전적 결함 또한 감안하게 된다. "인류의 자손을 개량하기 위한 수단"[513]으로서. "근친상간 금지 캠페인"을 매개로 정신분석이 개입해간 경위는 이미 논한 바 있다.

　　　그리고 유전과 우생학은 인종주의와 연결되고 "인구"를 조작하는 생명 권력과 연결되고, 삶의 국가 관리화와 연결된다. 삶은 조정하고, 관리하고, 운영하고, 경영하는 대상이 된다. 권력은 인구를 대상으로 삼고, 고로 "대량학살"도 일어나게 된다. "인구 전체가 그들의 생존에 필요하다는 명목 아래에 서로 죽이도록 훈련받는 것이다."[514] 지난 강의 마지막에서 가장 파란 넘치는 내용이었던 이 "인구의 학살"도 이 책에서 다시 다루어진다. 그러나 이 책에서는 주권 권력과 생명 권력의 "단락"이 학살을 낳는다는 논지는 사라졌다. 인용하자.

　　　'살아남기 위해서 적을 죽인다'는 백병전 전술을 지탱했던 원리는 이제 국가 간 전략의 원리가 되었다. 그러나 거기에서 생존이 문제 되는 것은 이제 주권이라는 법적인 존재가 아니라 하나의 국민이라는 생물학적인 존재다. 민족 학살이 근대 권력의 꿈인 이유는, 그것이 낡은 〈죽이는 권력〉의 현재적 회귀여서가 아니다. 그것이 아니라, 권력이라는 것이 생명과 종과 종족, 나아가 인구라는 커다란 차원에 위치하고 있고 그곳에서 행사되기 때문이다.[515]

푸코는 여기에서 태도를 바꾸었다. 원자폭탄과 학살을 "생명 권력에 대한 주권적 법 권리의 과잉"이라고 말했으나 여기에서 그런 "주권적 법 권리의 과잉"은 그림자조차 보이지 않는다. 푸코에게 학살은 주권 권력과 생명 권력의 유착이 가져오는 것이 아니게 되었다. 물론 거듭 주의해두자. 인종주의와 생명 권력과 이러한 학살의 연관성은 명백하고, 인종주의와 생명 권력은 "역사적 산물"에 불과하다는 것을. 그 대신 푸코가 강조하는 부분이 있다. 규율 권력, 즉 "인간 신체의 해부정치학"과 생명 권력, 즉 "조정하고 관리"하는 "인구의 생명 정치"가 "두 얼굴을 가진" "생명을 다루는 권력" "거대한 기술"로서 포개진다.[516] 규율의 미시적인 기술을 무기로 한 학교, 기숙사, 공장, 병영의 발전—이것과 인구통계학을 무기로 정치 경제의 실천 공간에서 진행되는 출생률, 공중위생, 주택 환경, 이주, 사망률, 자살률 문제의 발전은 구별되면서도 겹쳐져간다. 푸코는 말한다. 자본주의 발전에 불가결한 요인이었던, 18세기에 그 "기초"가 형성된 "해부학적이고 삶에 기반을 둔 정치anatomo-et bio-politique"[517]라고. 즉, 규율적 생명 정치라고.

앎의 권력이 구사하는 수법은 삶의 과정을 자신의 문제로 받아들여 이를 관리하고 변경하려 한다. 서구적 인간은 조금씩 배워간다. 생명을 지닌 하나의 종으로서 이 세계를 살아간다는 것이 무엇을 의미하는지. 신체를 갖는다는 것이 무엇을 의미하는지. 존재 조건을, 삶의 확률을, 개인과 집단의 건강을, 변경 가능한 힘을, 그 힘을 최적의 방법으로 배분할 수 있는 공간을 갖는다는 것이 무엇을 의미하는지. 아마 역사상 최초로 생명의 문제가 정치의 문제에 반영된다. 살아 있다는 현실은 더는 죽음의 우연과 그 숙명 속에서 때때로 떠오를 뿐인, 손댈 수 없는 기저와 같은 것이 아니다. 그것은 부분적으로 앎이 관리하고 권력이 개입하는 영역으로 이동한다.[518]

푸코는 말한다. "근대인이란 정치 내부에서 살아가는 존재로서 자신의 삶 자체가 문제시되는 동물이다."[519] 하지만 이렇게도 말하고 있다. "이는 삶이 '삶을 지배하고 경영하는 기술'에 모조리 포섭되었다는 말이 결코 아니다. 삶은 그로부터 쉼 없이 도주하는 것이다."[520] 그렇다. 잘못 받아들여서는 안 된다. 푸코는 이를 저항할 수 없고 바꿀 수도 없는 물질적 소여라고 말한 적이 없고, 생명 정치를 "초근대" "포스트모던" 등과 같은 의미가 불명확한 개념과 연결한 적도 없다. 반대로 규율적 생명 정치는 역사적 산물에 불과하고, 저항은 매 순간 국지적으로 가능하다고 푸코는 여기에서 역설하고 있다. 우리는 이를 쫓아왔던 것이다. 강조해두어야 한다. 푸코의 필치는 그 무엇보다 전략적이지만, 그와 동시에 그 무엇보다 공평하기도 하다는 사실을. 정신분석을 매도하는 서적으로 알려진 이 책에서 적어도 1940년대까지의 정신분석은 이 규율적 생명 정치에 저항했다고 말하는 푸코의 모습을 우리는 보지 않았던가?

이리하여 우리가 처음에 확인한 바와 같이 규율 권력과 생명 권력의 접합면, 즉 "규격"이 강조된다. 이 접합면이 바로 "성"의 장소라 지칭되고 있었음을 우리는 거듭 확인했다. 푸코는 말한다. "생명 권력의 이와 같은 발전이 가져오는 또 하나의 결과는 규격의 역할이 '법이 지닌 법률적 시스템'을 희생하면서 더욱 중요해졌다는 점이다. (……) 이제 주권의 영역에서 죽음을 작동시키는 것이 문제가 아니라 살아 있는 자를 가치와 유용성의 영역에 배분하는 것이 문제가 된다. 이런 권력은 그 모습을 살육자로서의 빛 속에서 드러내기보다는 자격을 정해 측정하고 평가해 상하 관계 속에 배분하는 작업을 해야 한다."[521] 이어서 말한다. 물론 법이 소멸하는 일은 없을 것이다. 그러나 그것은 규격화되고 규격으로서만 기능하게 된다고. 그렇다. "생명을, 신체를, 건강을, 행복을, 욕구 만족을 위한 '권리'"는 "고전적인 법률 체계로서는 이해하기 힘든 '권리'"이고, "주권이라는 전통적 권리에 기반을 둔 것이 아니다".[522]

그렇다면 나치즘은? 그것은 "근대적인, 국가적인, 생물학적인 형태의 인종주의"가 "피의 순수함을 지키고 종족의 군림을 실현하고자" 하는 "피의 환상과 규율 권력의 격렬한 폭발"이었다. 우생학적인 미시 권력이 구석구석까지 확장되면서 그것이 "지고의 피"라는 신화로 변형되었고 "타자의 체계적인 멸종"과 "자신을 철저하게 희생양으로 바치는" 운동으로 변질되고 말았던 것이다.[523] 물론 우생학적인 유전을 피의 신화와 연결하는 부분은 어디인지 모르게 낡은 것으로의 회귀가 보인다. 그러나 푸코가 여기에서 하고 있는 설명은 나치즘을 규율적 생명 정치와 인종주의의 폭주로 위치시키고 있고 주권 권력은 문제시하고 있지 않다는 점을 확인해두자. 이 태도 변화는 이미 살펴보았고, 나치즘의 논의도 복습에 불과하다.

이리하여 이 서리하기 그지없는 논쟁적인 서적은 하나의 선언으로 받아들여져 커다란 반향을 부르게 되었다. 이 서적으로 비판을 받았다고 느낀 것은 정신분석가와 정신의학자뿐만이 아니다. 푸코의 맹우盟友였던 들뢰즈조차도 이 책을 읽고 푸코는 자신의 의견에 반대하고 있는지도 모르겠다고 불안을 토로했고, 푸코와 거리를 두게 된 것으로 보인다.[524] 그리고 푸코의 사후, 고요한 비탄을 담아 푸코와 거리를 두었던 것을 후회한다고 말한 바 있다. 들뢰즈가 가타리와 함께 1972년에 간행한 『안티 오이디푸스』는 분명 여러 착종錯綜이 있기는 하지만 욕망 기계를 "억압에서 해방"하는 담론으로 받아들일 가능성이 있었고, 푸코 자신도 1983년의 인터뷰에서 들뢰즈와의 친근성은 욕망이라는 개념에까지 이르는지 질문 받았을 때 "아니요. 결코 그런 일은 없습니다non, justement pas"[525]라고 대답했으니까.

그러나 우리가 아직 모르는 부분이 있다. 니코스 폴란차스Nicos Poulantzas가 내놓았던 '푸코가 내놓은 권력의 미시물리학은 구체적이고 실천적이고 미세한 권력 기술, 전략, 규율의 작용을 극명히 분석할 수 있게 하는 반면, 이로 인해 푸코는 "국가"라는 소위 "거시적 수준"의, 폭력적인 것을 포함한 역학 관계를 경시하고만 것이 아닌가'라는 자주 회자되는 의문이 아니다.[526] 분명 푸코의 법=주권 이해가 너무 "갑갑"하다고 말할 수는 있겠지만. '아마 푸코는 이 비판을 받고 "통치성"이라는 개념을 창출했다'라고까지는 단언하지 못하더라도 통치성을 다룬 다음 강의 『안전·영토·인구』에서는 이 비판을 염두에 둔 발언을 확인할 수 있다.

그러나 문제는 따로 있다. 매우 소박한 의문이다. 왜 푸코의 논의에는 관료제가, 행정이 등장하지 않는가? 물론 생명 권력의 추진자로서 부분적으로 행정조직을 거론하기는 한다. 그러나 이는 어떤 평범한 정치학 교과서나 사전에도 쓰여 있는 사회과학상의 상식에 속하기 때문에 굳이 전거를 들 필요도 없는데, 일반적인 이해에 따르면 "행정"이란 "공제설控除說"로 정의된다. 즉, "행정"이란 절대주의적 왕권의 전체성으로부터 "사법권" "입법권"을 떼어낸 "여분"으로, 푸코가 개념화한 특이한 말을 쓰자면 "법=주권 권력" 외의 "기타 전부"다. 물론 행정을 주권과 관계없다고 할 수는 없지만 이는 "규율적 생명 정치"와 거의 일치할 터다. 국가기관이라면 행정으로, 사기업도 포함한다면 관리경영으로 불리게 될 이 "무엇이든 다 하는" 분야가 규율·생명 권력을 추진하게 되는 것은 이러한 푸코의 말을 보아도 명백하다. 그것은 "조절"하고 "관리"한다고 푸코 자신이 말하고 있으니까. 아마도 푸코가 "통치성"이라고 스스로 이름 붙인 대상으로 향해야 했던 이유는 이 문제를 다루는 데 있었을 것이다. 물론 "행정"이라는 국가의 관념을 전제로 해야 하는 개념을 뛰어넘어 개인·가정·기업·국가 등 여러 "신체=단체corps"의 수준에서 이를 사유하기 위해서. 그리고 이는 동시에 우리의 풀리지 않는 의문—푸코가 질리도록 반복해온 주권 권력과 규율 권력의 "양립 불가능성"이라는 문제가 다시 부상하는 장소가 될 것이다. 원래는 주권 권력을 소멸했을 것이라고 푸코가 말했던 규율 권력,

아니 이제는 "규율적 생명 권력"이라 부를 수 있는 것과의 "양립 불가능성"은 어떻게 되는가? 이 문제가 "통치성"의 논의를 통해 첨예화되리라. 지금도 법 권리가 완전히 규격화되었다고는 말할 수 없는 상태니까. 그렇다. 예를 들어 유죄와 무죄의 이분법이 과연 우리 사회에서 없어졌는가?

이를 더 생각하기 위해 "통치성"이라는 개념과, 푸코가 갑자기 조우하게 된 이란혁명의 "정치적 영성"으로 향해야 한다.

○

○

○

○

제7장

두 번째 전회

: 통치성과 신자유주의, 이란혁명

제82절 푸코, 1978년 1월의 혼란

/

상기하자. 1977년 겨울, 푸코는 르장드르를 비판하는 대담을 발표했다. 그것은 지배자의 "사랑"을 전제로 하는 "주체화" 이로에 대한 비판이었고, 또한 법=주권적 권력 이해에 대한 비판이었다. 왜 르장드르의 이론이 따분한가? 그것은 르장드르가 권력을 법의 "부정적인" "발화"만 남기고 다 잘라내, 그 금지를 발화하는 "절대적 주체"와 "개개의 주체"의 "복종"이라는 관계만으로 권력을 파악하기 때문이다. 절대적 주체와 개개 주체의 사랑 관계라니. 거의 "종교적"이라고 할 수 있는 "낡아빠진" 권력에 대한 복종을 당연하게 여기고 있기라도 한 것 같은 이러한 관점은 언급할 가치도 없다. 르장드르는 권력을 "낡은" 법으로만 여기고 있다. 거의 종교적인 것으로만 여기고 있다. 르장드르는 법=왕권과 아무런 관계도 없는 "규율적 생명 정치"의 "포지티브"한 작용을 보지 못하고 있다.

그래서 이는 시대착오적이다― 이 비판에 무리가 있다는 것은 제2
부에서 거의 밝혀졌다. 하지만 이는 생략하자. 왜냐하면 이 비판을
한 다음 해부터 푸코 자신의 이로가 신기하게도 이 비판을 스스로
배반하는 듯한 동요를 보이고 있으니까.

르장드르 비판의 논지를 발표했던 1977년 겨울, 다니엘 드
페르가 작성한 "연보"의 1977년 항목은 묘한 문구로 마무리된다.

> 마오주의자인 어느 이란인 학생이 푸코에게 이란의 종교 도
> 시에서 40일마다 일어나게 될 사태를 주시하라고 전한다.[527]

불가사의한 예감을 불러일으키는 이 사건으로 푸코의
1977년은 끝난다. 그리고 새해가 밝고 바로 1월 11일부터 『안
전·영토·인구』의 강의가 시작된다. 그러나 "연보"에는 이 강의 시
작을 알리는 항목에 이런 주석이 달려 있다. "권력의 문제로 시작
하지만 돌연 푸코 자신에게도 청중에게도 새로운 '통치성'의 문제
로 이행한다."[528] 그렇다. 우리의 이로에서 보자면 무엇인가 필연적
인 느낌이 들지만 "통치성"이라는 개념은 푸코 자신에게도 "돌연"
튀어나온 것이었다. 다소 궁여지책이라 할 수 있는, 그러나 새로운
전망을 제시해주는 이 개념은 돌연 등장한다. 이를 분명히 확인해
두자. 그리고 이로부터 푸코의 이로는 기이하게 뒤틀린 모습을 보
이게 된다. 이 "통치성"의 문제 계열을 간략히 요약한 것이라고 할
수 있는 1979년 10월의 스탠퍼드대학 연속 강의 「전체적인 것과
개체적인 것: 정치 이성 비판을 향해」도 필요에 따라 참조하면서
나아가자. 도입 차원에서 말해두자면 이 "통치성"의 역사는 국가이

성의 문제에서 "폴리스"로, 그 해소에서 "자유주의"로 나아간다.

이 강의가 "통치성"에 초점을 맞추는 것은 1978년 2월 2일 강의부터다. 그 전에 있었던 세 차례의 강의, 1월 11일, 18일, 25일의 강의에서 푸코는 명백히 혼란에 빠져 있었다고 나는 생각한다. 그렇다. 그 논지는 거의 지리멸렬이라 해도 과언이 아니다. 강의에서는 "세큐리티" "환경" 등, 후에 속류 푸코주의자들이 주목하게 되는 개념이 줄줄이 나오지만 그 자신의 시대 구분이나 개념을 스스로 무너뜨리는 내용 또한 거듭 나온다. 간략히 정리하면서 살펴보자.

우선 푸코는 질문을 하나 던진다. 세큐리티란 무엇인가? "이는 매우 단순하고, 매우 유치합니다"⁵²⁹라고 단언하면서 푸코는 이를 세 가지로 구분한다.

1. "금지의 형태를 띠는" "형법". "죽여서는 안 된다. 훔쳐서는 안 된다"와 같은 단순한 금지로, "교수형, 추방형, 벌금형"이라는 벌칙이 있다. 간단히 말해 푸코가 비판해온 법=주권 권력에 속한다.

2. 이 또한 "형법"이라고 푸코는 말한다. "감금" "통제" "시선" "다양한 바둑판식 분할" "투옥" "훈련, 노동, 교정." 즉, 푸코가 법=주권 권력에 대치하면서 이를 소멸하리라고 했던 "규율 권력"의 감시다.

3. 이 또한 "형법"이다. 그러나 이번에는 "집단적인 징벌의 조직화"이고, 여기에서 푸코는 이런 물음을 던진다. "이 유형에 해당하는 범죄 행위의 평균 발생률은?" "어떻게 통계학적으로 각각의 절도 피해량을 예측할 수 있는가?" "어떤 시간, 지역, 형법 체계

가 발생률의 증가나 감소를 가져오는가?"[530] 또한 이 세 번째 유형
에는 다른 문제가 부수적으로 따른다. 즉, "비용"의 문제다. "이런
절도를 단속하려면 비용이 얼마나 드는가?"라는 문제다. 단속을
엄격하게 하면 비용이 많이 들지 않을까? 유연하게 단속하는 편이
낫지 않을까? 불시에 단속하면 어떨까? 아니면 항구적으로 꾸준히
단속하는 것이 더 효율적일까? "범죄자를 벌하는 데 얼마나 비용
이 드는가? 재교육에는 얼마나 비용이 드는가? 효율적으로 재교육
하고 교정하려면" 어떻게 해야 할까?[531]

　　　　결국, 형법이 아닌가? 푸코 스스로 그것을 형법이라 말하
고 있지 않은가? 이런 의심이 당연히 생긴다.[532] 그러나 푸코는 이
세 번째를 "더는 법전도 규율적인 메커니즘도 아닌" "세큐리티 장치"[533]
라고 부르게 된다. 그것은 "비용을 계산"하고 "허용과 금지의 이항
대립을 설립하는 대신 최적으로 추정된 평균을 고정하고, 수용 가
능한 한계를 고정하는 것입니다".[534] 잠깐만, 하고 말하고 싶어지리
라. 그것은 바로 규격, 규격화가 아닌가? 푸코는 이를 규율 권력 분
석을 통해 도출하지 않았던가? 그런데 이번에는 규율 권력과 관계
없는 새로운 세큐리티 장치라고 말한다는 말인가? 그렇다. 푸코는
분명히 말한다. 첫 번째 것은 "시대에 뒤떨어졌"고, 두 번째 것은
"근대적"이고, 세 번째 것은 "동시대적", 즉 현재의 것이라고.[535]

　　　　하지만 이것은 그래도 이해가 된다. 즉, 세큐리티 장치는
"생명 권력", 즉 "인구"와 관련한 것이니까. 그러나 푸코는 이렇게
말을 이어간다. "규율 체계"도 "세큐리티의 차원을 포함한다". 규
율 권력의 교정은 "재범 리스크"나 "그 위험성"을 감안하고 있고,
이는 세큐리티 체계라 할 수 있다. "따라서 규율 메커니즘은 단순히 18

세기에 나타난 것이 아닙니다. 그것은 이미 사법적-합법적 법전 내부에 존재하고 있었습니다. 세큐리티 메커니즘도 메커니즘으로서는 아주 옛날부터 있었습니다."[536] 규율 권력이 규격화하는 권력이고, 고로 규격화와 똑같이 정의되는 세큐리티를 내포하는 것은 원래 당연하다. 이는 푸코 스스로 말했다. 그렇다면 왜 이를 규율 권력과는 다른 것, 다른 시대의 것이라고 단언한 후에 한 쪽도 지나기 전에 역시 규율 체계도 세큐리티 장치라는 이야기를 해야 하는가? 게다가 규율 체계를 규율 권력과 생명 권력과 그토록 떼어놓아 비판하고 매도했던 "법적인" 것 내부에 이미 존재해왔다고 말하고, 세큐리티 체계도 옛날부터 있었다고까지 말한다. 인용을 계속하자. "지금 운용되고 있는 세큐리티 체계가 사법적-합법적 구조나 규율 체계를 괄호 안에 넣지도, 폐기하지도 않는 것은 지극히 명백합니다. 반대로, 예를 들어 지금 현재 진행되고 있는 상황을 보면 그것이 항상 형법 차원에, 세큐리티 차원에 있다는 것을 알 수 있습니다."[537]

　　우리는 도대체 무엇을 목격하고 있는 것일까? 우리를 계속 감탄하게 했던 저 서리한 이로를, 그토록 긴 시간에 걸쳐 전개되어온 엄밀한 권력의 형태 구분을, 그토록 정치한 역사적 분석의 노력을, 그토록 격렬하게 해온 법=주권 권력에 대한 비판을 푸코는 이 몇 쪽에서 내동댕이치려는 것일까? 푸코는 질리지도 않고 계속 말해오지 않았던가. "전혀 새로운 권력"이 등장했다. 그것에 비하면 이는 "낡은 권력"이고 "오래된 권력 이해 방식"이라고. 우리는 푸코가 분명히 규율 권력이 주권 권력을 소멸할 것이라고 말한 사실을 확인했다. 푸코는 자신이 무슨 말을 하고 있는지 알고 있을까? 그러나 이런 의문의 추궁은 뒤로 미루자. 푸코가 여기에서 명확히 하려는 것은 "세큐리티 장치"이고, 이는 "인구"를 대상으로 하는 "생명 권력"에 속한다. 푸코는 주권 권력과 규율 권력, 생명 권력의 세큐리티 장치 사이의 구분을 스스로 위험에 빠뜨리는 발언을 하면서도 이렇게 거듭 말한다. "주권성은 영토의 한계 안에서 행사됩니다. 규율은 개인의 신체에 행사됩니다. 그리고 마지막으로 세큐리티는 인구 전체에 행사되는 것입니다."[538]

여기에서 푸코는 "세큐리티 장치"라는 말을 강조함으로써 생명 권력에 무엇을 덧칠하려는 것일까? "환경"이다. 때는 17세기, "알렉상드르"라는 인물이 쓴 『메트로폴리테』라는 책을 언급하면서 푸코는 거기에서 영토의 "자본화"와 "건축화"가 문제로 설정되었다고 말한다. 즉, "규율이란 건물batiment의 질서인 것입니다."[539] 여기에도 묘한 모순이 눈에 띄지만 푸코는 이미 지난번 강의에서 엄밀하게 그 접합면을 특정했던 규율 권력과 생명 권력을 멋대로 떼어놓거나 융합하면서 — 즉, 혼란을 일으키면서 — 논의를 진행해왔으니 일일이 지적하지는 않겠다. 다음으로 가자. 거기에서 문제 되고 있는 것은 "부동 인구, 걸인, 부랑자, 비행자, 범죄자, 도둑, 살인자"로부터의 위험을 "환경"에서 걷어내는 것이고, 거기에서 "문제 되는 것은 교통=유통circulation을 조직하는 것이다."[540] 즉, 인구의 전체적인 조정이라는 목표에 도달하기 위해서는 "안전한" 유통과 교통을 확보해야 하고, 여기에서 특정한 "환경"의 세큐리티가 문제로 부상한다. 즉, "세큐리티는 몇 가지 물질적인 소여에 의거하려 합니다. 그것은 한 용지用地에서 물의 흐름, 섬, 공기 등과 함께 작용하게 됩니다."[541] 그렇다. 그러한 자연환경의 물질적인 소여를 포함한 교통=유통의 안전을 확보하기 위해 절도나 역병과 같은 "위험"을 "최소화"해야 한다. '요약하면 이런 말입니다'라는 말에 이어 푸코는 다음과 같이 말한다.

> 주권은 영토를 자본화하고, 통치기관의 주요 문제를 제기합니다. 규율은 한 공간을 건축하고, 제반 요소의 계층적이고 기능적인 배분이라는 본질적 문제를 제기합니다. 세큐리티는 사건 혹은 일련의 사건들, 개연성 있는 제반 요소의 관수라 할 수 있는 환경milieu을 정비하려 합니다. 이 일련의 사건과 요소는 다양하고 가치를 지니고 변화 가능한 어떤 틀 속에서 조정되어야 합니다.[542]

주권, 규율, 세큐리티 모두 어떤 "공간"에 관여한다. 이 세 가지의 관여 방법은 푸코의 논지에 따르면 각기 달라야 하는데, 이미 보아온 것처럼 이 구분은 다소 애매모호하다. 왜냐하면 환경이란 "강이고, 습지이고, 언덕입니다. 그리고 인공적인 소여의 총체입니다. 제 개인의 집합, 주거의 집합 등입니다"[543]라고 말하고 있으니까. 환경은 물질적이나 자연의 소여뿐만 아니라 인공물도 포함한다. 따라서 "환경은 개입하는 장으로서 출현합니다."[544] 법 권리의 주체에게 개입하는 것이 주권이고, 제 개인의 신체에 개입하는 것이 규율이고, 환경에 개입하는 것이 세큐리티다. '건축은 규율인가, 세큐리티인가? 건축은 법 권리나 주권과 관계가 없는가?'라는 물음은 던지지 말자. 푸코는 여기에서 명백히 혼란에 빠져 있다고 이미 말했다. 아니, 혼란이라기보다는 우리가 이미 지적해온 바와 같이 자기주장에 "무리"가 있음을 깨달았다고 하는 편이 나을지도 모

르겠다. 왜냐하면 푸코는 1월 18일에 있었던 강의 모두에서 다음과
같이 말하고 있으니까. 18세기 이후 "영토의 주권자"는 "규율화된 공
간의 건설자"가 됨과 동시에 "한 환경의 조정자"가 되었다. "그 환경에
서는 한계나 경계를 정하는 것도, 용지를 결정하는 것도 문제가 아
니고" "교통＝유통을 허가하고, 보증하고, 보호하는" 것이 중요하
다. "사람들의 교통, 상품의 유통, 공기의 순환"을 확보해야 한다.
푸코는 이렇게 말을 잇는다.

> 실은, 이 공간과 영토를 구조화하는 주권자의 역할은 18세기
> 에 새로이 등장한 것이 아닙니다. 결국, 보스포루스 해협에 다
> 리를 놓으려 하고, 산을 옮기려 하지 않은 주권자가 어디에 있
> 을까요?[545]

주권, 규율 권력, 생명 권력, 세큐리티는 각기 "다른 것"이 아니다.
그뿐만 아니라 그것은 "18세기에 새로이 등장한 것이 아니다". 세
큐리티도 규율도 "새로운 것"이 아니었던 것이다. 그렇다면 그토록 격렬
했던 푸코의 법＝주권 권력 비판은 갈 곳이 없어지는 것 아닌가?
'그렇다'라고 한마디만 한 뒤 다음으로 가자. 왜냐하면 이렇게 말한
후에도 푸코는 법은 낡은 것, 세큐리티와는 공존할 수 없는 것이
라는 주장을 멈추지 않으니까. 중농주의자와 18세기 경제이론가
의 논지를 언급하면서 그들이 "천재지변이나 기근에 대비하는 세
큐리티 메커니즘"[546]을 고려해 상품과 식품 등의 "풍부/부족, 고가/
염가 등을 오가는 동요動搖라는 현실적 요소 자체"를 중요시했다고
말하는 푸코는 이렇게 단언한다. 이는 "세큐리티 장치"이고 "더는

사법적-합법적 체계가 아니다".[547] 이제 모순의 지적은 그만두고 잠시 푸코의 논지를 따라가자.

요약하자면, 세큐리티 체계란 일종의 안전한 환경을 설정함으로써 일종의 "자유방임(laisser-faire)" "자유로운 통과(laisser-passer)"를 가능하게 한다. 이를 통해 식품, 상품, 사람의 안전한 "교통=유통"을 확보하고 기근이나 국지적인 물품 부족을 막으려는 것이다.[548] 여기에서의 목표는 어디까지나 "인구"이지 "인민"이 아니다. 정치적 주체·법 권리의 주체인 "인민"과 이 "인구"는 "전혀 다르다".[549] "인구이기를 거부하는 인민은 시스템을 어지럽히려 하기"[550] 때문이다. 즉, "인구라는 집단적 주체는 그 자체가 사회계약을 통해 설정되고 상상된 집단적 주체와 전혀 다른 것입니다".[551] 인구는 법 권리나 사회계약과는 관계가 없다. 전혀 새로운 그 무엇이, 전혀 새로운 "집단적 주체"가 출현했다고 푸코는 거듭 말한다.

세큐리티 장치는 "자유방임"을 실현한다. 그것은 "끊임없이 새로운 요소를 통합하고 흡수합니다. 생산물, 생리학, 제반 행동, 생산자, 구매자, 소비자, 수출업자, 수입업자를 통합하고 흡수하고 세계시장을 통합하고 흡수합니다. 따라서 문제는 유통 회로를 조직하고, 어떤 상황에도 이를 서서히 널리 확대해가는 것입니다".[552] 여기에서 "인구"를 매개로 "생명 권력"과 연결될 터인 "세큐리티 장치"는 극명하게 "경제학"이라고 후에 불리게 되는 쪽과도 연관을 맺게 된다.

여기까지 글을 읽어온 독자는 다소 이 책의 이로 또한 앞뒤가 명확하지 않아 난잡한 인상을 받을지도 모르겠다. 그러나 주에 써놓은 바와 같이 이는 푸코의 논지를 거의 한 쪽씩 충실하게 살펴보고 있을 뿐이다. 정리되지 않고, 혼란스러운 논지를. 푸코는 또 갑자기 법=주권적 권력을 다른 권력과 떼어놓으려 한다. 그리고 비판적인 어조 또한 사라지지 않았다. "합법성의 체계, 법의 체계는" "금지"이고 "부정적인 사고이고, 부정적인 기술입니다".[553] "법은 금지하고, 규율은 명령합니다." "하지만 세큐리티 장치는 금지도 명령도 하지 않고" "본질적으로 어떤 현실에 응답하는 것이 그 기능입니다. 그 응답이 이 현실을 파기하는 방식으로" "파기, 한계 또는 손상, 규칙입니다." "현실성의 요소 속에서 이루어지는 조정, 이것이 세큐리티 장치의 근본적인 부분입니다."[554] 세큐리티는 형법 차원에서 작용한다고 하지 않았던가? 규율 공간의 구축도 이와 관계가 있다고 하지 않았던가? 실은 여기에서 푸코는 명백히 작년에 했던 르장드르 비판을 염두에 두고 그 비판과 겹치는 발언을 비꼬는 투로 말하고, 이와 동시에 자신이 『감시와 처벌』에서 논했던 이론을 한순간에 와해할지도 모를 그리고 르장드르 비판의 근거 자체를 무너뜨릴지도 모를 이야기를 하고 있는데, 이는 나중에 살펴보자. 한마디만 예고해두자. 그것은 푸코가 이란혁명을 열렬히 지지하고 그로부터 "정치적 영성"을 찾아내, 호메이니가 이끄는 무장 집단이 반대파를 비합법적으로 처형하기 시작했을 때 많은 사람으로부터 비난받게 되는 것과 관계가 있다. 그리고 덧붙이자면 나는 푸코를 향한 이 비판에 결코 동의하지 않지만 푸코의 판단이 맞았다고도 생각하지 않는다. 또한 푸코가 자신의 모순을 깨닫지 못할 정도로 어리석었다고 생각하지 않는다. 최후에 푸코는 깨달았을 것이다. 너무 일찍 찾아온 죽음 전에는. 그 증거가 되는 발언도 남아 있으니까.

일단 그것은 되었다. 푸코의 논지를 따라가자. 푸코는 혼란을 혼란인 채로, 다소 그 후의 논지를 앞서 논하는 형태로 이 "자유방임"의 세큐리티 장치를 "자유주의"와 연결해[555] "자유"란 이러한 통치 기술과 세큐리티 장치의 설치가 가져온 산물에 불과하다고 말한다.[556] 그러나 그것은 아직 뚜렷한 윤곽을 갖춘 명석한 이로에 이르지는 못했다. 여기에서 강조해야 할 부분은 푸코가, 주권이 "고정시키는" 것이라면 세큐리티는 "인구"를 "끊임없이 움직이게" 하는 것이라고 말한 부분,[557] 세큐리티는 "인구의 통치"이지 "주권"과는 "전혀 다르다"고 반복하고 있는 부분,[558] 거기에서 출현하는 "인구"는 "절대적으로 새로운absolument nouveau 정치적 인물"[559] "절대적으로 새로운 이들"[560]이고 "인구"라 불리는 대상은 본질적으로 인구 감소와 반대되는 것, 즉 세큐리티는 "인구의 증대"를 추구한다고 말한 부분이다. "관리 과정의 총체"[561]로서의 자유방임, 즉 세큐리티. 그것은 환경을 정비하고 인구 증대를 목표로 한다.

여기까지가 1월의 강의 내용이다. 여기에서 볼 수 있는 것은 혼란, 분규, 착종이다. 우리는 처음부터 말했었다. 푸코의 주장에는 무리無理가 있다. 푸코의 도주극에는 무리가 있다고. 그리고 이 무리를 축적해감으로써 푸코는 여러 가지를 우리에게 보여주게 되었다고. 그 도주의 궤적이 보여주는 식견은 놀랍다. 이는 단언할 수 있다. 그러나 이제 모순은 확연하다. 이 뒤엉킨 논지의 실을 한칼에 베는 시점이 필요하다. 2월 1일, 푸코는—이미 인용한 것처럼 자신에게도 청중에게도—돌연 "통치성"을 논하기 시작한다. 정리하면서 따라가자.

제83절 "통치성"이란 무엇인가

때는 16세기. 루터의 종교개혁 시대이고, 이어서 벌어지는 종교전쟁의 시대다. 헨리 8세의 파문으로 영국국교회가 성립하는 시대이고, 칼뱅의 신권정치 시대다. 반종교개혁의 시대이고, 고로 예수회의 결성과 신비주의자의 시대이고 엘리자베스 1세가 통치하던 시대다. 푸코의 표현에 따르면 "국가의 집권화 동향"과 "종교적인 분열과 분립 동향"이 "교차"하던 시대다.[562] 이 시대에 "통치술art de gouverner"이 큰 문제로 부상했다고 푸코는 말한다. 무엇이 문제가 되었는가?

> 문제가 된 것은, 예를 들면 자기 자신의 통치였습니다. 16세기에 '자기 자신을 어떻게 통치할 것인가'라는 문제를 재갱신하는 과정에서 스토아주의로의 회귀가 이루어집니다. 문제는 마찬가지로 영혼과 인도(conduite, 행동)의 통치였습니다. 이는 또한 당연히도 가톨릭과 프로테스탄트, 사목의 문제였습니다. 아이들을 통치하는 문제, 이는 교육학의 중대한 문제 계열로서 16세기에 등장해 발전한 것입니다. 어떻게 자신을 통치해야 하는가, 어떻게 통치받아야 하는가, 어떻게 타자들을 통치해야 하는가? 누구의 통치를 받아들일 것인가? 가장 좋은 통치를 위해서는 어떻게 해야 하는가? 이런 문제야말로 그 강도와 다양성 면에서 16세기의 뚜렷한 특징이라고 생각합니다.[563]

분명히 해두자. 이는 그다지 화사한 내용이 아니다. 푸코 자신도 분명하게 밝히고 있다. "통치에 관한 문학"은 18세기까지 계속되는 "방대한, 따분한 문학"이라고.[564] 한마디로 르장드르가 말하는 "관리경영 문학"과 닮은 그 무엇이 출현한 것이다. 어쨌든 이 "통치술"이란 무엇인가? 기욤 드 페리에르의 『정치의 거울』을 인용하면서 푸코는 말한다. 그것은 "한 집안을 통치하는" 것이고, "영혼을 통치하는" 것이고, "아이들을 통치하는" 것이고, "지방을 통치하는" 것이고, "수도원을, 종교적 차원을 통치하는" 것이고, "가족을 통치하는" 것이고, 따라서 통치하는 자도 "가족의 아버지" "수도원의 원장" "아이나 제자의 스승" 등 여러 모습을 띠게 된다. 물론 거기에는 한 나라의 주인도 포함된다.[565] 또한 이 "통치"가 여러 분야에 걸쳐 있었다는 점도 주의하자. "자기 자신의 통치는 도덕에 속해 있었습니다. 가족을 이상적으로 통치하는 방법은 경제(家政, 가정)에 속했습니다. 그리고 마지막으로, 국가를 '잘 통치하는 학문'은 정치학에 속했습니다."[566] 따라서 "국가의 통치는 경제에 작용합니다. 국가 전체 수준의 경제에 말입니다. 즉, 주민의 관점에, 부에, 한 사람 한 사람에 이르는 모든 사람의 행위에, 감시의 형식과 통제의 형식에, 가족의 아버지가 가족의 구성원과 부에 대해 그러한 것처럼 주의 깊게".[567]

    그렇다면 애초에 "통치"란 무엇인가? 이는 라틴어 guberno, 더 거슬러 올라가면 그리스어 kubernaô를 어원으로 하며 "배의 키를 잡다"라는 의미다. 물론 "정부, 통치기관"도 여기에서 유래하고,[568] "사이버네틱스"의 어원도 같다. 푸코는 13세기부터 16세기에 걸친 여러 말뜻을 열거해 보인다. 우선 그것은 "길을 가게 하기" "하나의 길을 걷기, 길을 걷게 하기"이고, "유지, 양육, 먹여 살리기”다. 또한 “식이요법이나 다이어트 시키기imposer un regime”이고 “누군가를 지도하기, 돕기”다. 또한 “누군가를 통치함”이란 “그 사람과 말하는parler avec lui” “대화하는” 것을 의미하고, 거기에는 성적 관계도 포함된다. 쉽게 말해 “국가나 영토, 정치 구조를 통치하는 것이 결코 아니라” “사람이 통치하는 것은 사람들, 인간, 개인, 집단성입니다”.[569]

　　그렇다. 통치술, 통치성이라는 말을 도입한 것은 개인과 개인으로 구성된 집단을 대상으로 한 권력 작용의 구체적인 양상을 묘사하기 위해서다. 즉, 입법과 사법을 제외한 “전부”, 즉 국가 수준에서 말하자면 “행정”이라 불릴 잡다한 영위를, 푸코 자신의 말을 쓰자면 규율과 생명 권력이 “개인의 신체”와 “생물학적 연속체”를 대상으로 실행한 모든 행동을 동시에, 게다가 국가에서 연애 관계에 이르기까지의 여러 수준을 전부 한꺼번에 논하기 위해. 미시적인 수준에서 거시적인 수준에 이르기까지. 그리고 이렇게 말해두겠다. 통치성이란 이런 것이기에, 그 자체는 이 시대에 전혀 급진적일 수도 반시대적일 수도 없다. 설마 그런 사람은 없으리라 믿지만 이 “매니지먼트 원리주의” 시대에 통치술에 대해 무엇인가 “새로운” 이야기가 나올 것이라고 기대한다면 번지수가 틀렸다. 어떤 의미로는 이 통치술은 극히 따분한 것이라고까지 할 수 있겠다. 푸코가 말하고 싶은 바는 단지 이러한 “따분”하고 “유치”하기도 한 수준을, 지금까지의 정치 분석은 제대로 탐구하지 않았던 것 아니냐는 것이고, 어떤 의미에서는 그뿐이다. 물론 지금까지 논해온 것처럼 섣부른 추측을 허락하지 않는 애착과 증오를 비치면서 걸어가는 도정이고, 그것이 “법으로부터의 도주극”이라는 사실을 지금까지 보아왔고, 앞으로도 보게 되겠지만. 그러나 이 통치술이라는 수준의 제기가 가져온 귀결은 크다. 우선 이 개념을 제기함으로써 살며시 어떤 "주체성"을, 이 표현이 좋지 않다면 통치하고 통치받는 역학 관계에 기인하는 "주체화"를 전제하게 된다. 푸코가—예를 들면 「권력과 전략」에서도—그토록 조롱했던 "주체화"가.[570] '통치하는 것은 누구인가? 통치받는 것은 누구인가? 통치하고 통치받아야 하는 자란 누구인가? 그 관계는 어떤 것인가?'라는 물음이 이 개념을 항상 따라다니게 될 테니까. 여기에는 만년의 "자기에의 배려"에 이르는 이로가 이미 반쯤 열려 있다고 할 수 있다—여기에서는 이 정도만 지적해두자.

제84절 사목 권력과 '인도'를 위한 투쟁

/

우선 이 16세기에 등장한 "통치성"의 과거로, 기원으로 거슬러 올라가자. 그것은 극히 종교적인 권력에서 시작된다. 사목 권력. 즉, 양치기의 권력, 목인牧人의 권력에서 시작된다. "신성한 자, 왕 또는 수장은 양 무리를 이끄는 양치기"[571]이고, 그 양치기가 사람들을 이끄는 것, 그 인도, "키 잡기"가 통치이고 사목 권력이다. 예외도 있으나 일단은 "그리스적이지도 로마적이지도 않다".[572] 하지만 이런 사고방식의 유래는 오래된 것으로, 고대 오리엔트 사회까지 거슬러 갈 수 있다. 예를 들어 이집트, 시리아, 메소포타미아, 아시리아에 이르도록 광범위하게 확인되는 주제다.[573] 하지만 물론 이 "목인"이라는 주제를 가장 발전시킨 것은 헤브라이인이다.

푸코는 그리스의 사례를 인용해 이를 주권적인 권력, 즉 영토적인 권력과 구별하려 한다. 그리스의 신과 그 권력이 "영토적"이고 한 영토를 단위로 행사되는 권력임에 비해 "사목 권력은 이동하는 다양체"에게 행사되는 것입니다".[574] 그것이 우선하는 것은 정복하고 적을 쓰러뜨리는 것이 아니라 "무리를 구제하는" 것이다. 즉, 영토를 정복하는 주권자의 행동과는 "근본적으로 다르다".[575] 즉, 목인은 흩어진 자신의 무리를 모으고, 안전을 확보하고, 그들이 굶주림이나 목마름으로 고통받지 않도록 해야 하고,[576] 이를 위해 "불침번veille"을 서야 한다. 항상 자기 양들을 한 마리 한 마리 유의해야 한다. 이는 "물론 나쁜 짓을 못 하도록 감시한다는 말이기도 합니다. 하지만 특히 불행해지지 않도록 모든 요소를 경계하고 조심한다는 것을 의미합니다".[577] 그래서 모세는 길 잃은 양한 마리를 위해 자신의 무리를 떠났던 것이다. 고로 "사목 권력은 개인화하는 권력입니다". "그는 그 무리 전체를 위해 무엇이든 합니다만, 이와 똑같이 양 떼 속에 있는 한 마리 한 마리를 위해서도 무엇이든 합니다".[578] 왕은 사람들에게 헌신해야 하고, 양치기로서 무리의 한 마리 한 마리를 지켜보고 보호해야 한다. 그리고 이는 의무다. 한 마리라도 양이 길을 잃으면 이를 찾아 나서야 한다. 그리고 여기에 "양치기의 패러독스"라 불릴 만한 것이 있다. 즉, "모두를 위해 한 마리를 희생할 것인가, 한 마리를 위해 모두를 희생할 것인가? 이것이 절대적으로 목사의 그리스도교적인 문제 계열의 핵심으로 자리 잡게 됩니다".[579]

물론 푸코가 그리스의 예외, 플라톤이나 호메로스의 사례를 언급하지 않는 것은 아니나 이는 생략하자. 오히려 확인이 필요한 내용은 "사목pastorat이라는 형식을 퍼뜨린 것은 그리스도교"[580]라는 사실이다. 그리스도교 교회의 활동은 "영생으로 이끌기 위한" "인간의 통치"이고, 이것이 바로 "사목" 그 자체다.[581] 원래 그리스도교에서 "최초의 목자pasteur는 예수"이고, 예수의 사도 또한 양치기로 정의한다.[582] 그뿐만 아니라 "교회와 그리스도교의 모든 조직은 신부와 주교에 이르기까지 사목을 위해 주어진 조직"[583]인 것이다. "종교적 권력, 그것은 사목 권력인 것입니다."[584]

> 성사聖事의 권력, 세례하는 권력은 무엇일까요? 그것은 무리 안에 있는 양을 부르는 것입니다. 성체배령의 권력은 무엇일까요? 그것은 영적인 양식을 주는 것입니다. 개전을 허하는 권력은 무리에서 뒤처진 양들을 무리로 다시 데려오는 것입니다. 마찬가지로 재판권에 따른 관리구管理區도 목자의 권력, 양치기의 권력입니다.[585]

고로 위클리프에서 웨슬리에 이르기까지, 즉 13세기부터 18세기에 이르는 그리스도교 내부의 종교전쟁은 모두 "근본적으로 인간을 효과적으로 통치하는, 그 일상적인 삶을 통해, 그 미세한 구석구석을 통해, 그 물질성을 통해 인간을 통치하는 권리로서의 앎을 위한 투쟁"[586]이고, 사목 자체를 둘러싼 투쟁이었던 것이다. 예를 들어 소교구의 사제=목사cure는 목자인가, 라는 물음에 위클리프, 프로테스탄트, 장세니스트는 그렇다고 답하고, 교회는 아니라고 말해왔던 것이다. "종교개혁은 아마도 교의상의 거대한 싸움이었다기보다는 사목상의 거대한 싸움이었습니다. 이는 사실입니다."[587] 교의상의 싸움이 전혀 아니라고는 할 수 없다. 하지만 항상 사목이 초점이었던 것은 명백하다. 종교개혁 측과 반종교개혁 측 모두 사목은 존재해왔고, 유럽 역사상 "반봉건제 혁명은 있었"으나 "그러나 반사목 혁명은 결코 존재하지 않았습니다. 사목은 아직 철저한 혁명의 과정을 겪은 적이 없습니다".[588]

　　여기에서 푸코는 이 목자, 양치기는 전혀 법적인 인간, 사법적인 인간이 아니라고 하고, 왕이나 황제 같은 주권자와는 아무런 관련이 없다고 하고, 목자는 법을 말하는 자가 아니고 계율을 운운하는 재판관이 아니라고 하고, 그리스도교는 법적인 종교가 전혀 아니라고 한다. 상식적으로도 역사적으로도 크게 무리가 있는, 오히려 그 "법"이라는 것이 대체 무엇인지 도무지 이해하기 힘든 주장을 계속한다. 그러나 이는 한마디로 푸코가 "내적인 심판"과 "외적인 심판"의 교회법적이고 도덕신학적인 구별을 무시했을 뿐으로, 푸코 자신도 무리가 있음을 알았는지 1년 후 같은 주제를 다룬 강연 「전체적인 것과 개체적인 것」에서는 이에 대해 전혀 논하지 않고, 완전히 삭제했다. 물론 시간과 지면의 사정도 있었겠으나. 그러나 이 자체는 이미 사소한 일이다.

　　이 그리스도교 사목은 그리스에서 행해지던 양심 구명究明과 지도 기술을 흡수해 다른 방식으로 변화시킴으로써 그리스의 것과는 다른 "끝이 없는" "포괄적인 복종"을 요청하고, 궁극적으로는 자기 의지의 소멸을 추구하는 쪽으로 나아간다.[589] 푸코는 이 "사목"이 언뜻 보기에 역설적으로 보이나 "가장 공격적이고 정복적인" "악마적인 사회"[590]인 "서양"을 낳고 말았다는 사실과, "동일화"를 행하는 "정신분석"이 "개인화"를 행하는 사목의 후계자라는 것에 주의를 환기하며[591] 이렇게 결론짓는다. 즉, 근대국가의 단초인 16세기부터 18세기에 걸쳐 "통치술"이 출현한 배경에는 그리스도교의 사목이 있었다. 아니, 오히려 그것은 사목의 연장이다.[592]

물론 사목을 그대로 통치술이 계승한 것은 아니다. 이미 사목의 투쟁이었던 종교전쟁을 논했다. 이는 어떤 의미에서 보았을 때 여러 다툼과 싸움의 불꽃 속에서 요변해갔던 것이다. 푸코는 사목이 영도하는 "인도conduite"에 "저항"한 여러 종교운동을, "반인도contre-conduite"를 열거해간다. 어떤 인도, 어떤 행동 방식의 끝없는 강제에, 어떤 "키 잡기"에 분연히 저항하고, 이를 거절하고, 다른 방식을 시도하는 것. 후스파와 그 분파, 타보르파와 우트라키스트. 혹은 여성들의 사목에 대한 저항으로 마르그리트 포레트와 잔 다반튼 등 화형에 처해진 여성 신비주의자를 열거하고, 당연히 16세기 스페인의 신비주의자들과 위클리프의 이름을 열거한다.[593] 또한 푸코는 18세기에 있었던 "비밀결사"의 유행을 지적하고, 이는 종교적이기는 하나 정치적·사회적 혁명을 추구했고, 항상 "다른 행동conduite"을 탐구하는 측면, "다른 인도"를 요구하는 측면이 있었다고 강조한다.[594] 또한 "의학은 사목으로부터 커다란 권력을 이어받았고" 많은 경우 "종교적인 분리파"가 "의학적인 지도conduite에 대한 저항과 연결될 수 있었던" 이유도 여기에 있다고 말한다.[595] 여기에서 푸코는 우리가 길게 논해온 그 논점에 근접했다고만 말해두자. 그 귀결은 나중에 명확해질 테니까.

이 "반-인도", 즉 사목 권력에 대한 저항은 "의외일지도 모르겠지만" 금욕주의로 나타나게 된다고 푸코는 말한다. 금욕, 고행은 자신의 신체를 예수의 신체처럼 만드는 것이고, 자신과의 싸움이고, 인도에 복종하는 것의 거부로 푸코는 이를 운동선수의 싸움과 같다고 형용한다.[596] 즉, 그리스도교는 "금욕적 종교가 아니다".[597] 그것은 사목적인 종교라기보다는 오히려 사목 자체다.[598] 금욕자는 그 고행과 금욕의 — 정도의 문제가 아니라 "방향 지음" "방식"의 — 과잉으로 사목적인 인도를 벗어나려 하는 것이다.

이러한 우회, 이러한 착종, 이러한 싸움을 거쳐 근대에 다시 통치술의 문제 계열이 부상한다. 어떻게 인도해야 하는가? 근대국가의 서광이 비치던 장소에서 르장드르에 따르면 "교황좌" "주교좌"의 대체물로 등장하기 시작한 주권과의 관계 속에서 어떻게 통치할 것인가? 즉, 어떻게 사목할 것인가? 이것이 피할 수 없는 문제가 된다. 푸코는 이를 두 단계로 나누어 논한다. 1. 통치술로서의 국가이성. 2. 통치술로서의 "폴리스".

제85절 국가이성: 어떻게 통치할 것인가 (1)

/

1. 통치술로서의 국가이성. 사전적·교과서적인 이해를 확인해두자. 17세기에 거의 그 정의가 완성된 "국가이성raison d'État"은 일반적으로 국가를 '국가와 국가의 강화 및 증대만을 목적으로 하는 존재'로 여기는 사고방식으로 알려져 있다. 간단히 말해 일본어로 번역할 경우, 수단을 가리지 않는 "국익" "국익의 추구" "국익 우선"이라고 번역하는 편이 쉽게 이해가 되는, 그런 "현실 정치"에 속하는 개념이다. 푸코도 "오늘날 국가이성이라고 하면 '전제'나 '폭력'을 떠올리고 말지요"[599]라고 말한다. 그러나 당시의 국가이성은 국가를

형성·강화·발전을 시켜 그 내부에 질서·평온·복지를 가져오는 것을 목적으로 하는 일정한 인식이자 "기법"이었다.[600] 한마디로, 당시 형성되고 있었던 세속 국가의 주권을 보완하는 사목의 대체 기능으로서, 통치를 위해 최대한 "합리적인" 기술art이 요청된 것이다. 이 "합리적인 통치"를 ratio status, 즉 "국가이성"이라 불렀다.[601]

확인해두자면 이는 르장드르가 말하는 "근거율=이성 원리"와는 다른 것으로, 말하자면 국가의 행정과 관료가 행하는 공무의 합리성, 그 "효율성"을 위한 기술이다. 물론, 이는 사목을 대신하려는 것이기에 "무신론"이라는 비판을 받았고, 당시의 교황 피우스 5세가 이를 "악마의 이성"이고 이성에 속하지 않는다고 말했다고 알려져 있는데 이는 당연하다고 하겠다.[602] 국가이성이라는 사고방식에 따르면 국가에게는 국가만이 목적이고, 국가는 그 외에 어떠한 준거도 필요로 하지 않는 자기준거적이고 자기증식적인 닫힌 체계다. 그리고 이는 자기 보존 또한 목적으로 하기에 원칙적으로 "보수적"이고, 행정을 담당하기에 "관료적"이다.[603] 이런 사고방식은 이 역사적 시점에 출현한 것이고 그에 불과하다고 부연해두는 것이 좋겠다.

게다가 그것은 "폭력적"일 수도 있다. 17세기에 "쿠데타는 법의 중단이기는 해도 국가이성의 중단은 아니었다. 그뿐만 아니라 위법도 마다하지 않고 국익을 추구하는 국가이성에게 쿠데타는 국가의, 국가 자체의, 국가이성에 의한 자기표출이다. 국가이성은 보통 폭력적이지 않고 반대로 복지를 행한다. 하지만 그 "필요성" "합리성"이 인정된다면 폭력 행사도 마다하지 않을 것이다. 따라서 국가이성이라는 통치술은 말하자면 모든 양을 위해 일부 양을 희생하는 사목인 것이다.[604] 푸코는 여기에서 이 쿠데타가 본질적으로 연극적이고 또한 당시 셰익스피어 역사극을 비롯한 연극도 그 자체가 "쿠데타의 연극"이 되어간다고 말한다. 거꾸로 보면, 국가는 보편적으로 폭력이라고 말해보았자 아무 말도 안한 것과 진배없고 어떤 대상에게, 어떤 합리성에 따라, 어떤 연극적·미적 양상을 보이고, 어떤 조건에서, 어떤 형식에서 폭력적이 되는가에 대한 역사적이고 구체적인 분석이 필요한 것이다. 하지만 그것은 되었다. 푸코가 말한 대로 국가이성의 성립과 통계학, 정치적 산술은 거의 동시에 등장하는데 이것을 국가이성이 결정적으로 활용하지는 않는다. 바로 "폴리스"가 "인구"를 대상으로 통치술을 결정적으로 활용하게 되는 것이다.

제86절 폴리스와 〈행정〉: 어떻게 통치할 것인가 (2)

2. 통치술로서의 "폴리스". 17~18세기의 저술가들은 "폴리스"를 국가이성과 중복되면서 사목을 계승하는 것으로 여겼다. 이때는 "폴리스"라는 용어에 소위 우리가 쓰는 의미인 "경찰" "공안"이라는 의미는 없었다. 그것은 "국력"을 증대하기 위한 "국가 고유의 통치술"이자 "국가의 개입을 요청하는 영역, 기술, 목적" 일반이었다.[605] 이런 설명으로는 무슨 말인지 알 수가 없다. 그렇다. "행정"이 그랬던 것처럼 폴리스의 역할을 한정할 수 있는 것은 거의 "공제설控除說"밖에 없다. 일단 그것은 "사법" "군대" "외교"가 아닌 그 무엇이고, 그 외의 "모든 것"이다.[606]

여기에서 다소 아슬아슬한 푸코의 기술에만 의거하기보다는 근대 행정사의 전문가이기도 한 르장드르의 도움을 받는 것이 더 확실하리라. 콩세유 데타의 일원이 될 고급 관료를 육성하기 위한 교과서로 지정된 서적—그러기에는 과도한 내용을 포함한 책이라 할 수 있는데—이고, 당연하게도 국가이성·폴리스·세큐리티에 대해서도 상세하게 서술된, 젊었던 르장드르가 쓴 실증적 대저 『행정사』를 보자.

　　르장드르를 사랑과 말밖에 모르는 추상적이고 몽상적인 이론가처럼 취급한 푸코의 비판을 염두에 두면 의외로 느껴질지 모르겠으나 르장드르는 『행정사』 제2부 제1장을 "모든 사회는 힘으로 정초된다. 따라서 우선 군사 제도를 연구해야 한다"는 역사가 아노토의 말을 인용하며 시작한다. "국가의 주권성"은 "봉건제"와 대립하는 "군사적 독점"에 의해 가능해졌다는 당연한 역사적 사실을 확인하고 "18세기에 성립한 근대국가의 전쟁 기능을 생각해보아야 한다"[607]라고 말문을 트면서 고전주의 시대 이후, 전쟁은 기본적으로 정치의 연장선상에 있는 "행정의 업무"로 출현하게 되는데 군사조직은 "정치와 기술이 불가분의 관계에 있음을 드러낸다. 이 깊은 진리를 결코 망각해서는 안 된다"[608]고 르장드르는 단언한다. 행정조직으로서의 군대의 조직 그리고 앏은 비할 바 없이 "전문적"이고 "학제적"이고 "아마추어는 취급할 수 없는 내용"으로, 다른 행정기관에서 사람을 파견한다는 것은 생각도 못 하기 때문이다. 즉, 재무성의 주계主計 국장이 순양함의 함장이 될 수는 없다. 군대 기술의 이 특수성 때문에 군부는 "초-행정"을 형성한다고 젊은 르장드르는 적확하게 평한다.[609] 고로 군대의 통치 참여를 "안전하게" 확보하는 것은 극히 어렵고, 그 때문에 어느 나라에서도 "군사비의 지출"은 예산상의 "흑점"이 되는 것이다.[610] 즉, "군대는 국가 안에 있는 국가"이고 "군대는 국가 안에 경쟁 상대가 없다".[611]

그리고 "외교" 또한 거의 같은 특징을 지닌다. 그것은 "다른 국가"와의 전략과 교섭을, 즉 싸움을 한다는 의미에서 일종의 군대 제도, 군부이고 대외적 흥정이라는 특수 기술을 전문으로 하는 "특수한 권력"이다. "군대로서의 외교는 (……) 일종의 특수한 권력이다. 그것은 다른 행정 부문 바깥에 있고, 또한 그것을 뛰어넘는다. 그것은 순수한 정치의 수준에 있는 것이다. (……) 외교란 항구적인 전략의 필요성 아래에 설정된다."[612] 또한 군대가 국가 내부에 경쟁 상대를 갖지 않는 것처럼 국가 내부에 "외교는 하나밖에 없다. 병행해서 외교가 몇 개나 있는 경우는 없"고, 고로 외교는 거의 "독재 권력으로서의 외교"[613]라고 말할 수 있을 만큼의 독립성·독자성을 지니고 "국가 안에 있는 국가"와 같은 형식을 취한다. 이 두 가지 "군부"가 극히 "부패"하기 쉽다는 것을 우리의 상식에 비추어보아도 쉽게 알 수 있다.

고로 폴리스란 "그 외"의 "모든 것"이다. 의인화하자면 폴리스란 "자선가이고 헌병이다".[614] 그러나 이 "폴리스"의 전체성은 푸코도 확인한 것처럼 통치술, 즉 "통치 방식" "처리 방식"의 측면에서 보았을 때 사법, 군대, 외교에도 영향을 미칠 수 있는 그 무엇이다. 르장드르도 말했다. 18세기에는 "폴리스가 모든 것을 집어삼킨다, 공법도 사법도".[615] 그리고 그 "세큐리티, 즉 pax per securitatem은 로마법에 속하는 개념이다"[616]라는 문구까지 인용하면 푸코의 방해를 하게 될 테니 이쯤에서 그만두자.

폴리스란 "모든 것"이다. "인간의 행동"을 대상으로 하고, 그로부터 "국익"을 이끌어내려 하는 통치 "전부"다.[617] 이렇게 말해도 여전히 막연하므로 푸코와 르장드르가 인용하고 있는 당시의 행정관 들라마르의 기술을 보자. 폴리스의 관리 대상은 종교, 도덕성, 건강, 물품 공급, 도로·토목·공공 건축, 공안, 일반교육(예술과 과학), 상업, 작업장, 극장과 놀이, 하인과 육체 노동자, 빈민이다.[618] 과연 "전부"라 부를 만하다. 즉, 이는 권력의 전체성에서 사법, 입법, 군대, 외교를 "공제"한 "전부"이고, 행정이라고 했을 때 사람들이 떠올리는 것 거의 전부다. 그 대상은 모든 "인간의 생활"이고, 한마디로 인간의 생존에 필요한 모든 것이다. 그러나 여기에 다소 특징이 있다고 할 수 있다. 푸코에 따르면 폴리스란 근본적으로 "상업적"이고, "도회적"이고, "교통=유통"을 중시한다. 또한 물론 정식적인 사법보다 세칙과 명령을 많이 사용하니, 다시 말해 "규율적"이다. "상업적 거래, 도시 생활, 명령 규칙, 규율, 나는 바로 여기에 폴리스의 실천이 갖는 가장 특징적인 요소가 있다고 생각합니다."[619] 개개인의 행동 하나하나에 이르는 통계와 조사와 감시를 통한 인간의, 아니 "인구"의 안전보장, 다양한 전술과 전략을 구사해 "복지"의 이름으로 "구제"를 대체하는 것, 이것이 사목을 대신하는 "폴리스"다. 물론 여기에는 거의 "전체주의적이라 불러도 할 말이 없는"[620] 요소가 있는 것은 명백하다. 하지만 문제는 그것이 아니다.

그리고 폴리스에게도 끝이 온다. 푸코는 이렇게 말한다.

한마디로 말해볼까요? 17세기에 이 새로운 통치성은 모든 것을 철저하게, 통일된 폴리스의 계획 속에 부어 넣을 수 있다고 생각했습니다. 그러나 이제 자기가 놓인 상황을 깨닫게 됩니다. 우선, 통치성은 경제 자체라 할 수 있는 자연성의 영역에 준거해야 하는 상황에 놓여 있습니다. 또한 인구도 관리해야 합니다. 자유를 존중하는 사법 체계도 조직해야 합니다. 마지막으로 스스로를 직접적인 간섭 도구로 만들어야 합니다. 그 개입은 부정적인 경우, 폴리스가 되겠지요. 경제적 실천, 인구 관리, 자유 또는 여러 자유를 존중하기 위한 공법의 조율. 억압적인 기능을 지닌 폴리스. 아시겠지요? 국가이성의 상관물로 등장한 폴리스의 처음 계획은 해체되는 것입니다. 혹은 네 가지 요소로 분해된다고 표현할 수도 있겠지요. 그 네 가지가 경제적 실천, 인구 관리, 법 권리와 자유의 존중, 경찰(폴리스)입니다. 이 네 가지 요소가 거대한 외교-군사적인 장치에 추가됩니다.[621]

국가이성과 폴리스 국가에게는 "이단"이라 할 수 있는 "새로운 텍스트"가, "새로운 통치성"이 출현한 것이다. 그것은 "경제학"이다.[622] 즉, 자유주의의 출현이고, "자유"의 출현이다. "사회, 경제, 인구, 세큐리티, 자유." 이것이 "새로운 통치성의 요소인 것입니다".[623] 확인해둘 문제가 있다. 푸코의 이 "폴리스" 개념을 현재의 "사법의 쇠약" "행정 처분의 강화"와 직접 연결시켜 생각하는 논자가 있는데 이는 단순한 오독이다. 사목이 "종교"라는 폴리스가 담당하는 대상 중 한 항목으로 격하된 것처럼 폴리스도 "경찰"에 한정된 것이 되었고, 통치성은 근본적으로 다른 그 무엇으로 변해갔다. 거기에서 출현한 것이 "자유주의"이고, 이로 인해 "출현"한 "자유"이고 "시민사회"다. 당연히 이 "자유"란 "통치성 자체에게 불가결한 요소"[624]이고, 말하자면 "전략적 조건"에 불과하다. 세큐리티 장치가 필요로 하는 "자유방임"이라는 부품이 낳은 결과에 불과하다. 경제학자는 시민사회를 자연적 혹은 자연발생적인 것으로 생각하지만 이는 잘못되었다. "시민사회란 통치적 사고, 18세기에 생겨난 통치성의 새로운 형식이 국가에 필요한 상관물로서 출현시킨 것입니다."[625] 따라서 그것은 통치성의, 권력의 효과다. 이를 확인하고 이 강의는 끝을 맞이한다.

　　슬슬 확인해둘 때가 온 것일까? 주의해야 한다. 푸코와 르장드르는 자유나 시민사회가 환상이라는 식의 지루한 이야기를 하고 있는 것이 아니다. 그것이 어떻게 환상일 수 있겠는가? 그것은 여러 전략 목표나 전략 조건 또는 전략 행동 그 자체로서 현실 속에서 "포지티브"한 산물을 낳고 있는데. 그것은 바로 "자손 번식"과 "제도적 몽타주"가 판돈으로 걸려 있는 "역사의 도박장"에서 진행 중인 조작 대상 자체라고 우리는 이미 말한 바 있다. 푸코도 어디인가에서 어이가 없다는 듯이 말한 것처럼, 실재하는 것은 없다는 식의 이야기를 그들은 한 번도 한 적이 없고, 필자의 이야기도 전혀 그런 것이 아니다. '구성주의냐 실재론이냐'라는, 도대체 본인들도 무슨 말인지 알고 말하는 것인지 의심스러운 정체불명의 논쟁과는 일절 관계가 없다. 푸코는 한 인터뷰에서 '진리는 구성된 결과이니 어찌어찌하다라는 말이 아니라, 진리가 구성되는 형태의 진리 게임이 있고, 그렇지 않은 경우도 있다는 것뿐입니다'라고 지긋지긋하다는 어투로 말한 후에 이렇게 이야기한다.

구성된 것이라고 해서 눈앞에 아무것도 없고, 모든 것이 누군가의 머릿속에서 나오는 것이 아닙니다. 내가 이러한 진리 게임의 전환을 논한 발언에서 다음과 같은 결론을 이끌어낸 사람도 있었습니다. 푸코는 아무것도 존재하지 않는다고 말했다―예를 들어 '광기는 존재하지 않는다'고 말했다는 것이지요. 그러나 문제는 정반대입니다. 문제는 '여러 다른 정의를 갖고 있던 광기가 어느 시기에 제도적인 영역에 편입되어 정신병으로 구성되고, 어떻게 해서 다른 병과 구별되는 지위를 얻게 되었는가'라는 점입니다.[626]

'그렇다면 무엇이 존재하는가?'라는 질문에는 마지막에, 마지막 장에서 대답하기로 하자. 그리고 확인해두자. 지금 우리는 강의가 끝난 1978년 4월 상순에 있다. 이해에 르장드르는 경이로운 비약을 증명하는 『타자이고자 하는 정열: 춤 연구』를 출판했는데 이는 생략하겠다. 푸코는 강의 중간부터―나중에 파기하게 되는―『성의 역사』의 일부가 될 예정이었던 그리스도교의 고해 기술에 관한 논문 초고를 썼고, 두 번째 일본 방문이 성사되었고, 「계몽이란 무엇인가」의 얼개가 되는 강연을 프랑스 철학협회에서 하고, 양성구유자 알렉시나·B에 관한 기록의 집대성인 『엘퀴린 발리반, 또 다른 이름은 알렉시나·B』를 간행하는 등 정력적으로 활동을 계속하는 한편, 여름에는 자택 앞에서 차에 치어 머리를 크게 부딪혔고 후유증으로 두통을 앓게 되는 개인적인 사건도 있었다. 클로드 모리약의 말에 따르면 "나는 죽는구나. 괜찮다. 미련은 없다"고 생각하는 순간이 그때 있었다고 한다. 그리고 8월. 그는 이란 연구를 시작하고, 그 르포타주를 발표해 물의를 빚게 된다. 혁명이 진행 중이던 이란을 몇 차례나 방문해 이란혁명에 대해 열광적이라고 할 수 있는 르포타주를 써가는 작업은 다음 해 중반까지 계속된다. 그해가 지나고 1979년, 고해의 역사를 거슬러 올라가면서 초기 그리스도교의 교부철학을 연구하기 시작하며 이것이 고대 로마·그리스 연구의 발단이 된다. 그리고 1월 10일, "자유주의", 아니 "신자유주의"를 전면적인 검토 대상으로 삼은 강의 『생명 정치의 탄생』으로 향하게 된다.

1978년 4월부터 1979년 초반. 우리 이로에서 보았을 때 이때 푸코가 역점을 두고 있는 것은 세 가지다. 하나는 우리가 이번 장에서 살펴본 "사목의 후계자인 통치술"을 더 깊게 파고드는 것이다. 또 하나는, 이란혁명에 대한 열광과 거기에서 행해지는 놀라운 발언이다. 마지막으로 이번 장에서도 그 징후가 보였던 사목 권력의 기원으로 거슬러 올라간 후에 파기된 작업, 거기에서 돌연 발견한 그리스·로마의 "자기에의 배려"로 이어지게 되는 초고와의 격투다. 시간적인 순서로 보면 세 번째가 제일 먼저 시작되고 일관해서 다른 것과 중복되면서 진행되고, 두 번째가 갑자기 삽입되고, 첫 번째가 마지막에 온다. 하지만 아마 두 번째와 세 번째가 푸코의 "통치술에서 자기에의 배려로"라는 간략한 이해만으로는 처리할 수 없는 불온한 "전회"를 준비하는 요소이고, 첫 번째인 "통치술로서의 신자유주의" 연구는 괄목할 내용이기는 하나 이 "전회"와 직접적인 관계는 없다.

따라서 우리는 우선 첫 번째인 신자유주의 연구의 성과 『생명 정치의 탄생』으로 향해 그 이로를 간략하게 살펴본 후, 다른 둘을 한꺼번에 논하도록 하자.

제87절 통치성으로서의 자유주의

/

강의 『생명 정치의 탄생』은 1979년 1월 10일에 시작해 4월 4일에
끝난다. 우선 푸코는 국가이성에서의 국가 개념의 특징 — 오로지
자기 자신만을 목적으로 하는, 오로지 자신의 보존·확대·강화만을
목적으로 하는 자기준거적인 체계로서의 국가 — 을 확인하면서 이
국가이성이 상정하고 있는 폴리스 국가의 목표와 분야가 거의 무
한하고, 고로 무제한의 권력 행사를 가능하게 한다고 말한다. 그러
나 이는 이미 지난번 강의에서 논한 내용이다. 문제는 그다음이다.

  물음은 이렇다. 그렇다면 이 무제한의 국가권력을 "한정"
할 수 있는 것은 무엇인가? 두 가지 있다. 하나는 말할 필요도 없이
"법"이다. 법 권리는 "폴리스 국가 안에서 구체화된 국가이성의 무
한한 확대"에 "한계를 설정하려 한다".[627] 이미 보아온 바와 같이 국
가이성은 사법을 뛰어넘은 것으로 이해되었다. 그러나 "법학자는
국가이성에 반대했습니다". "어떠한 통치의 실천도, 국가이성도 재
심을 거치지 않고 정당화될 수 없습니다."[628] 국가이성과 폴리스의
전면적인 — 푸코는 "전체주의적"이라고 형용했었다 — 권력 행사
에 제동을 거는 것, 그것이 법 권리이고 사법이었다. 드디어 푸코
가 법에 대해 긍정적인 평가를 했다고 여긴다면 이는 졸속한 평가
다. 왜냐하면 푸코는 이를 "외적인 제한"에 불과한 것으로 제시하
고 있으니까. 푸코는 말한다. "국가이성을 제한하는 원리, 근거=이

성은 사법적 이성이 지니고 있었습니다. 하지만 아시는 것처럼 이는 외적인 제한입니다."[629]

　　푸코에게 문제는 다른 곳에 있다. 이 사목 권력의 후계자인 통치성의 합리성을, 전체주의적이라고 형용되어도 할 말이 없는 행정 권력의 국가이성을 내부에서 한정할 방법은 없는가? "법권리가 아닌" "통치 이성의 자기 한정"을 가능하게 하는 "지적인 도구, 계산 유형, 합리성의 형식"이 있다면 18세기의 경우 그것은 무엇이었는가? 그것은 "정치경제학"이라 불렸다.[630] 이 정치경제학은 법 권리의 자연법과 달리, 일종의 "자연" 자체에 기반을 둔 조정을 제시함으로써 스스로를 한정하도록 통치성을 압박한다. 그리고 이것은 "자유주의"가 된다. 인용하자.

　　　　"통치적 이성의 자기 한정"이라고 했는데, 이는 무엇을 의미할까요? 이 통치술이 갖게 된 합리성의 새로운 유형이란 무엇일까요? 이 새로운 계산 유형은 통치[정부]에게 다음과 같이 말하며, 또 다음과 같이 말하게 만듭니다. 이런 모든 것에 나는 내가 손을 대서는 안 된다는 사실을 받아들이고, 손대지 않기를 원하고, 손대는 일이 없도록 계획을 짠다. 손대서는 안 된다는 계산을 하는 것이다. 그렇다면 이 새로운 유형은 무엇일까요? 그렇습니다. 두루뭉술하게 말해, 나는 사람들이 "자유주의"라 부르는 것이 이것이라고 생각합니다.[631]

　　국가의 통치성이 손을 대면 안 되는 대상을 지정하는 "새로운 통치성"이 등장했다. 바로 자유주의다. 이것이 바로 마지막에 푸코가 생명 정치와 동일시하는 "통치 체제"이고, 고로 이 강의의 목적은 "자유주의를 생명 정치의 일반적인 틀로서 연구하는 것"[632]이다. 이 새로운 통치성은 현저한 특징을 갖고 있다. 그것은 항상 "우리는 과하게 통치해서는 안 된다"는 원칙 아래에 통치한다는 점이다. 푸코는 말한다. "잊어서는 안 되는 것이 이 새로운 통치술은 가능한 한 최소한으로 통치하는 기법이라는 점입니다. 이 통치술은 최대한과 최소한의 사이에 있고, 그중에 최대한보다 최소한 쪽에 있습니다."[633] 이미 살펴본 것처럼 18세기까지의 통치성은 항상 "저항과 반란"에 조우해 '과하게 통치하지는 않았는가' 혹은 '더 통치해야 하는 것 아닌가'라는 물음에 시달렸다.[634] 이를 자유주의는 "적게 통치하라"라는 해답을 들고 한칼에 베기 위해 찾아온 것이다.

이때 "진리"의 장소는 다른 모습을 띠게 된다. 그 전에는 "진리의 장소" "진리화의 장소",[635] 즉 "사실" "진실"이 산출되고 결정되는 장소는 항상 법정이고, 그것은 사법의 관할이었다. 푸코는 진리의 역사가 아니라 진리화, 진실화의 역사가 중요하다고 강조하면서, 그 진리가 형성되는 장소는 법정에서 조금씩 "경제학자의 머릿속"이 아니라 "시장"으로 바뀐다고 말한다.[636] "시장은 진실을 말해야 한다. 통치의 실천을 상대로 진실을 말해야 한다."[637] 그 정책이 틀렸는지 맞았는지 그 답을, "정답"을 시장이 줄 것이다─이를 전제로 하는, 더 정확히 말해 "설정"하는 통치술의 체계가 출현한 것이다. 그것이 자유주의이고, "통치의 기술"로서의 "공리주의"[638]다. 이리하여 그것은 통치행위에게 지속적으로 "그것이 유용한가 아니면 무용한가"[639]라는 질문을 던지게 된다. 한마디로, 자유주의란 효율의 이름 아래에 국가의 통치 자체에 자기 한정을 강제하는 통치 기법인 것이다.

　　주권 권력이나 국가권력은 "사물과 주체"에 관여하는 권력이었다. 그러나 이 "새로운 통치 이성"인 자유주의는 "사물과 사람들에게 직접 개입하지 않는다". 이 자유주의적인 통치성은 "오로지 이익에만 관심이 있다".[640] 자유주의에게 근본 문제는 "통치에는 어떤 유용성이 있는가 혹은 교환이 사물의 진정한 가치를 결정하는 한 사회 안에서 모든 통치행위가 지니는 유용성의 가치는 무엇인가?"[641]다. "유용성" "유익성" "효율"이 만물의 척도이고, 근본적인 "통치" 원리가 된다. 고로 그것은 폴리스같이 "오지랖이 넓은" 비효율적인 통치와 달리 개개인에게 "자유"를 부여한다. 그것이 더 효율적이니까.

　　이리하여 애덤 스미스Adam Smith에게도 중농주의자에게도 자유로운 주체들이 활동하는 효율적인 장소인 "시장"이 진리를 생산한다. 그 물건의 진정한 가치라는 진리, 즉 "적정가격" "균형가격"을. 그것은 진리다. "경쟁의 유익한 효과"이고 "자연스러운 경쟁에 따른 합법적인 게임"의 결과니까.[642] 공정한 규칙에 따른 게임, 경쟁. 이 경쟁은 유럽 각국에 격차를 초래하지도 않고, 모두 함께 발전할 수 있게 한다고 당시 자유주의자들은 주장했다. 그러나 당연히 푸코는 이처럼 비꼬면서 주석을 단다. '이것은 유럽 바깥은 아무래도 상관없다는 말이지요. "유럽인은 도박자이고 세계는 그 판돈"이고 "놀음은 유럽에서 벌이지만 그 판돈은 세계"[643]라는 말이니까요.' 자연스럽고 자유로운 시장에 의한, 글로벌한 세계의 달성. 그 이면을, 폐해를 지적하는 것은 아무나 할 수 있다. 그러나 푸코는 이렇게까지 말한다. 칸트를 그 정점으로 하는 18세기의 "영구 평화라는 이상"은 "영구 평화의 보증이고 기반인 국가의 내적인 힘을 제한하는 것이 아니라" "오히려 외부 시장의 무제한화"라고. "자연"이 영구 평화를 보증한다는 칸트의 말을 거론하면서 이는 중농주의자가 시장의 긍정적인 조정을 보증하는 것은 자연이라고 말한 것과 같은 논법이라고 지적한 다음, 푸코는 이렇게 단언한다.

> 영구 평화, 자연이 그것을 보증합니다. 그리고 이 보증은 전 세계 인구의 증가로 나타나고, 그 상업적 관계 네트워크가 세계로 퍼져갑니다. 영구 평화의 보증, 따라서 그것은 실제로는 상업의 행성行星 규모화인 것입니다.[644]

따라서 아마 우리가 지금 목도하고 있는 것이 영구 평화이리라—이렇게만 말하고 앞으로 나아가자. 푸코를 따라서 지금까지의 이로를 정리하겠다. 당시의 자유주의란 세 가지를 전제로 하고 있었다. 1. 시장의 진실화. 2. 유용성 계산을 통한 통치의 제한. 3. "세계시장을 상대로 무한한 경제적 발전을 이루는 지역으로서의 유럽."[645] 그리고 이는 "자연"에 의거한, "자연스러운 것"으로 받아들여진다. 물론 푸코가 적확하게 논한 바와 같이 18세기 중반에 출현한 이 "통치적인 자연주의"는 "만들어진 것"이다.[646] 시장에서의 가격이 그 물건의 진정한 가치이고, 노동시장에서의 임금이 그 사람의 진정한 가치이고, 통치의 효율이 가장 중요하고, 세계시장에서 구미의 우위성은 보편이다. 그리고 이는 자연의 이치다. 이것이 자유다—"자유주의란 하나의 형식이다"[647]라고 말한 르장드르. 매니지먼트와 자유주의가 시장을 모방해 행정 통치를 "자유화"해야 한다고 주장하고 그런 시책이 펼쳐진 지 오래되었는데, 라고 운을 뗀 후 조용히 "프랑스 행정은 너무 비효율적이지 않은가? 이 문제를 해결하지 않고 내버려두고 있다"[648]라고 말한, 희미한 쓴웃음이 느껴지는 젊은 르장드르의 뼈 있는 말을 푸코의 주장과 포개는 것으로 충분하리라. 이 이상의 말은 사족이다. 푸코의 이로로 돌아가자.

제88절 자유 속에 가두기. 날조된 자연

/

그렇다. 자유, 자유다. 그러나 이 자유주의가 말하는 자유란 무엇인가? 인용하자.

> 내가 "자유주의적"이라고 할 때, 자유에 더 많은 여백을 부여하는 통치성의 형식을 말하는 것이 아닙니다. 내가 말하고 싶은 것은 다른 것입니다.
>
> 내가 "자유주의적"이라는 말을 쓰는 것은, 우선 지금 출현하고 있는 이 통치적 실천이 이런저런 자유를 존중하고 보증하는 데 만족하지 않기 때문입니다. 더 파고들어 말하자면 그것은 자유를 소비하는 것입니다. 이 통치적 실천이 자유를 소비하는 이유는, 그것이 일정한 자유가 실제로 존재해야만 기능하기 때문입니다. 즉, 시장의 자유나, 파는 자와 사는 자의 자유 등과 같은 자유 말입니다. 새로운 통치 이성은 자유를 필요로 하고 새로운 통치 기법은 자유를 소비합니다. 자유를 소비하는 것, 이는 즉 그것을 생산해야 한다는 말이 됩니다. 이

를 생산해야 한다는 것은 이를 조직해야 한다는 말입니다. 따라서 새로운 통치 기법은 자유의 관리경영자의 모습으로 출현합니다. 이 자유란 "자유로워지라"라는 지상명령, 이 지상명령이 떠안고 있는 직접적인 모순을 동반한다는 의미가 아닙니다. 자유주의는 단지 이렇게 말한 것뿐입니다. "나는 당신에게 일정량의 자유를 생산해주겠소." "나는 당신이 자유로이 자유일 수 있게 해주겠소." (……) 자유가 생산된다는 것은 그것을 한정하고 파괴할 위험이 있다는 말입니다.[649]

자유주의의 자유, 그것이 "전략적 조건"임을 이미 확인했다. 그것은 자연스러운 것이 아니다. 자유주의는 "자기 가슴속에 자유의 생산과 파괴 관계를 떠안고" 있고, "한쪽 손으로 자유를 생산하고, 하지만 그 손길 자체가 한계를, 통제를, 강제를, 위협이 도사리고 있는 의무 등을 포함하고 있다".[650] 그 "자유의 생산을 보증"하기 위해 "놀라운 양의 입법"이 "놀라운 양의 통치로부터의 간섭이 이루어지고 있다".[651] "따라서 자유주의 체제 속에서의 자유는 소여가 아닙니다." "자유주의는 자유를 허용하는 것이 아닙니다. 자유주의는 매 순간 자유를 제조하려 하고, 유발하고, 구속과 함께 만들어내는 것입니다. 또한 이 자유의 제조가 제기하는 비용 문제도."[652]
그리고 바로 이 자유를 효율적으로 생산하기 위한 시스템을 "세큐리티 시스템"이라 부른다. 세큐리티, 그것은 "자유의 제조 비용을 계산하는 원리"[653]이고, 또한 세큐리티는 "개인적인 이익으로부터 집단적인 이익을 보호하는 것"을 목표로 한다. 경제 과정이 위험해서는 안 된다. 노동자에게 그리고 그보다도 기업에게 위험해서는 안 된다. 18세기 자유주의의 "통치성" 안에 "자유와 세큐리티"는 이미 있다. 1979년 1월의 단계에서 이런 말을 했다니. 이런 감탄을 하기에는 아직 이르다. 그렇다. 위험의 문제, "위험인물"의 문제가 다시 다른 각도에서 조명된다. 이리하여 자유주의는 "위험의 관리자" "위기 관리자" "세큐리티/자유 메커니즘의 관리자"가 된다. 무엇을 위해서? 물론 "이익"을 위해서.[654]

　　이리하여 자유주의는 몇 가지 전략을 취하게 된다. 푸코가 인용하는 것은 자유주의의 격언 "위험 속에서 살라"다. 이러한 "위기의 자극"은 "자유주의의 주된 함의"다. 그렇다. 위험을 감수하고 투자해야 한다. 위험을 감수하고 창업해야 한다. 위험을 감수하고 시장으로 나가야 한다. 그러나 자유주의의 위기 전략은 여기에 그치지 않는다. 푸코는 말한다. "묵시록의 기사가 사라진 대신, 하루하루의 위험이 출현하고, 등장하고, 침입합니다. 이 일상적인 위험은 항구적으로 활기를 얻어 다시 현실화되고 유통됩니다."[655] 즉, 규율 권력을 논했던 『감시와 처벌』의 논지를 여기에서 다시 다룬다. 추리소설, 경찰소설, 언론의 사회면 기사, 변태 범죄자에 대한 기나긴 논설. 그야말로 "개인·가족·인종·인류의 위험"[656]을 언론 매체가 선동하게 되는 것이다. '요즘 이상한 사람이 많으니까 감시 카메라도 어쩔 수 없어요. 실제로 묘한 차림을 한 녀석들이 저 도로변에서 사라졌잖아요. 그러고 보니 댁에도 어린 따님이 있지요?' 위기의 선동. 이에 더해 암흑가로의 유혹이 섞인 위험의 선동. 무엇을 위해서? 자유 안에 가두어두기 위해서, 세큐리티를 정당화하기 위해서. 그리고 이익을 낳기 위해서. 그렇다. "자유주의가 없다면 위기의 문화도 없었던 것입니다."[657]

자유주의는 규율과 배치되지 않는다. 강조해두자. 우리는 오랫동안 푸코의 개념 구분이 동요해왔음을 살펴보았다. 자유와 세큐리티는 생명 정치, 더 정확히 말해 지지난번 강의에서 접합된 "규율적 생명 정치"의 장치이고, 이는 또한 자유주의의 전략이고 위기의 담론은 그 작전 수행을 위한 농간인 것이다. 『감시와 처벌』에서 자유주의는 원칙적으로 "법의, 권리의 담론"이었고, 규율 시스템과는 "서어"한 것이었음을 상기하자. 여기에서 푸코는 자유주의를 통치술로 재규정함으로써 그 "규율적 생명 정치"의 수행 전략으로 기능하는 "자유와 세큐리티" 장치에 이르는 통로를 획정하는 데 성공한 것이다. 물론 푸코의 개념 구분은 여전히 동요하고 있다. 예를 들어 세큐리티와 규율을 떼어놓는가 하면 반대로 붙여놓는 글귀가 앞뒤로 이어져 있기도 하다. 하지만 우리의 이로에서 보자면 사태는 여기에서 그치지 않는다. 여기에는 다른 무엇이 있다. 이는 드디어 불가사의한 양상으로 르장드르가 푸코와—기묘한 불협화음을 내면서—창화하기 시작하는 데에서도 알 수 있다. 이 불협화음의 제창, 그 배음의 불온한 울림은 앞으로도 계속될 것이다. 하지만 그것은 아직 다룰 내용이 아니다. 계속 가자. 푸코는 연이어 네 가지를 지적한다.

1. 자유 메커니즘의 인플레이션. 자유가 존재하기 위해서는 자유를 생산해야 한다. 자유를 생산하기 위해서는 세큐리티 시스템, 즉 통제와 개입이 필요하다. 그렇다면 자유의 증대는 어떤 귀결을 가져오는가? 푸코는 말한다. 이 자유주의는 "더 많은 자유를 도입합니다, 더 많은 통제와 개입을 통해서".[658] 즉, 자유의 대량생산은 그와 반대되는 것의 대량생산이기도 하다는 말이 된다. 푸코는 오이켄Ru-

dolf Christoph Eucken, 뢰프케Wilhelm Röpke 등 "프라이부르크학파"와 "현재 자유지상주의자라 불리고 있는 사람들"[659]을 거명하면서 우려를 표명하고 있다. 이 "프라이부르크학파"에 대해서는 이 강의에서 후에 상세히 논하게 된다.

2. 자본주의의 위기. 푸코는 자유주의의 위기를 외치는 사람들이 그것을 곧바로 "자본주의의 위기"와 연결하는데, 자유주의의 위기는 자본주의의 위기와 아무런 관련이 없다고 단언한다. 자유주의는 단지 시장과 관련된 "통치성"의 판본 중 하나에 불과하고, 자유주의가 위기에 빠져 있다면 이는 단순히 "통치성의 일반적 장치의 위기"에 불과하고, 이것이 곧바로 자본주의의 위기가 되지는 않기 때문이다.[660]

3. 국가는 보편이 아니다. 이는 르장드르의 이로를 밟아온 우리에게는 그다지 새로운 말이 아니다. 그러나 통치성과의 관련 속에서 국가를 이해하면 필연적으로 국가는 보편적인 실체의 일부를 상실하게 되어 있다. 고로 푸코는 이렇게 단언한다. "국가란 본질을 갖지 않는다는 것을 의미합니다. 국가는 보편적이지 않습니다. 국가는 그 자체로는 권력의 자율적인 원천이 아닙니다." "국가란 바로 영구적인 국가화의 유동적인 효과, 윤곽, 조각 이외에 그 무엇도 아닙니다."[661]

4. 사회주의에 통치성은 없다. "나는 자율적인 사회주의의 통치성은 존재하지 않는다고 생각합니다. 사회주의의 통치적 합리성은 존재하지 않습니다."[662] 사회주의는 자유주의와 같은 통치술을, 통치적 합리성을 갖지 않는다. 사회주의는 "자기 자신의 통치 방법, 스스로를 통치하는 수법을 정의"하지 않았다.[663] 사회주의 고

유의 통치성은 존재하지 않는다. 그렇다면 그것을 고안해내야 하고 그렇지 않으면 "사회주의는 자유주의의 대안이 안 됩니다. 그것은 같은 수준에 있지 않다"는 말이 되기 때문에.[664] 여기에서 푸코는 마르크스주의자의 "텍스트에 순종적인 특성"이 통치적 합리성의 결여를 은폐한다고 지탄한다. 과거 마르크스주의 훈고학의 시야 협착에 대해서는 나도 들은 바가 있고, 그런 사람들에게 둘러싸여 있던 푸코의 초조함도 이해가 된다. 하지만 르장드르의 "텍스트" 개념에 접했던 우리가 보기에 이는 찻잔 속의 태풍, 집안싸움으로밖에 보이지 않는다. 푸코가 야유하는 텍스트도, 마르크스주의자들이 숭배하는 텍스트도 결국은 모두, 하고 또 반복할 필요는 없으리라. 또한 그런 편협한 텍스트 개념의 이해에 틀어박혀 있다해도 그 텍스트를 조작해서 새로운 통치성을 고안해낼 가능성이 전혀 없지는 않으리라. 하지만 이는 이제 족하다. 이 강의의 본 주제는 이제부터다. 푸코가 "신자유주의"를 논하기 시작하니까.

제89절 푸코의 신자유주의론: 통치 원리로서의 경쟁·조정된 자유

하이에크, 미제스, 뢰프케, 벰, 미크슈, 오이켄, 뤼스토브, 뮐러-아르막. 이들 독일계 경제학자가 표방한 "자유주의", 질서 자유주의라고 번역되기도 하는 "구자유주의"가 "신자유주의"의 기원이다. 그중 일부는 나치가 정권을 탈취했을 때 해외로 도피했고, 특히 하이에크는 영국에서 미국으로 건너가 미국 신자유주의의 기원이 되었다. 푸코의 이 고유명 일람표에는 시카고학파의 밀턴 프리드먼도 들어 있다. 그리고 최신 경제사 연구가 부정하는 일반적인 이해에 따르면 망명하지 않은, 하지 못한 사람들은 통제경제를 펼치던 나치 정권 아래에서 불우한 시절을 보냈고, 전후에 서독의 경제 부흥에 큰 역할을 했다. 이들이 신자유주의를 창시했던 것이다. 푸코는 이 "신자유주의"를 논해간다. 살펴보자.

18세기의 자유주의는 "자유방임이 지배하는 시장에서는 국가가 풍요로워지고 증대한다. 즉, 이는 힘을 갖기 위한 원리가 된다"고 논한다. "더 적은 통치로, 더 국가로 향한다." "이것이 말하자면 18세기가 내놓은 답이었습니다."[665] 그리고 이 자유주의에 대항하는 사람들의 답은 항상 똑같았다. 시장에 대한 "개입의 기술"로, "국가적 관리의 기술화"로 대항하려 했던 것이다. 이를 구자유주의자들은 "영원한 생시몽주의"라고 부르며 신랄하게 비판한다.[666]

그렇다면 구자유주의=신자유주의는 어떤 주장을 하는가? 푸코는 말한다.

달리 말하자면 이렇습니다. 일종의 국가 감시 속에서 유지되고, 국가가 정의하는 시장의 자유를 받아들이는 대신—이는 말하자면 자유주의의 출발점에 있었던 공식입니다. 즉, "경제적 자유가 실현되는 공간을 건설하자, 그리고 국가로 하여금 시장을 감시하게 하고, 시장을 한정하고, 그 한정을 유지하게 하자"는 것이지요—그 대신에 말입니다, 구자유주의자들은 이렇게 말하는 것입니다. 이 공식을 완전히 전도해야 한다. 그리고 시장의 자유가 국가를 조직하게, 국가를 조절하게 해야한다. 국가가 현존하는 출발점에서 그 마지막 개입 형식에 이르기까지. 다르게 말하자면, 시장이 국가의 감시를 받는 것이 아니라, 오히려 국가가 시장의 감시를 받는 것입니다.[667]

푸코는 말한다. "현재의 신자유주의"가 갖는 중요성은 명백하다고. "현재의 신자유주의를 자유경제의 오래된 형식이 다시 출현한 것이고, 그것의 회귀라는 등의 꿈을 꾸어서는 안 된다."[668] 독일과 미국의 신자유주의의 관심은 "시장경제가 국가를 위한 형식과 모델로서 실제로 도움이 되는지 여부를 아는 데 있기 때문입니다".[669] 그리고 푸코는 신랄하게 말한다. 지금 입장의 좌우 할 것 없이 국가의 결점을 비판하고 왈가왈부하는 사람이 많으나 이는 아무것도 아니라고. "국가를 비판하면, 국가의 파괴적이고 유해한 효과를 밝혀내면 다들 찬성하거든요. 하지만 말입니다, 그런 비판은 일반적이고, 혼란스럽습니다."[670] 푸코는 말한다. 좀바르트에서 마르쿠제까지, 누가 되었든, 어떤 입장의 사람이든 이런 비판을, "국가 공포증"을 말할 수 있지만 그것은 전혀 비판으로서의 힘을 갖지 못한다. 이런 비판은 신자유주의와 창화하는 것에 불과하기 때문이다. 이 비판의 그림자에 숨어 신자유주의는 "진정한 목적을 실현할 수 있게 되었기 때문입니다". 그 목적이란 "시장경제가 발단이 되는 국가권력의 일반적인 형식화와 사회의 조직화입니다. 시장이 정말로 국가나 사회를 만들어내는(형식화하는) 힘을 가질 수 있는가? 바로 여기에 중요한 문제가 있는 것입니다. 현재의 자유주의가 중시하는 문제가 말이지요."[671]

기존의 자유주의에서 시장이란 "교환"의 장소였다. 그 "시장의 자유"란 "제3자의 불간섭"이었다. 제3자란 권위를 뜻했고, 그것은 국가였다. 생산에 국가가 필요할지도 모르나 교환에 제3자는 필요 없다. 균형가격은 "자연히" 정해지니까. 이것이 "자유의 공간"이었다.[672] "그러나 신자유주의자들에게 시장의 본질은 교환에 있지 않습니다." "그것은 따로 있습니다." 그것은 무엇인가? "경쟁입니다."[673]

19세기 이후, 시장의 본질은 경쟁이 됩니다. 따라서 그것은 균형이 아니라 반대로 불평등성을 뜻하게 됩니다. 그리고 경쟁/독점의 문제는 가치와 균형의 문제보다 훨씬 중요해집니다.[674]

19세기와 20세기의 한계효용론자는 "시장은 전면적인 자유경쟁을 통해서만 기능한다", 따라서 "국가는 경쟁 상태를 수정하려고 해서는 안 된다"고 했다.[675] 그러나 이때 신자유주의자=구자유주의자들은 자유주의 전통과 관계를 끊는다. 생시몽주의라고 그들이 조롱했던 국가 관리는 아니다. 하지만 자유방임도 아닌 것이다. 자유방임은 그들에게 "자연주의적 유치"[676]라는 조롱까지 받는다. 그들은 말한다. "경쟁이란 그 게임과 메커니즘 그리고 실효적인 효과에서도 (……) 전혀 자연현상이 아니다. 그것은 자연적인 식욕이나 본능이나 행동이 작용한 결과가 아니다."[677] 그렇다. 그들에게 경쟁이란 "자연에 있는 것"이 아니다. 신자유주의의 "경쟁"은 "특권적인 형식"이고, "경쟁이란 본질이다. 경쟁이란 형상(에이도스)이다. 경쟁이란 형식화=형성의 원리다. 이는 내적인 논리를 지니고, 그 자신의 구조를 지닌다".[678] 따라서 경쟁이란 "주의 깊게, 인공적으로 정비된" "몇 가지 조건 아래에서만" 존재한다. 경쟁은 전혀 원초적인 소여가 아니다. "따라서 경쟁이란 통치술의 역사적인 목표인 것입니다. 이는 존중해야 할 자연의 소여가 아닙니다."[679]

따라서 신자유주의=구자유주의의 문제는 시장경제 원리에 입각해서 "전 지구적으로 행사되는 정치권력을 조정하려면 어떻게 해야 하는지 아는 것"이고, "신자유주의는 이제 자유방임을 표방하지 않는다. 그것이 아니라, 감시와 행동, 항구적인 개입을 표방하는 것이다".[680] 따라서 그것은 항상 작동하는 세큐리티 시스템의 전면적인 감시를 필요로 한다. 통치술에 의해 치밀하게 구성된 환경으로서 시장을 설정하고, 그곳에서 "자유"로운 "순수경쟁"의 게임을 벌이게 하는 것이다. 이 경쟁을 가능하게 하기 위해, 예를 들면 "독점"은 피해야 한다. 일원적인 집중은 피해야 한다. 자유주의는 이를 하지 못하게 하는 환경을 설정해야 한다는 것이다. 이를 구자유주의를 대표하는 사람 중 하나인 뢰스토브는 "신봉건제"[681]라고 부른다. 그렇다. 르장드르가 세계의 재봉건화를 비판했던 사실을 상기하자. 맥락은 이어져 있다.[682]

그러므로 신자유주의=구자유주의는 "사회정책"을 실시한다. 무엇을 위해서? 물론 경쟁을. 뢰프케에 따르면 만인에게 평등한 "불평등성"[683]을 강제하기 위해서. 푸코는 말한다. 이 사회정책은 소비와 수입의 사회화도, 그와 관련한 개입도 아니다. 반대로 그것은 "민영화 말고는 있을 수 없다". "위험으로부터 개인을 완전히 보호하라고 사회에게 요구하는 것이 아니다."[684] 그렇다. 위험 속에서 살아야 하니까. "경제 공간 안에서 사람들은 위험을 받아들이고 이에 직면하게 됩니다."[685]

이리하여 신자유주의=구자유주의의 통치는 시장의 결과에

는 더는 개입하지 않는다. "신자유주의적인 통치는 시장이 지닌 사회에 대한 파괴적 효과를 수정해서는 안 된다고 합니다." 시장의 패배자는 패배자로 남아야 한다. 그것은 "민영화"에 의한 "자유"로운 "경쟁"의 결과니까. 그렇다면 신자유주의는 무엇에 개입하는가? "사회 자체의 골격이나 두께에 개입한다. 즉, "사회의 조정기라 할 수 있는 전면적 시장의 설립을 가능하게 한다." "경쟁이라는 메커니즘이 매 순간, 그 사회의 두께 곳곳에서 레귤레이터로서 기능할 수 있게 하기 위해서."[686] 즉, 자유주의 경제정책에서는 국가가 시장에 직접 개입하지만 신자유주의는 이와 달리 세큐리티 장치가 제조한 "자유·경쟁"을 레귤레이터로 장착한 "시장"을 면밀하게 설정해, 이를 설치하는 것이다. 여기에서 자유는 강제이고, 경쟁은 조정이다. 경쟁에 빠져드는 것, 이는 레귤레이터에 걸려 조정될 대로 조정되는 것에 지나지 않는다. 경쟁, 오로지 패배자가 되는 것의 공포와 초조에 젖어 있는 "자유로운 경쟁"이라는 게임에 몰입하는 사람들.[687]

그렇다. 어떤 의미에서는 신자유주의의 통치는 "경제적인 통치가 아닙니다". 이 귀결은 당연하다. 그들은 이 조정되고 정비되고 강제된 경쟁 원리로 철저하게 관철된 시장을 국가와 사회의 형성 원리 자체로 여기고 있으니까. 이 시장은 사회인 것이다. 푸코는 한 토론회에서의 발언을 인용하며 말한다. 그것은 "사회학적 자유주의"[688]라고 부를 수 있지 않겠느냐고. "어쨌든 이는 사회의 통치입니다. 사회정책, 이것이 신자유주의자들이 실행하려는 것입니다."[689] 여기에서 통치행위의 대상은 "사회 환경die soziale Umwelt"[690]이다. 사회 환경에 개입해, 이를 통치하고 조정하고 일반적인 레귤레이터라는 역할을 맡김으로써 "순수 자유경쟁"을 가능하게 하는 것. 〈경제학=사회학〉의 군림.

이리하여 "경쟁의 메커니즘"이 사회를 관통하게 된다. 거기에서 사는 "호모 이코노미쿠스"는 본질적으로 교환하는 자도 소비자도 아니다. "기업인"이다.[691] 그리고 신자유주의는 "자유방임"이 아니라 "기업의 사회윤리"로 회귀하려 한다.[692] 사회는 신자유주의적인 통치 전략의 대상일 뿐이고, 윤리는 그 세큐리티 장치를 위한 전략 조건에 불과하다. 그리고 이와 관련한 앎 또한 그 전략 거점에 불과하다는 말이 되리라. 사회학과 자유주의, 윤리를 동시에 말한 적이 있는 사람은 일단 가슴에 손을 얹고 자기 도정을 되돌아볼 것을 권유한다. 이 신자유주의=구자유주의가 어떤 것인지 뒤에서 바로 분명해질 테니까.

이리하여 구자유주의를 대표하는 뢰프케와 뤼스토브는 각자 "광대한 교외 정책"과 "생명 정치Vitalpolitik"를 논하게 된다.[693] 항시적인 세큐리티 시스템과 그 감시를. 인구를 대상으로 한 환경의 조정을. 그리하여 청결하게 유지된 경쟁 원리의 시장이라는 평면에 우후죽순으로 건설되는 것은 무엇인가? 거기에서 활동하는 것은 무엇인가? 신자유주의에게 진정한 경제적 주체는 무엇인가? 개인도, 경제적 인간도 아니다. "기업"이다. 그것은 생명 정치와 밀접한 관계가 있다. 푸코는 말한다. 지금 "기업이 없다면 개인의 생계가 어떻게 될까요? 기업이라는 별도의 단위가 없다면 이웃 간의 소규모 공동체의 관리가 무슨 의미가 있을까요?" 즉, "'기업'이라는 형식이 일반화되고, 가능한 한 산포散布되어 다양화한 것입니다". "이 사회 신체 내부에서의 '기업'이라는 형식의 증대야말로 신자유주의적인 정책의 과제라고 나는 생각합니다. 과제는 시장을 만들어내고, 경쟁을 만들어내고, 즉 기업을 만들어내는 것입니다."[694] 여기에서 문제되고 있는 것은 "기업의 다양화와 분화를 향해 이행해가는 사회입니다".[695] 즉, 간략히 말해 신자유주의 사회란 "기업의", 더 정확히 말해 "창업"의, "창업가"[696]의 사회다. 가정도 "공동체"도 기업 주변에 조직된다. 그래서 무엇이 나쁘다는 말인가? 기업, 경쟁, 좋지 않은가? 이는 자본주의의 필연이 아닌가? 그렇지 않다고 푸코는 말한다. 푸코에 따르면 경제학자는 "자본"이라고 하지만 "역사상의 자본주의" 중에 "자본의 논리가 가능하고 필연적인 유일한 형상"을 가진 적은 한 번도 없다.[697] 이는 전적으로 통치술의 효과로, 전혀 자명하지도 자연스럽지도 않다. 이는 구자유주의자 스스로 말하는 바다.

그리고 이 신자유주의가 바로 푸코가 마지막으로 "생명 정치"와 연결한 대상이었다. 그렇다. 생물학적 신체는 여기에서 어떻게 되는가? 간단하다. 푸코는 흥미롭게도 "자격"을 갖추고, "자격"을 항상 필요로 하는 노동자의 신체를 "기계"라고 지칭하고, 자격을 요구하는 사회가 되어간다고 주장한다. 하지만 단적으로 노동자와 기업인의 신체는 "인적 자본"이 되는 것이고 생물학은 "경제학적 분석"의 대상이 되는 것이다. 즉, "인적 자본의 유전적 요소가 문제"[698]로 부상한다. 푸코는 말한다.

> 태생적 요소와 유전적 요소라는 용어로 사람들이 이해하는 의미에서 고급 인적 자본인 아이를 갖고 싶다면, 여러분의 부담으로 투자해야 한다는 것을 아실 것입니다. 즉, 배우자가 되어서 미래의 인적 자본을 위한 협동생산자가 되기 위해서는

열심히 일해서 충분한 수입을 얻고, 충분한 사회적 지위를 가져야 합니다. 자본 자체에게 중요한 누군가를 낳기 위해서는 말이지요. 이 말이 전적으로 농담만은 아닙니다.[699]

이렇게 해서 호모 이코노미쿠스는 생물학적인 투자 대상이 되어갈 것이다. "매우 통치하기 쉬운" 대상이. "호모 이코노미쿠스는 매우 통치하기 쉬운 자를 뜻합니다. 자유방임의, 손대서는 안 되는 파트너로서 호모 이코노미쿠스는 이제 통치성의 상관물이 되어 나타납니다. 그 통치성은 환경에 작용을 가해 환경의 변수를 체계적으로 수정합니다."[700] 그리고 그 환경 기술은 "개인이 자유롭게 움직일 수 있을 정도로 유연한 틀"을 제공하고, "개인의 효과를 조정할 수 있는 여지를 그 개인의 틀"로 정의하고, "환경의 효과를 조정"한다. 특히 미국의 신자유주의는 "균질화하고, 동일화하고, 계층화하는 개인화가 아니라 불확실성과 횡단적 현상에 열려 있는 환경"을 설치하게 될 것이다. "수요와 공급 간의 불확실성, 자유, 게임에 열려 있는 환경 기술."[701] 이를 성립시키기 위해, 예를 들면 미제스의 『인간의 행동』에서 출발해 널리 퍼진 다양한 인간의 행동 분석 그리고 스키너로 시작된 행동주의 심리학이 대량으로 투입될 것이다.[702] 다시 한 번 확인해둔다. 이처럼 생물학적 투자 대상으로서의 인적 자본에 대해, "환경 권력"에 대해 운운하는 사람은 많지만 푸코는 이를 물질적이고 변화시킬 수 없다고 말한 적이 없다. 그것은 자본주의의 효과조차도 아니다. 그것은 기껏해야 수십 년밖에 되지 않는 역사를 지닌, 통치성의 효과에 불과하다. 그것은 "픽션"인 것이다. 이 증거를 곧바로 제시하겠다.

제90절 나치스 경제정책과 신자유주의

/

자, 푸코의 강의는 계속된다. 애덤 스미스의 "보이지 않는 손" 이론에서는 "보이지 않는"이라는 형용사가 중요한데 이는 '경제 분야의 본질적 불가지성' '경제적 주체에 있어 시장의 예측 불가능성'을 의미하고, 정치적 주권자·전지한 주권자의 위치를 격하하는 것이다.[703] 시민사회도 역시 자유주의적 통치성의 상관물에 불과하고 "섹슈얼리티"와 "광인"처럼 권력관계의 타협점 중 하나로, 현실·자연의 소여가 전혀 아니다 — 이런 내용들이다. 이는 지난번 강의를 심화한 내용이기도 해서 재미있는 논의가 여럿 있기는 하다. 하지만 이는 앞의 논지로 추측할 수 있는 범위 내에 있다.

그러나 여기에서 하나 지적해두어야 할 것이 있다. 푸코는 알지 못했고, 당연히 감안하지 않은 사실이다. 일반적으로 알려지기를 이 독일 출신의 "구자유주의자=신자유주의자"들은 나치 정권 아래에서 망명하거나 "체제 내에서 저항"해, 어쨌든 나치스의 통제경제와는 양립할 수 없었고, 나치스에게 협력하는 일 없이 전후에야 서독의 경제 부흥에 큰 영향력을 발휘하게 되었다는 것이 일반적인 이해다. 그러나 이는 신화임이 밝혀졌다. 최신 연구에 따르면 푸코도 거듭 인용하고 있는 오이켄과 뵘을 비롯한 독일에 잔류한 신자유주의자=구자유주의자들은 나치스 경제 행정과 공동 작업을 진행했었다. 예를 들어 뮐러-아르막은 1924년에 있었던 이탈리아 파시즘과의 만남이 구자유주의자로 전회하는 계기였다고 말하며 "경제적 자유주의를 재건하는 방향을 단적으로 파시즘 안에서 발견했"[704]다고 했다. 히틀러는 경제 경쟁 원리를 지지했고, 이를 다윈의 어법을 통해 이해했다.[705] 나치스의 경제정책은 통제경제가 아니었던 것이다. 바로 전면적인 경쟁 원리, 그러나 "질서 지어지고 구속된 경쟁"[706]이었다. 신자유주의자=구자유주의자가 여기에서 지도적 위치에 있었다고 하면 역사적 사실로서는 정확하지 않겠지만, 그 정책 방침은 중복되는 것이 많다. 흥미로운 점은 그들 저작에 "경제 국가" "다원주의" "포획물로서의 국가" "예외 상태"와 같은 카를 슈미트Carl Schmitt적인 어휘가 빈출한다는 것인데, 실제로 그들은 그로부터 깊은 영향을 받았다.[707] 또한 나치스 국가의 경제법을 위해 1940년에 창설된 독일 법률 아카데미 제4부문에 그들은 참가했다.[708] 물론 그렇다고 해서 신자유주의 전체가 나치라고 할 수는 없을 것이고, 현재의 신자유주의와 푸코가 말한 시점의 신자유주의의 차이도 감안해야 하리라. 이는 내 일이 아니다. 그러나 이 역사적 사실을 지울 수는 없다.

그리고 극히 중요한 사실을 논할 필요가 있다. 이 신자유주의의 "환경"을 "조정"하는 "사회공학"적 권력이 조금도 바꿀 수 없는 물질적인 권력이 아니라는 것을, 실은 구자유주의자=신자유주의자 스스로 말하고 있다. 그들이 카를 슈미트에게 이어받은 것은 "경제 국가" 등의 개념에 그치지 않는다. 한스 파이잉거Hans Vaihinger의 영향 또한 이어받았다. 즉, 파이잉거의 "'흡사 그와 같이'의 철학Die Philosophie des Als Ob" "허구의 철학"을 이어받았다. 대표적인 구자유주의자인 미크슈는 신자유주의의 기도 전체를 분명 이렇게 말한다. "'흡사 그와 같이'의 경제정책Die Wirtschaftspolitik des Als-Ob" "픽션Fiktion"이라고.[709] 미크슈만 이런 이론적 태도를 가진 것이 아니다. 그렇다. 그것은 픽션인 것이다. 신자유주의도, 경쟁도, 자유도, 환경도, 세큐리티도.

그리고 생명 정치도. 그것은 완전경쟁을 인위적으로 "연출"하는 것이지, 물질적이고 과학적이고 변화시킬 수 없는 "전혀 새로운 권력"이 아니다. 설마 그런 일은 없겠으나 혹시 모르니 확인해두자. 앞의 사실로부터, 그래서 픽션은 "위험"하다는 식의 결론을 도출하는 사람은 틀렸을 뿐만 아니라 신자유주의의 주구에 불과하다. 픽션이기 때문에 그것은 바꿀 수 있다. 픽션이기 때문에 만들어낼 수 있다. 그리고 그것을 도박장에서 걸 수 있는 것이다. 아마 구자유주의=신자유주의자들은 도박에서 이긴 것일 터다. 그들은 자신들의 정책이 픽션임을 잘 알고 있었으니 "역사의 도박장"에 뛰어든 도박자로서는 일류다. 그러나 이 말을 해두자. 그것이 인공적인 픽션이고 앞으로도 계속 그런 한, 그것을 전복하고 변혁할 가능성 또한 항상 열려 있다. 그러한데도 이를 "물질적"이고 "변화시킬 수 없"고 "자연의" 것이고 "움직일 수 없"고 "바꿀 수 없"고 "역사의 종말에 위치한" 것이라고 믿어 의심하지 않는 광신이 사태를 악화시킨다. 따라서 그것은 자신이 픽션임을 망각하고, 고로 "돌연" 법을 만들고 말았음을 망각하고, 자신이 안트로포스임을 망각하고, 우리의 통치는 물질적이고 자연이고 자유이고 보편이자 객관적이라고 선전하면서 저항을 짓누를 수 있는 것이다. 그렇기 때문에 그것은 소격을 결여한 "매니지먼트 원리주의"가 되고 만 것이다. 이러한 프로파간다와 창화하는 이론은 단적으로 사태의 본질을 간과하고 있다. 문제는 거기에 없다. 문제는―그렇다, 반복을 두려워하지 않고 말하겠다―픽션이냐 아니냐가 아니라 오로지 소격이 거기에 있느냐 없느냐, 원리주의냐 아니냐다. 르장드르의 격렬한 "매니지먼트 원리주의" 비판의 의미는 여기에서 분명해진다. 그리고 푸코가 이러한 지식이 없었는데도 여기에서 그 무엇보다 명석하게 말하고 있는 내용은 그것이 전적으로 "통치술의 효과"에 불과하다는 것이다. 여기에서 두 사람의 이로는 완전히 일치한다.

제91절 "당"의 통치성

/

그러나 아직 남아 있는 문제가 있다. 『사회를 보호해야 한다』 이후, 항상 푸코의 이로 언저리를 배회하던 나치스는, 전체주의는 어떻게 되었는가? 푸코는 이 강의에서 나치와 전체주의를 어떻게 논하고 있는가? 푸코에 따르면 이는 단적인 "국가의 쇠퇴"이고, "법적 인격의 지위 상실"이고, 이는 "민족의 도구"에 불과한 것이 되고 말았다.[710] 무엇이 이를 불러왔는가? 나치즘 통치기관의 원리는 19세기에서 유래한 유럽의 "행정" 원리에 의거한 것이 아니었다. 그것은 "총통제Führertum"의 원리이고, 나치즘이란 이를 기반으로 한 "당"의 지배였다. "국가는 주변화"되었고 "총통이 바로 당의 현존 자체"였다.[711] 이를 확인하고 푸코는 말한다. 전체주의의 기원은 국가의 메커니즘에는 없다. 전체주의의 원리, 그것은 행정국가에 없고 폴리스 국가에도 없다. 물론 관료 국가에도 없다. 그렇다면 어디에 있는가? "당의 통치성이라 부를 수 있는 것"[712]에 있다. "당. 이 터무니없는, 매우 기묘한, 매우 새로운 조직이 바로 19세기 말 유럽에 출현한 극히 새로운 통치성인 것입니다. (……) 이 당의 통치성이 바로 전체주의적 체제의 역사적 기원이고, 예를 들어 나치즘, 파시즘, 스탈린주의 등의 기원인 것입니다."[713] 즉, 푸코는 여기에서 나치즘이 법=주권 권력의 폭주라는 이해를 완전히 철회하고 있다. 그것은 오히려 사법과는 관련이 없는, 규율적·생명정치적 통치성의 폭주였던 것이다.

또한 여기에는 정치학의 교과서적인 지식만으로도 파악할 수 있는 함의가 있다. 정당이란 원래 "군부"이기 때문이다. 대포로 무장까지 한 민병의 거병이었던 파리코뮌의 패배로 드러난 사실, 그것은 르장드르도 논한 것처럼 군대의 고도한 기술화이고 "초-행정화"였다. 즉, 민병이나 민중의 군 장비 수준으로는 정규군을 상대로 싸워서 승리하고, 민중이 독자적인 힘으로 혁명을 성취하는 것이 불가능해졌다. "혁명은 불가능해졌다"는 담론의 기원은 여기에 있다. 따라서 그 후의 혁명은 모두 "군부"가 일으키게 된다. 이 "무력 혁명" 대신 평화 가운데의 "정권 교체"를 가능하게 하기 위해 고안된 것이 "당"이었다. 고로 그것은 일종의 법적으로 불투명한 "군부"이고, 국가 내부에서 독립성을 지니는 "전쟁 기계"인 것이다. 그리고 푸코는 이렇게 말하게 된다. "우리의 현실성 중에 현재 문제가 되는 것은 국가와 국가이성의 증대가 아닙니다. 오히려 국가의 쇠퇴입니다. 20세기의 우리 사회에서 이는 두 가지 형식으로 출현합니다. 하나는 바로 당의 통치성 증대로 인한 국가 통치성의 쇠퇴입니다. 다른 하나는 자유주의적인 통치성을 확립하려는 우리 체제 속에서 확인할 수 있는 국가 쇠퇴의 형식입니다."[714]

물론 여기에서 예를 들면, 자유주의적인 통치성은 나치즘이고, 시장원리주의는 일당독재와 다름없다는 등의 성급하기 그지없는 결론을 이끌어내지는 말자. 그리고 다시 확인하자. 국가는 망해라, 라는 말 자체는 아무런 의미가 없다는 것을. 이는 지금에 와서는 단순한 순응주의에 불과하다. 르장드르의 이로에서 보아도 이는 전적으로 동의할 수 있다.

　　여기에서 말해둘 필요가 있겠다. 푸코의 이로에 의거해 이러한 "환경 권력" "세큐리티 장치"를 비판하는 논지가 있다. 그것은 나쁘지 않다. 푸코가 오랫동안 거듭해온 "전혀 새로운 권력이 출현했다"는 말투만 흉내 내면서 푸코 이후 이러이러한 새로운 권력이, 전혀 새로운 권력이, 하고 콧등에 땀나도록 "새로운 권력 형태"를 발견하는 "경쟁"에 매달리는 사람이 있다. 이 또한 그나마 귀여운 면이 있는 행동이기는 하다. 그러나 왜 국내외 할 것 없이 많은 논자가 푸코에 의거해 '이처럼 순수하게 물질적이고 실체적인 "환경 권력" "세큐리티 장치"가 아니면 통용하지 않는 시대가 되고 말았기 때문에, 다른 것은 이제 낡아서 통용하지 않는다. 우리는 "인지과학을 기반으로 한" "사회공학"이나 "환경 정비"와 같은 수단에 기댈 수밖에 없다'고 주장하게 된 것일까? 이런 사람들이 대체 푸코의 어떤 책, 어느 부분을 어떻게 읽은 것인지 나는 전혀 이해하지 못하겠다.

　　푸코는 도발하는 자다. 오랫동안 푸코와 인연을 맺어온 사람들에게는 그리워지기조차 하는, 저 거만하고 신랄하고 조소 섞인 도발, 속 시원할 정도로 큰 웃음소리가 울려 퍼지는 짓궂은 도발. 그것이 푸코의 매력이다. 그러나 푸코가 그런 자신의 도발 자체에 발목이 잡혀, 자신의 이로를 크게 벗어나고 마는 장면이 많았던 것 또한 사실이다. 그 일부는 이미 살펴보았다. 그렇다. 분명 푸코가 그러한 빌붙는 논지를 허용하고 마는 허점이 있다는 사실을 부정하지는 않겠다. 그러나 그러한 푸코를 이용하는 것에 좋은 점이 하나 있다면, 그것은 푸코 독해로서는 전적인 오류라는 점이다. 그 이유를 이제부터 제시하겠다.

제92절 미셸 푸코의 동요: 감시는 의례다

/

조금씩, 아주 조금씩 그리고 조용히 푸코의 논지는 흔들리기 시작한다. 그 일부분은 이미 살펴보았다. 물론 법 권력을, 주권 권력을 낡았다는 이유로 꺼리는 거동은 조금씩 약해지면서도 푸코의 마지막 논지에 이르기까지 사라지지 않는다. 그러나 '주권에서 규율로, 규율에서 생명 정치로'라는 시대 구분, 전혀 새로운 권력이 출현해 옛것은 소멸하리라는 푸코의 주장은 말라 죽은 나무처럼 균열이 나고 메말라간다. 저 혼란스럽기 그지없던 『안전·영토·인구』의 앞부분 세 강의에서 돌연 출현한 통치성 이로는 무엇보다도 적나라한 징후였고 뚜렷한 표명이었다. 여기에는 조용하나 선명한 전회가 있다.

푸코가 정의한 바에 따르면 통치성이 낡아서 소멸하는 일은 없다. 그것은 있을 수 없는 일이다. 18세기의, 고전주의 시대의 역사가인 푸코가 개개 사례의 기원으로 그 이전의 것을 거론하는 일은 그 전에도 있었다. 그러나 통치술의 역사는 고대 오리엔트에서 헤브론, 교부 시대에서 중세를 거쳐, 16세기의 종교전쟁에서 국가이성과 폴리스로 그리고 현재의 신자유주의에 이르도록 묵묵히 이어져왔다고 했다. 주권, 규율, 생명 정치라는 시대 구분은 급속히 배경으로 물러간다. 당연하다. 방법의 차이는 있어도 통치의 요청은 소멸하는 일 없이 계속되어왔다고, 의도하지는 않았지만 푸코는 말하고 있으니까. 우리는 확인했다. "어떻게 통치해야 하는가?"라는 물음은 주권자의 것이기도 하다고 푸코가 말한 것을. 그렇다. 이 전회는 조용하나 더는 숨길 수 없다.

이미 살펴본 『안전·영토·인구』의 앞부분 세 강의는 아무리 보아도 혼란에 빠져 있다고밖에 할 수 없지만, 이제는 전회의 서곡이라고 말할 수 있는 이 세 강의 중간에, 푸코는 자신의 르장드르 비판을 염두에 둔 발언을 한다. 그 혼란스러운 요설은 이미 길게 인용했다. 다시 한 번 간략하게 확인해두자. 그보다 1년 전의 강의에서 규율은 주권을 사라지게 할 터였다고 말한 것은 이미 보았다. 이를 반복하기라도 하듯이 푸코는 거기에서 주권은 "시대착오"이고 규율은 "근대적"이고 세큐리티는 "동시대적"이라고 단언한다. 그러나 그 혀의 뿌리가 마르기도 전에 푸코는 규율, 주권, 세큐리티, 생명 정치를 모두 한꺼번에 고대부터 존재했던 것으로 만들어버리는 내용을 뜨겁게 논했었다. 즉, "규율 메커니즘은 단순히 18세기에 나타난 것이 아닙니다. 그것은 이미 사법적-합법적 법전 내부에 존재하고 있었습니다. 세큐리티 메커니즘도 메커니즘으로서는 아주 옛날부터 있었습니다".[715] "지금 운용되고 있는 세큐리티 체계가 사법적-합법적 구조나 규율 체계를 괄호 안에 넣지도, 폐기하지도 않는 것은 지극히 명백합니다. 반대로, 예를 들어 지금 현재 진행되고 있는 상황을 보면 그것이 항상 형법 차원에, 세큐리티 차원에 있다는 것을 알 수 있습니다."[716] 이 혼란, 이 착종. 이 주장을 입에 담은 그다음 주 강의 때의 일이다. 겨우 일주일밖에 지나지 않았는데 푸코는 르장드르를 염두에 둔 듯한 말을 한다.

아직도 이렇게 말하는 사람들이 있겠지요. 법은 상상계 안에서 활동한다고. 법은 상상입니다. 그것이 해도 되는 일이든 해서는 안 되는 일이든 법은 모든 일을 상상을 통해서만 표현할 수가 있습니다. 법은 부정적인 것을 상상하는 것입니다. 규율은 활동합니다. 일종의 현실성을 보완하는 활동을. 인간은 얄궂고, 악하고, 못된 생각이나 나쁜 경향 등을 갖고 있습니다. 사람은 규율적 공간 내부에서 이 현실성을 보완하려 하고, 이를 설정하고, 명령을 내리고, 의무를 부과합니다. (……) 그리고 마지막인 세큐리티는 상상계 안에서 활동하는 법이나 현실성을 보완하는 활동을 하는 규율과 달리, 현실성 안에서 활동하려고 하는 것입니다.[717]

아직도, 라고 푸코는 말한다. 낡은 상상계 안에서 활동하는 법과는 달리, 규율은 현실 안에서 활동한다고. 규율과 다른 세큐리티도 그렇다고. 여기에서 르장드르의 『행정사』를 또 길게 인용해서 반론하는 일은 그만두도록 하자. 여기에서 외적인 비판은 삼가자. 이 글귀는 푸코가 동요하고 있다는 것 외에 그 무엇도 알려주지 않으니까. "시대착오적인" 주권과 "근대적인" 규율이라고 푸코는 말했다. 2주 전의 발언을 완전히 뒤엎기라도 하듯 이런 이야기도 하고 있다.

일망 감시 방식이라는 관념은 어떤 의미에서 보면 근대적인 관념입니다만, 완전히 시대착오적인 것이라고도 할 수 있습니다. 즉, 일망 감시 방식 메커니즘의 근저에서 문제 되는 것은 누군가를, 어떤 눈을, 시선을, 감시의 원리를 중심에 두고 있다는 점입니다. 그것은 어떻게 보면 모든 개인에게 주권을 작용시킵니다. 이 권력의 기계 내부에 위치하는 모든 타인에게 말이지요. 그런 한에서 일망 감시 방식은 가장 낡은 주권자의 가장 낡은 꿈이라고 할 수 있겠습니다. 자신의 신민＝주체는 그 누구도 내 지배에서 벗어나지 못하고, 어떤 신민＝주체의 어떤 행동거지도 나는 알 수 있으니까요. 지금도 여전히 완벽한 주권자란 일망 감시 방식의 중심점인 것입니다.[718]

그리고 푸코는 『생명 정치의 탄생』에서 이런 말도 하게 된다. "일망 감시 방식이란 바로 자유주의적인 통치 방식 그 자체입니다." "벤담에게 일망 감시 방식이란 어떤 유형의 정치를 특징짓는 일반적인 정치적 정식입니다."[719] 그토록 집요하게 규율 권력과 떼어놓으려 했던 주권＝법 권력을 푸코는 다름 아닌 규율 권력의 최대 모델 속에서 행사된다고 단언한다. 그뿐이 아니라 세큐리티 장치를 지닌 "자유주의적인 통치"의 "공식 자체"라고까지 말한다. 시선 속에서 개인을 상대로 주권을 행사하는, 자유주의적인 "파놉티콘"이라고. 간략히 말해 이런 뜻이다. 낡은 주권자의 가장 낡은 꿈이고, 고로 "고대적＝시대착오적"인 규율 권력인 일망 감시 방식은 환경에 개입하는 세큐리티 장치를 갖춘 자유주의적인 통치 공식 자체다. 이를 지리멸렬하다고 말하지는 말자. 푸코는 드디어 알아차리기 시작한 것이다. 푸코는 잊어버렸는지도 모르지만, 이것이 『감시와 처벌』에서 무엇을 의미했는지 다시 한 번 확인하자.

『감시와 처벌』에서 주권자의 처벌이란 무엇이었는가? "신체형"이었다. 그리고 "신체형은 의례의 일종"[720]이었다. 그것은 "자신의 힘을 과시하는 사법 형식cérémonial de justice 자체"였다.[721] "사법상의 신체형은 정치적 의례로 이해해야 한다. 규모가 작은 양식 아래에 이루어진다 하더라도 그것은 권력이 스스로를 내보이는 의식에 속하는 것이다"[722]라고, "그것은 한 번 흠집이 난 주권을 부활시키기 위한 의식이라고 할 수 있으리라"[723]라고, 푸코는 목소리를 높였었다. 주권자는 의례를 거행한다. 왕권의 의례, 낡은 의례. 주권자=법=의례. 그러나 "신체형은 소멸"[724]하고, "스펙터클은 배제"[725]된다. 무엇에 의해? 규율 권력에 의해, 그 감시에 의해, 일망 감시 방식에 의해. 푸코 왈, 규율 권력이란 "주권의 권위 있는 의식이나 국가의 대규모 장치"보다도 "눈에 띄지 않고, 간소하고, 조촐한"[726] 권력이다. 따라서 그것은 의례도 의식도 아니다. 왜냐하면 거기에는 "주권의 위엄 있는 의식"에서 모습을 내보이는 주권자의 형상도, 신체형에서 "주권자의 공격 대상"으로 모습을 드러내는 "검은 영웅"의 이미지도 존재하지 않을 테니까. 이제 권력은 보게 하지 않는다. 그것이 본다. 의례의, 이미지의 장엄한 상연은 더는 없고, 오로지 감시가 있다. 우리는 보는 것이 아니라 보이는 것이다. 〈거울〉의, '보는 자가 보이고, 보이는 자가 보는' 관계는 여기에 존재하지 않는다. 푸코는 쉬지 않고 몇 번이나 이야기했었다. "일망 감시 방식이란 '보다-보이다'라는 한 쌍의 연결을 끊는 기계다."[727] 따라서 〈거울〉은 낡았고, 이미 부서졌을 터였다. 그렇다. 규율은 "보는 것을 가능하게 하는 기술에 의해 권력 효과가 생기는 장치이고, 게다가 반대로 이것이 적용되는 사람들이 뚜렷이 가시화되는 장치"[728]를 전제로 한다고 푸코는 말했었다. "우리 사회는 스펙터클의 사회가 아니다. 감시 사회다."[729] 그렇다. 『감시와 처벌』에서 법=주권 권력과 규율 권력을 분단하는 데 초점이 되는 것은 의례의 유무였다. 그 분단을 뛰어넘어 의례는 감시가 될 터였다.

그러나 그 구별은 더는 유지할 수 없으리라. 푸코는『감시
와 처벌』에서 말했었다. 감시인을 중앙탑에 한 명 두면 된다. 아니,
거기에 아무도 없어도 된다. 항상 감시받는 쪽이 "감시받고 있을지
도 모른다"는 것을 알고만 있으면 이 감시는 기능하기 때문이다,
라고. 그러나 푸코 자신이 이 감시인 한 명을 "주권자"라고 말하고
만다. "전혀 새로운" 규율 권력의 일망 감시 방식은 주권적이라고.
즉, 낡은 것이라고. 즉, 푸코는 이런 주장을 하고 있다는 말이 된다.
즉, 일망 감시 방식은 의례다. 감시는 의례다. 세큐리티 장치는 의례다.
　　　　하나도 놀라울 것이 없다. 〈거울〉을 통한 주체 생산과 그
반복으로 의례를 정의했던 르장드르는 말한다. 라틴어 ritus의 부사
형 rit, 즉 "의례적으로"의 가장 뛰어난 번역은 다음과 같다. "'만들
어내고 이야기해야 하는 힘에 의해서.' 그것을 만들어내고, 이야기
하는 이유는 그것을 만들어내고 이야기해야 하기 때문이다."[730] 즉,
의례란 만들어낸 것, 말도 포함해서 만들어낸 것으로 구성된 장치,
몽타주이고, 그 "작용"이다. 예를 들어 자유주의의 "환경"을 설정해
세큐리티 장치를 설치하면, 사람들은 거기에 투영된 "경쟁" "자유"
"효율" "경쟁의 승자"의 모습을 믿게 된다. 여러 조각상과 건축, 찬
미가와 설교로 구성된 교회가 거기에 투영된 "신"을 믿게 하는 것
처럼. 그리고 이 설치와 투영의 과정이 "주체화" 과정 자체임을 쉽
게 알 수 있다. 우리는 이미 논했다. 제3자란 도박장의, 이러한 몽
타주를 설치한 도박의 효과라고. 푸코의 용어를 쓰자면 그것은 장
치를 설치하는 여러 통치술의 전략이 되리라. 그리고 푸코는 그 통
치술들이 믿게 하는 것을 전부 열거해오지 않았던가? 통치술은 장
치를 설치하고 그 장치는 어떤 모습을, 이미지를, 도저히 부정할 수

없게 "돌연" 부각한다. 푸코는 왜 이를 모른 척해왔을까? 왜 이미지에 맹목인 상황을 그대로 내버려두었던 것일까? 회화를 극히 사랑했었는데도. 법=주권 권력으로부터의 도주극이 시작된 시기와 푸코가 미술론과 문학론에서 멀어진 시기가 일치하는 것은 우연이 아니다. 푸코가 마네에 대한 장편의 논고를 폐기했다고 회자되는 데에는, 아마도 이유가 있는 것이다. 푸코의 법=주권 권력으로부터의 도피행은 그대로 이미지로부터 도망가는 도정이었던 게 아닐까? 그리고 이미지와 분리할 수 없는 "신앙"으로부터.

　　그렇다. 놀라운 것은 '자유·세큐리티·시민사회·경쟁이라는 개념조차 전략적 조건에 불과하다고 단칼에 벴던 그 푸코가 왜 "전략무기"로서의 세속화를 보지 못했는가' 하는 점이다. 푸코는 왜 저토록 순순히 근대화와 세속화를 경건하게 계속 믿을 수 있었다는 말인가? 이것이 오히려 더 이해가 되지 않는다. 그렇다. 규율 권력으로서 처음에 제기된 "감시"는 "개인화"를, "주체화"를, "동일화"를 수행하는 기제였다. 그것은 주체를 봄으로써, 주체는 보임으로써, 즉 "보이고 있음을 봄"으로써 기능했다. 그렇다면 그것이 ―〈거울〉과 무엇이 다르다는 말인가? "보임으로써 우리를 보는" 저 "엠블럼"과 무엇이 다르다는 말인가? 광고, 깃발, 이벤트, 포스터, 배지, 로고, 이러한 의례적인 엠블럼 속에 저 감시 카메라가 추가되었다는 것에 불과하다. 세큐리티 장치는 사람들로 하여금 믿게끔 하는 것 아닌가? "자유"를, "경쟁"을, "효율"을, "이익"을. 경건한, 진정으로 경건한 숭배다. 푸코의 발언만으로 이를 완전히 논증할 수 있다. 그리고 푸코는 조용히 이를 깨닫기 시작했다. 통치성의 제기가 이러한 혼란과 함께, 시대 구분의 해소와 함께, 법=주권 비판의 음량 저하와 함께 이루어진 것은 우연이 아니다. 통치성이란 푸코가 세속화를 믿지 못하게 되었음을, 낡은 것은 새것이 나온 순간 소멸한다는 확신이 흔들렸음을 보여주는 개념 이외의 그 무엇도 아니다. 규율 권력은 수도원에서 나온 것 아니었던가? 규율의 전문가는 수도사라고 말하지 않았던가? 그것은 그리스도교 단체에 그 기원이 있다고 푸코 스스로 말하지 않았던가? 고대 오리엔트에. 애당초 그 자신이 실은 규율 권력에는 독자적인 의식이 있고, 그것은 "관병식"[731]이라고 하지 않았던가? 그리고 푸코는 역시 이슬람에 직면하게 되지 않았던가? 르장드르가 관리경영의, 매니지먼트 원리주의의 한계를 보여준다고 했던 바로 그 이슬람에.[732]

제93절 이 비판은 맞았을까

드디어 여기까지 왔다. 푸코의 르장드르 비판에 대답할 수 있는 곳까지. 푸코의 비판은 두 가지로 정리할 수 있다. 1. 권력의 형상화와 이미지의 권력. 이를 통한 이중 주체화에 대한 비판. 2. 권력 작용을 부정적이고 언어적인 금지로 환원한 것. 규범적·생명정치적 권력에 대한 맹목. 그러나 과연 그럴까? 이제 이 비판은 통하지 않는다. 푸코 자신이 그 오류를 깨달았으니까. 실제로 푸코의 비판에는 기묘하게 탈락된 부분이 있다. 이 비판이 있었던 시점에 간행되었던 르장드르의 초기 저작 두 권에서 이미 명확하게 논하고 있는 "의례"에 대한 논의가 거기에는 전혀 없는 것이다. 이미 논한 내용을 반복하게 되지만 논하자.

르장드르는 그 모든 저작에 걸쳐 거듭해서 말해왔다. 중세 이후, 유럽의 규범은 신체를 직접 조작하는 의례(예를 들어 유럽 각지에서 볼 수 있었던 빙의 춤 등. 특히 특권적인 사례로 꼽히는 유대교의 남자 할례 등)를 이단시하고 배제해왔다. 이를 통해 서구는 쓰인 텍스트의 독해를, 즉 언어적인 것만을 법의 육화로 여겨왔고, 이는 〈중세 해석자 혁명〉 이후의 유럽에만 존재하는 편향이다. 그리고 이 의례적인 신체 조작을 수행하는 한편 이를 논하지 않고 보지 않음으로써, 근대까지 지속되는 유럽적인 "발화하는 부정적인 권력"은 작동한다. 르장드르는 이렇게 말한다. 이 신체를 목표로 하는 의례성의 억압을 통해, 즉 스스로의 의례적인 기능을 지웠다고 여김으로써, 산업주의적 근대사회는 스스로가 종교로 기능하고 있음을 기꺼이 망각할 수 있게 된다.[733] 요약하자면, 권력이 신체·환경·사회 장치를 조작하는 것이 르장드르의 어휘로는 "의례"인 것이고, 르장드르는 유럽적 규범의 사고방식에서 그것이 과소평가되어왔음을, 그 과소평가가 세속화와 연결되어 있음을 푸코가 비판하기 전부터 이미 지적해왔던 것이므로, 푸코의 비판은 의미를 잃고 만다.

그렇다. 르장드르는 법을 "부정적인" "언어적인" "발화"로만 국한한 적이 없다. 오히려 "우리가 법이라고 부르는 것"[734]이라는 인상 깊은 표현을 씀으로써 법이라는 개념 자체를 "괄호" 치기조차 한다. '이를 "법"이라고 여기고 마는 것은 우리의 판본에 불과하다. 근친상간의 금지는 지식인의 발명품에 불과하다'는 것이다. 그러나 르장드르는 푸코가 말하는 "핵가족"을 애초부터 상대도 하지 않는다. 르장드르는 "계보 원리" "선조"를 논했었다. 이미 인용한 바와 같이 푸코 스스로 핵가족보다 큰 수준의 가족이 근친상간의 금지에서 출발해 구성되었다는 것을 긍정하지 않았던가?[735] 그리고 푸코는 법이 시적인 언어로 발화될 수 있다는 사실을 감안하지 않고 있다. 그렇다. 의례의 억압을 통해서만 성립하는 언어적 법의 개념화가 유럽의 판본에 불과하다고 지적해 그 한계로 인한 편향을 비판하고 있는 르장드르를, 그 예리하기 그지없는 푸코가 왜 저런 식으로 비판할 수 있다는 생각에 빠졌던 것일까? 쉽게 수긍할 수 없는 일이기는 하다. 다시 말하겠다. '춤과 같은 축제적인 의례성'과 푸코가 거론하고 있는 '감옥, 학교, 병원, 공장 등 여러 규율적인 권력에 의한 신체의 포위' 또는 '세큐리티 장치 아래에서의 경쟁'이 우리 머릿속에서 좀처럼 관련되지 않는다면 이는 우리 스스로가 〈중세 해석자 혁명〉의 여파 속에 있고, 편향되어 있기 때문이다. 실제로 르장드르의 저작은 학교, 공장, 군대에서 보이는 의례성의 사례를 다루고 있으니까.[736]

따라서 르장드르에게 푸코가 말하는 규율 권력이나 생명 정치, 아니 이를 뛰어넘은 통치성의 문제 계열은 의례의 역사 중 한 판본으로, 따라서 그것이 법과 반목하는 일은 없다. 즉, 르장드르에게 이는 처음부터 문제가 아니고, 고로 반反비판을 할 필요가 없었던 것이다. 즉, 르장드르로서는 애초부터 거기에 문제라는 것은 없는 것이다. 서로 아귀가 맞지 않는 것은 당연하다. 기이한 일이기는 하나, 세속화 자체가 유럽의 신화적인 무대이고 그 세계화를 위한 전략무기에 불과하다며 상대화하는 르장드르의 이로가 지닌 기이함과 어울리기는 한다.

원래 르장드르의 책에서 주권이라는 어휘 자체가 한정된 의미로만 쓰이고 중심 개념으로 쓰인 적은 한 번도 없다. 이미 주에서 인용했지만 이는 "유럽의 도그마 학자가 이름 붙인" "판본"에 불과하다. 아마도 푸코는 주권을 근대적인 의미로만 사용했고, 이를 르장드르의 논의에 소급해 적용하고 있다. 이런 식의 행동을 누구보다도 싫어했던 푸코가 말이다. 근대적인 주권 개념은 우선 첫 번째로 그 영토성으로 정의된다. 그래서 푸코는 주권을 비판할 때 항상 그 영토성을 함께 비판하고, 이와 달리 규율은 개개인을 하는 식으로 거듭 말했던 것이다. 그러나 르장드르는 푸코가 읽고 비판했던 『권력을 향락한다』에서조차 분명하게 "〈교회〉는 영토를 갖지 않는다"[737]라고 단언하고, 근대 사법과 근대 행정을 체계화하는 원천이 된 교황좌 혹은 교좌는 영토성에 직접 관여하지 않았고, 근대적 주권처럼 영토성을 최우선으로 하지 않았다—그것은 개개인을 통치하는 사목 권력이었다—고 명언하고 있다.

법=주권 권력으로만 권력을 이해하고 있다고 푸코는 르장드르를 비판하는데, 원래 르장드르는 〈살아 있는 문서〉와 『그라티아누스 교령집』이라는 짝 그리고 그 푸코의 어휘를 쓰자면 주권과 법이라는 짝을 "기묘한 짝"이라고 불러, 그 역사적 한계를 지적했던 것이다. 이는 12세기 이후의 추세 속에서 존재하는 것에 불과하다. 따라서 반대로 이해해야 한다. 주권과 법과 영토의 연관을 자명한 것으로 전제하고 있는 것은 푸코이지 르장드르가 아니다. 르장드르는 이를 단지 "유럽의 판본"에 불과하고, 다른 형태로도 충분히 존재할 가능성이 있고, 그것은 어떤 형태든 띨 수 있다고 했다. 근대 행정사의 족적을 엄밀하게 밝히고, 법제 관료로서 아프리카의 이슬람 학교를 옹호했던 르장드르라면 이렇게 말할 것이다. '국가이성, 폴리스, 자유주의, 신자유주의라니. 이제 그런 것은 관두고, 춤을 추는 것이 통치가 되는 통치성이 있을 수 있는지 생각해보지 않겠나? 실제로 아프리카 사람들은 그래왔으니까'라고. 영화 애호가이기도 한 르장드르는 들뢰즈에게 영화를 가르친 것으로 유명한, 들뢰즈의 친구이자 영화비평가인 세르주 다네이와의 대화에서 영화를 "산업 시스템의 시적인 물림쇠"라고 형용하면서, 그러나 그것이 마케팅의 "프로모션"으로 질식 상태에 빠진 현황을 우려하며 "우리의 시적인 법 권리는 어디에 있는가?"라고 묻는다.[738] 영화에 의한 통치성도 존재할 수 있을지도 모른다. 그것이 안 될 이유가 무엇이 있겠는가?

푸코 스스로 '규격화에 의한 인간 생산, 그것은 예술일지도 모르겠네요?'라는 질문을 받고 "절대적으로 맞는 말입니다"[739]라고 답했었다. 텍스트의 객관주의적이고 정보적인 표상의 중압 때문에 새로운 제도적 고안은 험난하다는 것을 우리는 이미 충분히 논했다. 그렇다. 르장드르는 이 주권 국가와 법의, 푸코의 표현을 쓰자면 법=주권 권력의 "짝"이 보편이라고 말한 적은 한 번도 없다. 그리고 이 "짝"은 전혀 선진적이지도 진보적이지도 않고, 그 전체가 야만이라고까지 말했었다. 이를 또다시 길게 인용할 필요가 있을까?

그런데도 〈거울〉이라는 이미지적인 관계를 전제하고 있는 점이 마음에 들지 않는 사람들을 위해 할 수 없이 인용하도록 하자. 르장드르는 항상 냉철하다. 르장드르는 『거울을 가진 신』에서 명언하고 있다. '나르키소스도, 〈거울〉도, 하나의 판본에 불과하다. 〈거울〉은 동일화라는 거래의 은유에 불과하다'라고.[740] 우리가 〈거울〉이라고 그것을 부르는 것조차 편의에 불과하다. 또 하나. 이는 푸코 사후에 간행된 논문에서 얻은 식견이라 어찌할 수 없는 면이 있는데, 우리는 이미 살펴보았다. 우리도, 우리 자신도 엠블럼이고, 이미지이고, 〈거울〉이다. 한 사회는 다양다종한 동일화와 모방의 직조로 구성되어 있다. 따라서 르장드르가 절대적 주체와 개개 지점의 주체화만을 논한다고 여긴다면 이는 단적으로 틀렸다.

다시 말하겠다. 푸코 자신이 깨달은 뒤에 기회가 있을 때마다 지적하고 있는데, 이러한 "규율적 생명 정치" "통치성"은 거의 다 종교적 의례를 그 기원으로 한다. 규율권력적인 시간성과 행동의 통제는 수도원에서, 생명 권력은 그리스도교의 사목 권력에서 유래하고, 애초에 병원의 기원도 수도원이고 의사가 그 주인이 된 것은 최근의 일로 지금은 간호사로 명칭이 바뀐 수도사가 그곳의 실권을 쥐고 있었다.[741] 또한 이는 통계학사적인 상식에 속하는데, 인구통계학의 아버지인 요한 페터 쥐스밀히Johann Peter Süßmilch 가 쓴 두 저작의 제목은 『인류의 탄생·사망·생식에 따른 변화 속에 있는 신의 질서』와 『인류의 변화에 있어 신의 질서』이고, 이는 인구조사를 위해 각지의 교회에 축적되어 있었던 "교회부"를 최대한 이용한 것이었음을 지적해두자.[742] 르장드르 입장에서 보았을 때 이는 특정한 가시성을 성립하기 위한 의례적 배치이고, 의례를 가능하게 하는 "시나리오" 혹은 "조련"하는 의례 장치 이외의 그 무엇도 아니다.

주의하자. 그 무엇이 종교를 그 기원에 둔다고 해서 바로 종교가 되는 것은 아니다. 필자는 그런 이야기를 하려는 것이 아니다. 푸코의 어휘를 써서 말해보자. "세속화"란 한 통치술의 "역사적 산물", 아마도 국가이성 이후의 시대에 있어 통치술의 전략적 조건 혹은 전략적 효과에 불과하다. 다시 말하겠다. '영구 평화는 세계시장을 행성 규모로 확대하는 것일 뿐'이라고 큰소리친 푸코가 '이를 위한 전략무기가 세속화'라는 사실에 생각이 미치지 않는 것 자체가 이해하기 힘들다. 세속화를 전제하고 논하는 것은 이제 무리가 있다. 따라서 푸코의 치밀한 이로를 전부, 그 위대한 분석을 전부, 이 "세속화"라는 틀을 제외하고 독해해야 한다. 그리고 그런 독해는 가능하다. 말하자면 그것은 "의례의 전략학" "신앙의 병참학" "통치성의 도그마학"이기도 하다. 그렇다. 푸코 자신이 이 사실을 조용히, 조금씩 알기 시작했다. 푸코는 이미 주권·규율·생명권력에 대한 통시적 이해를, 새로운 권력의 출현과 함께 낡은 권력이 소멸한다는 생각을 그만두었다. 그렇기 때문에 통치성이라는 말이 "돌연" 등장한 것이다. 푸코는 그 혼란스럽지 그지없었던 『안전·영토·인구』의 처음 세 강의 후에, 도입부에서 "통치성"을 논한 강의의 마지막 부분에서 이렇게 말했다.

> 따라서 사태를 이렇게 이해해야 합니다. 주권적인 사회가 규율적인 사회로, 이어서 규율적인 사회가 소위 통치적인 사회로 대체된 것이 전혀 아닙니다. 실제로는 주권·규율·통치적 관리경영이라는 삼각형이 있습니다. 그리고 그 통치적 관리경영의 주요한 표적이 인구이고, 그 기본적 메커니즘이 제반의 세큐리티 장치인 것입니다.[743]

이미 유명해지기 시작한 이 부분을 제시해서 이 삼각형이 전면적으로 녹아내리는 장소가 벌거벗은 어쩌고저쩌고라느니, 난민이라느니 하는 식의 소격을 결여한 매니지먼트 원리주의자들의 주장은 어찌 되든 상관할 바가 아니다. 푸코는 드디어 자신이 "주권이라 불렀던 것"이 "소멸"할 수 없는 그 무엇임을 알게 되었다. 그 주권 이해는 아직도 너무 협소하고, 격렬한 법=주권 권력에 대한 푸코의 비판은 도대체 무엇이던가 하는 의문이 남지만 이제 그런 것은 아무래도 좋다. 주권 혹은 규율, 생명 정치, 세큐리티 장치 등과 같은 개념에도 이제 휘둘리지 말자. 푸코가 묘사하고 싶었던 것은 여러 장치가 설치되고, 그들 간에 힘겨루기가 있고, 전혀 다른 종류로 보였던 장치끼리 갑자기 결합해서 새로운 주체를 만들어내는 그 "역사적 도박장"에 다름 아니다. 통치성이라는 개념은 이를 지시하는 개념 외에 그 무엇도 아니다.

여러 통치술이 있다. 고로 여러 장치가 있다. 그리고 그들은 각자의 "진리"를, 즉 "주권"을, "경쟁"을, "자유"를, "신"을 각각의 "합리성"에 따라 투영해서 낳고 또한 그것을 자신의 전략 중 일부로 흡수해서 생산한다. 무엇을? 푸코의 이로만으로도 충분히 이렇게 말할 수 있으리라, 주체를. 그렇다. 푸코는 만년의 "자기에의 배려" "생존의 미학" "도덕"을 향해 주체와 주체화를, 이와 "진리"의 관계를, 그를 둘러싼 "싸움"을 발견해가게 되니까.

그러나 우리의 이로에서 보았을 때 이는 영원한 영위다. 푸코는 이를 근대의 틀에 한정했었다. 아직 푸코는 세속화를 믿고 있는 것이다. 그렇다면 그것이 동요하게 되는 사건을 논해야 한다. 그렇다. 푸코의 이란혁명을.

제94절 〈정치적 영성〉: 푸코의 이란혁명

/

확인해두자. 1978년 초두에 『안전·영토·인구』 강의를 시작하기 직전에 푸코는 어느 이란인 학생에게 예언과도 같은 충고를 받았다. 강의 기간 중인 1월 8일, 호메이니를 모멸하는 기사가 이란 정부가 발행하는 일간지에 게재되었고, 이에 항의하는 데모가 시아파의 성지 콤에서 결행된다. 이란 군부는 이를 무력으로 진압해 유혈 사태가 벌어진다. 이로부터 1979년 3월 31일, 국민 투표로 이란·이슬람 공화국의 성립이 채택될 때까지의 이란혁명에, 푸코는 자기 스스로 말한 바와 같이 "열광"하게 된다. 1978년 8월, 이란 전역에서 데모가 계속되는 상황에서 푸코는 이란 연구를 시작한다. 그리고 9월 16일부터 약 일주일간, 11월 9일부터 약 일주일간 테헤란을 방문해 이에 관한 르포타주를 이탈리아의 「코리엘레 델라 세라Corriere della Sera」에 계속 쓴다.

9월 28일에 간행된 첫 번째 르포타주 「군은 대지가 흔들릴 때」[744]는 정확하고 냉정하지만 시적이라고 해도 좋을 울림을 갖고 있었다. "이란 중앙에 자리하고 있는 두 소금 사막의 끝자락에서 대지가 흔들린 직후"라고 시작되는 이 글은, 데모를 "9월 4일 월요일, 군중은 병사에게 글라디올러스를 던졌다. 사람들은 우애를 회복하고 울었다"고 묘사하고 있고, 세계에서 다섯 번째 가는 국군에 대해 그것은 "열쇠가 아니다. 자물쇠다" "이 자물쇠를 풀 수 있는 열쇠가 두 개 있다. 지금 가장 딱 맞는 열쇠는 샤(군주 또는 지배자를 의미하는 페르시아어—옮긴이)라는 미국의 열쇠가 아니다. 민중운동이라는 이슬람의 열쇠다"라는 단언으로 마무리한다.

10월 11일의 「샤는 100년 뒤떨어져 있다」(푸코가 제안했던 제목은 「근대화라는 자중」)에서는, 전통적인 이란 사회는 과거에 틀어박혀 시대착오적인 성직자에게 도움을 요청한다는 프랑스인의 말을 단호히 부정하고 이렇게 말한다. "우리는 그때 깨달았다. 지금 일어나고 있는 사태는 그 누구보다 시대에 뒤떨어진 사람들이 너무 급격한 근대화를 목격하고 퇴행한 것이 아니라는 것을. 그 자체가 시대착오인 근대화를 문화와 민중 전체가 거부하고 있는 것임을."[745] 이란에서 근대화는 과거의 것이라는 말이다. 여기 이란에서는 샤가 구식이고, 근대화가 구식이다. 샤는 "정교 분리와 산업화로 자기 나라를 개화한다는 낡은 꿈"을 계속 꾸고 있다고 다시 말한 후, 이렇게 단언하면서 글을 마친다. "지금은 샤의 근대화 계획이, 그 전제적 군대가, 그 부패한 체제가 시대착오적이다."[746]

그리고 푸코의 르포타주는 서서히 열기를 띠기 시작한다. 다음 글인 「테헤란: 샤에게 저항하는 신앙」(푸코가 제안한 제목은 「이맘을 고대하며」)에서는 이란인의 구체적인 투쟁 형식, 데모하는 모습이나 물밀듯 퍼져가는 연설 카세트, 거리에 울려 퍼지는 그 연설 소리를 묘사하면서 드디어 이렇게 단언하게 된다. "지금 이란인이 가장 냉소하는 말이 무엇인지 아시는가? 가장 바보 같은, 하나도 재미없는, 가장 서양적인 것으로 들리는 말이 무엇인지. 바로 이것이다. '종교는 인민의 아편이다.'"[747]

중요한 것은 푸코가 여기에서 명백하게 "시아파"를 편들고 있다는 것이다. 즉, 메시아니즘과 유사한 요소를 갖지 않고 이맘을 개개의 종교적인 지도자라는 의미로만 쓰는 수나파와 달리 "숨어 있는 이맘"이라는 교의를 가진 시아파 말이다. 즉, 이슬람법이 정의

이고, 정의가 이슬람법이라는 점은 전혀 다르지 않지만 시아파는 거기에 법을 초월하는 "이맘의 삶, 말, 어짊, 규범적 희생"[748]을 상정한다. 즉, 지금은 숨어 계시지만 언젠가 다시 와서 군림할 예언자의 현전 자체를, 법의 실정성을 초월한 영역으로 확보해두는 것이다. 물론 바로 그렇기 때문에 그 재림의 날까지, 이맘이 출현하는 날까지, 무슨 일이 있어도 사람다운 하루하루의 영위를 지켜가야 하고 이는 오로지 이슬람법의 통치를 통해서만 가능하다는 시아파 법학자의 논리를 푸코가 모르지는 않았을 것이다. 이는 일련의 르포타주에서도 확인할 수 있다. 하지만 법을 초월하는 그 무엇을 내포하고 있기 때문에 푸코가 시아파의 혁명에 크게 흔들렸다는 것은 한눈에 알 수 있다. 푸코는 말한다. "페르시아인의 경이로운 운명"이라고. '그들은 역사의 서광 속에서 국가를, 행정조직을, 관료제를 만들어냈다. 그 후에, 그러나 그들은 "다른 종교"를 파생시켰고 이는 민중에게 국가권력에 대항하는 "환원 불가능한 힘"을 쉼 없이 부여해왔다'라고.[749]

그리고 푸코는 드디어 이탈리아가 아니라 프랑스 잡지에 르포타주를 쓰게 된다. 『누벨 옵세르바퇴르』에 게재한 「이란인은 어떤 꿈을 꾸고 있는가」다. 프랑스의 "전문가들"이 이란인은 자신들이 무엇을 원하지 않는지 알고 있지만 무엇을 원하는지는 모른다고 야유하는 것이 거슬렸던 푸코는 "당신은 무엇을 원하는가?"라고 물어보면서 테헤란과 콤을 돌아다녔다고 한다. 대답은 명쾌했다. "이슬람의 통치요." 여기에서도 푸코는 시아파의 교의, 숨어 있는 이맘의 재림과 그 현전을 강조한다. 푸코는 말한다. 이는 "성직자, 지도, 틀 짓기의 역할을 하는 정치체제"가 아니다.[750] 그들은

"이슬람법의 통치"라는 표현은 하지 않으니까. 이는 "〈예언자〉의 시대로, 이슬람이었던 때로 회귀하는" 것으로 "계속 복종한다기보다는 다시 충실함과 결합하는, 빛나는 저편에 있는 한 지점을 향해 가는 것을 의미한다. 이 이상을 탐구하는 데에서 법률주의에 대한 불신은 이슬람의 창조성에 대한 신앙과 마찬가지로 본질적인 요소라고 나는 생각한다".[751]

　　　푸코는 다음과 같은 이야기를 글 안에 삽입한다. 한 이슬람 법학자와 면회했을 때 그 법학자는 이런 말을 했다고 한다. '『꾸란』에 상세하게 그 답이 쓰여 있지 않은 문제를 해결하기 위해서는 학자들과 신자들이 참가하는 오랜 작업을 필요로 하나 이슬람은 자유를 존중하고, 남녀 간의 평등한 권리를 보장하고, 정치는 다수결로 결정되고, 언제든 민중은 통치자에게 설명을 요구할 권리를 갖는다. 『꾸란』이 이를 보장한다.' 이 설명을 들은 푸코는 '그것은 민주주의와 같습니다. 그 민주주의가 어떻게 되었는지 그 결과를 알고 계시지 않습니까?'라고 반문한다. 그러자 법학자는 이렇게 답했다. '당신들 철학자들보다 훨씬 전에 이는 『꾸란』에 써 있었고, 그리스도교와 산업사회가 그 의의를 잃고 말았더라도 이슬람을 그것을 유지할 수 있을 것입니다.'[752] 그리고 푸코는 이렇게 말하게 된다. 이 이슬람적 통치의 "정치적 의지"가 지향하는 바는 "정치적 삶에 영적인 차원을 도입하는 것"[753]이라고. 그리고 이 글을 다음의 문장으로 마무리한다.

　　　우리가 르네상스 이후 그리고 그리스도교의 대위기 이후, 그 가능성을 망각한 것이 있다. 자신의 목숨을 걸고 그것을 추구하는 것은 여기 살고 있는 사람들에게 무슨 의미를 갖는 것일까? 그것은 정치적인 영성이다. 벌써 프랑스인들의 웃음소리가 들려온다. 하지만 나는 알고 있다. 프랑스인들이 틀렸다는 것을.[754]

영성, 스피리추얼리티라니. 푸코는 어떻게 되어버린 것이 아닐까? 도대체 무슨 말을 하고 있는 것인가? 아니다. 푸코의 명석함은 의심의 여지가 없고, 우리의 이로에서 보면 푸코가 왜 이런 이야기를 하게 되었는지 알 수 있다. 푸코는 이 "영성"을, 나중에 엄밀하게 정의한다. 다만 종교사상사적으로는 상식이라고 할 수 있을 정도로 온당하고 정확한 정의다. 우리는 이를 검토하게 될 것이다. 하지만 이 개념은 분명 처치 곤란하기도 하다. 어느 사전류를 펼쳐 보아도, 신학사전이 아닌 한 애매하게 정의하고 있을 뿐인 경우가 많다. 필자도 몇 번이나 국내외 사전을 찾아보았으나, 그 항목이 "이는 애매모호한 개념이다"라는 한 줄로 시작하는 경우가 많을 정도다. 그러나 이는 "스피리추얼리티"라는 말을 듣고 현재 사람들이 떠올릴, 요즘 유행하는 힐링, 영혼의 교감, 정신세계와 같은 수상쩍고 위험한 통속적이고 막연한 관념과는 관계가 전혀 없다. 정치적 영성, 그것은 한마디로 푸코가 다루어온 "반-인도" 편에 있다. 후스파의 투쟁, 위클리프의 투쟁, 마르그리트 포레트 등 여성 신비주의자의 투쟁이고, 물론 저 스페인 신비주의의 투쟁이다. "그녀들"의, 통치성에 저항하는 몸짓이고, 금욕과 고행과 "다른 인도, 다른 행동"의 실천이다. 따라서 이는 바로 만년의 푸코가 전개한 이로와 직결된다. 여기까지만 말해두자.

하지만 말이다, 푸코의 이 열광, "정치적 영성"에 대한 열광은 사람들을 곤혹스럽게 했고, 비판마저 초래했다. 우선 "연보"에서 다음과 같은 기술을 찾을 수 있다. "이 '정치적 영성'이라는 표현은 저자 외의 좌익에게 불편한 감정을 갖게 했다. 투서와 사적인 서간을 많이 낳았다."[755] 또한 『누벨 옵세르바퇴르』에는 "무슬림의 영성"에 감동한 푸코를 비난하는 파리 거주 이란인 여성의 투서가 게재되고, 푸코는 답하지 않을 수 없게 된다. 푸코는 거기에서 그 부인에게 몇 가지를 반론하고 있는데, 하나만 인용하자. 즉, '그녀는 "광신"이라는 천년 묵은 비난을 기반으로 삼아, 같은 차원의 모멸을 갖고, 이슬람의 모든 양상을 혼동하고 있다.'[756] 푸코는 르포타주를 계속 써간다. 이란에서 벌어지고 있는 일은 "일어나고 또 일어나는 노동자들, 모든 제국의 변방 나라에 사는 농부들을 짓누르고 있는 가공할 중압, 전 세계의 중압을 뒤흔들고자 하는 맨손인 사람들의 봉기인 것이다. 이는 아마도 행성 규모의 시스템에 대한 최초의 대봉기이고, 반란의 가장 근대적인 또한 가장 광기 어린 형식이리라".[757]

해를 넘긴 1979년, 푸코는 이미 논한 바 있는 『생명 정치의 탄생』 강의 기간 중에 호메이니가 이란에 개선했다는 소식을 접한다. 그리고 3월에 세계 여성의 날이 개최되었을 때 「르 마탄」에 이란혁명을 지지했다는 이유로 푸코를 비판하는 글이 실린다. 그로부터 11일 후, 이란의 사병 조직이 이란·이슬람 신체제에 저항하는 반대파를 비합법적인 재판 절차를 거쳐 사형하고 있다는 사실이 알려진다. 이로써 푸코를 향한 비판은 더욱 거세지고, 「사상적 르포타주」기획에 같이 참가하고 있던 수전 손택의 글 때문에 비아

낭거림을 받게 된다. 하지만 푸코는 자신의 과오를 인정하지 않는다. 해명도 변명도 하지 않는다.[758] 그리고 지기이자 호메이니에게 조각組閣의 명을 받고 수상이 된 메흐디 바자르간 앞으로 부치는 공개 서간을 발표해 반체제파에 대한 비합법적 처형을 멈추도록 호소했다. "소추된 자들에게 최대의 자기변호 수단과 가능한 많은 법 권리를 부여해야 합니다. 반드시 그래야 합니다." "통치는 판결을 내리겠다고 주장할 때, 통치 자신도 그 판결에 따른다는 이 의무를 전 세계 사람들에게 비추어 받아들여야 합니다."[759] 아니, 당신은 법 권리를 싫어했던 것이 아닌가? 시아파는 법에 복종하지 않는 부분이 있어서 좋다고 하지 않았던가? 그런데 통치를 사법에 따르게 한다니 이것은, 하고 훼방을 놓지는 말자. 사태가 여기까지 이르렀으니 이제 그런 것은 전혀 문제가 아니다.

　　　　명백히 푸코는 이 문제에 관한 한 얼굴에 홍조를 띤 소년, "초보자"였다. 아찔해서 보고 있을 수 없을 만큼. 매니지먼트 원리주의에 이의를 제기하는 이슬람을, 즉 푸코의 어휘를 쓰자면 신자유주의적인 통치성을 상대로 투쟁의 울림소리를 내는 이슬람을 진지하게 고려하면서 종교와 세속성의 새로운 분절화를, 종교와 원리주의의 확연한 이론적 분리를, 르장드르와 벤슬라마의 이로를 좇으면서 함께 단련해온 우리가 보기에 분명 푸코는 서툴렀다. 맨손으로 대들었다. 이는 부정할 수 없는 사실이다. 차분한 냉철함과 "강철같이 단련된 페시미즘"이 부족했다. 나는 푸코를 변호할 생각이 추호도 없다. 하지만 비난할 생각 또한 추호도 없다. 그렇다. 푸코는 드디어 흐릿하게, 우연히 깨닫게 되었다. '낡은 것은 없다. 회귀는 없다. 그것은 계속 거기에 있었다'는 사실을. 푸코는 계속 이야기한다. 전위도 없이, 당도 없이, 군부에 기대지도 않았던 이란인의 "집단적 의지"의 현전을, "봉기의 영혼"을. 정치조직을, 경제 시스템을, 외교정책을 바꾸어야 한다. 하지만 그보다도 자신들이 바뀌어야 한다. "특히 자신들의 존재 방식, 타인과의 관계, 사물·영혼·신과의 관계 등이 철저히 바뀌어야 하고, 자신들의 경험이 근원적으로 변화하지 않으면 현실의 혁명은 없을 것이다. 나는 그렇게 생각합니다. 거기에서 바로 이슬람이 그 역할을 다했던 것이라고."[760] 푸코는 멈추지 않고 다시 말한다. 시아파의 교의는 법·규범에 대한 외면적 복종과는 다른 수준을 갖고 있고, 이것이야말로 "이슬람이라는 종교로 하여금 혁명적인 힘을 갖고 살"[761] 수 있게 했다고. "빛"이라고 말한다. 혁명의 빛. 혁명이라는 찰나의 섬광. 그러나 "그것은 사라져갈 것이다".[762] 다양한 정치적 권력이 얽히고설키는 상황이 벌어지고, 현실의 과정이 시작되었을 때. 그렇다. 그것은 사라지고 사형 집행이 시작되었다. 푸코는 비난을 받았다. 하지만 그것은 이제 되었다. 푸코는 이렇게 말했다.

> 그들의 진리 체제는 우리의 그것과 다릅니다. 우리의 진리 체제는 다른 이의 입장에서 보면 매우 특이합니다. 거의 보편으로 여겨지고 있습니다만, 그리스인은 자신의 진리 체제를 갖고 있었습니다. 마그레브의 아랍인은 또 다른 진리 체제를 갖고 있습니다. 그리고 이란에서는 대부분이, 공공적인 정식과 비교적秘教的인 내용을 갖는 이 종교를 바탕으로 모델화되어 있습니다. 즉, 법의 명시적 형식으로 표명되어 있는 모든 것이, 동시에 다른 의미를 말하는 것으로 귀결됩니다.[763]

주의하자. 푸코는 "이맘의 재림과 그 현전"을 지렛대로 삼아 "법에 대한 복종을 거부"하기 때문에 시아파를 예찬했었다. 법을 초월하고, 법 자체를 파괴하는 예언자의 강림, 현전. 그러나 이 구도는 살며시 수정된다. '법'과 '법과의 소격을 가능하게 하는 다른 준거'가 한 텍스트 안에서 삐걱거리면서 공존한다. 이는 우리가 오랫동안 이야기해왔던 것이 아닌가? 근대법이 "저항권" "혁명권"이라고 지칭하면서 확보하려 했으나 아마도 실패했던 것과, 이는 어떤 의미에서 보았을 때 같은 것이 아닐까? 게다가 이는 르장드르가 쓴 문장이라고 해도 아무도 의심하지 않을 것 같은 내용이 아닌가? 그리고 푸코는 이란에 대해 마지막으로 논한 「봉기는 쓸데없는가?」를 쓰게 된다. "'봉기는 쓸데없다. 무엇을 해도 결국은 같다'라고 말하는 자에게 나는 찬성하지 않는다"고 단언하면서 이렇게 말한다.

오늘날, 지식인은 "언론"에서 평판이 좋지 않다. 이 지식인이라는 말을 충분히 정확한 의미로 사용할 수 있다고 나는 생각한다. 지식인이 아니라고 말하고 있을 때가 아니다. 내가 그런 말을 하면 웃음거리일 뿐이다. 나는 지식인이다. 자신이 하고 있는 일을 어떻게 생각하느냐고 묻는다면 이렇게 답하겠다. 전략가란 "하나하나의 죽음, 외침, 봉기 등은 전체적인 큰 필요에 비하면 중요하지 않습니다. 내게 중요한 것은 우리가 있는 특수한 상황에서 각각이 지닌 일반적인 원칙입니다"라고 말하는 자다. 하지만 내게 그 전략가가 정치인이든, 역사가이든, 혁명가이든, 샤 지지자이든, 아야톨라 지지자이든 상관없다. 내 도덕은 정반대다. 내 도덕은 "반전략적"이다. 즉, 하나의 특이성이 봉기한다면 이를 존중하고, 권력이 보편적인 것에 배치된다면 한 발자국도 양보하지 않는 것이다. 단순한 선택이지만 힘든 임무다. 역사의 조금 아래쪽에서 역사를 단절시키고 움직이게 하는 그 무엇을 주시함과 동시에, 정치로부터 조금 떨어진 곳에서 정치를 무조건 제한하려 하는 힘을 경계해야 하기 때문이다. 한마디로 이것이 내 업이다. 이 일을 하는 자는 내가 처음이 아니고, 나 혼자도 아니다. 그러나 나는 이 일을 골랐다.[764]

아마도 많은 것을 이로부터 끌어낼 수 있으리라. 특히 지식인은 전략가가 아니라는 부분에서. 하지만 금욕하자. 다만 푸코가 말하는 "도덕", 이를 끝까지 굽히지 않아야만 라캉이 말한 "여성의 향락"이, 르장드르가 말한 "도박"이 시작될 것이다. 여기까지만 말하도록 하자.

우리의 이로에서 중요한 것은 푸코가 "도덕"이라고 명확하게 말하고 있다는 점이다. "도덕" "정치적 영성." 이것이 푸코의 마지막 말로 우리를 이끌 것이다. 그러나 명백한 망각, 그리고 뜻밖에도 푸코가 가는 길을 가로막는 질곡의 그림자와 함께. 이를 좇자.

○

○

○

○

제8장

생존의 미학 너머에서
:『주체의 해석학』『쾌락의 활용』『자기에의 배려』

제95절 "성 따위는 지겨워!"

/

1980년. 푸코는『산 자들의 통치』를 강의한다. 같은 해, 들뢰즈와 가타리가『천 개의 고원』을 간행했다. 필자는 이 책과『안티 오이디푸스』사이에 결정적인 단절이 있다고 생각한다. 그리고 이는 푸코의 비판이라고까지는 하지 않더라도 푸코로부터 어떤 시사를 얻어 생긴 것이다. 이는 우리의 이로로 충분히 파악할 수 있다. 그러나 이는 이 책의 과제를 넘어선다. 다른 기회에 논하도록 하겠다.

1981년. 푸코는『주체성과 진리』를 강의한다. 이해에 라캉이 타계했다. 이 두 강의는 아직 간행되지 않아서 강의 개요로 그 내용을 유추할 수 있을 뿐이다. 그러나 그 내용에 따르면『산 자들의 통치』는 사목 권력=통치성으로서의 "고해" "개전改悛"과 수도원 제도를 논했고, 물론 그 "복종"을 강제하는 기제에 대해 푸코가 비판적임을 알 수 있다. 그리고『주체성과 진리』는 플라톤까지 거슬러 올라가 "자기의 기술" "자기에의 배려" "애욕의 영위aphrodisia"
를 논한 강의로, 후에 『쾌락의 활용』 『자기에의 배려』로 결실을 맺
게 된다고 할 수 있겠다.

그 외에도 간행되지 않은 강의가 몇 가지 있다. 그러나 푸
코가 타계(1984년 6월 25일)하기 직전인 5월 14일에 간행된 『쾌락
의 활용』과, 죽음을 앞두고 침상에서 교정을 보고 있었다는 『자기
에의 배려』가 그 결실이라도 해도 문제는 없을 것이다.

이미 간행된 1982년의 『주체의 해석학』 강의와 다른 대담
과 소론과 함께 논하면 우리로서는 충분하다. 그러나 최후의 저작
인 『쾌락의 활용』과 『자기에의 배려』는 독특한 담담함과 정온靜穩
함이 느껴지는 면이 있는 한편, 오히려 지칠 대로 지친 피로, 허리
를 굽히면서 앞으로 쓰러져 무릎이 바닥에 닿는 쇠약의 인상을 준
다. 그리고 이는 당연한 일이다. 왜냐하면 『주체의 해석학』이나 다
른 소론에서 그 내용을 미리 스스로 비판하고 부정하고 마는 내용
을 푸코는 논하고 있으니까. 그리고 푸코는 정치적 영성을 망각함
으로써 막다른 골목에 있다는 환각 속에서 죽어갔다. 나는 자기에
의 배려, 생존의 미학은 푸코의 마지막 말이 아니라고 생각한다.

그렇다. "성"의 문제 계열은 가볍게 다루는 데 그치자. 『주
체의 해석학』 강의록에 부기付記한 해설을 쓴 프레데리크 그로Fred-
eric Gros에 따르면, 이때 푸코는 "자기의 기법에 관한 고대의 섹슈
얼리티"와 "자기의 기법 그 자체의 역사"라는 계획 사이에서 분열
된 상태였다.[765] 『앎의 의지』에서 성에 "매달리는 것" 자체의 역사
적 한계를 천명한 이상, 그 대안을 제시하기 위한 것이라 하더라도
성에 대해 그 이상 논하는 것은 별 의미가 없다. 실제로 『쾌락의 활

용』『자기에의 배려』의 대부분을 차지하는 그리스·로마인의 성 도덕, 성 윤리는 아름답다, 뛰어나다, 옳다, 그르다는 이야기를 하기 이전에, 따분하다기보다는 진저리가 난다. 역사적 추이를 묘사하고 있기는 하나, 이미 논한 이유로 인해 푸코는 우리가 살펴온 "단절"을 역사에서 찾아내지 못한다. 따라서 끝없이 평범한 서술이 계속될 뿐으로, 슬슬 훑어보기만 해도 이것이 사실임을 알 수 있을 테니 일일이 상세한 전거를 명시하지는 않겠지만, 한마디로 정리하자면 더 많은 쾌락을 맛보기 위해서는 오히려 쾌락을 인색하게 절제해야 한다는 것이다.

더 구체적으로 말하자. 그것은 정액을 너무 많이 잃으면 심신 모두 쇠약해져 오랫동안 쾌락을 즐길 수 없게 된다느니, 건강한 아이를 갖지 못하게 된다는 식의 이야기다. 절제라는 이름 아래에 정액을 꾸준히 절약해서 저장해둔 남자들의 "남자다움"을, 허세를 부리는 "도덕적 명예"를 끝없이 논해간다. 그 외에도 너무 오래 저장해두는 것도 좋지 않으니 때때로 빼주는 것이 좋고 그 방법은 이렇다느니, 연애할 때는 상대방을 애태우는 것이 중요하고 그런 양식이 있다느니, 미모를 잃어가는 아내가 남편을 젊은 여자에게 빼앗기지 않기 위해서는 어떻게 해야 한다느니, 성행위를 할 때는 어느 계절이 좋다느니, 행위 전에는 어떤 음료가 좋다느니, 어떤 침대가 좋다느니, 건강한 아이를 갖기 위해서는 이렇게 하는 것이 좋다느니 하는, 쓴웃음을 짓지 않고는 읽을 수 없는 내용을 끝없이 인용하고 분석한다. 물론 "정액"이란 무엇인가에 대해 역사적·의학사상사적 논의가 많이 있다는 것을 모르는 것은 아니다. 하지만 여기에서 특히 정액을 잃는 공포에 대해 기가 차는 문헌을 덤덤하게 많은 지면을 할애하면서 뒤쫓는 푸코가 도대체 무슨 생각을 하고 있는지 알 수 없어서 그 엉뚱함에 의아해지는 그런 부류의 내용이다.

물론 그리스의 동성애에서 어떤 이상을 찾아내고 싶어 하는—지식인 동성애자 중에서도 그런 사람은 없으리라 생각하지만—사람조차 책을 덮은 후 눈을 감고 관자놀이를 손가락으로 누르게 되는 내용이 쓰여 있다. 사랑의 대상으로 할 만한 청년의 적정 연령대는 몇 살부터 몇 살까지인가, 그렇게 쉽게 몸을 맡겨도 되는 것인가, 어떤 상대를 만나야 하는가, 일정 나이가 되면 수동적인 동성애에서 벗어나야 하고 28세나 되어서 남자에게 안기는 것은 좋지 않다, 거기에서도 역시 정액은 중요해서 등의 서술이 끝없이 계속된다. 진저리가 나는 내용은 더 있다. 앞과 같은 의미에서 그리스인들은 철저하게 "정액에 인색한" 남근주의자이고, 자세하게 묘사되는 부분은 "삽입" 여부다. '누가 삽입하는 쪽이고 누가 삽입당하는 쪽인가? 삽입하는 쪽은 "능동적이고 남성적"이나 삽입당하는 쪽은 "수동적이고 여성적"이다. 따라서 그런 수동적이고 여성적인, 삽입당하는 쪽에 있었던 자가 과연 남성적이어야 하는 국정을 맡아도 되는 것인가? 통치하는 자로서 그런 삽입당한 과거를 갖는 것은 문제가 있다'는 등의 논의가 펼쳐진다. 더 있다. 한마디로 여기에서 여성은 문제 되지 않는다. 여성은 결정적으로 수동적이고, 이 자기에의 배려, 자기 자신에 의한 자기 도야라는 "고차원적인" 영역에 여성이 끼어들 여지는 없다. 게다가 여성 간의 동성애는 언급조차 되지 않고, 자기가 소유하는 노예 중 청년이나 여성에게 손대는 것은 별문제가 되지 않지만 역시 절제는 필요해서 등의 내용이 쓰여 있다. 1983년에 현재 진행 중인 작업에 대해 묻는 인터뷰 앞부분에서 갑자기 푸코가 "성 따위는 지겨워!"[766] 하고 외치는 것도 이해가 가며 "쾌락에 관한 그리스적 도덕은 남성적 사회, 비대칭이란 관념, 타자의 배제, 삽입에 대한 강박관념, 자기 에너지를 빼앗기는 것이 아니냐는 우려 등과 관계가 있습니다. (……) 이런 것들은 전부 다, 솔직히 말해 메스껍습니다".[767]라고 내뱉는 것도 이해가 간다.

물론 이를 전부 부정할 수는 없는 일이다. 소소한 쾌락이고, 누구든 지금도 잘 아는 절제이고 행위이리라. 특히 아이를 갖고 싶은 부부에게는 그러하리라. 냉정하게 진저리가 난다고 말할 것이 아니리라, 원래는. 나쁠 것은 없지 않느냐고 말할 수도 있으리라. 그리고 이것은 성을 특권적으로 취급했던—푸코가 그 후계자로 정신분석을 지목한—그리스도교적 사목 권력, 자신의 "원죄"와 자신의 저주받을 "성적 욕망"을 구석구석에 이르기까지 찾아내고 고백해서 용서를 구하는 저 "사목"과는 "다른 그 무엇"을 찾아 푸코가 도달한 지점인 것은 분명하다 하겠다. 그러나 그렇다면 그 "추잡함"을 벗어나고자 애써서 도달한 곳이 "메스꺼움"이었다는 것에 불과하다. 실제로, 어디인지 몽상에 빠진 말투로 혹은 성의 실험자 중한 사람으로서 성 혹은 "자살"의 쾌락을 논하는 푸코는 전혀 해가될 것이 없는, 전형적인 좋은 사람의 모습을 한, 한마디로 라캉의 "쾌락의 유형학"에 딱 맞는, 아무 쓸데 없는 남자에 불과하다.

저 성의 쾌락을 부정하려는 것이 아니다. 그것이 가능할리가 없다. 그것이 아니라 필자가 말하고 싶은 것은 이렇다. 푸코가 성의 쾌락을 논하려 했던 것이라면 사상 처음으로 동성애 자체를 병인病因으로 취급하지 않고 진지하게 동성애자의 임상에 임했던 정신분석가였고, 따라서 환자와 제자 중에 동성애자가 많았던 라캉이 훨씬 실천적으로 동성애를 옹호하고, 성의 규범에 저항했다고 평가해야 하리라. 그것이 아니다. 푸코는 동성애자의 '성의 쾌락'이 아니라 '앞으로 실현해야 할 삶의 양식'을 강조했다는 사실을 상기해야 한다.[768] 동성애라는 "삶의 양식"이 "성의 양식"으로 환원되어서는 안 된다고 푸코는 단호하게 주장했다. 이를 간과하면 동성애에 관한 푸코의 발언은 무의미해진다. 설마 이런 오해는 없겠으나 혹시 몰라 확인해둔다. 푸코는 삶의 미학을 논했지 성의 미학을 논하지 않았다. 그런 것은 어디에든 얼마든지 있다.

고로 이런 문맥을 고려해도 푸코는 "자기를 배려하기 위한 성의 기법"보다는 "자기의 기법, 자기를 배려하는 것 자체"를 향하고 있었던 것은 명백하다. 고로 앞에서 인용한, 프레데리크 그로가 해설에서, 결국은 간행되지 않은 "자기의 기법만을 논한 서적의 대체물 같은 것"[769]이라고 형용한 『주체의 해석학』을 중심으로, 『자기에의 배려』로 이를 보완하면서 앞으로 나아가자.

제96절 "통치성" 개념의 은밀한 변경. 철학과 영성

/

푸코는 "통치성"을 도출하고 전회했다. 원래 그 통치성의 계보는 이러했다. 사목 권력, 16세기 통치술의 발흥, 국가이성과 폴리스, 자유주의, 신자유주의. 바로 르장드르가 말한 〈중세 해석자 혁명〉의 틀 안에 있는 행정 혹은 관리경영의 발전이라 할 수 있는 이 계보 속에서 제일 먼저 오는 것이 사목 권력이다. 이는 고대 오리엔트, 특히 헤브론에 그 기원을 두며 그리스 문화와 대조적인 것이었다. 그리스의 신들은 주권적이고, 법적이고, 영토적으로, 고로 사목이 아니다. 그리스의 참주들은 양치기가 아니다. 고로 거기에서는 통치성을 찾아낼 수 없다. 그러나 푸코는 여기에서 이 사목 권력의 자손들에 대한 연구를 중단한다. 특히 아직 논하지 않은 고해 제도와 수도원 제도에 대한 연구가 그렇다. 고로 미간행 강의 외에 이에 관한 저작은 남아 있지 않다.

아마도 사목 권력=통치성이라는 구도 자체에 푸코는 한계를 느끼고 있었을 것이다. 아무리 찾아보아도 사목 권력은 사목 권력인 채였고, 그로부터 다른 것을 찾아내지는 못했을 것이다. 푸코가 이란혁명에서 발견한 "찰나의 섬광", 저 "정치적 영성" "도덕"은 거기에 없었던 것일 테다. 이리하여 푸코는 처음에 사목 권력의 대립항으로 제시했었던, 더 정확히 말해 사목 권력이 없고 통치성과 관계가 없을 터인 그리스와 로마에서 일종의 "통치"를 도출하게 된다. 따라서 여기에서 통치성 개념은 변경되었다고 볼 수도 있다. 물론 그리스가 법적이지 않았다고 할 수는 없더라도, 어쨌든 그리스부터 제정 초기인 2세기까지의 로마제국에서 푸코는 "다른" 통치성을 도출해내려 한다. 그것은 "사목적인 통치성" 일반이 추구했던 "제한 없는 복종 강제"를 포함하지 않는, "자신에 의한 자기 통치" "자기 자신과의 관계"로 정의된다. 이를 살피자.

푸코는 우선 두 가지를 엄격하게 구별해서 정의하는 데서 시작한다. 철학과 영성이다.

참이나 거짓뿐만 아니라 참이나 거짓을 가능하게 하는 것을 묻는 사고 형식, 괜찮다면 이를 "철학"이라고 부르도록 하지요. 주체가 진리에 도달할 수 있게 하는 것을 묻는 사고 형식, 주체가 진리에 도달하는 조건과 그 한계를 정하려 하는 사고 형식, 이를 "철학"이라고 부릅시다. 자, 이를 철학이라고 부른다면 주체가 진리에 도달하기 위해 필요한 변화를 스스로에게 부과하는 탐구, 실천, 경험은 "영성"이라고 부를 수 있을 것입니다. 이 경우, "영성"이라 불리는 것은 탐구, 실천, 경험의 총체로 구체적으로는 정화, 수련, 포기, 시선의 조정, 생존의 변화 등 여러 형태가 있을 수 있습니다. 이들은 인식이 아니라 주체가, 주체의 존재 자체가 진리에 이르는 길을 열기 위해 지불해야 하는 대가인 것입니다.[770]

간략히 말하겠다. 철학은 — 적어도 데카르트 이후 영성과 분리된 근대 철학은 특히 — 주체가 진리에 도달하기 위한 조건으로 앎만을 추구한다. 진리에 도달하는 데, 진리를 인식하는 데 주체는 단련, 고행, 수양, 기도, 금욕, 기타 여러 신체적인 변화를 필요로 하지 않는다. 즉, 근대 철학에서 진리를 인식할 수 있는 주체는 도덕적인 주체일 필요도, 수양을 쌓은 주체일 필요도 없다. 늠름하고 아름다울, 당당하고 윤리적일 필요는 전혀 없다. 방탕하고, 돼먹지 못했고, 행실이 나쁜 자라도 전혀 상관없다. 이는 근대적인 과학 일반에도 해당되리라. 그러나 "고전적인 고대를 통틀어(피타고라스학파, 플라톤, 스토아학파, 견유학파, 에피쿠로스학파, 신플라톤주의자 등), (어떻게 진리에 도달할 것인가라는) 철학의 문제와, (진리에 도달하기 위해서는 주체의 존재 자체에 어떤 변경이 필요한가 하는) 영성의 문제—이 두 가지 문제는 한 번도 분리된 적이 없었습니다".[771] 영성이란 진리와의 관계 속에서 주체를 바꾸려 하는, 주체를 아름답고 도덕적으로 "단련"하려는 입장이고, 영혼을 갈고 닦아 자신의 미적 가치를 높이려는 금욕적이고 윤리적인 입장, 이를 바로 진리에 도달하는 조건으로 여기는 입장이다. 이는 기나긴 역사를 갖고 있다. 그리고 푸코는 바로 이 영성을 "자기에의 배려"와 동일시한다.

제97절 자기에의 배려라는 통치성. 삶의 미학

그렇다면 자기에의 배려epimeleia heautou, cura sui란 무엇인가? 이는 "생존의 기법l'art de l'existence"[772]이다. 또한 이는 "자기 도야=문화=숭배"라 불리기도 한다. "자기 자신을 배려하고, 자기에게 전념해야 한다. 스스로를 아름답고 윤리적인 존재로 만들기 위해, 자신의 삶을 예술로 만들기 위해. 이는 여러 형태로 바꾸어 말할 수 있다. 자기 자신이 성장한다. 자기 자신을 개선한다. 자기에게 되돌아간다. 자신을 형성한다. 자기의 권리를 주장한다. 자신에게 전념한다. 자기에게 몸을 바친다. 자기 속에 갇힌다. 자기 자리에 머무른다."[773] 자기에게 몰두하는 것. 예를 들면 독서와 창작, 건강 유지에 전념하고, 자기 자신과 대화하고, 자기 자신이 쓴 글을 다시 읽는 것이다. 세네카를 요약해서 푸코는 이렇게 말한다. "삶을 일종의 영원한 단련으로 바꾸라."[774] 마음의 수행이다. 자기 자신과 마주 보고, 자신의 과거를 정리하고, 생활 전반에 마음을 쓰고, 책을 읽는 데 그치지 않고 착상을 얻고 싶은 교훈과 규범을 베껴 쓰고 반복해서 읽어 몸에 배게 하는 것.[775] 몸을 관리하고, 건강을 위해 양생(다이어트)하고, 적절한 단련과 운동을 함으로써 건강을 유지하고, 욕망을 채울 때는 절제에 주안점을 두고, 또다시 읽고 명상하고 권권복응拳拳服膺하는 것. 이러한 영원한 작업이다.[776] 어떤 사람이 이를 "은둔형 외톨이(히키코모리)"라 부르며 야유했는데,[777] 이는 전적인 오독이다. 이는 원래 "통치성"의 이로에서 나온 것인 이상, 두말할 필요도 없이 "타자의 통치"와 직접 관련이 있다.

　　　푸코는 이를 "진정한 사회적 실천"[778]과 연결된다고 한다. 우선, 이는 사회적인 조언이나 지도指導의 네트워크 안에 있고, 공동체 안에 있었다.[779] 그리고 자기에의 배려를 행하는 자기는 여럿 있으므로, 그것이 "다른 사람들이 자기 자신에게 해야 할 배려에 이쪽에서 기울이는 배려"[780]이기도 한 것은 자명하다. 이는 "사회적 관계의 강화"[781]에 속하는 것이다. 자기에의 배려는 다름 아닌 타자와의 교류 작용 속에서 비로소 자기로의 전념이 실현되는 과정을 거친다. 세네카의 긴 배려, 어머니와 친구에게 보낸 서간에 쓰인 충고와 배려가 그 증좌라고 푸코는 말한다. 또한 자기를 배려하고, 자기를 통제하고, 자기를 통치할 수 있는 자, 일시적인 감정이나 사욕에 휘말리지 않고 자기를 지배할 수 있는 자야말로 아내를 통치하고 아이를 통치하고, 즉 가정을 통치하고, 고로 공동체를, 행정조직을, 군을, 국가를 통치할 수 있다. 자기도 통치하지 못하는 자가 국가를 통치할 수 있을 리 없다. "왕후와 자기의 관계, 왕후가 자기를 도덕적 주체를 만들어가는 방법, 이것이 정치라는 건축물의 중요한 부품이 된다. (……) 왕후는 금욕을 실행하고, 자기를 단련해야 한다."[782] 권력의 남용은 자신을 지배하지 못한 것, 즉 욕망에게 지는 것이다. 왕이라면, 귀족이라면, 군인이라면, 시민이라면, 가장이라면 그래서는 안 된다.[783]

또한 푸코는 이런 말도 한다. "이와 같은 자기의 실천은 개인이 스스로 발명하는 것이 아니라는 점을 말씀드릴 필요가 있습니다. 그것은 개인이 자신의 문화 속에서 찾아내는 도식이고, 문화·사회·사회집단이 들이대거나 제의하거나 부과하는 도식입니다."[784] 따라서 자기에의 배려란 타자에게, 계보에, 사회에, 정치에 열려 있고, 이처럼 열려 있기 때문에 그 규칙과 실천을 멋대로 만들어낼 수가 없고, 또 그렇지 않다면 의미가 없다. 이러한 영위 속에서 마음의 병을 치유하고, 마음의 평정을 유지하고, 자신에게 "시련"을 부과해야 한다. 푸코가 인용하는 플루타르코스의 사례는 이렇다. 격렬한 운동을 해서 배가 고프게 한 다음, 정말 맛있는 요리를 준비시켜서 차려져 있는 식탁에 앉아 그것들을 잠시 바라본 후에 시종에게 먹으라고 하고 자기는 노예의 요리를 먹는다.[785] 에피쿠로스는 극단적인 절제를 행했고, 며칠 동안 약간의 음식만 입에 넣었다.[786] 세네카는 며칠 동안 자신을 극도의 빈궁 상태에 두어 조악한 침대와 옷가지, 식사를 경험하는 시련을 권장한다. 그러고 나면 언젠가 최악의 불행에 직면해도 그 상태에 충분히 만족할 수 있고 인내할 수 있는 힘을 얻게 될 것이라며.[787]

따라서 이는 자기 자신과의 싸움이고 자기와의 끝없는 투쟁이다. 그리고 그들은 밤에 침상에서 명상하고 자기 자신에게 묻는다. 오늘은 자신의 어떤 결점을 고쳤는가, 어떤 악덕을 참을 수 있었는가, 어떤 점에서 자기는 향상했는가? 하루를 전체적으로 자기 검증하는 이 습관 덕에 그들은 기분 좋게 잠든다.[788] 여기까지는 마치 사법, 심문, 고발이 진행되는 느낌을 주는데, 하고 푸코는 주석을 단다. "그러나 이 음미 과정 전체는 행정적인 관리contrôle administratif 또한 연상하게 한다."[789] 즉, 여기에서는 "속죄" "죄" "회개" 등이 문제 되는 것이 아니라 단지 행정 지침을 매일 반복해서 일지에 기재하는 등의 작업 과정이 존재할 뿐이다. 여기에 금지는 없다. 여기에 와서 법에 비판적인 논조는 눈에 띄게 약해졌는데, 그것은 아무래도 상관없다. 여기에는 분명 기준이나 사목과는 다른 것이 있을 테니까.

자기에게 전념하고, 자기를 검증하고, 자기를 점검하는 것. 자기와 싸우고, 절제하고, 단련하고, 영혼을 갈고 닦고, 평정을 손에 넣는 것. 즉, 자신을 완전히 통치하고 통제하는 것. 나는 전적으로 윤리적·도덕적·돌발적 격정이나 욕망에도 굴하지 않는다. 빈곤과 공포와 욕망도 이겨낸 나는 이들을 극복한 인간이다. 자신의 완전한 지배. 정치적·육체적으로 비할 바 없이 자기 자신에게 충실하고, 흔들리지 않고, 이는 누구에게도 빼앗기지 않는 자신의 소유다. 이리하여 이는 "사람이 자기 자신을 통해 겪는 쾌락의 체험이기도 하다. 이윽고 자신에 도달한 자에게 자기는 쾌락의 객체 중 하나인 것이다. 지금 존재하는 자신에게 만족하고, 그 자신에 머무르는 데 그치는 것이 아니라 자기 자신이 '마음에 드는' 것이다."[790] 일단 확인을 해두자. 어떻게 해서 그렇게 이해를 했는지 모르겠고 알고 싶지도 않으나, 쾌락을 맛보는 것이 자기에의 배려이고 생존의 미학이라는 식의 산만한 이해가 많다. 당연하게도 이는 잘못된 것이다. 이것은 삶의 미학을 성의 미학—정액과 삽입의 경제학이다—으로 오해해서 생기는 문제다. 자기에의 배려에서 쾌락이란 끝없는 단련과 금욕과 수련과 배려와 교류 끝에, 그 과정 속에서 손에 넣을 수 있는 "자기로서 존재하는 것" 자체의 쾌락이고 기쁨인 것이다. 미美로서의 자기, 예술로서의 삶.

그리고 푸코는 이렇게 말하게 된다.

삶이 미적 예술 작품의 재료라는 관념에 나는 매료됩니다. 마찬가지로 도덕이란 그 자체로서는 법률과 같은 어떤 권위 체계와도 무관하고, 규율 제도와도 관계없는 생존의 강력한 구조일 수 있다는 생각에도.[791]

그러나 이는 나르시시즘이 아닌가? 이렇게 반문할 수도 있겠다. 그러나 푸코는 이렇게 말했다. "나는 고대의 자기 도야culture antique de soi가 캘리포니아적인 자기 숭배culte de soi라 불릴 만한 것과 동일하지 않을뿐더러 이 둘은 전적으로 대립하는 것이라고 생각합니다."[792] 그렇다. 이는 그런 "쾌락의 미학"이 아니라고 이미 말했다.

제98절 "나는 고대 전체가 심각한 오류처럼 느껴집니다"
/
하지만 1984년 5월 29일의 인터뷰에서 푸코는 갑자기 이런 말을 한다. 의사에게 여생이 얼마 남지 않았다는 말을 들은 후로, 실제로 이로부터 한 달도 되지 않아 푸코는 타계한다. 그 시점에서 푸코는 이렇게 말한다.

> —생존의 양식이라, 멋진데요. 당신은 당시 그리스인들이 훌륭했다고 생각하는 것이지요?
>
> **푸코** 아닙니다.
>
> —대단하지도, 훌륭하지도 않다는 말인가요?
>
> **푸코** 그렇습니다.
>
> —그렇다면, 어떻게 생각하나요?
>
> **푸코** 대수롭지 않다고 생각합니다. 내가 보기에 고대 도덕의 모순점으로 여겨지는 것에 그들은 바로 빠지고 맙니다. 즉, 한편으로는 생존의 특정한 양식을 집요하게 추구하고, 다른 한편으로는 이를 만인에게 공통된 것으로 하려고 노력했습니다. 그 양식이라는 것에 그들은 다소 막연하게나마 세네카와 에픽테토스와 함께 다가가기는 했는데, 그러나 그들은 종교적인 양식 내부에서만 그것에 전념할 가능성을 찾아낼 수 있었습니다. 나는 고대 전체가 〈심각한 오류〉처럼 느껴집니다.[793]

그렇다. 푸코는 어디인가에서 '물론 그리스인으로부터 우리가 직면한 문제의 대답을 직접 찾으려 하는 것은 쓸모없는 일이지만, 종교에서 도덕의 근거를 도출할 수 없는 우리의 입장은 그리스인과 닮아 있지 않은가'라고 힘주어 말했었다. '저항운동은 과학 외에 도덕을 찾아내지 못하고 있다'고도 말한다.[794] 그러나 그 기대는 배신당했다. 그리고 푸코는 이렇게도 말했다. "자기가 자신과 맺는 관계가—바로 지배 상태로 이해되었던—정치권력에 대항하는 유일하게 가능한 저항점이라고 생각하지는 않습니다. 내가 말하고 싶은 것은 통치성은 자기 자신과의 관계를 함의한다는 점입니다."[795]

　　무슨 말일까? 성의 경제학이 아니라 자기에의 배려, 생존의 미학 자체가 심각한 오류였다니. 게다가 푸코는 그것이 종교적이기 때문에 안 된다고 한다. 이란혁명에서 도출했던 "정치적 영성"과 "도덕"을 푸코는 벌써 잊어버린 것일까? 그것은 악몽이었고, 지워버리고 싶은 오류였다는 것일까? 아마 그럴 것이다. 전략무기로서의 세속화를 깨달은 후부터 푸코는 저토록 긴 시간을 들여 종교적인 방면으로 연구 방향을 틀었으나 자신에게 남아 있던 시간은 너무 적었던 것일까? 필자도 이 생존의 미학이 대단한 것이라고는 생각하지 않는다. 별것 아니라는 생각조차 든다. 그래도 그렇지, 그리스와 로마가 종교적이어서 안 된다니. 애초에 도대체 왜 푸코는 그리스와 로마의 통치성에는 종교성이 없다고 생각했던 것일까? 그런 황당무계한 지식을 도대체 누구에게 배운 것일까? 그런 것은 상식적으로 생각해보면 알 수 있을 테고, 이 "자기에의 배려"에서 원리주의적인 종교성과 구별되는 "자유의 실천"을 찾아낼 수 있다면 그것은 단지 우리가 확정한 다른 세속성, "종교와 모순되지 않는 세속성"의 풍요 속에 그들이 있었기 때문이다. 아니, 그 전에 무슨 혁명의 주체를, 저항의 주체를 만드는 것이라며 이를 나르시스틱하게 예찬하는 애매모호한 논지를, 푸코가 마지막에 우리에게 남겨준 위대한 힌트라는 등의 엉터리 주장을 우리는 너무 오래 접해왔다. 문화 연구인지 탈식민주의인지 모르겠으나 생존의 미학은 무책임한 방언의 하찮은 변명과 말 맞추기에 너무 많이 쓰였다. 그러나 끝까지 묻자. 자기에의 배려가, 생존의 미학이 왜 "오류"인지.

연이어 인용하자.

> 그러나 생각해보면 자기에의 배려를, 그것이 무조건적인, 자
> 기목적적인 것이라 하더라도 보편적인 법과 동일시할 수 없는 이
> 유는 그 외에도 또 있습니다. 사실 그리스, 헬레니즘, 로마 문
> 화에서 자기에의 배려는 항상 서로를 분명히 구분했고, 때때
> 로 서로 폐쇄적이고, 대체로 '자기 이외의 모든 것에 대해 배
> 타적인 제도와 집단'의 실천 속에서 형성되어왔다는 점입니
> 다. 자기에의 배려는 신도 단체나 우애 단체, 학교나 교단의
> 실천이나 조직과 연결되어 있습니다. "교단secte"이라는 말을
> 조금 남용하자면 — 혹은 '이 말을 그리스어에서의 일반적인
> 의미로 쓴다면'이라고 하는 것이 나을지도 모르겠는데, 아시
> 는 바와 같이 게노스genos라는 말은 이것 하나로 가족, 씨족,
> 종류, 인종 등을 의미했었는데, 이는 예를 들면 에피쿠로스학
> 파나 스토아학파의 교단에 모이는 개인의 총체를 지칭하는
> 데 쓰였습니다 — 즉 프랑스어의 "교단"을 평상시보다 넓은
> 의미로 쓰면 이렇게 말할 수 있겠습니다. 고대 문화에서 자기
> 에의 배려는 실제로 일반화된 원칙이었습니다만, 이는 항상 한 교단의
> 현상과 연관이 있었고, 교단의 현상 위에서 분절화되었습니다.[796]

[상류계급에서는] 세련된, 정치精緻화된, 문명화된 자기 실천을
찾아볼 수 있습니다. (……) 그것은 "유행"이라고 할 수 있는 운동
의 일부를 점하고 있었습니다. 또한 그것은 정확하게 말해 문화적
인 조직 위에 존재하지는 않았더라도 적어도 사회적으로 이

미 존재하던 네트워크 위에 존재했는데, 바로 "우애의 네트워크"였습니다. 이런 우애는 그리스에서 이미 특정한 모양을 갖추고 있었고, 로마 사회에서는 훨씬 탄탄하고 계층화된 모습을 하고 있었습니다. 로마 사회에서 우애는 봉사와 의무의 총체로 서로 연결된, 제 개인 간의 위계질서였습니다. (……) 이는 한 인물을 그 중심에 두고, 어떤 사람은 그와 더 가까우며 어떤 사람은 별로 가깝지 않은 식의 질서였습니다. 이 인물과의 거리를 변경하기 위해서는 암묵적·명시적인 일련의 조건이 있었고, 어떤 사람과의 우애 관계에서 진전이 있었음을 알리는 여러 의식과 행동, 글귀 등이 있었습니다. 이렇게 말해도 된다면 거기에는 부분적으로 제도화된 거대한 사회 네트워크가 있었던 것입니다. 이 네크워크는 앞서 이야기한 종교적 공동체가 되지는 않았고, 자기 실천의 큰 토대 중 하나였습니다. (……) 궁정에서는 누구에게 말을 걸어야 할까? 이 직종에 지원해야 할까, 아니면 다른 직종이 좋을까? 세네카는 이런 것들을 다 돌보아줍니다. 영혼의 협조는 종교적인 공동체뿐만 아니라 우애의 네트워크에서도 이루어졌던 것입니다.[797]

[테라페우타이파에 관해서] 이를 사례로 든 이유는 이것이 종교적 집단이었기 때문입니다. (……) 그러나 앎과 명상, 수행, 독서, 우의적 해석 등의 차원이 매우 뚜렷이 나타나 있다는 것을 아시겠지요? 고로 자기에의 배려는 역시—이미 논한 의미에서—신앙이나 치료와 관련한 것, 앎·이론의 여러 배합을 지닌 일정한, 서로 명확히 구별되는 네트워크나 집단 속에서 형성

된 것이라고 생각해야 합니다. 배합된 요소 간의 관계는 집단, 계층, 상황에 따라 변화합니다. 어쨌든 이 단절 속에서, 더 정확히 말해 교단이나 집단에 소속되는 데에서 자기에의 배려는 뚜렷하게 나타납니다. 그 사람의 존재 자체 차원에서 자기에의 배려가 발현하고 그 실천이 이루어지는 것이 아닙니다. 인간 공동체에 소속되는 것은 매우 중요하기는 합니다만, 사람은 자기에의 배려를 단지 이 공동체에 속하는 자로서 실천하는 것이 아닙니다. 자기에의 배려는 오로지 집단 내부에서만, 즉 일정한 구별을 내포한 집단 안에서만 실천이 가능합니다.[798]

더는 인용하지는 않겠다. 이 강의는 이미 일본어판이 있다. 요약하자면 이렇다. 자기에의 배려, 생존의 미학이란 상류계급의 출세를 위한 "인맥 쌓기"의 계기였다. 또한 유한계급이 멋 부리기 위한 "유행"에 불과했다. 게다가 계율 없는, 주인 없는, "지도자(구루)" 없는 훈련 같은 것은 환상일 뿐, 실은 일종의 교단이 자기에의 배려를 "지도"했다.

제99절 생존의 미학은 저항이나 혁명을 보증하지 않는다
: 영성과 정신분석

/

"메스껍다" "심각한 오류." 이 쓰디쓴 말은 옳다. 푸코는 옳다. 이는 상류계급 사람들이 영향력을 가진 사람에게 아첨해 조금씩 가까워지기 위한 "처세법"이다. 우애의 네트워크라고 하면 듣기에는 그럴듯하지만 결국 출세를 위한 "연줄"을 "얻기" 위한 "자기계발"이다. "끼리끼리" 모여든 추하고 배타적인 "명사들"의 "요가"나 "필라테스"이고 "다이어트"다. 게다가 푸코 자신이 보편적인 법과는 무관한 폐쇄적이고 배타적인 교단이라고 말한 이상 이 "교단"에서 이루어지는 "자기에의 배려"는 전제적이고 비소한 컬트 집단의 우두머리에게 복종하면서 진행되는 "수행"일 수밖에 없다. 이것이 도대체 무엇이 다르다는 말인가? 푸코가 줄줄이 인용해온 저 책들은 우리 서점에도 쌓여 있는 "관리경영 문학" "매니지먼트 문학"과 하나도 다를 것이 없지 않은가? 또는 저 "자기계발" "정신세계"에 관한 책과. 생존의 미학과 매니지먼트 원리주의는 딱 달라붙어 있다 해도 과언이 아니다.

　　따라서 이제 이런 것에 매달리는 짓은 그만두어야 한다. 기세 좋게 정치와 정의와 윤리를 말하던 논지가 마지막에 벽에 부딪혀 손쓸 방도도 없이 "우리의 양식" "저항의 미학" "삶의 윤리"와 같은 쓸모없는 수다 차원으로 무너져가는 것을 우리는 너무 오랫동안 보아왔다. 자기에의 배려, 생존의 미학은 전혀 저항과 혁명을 보증하지 않는다. 현실을 직시하자. 다시 말하겠다. 이는 푸코 자신이 말한 것이다. 푸코는 바로 "반-인도"로서의 "투쟁의 울림소리"에서 "정치적 영성"을 도출했어야 했다. 성의 활용, 자기에의 배려, 생존의 미학에는 정치적 투쟁이 결여되어 있다. 순수한 투쟁의 울림소리가. 이는 당연한 이야기다. 왜 그 사회에서 일반화된 통치성 쪽에서 그러한 저항하는 거점의 주체화를 추구했다는 말인가? "반-인도"가 아니라 "인도" 쪽에서. 처음에 길을 잘못 들어섰다. 왜 푸코는 이 사실을 알지 못했을까?

그뿐만 아니라 푸코도 이 강의에서 분명하게 지적하고 있
는 것처럼 자기에의 배려가 그토록 자신이 혐오했던 "스승"에 대
한, "주인"에 대한 복종을 전제로 하고 있음은 명백하다. 게다가 푸
코는 경악할 만한 말을 하고 있다. 이렇다.

이들 앎의 형식[마르크스주의와 정신분석]을 중시하던 사람들
은 이러한 관점[자기에의 배려, 진리에 도달하기 위한 조건으로서
의 영성]을 명석하게 그리고 집중적으로 거론하고 고찰하지
않았습니다. 사람들은 이들 앎의 형식에 고유한 여러 조건을
몇 가지 사회적 형식 내부에 숨겨두려 했습니다. 계급의 가정,
당의 효과, 그룹에 대한 귀속, 학파에 대한 귀속, 통과의례, 분
석가의 양성 등과 같은 사고방식은 바로 진리에 도달하기 위
해 필요한 구체의 구성 조건이라는 문제를 연상시킵니다만,
이 문제는 사회, 조직이라는 관점에서 고찰되고 있을 뿐 영성
과 그 요청의 존재라는 역사적 관점은 결여하고 있습니다. 그
리고 이 "진리와 주체"라는 문제를 (그룹, 학파, 당, 계급 등에 대
한) 귀속 문제로 대체해 위상을 낮추려면 '진리와 주체의 관계
문제'를 망각하는 희생을 지불해야 합니다. 라캉의 여러 분석이
흥미롭고 강력한 것은 이 때문이라고 생각합니다. 즉, 라캉은 프로이트
이후, 정신분석의 문제를 '주체와 진리의 관계 문제'로 다시 집약하려
했던 유일한 인물일 것입니다. 즉, 소크라테스나 니사의 그레고리우스
와 같은 영성의 역사적 전통과 그 중개자들과 전적으로 무관한 형태로,
분석적 앎 자체에 속한 형태로, 라캉은 역사적으로 보자면 원래 영성에
해당하는 문제를 제기하려 했던 것입니다. 그것은 진실을 말하기 위해

지불해야 하는 대가의 문제이자 주체가 자기 자신에게 진실을 말할 수 있거나 말한 것이 주체에 미치는 효과의 문제입니다. 이 문제를 다시 제기함으로써 라캉은 정신분석 내부에 영성의 가장 일반적인 모습이었던 저 〈자기에의 배려〉에 관한 가장 오래된 전통을, 가장 오래된 물음을, 가장 오래된 불안을 다시 출현시켰다고 나는 생각합니다.[799]

마르크스주의와 정신분석은 영성을 지닌다. 고로 그것은 "자기에의 배려"를 지닌다. 따라서 그것은 "교단"이 되는 것이다. 푸코는 드디어 저 격렬한 마르크스주의 비판, 정신분석 비판마저 공중분해를 시키고 만다. 자기에의 배려와 생존의 미학조차 경멸해야 할 오류로 취급하고 만다. 그러나 이는 그다지 새롭지 않다. 푸코와 함께 토론회에 출석한 적도 있는 석학 앙리 엘렌베르거 Henri Ellenberger가 쓴 한 구절을 인용하자.

그러나 프로이트가 보여준 가장 현저한 혁신은 "학파"의 창립이 아닐까? 예를 들어 이 "학파"라는 형태가 현대에는 다른 사례를 찾기 힘드나, 이 책의 제1장에서 논한 바와 같이 고대 그리스·로마 시대에 있었던 철학학파의 부흥에서 찾아볼 수 있다. 프로이트는 거의 그 태동기부터 정신분석에 하나의 운동 형태를 부여했다. 그 운동은 독자적인 조직과 출판국을 지녔고, 엄격한 회원 규약이 있고, 정신분석 이론을 공적인 교의로 삼았다. 정신분석학파와 고대 그리스·로마 철학학파의 유사성은 교육 분석이라는 형태의 입문 의식을 제정하면서 한층 뚜렷해졌다. 교육 분석은 다액의 헌금을 요구할 뿐만 아니라

프라이버시와 자신의 전부를 내놓으라고 요구한다. 이런 방법으로 제자들은 피타고라스학파, 스토아학파, 에피쿠로스학파 등의 철학자들이 각자의 조직에 속했던 것보다도 더 굳건하게 맺어진 정신분석이라는 결사 조직에 가입하게 된다.[800]

정신분석은 교단이다. 거기에서 이루어지는 것은 "자기에의 배려"다. 그러나 이런 사실은 우리가 이 이로의 처음부터 이야기해왔던 것이 아닌가? 자기 단련을 요구하는 정신분석, 난해한 성전과 계속되는 통과의례로 구성된 정신분석을 이미 우리는 이 책의 맨 앞에서 논하지 않았던가? 그리고 그 병에 대해서도. 이리하여 푸코의 정신분석 비판은 그 종착지에서 돌연, 정신분석으로부터 자기에의 배려를 찾아내게 된다. 제자리를 맴돈 것은 아니리라. 정신분석의 잘못된 광신, 그것은 또한 자기에의 배려에도 광신이 있을 수 있다는 증좌니까. 이 또한 우리는 이미 검토했었다. 자기 준거의 광기에 대해, 광란에 가까운 스승에 대한 동일화에 관해 경종을 계속 울렸던 남자의 이로를 우리는 살펴보지 않았던가? 알아듣기 힘들지만 오랫동안 꾸준히 울려온 그 종소리는 아직도 계속 울리고 있다.

제100절 "오늘도 다른 날들과 똑같은 하루. 다른 날들과 완전히 똑같지는 않은 하루": 미셸 푸코, 그 차질과 위대함

확인하자. 완전한 자기 통치성은 존재하지 않는다. 법 없는, 계율 없는, "엄격한 회원 규약" 없는 "생존의 미학" 같은 것은 존재하지 않는다. 통치성은 소격을 유지해야 한다. 이를 위해서는 법만으로는 부족하다는 것 또한 이미 확인했다. 따라서 무모한 도주극이었던 것이다. 똑똑히 말해두자. 자기에의 배려와 생존의 미학은 전혀 신자유주의 통치에 대한 저항이 아니다. 국가에 대한 비판, 자유주의의 자유, 윤리, 사회, 생존의 미학, 이들의 잡다한 모음. 이런 것에는 아무런 의미도 없다. 푸코는 무모하기 그지없는 도주극을 연출하다가 끝내 여기에서 쓰러진 것이다. 그리고 여기에 바로 푸코의 위대함이 있다. 이 얼마나 위대한가? 그 기나긴 도정 속에서 놀라운 무기를, 도구를 푸코는 도대체 몇 번에 걸쳐 우리에게 주었던 것일까?

　자기에의 배려, 생존의 미학은 그 어떤 결론도 될 수 없다. 그것은 푸코가 세속화라는 전략무기를 간발의 차로 꿰뚫어보지 못한 증좌일 뿐이다. 왜냐하면, 반복해서 말하겠다. 세속화가 극도로 상대화된 이상, 종교인가 아닌가는 그 규범 시스템이 정당한지 여부와 전혀 관계가 없다. 몇 번이라도 반복해서 말하겠다. 나는 종교 일반을 옹호하려는 것이 아니다. 종교 일반 따위는 존재하지 않는다. 여러 종교가 세속화라는 함정에 빠졌기 때문에 원리주의화될 수밖에 없다고 말하고 이를 칭송하는 논지를, 내가 일관해서 비판해왔다는 사실을 상기해달라. 그 자체가 기존의, 유럽의 전략적 관념에 안주해 있는 "종교"가 할 수 있는 것이라고는 아무것도 없다. "종교 일반"에 "가능성"은 존재하지 않는다. 문제는 소격이라는 자유를, 자유라는 소격을, 이를 유지할 수 있는 몽타주와 장치를 갖고 있느냐 없느냐, 그뿐이다. 우리는 르장드르, 벤슬라마와 함께 원리주의와 종교를 완전히 구별할 수 있는 논리를 확립했다. 그에 따르면 원리주의냐 아니냐, 이것만이 문제다.

소격의 자유, 그것은 저 신자유주의가 입에 담는 자유가
결코 아니다. 우리는 보았다. 신자유주의=매니지먼트 원리주의의
교묘하고 오만한 함정을. 그리고 이슬람 원리주의의 용납할 수 없
는 폭력의 고질병을. 푸코는 매니지먼트 원리주의의 통치성을 철
저하게 분석해주었다. 과연 라캉과 르장드르만으로 이것이 가능했
을까? 결코 그렇지 않다. 또한 푸코는 이란혁명 때 정치적 영성을
다루었다. 그렇다. 푸코는 민중 봉기의 영성을 다루고 있었다. 그런
데 왜 그것을 몰랐다는 말인가? 푸코의 차질. 이 사실을 이렇게 부
를 수 있다면 그것은 어디에서 유래했는가? 생존의 미학이라는 말
도 안 되는 교태를 허용하는 개념을 만들어서도, 그것을 스스로 부
정해서도 아니다. "종교적"이라는 것이 그 부정의 이유였기 때문이
다. 기묘한 일이다. 그리스와 로마 제정 시대 사람들이 "종교적"이
었다는 사실이 무슨 문제가 된다는 말인가? 푸코가 그리스 연구를
시작했을 때 누구보다 힘이 되어주었던 막역한 친구 폴 벤이 "종
교적 세속성"을 논한 논문도 썼는데도.[801] 아무것도 끝나지 않는다. 아
무것도. 이를 푸코는 알고 있었을 터다. 증거가 있다. 하버마스Jürgen
Habermas와 리오타르가 말하는 "거대 담론의 종언"이나 "이성의 붕
괴" "소멸"을 야유라도 하듯 1983년, 죽기 1년 전에 푸코는 이렇게
말했다.

나에게는 어떤 소멸도 보이지 않습니다. 수많은 변화는 보입
니다만 그런 변화를 왜 이성의 붕괴 등으로 불러야 하는지 모
르겠습니다. 합리성의 다른 제 형태가 끊임없이 계속 창조되고

있습니다. 따라서 '이성은 하나의 긴 이야기이고, 지금 그것이 종말을 고하고 있고, 그와 다른 이야기가 시작되려 한다'는 명제에는 아무런 의미도 없습니다.

여기에서 우리는 현대사상의 가장 유해한 제 형태—아마 제 습관이라고 말해야 하겠습니다만—중 하나를 목격하고 있는 것 같습니다. 아마도 근대사상이라고 해도 될 테고, 어쨌든 헤겔 이후의 사상이라고 할 수 있겠습니다. 그 나쁜 습관이란 현재를 역사상의 단절로 또는 성취로, 아니면 다시 도래한 서광의 순간으로 분석하는 것입니다. 철학적 담론을 주창하는 모든 사람이 자신의 현재를 반성할 때 보이는 거드름 피우는 자세. 내게 이는 어떤 나쁜 징후로 보입니다. 나도 그런 적이 있는 만큼…….[802]

그러고는 이 문장을 다음과 같은 불온한 말로 마무리한다.

철학자의 일, 그것은 오늘이란 무엇인가 논하는 것이고, "오늘날의 우리"란 무엇인가를 논하는 것이라고 알려져 왔습니다. 그러나 우리 시대는 유래 없는 파멸의, 밤의 함몰지대라거나, 태양이 높이 솟아오르고 있는 아침이라거나, 그런 단언을 하고 마는 드라마틱하고 연극적인 안이함에 몸을 맡겨서는 안 됩니다. 그것이 아닙니다. 오늘도 다른 날들과 똑같은 하루이거나, 오히려 다른 날들과 완전히 똑같지는 않은 하루인 것입니다.[803]

그렇다. 전혀 새로운 시대 같은 것은 도래하지 않았다. 지금은 새로운 빛이 찬란하게 빛나는 시대도 아니고, 도저히 손쓸 수 없는 비참한 시대도 아니다. 그렇다. 역사의 서광 따위는 존재하지 않는다. 새롭게 시작되는 것은 분명히 있으리라. 잘 보이지 않는 역사의 수면이 조용히 끓어오르는 것같이. 그러나 이 하루하루, 우리의 하루하루, 우리 안트로포스의 하루하루라고 하는 것은 무엇인가가 절대적인 종언을 고하는 혹은 어떤 절대적인 정점이 있는 것이 아니다. 그런 일은 결코 있을 수 없다 "전혀 새로운 권력이 등장했다. 이제 낡은 것은 통하지 않는다"—이런 식의 주장을 푸코의 말을 빌려서 할 생각은 앞으로 꿈에서조차도 하지 말아야 할 것이다. 자기가 살고 있는, 자기가 삶을 얻어 죽을 때까지의 영겁의 한순간, 이 우연한 체류가 반드시 역사상의 특권적 순간과 겹쳐야 한다, 꼭 그래야 한다—이는 유치한 사고가 아닐까?

이제 충분하다. 푸코는 여러 오류를 범했다. 너무도 장대한 우회로 길을 잃고, 눈앞에 있는 방대한 작업량 때문에 망연자실한 때도 있었다. 개념은 흔들리면서 착종에 착종을 거듭했고, 그 구분은 이미 항상 굽어 있고, 파선이 되어 지워지려 했다. 그러나 푸코의 그러한 말대로 말라 차가워지기 시작한, 하지만 아직 열이 남아 있는, 조용히 고양되어 돌연 흔들리는 목소리를, 그 헤매고 또 헤쳐나가는 날카로운 펜이 그려온 궤적을 누가 잊을 수 있겠는가? 푸코의 "진리를 향한 용기"는 인정해야 한다. 여기에 이르러서도 아직 푸코의 글에는 읽어야 할 부분이 남아 있기 때문이다. 그렇다. 이것으로 끝나지 않는다. 아직 끝낼 수 없다. 우리는 이 역사의 무한한 허공을 인정한 푸코의 이 논지를 더 좇을 수 있다. 바로 이를 위해서 푸코는 장치라는 개념을, 다이어그램이라는 개념을 남겨주지 않았던가? 세큐리티니 환경 권력이니 하는 지금 유행 중인 개념과는 달리 이것은 막연한, 수수하기조차 한 개념처럼 보인다. 그러나 이것이야말로 도구 장인을 자칭한 푸코가 만든 최고의 도구, 푸코가 우리에게 건네준 마지막 도구다. 누가 누구를 비판하느니, 반비판하느니 하는 것은 다 쓸데없다. 다른 쪽으로, 다른 이로로 가자. 이를 위해 들뢰즈를 초대하자. 그 전에 살펴볼 내용이 있다. 들뢰즈가 깨달은 바를 확인해두어야 한다.

괄호

○

○

○

○

안스크립시옹의 불사
:『안티 오이디푸스』에 관한 주

제101절 안스크립시옹은 끝나지 않는다

/

『안티 오이디푸스』와 『천 개의 고원』 사이에는 큰 단절이 있다고 했다. 그러나 이는 이 책이 계획한 바의 바깥에 있다. 여기에서는 『안티 오이디푸스』 중 한 장, 거기에 있는, 눈에 띄지 않아 논의되는 일이 없지만 결정적인 의미가 있는 개념과 그 질곡을 지적하는 데 머무르겠다.

〈거울〉과 그 조련. 통치성에 의한 신체의 포위, 자기의 배려. 이는 텍스트에 쓰는 것이고, 에크리튀르의 업이고, 텍스트의 특정한 역사적 형태에 따라 주체를 "깎아서 조각하는" 작용이었음을 상기하자. 그렇다. 푸코도 "자기를 쓰는 것"을 논하고 규율 권력의 문서 기법을 길게 논했다. 글쓰기. 고쳐쓰기. 르장드르의 견해에 따라 텍스트의 객관주의적 표상을 지우고 생각하면 춤이나 행동, 노래나 의례, 조리나 회화, 영화나 연극 등과 같은 안트로포스의 영위는 모두 텍스트의, 텍스트에 의한, 텍스트를 위한 영원한 에크리튀르의 영위다. 이 주체와 "쓰기"의 관계를, 들뢰즈=가타리는 "안스크립시옹inscription"이라 부르며 명쾌하게 세 가지 역사적 모델을 제시하고 있다. 이는 『안티 오이디푸스』의 제3장 「야생인, 야만인, 문명인」에 집약적으로 출현한다. 물론 이를 상세히 논하면 레비-스트로스와 르장드르, 데리다, 들뢰즈=가타리의 관계, 그로부터 파생하는 모든 사항을 함께 논해야 할 터이고, 이 책에서도 중추적인 요소로 부침을 계속하면서 시계에 항상 남아 있던 계보·증여·교환·'친자 관계=출신 성분'과 관련된 거대한 문제와도 연관이 있음을 지적해야 할 터다. 하지만 이는 독자의 독해와 추론에 맡기도록 하겠다. 요점만 논하자.

안스크립시옹은 돌, 대리석, 철 등에 쓰기, 새기기, 기명하기를 뜻하고 또한 기억을 유지하기 위해 새겨진 문자, 쓰인 것을 뜻한다. 그리고 표, 명부에 기재하기, 즉 등기하고 기명하기, 등록하기다. 흔적을 남기기이고, 어떤 형상 속에 선을 긋기다. 표시하고 기록하기다. 비명이고 게시다.

그들은 우선 이렇게 말한다. "사회란 순환을 그 본질로 하는 교환의 장이 아니라, 서로에게 표시하기를 그 본질로 하는 안스크립시옹의 사회체다."[804] 사회체는 안스크립시옹을 한다. 그것은 등록하고, 기재하고, 표시한다. 사회체의 본질은 "문신하기, 절제切除하기, 깊은 자국 새기기, 잘라내기, 공양하기, 절단하기, 동그랗게 가죽 잘라내기(=할례하기), 통과의례하기"[805]다. 기억을, 공동의 기억을, 말을 체득하기 위해 "신체에 기호를 직접 새기는 이 조직화"[806]다. 이어서 그들은 데리다에게 기본적으로 동의하는 말을 한다. "이 두툼한 살에 새기는 것(안스크립시옹)을 에크리튀르라고 부르고 싶다면 파롤은 에크리튀르를 전제로 하고 있다고 해야 할 것이다."[807]

〈거울〉과 에크리튀르는 안스크립시옹이다. 〈사회적인 거울〉은 이미지를 부여하고 텍스트를 부여하고, 이를 통해 인과율과 근거율을 상연하고, 사회적인 재생산=번식을 행한다. 즉, 문화=숭배를 통한 "써-넣기"의 반복이 가져오는 분화와 주체화의 과정이었다. 사회의 재생산=번식은 이러한 "안스크립시옹의 연쇄"인 "가계家系"[808]에 의해 이루어진다. 이처럼 이미지와 말과 사물이 돌연 교차하고 침투하는 안스크립시옹으로서 써넣고 써넣어짐 당해, 그 "정형외과" "조련" "절단"의 효과 중 하나로서 주체가 성립한다. 원래 거울상 단계론의 거울조차도 이러한 과정과 연관이 있었음을 떠올리자.

주의해야 할 점은 이것이 "야생의 원시 토지 기계"에 해당하는, 그들이 제시한 역사적 모델의 1단계에 불과하다는 점이다. 그다음은 무엇인가? 그것은 '이 원시 토지 기계의 안스크립시옹 기법, 코드화를 파기하면서도 잠정적으로 보존'함으로써 등장하게 되는 "전제군주 기계 혹은 야만적인 사회체"[809]다. 전제군주의 신체가 등기되어야 하는 대지의 충만한 신체를 대체한다. 탈영토화된 안스크립시옹은 "계산 기계, 에크리튀르 기계, 모뉴먼트 기계"[810]를 통해 이루어진다. 이때 에크리튀르는 "전제군주가 만든"[811] 것이 된다. 책, 경전, 장부, 서고, 선적인 문자의 지배다. 그리고 여기에서 그들은 어떤 의미로 보자면 데리다를 상대화하고 있다. 그들은 르루아 구랑Andre Leroi-Gourhan의 논의에 의거하면서 야생의 조직체가 구승口承을 쓴다면, 이는 문자 체계를 결여하고 있어서가 아니라 "대지 위의 춤, 벽면 위의 소묘, 신체 위의 각인"[812]이 "음성과는 독립된 문자 체계"이기 때문이라고 논한다. 이 문자가 음성과는 독립된 것이기를 그치고 음성에 종속되어 그 밑에 들어가게 되는 일은 이 "전제군주 기계" 아래에서만 일어난다. 목소리의 우위는 안스크립시옹의 형태 중 하나의 판본이고, 그에 불과하다. 음성은 전제군주 기계 아래에서의 안스크립시옹 체제에서만 우위에 서고, 순수하나 범접하기 힘든 초월적인 의미를 갖게 된다. 거기에서만 우리도 잘 아는 책의 질서가 가능해진다. 즉, 데리다가 의미하는 "파롤의 우위"란 실은 "입은 이제 말하지 않고 문자를 삼키고, 눈은 보지 않고 읽고, 신체는 대지로서 새겨지기를 그만두고 전제군주의 판화 앞에 무릎을 꿇는"[813] 이 단계의 에크리튀르가 갖는 특징이다. 여기에서 바로 목소리는 희소한 것이 된다. 여기에서는 목소리가 먼저냐 글자가 먼저냐 하는 매클루언=옹Walter ong적인 막다른 골목은 의미가 없다.

그렇다면 제3의 단계인 자본주의 기계에서 에크리튀르는 어떻게 바뀔까? 답은 간결하다. 그것은 죽는다. "에크리튀르의 죽음은 〈신〉의 죽음이나 아버지의 죽음처럼 훨씬 전에 일어난 일이다."[814] 자본주의는 여전히 인쇄 기술을 매개로 에크리튀르를 사용하고 있기는 하지만 "자본주의에서 에크리튀르는 전형적인 시대착오적 존재로서의 역할을 맡고"[815] 있고, "전자로 된 언어가 음성과 에크리튀르를 경유하는 일 없이, 정보과학도 마찬가지로 이들 없이 기능하고"[816] 있으니까. 그렇다면 무엇이 이를 대체하는가? 매클루언, 옐름슬레우Louis Hjelmslev, 리오타르의 논의를 끌어들이면서 그들이 제기한 것은 "내용과 표현의 탈코드화된 흐름"이 구성하는 〈형상〉이고 "형상 형태"다. 이는 이미지를 구성하는 경우도 있으나 전혀 "상형적"이지 않고, "시니피앙"도 "기호"도 "아니다".[817] 또한 리오타르가 "욕망"이라 부른 "순수 형상 형태", 즉 "자궁 형상"을 "과정으로서의 분열병의 입구로 우리를 이끈다"라며 긍정적으로 평가한다.[818] 그런데 그 후에 바로 이 평가를 철회하고 리오타르를 "욕망을 거세의 법 아래에 두고 있다"[819]고 비난한다. 이는 그들답지 않은 애매모호함과 혼란의 인상을 주는데, 이에 대해서는 생략한다.

　　흥미로운 논점을 아마도 많이 내포하고 있을 이 〈형상〉을 면밀히 검토하는 것은 우리가 풀어야 할 문제가 아니다. 우리의 문제는 이렇다. 자본주의 기계에서, 즉 오늘날에 안스크립시옹은 어떻게 되었는가? 그토록 자주 등장하던 안스크립시옹이라는 말이 이 절에서 갑자기 모습을 감춘다. 마치 후경으로 후퇴라도 한 것처럼. 이는 이유가 있다. 그들은 말한다. "[자본주의의] 공리계는 맨살에 적어 넣기도, 신체나 기관에 각인하기도, 인간에게 기억을 제조해주기도 전혀 필요로 하지 않"고, "기억은 못마땅한 것이 되었다. 특히 신앙은 더는 필요하지 않"고, "더욱이 신분증이나 카드나 관리 수단이 넘쳐나는데도 자본주의는 신체에서 사라진 각인을 보완하기 위해 장부에 기재하는 것조차 필요로 하지 않"으니 "거기에 있는 것은 잔존물이고, 아직 기능 중인 시대착오"[820]에 불과하다. 우리가 〈거울〉과 에크리튀르에 맹목이 되고, 시간이 갈수록 맹위를 떨치는 망각 속에서 명멸하는 정보만 볼 수 있게 되는 것도 납득이 된다. 그들에 따르면 말이다.

　　물론 그들이 이에 대해 찬성만 하고 있지는 않다. 왜냐하면 이로 인해 인간은 "사적인 것"의 영역에 갇히고, 거기에 등기되는 것은 "노동력으로서의, 자본주의로서의 추상적인 양"이니까. 이때부터 안스크립시옹에게 "인간은 직접적인 대상이 아니게 된다."[821] 원시 토지 기계와 전제군주 기계에서는 사회체의 주축이었던 인간의 재생산=번식이 "민영화되어 사회 영역 바깥에 놓이게"[822] 된다. 이리하여 모든 것은 사영화私營化·가정화되고 그들이 비판하는 "오이디푸스"가 진행된다. 그들은 분노에 떠는 D. H. 로런스의 말을 인용하며 다음과 같이 결론짓는다. "대지의 주물이 행하는 지하의 통치나 전제군주의 우상이 행하는 천공의 통치보다 더 음험한, 나르키소스적 오이디푸스 기계가 도래했다. '더는 그림문자조차 없다. 상형문자도 없다. 우리가 원하는 것은 객관적 실재이고, 코닥 카메라의 이데아라는 말이다……'"[823] 나르키소스적 오이디푸스 기계라. 어쨌든 〈거울〉을, 에크리튀르를 사적인 것 또는 미적인 것으로만 여기는 태도를 비판하는 그들의 논지에는 우리도 충분히 수긍할 수 있다. 그렇다. 그것은 여기에 묘사된 자본주의적인 민영화·가정화의 추세에 ─ 푸코의 어휘를 쓰자면 신자유주의적인 세큐리티 장치의 통치성에 ─ 순순히 복종하는 것에 불과하기 때문이다.

그러나 여기에서 끝나지 않는다. 안스크립시옹은 아직 완전히 소멸하지 않았다. 우리는 문자를, 〈거울〉을, 〈근거율〉을 갖고 있으니까. 의례도. 물론 들뢰즈=가타리가 제시하고 있는 3단계는 순수한 이론적 모델로, 현실에서는 한 시대에 공존할 수 있다고 할 수 있겠다. 이는 새로운 진화론이 아니라고 말이다. 하지만 그렇다면 그들이 자본주의의 재영토화에 의한 "편집증적 전제군주의 시대착오"를 하나의 회귀로 논하는 이유를 이해할 수 없게 된다. 이미 인용한 바와 같이 시대착오, 시대에 뒤떨어짐이란 에크리튀르이자 〈거울〉인 대상에게 부여된 표현이기도 하다. 그들에 따르면 우리 의 이 에크리튀르는 "낡은 것이 파괴된 후에 만들어진 새로운 시대 착오"에 불과하다. 이는 사실일까?

그들의 묘사에 따르면 여기에서 자본주의는 동요를 내포 하게 된다. 이는 탈영토화와 재영토화 사이의 동요다. 자본주의는 혁명적인 분열병 과정을 가속화함과 동시에 "새로운 시대착오"를 만들어낸다. 즉, 분열병적 미래주의와 '회귀하는 편집증적 전제군주의 시 대착오' 간의 대립. 그러나 아직 그들에게 배울 점이 많기는 하나 우 리는 그들이 내놓은 혁명의 프로그램인 분열병적 미래주의를 믿을 수는 없다. 이는 이제 불가능하다. 모든 차원(세계, 국가, 이슬람 공동 체, 지방자치단체, 협동조합, 가족……)에서 소격을 결여한 작은 편집 증적 전제군주의 무한한 학대(그것은 더는 단연코 에크리튀르의 "괴롭 힘"이 아니다)가 계속되고, 푸코가 20년 가까이도 전에 철저하게 비 판한 신자유주의적인 세큐리티 장치, 즉 "경쟁 원리"를 추축으로 하는 확률론적 게임이라는 사고에 기반을 둔 사회의 "조정" 개념, 르장드르의 말을 빌리면 생체의학과 인지과학에 기반을 둔 "유전" 에 따른 "육류처리적" 개념, 새로운 정보처리 기술, '유치한 서사 시장을 통해 퍼뜨리는 프로파간다 수법'과 '폭력을 동반한 관리경 영 권력'이 부상함과 동시에, 분열병은 사라지고 말기 때문이다.

우리 시대의 병은 더는 분열병이 아니다. 1960년대부터 희 미하게 그 징후가 보였던 "분열병의 경증화輕症化"는 시시각각 전 면화되고 있다. 스위스 블로일러 연구소의 통계와 여러 보고, 그리고 몇 번이나 인용했는데 나카이 히사오가 말하는 바와 같이 격리 병동에서 몇십 년간 때로 범벅이 된 채 엉뚱한 자세를 유지하며 침묵을 지키는 식의 만성 분열증은 서서히 사라지고 있다. 인상적인 강의에서 나카이가 말한 이시가키 섬에 거주하는 분열병자는 "병동에 가서 세레네스Serenace(항정신병제로 사용된다.—옮긴이)를 한 대 맞고 몇 시간밖에 되지 않았는데 '좋아졌으니까' 하고 그대로 집으로 가고 만다".[824] 이를 대체라도 하는 것처럼 전경에 나타나게 된 경계성 인격 장애Borderline case는 강박신경증과 분열병을 합친 듯한 증상을 보인다. 이들은 분열병자와 달리, 구제나 주술이나 기벽의 향락(자해, 이 자기 창설의 에크리튀르!)을 거절하지 않는다. 그렇다고 해서 "우리가 분열병이라 불러왔던 것"이 사라지는 일은 없을 것이다. 초기 푸코의 말이 사실이라면, 즉 한 사회가 분할을 통해 낳는 광기에서 그 사회의 진리가 드러난다는 것이 사실이라면, 분열증의 경증화는 우리 사회의 진리가 최근 수십 년 동안 서서히 그 자리를 옮겨 갔음을 의미할 것이다. 물론 들뢰즈=가타리의 이로를 참작하면 이는 자본주의의 상대적 극한과 분열병의 절대적 극한이 벌이는 힘겨루기의 일시적인 효과이고, 그 분열병은 현실의 분열병이 아니다 등등의 이야기를 할 수 있다. 그러나 이는 그들 자신이 지탄했던 "그것은 상상적 아버지가 아닌 상징적 아버지이고……"라는 정신분석가들의 말과 다를 바 없는 변명에 불과하다.

　　　우리는 이제 말할 수 있다. 들뢰즈=가타리는 틀렸다고. 그 무엇도 끝나지 않는다. 따라서 안스크립시옹도 사라지지 않는다. 그 형식이 무한히 변할 수 있음을 의미할 뿐이다. 자본주의의 과정이 그대로 진행되어 분열병적 혁명이 일어나는 일은 푸코의 이로,

라캉의 이로, 르장드르의 이로, 그 어느 지점에서 보아도 결코 있을 수 없다. 〈거울〉은, 안스크립시옹은, 투쟁하는 정치적 영성은 시대착오가 아니다. 그것은 회귀한 것이 아니라 쭉 거기에 있어왔다. 종교의 회귀나 부활을 논하는 자들은 과하게 세속화라는 신앙에, 자기를 학대하는 전략무기를 향한 신앙에 경건했던 것인데, 마찬가지로 우리의 안스크립시옹이 소멸한다는 믿음은 오로지 경건함에만 의존해 있다.[825] 안스크립시옹은 바뀔 수 있다. 그것을 새롭게 고안할 수도 있다. 안스크립시옹의 형식이 세 가지밖에 없다니 이얼마나 초라한가? 그렇다. 그들은 명민하게도 이를 깨닫고 『천 개의 고원』을 향해 전회하게 된다.

또 하나 말해두자. 일시적인 것에 불과했더라도 왜 그들은 이러한 "역사의 종말"이라는 무설誣說의 편에 서는 주장을 하고 말았는지, 우리는 꿰뚫어볼 수 있다. 그들은 욕망하는 기계를 대상 a로 불러 동일시하고 말았다.[826] 욕망하는 기계가 잉여 향락의 레귤레이터에 불과한 대상 a에 불과하다면 그것은 천천히 욕망을 흡수하고 치수治水하고 조정하고 순환하고 관리할 뿐이지 그로부터 분열병 혁명이 가능할 리가 없다, 절대로. 그렇다. 안스크립시옹이 끝나는 것은, 자본주의가 그 과정 자체로 "끝나는" 것은 그것이 향락을 흡수하고 조정하는 욕망 기계에 의해 구동하기 때문이다. 이는 원래 끝나게 되어 있다. 처음부터 조정하고 치수하고 관리하는, 즉 살아가는 것을 강제하고 자유 안에 가두어두는 것, 즉 그런 의미에서 "끝내두는 것"이라 정의한 것이 끝난다고 해서 이상할 것이 무엇이 있겠는가? 그 해방의 꿈을 바로 푸코는 의심하라고 하지 않았던가? 그렇기에 들뢰즈=가타리는 다른 곳을 향해 나아가게 된다. 그렇다. 들뢰즈는 깨달은 것이다. 들뢰즈는『천 개의 고원』의 이탈리아어판 서문에서 조용히『안티 오이디푸스』가 심각한 좌절을 포함한 실패작이었음을 인정하고 분열병 혁명의 필연성은 존재하지 않음을 반쯤 인정하는 발언을 한다.[827] 또 말해야 할까? 그 무엇도 끝나지 않는다. 그 무엇도. 대상 a에서 투쟁의 과정이 시작되는 일은 없다. 이는 오로지 여성의 향락에서만 출현한다. 그리고 그것은 끝나지 않는다. 끝낼 수 없다.

그렇다. 우리에게는 말과 이미지가 필요하다. 장치가 필요하다. 주체화의 새로운 〈거울〉을, 안트로포스의 근거율을 가능하게 하는 새로운 고안이 필요하다. 그것을 쓰고 그리고 노래하고 춤추어야 한다. 아직 시대착오적이게도 필요한 것이 아니다. "말의 모든 이미지를 지키기, 그리고 그것을 사용하기. 이는 사막 속에 있고 이를 찾기 위해 거기로 가야 하니까."(장 주네)

*

자, 들뢰즈를 부르자. 들뢰즈는 이제 알고 있다. 들뢰즈의 푸코론을 통해 푸코가 만년에 잊어버린 것처럼 보인 그 자신의 이로를 되찾을 수 있다. 그곳에서 우리의 이로는 결론을 맞게 되리라. 우리는 향해야 한다. 우연성의 역사로. 도박자가 투쟁하는 밤으로. 〈바깥〉으로.

결론을 대신해서

○

○

○

○

가시성과 언표 가능성, "주사위 던지기"

제102절 역사의 도박장, 통치성의 전장: 언표와 가시성

/

통치성은 끝나지 않는다. 그 힘겨루기는. 〈거울〉과 근거율이 끝나지 않는 것처럼. 텍스트를 짜고는 풀었다가 다시 짜는 안트로포스의 영원한 영위가 끝나지 않는 것처럼. 해방은 없다. 해방 같은 것은 전혀 문제가 아니다. 그 반대다. 끝이 없음. 무한한 끝없음. 이것이, 이것이야말로 변혁의, 반란의 절대적인 가능성을 연다.

그렇다. 푸코의 이로 전체에서 울려 퍼지던 기묘한 명동鳴動, 울림소리를 들어야 한다. 푸코는 말했다. 규율 권력과 동시대의 법=주권 담론은 크게 어긋나 있었다고. 감옥은 그 전부터 건축물로서는 이미 존재하고 있었고 갑자기 그것을 규율적인 것으로 취급하게 되었다고. 여러 통치성은 한 시대 안에서도 서어하며 서로 다툰다. 갑자기 규율의 도구는 세큐리티에게 사취당하고, 일망 감시 방식조차도 주권에게 횡령당한다. 이 양상을 푸코는 혼란 속에서 묘사했던 것이다. 그리고 신자유주의에 대항하는 시아파의 갑작스러운 발흥을. 그리고 그 참혹을. 그렇다. 푸코는 이를 지적했어야 했다. 그리스의 신들, 주권적인 신들과 그 "그리스 비극"이라는 근거율을 상연하는 담론 형식과, 자기에의 배려가 스스로 초래하는 서어를. 푸코는 그리스의 자기에의 배려가 본성상 푸코와 전혀 다른, 그노시스에 저항한 고대 그리스도교에게 탈취당한 후, 수도원에서의 금욕과 고해 제도로 이용되었음을 적확하게 지적하지 않았는가. 서어, 비약, 수탈, 횡령, 책략. 통치성의 영원한 힘겨루기. 불현듯 옛것이 튀어나오고, 튀어나온 것처럼 보였던 순간 다른 것에 의해 점거되는 그 부단한 투쟁 과정을 푸코는 묘사해오지 않았는가. 새로운 것이 출현했다고 해서 옛것이 없어지지는 않는다. 전혀 새로운 시대 같은 것은 오지 않는다. 이는 개념의 초-역사적인 적용이 아니다. 개개의 역사적 시점에서, 가까운 곳에서나 먼 곳에서나, 오래된 것이나 새것이나 모든 것이 각자의 특이성을 유지하며 갑자기 결합해 기능하고, 뜻밖의 기묘한 모습으로 나타나고, 주체화 과정을 유도하고, 또 그 주체가 "돌연" 불가해한 장치를 조립해 기이한 모습을 투영하는 그 역사의 도박장을, 우연성의 역사를 있는 모습 그대로 묘사하지 않았던가? 왜 푸코는 이 사실을 잊고 말았는가? — 이렇게 묻는 것은 이제 그만두자. 푸코의 위대함을 논하는 것은 그만두자. 이는 신랄하게 부끄러워하는 푸코의 모습을 이길 수는 없을 테니.

들뢰즈를 여기에 불러오자. 들뢰즈는 자신의 푸코론에서 바로 앞과 같은 힘겨루기를 보려 한다.

우선 들뢰즈는 『감시와 처벌』의 일망 감시 방식에 대한 분석을 인용하고, 그로부터 언표 가능한 것énonçable과 가시적인 것을 구별한다. 인용하자.

> 즉, 형법은 범죄의 〈언표 가능한 것〉에 관여한다. 형법은 위반을 분류하고, 번역하고, 형벌을 계산하는 하나의 언어 체제다. 이는 언표의 〈족族, famille〉이자 역閾이다. 그런데 감옥은 〈가시적인 것〉이다. 이는 단순히 죄와 죄인을 보이게 할 뿐만 아니라 그 자체 특정한 가시성을 구성하고, 돌로 만들어진 형태이기 전에 빛의 체제다. 감옥은 "일망 감시 방식"에 의해, 즉 시각적인 아장스망과 광학적 환경에 의해 정의된다.[828]

'언표란 무엇인가, 가시성이란 무엇인가'라고 묻기 전에 우선 이 언표 혹은 언표 가능성과 가시성은 어떤 관계가 있는지 물어야 한다. 이것이 더 이해하기 쉬우리라. 들뢰즈=푸코는 말한다. "가시적인 것과 언표 가능한 것 사이에는 처음부터 그 본성에 차이dif-férence de nature가 있다."[829] "가시적인 것과 언표 가능한 것 사이에는 금이, 분리가 있다."[830] 둘 사이에 "전체화하는 공통의 형태는 존재하지 않는다. 일치도, 일대일의 대응도".[831] "동형성同形性"도 없다.[832]

언표와 가시성은 분리되어 있다. 둘은 일치하지 않는다. 둘은 "서로 다르다". 이는 블랑쇼의 불온한 "말하는 것은 보는 것이 아니다"[833]라는 단언과 뜻하는 바가 같다. 말하는 것, 그것은 보는 것이 아니다. 이를 글자 그대로의 평온함 속에서 이해하면 안 된다. 이는 보이는 것을 말하는 것, 말하는 것을 보는 것이 자명하지 않다는 뜻이다. 나아가, 예를 들어 "k"라는 글자를 읽을 수 있을 때—목소리로 변환할 수 있을 때—이는 전혀 자명하지 않다는 뜻이다.

　　나아가 푸코의 언표 개념—저 유별나게 난해하기로 알려진 개념—또한 이에 비추어 이해할 수 있다. 프랑스어의 키보드는, 예를 들어 일본어권에서 사는 사람들이 사용하는 것과 달리 QWERT가 배열된 부분에 AZERT가 배열되어 있다. 푸코는 말한다. "타자기의 건반은 언표가 아니다. 하지만 타자기 사용 교본에 기재된 A, Z, E, R, T 등의 동일한 일련의 글자는 프랑스어 타자기가 채용하고 있는 알파벳 순서의 언표다."[834] 이는 "담론의 원자"[835]로, "명제"도 "글"도 아니다.[836] "언어 행위"도 아니다.[837] 그렇다면 언표란 무엇인가? 그것은 가시성과의 관계를, 즉 "읽을 수 있음" "보이는 것에 대해 말할 수 있음"을 박탈당한 언어이고, 그런 사태이고, 그런 흔적이다. 따라서 그것은 보이지만 보이지 않는다. 읽을 수 없고, 가시성의 과학 속에 없으므로 보이지 않으나 AZERT를 볼 수 있는 정도로는 보인다. 주의하자. 푸코는 AZERT가 알파벳 "순서"의 언표라고 말한 것이지, 그것 자체가 무엇인가를 의미하는 것이 언표의 요건은 아니다. 그것은 의미의 영역—라캉의 어휘를 쓰자면 상상계와 상징계 사이—에 없는 그 무엇이다. 이렇게 말하면 오해를 살 여지가 있겠다. 우리는 상상계와 상징계의 구별을 무너뜨렸으니까. 이렇게 말하자. 그것은 상징계에 포획되기 전의, 있는 그대로의 "말"이다. 말이라는 사태다. 이는 가시성과 관계를 맺고 있지 않다. 가시성과 관계를 맺는다는 것은 광학 장치를 통해 어떤 이미지가, 시각 정보가 보이게 되어 그 모습에 대해 말할 수 있다는 것, 그것을 "읽을 수 있다"는 것이다. 그 "읽기" "말하기" 전에 있는 말의 단위, 그것이 언표다. 그것은 가시성 속에 없으므로 보이지 않고, 가시성과 관계가 없으므로 읽을 수 없고, 보이는 것에 대해 무엇인가를 말할 수 있지도 않다.

이 언표가 이해하기 힘든 이유는 우리가 가시성과 언표 간의 특정한 관계 체제 속에 항상 존재하고 그 속에서 주체화하기 때문이다. "언표는 일정한 제반 조건과 관련을 갖게 될 때 비로소 해독 가능해지고, 말할 수 있는 것이 된다."[838] 고로 역으로 말하자면 그 "일정한 제반 조건" 안에 이미 항상 존재하고 있는 우리의 경험 속에는 언표가 존재하지 않는다. 그것은 초월론적인 소행에 의해서만 찾아낼 수 있는 그 무엇이다. "사물과 말에 머무르는 한, 우리는 보고 있는 것을 말하고, 말하고 있을 것을 본다고, 또는 둘은 결합되어 있다고 믿을 수 있다. 이는 즉 우리가 경험적인 실천에 머무르고 있다는 뜻이다."[839] 가시성과의 관계를, 의미를, 전제할 수밖에 없는 산문을 통해 이를 설명하는 데에 무리가 따르는 것은 사실이다. 게다가 가시성 속에 없으니 그것을 "머릿속에 그릴image" 수도 없다. 그러나 논리적으로는 이해할 수 있을 터다. 가시성과의 관계를 전적으로 박탈당한, 즉 "읽기" "이해하기" "보고 확인하기" "의미하기" "지시하기"와의 관계를 전적으로 박탈당한 언어의 생성, 사태, 재잘거림, 찰나의 상처와 같은 그 무엇이다. 그것이 특정한 가시성과의 관계 속에 모였을 때(고로 "읽을 수 있는" "볼 수 있는" 것이 되었을 때) 그 집합의 단위가 "담론"이다. 그것은 우리 세계 안에 있는 언어다.

한편, 가시성이란 무엇인가? 인용하자. 그것은 감옥의 광학이었다.

건축물이 가시성이고, 가시성의 장인 것은 건축물이 돌의 형태를 하고 있어서, 즉 사물의 아장스망이고 성질의 조합이어서가 아니라 무엇보다도 빛의 형태이고, 명과 암, 불투명과 투명, 보이는 것과 보이지 않는 것 등을 배치하기 때문이다.[840]

사물을 찢고 부스러뜨려야 한다. 가시성은 대상의 형태가 아니고 빛이나 사물을 만졌을 때 밝혀지는 형태도 아니다. 빛 자체에 의해 만들어지는 광도의 형태를 말하고, 이 형태는 사물이나 대상을 오로지 번개, 반짝임, 광채로서만 존재하게 한다.[841]

그렇다. 푸코는『지식의 고고학』에서 그리고『감시와 처벌』에서도 그것은 순수한 물질성, 사물이 아니라 광학 장치가 만드는 광도의 작용이 가져오는 효과라고 했다. 이제 와서 확인할 필요도 없겠으나, 푸코도 말한 바와 같이 실재하는 것이 없다는 말이 결코 아니다. 사물은 존재한다. 그러나 특정한 광학 아래에서, 특정한 "시각 체제" 아래에서만 존재한다. 몇 번이든 다시 말하겠다. 순수하게 물질적인 권력 따위는 존재하지 않는다. 건축물과 환경은 빛의 형태로, '특정한 광도의 농도를 조절함으로써 보이는 것과 보이지 않는 것을 설정하는 전술'로 설정된다. 이런 사례를 들어보자. 예를 들어 오늘날 임상의학의 혈액검사에서 요산 수치와 백혈구수가 가시화되고, "거기에 있게" 되는 것은 특정한 검사, "시험"이라는, 푸코가 이미 논한 "감시"의 "가시성" 기술을 통해서다. 그리고 자기에의 배려에 속하는 마르쿠스 아우렐리우스가 자기 몸을 배려해 열과 목마름, 피부의 윤기, 땀의 양 등에 유의하며 양지에서 건강을 생각해 몸에 기름을 바를 때, 이 "유의"에는 분명 오늘날의 혈액검사와는 다른 신체적 "가시성"의 수준이 존재한다.

그렇다. 본성에 있어서는 이 가시성과 언표는 관계가 없다. 관계가 있다면 그것은 이 두 가지 형태의 "조우'에서 생겨난다". 그리고 들뢰즈=푸코는 곧바로 덧붙인다. "단, 조우는 강제되어야 한다."[842] 즉 "각각의 지층 위에 혹은 각각의 역사적 형성물에 결속 현상 혹은 포획 현상이 존재하고, 언표의 제 계열과 가시성의 제 절편이 서로의 안에 삽입된다. 거기에 폭력이 없지는 않다. 강제가 없지는 않다".[843] 이러한 역사상의 우발적인 형성 과정에서 돌연 특정한 가시성과 '특정한 언표 또는 그 집합체로서의 담론'이 조우해 둘 사이에 관계가 생성된다. "둘 사이의 '거기에 있는' 관계, 빛과 언어, 한정 가능한 가시성과 한정하는 언표 간의 관계"가.[844]

이미 역사상 존재했던 거대한 건축물이 '새롭게 출현한 범죄행위에 대한 언표의 조합'과 "조우"해 광학 장치로서 가시성을 담당하는 "감옥"이 된다. 물론 새로운 처벌 정책을 가능하게 하는 언표는 이미 가시성을 내포하고 있고, 가시성에 속하는 오래된 건축물도 이미 언표 가능성을 내포하고 있을 것이다. 왜냐하면 "가시적인 것과 '빛과 관련된 조건' 사이에는 여러 언표가 잠입한다. 또한 언표 가능한 것과 '그 언어적 조건' 사이에는 여러 가시성이 잠입한다".[845] 이 과정, 미세한 조우와 충돌의 과정은 역사 속에서 이미 항상 일어나고 있다. 따라서 우리의 세계 속에서 "순수한 가시성" "순수한 언표"는 찾아낼 수 없다. 그래서 그것은 초월론적인 소행을 통해서만 도출할 수 있다고 말했던 것이다. 순수한 이미지, 그 무엇도 지시하지 않고 의미하지 않는 순수한 말은 이 세계에 존재하지 않는다 — 이렇게 바꾸어 말하면 사실 이는 우리가 장치로서의

〈거울〉에 대해 그리고 상상계와 상징계의 동형성에 대해 길게 이야기했던 내용이다. 하지만 "본성에서" 다른 것인 이상, 이 둘의 차이는 해소할 수 없다. 가시성에서 출현하는 것과 언표 가능성에서 생겨나는 것 사이에는 반드시 서어가 남는다. 따라서 둘의 관계는 계속해서 "조우"이고, "우연"이고, "진리의 게임"이다. 영원한 힘겨루기. 언표가 가시성을 한정하고, 그러나 가시성과 관련한 언표가 "증식"을 계속할 것이다. 서로가 서로에게 상호 침투하고, 가시성은 언표에 의해 변형·강화·분열되고, 또한 언표는 가시성에 의해 쇠약·증식·굴절된다. 이 영원한 과정.

제103절 다이어그램, 장치, 몽타주

/

들뢰즈=푸코는 이 우연성 속에서 출현한 가시성과 언표의 "관계"를 여러 방식으로 호칭한다. 그리고 그때마다 새로운 양상을 보인다. 우선 대표적으로는 이미 『감시와 처벌』의 해당 부분을 인용한 바 있는 "다이어그램"이다. "가시적인 것과 언표 가능한 것 사이에는 균열, 분리가 있다. 그러나 이 형태 간의 분리는 무형의 다이어그램이 쇄도해 두 방향으로 구체화되는 장소, 비-장소가 된다."[846]

다이어그램은 "청각적이든 시각적이든 더는 고문서가 아니다. 이는 지도이고, 지도 작성법이고 사회적 영역 전체와 그 폭이 같다. 이는 추상적인 기계다. 무형의 소재와 기능으로 정의되고, 내용과 표현 사이, 담론적 형성과 비담론적 형성 사이에 어떤 구별도 하지 않는다. 이것이 보는 것, 말하는 것을 가능하게 하지만 그 자체는 거의 무언이고 맹목인 기계다".[847] 그렇다. 다이어그램은 근본적으로 "가시성과 언표"로 하여금 형태를 갖게 한다. 즉, 우리가 본 것을 말하고, 말한 것을 보는, 당연하게 여겨온 이 자체가 그 효과인 "비-장소"를 만들어내는 것이다. "기계"로서, "장치"로서, "몽타주"로서.

이는 일단 언표와 가시성을 결합시켜버린 이상, 기이한 "착종체錯綜体"로서 출현한다. 증식하는 언표에는 가시성의 단편이 꽂히고, 가시성에는 그 관계라는 통로를 통해 여러 언표나 언표의 집합체가 달라붙어 구체적인 배치마저 바뀌어간다. 다이어그램, 기계, 장치, 몽타주가 말과 사물과 이미지로 구성되어 있다거나, 시니피앙과 이미지와 사물의 상호 침투로 구성되어 있다는 이해는 틀리지 않았다. 그러나 우리는 이 이해를 여기에서 더 정치하게 만들어야 한다. 다이어그램, 기계, 장치, 몽타주란 역사의 한 지점에서 일어나는 언표와 가시성의 우연한 조우로 시작해, 거기에서 출현하는 '미세하게 언표가 파고들어간 가시성'과, 그 언표의 파고듦으로 인해 '구멍투성이가 된 가시성'을 통해 실재하게 되는 사물, 그렇게 부상한 사물이 일으키는 사태, 그 불현듯 일어난 사태가 순식간에 생성시키는 언표, 그렇게 태어난 언표가 서서히 스며들어 광도를 바꾸어가는 가시성, 그 광도가 바뀐 가시성이 다시 (……) 하는 식으로 한없이 계속되는 과정을 통해, 이것들이 만들어내고 짜내는 여러 과정을 통해 형성된다.

르장드르의 기이한 "텍스트" 개념 — 역사의 특정 시대에 있어 춤의 형태, 캘리그라피의 양식, 영화, 회화, 거동, 설화, 노래, 영창詠唱, 낭독, 시, 의례, 장례, 법의 여러 형태, 친족 관계의 양태, 사회 자체, 그 변화 자체를 포함한다 — 도 이러한 "기계"로 이해할 수 있으리라. 왜냐하면 바로 르장드르가 "텍스트의 객관주의적 표상" "정보화"를 비판하면서 제시하는 것은 이 같은 역사상의 여러 거동이고, 그 우발적인 제정과 고안이니까. 그렇다. 유대교의 법문에 바른 꿀을 핥는 아이들, 그 특수한 "텍스트 독해법"이 가시성과 언표의 우연한 "조우", 즉 "다이어그램"에 따른 것이 아니라면 무엇이겠는가? 다이어그램이란 한 체제, 가장 작은 미시적 수준에서 가장 큰 거시적 수준까지를 모두 아우르는 하나의 체제 자체이고, 그 창출이다.[848]

　　　따라서 여러 다이어그램이, 장치가 실재한다. 사물이 실재하는 것이 아니라 몽타주가, 기계가 실재한다. 들뢰즈=가타리는 "규율 다이어그램" "주권 다이어그램" "사목 다이어그램"을 예로 든다.[849] 그렇다. 물론 "신자유주의 다이어그램"도 "폴리스 다이어그램"도 "자기에의 배려 다이어그램"도 『로마법대전』의 동로마 제국적 다이어그램"도 "나치스 다이어그램"도 당연히 존재할 수 있고, "사목 다이어그램"의 하위 다이어그램으로 "수도원 다이어그램" "후스파 다이어그램"[850] 등 우발적인 여러 다이어그램이 존재할 수 있을 것이다. 그렇다. 통치성과 반-통치성이란 다이어그램의, 장치의, 몽타주의 다른 이름일 것이다. 그리고 중요한 문제가 있다. 즉, 본성상 다이어그램은 "실로 불안정하고, 유동적이고, 돌연변이를 생기게라도 하듯이 소재와 기능을 쉼 없이 뒤섞는다. 결국 모든 다이어그램은 여러 사회에 걸쳐 있고inter-social, 생성 도중에 있다. 그것은 결코 기존 세계를 제한하는 기능을 하지 않고 새로운 유형의 현실, 새로운 진리의 모델을 만들어낸다". "예기하지 않은 결합, 있을 법하지 않은 연속체를 구성하면서 역사를 만들어내는 것이다".[851] 반복해서 말하겠다. 존재하는 것은 순수한 물질이나 사물이 아니다. 다이어그램이, 장치가, 기계가, 몽타주가 있고, 그것이 생산하는 "현실"과 "진리"가 실재한다. 그리고 물론 이는 주체화를, 어떤 장치 아래에 생산되는 주체라는 장치를 계속해서 제조해갈 것이다. 장치, 기계라고 해서 "물질적인 것"일 필요는 없다. 기술만이 문제가 되는 것도 아니다. 왜냐하면 "기계는 기술적이기 전에 사회적이다. 아니, 오히려 물질에 관한 기술이 존재하기 전에, 인간에 관한 기술이 존재"하니까.[852] 주체화의 몽타주, 주체화의 다이어그램.

다이어그램은 "사회횡단적"이다. 이는 여러 사회 사이를 날아다닌다. 지리적으로도 역사적으로도. 따라서 다이어그램은 진화론에 순종하지 않는다. "전혀 새로운 권력이 출현했다." 푸코가 시작한 것은 아니겠으나 아마도 푸코를 중계점으로 전파된 이런 식의 주장을 경계하는 자세는 항상 필요하다. 당연히 새로운 다이어그램의 몽타주가 형성될 수는 있다. 당연히 그럴 것이다. 〈중세 해석자 혁명〉이 절대적으로 새로운 다이어그램의 창출이었음을 누가 의심할 수 있겠는가. 그렇다고 해서 다른 장치, 다른 몽타주가 "시대착오적인 것"이 되고 "낡아"서 "소멸"된다고 생각하면 안 된다. 다이어그램이 한순간에 소멸되는 일은 없다. 그것은 유배되어 뜻밖의 다른 장소, 엉뚱한 문맥에서 튀어나오게 되어 있다. 그렇게 쉽게 사라질 리 만무하다. 적어도 "전혀 새로운" 권력에 의해 마술처럼 통째로 사라지는 일은 없다.

다이어그램이란 힘의 착종체로, 깔끔하게 통시적 순서에 따라 배치할 수 있는 것이 아니다. 그것은 옆으로 날아간다. 이를 무시하기 때문에, "시대착오적인" "잔재"로 여기기 때문에 그것이 튀어나왔을 때 "회귀"니 "부활"이니 소란을 피우게 된다. 그리고 거기에서 "새로운 가능성"을 찾아내 떠들어댄다. 너무도 우스꽝스러운 우왕좌왕이다. 봐주기 힘든 좌고우면이다. 부활도 회귀도 없다. 다이어그램은 오래되고 새롭고의 여부와 상관없이 우연히 그 결합 관계를 "날조"하고 또한 '다른 결합 관계가 결과적으로 낳은 장치나 몽타주'를 전혀 관계없는 문맥에서 박탈해온다.

예를 들자. "근대 민주주의 다이어그램"은 무엇으로 구성되어 있는가? 온갖 "시대착오"적인, 다른 데서 박탈해온 장치의 몽타주로 구성되어 있다.[853] 우선 "권력분립 원리 장치"는 단순히 합중국 헌법이 전면적으로 채용했다는 역사적 우연에 의해, 즉 "조우"에 의해 "민주주의 다이어그램"의 본질이 되었을 뿐 원래 이는 중세의 "혼합 왕정·혼합 정치체 다이어그램"이 지녔던 장치를 전용한 것이다. 그렇다면 "대표의 원리 장치"는? 이는 아리스토텔레스도 말한 바와 같이 원래 "귀족정치 다이어그램"이고, 그리스에서는 "그리스 민주제 다이어그램"과 아무런 관계가 없었다. 어떤 우연 때문에 "민주주의 다이어그램"이 그것을 수탈했다. 그렇다면 "다수결 원리 장치"는 어떠한가? 이는 로마 교황 선거, 즉 "콘클라베"가 고안한 몽타주로, 다름 아닌 "〈살아 있는 문서〉의 몽타주"를 "민주주의 다이어그램"이 접수했다. 지리멸렬하다. 그렇다고 해서 문제가 될 것은 전혀 없다. "세속화 장치"의 함정을 꿰뚫어본 우리인데, 동요할 이유가 무엇이 있겠는가? 이는 무서운 일이고 불온하고 폭력적인 일이지만, 유쾌한 일이기도 하다. 그렇다. 앞의 내용은 논증하고 있다. 새롭든 오래되었든 어디에서든 무엇이 되었든 우리는 되는대로 주워 와서 다이어그램을, 장치를, 몽타주를, 기계를 만들 수 있음을. 이 다이어그램의 "우연성"은 "창조성" "고안"이라는 이름으로 불리기도 한다. 그리고 이 우연성 중에서도 으뜸인 다이어그램이 바로 "제3자"다.[854] 칸트에게 상상력의 도식은 바로 '가시성과 언표의 제3의 심급'이라고 말한 다음, 들뢰즈=푸코는 이렇게 말을 잇는다.

> 푸코의 경우, 제3의 심급troisième instance이 '한정 가능한 것과 한정, 가시적인 것과 언표 가능한 것, 빛의 수용성과 언어의 자발성'으로 하여금 — 두 형태의 피안 또는 그 안쪽에 작용을 가해 — 정합을 이루게 해야 한다.[855]

그렇다. 르장드르에게 제3자란 "몽타주"를 건 "역사적 도박장"에서 "돌연" 고안되는 것이었다. 가시성과 언표의 우연한 어떤 접점에 기대어, 르장드르가 부여한 한없이 넓은 의미에서의 "텍스트"를 조작하며 도박을 펼치는 암중모색의 끝에 "돌연" 그 관계가 제3자=다이어그램으로 "결정"된다. 다이어그램은 제3자라고 불리기도 한다. 단, 우연과 도박과 창조성과 역사의 소요 한복판에서 조용히 계속 끓어오르는 제3자다. 제3자를 자명시하거나 비판하거나 귀를 틀어막고 이를 마치 없는 것처럼 여길 것이 아니라 새로운 제3자를 만들어내면 된다. 푸코가 르장드르를 비판했다고? 르장드르가 들뢰즈를 비판했다고? 들뢰즈는 푸코로부터 멀어져갔다고? 이 셋이 라캉을 비판했다고? — 누가 누구에게 어쩌고저쩌고 하는 이야기는 성가실 따름이다. 그런 이야기는 전혀 상관할 바가 아니다. 우리가 그 비판을 면밀히 살펴본 것은 사실이다. 하지만 이는 그들을 모두 불러 모아 한 식탁을 준비하기 위해서였다. 이것이 우리의 몽타주다. 계속 가자.

제104절 영원한 야전

/

그렇다. 우리는 다이어그램을, 기계를, 장치를, 몽타주를 만들어낼 수 있다. 여기까지 왔는데도 '만들어낸다느니 고안한다느니 하는 말은 주체를 전제로 하고 있지 않은가? 작가라는 개념은 이미 낡은 것 아닌가?' 따위의 겁먹은 목소리가 들려올 것 같다. 이제 두려워하지 않아도 된다. 그 무엇도. 우리는 만들어낸다. 만들어내기 위해 생각을 한다. 도박을 한다.

그렇다. 보는 것, 말하는 것이 전혀 다른 형식이라면 창조를 위한 사유란 "이제 형식조차 없는 어떤 바깥을 지향한다". "사유란 보는 것과 말하는 것의 간격에서, 분리에서 성립한다. 이는 푸코와 블랑쇼의 두 번째 만남이고, ⟨바깥⟩, 즉 '추상적인 폭풍'이 보는 것과 말하는 것의 간격에 쇄도하는 한, 사유란 ⟨바깥⟩에 속한다."[856] 드디어 우리의 이로에 블랑쇼가 되돌아왔다. ⟨바깥⟩과 ⟨밤⟩의 인물이. 우리는 ⟨바깥⟩에 있다. 그 ⟨바깥⟩ 한가운데에서 우연의 일격을 가하고, 만들어내고, 고안하고, 사유하고, 수탈하고, 직조하고, 낳고, 도박하고, 애태운다. ⟨텍스트⟩와의 "열광적인 춤"을. ⟨밤⟩ 한복판에서. ⟨밤⟩이 가고 다시 오려 하는, 저 믿음과 불신 사이에 있는 영원한 박명薄明에서.

사유하기란 특정한 능력의 선천적인 행사가 아니라 사유에 도래해야 함을 의미한다. 사유하기란 가시적인 것과 언표 가능한 것을 결합하는 내면성에 의존하는 것이 아니라, 간격을 낳는 바깥의 침입과 함께 실현된다. 바로 주사위 던지기로서의, 특이성의 방사放射로서의 〈바깥의 사유〉. 두 다이어그램 사이에 그리고 두 다이어그램 상태 사이에 돌연변이가 생겨 역학 관계가 재조정된다. (……) 바깥의 공식, 이는 푸코가 인용한 니체의 공식이다. "우연의 그릇을 뒤흔드는 필연성의 강철 손."[857]

"동란" "소요" "돌연변이" 속에서 "사유는 보는 것과 말하는 것 사이의 간격, 분리 속에서 이루어진다".[858] 따라서 그것은 다이어그램의 새로운 창출이고, 이는 주사위 던지기, 비장의 카드를 꺼내는 도박자의 "승부"다. 경쟁도, 이익도 아닌 순전한 분만의, 개념의 싸움이다. 〈바깥〉의 바람에 노출된, 도박꾼들의 영원한 싸움. 그 정밀한 소요. 그렇다. 블랑쇼는 이 바깥바람이 불어오는 고안의 때를 "밤"이라 불렀던 것이다. 이렇게 말했었다. "밤 속에서, 짐승이 다른 짐승의 소리를 듣는 것과 같은 순간이 항시 있는 법이다. 그것이 또 하나의 밤이다." 글 쓰는-자의 싸움. 그 밤의, 〈바깥〉의 폭풍. 영원한 야전. 확인하자. 〈바깥〉은 내부의 외부이므로 바깥이 아니다. 그런 실체화된 외부 따위는 전혀 문제가 아니다. 내부에서 내부를 만들어내는 자의 삶이야말로 〈바깥〉인 것이다. 주체는 창조 행위라는 도박을 할 때 〈바깥〉에서 가해지는 습격의 벽이 되고, 찢겨진 곳이 된다. "찢겨짐은 이제 천이 겪는 우발적 사고가 아니라 바깥쪽 천이 뒤틀리고, 감입嵌入하고, 이중화할 때의 새로운 규칙이 된다. '마음대로[隨意]'의 규칙 또는 우연한 방출, 주사위 던지기다."⁸⁵⁹ "안이란 바깥의 작용이고, 그것은 하나의 주체화다."⁸⁶⁰ 그리고 우리는 작가가 된다. 우리는 무한한 고안의, 안트로포스적 허공의, 역사의 절대적인 끝없음 속에서 "〈바깥〉의 감입"으로서 계속 살아가는 것이다. 우리는 작가다. "'더는 작가는 없다'라는 말을 하는 사람들은 (……) 오만하기 그지없습니다."⁸⁶¹

이 〈바깥〉. 이 영원한 야전. 끝없는 고안의 춤. 라캉은 이를 여성의 향락이라 부르리라. 저 강고한 이론화를 향한 의지, 저 향락의 유형학이 없었다면 다른 사람들이 그 비판부터 시작하는 것조차 할 수 없었을 테니까. 라캉은 정신분석이라는 다이어그램 바깥으로 나가지 않았다.⁸⁶² 저 "여자가-되는-것"의 한순간을 제외하면. 이는 환자를 보살펴야 하는 라캉의 의무였다. 라캉에게 그 외에 다른 방도가 있었을까? 긴 도정을 거쳐온 지금이라면 이렇게 말할 수 있으리라. 자크 라캉은 위대했다, 라고.

르장드르는 정말 기묘한 남자다. 이중의 입장을 취한다. 유유히 굳건한 거동으로 서양을 철저하게 상대화해 보일 때, 르장드르는 '모든 다이어그램의 창출을, 몽타주의 창출을 존중해야 한다. 우리의 몽타주만이 몽타주가 아니다'라고 계속 말했다. 그렇다. 르장드르는 다이어그램을 알고 있다. 자신의 법 권리가 야만스러운 장치에 불과하다는 것을 완벽히 파악하고 있다. 그러나 서양의 해석자 중 한 사람에 불과하다고 자신을 한정하기도 한다. 때문에 반동으로 보이기도 한다. 법을, 근거율을, 〈거울〉을 지켜야 한다. 그러나 그것이 서양인의 한 사람으로서 〈중세 해석자 혁명〉의 귀결을 받아들이기 위한 것이라면. 이로 인한 금욕 때문이라면. 그러하기에 르장드르는 용서하지 않는다. 다른 문화의 다이어그램을 변질시켜가는 "매니지먼트 원리주의 다이어그램"을 철저히 통타痛打하려 한다. 그리고 르장드르가 보여준 '소격의 자유'와 '근거율의 필요성'과 '세속화의 상대화'는 우리의 창조 행위를 이끌어주는 최고의 표식이 될 것이다.

푸코는 바로 저 압도적인 도주극 속에서 이 위대한 다이어그램의 고안을, 그것을 역사 속에서 찾아내려 했던 바로 그때 거동을 잃고, 때때로 실패를 거듭했다. 이 얼마나 아름다운 차질. 이 얼마나 성실한 혹란. 이 얼마나 열에 떠는 목소리. 그 비판의 힘, 그 명석하기 그지없는 분석의 힘으로 르장드르가 뜻밖에도 정치적 영성을 논할 때 자클린 라캉과 손을 마주 잡고, 매니지먼트 원리주의의 분석에 힘겨워하던 우리에게 말없이 여러 개념을 건네주었다. 그 무기, 그 비장의 카드들의 빼어남.

그렇다. 오늘은 다른 어떤 날과도 다를 바 없는 하루이고, 그 어떤 날들도 오늘과 다를 바 없는 하루, 다른 날들과 하나도 닮은 데가 없는 이 하루인 것이다. 따라서 우리에게는 끝이 없다. 우리가 태어나 죽는 찰나의 영겁, 짧은 영원 속에서 몇 번이나 밤은 도래할 것이다. 〈바깥〉의 시간이. 〈바깥〉바람을 쐬고, 그 삐걱거림을 받아들이고, 끊임없이 울리는 작은 소리를 들으면서 우리는 한없는 그 〈바깥〉의 주름, 〈바깥〉의 효과가 된다. 거기에서 우리는 무한히 고안을 계속할 것이다. 안트로포스의 고안하는 힘에 한계는 없다. 가자. 우리는 가자. 우리는 글 쓰고 노래하고 춤추고 사유하자. 〈거울〉을 만들어내기 위해. 제3자를 만들어내기 위해. 근거율을 만들어내기 위해. 공격하기 위해. 손에 쥐기 위해. 지키기 위해.

굶주림에 저항하고 추위에 저항하고 죽음에 저항해 살아남기 위해. 모든 죽음과 위험의 선동을 웃어넘기기 위해. 전진하기 위해. 옆으로 한 발 나가기 위해. 소격을 유지하기 위해. 자유를 직조하기 위해. 투쟁하기 위해. 도박하기 위해. 이기기 위해. 지기 위해, 승리하고 패배하는 기쁨을 위해.

　　이윽고 이로는 다했다. 붓을 놓을 때다. 그러나 끝은 없다. 여기에서부터 시작된다.

보론

이   집요한

개   들

(2009년 6월)

죽기까지 한 달도 남지 않은 1984년 5월 29일. 자택에서 요양 중이던 푸코는 뜻밖에도 이런 말을 한다.

　　—생존의 양식이라, 멋진데요. 당신은 당시 그리스인들이 훌륭했다고 생각하는 것이지요?

　　푸코　아닙니다.

　　—대단하지도, 훌륭하지도 않다는 말인가요?

　　푸코　그렇습니다.

　　—그렇다면, 어떻게 생각하나요?

　　푸코　대수롭지 않다고 생각합니다. 내가 보기에 고대 도덕의 모순점으로 여겨지는 것에 그들은 바로 빠지고 맙니다. 즉, 한 편으로는 생존의 특정한 양식을 집요하게 추구하고, 다른 한 편으로는 이를 만인 공통의 것으로 하려고 노력했습니다. 그 양식이라는 것에 그들은 다소 막연하게나마 세네카와 에픽테토스와 함께 다가가기는 했는데, 하지만 그들은 종교적인 양식 내부에서만 그것에 전념할 가능성을 찾아낼 수 있었습니다. 나는 고대 전체가 〈심각한 오류〉처럼 느껴집니다.[1]

프레데리크 그로도 말한 바와 같이 여기에는 "불가사의한 실망"[2]이라 불려야 할 무엇인가가 있다. 만년의 푸코가 스스로 이끌고, 자신의 이로를 이끌어갔던 저 "생존의 미학"에 대한, 한 번에 그친 힘 빠짐과 주저라는 인상도 희미하게 남아 있으나, 그러나 여전히 단호한 거절이. 도덕성, 윤리, 자기에의 배려, 생존의 미학. 푸코는 오랫동안 무언가에 홀리기라도 한 듯 이런 것들을 논해왔다. "자기에의 배려epimeleia heautou, cura sui" 그리고 "생존의 기법l'art de l'existence".[3] "자기 자신을 배려하고, 자기에게 전념해야 한다. 스스로를 아름답고 윤리적인 존재로 만들기 위해, 자신의 삶을 예술로 만들기 위해. 이는 여러 형태로 바꾸어 말할 수 있다. 자기 자신이 성장한다. 자기 자신을 개선한다. 자기에게 되돌아간다. 자신을 형성한다. 자기의 권리를 주장한다. 자신에게 전념한다. 자기에게 몸을 바친다. 자기 속에 갇힌다. 자기 자리에 머무른다."[4] "윤리"에 기반을 두어 자신을 하나의 미로, 하나의 예술 작품으로 단련하는 것. 이는 단순한 정보나 앎의 축적에 머무르지 않는, 다른 주체화의 가능성을 열어젖힐 터였다. 세네카를 한마디로 요약해서 푸코는 이렇게 말했었다. "삶을 일종의 영원한 단련으로 바꾸라."[5] 영원한 단련을 통해 삶은 하나의 예술로 정련될 터였다. "삶이 미적 예술 작품의 재료라는 관념에 나는 매료됩니다. 마찬가지로 도덕이란 그 자체로서는 법률과 같은 어떤 권위 체계와도 무관하고, 규율 제도와도 관계없는 생존의 강력한 구조일 수 있다는 생각에도"⁶라고 말했던 푸코는, 그것에 매료되었음을 숨기지 않았다.

물론 다른 누구도 아닌 푸코가 고대 그리스인에게 현대를 사는 우리의 문제에 대한 대답을 직접 구하는 오류를 범한 것은 아니다. 그것은 쓸데없는 짓이라고 분명히 말하기까지 했다. 그러나 같은 쪽에서 '종교에서 도덕의 근거를 찾아낼 수 없는 우리의 입장은 그리스인과 닮은 것 아닌가'라는 말을 한 것도 사실이다. "저항운동은 과학 외에 도덕을 찾아내지 못하고 있다"⁷라고. 생존의 양식, 생존의 미학, 그것은 일반적인 법에 회수되는 일이 없는 특이한 도덕과 윤리의 장일 터였다. 푸코가 '가열하게'라고 형용해도 전혀 과장이 안 될 정도로 격렬히 비판해온 법=주권 권력과는, 그리고 여전히 그 법 밑에 있는 '의례로서의 사목 권력'과는 다른 그 무엇을 그것은 제시해줄 터였다.

그러나 죽기 직전에 푸코는 이를 "심각한 오류"라 불렀다. 그리고 이렇게도 말했다. "자기가 자신과 맺는 관계가—바로 지배 상태로 이해되었던—정치권력에 대항하는 유일하게 가능한 저항점이라고 생각하지는 않습니다."⁸ 확인해둘 필요가 있는데, 이는 푸코가 "성"에 관한 그리스적인 도덕에 보인 거부와는 다르다. 물론 성에 대한 거부라 해도 널리 알려져 있으므로 상세한 설명은 생략하나, 지금도 여전히 경탄스러운 『앎의 의지』에서 보인 성의 억압과 성의 해방에 대한 동시적 비판과도 또 다르다. 그렇다. 1983년에 있었던 인터뷰의 도입부에서 갑자기 푸코는 "성 따위는 지겨워!"⁹라고 단언하고, "쾌락에 관한 그리스적 도덕은 남성적 사회, 비대칭이란 관념, 타자의 배제, 삽입에 대한 강박관념, 그리고 자기 에너지를 빼앗기는 것이 아니냐는 우려 등과 관계가 있습니다. (……) 이런 것들은 전부 다, 솔직히 말해 메스껍습니다"[10]라고 내뱉고 있다. 하지만 거듭 말하건대 여기에서 말하고 있는 것은 이와 다르다.

결국 여성 차별적인 "성의 경제학", 더 심하게 말하자면 "정액의 경제학"에 불과했던 '그리스적인 쾌락의 활용'의 논지에 대해 이미 분명한 거부를 표명했던 푸코가 새삼스레 "삶의 미학" 전체를, "자기에의 배려" "생존의 기법" 전체를 여기에서 명확히 부정하고 죽음으로 향하려고 한다. 이렇게밖에 이해할 길이 없다. 지금에 와서는 그 이유도 알 수 있다. 1982년의 강의『주체의 해석학』시점에서 푸코는 다음과 같이 지적했었다. "그리스, 헬레니즘, 로마 문화에서 자기에의 배려는" "자기 이외의 모든 것에 대해 배타적인 제도나 집단 내에서의 실천으로서 형성되어왔다." 한마디로 "자기에의 배려는 실제로 일반화된 원칙이었지만, 이는 항상 한 교단의 현상과 연관이"[11] 있었다. 또한 그런 교단에서 행해지던 자기 실천은 "'유행'이라 부를 수 있는 운동의 일부를 형성하고" 있었고, 또한 그것은 "우애의 네트워크"에 기반을 둔 것으로 알려져 있으나 세네카가 말한 바에 따르면 그 실체는 "궁정에서는 누구에게 말을 걸어야 할까? 이 직종에 지원해야 할까, 아니면 다른 직종이 좋을까? 세네카는 이런 것들을 다 돌보아주는"[12] 종류의 것이었다. 교단이라 불리는 이상, 그것은 "분명히 종교적인 집단"이었고, "자기에의 배려는 오로지 집단 내부에서만, 즉 일정한 구별을 내포한 집단 안에서만 실천이 가능"[13]했다.

이는 무엇을 의미하는가? 자기에의 배려, 생존의 미학은 대체로 "지도자(구루)"의 지도 아래에 있는 배타적인 "교단"이라 불리는 집단을 통해 지도가 이루어졌다는 것이다. 그것이 "보편적인 법과 동화하는 것을 허용하지 않는"[14] 폐쇄성을 지니고 있었다면, 전제적인 컬트 집단에서 "스승"에 대한 복종 속에서 이루어지는 "수행"과 어떻게 구별할 수 있는지 알 수가 없다. 또한 그것은 상류계급의 출세를 위한 친분 있는 자들의 "인맥 쌓기"를 도모하는, 게다가 속물적인 "유행"에 불과한 그 무엇이었다. 그렇다면, 그것이 그 "인맥" 내부에서만 배타적으로 규합하는 "명사들"의 "다이어트" "요가"와 무엇이 다르다는 말인가? 아마 지금도 종교적이라고 혹은 비종교적이라고 자칭하며 거듭되고 있는 여러—그렇다, 누구도 그들 모두를 부정할 수는 없겠으나, 그런데도 그들의 상당수가 우매하다고 할 수밖에 없는—영위와 이것이 무엇이 다르다는 말인가? 또는 "관리경영" "매니지먼트"의, 저 "자기계발"로도 불리는 작금의 활동과 이것 사이에 과연 명료한 단절선을 그을 수 있을까? 더욱이 같은 강의에서 푸코는 자신이 그때까지 그려온 이로의 비판적 사정을 통째로 마비시키는 위험을 범하면서까지 저토록 신랄하게 그리고 몇 번에 걸쳐 계속 비판해온 프로이트와 라캉학파, 마르크스주의의 "교단" 속에서 "자기에의 배려"를 도출해내기도 한다.[15] 그렇다. 우리에게 생존의 미학이 없는 것이 아니다. 자기에의 배려가 없는 것이 아니다. 우리는 오히려 너무 많이 갖고 있지는 않은가? 자기에의 탐닉, 복종하기 위한, 돈을 위한, 이 사회의 현재 상황을 유지하기 위한, 기존의 틀 속에서 출세하기 위한, 변화를 재빨리 알아채 "적응"하기 위한, 반걸음 앞서가며 기회에 민감하기 위한, 미리 저항을 짓누르기 위한. 반복하겠다. 이들 시도가 지니는 그 나름의 진지함을 모두 부정할 수는 없는 노릇이다. 그러나 우리는 때에 따라서는 이를 추하다고 말해야 하지 않겠는가? 이를 거절하는 편이 훨씬 힘들고 노력과 용기를 필요로 하지 않겠는가? 푸코가 최후에 남긴 실망도 이렇게 생각하면 당연한 것 아니겠는가? 이 논점에 관해서는 그 어떤 수수께끼도 남아 있지 않다.

사람들은 오랫동안 이 생존의 미학, 이 자기에의 배려를 혁명이나 저항의 희미하지만 확고한 거점으로 여겨왔다. 그러나 이 의견은 더는 유지할 수 없으리라. 생존의 미학은 그 자체로는 어떠한 혁명이나 변혁도 보증하지 않는다. 많은 경우 저항은커녕 단순히 타락한 현실의 긍정과 이어질 뿐이다. 안타깝지만 생존의 미학을 자신의 결론으로 내놓았던 그 많은 사람은 자신의 오류를 인정해야 하다─이런 귀결에 이르는 것이 아닌지 나는 우려스럽다. 다른 사람도 아닌 푸코 자신이 이런 말을 하고 있으니까.

그것은 되었다. 문제는 그다음이다. 여기에서 우리는 의심을 하나 더 던지지 않을 수 없다. 2008년과 2009년에 간행된 콜레주 드 프랑스에서 푸코가 마지막 2년간 행한 강의의 강의록『자기와 타자들의 통치』와 그 제2권『진리에의 용기』가 지금 우리 앞에 있다. 이 두 권이 우리의 책상 위에 놓여 있다. 그러나 그 책장을 넘기는 손이 떨려오는 것을 억누르지 못하지 않을까? 저 푸코의 마지막 강의를 읽는 것, 푸코의 마지막 말을 들으려 하는 것, 그리고 마땅히 그에 동반되어야 할 고양과 열기─그러나 그것은 돌연 이미 어디인지 모르게 차갑게 식고 시들어버리는 것이 아닐까? 왜냐하면 도입부의 고대 그리스에서 시작된 "생존의 양식"에 대한 거절은 이 강의가 끝난 후의 것이니까. 이 강의의 마지막 날짜는 1984년 3월 28일이고, 도입부에서 인용한 인터뷰 문구의 날짜는

1984년 5월 29일이다. 그리고 푸코는 1984년 6월 25일 오후에 이세상을 뜬다. 그렇다면, 이런 말이 된다. 이 거절은 이 강의록 두 권에 있는 내용에까지 미치는 것 아닌가? 자기에의 배려, 생존의 미학에 우리가 건 기대의 많은 부분이 우매한 몽상이었다고 말해야 하는 만큼, 이 두 권이 상세히 논하고 있다는 고대 그리스에서 시작된 "파르헤지아parrhesia"나 "견유학파"에 묘한 기대를 갖는 것도 번지수가 잘못된 것이 아닐까? 이에 대해서도 푸코는 미리 찬물을 끼얹은 것이 아닐까? 생존의 미학이, 단순히 상류계급의 "인맥" 유지를 위한 유행이나 컬트 집단의 수행에 속하는, 전전긍긍하게 행하는 개미의 노력과 다름없었던 것처럼 예를 들어 "목숨을 걸고 진실을 말하는 것"으로 알려져 있는 저 파르헤지아도 우파의 의협심이나 "우국의 진언"과 같은 것과 거의 분간이 되지 않는 것이 아닐까? 자신을 예술 작품으로 갈고 닦는다는 나르시스틱한 행동에 질리면, 이번에는 통 속에 들어가 디오게네스 흉내를 내면서 나는 개라고 말하기 시작할 것인가? 아직까지 "시대착오적인 프랑스 현대사상"에 빠져 있는 사람들은 참 힘들기도 하겠다, 라는 식의 야유를 받아야 하는 상황이 오지 않을까? 그런 의심에 휩싸여 몸을 움직일 수조차 없게 하는 저 어두운 의혹과 고뇌를 향해, 우리는 다시 푸코와 함께 갈 수밖에 없지 않을까? 그렇더라도 푸코와 함께라면, 하고 중얼거릴 수 있다면 그나마 낫다. 하지만 예를 들어 여기에서 그것은 푸코에게 단지 "연구 대상", 실증적인 역사 연구의 냉정한 "연구 주제"에 불과했고, 그런 고양과 열기 따위를 우리는 애초에 푸코와 그의 논지 또는 그 "연구 대상"에게 느낀 적은 없다, 하고 강변하며 시치미를 뗀다면, 그렇다면 왜 우리가 이토록 오랫동안 푸코를 계속 읽어왔는지 그 연유를 알 수 없게 된다.

따분할 뿐이다. 실제로 이 강의록 두 권의 대부분은 기묘한 따분함과 범용함의 인상을 남긴다. 이렇게 말해도 개인적인 감상에 불과하다는 질타를 받는 일은 없으리라. 물론 정밀하다고 할 수 있는 텍스트 독해가 지탱하는, '명석하고 빈틈없는 강인한 도식화의 힘'을 추진력으로 삼고 있는 이들 강의 기록이 읽을 만한 데가 없다거나, 하등 도움이 되지 않는 취미 생활에 불과하다고 말할 수는 없는 노릇이다. 말할 수 있을 리가 없다. 예를 들어 에우리피데스에서 투키디데스를 걸쳐 플라톤까지, 여러 텍스트를 의거하며 하나하나 파르헤지아의 개념 변천을 밝혀내는 도정에서 당연히 민주제 파르헤지아에서 군주제 파르헤지아로의 이행, 그 이행 과정에서 일어난 파르헤지아의 위기 등, 흥미로운 논점이 많이 포함되어 있다. 그러나 같은 도정 속에 그리고 그 과정에서 쉼 없이 계속되는 플라톤 서간에 출현하는 파르헤지아의 개념 분석에서 푸코 스스로가 불쑥 이 플라톤이 말하는 내용 자체는 "범용"[16]하고 따분하다고 강의 중에 내뱉고 말 때, 우리는 묘한 뒷맛을 느끼게 된다. 극히 적게나마 때때로 가식이 느껴지고 수지가 맞지 않다는 인상이 없지만도 않은 기나긴 분석을, 푸코가 도대체 무엇을 위해 전개하고 있는지 불쑥 알 수 없게 되는 순간이 도래하는 것이다.

확인해두자. 개개인의 인도를 사명으로 여기는 사목 권력 내부에 있는 "자기와 관련된 전부를 타자에게 말하기", 즉 고해 제도의 틀 속에서 자신의 죄를 고백하고 이를 통해 구제를, 아마도 "비루하다"고 표현해도 될 법한 구제와 환희를 얻는 저 그리스도교의 절차 분석에서 유래한 것이니, 파르헤지아는 이와는 별도의 "타자에 관해서, 타자에게 숨김없이 모든 것을 말하기"라는 다른 정치적 영역과 자기 도야 간의 연관이 가능했음을 시사하려는 시도였음은 알겠다. 파르헤지아의 본뜻은 "전부를 말하기tout-dire"이지만, 그보다도 "솔직하게 말하기franc-parler"를 의미했다고 한다.[17] 그리스도교 유럽에서 이는 바로 청죄聽罪 사제나 정신분석가 앞에서 이루어지는 행위이고,[18] 자신의 죄, 자신의 억압된 욕망을 "전부" "감추지 않고" "솔직하게" 말함으로써 역으로 자기 안에 있는, 벌 받아야 할 죄와 욕망을 떠오르게 하는 행위였으리라. 푸코는 이와는 다른 "모든 것을 솔직하게" 말하는 방식을 그리스에서 찾아내려 했던 것이다. 그리고 그것은 분명 다른 것이기는 했으리라. 물론 "주인=스승"과의 복종 관계에서 설정되는 주체라는 구도 자체를 법=주권 권력의 이해와 포개서 격하게 비난한 적이 있기는 하지만,[19] 이미 논한 바와 같이 『주체의 해석학』을 전후해서 푸코의 "생존의 미학"이라는 이로 속에 "스승"의 모습이 등장한 이래, 배려와 통치의 방향이 자신에 의한 자기 통치, 즉 "자신에 의한 자기에의 배려"에서 사제 관계 등 여러 사회적 관계를 매개로 한 "자신에 의한 타자들의 자기 통치" "타자에 의한 자기에의 배려"로 논지의 중심이 옮겨 갔고, 거기에는 무엇인가 일관성이 있다는 것도 알겠다. 그리고 푸코 스스로가 당초부터 자기에의 배려는 "사회관계"에 열려 있는 것이라고 말한 이상, "자기만에 의한 자기에의 배려"는 애초부터 있을 수 없다는 것 또한 알겠다.[20]

원래 민주제와 분리할 수 없는 것으로 여겨졌던 파르헤지아라는 개념은 우여곡절을 거쳐 최종적으로 플라톤에 이르러서는 "군주의 혼"에 조언하는 "철학자"라는 형상으로 결실을 맺게 된다.[21] 파르헤지아는 오히려 군주제에 속했을 때 효율적으로 작동하는데, 그 이유는 민주제에서는 많은 사람을 설득해야 하지만 군주제라면 한 사람만 설득하면 된다는 것이다.[22] 군주의 격노를 두려워하지 않고 목숨을 걸고 진실을 조언하는 철학자의 모습, 이는 당연히 "철학자로서의 군주" "철학자 밑에서 도야한 혼을 가진 군주"를 험난하기 그지없는 이상으로 품고 있는 서양에서는 전통적이라고도 할 수 있는 저 철학적인 입장에 도달하게 된다. 물론 그 "철학왕"의 모습을 단순히 부정해보았자 소용없다. 하지만 말이다. 저 "도야"는 동서고금의 역사적 사실에 비추어보아도, 현재 다소 세속적인 방면에서도 쓰이는 저 "제왕학"이라는 것과 무엇이 다르다는 말인가? '지식인의 조언을 듣고 통치하는 군주라는 이미지는 희화화된 형태이기는 하나 공적 기관이 주도한 전문가 회의의 "대사회적 제안" 등의 모습으로 바로 지금 망연할 정도로 넘쳐나는 순응주의적 현상으로 실현되지 않았는가'라는 다소 심술궂고 버릇없는 의문은 일단 참는다 해도, 우리의 이 의심—객관적이고 중립적인 역사 연구(!)로서의 가치는 어쨌든지 간에 한마디로 최종적으로 푸코 자신이 부정하고 거부한 그리고 푸코 자신이 그러지 않았더라도 결국은 부정해야 할 내용을 오랜 시간 동안 다루고 있다는 의심—과 불안이 말끔히 사라지는 일은 없는 것이다.

　　그러나 우리의 의심은 뜻밖의 형태로 가시게 될 것이다. 가시지 않더라도 적어도 우리는 여기에서 이 의심을 우매한 고민으로 여기게 하는 놀라운 광경을 목격하게 된다. 그 "견유학파"에 대한 이해를 통해서. 하지만 이것이 푸코에게 얼마나 기이한 광경이었는지, 그뿐만 아니라 푸코가 걸어온 긴 도정 자체에서 얼마나 특이한 의미를 갖는지 우리는 살펴보아야 한다. 개 같은 디오게네스의 모습, 거기에는 우리가 알고 있던 푸코이기를 그만둔 푸코의 모습이, 푸코가 거쳐온 여러 이로 속에 허다하게 나타났던 모습이 겹쳐져 뚜렷이 가시성의 섬광 아래 떠올라 있으니까. 무슨 말인가?

디오게네스. 플라톤은 디오게네스를 "미친 소크라테스"라고 불렀다. "시니컬"의 어원이고 키니코스파라고 불리기도 하는 견유학파를 디오게네스가 창시한 것은 물론 아니지만, 디오게네스의 모습과 비슷한 자들의 무리를 상징하고 있는 것은 분명하다. 디오게네스는 가난하고, 걸인이었고, 한 손에는 지팡이를 쥐고, 목에는 헐렁한 꾸러미를 걸고 맨발로 방황했다. 집도 없고 조국도 없고 국가를 부정하고 세계시민을 자칭하면서 큰 통 속에서 살았다. 디오게네스는 동시대 사람들을 조롱했고 오만방자했다. 지위, 명예, 습관, 결혼 제도, 인육식 금지를 포함한 음식의 금기조차 냉소했다. 잡혀서 노예로 팔려 갔을 때 '할 수 있는 것이 무엇이냐'는 물음에 사람을 지배하는 것이라고 답했고, 알렉산더대왕이 이름을 고하고 누구냐고 물어도 기죽지 않고 나는 개와 다름없는 디오게네스라고 답한 후, 원하는 것이 무엇이냐고 묻자 햇볕을 가리지 말고 거기에서 비켜서라고 했다. 심신의 엄격한 단련을 그 무엇보다 존중했으나 한편으로 어떤 행동도 숨김없이 광장에서 행했고, 여기에는 음주뿐만 아니라 성교와 수음도 포함되었다. 디오게네스는 "배腹도 이처럼 쓰다듬기만 해도 만족하면 좋으련만"이라는 말을 했다고 한다. 플라톤과 몇 번에 걸쳐 유머러스한 대화와 행동을 주고받아, 심지어 플라톤이 '인간은 두 발로 걷는, 깃털 없는 동물'이라고 정

의하자 그 교실에 털 뽑은 닭을 집어 던져 '이것도 인간이겠네' 하며 비웃었다.[23]

디오게네스. 이는 분명 매력적인 모습 중 하나이기는 하다. 그 긍지, 그 반항, 그 우롱, 그 모독, 그 해학, 그 외설, 그 무례, 그 표일飄逸. 이들이 우리에게 항상 매혹적임을 누가 부정할 수 있겠는가? 그러나 디오게네스와 그의 견유학파는 확고한 학설이 없었고, 이론이 없었고, 아마 교단도 없었고, 철학사의 삽화 중 하나에 머물러왔고 지금도 여전히 그렇다. 견유학파에 관해서는 디오게네스와 그 동료, 제자에 관한 몇 가지 에피소드만 남아 있을 뿐이니까. 실제로 푸코가 이 강의에서 견유학파를 논할 때 인용하는 문헌의 빈약함은 놀라워서, 디오게네스 라에르티오스와 에픽테토스 외에는 얼마 되지도 않는다. 알려진 내용이 적은, 이 철학의, 진리의 개들. 이는 빼어나지만 작고 빈약한 철학사의 일화에 불과하다. 이는 사실이다. 그러나 푸코는 바로 여기에서 일종의 기이한, 꾸준하고 조용하게 끓어오르는 방대한 "지속"의 단초를 찾아내는 것이다.[24]

그 전조가 이미 있었다. 예를 들면 푸코는 『자기와 타자들의 통치』에서 "혁명가의 모습"과 "파르헤지아"의 거리를 좁혀서 논했다.[25] 또한 "진실을 말하기"의 네 가지 양상을 구별해 '신의 중개자로서 수수께끼 같은 형식으로 미래를 말하는 예언자의 그것' '자기 안에 자족하며 말하는 것이 아니라 지금에 있어 사물의 실상을 논하는 현자의 그것' '기존의 권위 안에서 기존의 테크네를 논하는, "나를 필두로 누구나 알고 있는 것입니다만 가르치는 데 용기는 필요하지 않습니다"라고 농담조로 묘사하는 교사와 기술자의 그것'

그리고 '파르헤지아를 행하는 자의 그것'을 열거하고,[26] 소크라테스는 이 네 가지 형식을 모두 갖고 있다고 지적한다.[27] 그리고 중세 그리스도교 사회가 예언자적 형식과 파르헤지아적 형식을 수도회의 "선교"라는 형태로 연결한 한편, 현자와 교사의 형식을 "대학"이라는 독특한 형태로 연결했다고 말한 후,[28] 불쑥 이런 말을 하기 시작했던 것이다. '근대에 대해서는 잘 모르지만' 하고 신중하게 유보적인 태도를 보이면서, 한마디로 근대의 "진실을 말하기"의 예언자적 형식은 "혁명적 담론"에, 현자적 형식은 "철학적 담론"에, 교사적 형식은 "교육제도"에 각각 배분되었고, 파르헤지아적 형식은 그 자체로서는 소멸했고 이는 혁명적·철학적 담론, 교육제도와 접합한 형태가 아니면 도출할 수 없다고 말한다.[29] 또한 푸코는『주체의 해석학』시점에서 '진리에 도달하는 조건으로 앎만 요구하는 "철학"의 입장'과 '도덕적인 수양과 신체적인 단련도 요구하는 "영성"의 입장'이 분리된 지점으로 데카르트를 제시했었는데,[30] 이 두 강의에서 푸코는 데카르트에게서 "정화"로서의 철학, 즉 영성으로서의 철학의 선구를 읽어낸다. 그뿐만 아니라 철학에 의한 사목 권력의 손안에 있던 "파르헤지아적 기능"의 탈취까지 보았다.[31] 하지만 이 또한 아직 전조에 불과하다. 다소 기이한 인상을 남겨 책장을 넘기는 손을 멈추게 하지만 그뿐이다. 푸코는 이를 뛰어넘어 논하기 시작하니까.

때는 기원전 5세기 말, 그것은 소크라테스로부터 시작된다. 플라톤의 말을 거꾸로 하자면 "미치지 않은 디오게네스"인 소크라테스로부터 ─ 여기에서 이미 푸코와 함께 오랜 시간을 함께한 푸코의 독자라면 숨을 멈추게 되는 도입부이기는 하다. 푸코가 기원전 5세기라. 소크라테스라. 그러나 위화감을 그대로 간직하면서 지금은 집중해서 응시하자. 기원전 5세기 말, 소크라테스가 찾아낸 것은 무엇이었는가? 당연히 플라톤이 계승한 플라톤주의와 신플라톤주의가 되어 그리스도교가 계승한 후 오랫동안 서양적 사고의 결정적인 얼개가 되는 "혼의 형이상학"이다. 감각적인 세계, 육체의 세계를 초월한 절대적인 "형상"의, "이데아"의, 정화된 "혼"의 영구불변한 세계, 초월적인 "다른 세계"를 전제로 한 형이상학. 그러나 또 다른 한편으로 이미 살펴본 "생존의 미학"의 단초 또한, 즉 "미적 대상으로서의 삶bios" 또한 찾아냈었다.[32] 소크라테스와 함께 등장하는 것, 그것은 이중의 모습을 하고 있다. 하나는 "혼의 형이상학의 역사"이고, 다른 하나는 "생존의 문체론stylistique의 역사"[33]다.

　　푸코는 이 "혼의 형이상학"과 "생존의 문체론" 사이에 "필연적인 관계"를 인정하지 않는다. 이는 "결코 필연적인 관계가 아니고, 유일한 관계도 아니다".[34] 생존의 문체론은 혼의 형이상학의 귀결도, 투영도, 적용도, 실천도 아니다.[35] 따라서 이 플라톤주의적·신플라톤주의적인 "혼의 형이상학"이라는 틀 안에서도 다양한 "삶의 문체"가 가능했음을 지적할 수 있다. 당연한 말이라 할 수 있겠는데 그리스도교의 경우도 "일반 신도의 삶은 성직자의 삶과는 다르고, 수도사나 수도회원의 삶은 수도원에 속하지 않은 성직자의 삶과 달랐"[36]고, "4세기나 5세기의 금욕 양식과 17세기의 금욕 양식은 굉장히 달랐"었다. 따라서 "형이상학이 비교적 비슷하더라도 생존의 문체론은 다채로운 것이다".[37]

　　상기할 필요가 있다. 하이데거와 메를로-퐁티뿐만 아니

라 라캉에서도 보는 것은 말하는 것을 이끌었다.[38] 보는 것은 말하기와 의미하기와 겹쳐 있어서 시각의 밝음(명석함)은 언어의 밝음(명석함)이기도 하고, 말하는 것이 보는 것이고, 보는 것이 말하는 것과 진배없었다. 그들은 은밀하게 이들 간의 "필연적 관계"를 보았다고 할 수 있고, 아마 이 유일한 관계를 전제해야만 현상학이나 해석학이 가능했다. 그러나 푸코는 원칙적으로 이를 허용하지 않는다. 예를 들어 『감시와 처벌』에서도 푸코는 18세기의 보는 것과 말하는 것 사이에서 서어를 찾아냈다. "말의 수준"에서 자연 상태의 투쟁을 회피하는 원시 계약에 의한 사회계약에 기반을 둔 주권의 설립, 사회 신체의 건립이라는 꿈이 있었다. 다른 한편 규율권력의 기술가들은 사회 영역 전체에 걸친 전술과 병참의 전선을, "시각성"과 "감시"의 권력을 전개했다. 여기에는 "원시적인 계약이 아닌 끝없는 강제, 기본적 인권이 아닌 무한히 발전하는 조련, 일반의지가 아닌 자발적인 복종"[39]이 있었다. 18세기에는 '말에 기반을 둔 사회계약론'과 '감시하는 규율'이 병존했다. "자유를 발견한 계몽은 규율 또한 발명했던 것이다."[40] 푸코는 이들 사이에 필연적인 관계를 인정하지 않는다. 가시적인 것과 언표 가능한 것 간의 차이나 서어의 확인, 때때로 명확하지는 않더라도 이러한 거동은 푸코의 글에서 빈번히 확인할 수 있었고, 이는 초기의 『광기의 역사』에서 광기에 관한 담론을 분석할 때 그리고 『임상의학의 탄생』에서 죽음에 대한 의학적 시선을 분석할 때부터 오랫동안 푸코의 논지에 회귀해왔다. 들뢰즈는 "가시적인 것과 언표 가능한 것 사이에는 처음부터 그 본성에 차이différence de nature가 있다"[41] "가시적인 것과 언표 가능한 것 사이에는 금이, 분리가 있다"[42], 둘 사이에 "전체화하는 공통의 형태는 존재하지 않는다. 일치도, 일대일의 대응도"[43] "동형성"[44]도 없다, 하고 연이어 말하며 이를 명확히 했다. 하지만 실제로는 이 들뢰즈조차 '푸코에 있어 가시성의 독립성'을 강조할 때에는 항상 양보하는 자세를 취해야 했다. 들뢰즈의 말은 이렇다―'푸코의 경우 언표와 담론이 우위에 있는 것처럼 보이기는 하나, 가시성의 수준이 갖는 독립성을 보아야 한다. 그렇지 않으면 푸코의 독자성이 보이지 않으니까.'[45] 그러나 "혼의 형이상학"의 틀 내에서 다종다양한 "생존의 문체론"이 가능했음을 명쾌하게 지적하고 있는 이 부분에서 푸코는 오해의 여지 없이 "가시성의 수준", 즉 이 분석 레벨에서 "생존의 문체론"에 해당하는 수준의 확고한 독립성을 인정하고 있다.

　　　그리고 바로 여기에서 푸코는 견유학파를 논하기 시작한다. 견유학파는 원래 둘 사이에 필연적인 관계가 없어 분리되어 있을 터인 "진실을 말하기"와 "삶의 양식"을, 특수한 형태로 연결하고 있었다.[46] 이미 묘사한 바와 같이 그들은 헐렁한 꾸러미를 들고 맨발로 다녔고 지팡이를 짚었다. 이 가시적인 모습으로 파르헤지아를 행한다. 즉, 진실을 말한다. 솔직하게, 스캔들러스할 정도로. 즉, "파르헤지아와 지팡이는 이처럼 하나로 연결되어 있는 것입니다. 견유학파는 파르헤지아를 행하고, 지팡이를 짚습니다". "삶의 양태(지팡이, 헐렁한 꾸러미, 빈곤, 방랑, 구걸)는 파르헤지아와, 진실을 말하는 것과 관련한 매우 명확한 역할을 갖고 있는 것입니다."[47] "견유학파는 '삶의 양태'와 '진실을 말하는 것'이 직접적으로, 무매개적으로 연결된 철학 형식이라고 생각합니다."[48]

　　　직접적·무매개적이라는 순간적으로 독자를 주저하게 하

는 어휘를 사용한 후에, 푸코는 즉시 이렇게 말을 이어간다. 플라톤의 "라케스"의 사례와 비교해보아도 "진실을 말하는 것과 삶의 방식 간의 관계가 견유학파의 경우에는 다른 식으로 더욱 복잡하고 더욱 간략해졌다고 나는 생각합니다".[49] 또한 그 관계에는 "호모포니" "하모니" "조응"[50]은 없다고. 조화 없는 그 관계가 더 복잡해지기도 했고, 더 간략해지기도 했다. 즉, 그것은 "직접적"이지도 "무매개적"이지도 않다는 말이다. 실제로 푸코는 이 파르헤지아와 연관된 견유학파의 생존 양식을 "동물적"이라고 형용하는데, 이 동물성에 대해 푸코는 계속해서 말한다. 그것은 "삶의 축소된 형식이기는 하지만 분명하게 명령된 형식으로서의 동물성"으로, "동물성은 소여가 아니라 의무인 것입니다". "동물성이란 자기와 관련된 존재 방식으로, 끊임없는 시련의 형식을 취해야 하는 존재 방식입니다. 동물성, 그것은 단련입니다. 그것은 자기에 대한 책무이고, 이와 동시에 타자에 대한 스캔들입니다."[51] 의무이고, 단련이고, 책무이고, 스캔들이고, 삶의 명령된 형식인 동물성. 즉, 그것은 '벌거벗은 삶'이니 '생명정치학적 실체인 역사의 종말 이후의 동물'이니 운운하는 것이 전혀 아니다. 여기에서 직접적·무매개적·동물적이라 불리는 것은 그 자체로서는 필연적인 관계가 자명한 형태로 존재하지 않는 어떤 가시성과 언표 가능성을 "접합"하려는 노력, 창조적이라 해도 될 노력의 결과임은 분명하다.

그 본성에서 분리되어 있을 터인 "진리의 언표" 수준과 "가시적인 삶의 양식" 수준이, 역사 속에서 독자적이고 창조적으로 결합한 견유학파. 여기까지는 괜찮다. 여기에 놀랄 만한 것은 아무것도 없다. 언표 가능성과 가시성의 결합이 지닌 역사성 ─ 누구에게

나 익숙한, 저 경탄스러운 모습, 저 그리운 푸코의 모습이다. 그러나 여기에서 갑작스레 푸코의 이로는 기묘한 고양에 휩싸이게 된다.

나는 당신들에게 보여주고 싶습니다. 견유학파는 단순히 사람들이 알고 있는 것처럼 고대 철학 중에 약간 특수한, 특이한 그리고 결국은 잊히고 마는 형상이 아니라 다양한 형식 속에서 다양한 목표를 갖고 서양사 전체를 관통하는(traversant, 횡단하는) 역사적 카테고리인데, 이는 어떻게 해서 그리고 왜 그렇게 되었는지를 말이지요. 견유학파는 사상사와 한 몸이고, 또한 서양의 생존과 주체의 역사와도 한 몸입니다.[52]

그리고 같은 쪽에서 푸코는 말한다. "이 초역사적transhisto-rique인 견유학파"라고. 초역사적이라고. 무슨 말을 하는 것인가? 푸코는 자기가 무슨 말을 하고 있는지 알고 있는 것일까? 저, 초역사적인 개념 적용을 누구보다 혐오했던 푸코가. 역사적이고 지리적으로 한정된 것에 불과한 어떤 개념을 초역사적으로 소행해서 적용해 "보편적 진리"로 여기는 것—이를 계속해서 지탄하는 작업을 자신의 업으로 여겨온 푸코가 말이다. 그렇다. 실질적인 첫 저서인 『광기의 역사』에서 『앎의 의지』에 이르기까지 푸코는 역사에서 단절을, 절단을 찾아냈다. 돌연 광기가 치료 가능한 것으로 여겨져 의학의 대상이 된 순간에서, 신체가 죽음의 불빛 아래 시선에 노출되는 순간에서, 불쑥 생명과 노동과 언어의 유한성으로서 인간의 형상이 부상하는 순간에서, 모든 종류의 범인이 획일적으로 감시되고 감금되는 순간에서. 그리고 거듭 말해왔었다. 광기가 정신 질환이라는 것도, 성이 억압받고 있고 해방되어야 한다는 것도, 근친상간의 금지조차도 인간의 불변하는 조건이 아니고 초역사적인 것이 아니라고. 그러나 푸코는 여기에서 "초역사적"이라는 어휘를 입에 담고 있다. 단절과 절단을 논하던 사람이. 게다가 철학사에서 작은 삽화에 불과한 견유학파에서 이를 도출한다. 어떻게 된 일인가? 하지만 푸코는 말을 이어간다.

　　"진리의 살아 있는 스캔들로서의 생존 형식, 이것이 바로 견유학파의 핵심에 있다고 생각합니다"[53] 하고 내용을 명확히 하면서 푸코는 우선 중세 그리스도교에서 견유학파를 읽어낸다. 초기 그리스도교의 고행과 견유학파적인 단련 사이에 일련의 관계가 있었다는, 우선은 우리도 받아들일 수 있는 역사적 사실을 지적한 후, 프란체스코회 수도사가 "그 무일푼, 그 방랑, 그 빈곤함, 그 구걸"에 있어 어떤 면에서는 "중세 그리스도 교단의 견유학파"[54]였다고 말하고, 도미니크회의 수도사 또한 마찬가지인데 푸코는 그 증거로 그들은 "주님의 개Domini canes"[55]라 자칭했다고 한다. 또는 퐁트브로 수도원의 설립자인 프랑스 서부 그리스도교 영성의 고취자 아르브리셀의 로베르투스를 "누더기를 입고, 맨발로 마을을 누볐고, 성직자의 피폐와 싸우는" 모습으로 묘사하는 것 등에서 그리스도의 알몸에의 준거와 함께 "견유학파의 알몸에의 준거"을 발견해가는 것이다.[56] "거기에는 틀림없이 그리스도교의 견유학파가 있었습니다. 반제도적인 견유학파 그리고 반교회라고도 할 수 있는 견유학파가. 아직도 활기가 넘치는 그 형식, 그 흔적은 종교개혁 전야에 현저해졌습니다. 종교개혁 시기에도 프로테스탄트 종교개혁 내부와 가톨릭의 반종교개혁 내부에서 모두 그러했었습니다. 이 그리스도교 견유학파의 긴 역사를 기술할 수 있을 것입니다."⁵⁷ 여기에서 벌써 위화감을 느끼는 독자가 많으리라. 그러나 푸코는 계속 말한다. 다음으로 견유학파의 전생轉生으로 푸코가 열거하는 것은 "혁명"이다. 그것도 근대의.

"더 우리와 가까운 지점을 보면, 견유학파적인 존재 형태의 또 다른 기반을 흥미롭게 분석할 수 있습니다. 진리의 스캔들 속에 있는 삶의 형식으로서의 견유학파를 말이지요. 그것은 더는 종교적인 제도나 실천 속에 있지 않고 정치적인 실천 속에서 찾아낼 수 있습니다. 물론 우리는 여러 혁명운동을 염두에 두고 있습니다."⁵⁸ "견유학파란 진리를 난폭하게, 폭력적으로, 파렴치하게 표명하는 삶의 양태에 관한 사상이고, 이는 혁명적 실천의 일부를 지금도 구성하고 있고, 예전에도 구성해왔습니다. 19세기 동안 줄곧 혁명운동이 채용해온 제 형식의 일부도 그렇습니다. 근대 유럽 세계의 혁명이란—이에 대해서는 아마 작년에 이야기했으므로 이해하고 있으리라 생각합니다만—단지 정치적인 프로젝트가 아닌 삶의 형식이기도 했던 것입니다."⁵⁹ 견유학파의 혁명. "혁명적 활동으로서의 삶"을 편의상 "전투주의militantisme"라고 부른다면, 하고 푸코는 말을 이어간다. 19세기부터 20세기에 걸쳐 그것은 세 가지 형식을 취했다. 첫 번째는 공적으로는 인지되지 않은 사교적 집단성으로서의 "비밀결사", 두 번째는 공적으로 인지되는 조직으로서의 "정당", 그리고 푸코는 세 번째를 중시한다.

그리고 전투적이기 위한 세 번째 중요한 방법이 있습니다. 그것은 생존의 양식에 따르는 삶을 통해 증명되는 전투주의입니다. 이 혁명적 전투주의 고유의 생존 양식은 '삶을 통한 증명'을 확고한 것으로 하면서 사회의 여러 관습, 습관, 가치와 단절합니다. 그것은 또한 직접적으로, 가시적인 형식에 의해 그 상시적인 실천과 무매개적인 생존을 통해 다른 삶의, '진정한 삶으로서의 다른 삶'의 구체적인 가능성과 명백한 가치를 표명해야 합니다. 바로 여기에서 혁명적 전투주의의 경험과 삶을 중심으로, 그토록 근본적임과 동시에 불가사의하면서 흥미로운 진정한 삶이라는 주제가 도출됩니다. 이 진정한 삶의 문제는 소크라테스에 의해 이미 제기된 것입니다만, 그 주제 계열은 서양 사상 전체를 답파했다고 나는 생각합니다.[60]

소크라테스부터 서양 사상 전체를 관통하는 견유학파적 전투주의의 "진정한 삶". 푸코는 도스토옙스키의 이름을 들어 소위 이 죽음을 건 진실의 표명이라는 관점에서 러시아의 허무주의를 그리고 무정부주의와 테러리즘을 연구해야 한다고 말하고, 역시 "그렇다고 해서 나는 이런 측면이 완전히 사라지고 말았다거나, 유럽 혁명주의 역사의 역사적인 형상에 불과했다는 이야기가 하고 싶은 것이 아닙니다. 실제로 이 진리의 스캔들로서의 삶의 문제가 끊임없이 부활하는 것을 목격할 수 있습니다"[61]라고까지 말한다. 역사적 형상을 뛰어넘은, 끊임없이 부활하는 혁명적 삶, 견유학파의 투쟁이라. 그러나 망연해하기는 아직 이르다. 푸코는 단호히 논의를 계속해간다. 그리고 이어지는 주제는 "예술"이다.

고대, 중세, 근대를 횡단해서 도출할 수 있는 진리의 스캔들로서의 '견유학파적 삶의 양식'이라는 주제는 "예술 속에서 찾아낼 수 있습니다. 여기에서 또 그 역사는 매우 길고 매우 복잡한 것이 됩니다. 아마 매우 멀리까지 거슬러 올라가야 합니다".[62] 고대의 풍자나 희극에 견유학파적인 주제가 관통하고 있었음을 논하고, 바흐친의 이름을 들어 중세 그리스도교 유럽에서도 마찬가지로 문학의 풍자나 소극笑話의 광할한 분야를 견유학파적 예술이라 부를 수 있다고 논한 다음, 푸코는 이렇게 말한다. "그러나 그 무엇보다도 바로 근대 예술에서 견유주의의 문제가 특히 중요해진다고 생각합니다. 근대 예술은 우리에게 여전히 견유학파적 삶의 양식을 전해주는, 삶의 양식과 진리의 표명을 관련짓는 원리를 전해주는 것이었고, 지금도 그럴 것입니다".[63]

근대 예술의 개. 18세기 말부터 19세기에 걸쳐 "극히 특이한 그 무엇이 유럽 문화 속에 출현했습니다". 그것은 "예술가의 삶"이다. 물론 바사리의 저작이나 벤베누토 체리니의 자전을 보아도 알 수 있는 것처럼 예술가가 파격적인 삶을 산다는 것은 당시에도 극히 당연한 사고방식이었기 때문에 이는 그와는 다른 것을 의미한다.[64] 즉, "예술가의 삶은 그것이 취하는 형식 그 자체로 예술이 그 진리에 있어 무엇인지를 증명해야 한다는 관념"이 출현한 것이다.[65] 즉, "예술은 생존의 한 형식을, 다른 형식과 전적으로 단절된 한 형식을 부여할 수 있"고, 이 삶의 형식이 바로 "진정한 삶의 형식이다". 그리고 그 예술가의 삶이 바로 진정한 삶이라는 것 자체가 그 예술가의 삶이 만들어낸 작품이 "진정한 예술"임을 보증한다.[66] 여기에서는 "예술"과 "삶"과 "진리"가 일종의 순환을 그리며 결합해 있다고 할 수 있으리라. 푸코는 말한다. 진리로서의, "예술 작품 그 자체로서의 예술가의 삶"이 "스캔들러스한 단절을 표명하는 삶

의 견유학파적 원리를 다시 되찾는 방법이라고 생각합니다".[67]

"근대 세계에서의 예술이 견유학파의 역할을 하는 이유는 그 외에도 있다." 무엇을 말하는가? "모든 예술 형식에는 기존의 모든 예술에 대한 끊임없는 일종의 견유주의가 있다."[68] 예술은 그 장르 여부와 상관없이 현실과 관계를 맺어야 하지만 그 관계는 "더는 장식의 차원, 모방의 차원에 있는 것이 아니라" "적나라하게 벗기기, 폭로하기, 벗겨내기, 구멍을 뚫기, 생존의 기본 요소에 이르기까지 폭력적으로 잘라내기 등과 같은 차원이다."[69] 이리하여 "예술은 문화를 상대로, 사회규범을 상대로, 미학적인 가치와 규범을 상대로 잘라내고, 거부하고, 습격하는 그러한 논쟁을 일으키는 관계를 만들어낸다."[70] 이 문화 속에서 권리를 갖지 않은 사람이 "침입하는 장소"로서, "벗겨서 알몸으로 만드는" "이미 획득한 모든 형식을 끝없이 거절하고 거부하는"[71] 예술. 그것은 "아마도 19세기 중반부터" 더욱 뚜렷하게 나타난다.[72] "근대 예술의 반플라톤주의"가 거기에 있고, 이를 담당한 자로 열거되는 이름은 푸코가 처음에 입에 담은 보들레르와 플로베르[73]뿐만이 아니다. 이는 더 폭넓다. 푸코는 말한다. "마네에서 프랜시스 베이컨까지, 보들레르에서 사뮈엘 베케트나 버로스까지."[74] 그리고 다음과 같이 말하게 된다.

> 근대 예술, 그것은 문화 영역에서의 견유학파이고, 자기 자신에게 저항하는 문화의 견유주의인 것입니다. 그것이 단지 예술 안에 있다는 것이 아니라 상처 내는 위험을 감수할 용기를 가진, 진실을 말하는 가장 격렬한 제 형식이 근대 세계에서, 우리가 속해 있는 우리 세계에서 집중되어 있는 곳은 특히

예술이라는 말입니다. 그렇기 때문에 견유학파적 양식의 역사, 견유학파적 실천의 역사, 진리의 표명과 연관된 삶의 양식이라는 측면에서 견유학파의 역사를 기술할 수 있다고 생각합니다. 이를 근대 예술을 대상으로 기술할 수도 있을 것이고, 마찬가지로 혁명운동을 대상으로 할 수도 있고, 그리스도교적 영성을 대상으로 할 수도 있습니다.[75]

비로소 명확해진 점이 있다. "반플라톤주의"인 견유학파를 혁명운동이나 근대 예술에서 찾아낼 수 있다는 내용을 살핀 후에야 견유학파의 본질적인 지점을 이해할 수 있게 된다. 즉, "진정한 삶은 다른 삶이다'라는 이 관념에 의해 견유학파의 역사, 철학의 역사, 그와 동시에 서양 윤리의 역사에서 특히나 중요한 지점에 도달한다"는 것이다.[76] 소크라테스에서 두 가지 흐름이 흘러나왔던 것이다. 아마도 "형이상학"과 "문체론"의 각기 다른 배분의 양식이었을 두 가지 흐름, 플라톤주의와 견유학파라는 두 가지 흐름이. 플라톤주의는 이 세계의 배후 또는 위에 "진정한 세계"를 전제한다. 감각적인 세계를 초월한 순수한 "형상"의 세계를 전제한다. 여기에서는 단적으로 "이 세계와는 다른 세계" "다른 세상"에서의 "영생"이 문제가 된다. 그러나 견유학파에서 문제 되는 것은 "다른 세계의 문제가 아니다. 다른 삶의 문제다".[77] 즉, "이 세상에서의 다른 삶"이 문제 되는 것이고, 그 다른 삶이 바로 그들에게는 진정한 삶인 것이다. 거듭 인용하자. 견유학파의 물음은 이렇다. "삶이 진정한 진리의 삶이기 위해서는 다른 삶으로, 근본적이고 역설적으로 다른 삶으로 변해야 하는 것이 아닐까?" "진리의 삶은 다른 삶이고 그래야 하는 것 아닌가?"⁷⁸ "진리의 삶은 다른 삶이다."⁷⁹ 플라톤주의처럼 "이 세계와는 다른 세계를"도 "이 세계와는 다른 세계에서의 영원한 삶을"도 아니다. 그것이 아니라 "이 세계에서 다른 삶을" "이 하나의 세계에서 다른 삶을, 영원히" 추구해가는 것이다. 이러한 "진정한 삶이 다른 삶의 원리가 되는 운동"인 한에서 "견유학파는 어쨌든 서양의 근본적인 윤리적 경험의 모태이고, 배아를 구성한다".⁸⁰ 진정한 삶을, 즉 다른 삶을 추구하는 것. 여기에 고대 철학에서 중세의 영성, 근현대의 "운동"까지도 관통하는 "견유학파적 전투주의"가 존속한다.⁸¹ "다른 삶으로서의 진정한 삶, 전투의 삶을 위한, 세상을 바꾸기 위한."⁸²

이리하여 푸코는 고대에서 근대로, 그리스에서 중세 그리스도교의 영성, 근대의 혁명운동과 근현대 예술의 실험으로 끝없이 이어지는 개의 모습, 그 투쟁의 집요한 지속을 도출해내는 것이다. 다시 말하겠다. 저 단절과 절단의 사람이 말이다.

그러나 이는 놀랄 일이 아닐지도 모른다. 푸코는 주권 권력과 규율 권력과 생명 권력을 시대순으로 나열하고, 특히 주권 권력과 규율 권력을 절대적으로 "양립할 수 없는" 관계라고, 후자가 전자를 대체한다고 완고히 주장했으나, 불쑥 규율 권력의 "감시"하는 주체는 주권자라고 스스로의 이로 속에서 몇 겹으로 갈라놓은 절단의 연속을 한순간에 뒤엎을 수 있는 말을 했었다.⁸³ 주권 권력과 규율 권력, 생명 권력이, 그때까지의 주장을 다 번복하기라도 하듯이 한 시대에 겹칠 수 있다고도 말했었다.⁸⁴ 바로 여기에서 알아차려야 할 사실이 있다. 대왕과 서슴없이 대치하는 이 개의 삶을 푸코는 "주권적인 삶la vie souvraine"⁸⁵이라고 불렀다. 그리고 견유학파는 거의 알몸이고, 방사에 이르기까지 사람들 앞에서 할 정도로, 그 무엇도 가리지 않는 "가시성" 속에 있었다. 공중의 눈앞에서 태워지기를 바라기조차 했던 페레그리누스를 형용하는 푸코 자신의 말에 따르면 "견유학파적 삶의 절대적 가시성"[86] 속에 있었다. 개는 다 보여준다, 자신의 삶을, 치부를, 성을, 자신의 죽음에 이르기까지. 그러나 이 개는 "감시"도 한다. 분명히 푸코는 동일한 용어를 사용하고 있는데, 견유학파는 자신의 전부를 사람들의 시선에 드러내 보이는 대신, 타인의 전부를 감시하는 자이고자 한다. "그들은 모든 인간을 감시episkopountes합니다. 사람이 행하는 것을, 어떻게 살고 있는지를, 무엇에 관심을 두고, 의무에 반해 무엇을 소홀히 하는지를 관찰합니다. 타자를 관찰하고, 감시하는 것. 타자를 향하는 시선. 여기에 진리 실천의 다른 기능이, 다른 양태가 있는 것입니다."[87] 견유학파의 감시, 즉 "자기의 감시는 타자의 감시이기도 합니다" "타자의 감시는 자기의 감시이기도 합니다."[88] 개는 감시를 당하고만 있지는 않는다. 개는 감시한다. 누구에게도 복종하지 않는, 가난하고 알몸인, 반항하는 주권자인 개의 감시다. 여기에서는 푸코가 오랫동안 양립할 수 없다고 우겨왔던 주권 권력과 규율 권력이, 나중에 자신도 인정한 것처럼 양립할 수 있는 것으로, 그러나 새로운 다른 모습으로 결정結晶했다.[89]

그리고 푸코는 1978년 2월 1일, 기묘한 막다른 상태로 보이기도 하는 주저와 시행착오 끝에 돌연 "통치성"이라는 개념을 쓰기 시작해, 새 돌파구를 만드는 시도에 들어갔다. 그러나 "통치성"의 이로 속에서 도출된 "사목 권력"은 그리스가 아니라 히브리, 아니 그 이전의 오리엔트 문명에서 시작되어 기나긴 세월을 거쳐[90]

현재까지 이어지는 것이었다. 푸코는 비록 "초역사적"이라고 스스로 형용하지 않았지만 절단의 깊숙한 바닥에 흐르고 있던 어떤 집요한 지속을 이미 찾아냈던 것이다. 그래서 이는 놀랄 일이 아니다. 그럴 것이다. 하지만 말이다.

여기에는 무엇인가 다른 것이 있다. 여기에 있는 것은 "다른 삶"으로 변하기를 희구하는, 기묘하리만큼 집요한 지속이다. 투쟁의 지속이다. 보편적인 것, 불변한 것에 저항하려는 자들의 지속이다. 혁명, 예술, 영성을 관통하며 조용히 명동鳴動하기를 멈추지 않는 "투쟁의 울림소리".[91] 이 집요한 개들. 먼 옛날부터 최근까지 끊기는 일 없이 지속되어온 그 표한剽悍(성질이 급하고 사납다는 뜻이다.—옮긴이)한 모습, 짖어대는 소리. 누구에게도 복종하지 않기에 주구가 아닌 개들. 신출귀몰한 개들. 이는 초역사적인 것에 대한 저항의 초역사성이다. 불멸, 영구한 것은 존재하지 않고 그것은 항상 전복 가능하다는 사실 자체의 "영원"이다. 그리고 아마도 이런 결론에 이르지 않을 수 없다—지금도 그 개들의 모습은 사라지지 않았다. 그 짖는 소리는 지금도 들려온다. 베케트와 푸코와 버로스가 살아 있었을 때까지 계속되어왔던 그 투쟁이, 우리 시대에는 소멸하고 말았음을 누가 과연 증명할 수 있다는 말인가? 증명할 수 있다고 생각하는 자는 개가 아니라 주구라는 말이 아닐까?[92]

도입부의 물음으로 되돌아가자. 푸코는 이 파르헤지아와 생존의 미학 사이의 특이한 "접합", 그 다종다양한 양태를 취할 이 개의 모습, 이 저항과 모독과 빈곤과 투쟁의 모습도 부정하면서 죽어갔을까? 이 또한 "메스꺼운" "심각한 오류"였을까? 세네카와 에픽테토스는 개가 아니다. 하지만 푸코가 견유학파의 모습을 묘사할 때 에픽테토스의 문헌을 참조하고 있다. 하지만 이 고대를 초탈한 견유학파의 지속을 "고대 전체"를 "오류"라고 하는 이 문구로 부정한 것이 될까, 등등 여러 가지로 생각할 여지는 있을 것이다. 그러나 이는 이미 우리의 문제다. 푸코의 속마음을 촌탁해보았자 소용없고 이 이상 촌탁할 여지도 없다. 푸코가 이 사나운 개의 모습도 부정하고 죽었는지, 그렇지 않은지―이는 우리가 생각해야 할 우리의 문제, 우리의 선택이다.

　　　이로는 다했다. 각필閣筆해야 하리라. 이 문제의 소재를 분명히 하면 이 책의 목적은 달성된 것일 테니까. 그리고 필자가 어떤 선택을 했는지 독자는 명확히 읽어낼 테니까.

주 註

제1부 자크 라캉, 대타자의 향락이라는 비신학

1   Michel Foucault, 《Pouvoirs et stratégies》, *Dits et écrits II*. 1976~1988, Paris, Gallimard, 2001, 1034쪽. 「主体性と真理」, 『思考集成 VIII』, 石田英敬 옮김, 2000, 446쪽. 이하 푸코의 *Dits et écrits* 부분은 이 갈리마르의 신판 2권을 사용한다.

2   Jacques Lacan, S. III, *Les psychoses*, Paris, Seuil, 1981, 184쪽. 『精神病』 하권, 小出浩之 외 옮김, 岩波書店, 1987, 9쪽.

3   Cf. Stéphane Mallarmé, 《Le Mystère dans les lettres》, *Œuvres complètes*, tome. 2, Paris, Gallimard, 2003, 230쪽과 같은 책 《Quant au livre》도 참조하기 바란다. "난해함"에 대한 슐레겔의 태도는 『アテーネウム』 마지막 권 제일 뒤에 있는 다음의 소론小論을 참조. Friedrich Schlegel, 《Über die Unverständlichkeit》, *Kritische Ausgabe* (ed, E. Behler) Bd. II, München, Paderborn, Verlag Ferdinand Schönigh, 1967. 프리드리히 슐레겔, 「難解さということについて」, 『ロマン派文学論』, 山本定祐 옮김, 冨山房百科文庫, 1999. 이 두 사람과 라캉은 난해함에 대해 공통된 생각을 갖고 있다. "난해함"에서 기인하는 "오해의 폭"이 해석과 의미의 두께를 낳고, 이것이 인간의 언어나 삶에 없어서는 안 될 요소가 된다는 "난해함의 옹호"라는 사고, 물론 본문에서 형용한 바와 같이 아이로니컬이라고 부를 수 있는 사고를 공통적으로 발견할 수 있다.

4   Michel Foucault, 《Michel Foucault, Les réponses du philosophe》, *Dits et écrits I*. 1954~1975, Paris, Gallimard, 2001, 1683쪽. 「ミシェル・フーコー: 哲学者の回答」, 『思考集成V』, 中澤信一 옮김, 筑摩書房, 2000, 461쪽.

5   라캉을 논하는 방침에 대해 첨언하겠다. 필자는, 우리는 직선을 그리며 라

캉으로 향하겠다. 라캉을 "가로지르"겠다. 주석을 달지는 않겠다. 라캉이
다른 사람들, 즉 프로이트나 헤겔, 하이데거나 레비나스, 바타유나 코제브,
초현실주의자들이나 그 외의 사람들과 유사한 점과 그들과의 영향 관계를
거의—"전부"는 아니다—생략하면서 나아간다. 이 글의 여러 곳에서 독
자는 하이데거가 부르는 목소리나 바타유의 외침, 레비나스의 온건한 어
조 등을 느끼게 되리라. 이들을 읽는 과정을 거쳐 필자는 라캉에 이르렀으
니까. 그러나 헤겔, 게다가 프로이트마저 생략하다니. 이는 용납될까? 이런
반문이 물론 있을 수 있다. 그러나 다음과 같이 항변할 수 있으리라. 많이
나와 있는 라캉론은—물론 필자도 그중 몇 가지를 크게 참조했다—그런
영향 관계나 유사성의 지적에 너무 구애되어, 그렇지 않아도 꾸불꾸불한
라캉의 논지에 덤으로 뒤틀림과 우회를 도입해, 그 끝없는 우회 속에서 길
을 잃어버린 경우도 눈에 띈다. 특히 두꺼운 논고에서 그런 경향이 보인다.
이는 이대로 중요한 작업이기는 하나, 우리가 뒤이어 지적하는 바와 같은
개념의 불균질성이 용해된 암흑 속에 매몰되는 것으로 귀결하고 만다고 필
자는 생각한다. 혹은 여러 그래프나 수학적 도표를 열거하고 이를 하나씩
떼어내 순서대로 해설하거나, 라캉의 은어를 차례차례 목차로 열거해 이를
개별적으로 해설하는, 일종의 "단어장"과 같이 구성된 논고도 국내외를 막
론하고 눈에 띈다. 이 또한 연구 작업 중 하나, "할애"하는 방법 중 하나이
기는 할 것이고 무의미하지는 않다. 부정하지는 않고, 부정하려 해도 부정
할 도리가 없다. 그러나 우리는 그런 길을 택하지 않는다. 직선적으로, 주제
간의 논리의 끈이 끊기는 일이 없이. 그것이 가능한가라는 물음에는 물론
이렇게 답하겠다. "해보지 않으면 모른다."

6   Pierre Legendre, *Leçons IV. L'Inestimable objet de la transmission. Étude sur le*
     principe généalogique en Occident, Paris, Fayard, 1985, 17쪽. 앞으로 이 저작
     을 *IOT*로 약기한다.

7   Lacan, S. X, *L'angoisse*, 1962/11/21.

8   많은 경우, 라캉의 여러 도식이나 수학적 도표는 사태를 복잡하게 만드는
     역할을 할 뿐이다. 이러한 몽매주의는 피해야 하리라. 고로 될 수 있는 한
     도식이나 수학적 도표는 게재하지 않고자 힘썼다. 이 책에서는 극히 단순
     하면서 라캉의 개념 이해를 선명하게 해주는 것에 한해 다루었다. 이 보로
     메오를 제시한 것은, 물론 이것이 예외적으로 간략하고 명쾌하다는 이유
     외에, 단지 우리의 긴 이로가 어디를 향하고 있고 어디까지 도달했는지 알
     기 위한 지표로, 즉 "그림 형태의 목차"로 도움이 되기 때문에 불과하다.

9   Lacan, S. XXVI, *La topologie et le temps*, 1979/1/9.

10   Lacan, S. XXVI, *La topologie et le temps*, 1979/1/16.

11   Lacan, S. XXVI, *La topologie et le temps*, 1979/1/20.

12   Lacan, S. XXVI, *La topologie et le temps*, 1979/3/13.

13   Jacques Lacan, *Écrits*, Paris, Seuil, 1966, 94쪽. 앞으로 이 저작을 *E*로 약기해, 예를 들어 해당 부분을 Lacan, *E*, 96이라고 표기한다. 일본어판에도 원전 쪽수가 병기되어 있으니 일본어판 쪽수를 표기할 필요는 없다고 판단했다.

14   Lacan, *E*, 96.

15   Lacan, *E*, 111.

16   Lacan, *E*, 96.

17   Lacan, *E*, 97.

18   Lacan, *E*, 104.

19   Jacques Lacan, 《Les complexes familiaux dans la formation de l'individu》, *Autre écrits*, Paris, Seuil, 2001, 42쪽. 『家族複合』, 宮本忠雄·関忠盛 옮김, 哲学書房, 1986, 60쪽. 이 인간 세계의 "태곳적인" 환상의 유래가 "아이=말 없는 자인 인판스"의 비-세계라는 점은 문맥상으로도, 당시 라캉의 이론적 구조를 감안해도 분명하다. 또한 이 논문을 앞으로 CF로 약기한다.

20   Lacan, CF, 32~33쪽. 29~30쪽. 강조는 필자.

21   Lacan, *E*. 96.

22   Cf. Serge Leclaire, *On tue un enfant. un essai sur le narcissisme primaire et la pulsion de mort*, Paris, Seuil, 1975. Ch. 1 passim.

23   Georges Bataille, 《Théorie de la Religion》, *Œuvre complètes, tome VII*, Paris, Gallimard, 1976의 도입부에서 거듭 등장하는 표현. 당시 바타유의 "성聖사 회학적" 저작과 라캉의 논지 사이에 예사롭지 않은 유사성이 있는 것은 분 명하고, 두 사람의 개인적인 교류 또한 전기적 사실로 널리 알려져 있다.

24   Lacan, S. II, *Le moi dans la théorie de Freud et dans la technique de la psychanalyse*, Paris, Seuil, 1978, 198쪽. 『フロイト理論と精神分析法における自我』 상권, 小出浩之 외 옮김, 岩波書店, 1998, 276쪽.

25   Lacan, *E*, 96. 강조는 필자.

26   Lacan, *E*, 96.

27   Lacan, *E*, 93~94.

28   Lacan, *E*, 94.

29   Lacan, *E*, 88.

30   Lacan, S. II, *Le moi dans la théorie de Freud et dans la technique de la psychanalyse*, Paris, Seuil, 1978, 67쪽. 상권 82쪽.

31 Lacan, *E*, 95.

32 Lacan, *E*, 93~94.

33 Lacan, *E*, 251. 이 말에는 "차가운 사람, 움직이지 않는 사람"이라는 비유적
인 뜻도 있다.

34 "이 주인의 이미지는 인간이 거울상적인 이미지라는 형태로 보는 것입니
다만 이 이미지는 인간에게 있어 죽음의 이미지와 뒤섞입니다. 인간은 절
대적 주인과의 대면도 이룰 수 있는 것이지요." Lacan, S. I, *Les écrits tech-
niques de Freud*, Paris, Seuil, 1975, 172쪽. 『フロイトの技法論』 상권, 小出
浩之 외 옮김, 岩波書店, 1991, 242쪽. 여기에 헤겔의 "주인과 노예의 변증
법"에 나오는 "죽음"에 대한 언급이 있는 것은 자명하다.

35 Lacan, *E*, 345~346.

36 Lacan, *E*, 172.

37 Lacan, S. II, *Le moi dans la théorie de Freud et dans la technique de la psych-
analyse*, Paris, Seuil, 1978, 60쪽. 상권 72쪽.

38 Lacan, S. II, *Les psychoses*, Paris, Seuil, 1981, 110쪽. 상권 147쪽.

39 Lacan, S. II, *Le moi dans la théorie de Freud et dans la technique de la psych-
analyse*, Paris, Seuil, 1978, 198쪽. 상권 276쪽.

40 "이마고가 인간 존재에 나타나는 최초의 효과는 주체의 소외다." Lacan, *E*,
181.

41 Lacan, *E*, 114~115, CF, 39. 『家族複合』, 宮本忠雄·関忠盛 옮김, 朝日出版
社, 1987.

42 Lacan, *E*, 110.

43 Lacan, *E*, 98.

44 Jacques Lacan, S. IV, *La relation d'objet*, Paris, Seuil, 1994, 17쪽.

45 Lacan, *E*, 114~115, CF, 37. 48쪽.

46 Lacan, S. III, *Les psychoses*, Paris, Seuil, 1981, 101쪽. 상권 143쪽.

47 Lacan, *E*, 181.

48 Cf. Jacques Lacan, *De la pyschose paranoïaque dans ses rapports avec la person-
nalité*, Paris, Le François, 1932. 『人格との関係からみたパラノイア性精神
病』, 宮本忠雄·関忠盛 옮김, 朝日出版社, 1987.

49 라캉은 "너는(tu es)"과 "죽이다(tuer)"의 말놀이(둘 다 가타카나로 표기
하면 "츄에"가 된다)를 통해 이 상상적인 "너를-죽인다"를 논하고 있다.
Lacan, SIII, *Les psychoses*, Paris, Seuil, 1981, 341쪽. 하권 255쪽.

50 Lacan, S. I, *Les écrits techniques de Freud*, Paris, Seuil, 1975, 248쪽. 하권

100쪽.

51 Lacan, S. II, *Les moi dans la théorie de Freud et dans la technique de la psych-analyse*, Paris, Seuil, 1978, 92쪽. 상권 120쪽.

52 Lacan, *E*, 677.

53 Lacan, *E*, 600. 유대인 섬멸을 추진한 나치스, 그 총통인 히틀러의 마지막 명령이 독일 인민의 "생존의 조건"을 파괴하라였다는 이야기는 자주 언급된다. 이를 여기에 이른 우리의 이로에 견주어 다시 한 번 상기하는 것은 의미가 있다. "우리가 사랑하는 우리를 이렇게 만든 너희들을 죽여주겠어. 하지만 그 너희들은 우리라는 말이다!"

54 Fethi Benslama, *Le mouton qui blasphème. Intervenetion à la réunion publique sur 《La censure au nom de l'islam》*, organisée par l'Association du Manifeste des Libertés. 원문은 간행되지 않았으나 다음 사이트에서 입수할 수 있다(http://www.manifeste.org/). 페티 벤슬라마, 「冒涜する羊: 『イスラームの名における検閲』での発言」, 『現代思想』, 2006년 5월호, 졸역. 벤슬라마는 라캉학파의 일원이고, 아랍 이민자들을 위한 임상을 하면서, 라캉의 제자 피에르 르장드르의 영향 아래에 있어 일반적인 라캉학파에 머무르지 않고 사정권이 넓은 사유를 전개해 주목을 받고 있다. 르장드르에 대해서는 제2부에서 자세히 다루겠다.

55 Lacan, *E*, 249. 해당 부분에서 "노동"이라는 말이 분명하게 쓰이고 있다는 점에 주의.

56 Lacan, *E*, 249.

57 여기에서 사취라고 번역한 말은 frustration이다. 일반적으로 심리학에서는 욕구불만으로 번역하고, 라캉 자신은 특히 "어머니-아이-팔루스"의 "전오이디푸스적 관계"에 관한 사유를 전개할 때 이를 "파약, 위약dédit"으로 번역할 것을 제안하고 있는데, 여기에서는 헤겔 변증법의 "노동" 착취와 관련이 있기 때문에 "사취"라는 번역어를 채용했다. 이는 원래 횡령이나 채무 변제의 불이행, 기대를 저버리는 것 등을 의미한다. 즉, "이야기가 다르잖아!"다. 고로 이 세 번역어는 각자 타당성이 있다고 할 수 있다.

58 Lacan, *E*, 250.

59 Lacan, *E*, 250.

60 Lacan, *E*, 250.

61 라캉은 어디까지나 정신분석적·정신의학적인 분류 개념("상징계")만 사용하는 반면, 헤겔의 "인정을 둘러싼 죽음을 건 투쟁"이 도달하는 곳은 구체적인 사회적·역사적 국가다. 자신이 구상한 이 투쟁의 최종적인 조정

형식을 헤겔은 "게르만적 국가"라고 불렀다. G. W. F. Hegel, *Grundlinien der Philosophe des Rechts,* Hamburg, Felix meiner Verlag, 1955, S. 296~297. 「法の哲学」, 『世界の名著 ヘーゲル』, 藤野渉·赤澤正敏 옮김, 中央公論社, 1967, 602~604쪽.

62 Jacques Lacan, *De la psychose paranoïaque dans ses rapports avec la personnalité,* Paris, Le François, 1932, 253쪽. 271~272쪽.

63 Lacan, S. XXII, *R. S. I.,* 1975/12/16.

64 Jacques Lacan, *De la psychose paranoïaque dans ses rapports avec la personnalité,* Paris, Le François, 1932, 212쪽. 226쪽.

65 Pierre Legendre, *Leçons VIII, Le crime du caporal Lortie. traité sur le Père,* Paris, Fayard, 1989, 160쪽 ff. 앞으로 이 책을 *CL*로 약기한다.

66 확인해두자면 르장드르는 정신감정에 좌우되지 않는 사법 자체의 임상성을 말하는 것으로, 예를 들어 푸코가 비판하는 것과 같은 "정신감정"에 있어 정신의학과 "야합"한 사법의 임상성을 지적하는 것이 아니다. 이 의미는 제3부에서 명확해질 것이다.

67 Lacan, S. I, *Les écrits techniques de Freud,* Paris, Seuil, 1975, 9쪽. 상권 7쪽. 강조는 원문.

68 Lacan, *E,* 298, 351., S. III, *Les psychoses,* Paris, Seuil, 1981, 47~48쪽. 상권 58쪽, 59~60쪽. 또는 Lacan, S. V, *Les formations de l'inconscient,* Paris, Seuil, 1998, 133쪽.

69 Lacan, S. III, *Les psychoses,* Paris, Seuil, 1981, 315쪽 ff., 하권 201쪽 이하.

70 Lacan, S. III, *Les psychoses,* Paris, Seuil, 1981, 48쪽. 상권 60쪽. 강조는 필자.

71 Lacan, S. I, *Les écrits techniques de Freud,* Paris, Seuil, 1975, 125~126쪽. 상권 174쪽. 강조는 필자.

72 오스틴의 "언어행위론"과 명백한 유사성이 있다. 그러나 많은 논자가 말하는 바와 같이 라캉이 오스틴을 읽었거나 오스틴의 강의를 들은 증거는 아무것도 없고, 그 반대의 증거도 없다. 오스틴이 하버드대학에서 *How to do with words*를 강의한 것은 1955년이고, 초판이 출판된 것은 1962년이고, 라캉이 이미 충분히 정의한 "충만한 말"이라는 개념을 논한 세미나 제1권은 1954~1955년도의 세미나를 받아쓴 것이다. 고로 이는 사상사적으로 동시다발적인 현상이라고 생각해야 할 것이다. 의례 등 구체적인 문맥까지 시야에 넣은 그 묘사의 정치함, 논의 전개의 견고함 등은 오스틴의 논의가 더 뛰어나지만, 그 사정권의 넓이와 이를 뛰어넘는 역동성 측면에서는 라캉이 더 뛰어나다고 평가할 수 있지 않을까?

73   Lacan, S. I, *Les écrits techniques de Freud*, Paris, Seuil, 1975, 178쪽. 상권 253쪽. 강조는 필자.

74   Lacan, S. I, *Les écrits techniques de Freud*, Paris, Seuil, 1975, 120쪽. 상권 174쪽.

75   Lacan, S. I, *Les écrits techniques de Freud*, Paris, Seuil, 1975, 161쪽. 상권 225~226쪽.

76   Lacan, *E*, 272, 430, etc.

77   Lacan, *E*, 353.

78   Lacan, *E*, 272.

79   Lacan, *E*, 272.

80   Lacan, S. I, *Les écrits techniques de Freud*, Paris, Seuil, 1975, 218쪽. 하권 56쪽.

81   Lacan, S. III, *Les psychoses*, Paris, Seuil, 1981, 48쪽. 상권 59~60쪽.

82   Lacan, S. XIV, *La logique du fantasme*, 1967/2/1. 여기에서 대타자는 "종교의 신, 신앙의 신"과 대비되는 "철학자의 신"이라 불리고 있다. 하지만 사실 대타자는 "철학자의 신"이 아니다. 파스칼에서 시작된 '철학자의 신'과 '신앙의 신'의 구분 자체가 여러 비판을 받고 있는 것은 널리 알려져 있는데, 그보다도 라캉 자신의 이로를 정성스레 살펴보면 바로 여기에서 "철학자의 신"이라 불리고 있는 "대타자"가 실은 "신앙의 신"일 뿐만 아니라 "음탕한 신"과 하염없이 가깝다는 사실을 알 수 있다.

83   Lacan, *E*, 807.

84   Lacan, S. III, *Les psychoses*, Paris, Seuil, 1981, 50쪽. 상권 63쪽.

85   Lacan, S. II, *Le moi dans la théorie de Freud et dans la technique de la psychanalyse*, Paris, Seuil, 1978, 201쪽. 상권 280쪽.

86   Lacan, S. II, *Le moi dans la théorie de Freud et dans la technique de la psychanalyse*, Paris, Seuil, 1978, 201쪽. 상권 280쪽.

87   Lacan, S. V, *les formations de l'inconscient*, Paris, Seuil, 1998, 25쪽. 『無意識の形成物』 상권, 佐々木孝次 외 옮김, 岩波書店, 2005, 27쪽.

88   Lacan, S. I, *Les écrits techniques de Freud*, Paris, Seuil, 1975, 178쪽. 상권 253쪽.

89   Lacan, S. I, *Les écrits techniques de Freud*, Paris, Seuil, 1975, 218쪽. 하권 56쪽.

90   Lacan, S. I, *Les écrits techniques de Freud*, Paris, Seuil, 1975, 289쪽. 하권 167쪽.

91   Lacan, S. I, *Les écrits techniques de Freud*, Paris, Seuil, 1975, 254쪽. 하권 109쪽.

92 Lacan, S. III, *Les psychoses,* Paris, Seuil, 1981, 48쪽. 상권 59쪽.

93 Lacan, *E,* 17.

94 Lacan, *E,* 742.

95 Lacan, *E,* 808.

96 Lacan, *E,* 808.

97 Lacan, S. III, *Les psychoses,* Paris, Seuil, 1981, 86쪽. 상권 121쪽.

98 Lacan, S. IV, *Les relation d'objet,* Paris, Seuil, 1994, 12쪽.

99 Philippe Lacoue-Labarthe, Jean-Luc Nancy, *Le titre de la lettre. une lecture de Lacan,* Paris, Éditions Galilée, 1990, 48쪽. 유보할 부분이 다소 있다고 한 것은, 여기에서 그들이 이 계약 이론, 루소주의와 "동물성에서 인간성으로 향하는 협정을 통한 이행 이론"이라고 말하고 말았기 때문이다. 라캉이 상상적인, 증식하는 공격성을 동물의 공격성과 구별했음을 이미 확인했다.

100 Lacan, *E,* 229.

101 Lacan, S. I, *Les écrits techniques de Freud,* Paris, Seuil, 1975, 275쪽. 하권 142쪽.

102 Lacan, S. I, *Les écrits techniques de Freud,* Paris, Seuil, 1975, 61쪽. 상권 84쪽.

103 Lacan, S. II, *Le moi dans la théorie de Freud et dans la technique de la psychanalyse,* Paris, Seuil, 1978, 327쪽. 하권 184~185쪽. 뉘앙스의 차이를 일단 차치하면 파롤parole과 랑가주langage의 차이는 영어의 speech와 language의 차이에 상응한다고 일단 받아들여도 된다. 단, 영어에서도 언어학에서는 파롤이라는 프랑스어가 그대로 쓰이는 경우도 있다는 점에 유의.

104 Lacan, S. II, *Le moi dans la théorie de Freud et dans la technique de la psychanalyse,* Paris, Seuil, 1978, 336쪽. 하권 200쪽.

105 Lacan, S. II, *Le moi dans la théorie de Freud et dans la technique de la psychanalyse,* Paris, Seuil, 1978, 336쪽. 하권 200~201쪽.

106 Lacan, S. II, *Le moi dans la théorie de Freud et dans la technique de la psychanalyse,* Paris, Seuil, 1978, 337쪽. 하권 202쪽. 세미나에서는 프랑스어식 표기인지, dabar로 표기되어 있고, 일본어 번역도 "다바르"로 표기되어 있는데, 히브리어로는 davar이고, 언어학적으로도 모음을 장음 표기할 필요가 없으므로 "다발"로 수정해서 번역했다.

107 Lacan, S. II, Le *moi dans la théorie de Freud et dans la technique de la psychanalyse,* Paris, Seuil, 1978, 350쪽. 하권 219쪽.

108 라캉은 정보이론, 사이버네틱스에 경도된 후에도, 두 번째 상징계를 체계

화한 후에도 "현대 정보이론의 저속함"을 논하고 있다. 예를 들면, Lacan, *E*, 807.

109 Lacan, S. II, *Le moi dans la théorie de Freud et dans la technique de la psychanalyse*, Paris, Seuil, 1978, 355쪽. 하권 228~229쪽.

110 Lacan, S. II, *Le moi dans la théorie de Freud et dans la technique de la psychanalyse*, Paris, Seuil, 1978, 357쪽. 하권 231쪽.

111 "다발"의 말뜻도 포함해 여기의 어원학적 주기注記는 이스라엘에 거주 중인 유대법학 연구자 구마노 가요熊野佳代로부터 자세한 가르침을 받았다. 이 자리를 빌려 감사를 표한다.

112 Lacan, S. II, *Le moi dans la théorie de Freud et dans la technique de la psychanalyse*, Paris, Seuil, 1978, 359쪽. 하권 234~235쪽.

113 Lacan, S. II, *Le moi dans la théorie de Freud et dans la technique de la psychanalyse*, Paris, Seuil, 1978, 359쪽. 하권 234쪽.

114 Lacan, *E*, 808.

115 Lacan, S. II, *Le moi dans la théorie de Freud et dans la technique de la psychanalyse*, Paris, Seuil, 1978, 359쪽. 하권 236쪽.

116 Lacan, S. II, *Le moi dans la théorie de Freud et dans la technique de la psychanalyse*, Paris, Seuil, 1978, 359쪽. 하권 236쪽.

117 Lacan, S. II, *Le moi dans la théorie de Freud et dans la technique de la psychanalyse*, Paris, Seuil, 1978, 63쪽. 상권 76~77쪽.

118 Lacan, S. II, *Le moi dans la théorie de Freud et dans la technique de la psychanalyse*, Paris, Seuil, 1978, 364쪽. 하권 245쪽.

119 Lacan, S. II, *Le moi dans la théorie de Freud et dans la technique de la psychanalyse*, Paris, Seuil, 1978, 365쪽. 하권 246쪽.

120 확인해두자. 첫 번째 상징계(1955년 6월까지의 상징계)와 두 번째 상징계(그 이후의 상징계)는 같은 "상징계"다. 바로 그렇기 때문에 "중첩"이라고 필자는 형용했다. 자세히 보자면 전자와 전자의 시대에는 "상징적인"이라는 형용사가 많이 쓰였고, 후자는 명확하게 "상징계le symbolique"로 표현하는 경우가 많아졌다. 라캉 스스로 전회가 분명해진 이 시점 이전에도 두 번째 상징계를 예감하는 발언을 하고 있고, 두 번째 상징계가 성립한 후에도 첫 번째 상징계의 이로를 사용하고 있다. 필자도 첫 번째 상징계의 윤곽을 선명하게 하기 위해 전회 이후의 글귀를 몇 번이나 인용해왔고, 두 번째 상징계도 마찬가지다.

121 Lacan, S. II, *Le moi dans la théorie de Freud et dans la technique de la psychanalyse*, Paris, Seuil, 1978, 362쪽. 하권 241쪽.

122 Lacan, S. II, *Le moi dans la théorie de Freud et dans la technique de la psych-analyse,* Paris, Seuil, 1978, 359쪽. 하권 250쪽.

123 이 "충만한 말, 협정과 약속의 상징계"에서 "기계적 랑가주, 시니피앙의 상징계로" 조용히 이루어진 전회를 제일 먼저 알게 해준 것은 필립 줄리앙의 명쾌한 저작이다. 사실 해당 부분의 서술 자체는 한 쪽도 되지 않는 담백한 내용이다. 그러나 이 책이 "입문서"로만 취급된다면 이는 너무도 아까운 일이다. Phillipe Julien, *Le Retour á Freud de Jacques Lacan,* Paris, Erès, 1986, 83쪽. フィリップ·ジュリアン, 『ラカン フロイトへの回帰』, 向井雅明 옮김, 誠信書房, 2002.

124 Lacan, S. XXII, *R. S. I.,* 1975/4/15.

125 Lacan, S. II, *Le moi dans la théorie de Freud et dans la technique de la psych-analyse,* Paris, Seuil, 1978, 226~228쪽. 하권 30~33쪽.

126 Lacan, E, 44~54.

127 라캉은 우리가 이미 인용한 「정신분석과 사이버네틱스 혹은 랑가주의 본성에 대해」에서 "기계의 상징계"와 문맥상 같은 것이라고 할 수 있는 "시스템"에 대해서 "확률의 개념에 기초를 두지 않는다면 어떻게 구성할 수 있을까요?"라고 말하고 있다. Lacan, S. II, *Le moi dans la théorie de Freud et dans la technique de la psychanalyse,* Paris, Seuil, 1978, 352쪽. 하권 222쪽.

128 Lacan, E, 47.

129 Lacan, E, 49. 이하의 설명에 관한 라캉 자신의 문구는 모두 E, 48~51에 있다. 다소 재미있기도 한 데다 유익한 "산수 게임"인데, 이 결과를 전부 망라한 일람표를 라캉은 기이하게도 이해를 방해할 뿐인 수식으로 표시하거나 보로메오와도 닮은 도식으로 표현하고 있다(게다가 원전에는 일부 오자까지 보인다). 필자는 이 부분을 간략히 설명했는데, 이과계에서 영문학으로 전공을 바꾸었다는 도쿄대 학부생 미야우치 유이치宮内裕一의 고마운 지적을 받아 다음과 같이 더 엄밀한 증명을 했다. 재차 라캉의 명제를 보도록 하자.

일련의 항 중에 제1항과 제4항을 정하면 중간의 두 항에 들어갈 수 없는 문자가 반드시 하나 있다. 또 같은 중간의 두 항 중에 첫 번째 중간항에 들어갈 수 없는 문자가 두 개 있고, 다음 중간항에 들어갈 수 없는 문자도 두 개 있다. (Lacan, E, 49.)

이 명제를 증명하겠다.

우선 이 명제를 분할한다. 제1항과 제4항을 미리 정해놓은 다음, "중간의 두 항에 들어갈 가능성이 배제된 문자가 반드시 하나 있다"를 명제 A라고 하자. "또한 같은 중간의 두 항 중에 처음의 중간항에 들어갈 가능성이 배제된 문자가 두 개 있고, 그다음 중간항에 들어갈 가능성이 배제된 문자도 두 개 있다"를 명제 B라고 하자.

명제 B는 또다시 두 개로 분할된다. "처음의 중간항에 들어갈 가능성이 배제된 문자가 두 개 있다." 즉, "제2항에 들어갈 가능성이 배제된 문자가 두 개 있다". 이를 "명제 B 전반"이라 부르자. "다음 중간항에 들어갈 가능성이 배제된 문자도 두 개 있다." 즉, "제3항에 들어갈 가능성이 배제된 문자가 두 개 있다". 이를 "명제 B 후반"이라 부르자.

우선 명제 B부터 증명한다. "α 또는 δ의 경우 α 또는 β 외에는 올 수 없고, β 또는 γ의 경우 γ 또는 δ 외에는 올 수 없다." (Lacan, *E*, 49.) 이를 달리 말하면 "α 다음에는 α 또는 β가 오고, δ 다음에는 α 또는 β가, β 다음에는 γ 또는 δ가, γ 다음에는 γ 또는 δ가 온다"는 말이다. 그림으로 하면 다음과 같다.

〈그림 1〉
("α 또는 β"="α, β"로 표기)
α → α, β
δ → α, β

β → γ, δ
γ → γ, δ
(어느 항) → (다음 항)

이는 제1항이 정해져 있을 경우, 제2항의 가능성이라고 할 수 있다. 즉, 제1항이 α 또는 δ일 때, 제2항의 가능성은 α 또는 β이고, 제1항이 β 또는 γ일 때, 제2항의 가능성은 γ 또는 δ다. 고로 "제1항에 어떤 문자가 와도 제2항에 들어갈 가능성이 배제된 문자는 두 개"(명제 B 전반)인 것을 알 수 있다.

또한 그림 1을 통해 "α 또는 δ에서 α는 나오고, α 또는 δ에서 β는 나오고, β 또는 γ에서 γ는 나오고, β 또는 γ에서 δ가 나온다"는 것을 알 수 있다.

그림으로 하면 다음과 같다.

⟨그림 2⟩
α, δ → α
α, δ → β

β, γ → γ
β, γ → δ
(바로 앞의 항) → (어느 항)

이는 제4항이 정해져 있을 경우, 제3항의 가능성이라고 할 수 있다. 즉, 제4항이 α 또는 β일 때, 제3항의 가능성은 α 또는 β이고, 제4항이 γ 또는 δ일 때, 제3항의 가능성은 β 또는 γ다. 제4항에 어떤 문자가 와도 제3항에 들어갈 가능성이 있는 문자는 두 개임을 알 수 있다.

그러나 이것만으로는 "제4항에 어떤 문자가 와도 제3항에 들어갈 가능성이 배제된 문자는 두 개"임을 증명했다고는 할 수 없다. 제3항은 제2항으로부터의 규제 또한 받기 때문이다. 이로 인해 "세 번째 항목에 들어갈 가능성이 있는 문자가 세 개(또는 네 개) 배제되어 있을" 가능성이 있지 않을까? 이어서 이를 검토한다.

⟨그림 1⟩을 다시 제시하겠다.

⟨그림 1⟩
α → α, β
δ → α, β

β → γ, δ
γ → γ, δ
(어느 항) → (다음 항)

지금의 경우, (어느 항)은 제2항, (다음 항)은 제3항이 된다. 제2항이 "α 또는 β"일 때, 제3항에 네 문자 모두 들어갈 가능성이 있음을 알 수 있다. 제2항이 "γ 또는 δ"일 때도 마찬가지로 제3항에 네 문자 모두 들어갈 가능성이 있음을 알 수 있다. 제4항에 의한 규제는 〈그림2〉에서 제시한 대로다. 고로 "제4항에 어떤 문자가 와도 제3항에 들어갈 가능성이 배제된 문자는 두 개"(명제 B 후반)임이 증명되었다. 이와 동시에 "제3항에는 가능성이 있는 두 문자 모두 들어갈 수 있다"는 것을 알 수 있다.

이어서 명제 A "중간의 두 항에 들어갈 가능성이 배제된 문자가 반드시 하나 있다"를 논증한다.

(1) 제2항의 가능성이 "α 또는 β"일 경우.

제3항에 들어가는 문자는 제2항의 규제를 받지 않으므로 제3항의 가능성은 그림 2에 따르면 (i) "α 또는 β" 혹은 (ii) "β 또는 α"가 된다.

  (i)의 경우, 중간의 두 항에 문자 γ가 올 가능성이 배제된다.
  (ii)의 경우, 중간의 두 항에 문자 δ가 올 가능성이 배제된다.

(2) 제2항의 가능성이 "γ 또는 δ"일 경우.

마찬가지로 그림 2에 따르면 제3항의 가능성은 (iii) "α 또는 δ" 혹은 (iv) "β 또는 γ"가 된다.

  (iii)의 경우, 중간의 두 항에 문자 β가 올 가능성이 배제된다.
  (iv)의 경우, 중간의 두 항에 문자 α가 올 가능성이 배제된다.

이상으로 라캉의 명제 "일련의 항 중에 제1항과 제4항을 정하면 중간의 두 항에 들어갈 수 없는 문자가 반드시 하나 있다. 또 같은 중간의 두 항 중에 첫 번째 중간항에 들어갈 수 없는 문자가 두 개 있고, 다음 중간항에 들어갈 수 없는 문자도 두 개 있다"(Lacan, *E*, 49.)는 증명되었다.

130 Lacan, *E*, 46.

131 Lacan, *E*, 46.

132 Lacan, *E*, 47.

133 Lacan, *E*, 47.

134 Lacan, S. II, *Le moi dans la théorie de Freud et dans la technique de la psychanalyse*, Paris, Seuil, 1978, 227쪽. 하권 32쪽.

135 이를 알게 해준 것은 아래의 참조 논고 안에 있던 하나의 기다란 주다. 原 和之, 「ラカン的概念としての『シニフィアン連鎖』(2): 延命する最後の 『ソシュール現象』からの離脱の試み」, 『電気通信大学紀要』, 第13巻 2号, 2001, 주15.

136 Lacan, *E*, 502. 이 "침식의 질서"는 같은 쪽에서 "문법"과 동일한 것으로 쓰 이고 있다.

137 Lacan, S. I, *Les écrits techniques de Freud*, Paris, Seuil, 1975, 201쪽. 하권 31쪽.

138 Lacan, S. I, *Les écrits techniques de Freud*, Paris, Seuil, 1975, 244쪽. 하권 92쪽.

139 Lacan, *E*, 319.

140 예나 시절의 헤겔에서 시작된 이 "헤겔적인 명명의 논리", 즉 "언어를 뒷받 침하는 '사물'의 죽음"이라는 논리는 하이데거, 블랑쇼, 코제브, 라캉에게 연면히 계승되었다. 우리는 이를 자세히 살필 여유는 없으나, 이러한 "죽 음과 언어"의 관계에 대해 헤겔과 하이데거를 중심으로 짤막하게 정리한 책으로 Giorgio Agamben, *Le langage et la mort, un séminaire sur lieu de la négativité,* traduit de l'italien par Marilène Raiola, Paris, Christian Bourgois Editeur, 1991이 있다. 다만 이 저자 특유의 장황한 서술, 박식함의 자랑밖 에 되지 않는 문맥과 동떨어진 기나긴 인용 등은 이 책에서도 눈에 띈다.

141 Lacan, *E*, 319~321. 라캉다운 회삽한 말투이기는 하나, 여기에서는 분명하 게 "음소의 이분법"에서 "포르트-다"로, "상징적 살해로서의 언어"로 논지 는 연속해서 이어진다.

142 Lacan, *E*, 50.

143 Lacan, *E*, 49.

144 Lacan, *E*, 50.

145 Lacan, *E*, 52.

146 Jacques Lacan, S. XII, *Problèms cruiciaux pour la psychanalyse*, 1965/6/16.

147 Lacan, *E*, 51.

148 Lacan, *E*, 52. 강조는 필자.

149 Lacan, *E*, 52.

150 Lacan, S. I, *Les écrits techniques de Freud,* Paris, Seuil, 1975, 272쪽. 하권 136쪽. 이 시대(1950년대)에 라캉의 "시니피카시옹" 개념은 명백히 용법 상의 애매모호함이 존재한다는 점에 주의해야 한다. 어떤 때는 이 부분처 럼 이후의 시니피앙과 이어지는 의미를 갖는다. 하지만 또 어떤 때는 "시 니피에"가 "사물"이 아니라 소쉬르가 말하는 "개념 내용"임을 환기하기 위해 시니피에를 "시니피카시옹이다"라고 하거나, 또 어떤 부분에서는 시

니피에를 잘못해서 시니피카시옹이라고 쓴 것이 아닌지 눈을 의심하게 한다.

151 사실 라캉은 다른 곳에서 포르트-다와 반복 강박, 본원적 상징화 간의 관계를 "시니피앙 연쇄"라는 용어로 설명하고 있다.

152 Lacan, *E*, 52.

153 라캉은 '프로이트 이후, 무의식은 시니피앙 연쇄 그 자체가 되었다'고까지 말하고 있다. Lacan, *E*, 799.

154 Lacan, *E*, 46.

155 Lacan, *E*, 47.

156 Lacan, *E*, 47.

157 Lacan, S. XIV, *La logique du fantasme*, 1966/11/16.

158 Lacan, *E*, 50.

159 Lacan, S. XX, *Encore*, Paris, Seuil, 1975, 20쪽. 이 어법은 이 세미나에서 몇 번 반복된다.

160 하나 더 사전 설명을 해두어야 할까? 라캉의 "언어학 비스무레한 것"에 대해서는 소쉬르, 벤베니스트, 야콥슨은 물론이요, 옐름슬레우, 촘스키, 무난……뿐만 아니라 어쩌면 괴테, 뵈메, 아우구스티누스와 성 토마스, 기타 스콜라학파 스토아학파, 그노시스파의 언어론까지 언급하면서 다종다양하게 논할 수 있고, 필자도 이들 논지를 몇 가지 읽고 얻은 바가 컸다. 하지만 알고 있는 것을 전부 쓰는 것이 논문을 쓰는 작업은 아니다. 원래 필자가 고대·중세·근대·현대의 "언어론"에 정통해 있는 것도 아니다. 여기에서 언어론의 대지에 발을 들이면 우회에 우회를 거듭하게 될 것이다. 여기에서는 거의 대부분을 생략하고 라캉의 논지에 집중하도록 한다.

161 Ferdinand de Saussure, *Cours de linguistique générale*, t. 1, ed. Rudolf Engler, Wiesbaden, Harrassowitz, 1989, 150쪽, 258쪽.

162 Lacan, *E*, 497~499.

163 Lacan, *E*, 497.

164 Philippe Lacoue-Labarthe, Jean-Luc Nancy, *Le titre de la lettre, une lecture de Lacan*, Paris, Éditions Galilèe, 1990, 55쪽.

165 Lacan, *E*, 801.

166 Lacan, S. V, *Les formations de l'inconscient*, Paris, Seuil, 1998, 14쪽. 상권 11쪽.

167 Jacques Lacan, 《Radiophonie》, *Autre écrits*, Paris, Seuil, 2001, 416쪽.

168 Lacan, *E*, 29.

169   Lacan, S. XII, *Problèms cruciaux pour la psychanalyse*, 1964/12/2.

170   Lacan, S. XX, *Encore*, Paris, Seuil, 1975, 22쪽.

171   Lacan, S. XX, *Encore*, Paris, Seuil, 1975, 34쪽.

172   Lacan, *E*, 505.

173   Lacan, *E*, 518. 강조는 원문.

174   Lacan, S. III, *Les psychoses*, Paris, Seuil, 1981, 260쪽. 하권 123쪽.

175   Lacan, *E*, 515.

176   Lacan, *E*, 507.

177   Lacan, *E*, 511.

178   Lacan, *E*, 506.

179   Lacan, *E*, 508.

180   Lacan, *E*, 507.

181   Lacan, *E*, 508.

182   Lacan, *E*, 516.

183   Lacan, *E*, 508.

184   Lacan, X. XII, *Problèms cruciaux pour la psychanalyse*, 1964/12/2.

185   Lacan, S. V, *Les formations de l'nconscient*, Paris, Seuil, 1998, 75쪽. 상권 106쪽.

186   Lacan, S. III, *Les psychoses*, Paris, Seuil, 1981, 261쪽. 하권 124쪽.

187   물론 저 "부성 은유"를 잊은 것은 아니다. 하지만 이에 대한 논의는 뒤로 미루자.

188   Lacan, S. III, *Les psychoses*, Paris, Seuil, 1981, 304쪽. 하권 191쪽.

189   Lacan, S. V, *Les formations de l'inconscient*, Paris, Seuil, 1998, 196쪽. 상권 287~288쪽.

190   Lacan, *E*, 205.

191   Jean-Francois Lyotard, *Discours, figure*, Paris, Klincksieck, 1971, 257쪽. 확인차 부기해둔다. 나중에 논하는 바와 같이 시니피앙 연쇄 속에서 "사라지는" 특성 또한 라캉적 주체와 시니피에는 공유하고 있어서 이 유사성은 그리 쉽게 내버려서는 안 될 것이라고 생각한다. 고로 여기에서 시니피에가 주체라는 이해를 전적으로 부정하는 것은 아니다.

192   Lacan, S. X, *Angoisse*, 1963/6/12. 강조는 필자.

193   제10절 참조.

194   Lacan, S. XI, *Les quatre concepts fondamentaux de la psychanalyse*, Paris, Seuil, 1973, 201쪽. 『精神分析の四基本概念』, 小出浩之 외 옮김, 岩波書店,

297쪽.

195 실제로 라쿠-라바르트와 낭시는 이 글귀에서 "주의 깊게 짜놓은 애매모호
함"을 읽어낸다. 필자는 무익하다고 생각해 생략했으나 그들이 말하는 바
에 따르면 "상징화symbolise"의 목적어로 받아들일 여지가 있는 말이 또 하
나 있다. 그것은 isoloir(구획)인데, 이 앞에 avec(함께)라는 전치사가 놓
여 있어, 이로 인해 문장의 뜻은 뜻밖의 난해함과 다의성을 갖게 된다. Cf.
Philippe Lacoue-Labarthe, Jean-Luc Nancy, *Le titre de la lettre. une lecture
de Lacan,* Paris, Éditions Galilée, 1990, 64쪽.

196 Lacan, S. III, *Les psychoses,* Paris, Seuil, 1981, 223~224쪽. 하권 69쪽.

197 Lacan, S. III, *Les psychoses,* Paris, Seuil, 1981, 282~283쪽. 하권 155쪽.

198 Lacan, S. III, *Les psychoses,* Paris, Seuil, 1981, 210쪽. 하권 47~48쪽.

199 이는 필자의 독단이 아니다. 라캉은 다음 부분에서 근친상간의 금지를 선
언하고 명명하는 "아버지"를 "나는 스스로 있는 자"를 뜻하고, "하나의 구
멍"이라고 말한다. Lacan, S. XXII, *R. S. I.,* 1974/4/15.

200 혹시 모르니 확인해두자. 역사적으로 보았을 때, "나는 '스스로 있는 자'
다"가 무의미하고 공허하다고는 할 수 없다. 히브리어로 "'ehyeh' 'asher'
'ehyeh'", 라틴어로는 "ego sum qui sum", 영어로는 "I am who I am"이 될
이 글귀를 "나는 존재다"라고 읽은 것에서 소위 "존재-신-론onto-theo-logy"
의 방대한 역사가 시작되었다. 다만 필자는 이 글귀를 "나는 '존재'다"라고
의미 내용이 있는 말로 이해하는 것이 아니라, "나는 스스로 있는 자다"라
는 그 자체는 공허하고 내용이 전혀 없는 발화를 굳이 "말한다"는 순수한
언어 행위로 이해했을 때 라캉이 여기에서 "진정한 시니피앙"(우리식으로
말하자면 "완전히 내용이 공허한 '거꾸로 선 충만한 말'")이라 부를 만한 가
치가 있다는 말을 하고 싶은 것이다. 앞의 논지에 대해서는 鶴岡賀雄,「唯
一神と人格神」,『一神教とは何か: 公共哲学からの問い』, 大貫隆 외 편, 東
京大学出版, 2006에 명쾌하고 친절한 설명이 있고, 필자는 이에 의거했다.

201 Lacan, *E,* 431.

202 Lacan, S. III, *Les psychoses,* Paris, Seuil, 1981, 50쪽. 상권 63쪽.

203 Lacan, *E,* 818.

204 Lacan, *E,* 454.

205 필자는 désir를 "욕망"이라고 번역하는 것에 이의를 제기하는 의견을 부정
하지 않는다. 예를 들어 18세기 그리스도교의 신비주의자 생 마르탱은 스
스로를 "désir하는 사람"이라 자칭해 이를 전기 제목으로 삼고 있다. 이 외
에도 그리스도교 성직자가 이런 용법으로 이 어휘를 사용한 사례는 많다.

즉, 이는 신을 "원한다"는 뜻으로, 욕망이라는 치우친 어휘를 사용하는 것은 적절하지 않다는 의견에 일리는 있다. 그러나 필자는 욕망이라는 어휘를 선택했다. 이것이 이미 정착된 번역어이고, 이를 바꾸어서 불필요하게 혼란을 가져오는 것은 좋지 않다는 판단도 있을 수 있겠다. 하지만 필자는 다른 이유 때문이다. 이는 제1부 마지막에 저절로 밝혀질 것이다. 앞에서 말한 생 마르탕의 저서는 다음과 같다. Louis-Clauede de Saint-Martin, *L'homme de désir,* reproduction photomécanique de la nouvelle édition revue et corigée par l'auteur, Œuvres majeures Louis-Claude de Saint- Martin, éditées par Robert Amadou, t. 3, New York, Hildesheim, 1980.

206   Lacan, *E,* 825.

207   Lacan, *E,* 343.

208   Lacan, S. X, *L'angoisse,* 1962/11/21.

209   Lacan, S. XXI, *Les non-dupes errent,* 1974/4/9.

210   상상계의 소외가 아닌, 대타자, 시니피앙에 의한 주체의 소외에 대해서는 *E,* 840, 849, etc.

211   Lacan, S. VI, *Le désir et son interprétation,* 1958/11/12.

212   Lacan, S. VI, *Le désir et son interprétation,* 1958/12/17.

213   Lacan, S. VI, *Le désir et son interprétation,* 1959/4/8.

214   Lacan, S. VI, *Le désir et son interprétation,* 1959/4/8.

215   제2부에서 논하는 르장드르가 주저 『거울을 가진 신』중 1장을 할애해 오비디우스가 쓴 나르키소스 신화에 직접 주석을 달아 라캉의 거울상 단계론을 더욱 풍요롭게 한 점에 주목하자. 이 단락은 이를 참고로 부연한 것이라고 보면 된다.

216   Cf. Lacan, S. XVIII, *D'un discours qui ne serait pas du semblant,* 1971/1/13. 라캉은 여기에서 "대타자에게는 대타자가 없다" "메타언어는 존재하지 않는다" "진리에 관한 진리는 존재하지 않는다"를 포개면서 연이어 단언하고 있다.

217   Lacan, *E,* 818.

218   Lacan, S. IV, *La relation d'objet,* Paris, Seuil, 1994, 431쪽.

219   Lacan, S. IX, *L'identification,* 1961/11/29.

220   Lacan, S. IX, *L'identification,* 1961/12/13.

221   Lacan, S. IX, *L'identification,* 1961/12/20.

222   Lacan, S. IX, *L'identification,* 1962/1/10.

223   Lacan, S. IX, *Problèms cruciaux pour la psychanalyse,* 1965/2/3.

224 Lacan, S. X, *L'angoisse,* 1962/11/21.

225 Lacan, S. X, *L'angoisse,* 1962/11/21.

226 Lacan, S. X, *L'angoisse,* 1962/11/21.

227 Lacan, S. IX, *L'identification,* 1962/2/28.

228 Lacan, S. IX, *L'identification,* 1962/2/28.

229 Lacan, S. IX, *L'identification,* 1962/3/7.

230 Lacan, S. IX, *L'identification,* 1962/3/7.

231 Lacan, S. IX, *L'identification,* 1962/3/14.

232 Lacan, S. IX, *L'identification,* 1962/3/7.

233 Lacan, S. IX, *L'identification,* 1962/6/27. 이를 알게 된 것은 바로 르장드르 가 트레 위네르라는 말은 한마디도 쓰지 않고 이를 논했기 때문으로, 해당 부분만으로는 이해하지 못했을 것이다. 그러나 해당 부분에서 라캉은 "분 류 기능의 도그마틱한 분절"이라는 말을 쓰고 있어, 이 라캉의 문체 자체가 비판적인 제자 중 한 명이자 "도그마주의자"인 르장드르에게 어떤 시사를 받은 발언일지도 모른다고 부언해두는 것이 좋으리라.

234 Lacan, S. X, *L'angoisse,* 1962/11/21.

235 Lacan, S. X, *L'angoisse,* 1962/11/21.

236 Lacan, S. IX, *L'identification,* 1961/12/6.

237 Lacan, *E,* 24.

238 Lacan, *E,* 495.

239 Lacan, *E,* 24.

240 Philippe Lacoue-Labarthe, Jean-Luc Nancy, *Le titre de la lettre. une lecture de Lacan,* Paris, Éditions Galilèe, 1990, 46쪽.

241 Philippe Lacoue-Labarthe, Jean-Luc Nancy, *Le titre de la lettre. une lecture de Lacan,* Paris, Éditions Galilèe, 1990, 62쪽.

242 Jacques Derrida, *La carte postale. de Socrate à Freud et au-delà,* Paris, Flammarion, 1980, 492쪽.

243 Jacques Lacan, 《Réponses à des étudiants en philosophie》, *Autres écrits,* Paris, Seuil, 2001, 209쪽.

244 Lacan, S. XX, *Encore,* Paris, Seuil, 1975, 22쪽.

245 Alain Juranville, *Lacan et la philosophie,* Paris, PUF, 1984, 41~53쪽. アラ ン·ジュランヴィル, 『ラカンと哲学』, 高橋哲哉 외 옮김, 産業図書, 1991, 35~47쪽.

246 역으로 말해 라캉은 "말" "언어"를 "시니피앙"으로 대체함으로써 주체와

그 표상, 욕망에 관여하는 것인 한, 언어는 언어임에 자족할 수는, 스스로 닫힌 존재일 수는 없다고 말하고 있는 것이기도 하다.

247 실은 라캉도 이렇게 말했다. 거울상 단계에 "이미지와 시니피앙이라는 두 가지 단계temps가 있는 것은 아니다". Lacan, S. X, *L'angoisse*, 1962/11/28.

248 Lacan, S. VII, *L'ethique de la psychanalyse,* Paris, Seuil, 1986, 75쪽.『精神分析と倫理(上)』, 小出浩之 외 옮김, 岩波書店, 2002, 90쪽.

249 우리가 여기에서 바로잡은 거울과 이미지의 문제 계열과 관련된 오류를, 기호학자 움베르토 에코는 전부 범하고 있다. Umberto Eco, *Semiotics and the philosophy of language,* Th Macmillan Press Ltd., London, 1984, 216쪽. 『記号論と言語哲学』, 谷口勇 옮김, 国文社, 1996, 397쪽. 영어판에서는 이 거울에 관한 소론이 마지막 장에 실려 있지만, 이탈리아어판은 독립된 저서로 출판되었다. Umberto Eco, *Sugli specchi e altri saggi,* Milano, Bompiani, 1985.

250 Gilles Deleuze, *Logique du sens,* Paris, Minuit, 1969, 55쪽. ジル·ドゥルーズ, 『意味の論理学』, 宇波彰·岡田弘 옮김, 法政大学出版局, 1987, 55쪽.

251 Gilles Deleuze, Felix Guattari, *L'Anti-Œdipe,* Paris, Minuit, 1973, 490쪽, 98. 전자의 문장은 권말의 내용 목차에 있다. ドゥルーズ=ガタリ, 『アンチ·オイディプス』, 市倉宏祐 옮김, 河出書房新社, 1986, 105~106쪽.

252 Pierre Legendre, *Leçons III. Dieu au miroir. Étude sur l'institution des images,* Paris, Fayard, 1994, 67쪽. 앞으로 이 책을 *DM*으로 약기한다. 나르키소스의 수면이 〈거울〉이 아닌 이유는, 나르키소스가 "이것은 나다"라는 동일화의 언명도, "이것은 내가 아니다"라는 거울상이 허상임을 고하는 언명도 듣지 못한 자이기 때문이다.

253 Legendre, *DM,* 148.

254 Lacan, S. XXII, *R. S. I.,* 1975/3/18.

255 Lacan, S. XXII, *R. S. I.,* 1975/3/11.

256 Lacan, S. XXII, *R. S. I.,* 1975/3/11.

257 Lacan, S. XXIV, *L'insu que sait de l'une-bévue s'aile à mourre,* 1977/3/15.

258 Lacan, S. III, *Les psychoses,* Paris, Seuil, 1981, 261쪽. 하권 124쪽.

259 Lacan, S. V, *Les formations de l'inconscient,* Paris, Seuil, 1998, 13쪽. 상권 9쪽.

260 Lacan, S. III, *Les psychoses,* Paris, Seuil, 1981, 248쪽. 하권 105쪽.

261 Lacan, *E,* 187.

262 이는『에크리』의 보유補遺로 실린 발언 기록의 제목이다. Lacan, *E,* 889.

263 Lacan, *E,* 892.

264 Legendre, *DM*, 54.

265 정확히 말하자면 '고장 난 〈거울〉은 나르키소스에게 속삭이는 에코다'가 될 것이다. 둘을 덮친 비극을 감안하면 그렇다.

266 필자의 기억에 따르면 몇 번에 걸쳐 인용하거나 언급했을 터인데, 아래 부분밖에 찾지 못했다. 아는 분의 가르침을 기다린다. Lacan, S. XI, *Les quatre concepts fondamentaux de la psychanalyse*, Paris, Seuil, 1973, 71쪽.

267 Lacan, S. XXIII, *Le sinthome*, 1976/4/13.

268 Lacan, 《La troisième》, 7ème Congrès de l'École freudienne de Paris à Rome. Conférence parue dans les *Lettres de l'École freudienne*, 1975, n° 16, 177~203쪽.

269 Lacan, S. XXII, *R. S. I.*, 1974/12/10.

270 Lacan, S. XXI, *Les non-dupes errent*, 1973/11/20.

271 Lacan, S. XIII, *L'objet de la psychanalyse*, 1966/1/5.

272 Lacan, S. XXII, *R. S. I.*, 1975/1/21.

273 Lacan, S. VII, *L'éthique de la psychanalyse*, Paris, Seuil, 1986, 29쪽. 상권 27쪽.

274 Lacan, S. XII, *Problèmes cruciaux pour la psychanalyse*, 1965/6/16.

275 Lacan, S. XI, *Les quatre concepts fondamentaux de la psychanalyse*, Paris, Seuil, 1973, 54쪽. 73쪽.

276 Lacan, S. XI, *Les quatre concepts fondamentaux de la psychanalyse*, Paris, Seuil, 1973, 55쪽. 73쪽.

277 유보하는 이유는 바로 뒤의 주에서 논하겠다.

278 中井久夫, 『兆候·記憶·外傷』, みすず書房, 2004. 물론 이 책 전체를 풀어 내야 하겠으나, 특히 「発達の記憶論」 53쪽을 참조. 또한 나카이의 번역 작업이 보여주고 있고 본인 또한 주장하는 바와 같이 "트라우마"라는 관념 자체가 역사적인 산물에 불과하다는 입장은 당연히 있을 수 있다. 이는 아마도 "세계 전쟁"과 "철도 사고"와 "총동원"과 "보험" 시대의 사회적인 날조물에 불과하다. 따라서 라캉과 라캉학파가 실재계의 특권적인 조우를 외상이라고 여긴다면 그 자체가 의혹의 눈초리를 받을 수밖에 없다. 그것은 "순수한 우연성"이 아니게 되기 때문이다. 고로 필자는 이를 유보한다고 했던 것이다. 실재계와의 접촉은 다른 방법도 있을 수 있고, 오히려 이를 중심으로 논하도록 한다. 또한 그렇다고 나카이가 실제로 외상으로 고통 받은 환자가 존재하는 것은 사실이므로 이를 정성을 다해 "치유하는" 것 또한 잊어서는 안 된다고 말하고, 관념의 비판과 임상의 실천 간의 균형이야말로 중요하다고 논한 것은 더 강조할 필요가 있고 필자도 공감한다. 이 "균형"은 트라우마라

는 관념에 역사적인 비판을 가하는 책과, 트라우마에 고통 받는 환자를 임상가는 어떻게 대해야 하는지 진지하게 논한 책을 나카이가 동시에 번역하고 있는 데에 단적으로 드러난다. 다음을 참조. アラン·ヤング, 『PTSDの医療人類学』, 中井久夫 외 옮김, みすず書房, 2001. ジュディス·ハーマン, 『心的外傷と回復』, 中井久夫 옮김, みすず書房, 1996.

279 Lacan, S. VII, *L'éthique de la psychanalyse*, Paris, Seuil, 146쪽. 상권 183쪽.

280 Lacan, S. VII, *L'éthique de la psychanalyse*, Paris, Seuil, 142쪽. 상권 177쪽.

281 라캉은 다음 부분에서 실재계와 트레 위네르의 관계에 대해 간략하게나마 언급하고 있다. Lacan, S. IX, *L'identification*, 1962/11/21. 또한 이와 관련해 "문제는 시니피앙이 실재계에 들어온다는 것과, 이로 인해 어떻게 주체가 탄생하는지를 보는 것입니다"라고 논한 다음 부분도 참조. Lacan, S. X, *L'angoisse*, 1963/1/9.

282 Lacan, S. VII, *L'éthique de la psychanalyse*, Paris, Seuil, 29쪽. 상권 27쪽.

283 Jacques Lacan, 《Préface à L'éveil du printemps》, *Autres écrits*, Paris, Seuil, 2001, 562쪽. 강조는 필자.

284 Lacan, S. XI, *Les quatre concepts fondamentaux de la psychanalyse*, Paris, Seuil, 1973, 59쪽. 80쪽. 강조는 필자.

285 Lacan, S. XIX, ……*Ou pire*, 1971/11/4.

286 Lacan, S. V, *Les formations de l'inconscient*, Paris, Seuil, 1998, 313쪽.

287 Lacan, *E*, 853.

288 예를 들어 적절량의 식사가 주는 쾌락은 신체 건강에 "도움"이 되지만 미친 듯한 과식의 향락은 "도움"이 되지 않고, 단식의 향락은 "다이어트에 도움"이 되는 것 이상의 어떤 과잉을 내포한다고 하면 이해하기 쉬울까? "향락하기frui"와 "이용하기uti"의 구별은 아우구스티누스로부터 시작되는 전통 있는 구별이고, 석학으로 알려진 종교사가 자크 르 브랑 또한 이에 대해 라캉론을 말미에 둔 저서를 썼다. 다음을 참조. Jacques Le Brun, *Le pur amour de Platon à Lacan*, Paris, Seuil, 2002. 특히 65~87쪽과 305~340쪽에 주목하기 바란다.

289 Lacan, S. VII, *L'éthique de la psychanalyse*, Paris, Seuil, 221쪽. 하권 34쪽.

290 Lacan, S. VII, *L'éthique de la psychanalyse*, Paris, Seuil, 222쪽. 하권 36~37쪽.

291 Lacan, S. VII, *L'éthique de la psychanalyse*, Paris, Seuil, 221쪽. 하권 34쪽.

292 Lacan, S. XIX, ……*Ou pire*, 1972/1/19.

293 Lacan, *E*, 821.

294 Lacan, S. XVIII, *D'un discours qui ne serait pas du semblant*, 1971/2/17.

295 Lacan, S. XVIII, *D'un discours qui ne serait pas du semblant,* 1971/2/17. 이 "전부는 아닌" 여성, 여성의 "전부가 아님"에 대해서는 후에 제4장에서 자세히 논하겠다.

296 Lacan, S. VII, *L'éthique de la psychanalyse,* Paris, Seuil, 207쪽. 하권 17쪽.

297 "향락은 전과 마찬가지로, 우리가 신이 믿고 있는 것을 알기 전과 마찬가지로, 금지되어 있다는 것입니다." Lacan, S. VII, *L'éthique de la psychanalyse,* Paris, Seuil, 217쪽. 하권 29쪽.

298 Cf. 中井久夫,「踏み越えについて」,『兆候·記憶·外傷』, みすず書房, 2004.

299 Lacan, *E,* 821.

300 라캉 이론에서 이 둘은 근본적으로 구분할 수 없다. 여기에서는 법학자인 르장드르에게 기댈 수밖에 없다. 제2부부터 논하게 되는 "소격"에 관한 논지를 참조하기 바란다. "계율과의 소격"이라는 면에서 이 둘은 전적으로 구별할 수 있다. 죽이는 자에게는 소격이 없고, 굳이 죽음으로 향하는 자에게는 소격이 있다. 또한 이처럼 성과 살인의 향락을 권리로서 청구하는 사드를 강조하는 방식에 대해서는 푸코의 분명한 비판이 있다. 다음을 참조. Foucault,《Sade, sergent du sexe》, *Dits et Écrits I, 1954~1975,* Paris, Gallimard, 2001.「サド 性の法務官」,『思考集成V』, 中澤信一 옮김, 筑摩書房, 2000. 이 인터뷰는 제3부의 주에서도 다룬다. 나는 푸코의 비판이 충분한 타당성을 갖추고 있다고 생각한다. 그뿐만 아니라 라캉은 차치하더라도, 라캉학파와 그 외의 사람들이 이 논지를 질리지도 않고 거듭 반복하는 것은 라캉의 진정한 가능성을 놓치고 있다는 점에서 단지 오류일 뿐만 아니라, 실로 따분하기조차 하다고 생각한다. 죽이는 향락과 범하는 향락 따위는 넘쳐난다. 거짓말이라고 생각한다면 내일 아침에 신문이라도 읽어보라.

301 Lacan, S. XX, *Encore,* Paris, Seuil, 1975, 10쪽. 또한 향락이 "아무 도움이 되지 않는다"에 관해서는 이미 거론한 종교사가 르 브랑이 쓴 저작의 명쾌한 설명을 참조. Jacques Le Brun, *Le pur amour de Platon à Lacan,* Paris, Seuil, 2002.

302 한마디만 해두자. 일단 전쟁은 죽이는 향락을 "합법화"한다. 하지만 그것이 외상을 만들어내기도 한다는 점은 이미 지적했다.

303 Lacan, S. V, *Les formations de l'inconscient,* Paris, Seuil, 1998, 191~194쪽.

304 Lacan, S. IV, *La relation d'objet,* Paris, Seuil, 1994, 81쪽.

305 Lacan, S. IV, *La relation d'objet,* Paris, Seuil, 1994, 426쪽.

306 Lacan, S. V, *Les formations de l'inconscient,* Paris, Seuil, 1998, 192쪽. 강조는 필자.

307   Lacan, S. V, *Les formations de l'inconscient,* Paris, Seuil, 1998, 186쪽.

308   Jacques Lacan, S. IV, *La relation d'objet,* Paris, Seuil, 1994, 61쪽 또는 같은 책 38쪽.

309   Lacan, S. V, *Les formations de l'inconscient,* Paris, Seuil, 1998, 192쪽.

310   Lacan, S. V, *Les formations de l'inconscient,* Paris, Seuil, 1998, 194쪽.

311   Lacan, *E,* 642.

312   Lacan, *E,* 557.

313   Lacan, *E,* 690.

314   Lacan, S. IV, *La relation d'objet,* Paris, Seuil, 1994, 152쪽.

315   Lacan, S. IV, *La relation d'objet,* Paris, Seuil, 1994, 153쪽.

316   Lacan, S. V, *Les formations de l'inconscient,* Paris, Seuil, 1998, 199쪽.

317   Lacan, S. V, *Les formations de l'inconscient,* Paris, Seuil, 1998, 193쪽. 강조는 원문.

318   Lacan, *E,* 557쪽.

319   Lacan, S. V, *Les formations de l'inconscient,* Paris, Seuil, 1998, 174~175쪽.

320   Lacan, *E,* 690.

321   Lacan, S. V, *Les formations de l'inconscient,* Paris, Seuil, 1998, 194쪽.

322   Lacan, S. XXII, *R. S. I.,* 1974/12/17.

323   Lacan, S. VI, *Le désir et son interprétation,* 1959/4/22.

324   Lacan, S. XX, *Encore,* Paris, Seuil, 1975, 13쪽.

325   Lacan, S. XX, *Encore,* Paris, Seuil, 1975, 67쪽.

326   Lacan, S. XIV, *La logique du fantasme,* 1967/4/12.

327   Lacan, S. X, *L'angoisse,* 1963/3/6.

328   Lacan, S. XX, *Encore,* Paris, Seuil, 1975, 75쪽.

329   Lacan, S. XX, *Encore,* Paris, Seuil, 1975, 73쪽.

330   Lacan, S. XVI, *D'un Autre à l'autre,* 1969/6/4.

331   Lacan, *E,* 693.

332   Lacan, 《L'Étourdit》, *Autre écrits,* Paris, Seuil, 2001, 456쪽.

333   Lacan, S. XIX, ······*Ou pire,* 1972/1/12.

334   Lacan, S. XX, *Encore,* Paris, Seuil, 1975, 67쪽.

335   Lacan, *E,* 642.

336   Lacan, S. V, *Les formations de l'inconscient,* Paris, Seuil, 1998, 274쪽.

337   Lacan, S. V, *Les formations de l'inconscient,* Paris, Seuil, 1998, 483쪽.

338   Lacan, S. IV, *La relation d'objet,* Paris, Seuil, 1994, 51쪽.

339 Lacan, S. IV, *La relation d'objet,* Paris, Seuil, 1994, 191쪽.

340 Lacan, *E,* 690. 강조는 필자.

341 Lacan, S. XVIII, *D'un discours qui ne serait pas du semblant,* 1971/5/19.

342 Lacan, S. X, *L'angoisse,* 1963/1/16.

343 Lacan, S. X, *L'angoisse,* 1963/1/16.

344 Lacan, S. XI, *Les quatre concepts fondamentaux de la psychanalyse,* Paris, Seuil, 1973, 180쪽. 263~264쪽.

345 Lacan, S. XIV, *La logique du fantasme,* 1967/6/14.

346 Lacan, S. X, *L'angoisse,* 1962/11/21.

347 Lacan, S. X, *L'angoisse,* 1962/11/21.

348 Lacan, S. XI, *Les quatre concepts fondamentaux de la psychanalyse,* Paris, Seuil, 1973, 243쪽. 364쪽.

349 Lacan, S. XII, *Problèmes cruciaux pour la psychanalyse,* 1965/1/27.

350 Lacan, S. X, *L'angoisse,* 1963/3/20.

351 Lacan, S. X, *L'angoisse,* 1963/6/12.

352 Lacan, *E,* 682.

353 Lacan, S. XIV, *La logique du fantasme,* 1966/11/16.

354 Lacan, S. XX, *Encore,* Paris, Seuil, 1975, 114쪽.

355 Lacan, S. XII, *Problèmes cruciaux pour la psychanalyse,* 1965/6/16.

356 Lacan, S. XI, *Les quatre concepts fondamentaux de la psychanalyse,* Paris, Seuil, 1973, 219쪽. 327쪽.

357 Lacan, S. XIV, *La logique du fantasme,* 1966/11/16.

358 Lacan, 《Allocution sur les psychoses de l'enfant》, *Autres écrits,* Paris, Seuil, 2001, 368쪽.

359 Lacan, S. XIII, *L'objet de la psychanalyse,* 1996/1/5.

360 Lacan, S. XI, *Les quatre concepts fondamentaux de la psychanalyse,* Paris, Seuil, 1973, 241쪽. 362쪽.

361 Lacan, S. XXIII, *Le sinthome,* 1976/2/10.

362 Lacan, 《Note sur L'enfant》, *Autres écrits,* Paris, Seuil, 2001, 373쪽.

363 Lacan, S. X, *L'angoisse,* 1963/1/30.

364 Lacan, S. XII, *Problèmes cruciaux pour la psychanalyse,* 1965/2/3.

365 Lacan, S. XII, *Problèmes cruciaux pour la psychanalyse,* 1965/2/3.

366 Lacan, *E,* 825.

367 제16절과 제20절을 참조.

368   Lacan, S. XIV, *La logique du fantasme,* 1967/6/14.

369   Lacan, S. XIV, *La logique du fantasme,* 1967/11/13.

370   Lacan, S. XVI, *D'un Autre à l'autre,* 1968/11/13.

371   Lacan, S. XVI, *D'un Autre à l'autre,* 1986/11/20.

372   Lacan, S. XIV, *La logique du fantasme,* 1967/6/14.

373   Claude Lévi-Strauss, *La pensée sauvage,* Paris, Pilon, 1962, 316~321쪽. クロード·レヴィ゠ストロース, 『野生の思考』, 大橋保夫 옮김, みすず書房, 1976, 286~291쪽.

374   Lacan, S. IV, *La relation d'objet,* Paris, Seuil, 1994, 166쪽.

375   이에 대해서는 제52절에서 다시 다루겠다.

376   Lacan, S. XX, *Encore,* Paris, Seuil, 1975, 26쪽. 강조는 필자. 여기에서는 "대타자의 향락La jouissance de l'Autre"이라고 번역했지만 주지하는 바와 같이 이 de는 주격과 소유격을 동시에 의미할 수 있다. 즉, 이는 "대타자가 향락하는 향락"이기도 하고, "대타자가 주는 향락"이기도 하다. 이하 "여성의 향락"도 마찬가지다.

377   Lacan, S. XX, *Encore,* Paris, Seuil, 1975, 59쪽. 강조는 필자.

378   Lacan, S. XX, *Encore,* Paris, Seuil, 1975, 68쪽.

379   Lacan, S. XX, *Encore,* Paris, Seuil, 1975, 68쪽.

380   원초적 아버지와 돈 후안에 관해서는 Lacan, S. XVIII, *D'un discours qui ne serait pas du semblant,* 1971/2/17. 돈 후안과 la femme에 관해서는 Lacan, S. XX, *Encore,* Paris, Seuil, 1975, 15쪽.

381   Lacan, S. XX, *Encore,* Paris, Seuil, 1975, 69쪽. 강조는 필자.

382   Lacan, S. XX, *Encore,* Paris, Seuil, 1975, 69쪽.

383   Lacan, 《L'Étourdit》, *Autre écrits,* Paris, Seuil, 2001, 466쪽.

384   Lacan, S. XX, *Encore,* Paris, Seuil, 1975, 75쪽.

385   Lacan, S. XX, *Encore,* Paris, Seuil, 1975, 75쪽.

386   Lacan, S. XX, *Encore,* Paris, Seuil, 1975, 78쪽.

387   Lacan, S. XX, *Encore,* Paris, Seuil, 1975, 78쪽.

388   또한 그 직후, 같은 쪽에서 라캉은 짧지만 분명하게 "라랑그"를 논한다. 이에 대해서는 뒤에서 살펴보겠다.

389   Lacan, S. XX, *Encore,* Paris, Seuil, 1975, 183쪽. 강조는 필자.

390   Lacan, S. XX, *Encore,* Paris, Seuil, 1975, 66쪽.

391   Lacan, S. XX, *Encore,* Paris, Seuil, 1975, 71쪽.

392   Lacan, S. XX, *Encore,* Paris, Seuil, 1975, 70쪽.

393   Lacan, S. XX, *Encore,* Paris, Seuil, 1975, 70~71쪽. 강조는 원문.

394   中井久夫,「土居健郎撰集解説」,『関与と観察』, みすず書房, 2005, 236쪽.

395   Lacan, S. XX, *Encore,* Paris, Seuil, 1975, 79쪽.

396   Lacan, S. XXIII, *Le sinthome,* 1976/4/13.

397   이어지는 신비주의에 관한 지식은 모두 미셸 드 세르토와 세르토에게 사숙하는 신비주의 연구자 쓰루오카 요시오에게 의거한 것이다. 물론 여기에 종교사적인 오류가 있다면 그 책임은 필자 자신이 져야 한다. 원래 필자는 역사가가 아니기 때문에 신비주의자의 원전을 만진 적은 손가락으로 꼽을 정도밖에 없다. 따라서 주석은 최소한으로 줄이고 짧게 논하겠다. 전거한 문헌을 한 번에 제시한다. 우선 세르토의 저작은 다음 두 개. Michel de Certeau, *La fable mystique. XVIe siècle,* Paris, Gallimard, 1982. 특히 정신분석과 신비주의의 연관을 논한 서론에 주목하기 바란다. 또한 Michel de Certeau, *Le lieu de l'autre. histoire religieuse et mystique,* Paris, Gallimard/Seuil, 2005. 특히 극도로 명쾌한 마지막 장「신비주의la mystique」를 참조하기 바란다. 쓰루오카의 저작은 아래의 것을 중심으로 참조했다. 鶴岡賀雄,『十字架のヨハネ研究』, 創文社, 2000.「現前と不在: ミシェル・ド・セルトーの神秘主義研究」,『宗教哲学研究』19号, 京都宗教哲学会 편, 北樹出版, 2002.「唯一神と人格神」,『一神教とは何か: 公共哲学からの問い』, 大貫隆 외 편, 東京大学出版会, 2006.「言葉によって神に近づく: ルイス・デ・レオン『キリストの御名』への序章」, 東京大学宗教学年報XXII, 東京大学宗教学研究室, 2004. 쓰루오카는 아직 그 본격적인 신비주의론을 집필하지 않아 쓰루오카의 강의와 사적인 대화에서 직접 가르침을 받은 글 또한 이 논지에 섞여 있음을 밝혀둔다.

398   따라서 세르토는 이 말을 피해 서구에서 신비주의라는 형식이 출현했을 때 존재했던 "미스틱mystique"(프랑스어에서 처음 사용된 것은 1390년)이라는 어휘만 쓴다. 하지만 여기에서는 다른 방법이 없으므로, 이 "미스틱"을 신비주의, 신비주의자로 번역하기로 한다.

399   Michel de Certeau, La fable mystique. XVIe siècle, Paris, Gallimard, 1982, 25쪽.

400   Georges Bataille, 《L'expérience intérieure》, Œuvres complètes. tome V, Paris, Gallimard, 1973, 24쪽, 28, 46, etc. ジョルジュ・バタイユ,『内的体験』, 出口裕弘 옮김, 現代思潮社, 1970, 37쪽, 45쪽, 84쪽 등.

401   Michel de Certeau, *Le lieu de l'autre. histoire religieuse et mystique,* Paris, Gallimard/Seuil, 2005, 330~331쪽.

402   Michel de Certeau, *Le lieu de l'autre. histoire religieuse et mystique,* Paris, Gallimard/Seuil, 2005, 334쪽.

403   Michel de Certeau, *Le lieu de l'autre. histoire religieuse et mystique,* Paris, Gallimard/Seuil, 2005, 334쪽.

404   Michel de Certeau, *La fable mystique. XVIe siècle,* Paris, Gallimard, 1982, 12쪽.

405   Lacan, S. XX, *Encore,* Paris, Seuil, 1975, 70쪽.

406   Lacan, S. XX, *Encore,* Paris, Seuil, 1975, 98쪽.

407   들뢰즈가 1980년 11월 25일 방셍느에서 한 스피노자 강의에서 인용. 들뢰 즈의 강의 등이 게재된 공식 사이트(http://www.webdeleuze.com)에서 열 람할 수 있다. 여기에서 들뢰즈는 스피노자도 살았던 17세기에 대해 논하 고 있다는 것에 유의해야 한다.

408   Michel de Certeau, *La fable mystique. XVIe siècle,* Paris, Gallimard, 1982, 13쪽.

409   쓰루오카는「言葉によって神に近づく: ルイス・デ・レオン『キリストの御 名』への序章」, 東京大学宗教学年報 XXII, 東京大学宗教学研究室, 2004 에서 스페인 신비주의를 대표하는 인물 중 한 사람인 루이스 데 레옹을 논 하면서 문헌학과 미학, 시에 정통했던 데 레옹의「신명론神名論」이 일반적 으로 알려진 "부정신학"과는 달리 "수직적으로" 언어 바깥을 지향하는 것 이 아니라, 언어에 대한 두터운 신뢰를 바탕으로 복수複数의 신의 이름을 "수평적으로" 취합한 것이고, 데 레옹은 "언어 안에 바로 언어 바깥이 있 다"는 취지의 말을 했다고 한다. 이는 주목할 만한 논점이다. 호세 오르테 가 이 가세트의 이 말도 쓰루오카를 통해 알았다. Ortega y Gasset, *¿Qué es filosofía?,* Lección V, Obras de Ortega y Gasset, t. 5, Alianza Editorial, 1995, 88쪽.

410   Michel de Certeau, *Le lieu de l'autre. histoire religieuse et mystique,* Paris, Gallimard/Seuil, 2005, 330쪽.

411   Michel de Certeau, *Le lieu de l'autre. histoire religieuse et mystique,* Paris, Gallimard/Seuil, 2005, 336쪽.

412   鶴岡賀雄,「唯一神と人格神」,『一神教とは何か: 公共哲学からの問い』, 大 貫隆 외 편, 東京大学出版会, 2006, 263쪽.

413   이는 모두 세르토가 평생에 걸쳐 연구한 엑소시스트이자 신비주의자 장 조 세프 슈란의 말이다. Michel de Certeau, *Le lieu de l'autre. histoire religieuse et mystique,* Paris, Gallimard/Seuil, 2005, 337쪽. 이 외에도 앞에서 열거한

문헌을 참조.

414   Lacan, S. XXIII, *Le sinthome,* 1976/3/9.

415   "라랑그"에 관해서는 이 개념의 성립에도 관여하고 미렐과 함께 만년의 라 캉 제자 중 중심인물에 속했던 장 클로드 미르네르의 다음 저작에 명쾌한 설명이 있다. Jean-Claude Milner, *L'amour de la langue,* Paris, Seuil, 1978.

416   中井久夫,「創造と癒し序說: 創作の生理學に向けて」,『アリアドネからの 糸』, みすず書房, 1997, 299쪽.

417   Lacan,《Lituraterre》, *Autre écrits,* Paris, Seuil, 2001, 11쪽.

418   Lacan,《Lituraterre》, *Autre écrits,* Paris, Seuil, 2001, 11쪽.

419   Lacan,《Lituraterre》, *Autre écrits,* Paris, Seuil, 2001, 16쪽.

420   라캉이 일본어에 "음독"과 "훈독"이 있는 것을 지적하며 일본인은 무의식 이 없다고 말한 사실에도 우리로서는 낙담하지 않을 수 없다. 다만 이 "음 독"과 "훈독"의 구별이 있다는 지적과, 서예가 일본어에서는 중요하다는 지적 자체는 중요하게 다룰 수 있다. 시시한 것은 이것이 일본인은 대단하 다는 주장과 일본인은 무의식이 없다는 주장 간의 왕복운동 속에서 이루 어지고 있다는 점이다. 다른 세미나에서는 무슨 영화인지 모르겠고 알고 싶지도 않으나, "일본 영화의 에로티시즘"에 들떠서 찬사를 보내는 라캉의 모습도 볼 수 있다. 필자로서는 일 초라도 빨리 읽고 말았다는 사실을 잊고 싶은, 눈길을 피해 지나치고 싶은 장면이다. 이 영화가 어떤 영화인지 아는 사람은 또 다른 흥미로운 논지를 이끌어낼 수 있을지도 모르겠다. 물론 메 모해두지 않았기 때문에 어느 세미나의 어느 부분이었는지 잊어버렸는데 독자에게 가르침을 구한다.

421   따라서 아마 신비주의자가 아니더라도, 글을 쓰지 않더라도, 아이를 낳는 엄마들은 희미하게 이 향락과 접하고 있다고 할 수 있겠다. 하나의 인생을 낳는 것, 이것만으로 위대한 일이다. 그뿐만 아니라 그 아이가 이 세계를 바꾸는 사람이 되는 일은 없다고 단언할 수 있는 자는 누구도 없을 테니. 물론 이 여성의 향락이 아이에게 상상적인 팔루스를 투영하는 편애로, 학 대의 향락으로 비껴나갈 가능성도 없지는 않다. 여성=대타자의 향락은 항 상 다른 향락의 레귤레이터에 흡수되어, 회수되고 말 위험과 함께한다. 글 쓰기가 많은 경우 팔루스적인 향락이나 잉여 향락에 흡수되고 마는 것처 럼. 이는 바로 뒤에서 다루겠다.

422   예를 들어 다음을 참조하라. Gilles Deleuze, *Critique et clinique,* Paris, Minuit, 1993, 11~13쪽. Gilles Deleuze, *Pourparlers,* Paris, Minuit, 1990, 14~15쪽. Gilles Deleuze/Felix Guattari, *Qu'est-ce que la philosophie?,* Paris,

Minuit, 1991, 10~11쪽.

423 Friedrich Nietzche, *Also sprach Zarathustra,* Leipig, C. G. Naumann, 1899, S. 474.

424 르장드르의 저서에서 일관되게 확인할 수 있는 사고방식인데, 여기에서는 르장드르가 자신의 "도그마 인류학"의 개요를 간략하게 제시한 책에『텍스트로서의 사회에 대해』라는 제목을 붙였다는 사실을 적어놓으면 충분하리라. 다음을 참조. Pierre Legendre, *De la Société comme Texte. Linéaments d'une Anthropologie dogmatique,* Paris, Fayard, 2001.

425 Lacan, S. XX, *Encore,* Paris, Seuil, 1975, 132쪽.

426 "통치성"이라는 개념에 대해서는 제3부 제7장에서 자세히 다룬다.

427 鶴岡賀雄,「厳然と不在: ミシェル・ド・セルトーの神秘主義研究」,『宗教哲学研究』19号, 京都宗教哲学会 편, 北樹出版, 2002, 19쪽. 강조는 원문.

428 Michel de Certeau, *La fable mystique. XVIe siècle,* Paris, Gallimard, 1982의 도입부를 참조하라.

429 Michel de Certeau, *La fable mystique. XVIe siècle,* Paris, Gallimard, 1982, 15쪽.

430 Lacan,《Conférence de presse du docteur Jacques Lacan au Centre culturel français, Rome, Le 29 octobre 1974》, *Les Lettres de l'École freudienne,* 1975, n° 16, 6~26쪽.

431 江川紹子,『「オウム真理教」追跡2200日』, 文藝春秋, 1995, 381쪽. 이는 "바르도의 인도"이라는 출가를 강제하기 위한 비디오 작품으로, 계속되는 시체의 영상과 함께 아사하라 자신의 목소리로 반복하는 말이다. 죽음이라는 "자명한 이치"를 진리로 삼는 체제로서의 옴진리교에 관해서는 丹生谷貴志,「豚の戦争」,『イマーゴ』, 1995년 8월 임시증간호, 青土社, 1995에서 간략하고 정치한 소묘를 하고 있다.

432 Lacan, S, VI, *Le désir et son interprétation,* 1959/1/7.

433 Martin Heidegger, *Sein und Zeit,* Gesamtausgabe, Bd. 2, Frankfurt am Main, Klostermann, 1977, S. 336. マルティン・ハイデッガー,『存在と時間』하권, 細谷貞雄 옮김, ちくま学芸文庫, 1994, 65쪽. 앞으로 이 책을 *SZ* 로 약기한다.

434 Heidegger, *SZ,* 336. 하권 65쪽. 강조는 원문.

435 Heidegger, *SZ,* 343. 하권 76쪽. 강조는 원문.

436 Heidegger, *SZ,* 349. 하권 86쪽. 강조는 원문.

437 Heidegger, *SZ,* 349~350. 하권 86~87쪽. 강조는 원문.

438 주의할 필요가 있다. "너는 죽는다"로 시작되는 이 묘사가 어떤 의미에서
보았을 때 상당히 "위험하다"는 것을 필자는 자각하고 있다. 정확히 말해
하이데거와 블랑쇼의 정치한, 그 때문에 일종의 독백일 수밖에 없는 사유
는 "너는 죽는다"라는 "내용"이 있는 메시지를 이처럼 "연극적으로" 타자
에게 말하듯이 전하지 않는다. 이 일종의 연극성은 모든 사회 영역에서 직
접적·간접적으로 반복되어온 것이지만, 역시 여기에서도 "위험함"은 떨칠
수 없다. 그러나 다소 비약이 있더라도 여기에서 펼친 이 책의 논의는 '블
랑쇼의 "죽음" 개념'을 정신분석(라캉)과 정치적인 투쟁이 벌어지는 역사
적인 장에 대한 앎(긴츠부르그)과 접속하는 것이다. 철학적인 "죽음의 분
석"에서 정신분석적·역사적인 "죽음의, 혹은 시체의 표상 분석"으로. 물론
여기에는 단절이 있다. 이 묘사는 이 단절을 조금이라도 극복하려는 시도
이고, 정신분석의, 연극적일 수밖에 없는(고로 "위험" 또한 감수할 수밖에
없는) 치료적 대화나 죽음을, 혹은 "운명" "진리"를 통지하는 '사회 영역에
역사상의 허구적 주체를 설정하는 연구'와, 극히 중요하다고 여겨지는 블
랑쇼의 "죽음" 개념을 접맥해 사유하기 위한 조치로 이해해달라.

439 Maurice Blanchot, *L'espace littéraire*, Paris, Gallimard, 1955, 118쪽. モーリ
ス・ブランショ, 『文学空間』, 栗津則雄・出口裕弘 옮김, 現代思潮社, 1976,
127쪽. 강조는 원문. 앞으로 이 책을 *EL*로 약기한다.

440 Blanchot, *EL*, 126. 135쪽.

441 Blanchot, *EL*, 204, 215쪽.

442 Blanchot, *EL*, 327, 327쪽.

443 설마 그런 일은 없겠으나 확인해둔다. 임사 체험은 죽음이 아니다. 임사 체
험으로 자기 시체를 보았다는 것은 문제가 되지 않는다. 죽음은 거기에서
돌아오지 않는 상실이기 때문에 죽음인 것이다. 자기 시체 위에 뜬 상태로
시체를 보았다고 득의양양하게 말하는 사람은 그냥 "살아 있었던" 것이다.

444 Blanchot, *EL*, 129~130. 138~139쪽.

445 Blanchot, *EL*, 158. 165쪽. 강조는 필자.

446 Blanchot, *EL*, 223~224. 236쪽. 강조는 원문.

447 Blanchot, *EL*, 241. 255쪽. 강조는 필자.

448 Blanchot, *EL*, 215 ff. 227쪽 이하. 이 부분은 이 책 결론에서 다시 부상한다.
기억해두기를 바란다.

449 Blanchot, *EL*, 263. 277쪽. 강조는 필자.

450 Blanchot, *EL*, 294. 308쪽.

451 Blanchot, *EL*, 286. 300쪽.

452 『문학의 공간』에서 몇 번에 걸쳐 "종교적 체계"에 따른 "죽음의 의례"를 논하고 있는데, 이를 "합당하지 않은" 부수적인 것으로 평가하고 있다. 예를 들어 Blanchot, *EL*, 114, 328. 123, 343쪽.

453 르장드르의 이 자문自問이 말하는 바는 다음과 다른 말이 아니다. "사라져 버리는 일 없이 죽기 위해서는 어떻게 하면 되는가? 그리고 이런 준비는 사회 통치에 있어 어떤 의미를 갖는가?" Pierre Legendre, *Leçons II, L'Émpire de la vérité introduction aux espaces dogmatiques industriels*, Paris, Fayard, 1983, 25~26쪽. 앞으로 이 저서를 *EV*로 약기한다. 필자는 이 구판을 사용했다. 신판의 일본어판이 이미 나왔는데 사용하지 못했다. ピエール·ルジャンドル, 『真理の帝国: 産業ドグマ空間入門』, 西谷修·橋本一径 옮김, 人文書院, 2006.

454 그렇더라도 죽음이 "사적"인 것이 되고 있다는 사실 자체는 이 논지와는 다른 문맥에서 논할 수 있다. 구별하자. 여기에서 묻고 있는 것은 장례 자체의 "불멸성" 여부이지 그것이 "공적"인 영역에서 상대적으로 서서히 퇴장하고 있다는 현상 여부를 묻는 것이 아니다. 아마 이에 관해서는 종교의 쇠퇴나 세속화와는 별로 관계가 없는 원인이 있다. 이에 대해서는 제3부 제5장에서 푸코로 하여금 말하게 하자. 단, 앞의 원인 때문에 '장례가 없어질 수는 없다'는 말은 할 수 있다.

455 Blanchot, *EL*, 348. 364쪽.

456 Blanchot, *EL*, 348. 365쪽.

457 Blanchot, *EL*, 350. 366쪽. 강조는 원문.

458 Blanchot, *EL*, 351. 367쪽.

459 이 시체 "처리"가 얼마나 장례 과정에서 중요한지, 그리고 그것이 단순한 "육류처리적"인 처리가 아니라는 것에 대해서는 발표로부터 100년 가까이 지났는데도 낡았다는 느낌이 들지 않는 로베르 엘츠의 고전적 논문을 참조하기 바란다. Robert Hertz, 《Contribution à une étude sur la représentation collective de la mort》, *Mélanges de sociologie religieuse et folklore*, Paris, F. Alcan, 1928. ロベール·エルツ, 「死の宗教社会学: 死の集合表象研究への寄与」, 『右手の優越』, 内藤莞爾 외 옮김, 垣内出版, 1980.

460 Carlo Ginzburg, *Occhiacci di legno. nove riflessioni sulla distanza*, Milano, Feltrinelli, 1998, 82~99쪽. カルロ·ギンズブルグ, 『ピノッキオの眼』, 竹山博英 옮김, せりか書房, 2001, 125~132쪽.

제2부 피에르 르장드르, 신화의 주방 냄새

1 독자의 편의를 위해 일본어로 번역된 순서대로 열거해둔다. ピエール·ル
   ジャンドル, 第VIII講『ロルティ伍長の犯罪:「父」を論じる』, 西谷修 옮김,
   人文書院, 1998. 『ドグマ人類学総説: 西洋のドグマ的諸問題』, 西谷修監
   옮김, 嘉戸一将 외 옮김, 平凡社, 2003. 『西洋が西洋について見ないでいる
   こと: 法·言語·イメージ』, 森元庸介 옮김, 以文社, 2004. 第II講『真理の帝
   国: 産業ドグマ学入門』, 西谷修·橋本一径 옮김, 人文書院, 2006.

2 アラン·シュピオ, 「人権: 信か, 人類共有の資源か」, 『思想』, 951号, 嘉戸一
   将 옮김·해설, 岩波書店, 2003년 7월. 이 논문의 프랑스어판은 발표되지
   않았고, 논지는 다음 주에서 소개하는 저작에 계승되었다.

3 Alain Supiot, *Homo Juridicus. Essai sur la fonction anthropologique du Droit*,
   Paris, Seuil, 2005.

4 Jean-Pierre Baud, *L'affaire de la main volée. Une histoire juridique du corps*,
   Paris, Seuil, 1993. ジャン=ピエール·ボー, 『盗まれた手の事件: 肉体の法
   制史』, 野上博義 옮김, 法政大学出版局, 2004. 단, 그 결론에 전면적으로
   찬성할 수는 없다. 인간은 "사물"이면서 동시에 "인격"이기도 한, 이 둘을
   오가는 순환 그 자체이고, 이 순환 자체를 "만들어내는" 수준이 있다. 그리
   고 이 수준을 르장드르는 도그마틱이라고 불렀던 것이다. 보는 이 순환의
   기묘함을 너무 성급하게 "사물" 쪽으로 해소하려는 것처럼 보인다. 단, 본
   문에서 논한 바와 같이 르장드르가 제시하는 역사적 식견은 극히 자극적이
   다. 하지만 그 역사적 식견 자체가 르장드르가 주장하는 결론을 배신하고
   마는 것처럼 느껴지는 것 또한 사실이다.

5 이는 르장드르의 번역자이자 미학자·미술사가인 모리모토 요스케森元庸介
   의 표현을 빌린 것이다.

6 이어지는 서술은 르장드르가 니시타니 오사무에게 직접 보낸 「약력 노
   트」를 바탕으로 해, 그 외의 문헌에서 얻은 정보를 추가한 것이다. 다음 책
   에 그 「약력 노트」가 게재되어 있다. ピエール·ルジャンドル, 第VIII講
   『ロルティ伍長の犯罪:「父」を論じる』, 西谷修 옮김, 人文書院, 1998, 291
   쪽 이하.

7 Pierre Legendre, *La pénétration du droit romain dans le droit canonique clas-
   sique de Gratien à Innocent IV.* 1140~1254, Paris, Jouve, 1964.

8 Lacan, S. XXI, *Les non-dupes errent*, 1974/4/23.

9 이 삽화는 여러 곳에서 확인할 수 있고, 본인이 직접 발언한 것으로도 이를

알았다. 일단은 Legendre, *EV,* 27.

10 이 "계승전쟁"의 개략에 대해서는 다음 저서의 제1장이 간략하고 핵심을 잘 간추리고 있다. 赤間啓之, 『ユートピアのラカン』, 青土社, 1994.

11 Pierre Legendre, 《Administrer la psychanalyse. notes ur la dissolution de l'École freudienne de Paris》, Pouvoirs, n° 11, 1981, 205〜218쪽.

12 Pierre Legendre, *La passion d'être un autre, Étude pour la danse,* Paris, Seuil, 1978, 13쪽. 앞으로 이 책을 *PA*로 약기한다.

13 ピエール·ルジャンドル, 西谷修, 「〈なぜ〉の開く深淵を生きる: 宗教·法·主体」, 『宗教の解体学』, 岩波書店, 2000, 131쪽.

14 Legendre, *Jouir du pouvoir. Traité de la bureaucratie patriote,* Paris, Minuit, 1976, 21쪽. 앞으로 이 책을 *JP*로 약기한다.

15 Legendre, *L'Amour du censeur. Essai sur l'ordre dogmatique,* Paris, Seuil, 1974, 13쪽. 앞으로 이 책을 *AC*로 약기한다.

16 Legendre, *EV,* 65〜66.

17 Legendre, *EV,* 111.

18 Legendre, *IOT,* 17.

19 Legendre, *IOT,* 200.

20 P. Legendre, A. P-Legendre, *Leçons IV, suite 2. Filiation. Fondement géné-alogique de la psychanalyse,* Paris, Fayard, 1990, 188쪽. 앞으로 이 책을 *F*로 약기한다. 이 책은 르장드르의 강의(루손) 시리즈 중 한 권인데, 내용은 대부분이 라캉과 프랑소와즈 돌토의 교육 분석을 받은 정신분석가, 르장드르의 아내 알렉산드라 파파게오르기우 르장드르가 쓴 것이다. 함축적이면서 명석한 서술인데, 여기에서 인용한 부분은 피에르 르장드르가 쓴 보유에서 인용했다.

21 Pierre Legendre, *Leçons VI. Les enfants du texte. Étude sur la fonction parentale de États,* Paris, Fayard, 1992, 439쪽. 앞으로 이 책을 *ET*로 약기한다.

22 Legendre, *ET,* 74.

23 Legendre, *AC,* 35.

24 Legendre, *JP,* 15.

25 Legendre, *ET,* 292.

26 제17절을 참조.

27 Legendre, *DM,* 140.

28 Legendre, *DM,* 100.

29 Legendre, *DM,* 60.

30   Legendre, *DM,* 52. 르장드르 특유의 개념인 "몽타주"에 관해서는 뒤에서
     주로 논하겠다.

31   Legendre, *DM,* 54.

32   Legendre, *De la Société comme Texte. Linéaments d'une Anthropologie dogma-*
     tique, Paris, Fayard, 2001, 20쪽. 앞으로 이 책을 *ST*로 약기한다.

33   Legendre, *DM,* 67.

34   Legendre, *DM,* 83. 강조는 원문.

35   Legendre, *DM,* 17.

36   Legendre, *DM,* 56.

37   Legendre, *DM,* 250.

38   Legendre, *Leçons VII, Le Désir Politique de Dieu. Étude sur les montages de*
     l'État et du Droit, Paris, Fayard, 1988, 237쪽 등 여러 곳에서. 앞으로 이 책
     을 *DPD*로 약기한다.

39   Legendre, *DM,* 55, 67. 인용은 전자에서. 강조는 필자.

40   Legendre, *DM,* 148. "근거" "인과성"에 관해서는 제2부 제3장에서 자세히
     논하겠다.

41   Legendre, *IOT,* 63.

42   Legendre, *EV,* 31.

43   Legendre, *IOT,* 84. 강조는 필자.

44   Legendre, *DM,* 41.

45   텍스트(texte)는 라틴어 동사 texere의 수동형 완료분사 textus(직물 또는
     얽힘)이 그 어원이다. 이 textus는 로마 제국의 제정기에 "문면文面"이나 "이
     야기" 등을 뜻했고, 그 후에는 교회 내에서 성서 해석상의 "신의 말씀"을 뜻
     했고, 9세기경에는 "복음서" 자체를 뜻하게 되었다. 중세부터 18세기 초에
     이르기까지 교회 내부에서 texte는 "복음서를 포함한 책"이라는 의미로 쓰
     였고, 또한 13세기에는 주석과 대비해 "성서 본문"을 가리키는 용법이 생
     겨났다. "주제, 테마"라는 뜻으로 쓰이는 용법도 같은 시기에 등장했는데,
     이는 교회에서 설교 도입부에 성서를 인용해 이것이 설교 주제가 되는 경
     우가 많았기 때문이다. 시대가 흘러 17세기가 되면 교회와는 관련이 없는
     용법이 많아지고, texte라는 말은 "책의 인용부분·원문"이라는 일반적인
     의미를 갖게 되어 문학과 관계를 맺게 된다. 또한 이 용법의 확대로 말뜻
     에 "발췌" "단장斷章" 등의 뜻 외에도 인쇄업자 용어로 "활자"라는 뜻도 갖
     게 되었다. 복원 대상인 "원전"이나 "저작" "가사"와 같은 뜻도 갖게 된다.
     그리고 20세기가 되면 그 용법은 더욱 넓어지나, 그래도 그 뜻은 기본적

으로 저작과 인쇄물과 연관되어 있고, 독일 언어학의 영향 등을 받아 기호론에서는 중요한 개념이 되었다. 여러 사전을 찾아보았는데, 필자가 찾을 수 있는 범위에서는 다음 사전이 가장 많이 망라하고 있고 상세했으므로 이를 대표로 꼽아둔다. *Dictionnarie historique de la langue francaise*, Paris, Robert, 1992, t. 2, 2112쪽.

46   Legendre, *DM*, 149.

47   Legendre, *DM*, 60. 강조는 원문.

48   Legendre, *IOT*, 55.

49   Legendre, *DM*, 149.

50   Legendre, *EV*, 31.

51   Legendre, *DM*, 11.

52   Legendre, *DM*, 151.

53   Legendre, *ET*, 214.

54   Legendre, *ET*, 215.

55   Legendre, *DM*, 131.

56   Legendre, *ET*, 215.

57   Legendre, *DM*, 156.

58   Legendre, *DM*, 157.

59   Legendre, *DM*, 130.

60   제16절을 참조.

61   인과성, 근거, 신화에 대해서는 바로 뒤에서 다시 논한다.

62   Legendre, *ST*, 7.

63   Legendre, *Sur la question dogmatique en Occident*, Paris, Fayard, 1999, 24~25쪽. 『ドグマ人類学総説: 西洋のドグマ的諸問題』, 西谷修監 감역, 嘉戸一将 외 옮김, 平凡社, 2003, 73쪽. 앞으로 이 책을 *QDO*로 약기한다. 또는 *EV*, 29 등.

64   Legendre, *ST*, 7.

65   Legendre, *DM*, 77. 강조는 필자. 르장드르의 저서에 자주 나오는 "몽타주"라는 개념은 본인도 말하고 있는 바와 같이 아우구스티누스의 서간 55(*Epistola*, 55, XXI, 39.)에 나오는 structura caritatis를 "사랑의 몽타주montage d'amour"(*EV*, 10, 84, 131.) 또는 "사랑의 구축물échafaudage d'amour" (*EV*, 159.)로 "직역"한 것이 시초다. 르장드르에 따르면 "사회적인 생존 속에서 도그마 학자가 하는 작업의 본성을 알리기 위해 나는 이 아우구스티누스의 정식을 자주 인용한다". (*EV*, 84.) 사랑의 몽타주라는 개념 자체가

의미하는 바는 "〈거울〉이라는 장치"를 개념화하는 우리 이로에서 보았을
때도 잘 이해할 수 있다. 앞으로 이 주기를 뛰어넘어 르장드르의 거의 모
든 저작에 이 어휘가 출현한다. 몽타주montage라는 어휘 자체는 17세기 초
에 처음으로 쓰였고, 한마디로 "'어느 메커니즘, 어느 장치dispositif, 어느 복
합적인 물건'의 제반 부분을 조립해서 이를 제대로 기능하는 상태로 만드
는 조작操作"이고, "어떤 특정한 효과를 얻기 위해 '텍스트, 소리, 이미지 등'
여러 요소를 조립하기"(*Le nouveau petit Robert: dictionnaire alphabétique
et analogique de la langue française,* Paris, Dictionnaires Le Robert, 2000의
'montage' 항목을 보라)다. 해당 사전의 동의어에 나와 있는 것처럼 이는
아장스망, 장치와 같은 뜻이다. 이는 언어, 물질, 이미지, 음성 등 다종다양
한 대상을 다종다양한 방법으로 "조합하기"를 의미한다.

66 Legendre, *DM*, 276.

67 Legendre, *DM*, 28.

68 Legendre, *DPD*, 166.

69 Legendre, *IOT*, 202.

70 Legendre, *paroles poétiques échappés du texte. Leçon sur la communication in-
dustrielle,* Paris, Seuil, 1982, 202쪽. 앞으로 이 책을 *PPT*로 약기한다.

71 르장드르는 중세 신학에서 가져온 figulalia라는 개념을 몇 번에 걸쳐 고찰
의 대상으로 삼고 있다. 이는 "형태를 부여하고, 조형하는 것", 즉 "표상을
가공하는 것"으로, 죽지 않는 이미지를 "제작"하는 것이다. 물론 이는 이미
지에 머무르지 않고 해당 부분에서도 텍스트 또는 에크리튀르와의 연관성
이 강조되고 있다. Cf. *ET*, 60., *DM*, 99~100., *ST*, 151.

72 Legendre, *Leçons I. La 901e conclusion. Étude sur le théâtre de la Raison,*
Paris, Fayard, 1998, 52쪽. 앞으로 이 책을 *901C*로 약기한다.

73 Legendre, *DPD*, 113.

74 Legendre, *PPT*, 150.

75 Legendre, *IOT*, 23.

76 Legendre, *ET*, 202~203.

77 Legendre, *DM*, 11, 16, 34, 151, 229, 243, 245, etc.

78 Legendre, *DM*, 157.

79 Legendre, *DM*, 148.

80 여러 곳이 있는데 예를 들어 *ET*, 404.

81 이미 논했던 미셸 드 세르토는 신비주의자가 신을 향해서 한 "당신 없이 나
는 없다"는 말을 이 하이데거의 "없이는 없다Nicht ohne"와 연결해 논한다.

Michel de Certeau, *La fable mystique. XVIe-XVIIe siècle,* Paris, Gallimard, 1982, 9쪽.

82 Martin Heidegger, *Der Satz vom Grund,* Gesamtausgabe, Bd. 10, Frankfurt am Main, Klostermann, 1997, S. 7. ハイデッガー, 『根拠律』辻村公一・ハルトムート・ブフナー 옮김, 創文社, 1962, 12쪽. 앞으로 이 책을 *SG*로 약기한다.

83 Heidegger, *SG,* 10~11. 16~17쪽.

84 Heidegger, *SG,* 17. 23~24쪽.

85 Heidegger, *SG,* 77. 105쪽.

86 Heidegger, *SG,* 32. 43쪽.

87 Heidegger, *SG,* 33. 44쪽.

88 Heidegger, *SG,* 147. 196쪽.

89 Heidegger, *SG,* 53. 72쪽.

90 Primo Levi, *Se questo è un uomo,* Torino, Einaudi, 1979, 32쪽. プリーモ・レーヴィ『アウシュビッツは終わらない: あるイタリア人生存者の考察』竹山博英 옮김, 朝日新聞社, 1980, 27쪽. 필자가 아는 한 르장드르는 이 "왜는 없다"를 직접 인용하지는 않았다. 하지만 적어도 프리모 레비의 같은 저서 중 다른 곳을 한 번 인용하고 있고, 또 다른 저서를 한 번 인용하고 있다. 중세 교회법 문헌 중에 반유대주의의 기원을 구체적으로 밝히려는 노력을 거듭했고 자신의 아버지가 나치 통치 아래의 프랑스에서 유대인 강제 이송과 강제 노동에 끝까지 반대했던 남자였음을 회고하는 르장드르가 이 "왜는 없다"를 염두에 두지 않았다고 생각하기는 힘들다. 또한 벤슬라마가 그 명석하기 그지없는 아감벤 비판 「표상과 불가능한 것」에서 이 저서의 이 부분에 주를 달아 인용하고 있다. 벤슬라마에 따르면 "50년이 지나도 '여기에 왜는 없다Hier ist kein Warum'라는 말은 항상 문명에게 어두운 빛을 비추고 있고, 그 반복의 공포를 생각하는 것조차 할 수 없게 하고 있다. 현대 세계의 학살에 대한 역사 기술을 살펴보면 우리는 쇼아Shoah라는 사태의 전철을 밟고 있음을 알기에 그 역사적 특이성의 저편에서 장 아메리가 말하는 바와 같이 '히틀러는 죽은 후에 승리를 일구었다고 생각해야' 한다". Fethi Benslama, 《La représentation et l'impossible》, *L'art et la mémoire des camps. représenter exterminer, sous la direction de* Jean-Luc Nancy, Paris, Seuil, 2001, 59쪽.

91 Legendre, *ET,* 148~149. 이 부분은 "잔학한 소년 범죄의 증가" "마음의 어둠"을 선전해 정치권력과 소년 사이에 "상상적·결투적 관계"를 부추기는

입장에 대한 강한 비판이라는 점에 유의하라. 이 실천성은 확연하다.

92 Legendre, *IOT*, 201~202.

93 Legendre, *ET*, 131.

94 Legendre, *DM*, 80.

95 Legendre, *DM*, 51.

96 Legendre, *DM*, 28.

97 Legendre, *ET*, 187~188.

98 Legendre, *ET*, 118. 강조는 원문.

99 Legendre, *ET*, 119. 강조는 원문.

100 Legendre, *QDO*, 30. 34쪽.

101 제14절을 참조.

102 Legendre, *DM*, 245.

103 Legendre, *IOT*, 234~235.

104 Legendre, *IOT*, 236.

105 Legendre, *IOT*, 312.

106 혹시나 해서 확실히 해두겠다. 다중 인격은 이 주장의 반증이 될 수 없다. 여기에서 문제가 되는 것은 "법적 인격"으로, "인격(페르소나)"이란 애초부터 법적인 개념이다.

이중인격, 다중 인격이라는 말을 하는데 이런 의미에서의—"심리학적인" 의미에서의?—인격이라면 두세 개밖에 갖지 않고 있는 편이 이상하다고 할 수 있겠다. 또다시 방증으로 나카이 히사오를 인용하자면, 나카이는 쓴 웃음을 짓는 분위기로 다중 인격이 문제가 된 것은 "한 세기 이상 옛날이야기"라고 한다. 또한 한마디로 다중 인격자란 (인격의) "분열 숫자가 적고, 분열 방법이 서투른(과격한)" 사람으로, 이로 인해 고뇌하는 사람을 뜻한다고 한다. 우리가 여기에서 "하나"라고 세는 작용은 "능숙하게" 많은 인격을 조절하는 자가 법적·사회적으로는 "한 사람"으로 셈된다는 의제擬制의 차원을 논하는 것이다. 다음을 참조. 中井久夫, 「精神健康の基準について」, 『個人とその家族』, 中井久夫著作集·精神医学の経験第六巻, 岩崎学術出版社, 1991, 177쪽. 「多重人格をめぐって」, 『家族の深淵』, みすず書房, 1995, 217쪽.

107 Legendre, *ET*, 122. 이는 나중에 다루는 "도박장"의 시간과 그 결과로서의 "제3자"적 시간의 분할로도 볼 수 있다. 제2부 제5장에서 이 의미는 명확해질 것이다.

108 르장드르가 레비-스트로스를 날카롭게 비판하는 것은 이와 관련이 있다.

즉, 레비-스트로스는 "상징 질서"만을 다루어 그로부터 한 사람의 주체를 제정하는 "창설적 이미지가 출현하는 양태", 쉽게 말해 〈거울〉로서의 "계보"의 작용을 완전히 배제하고 있고, 이로 인해 "황제처럼 오만한" 서양인으로서 타자의 신화를 이항 대립의 단순한 도식으로 분석할 수 있다는 것이다. Cf. *QDO*, 77~78. 73쪽. *DM*, 174~177.

109 Legendre, *EV*, 178.

110 Legendre, *EV*, 52.

111 Legendre, *DPD*, 290.

112 Legendre, *EV*, 201.

113 Legendre, *EV*, 103.

114 Legendre, *901C*, 32.

115 르장드르에 따르면, 소위 "〈이름 아래에au nom de〉에 의해 기능하지 않는 제도 체계는 있을 수 없다. 이 〈이름 아래에〉를 획득하기 위해 복합적인 몽타주가, 여러 방법으로, 굳이 말하자면 품성이 결여된 신화적 방법으로 표상을 장식하고, 표상을 이용해, 표상을 통해 주체에 관한 제 효과와 사회적인 제 효과가 생성하는 것을 가능하게 한다. 내 용어를 쓰자면, 그 용어를 써서 내가 몇 번이나 제시한 연구에 기반을 두고 말하자면 이러한 표상의 작용은 〈정초적 준거〉 또는 〈절대적 준거〉를 연출하고 있는 것이다". Legendre, *DPD*, 20.

116 이는 *ET*의 제목이다.

117 이 유전자 조작이나 정자·난자 매매의 위험성에 대해서는 알렉산드라 파파게오르기우 르장드르의 임상을 바탕으로 한 몇몇 논고를 참조하기 바란다. A. Papageorgiou-Legendre, *F*, 157~162. 그녀의 남편 피에르 르장드르는 이 식견을 받아들여 이러한 상황에서의 아버지와 어머니의 위상에 경종을 울리고 있다. "생식하지 않은 아버지의 입장은 긴 안목으로 보았을 때 수긍할 수 있는 입장이 될까? 어머니는 아이에 대해 자신이 품은 환상을 유지하기 위해 어떤 강청強請도 주체적으로 할 수 있게 되는 것이 아닐까?" Legendre, *ET*, 362.

118 "분만"의 로마법적인 의미에 관해서는 Legendre, *IOT*, 321. 또한 "삶을 살게 한다vivre la vie"라는 르장드르의 특징적인 표현은, 삶은 그 자체로는 "살 수 있는" 것이 아니라 어떤 책략을, 어떤 인위를 전제로 한다는 것을 뜻한다. 물론 "근거율"이 없으면 "삶은 살 수 없다"는 것에 대해서는 이미 논했다. 르장드르가 "삶을 살게 한다"를 "근거율"과 관련해 논한 곳을 하나 예로 들자면 Legendre, *ET*, 39~40.

119 르장드르는 옛날부터 "도그마학"이라 부를 수 있는 학문으로 법학, 특히 법 해석의 기술과 의학을 꼽고 있다. Legendre, *EV*, 30~31. 지금도 법학과 의학은 사회와 대학 제도 내부에서 일종의 "특권적인" 지위를 차지하고 있고, 이로 인해 순수과학으로부터 "난잡한" 학문으로 치부되는 것은 그럴 만한 이유가 있어서다. 또한 "종교"가 항상 "의학"과 "법학", 즉 "치유"와 "계율"이 교차하는 토양에만 존재하는 것 또한 이런 이유 때문이다. 한마디로 계보 원리를 도래하게 하지 않는 종교는 종교가 아니다.

120 Legendre, *DPD*, 379~380.

121 Legendre, *IOT*, 147.

122 Legendre, *PA*, 34~46.

123 Legendre, *IOT*, 188.

124 Legendre, *IOT*, 46.

125 Legendre, *IOT*, 46.

126 Legendre, *IOT*, 64.

127 Legendre, *EV*, 135~136.

128 Legendre, *ET*, 124.

129 Legendre, *IOT*, 318.

130 Legendre, *IOT*, 315.

131 Legendre, *ET*, 330. 강조는 필자.

132 Legendre, *ET*, 20. 강조는 필자.

133 바호펜에 의거한 부분은 예를 들어 *EV*, 158~159, *IOT*, 107 등 많다.

134 Legendre, *AC*, 70. 강조는 원문.

135 요약하자면 칸토로비치가 『왕의 두 신체』 속의 "에필로그" 도입부에서 프랜시스 베이컨을 인용하며 말한 "왕에게 적용되는 계율은 사실 다음 두 가지를 상기시키기 위한 것이다. 즉, '네가 인간임을 잊지 마라'와 '네가 신 또는 신의 대리인임을 잊지 마라'다"(Ernst H. Kantorowicz, *The king's two bodies. a study in mediaeuval political theology*, Princeton, Princeton University Press, 1957. 496쪽. エルンスト・カントロヴィッチ『王の二つの身体: 中世政治神学研究』小林公 옮김, 平凡社, 1992, 486쪽)는 이와 다른 말이 아니다. 여기에서 한계를 해제하고 상상적인 동일화를 기능시키는 언표와 함께, 한계를 통지하는 상징적인 동일화의 언표가 동시에 제시된다. 개개 주체 또한 예를 들어 왕의 모습을 매개로 이런 작용 속에 몸을 담그게 된다.

136 Legendre, *IOT*, 172~173.

137　Legendre, *CL*, 132~133.

138　Legendre, *DPD*, 141.

139　Legendre, *DPD*, 20.

140　Legendre, *IOT*, 181. 강조는 필자.

141　절대적 준거에의 동일화가 어떤 귀결을 가져오는지는 뒤에서 살펴볼 것이다. 이는 살인과 근친상간으로 귀결된다.

142　Legendre, *CL*, 33. 52쪽.

143　셀 수 없을 만큼 많은데 일단 *CL*, 36. 55쪽.

144　여기에 두 가지 문제가 있다. DNA 감정으로 "아버지가 확실해"질 수 있을까? 안타깝게도 그 "감정 결과" 또한 텍스트이고, 이미지, "상황 증거"에 불과하다. 거기에는 위조 가능성이 항상 존재하기에, 거짓말을 할 수 있는 엄마가 되는 여성의 말과 크게 다를 바 없다(위조 가능성의 문제는 뒤에서 다시 논하겠다). 또한 DNA 감정을 요구한 시점에서 그 스스로가 "아버지의 불확실함"의 증인이 되고 만다. 또한 더 중요한 문제가 있다. 이 "어머니의 그 무엇보다 확실함"이 정자와 난자의 매매, 인공수정, 대리모의 기술에 의해 위협받고 있다는 문제다. 이에 관해서는 논의가 많이 있고, 필자도 자세하게 논할 준비가 되어 있지는 않다. 다만 이러한 기술이 어머니의 "자유"만을 만들어낸다고 생각한다면 잘못이고, 바로 특권적인 "어머니의 확실함"을 파괴하는 것이기도 하다는 점은 말해둘 필요가 있다.

145　Legendre, *CL*, 36. 55쪽에서 인용하고 있는 『학설휘찬』 2, 4, 5의 문구. 이와 같은 뜻을 가진 "부친의 추정"이라는 말은 근대법의 민법이라면 어느 민법에서도 찾아볼 수 있다.

146　이 말의 주석은 *ET*, 300.

147　Legendre, *ET*, 300.

148　주석을 한마디 달아두겠다. 이것이 일종의 "전도"된 논의라는 것을 알아챈 사람이 많으리라. 이는 통속적인 정신분석이 말하는 "모자"의 유착 관계를 "분리"하는 아버지라는 정식 자체가 특정한 전제 아래에 있는 것임을 지적하고 있다. 즉, 실은 분리되지 않아 "불확실"한 것은 아버지 쪽이고, 이를 분리된 것으로 "만드는" 마술이 실은 "제3항으로서 개입하는 아버지"라는 작용에 선행한다는 주장인 것이다. 역으로 말해, 이 "유착을 분리하는 아버지"가 생물학적인 아버지와 무관하다는 점이 명확히 드러나 있다고 할 수 있다.

149　Legendre, *CL*, 35~36. 54쪽.

150　Legendre, *CL*, 37. 56쪽.

151   Legendre, *CL*, 141. 200쪽.

152   이 논지에 관해서는 「나치의 효과. 친자 관계의 육류처리적 개념화의 도 래」「나치가 가진 비장의 카드, 과학주의」라는 제목의 고찰을 참조하기 바란다. *CL*, 19~23. 28~36쪽.

153   Legendre, *CL*, 171. 234쪽.

154   Legendre, *CL*, 171. 234쪽.

155   Pierre Legendre, *La Fabrique de l'homme occidental*, Paris, Mille et Une Nuits, 1996, 21쪽. 여기에서 말하는 "전제군주"란 히틀러, 스탈린, 마오쩌둥을 가리킨다. 앞으로 이 책을 *FHO*로 약기한다.

156   Legendre, *CL*, 142, 199쪽.

157   이에 관해서는 제3부 제5장과 제7장에서 다룬다.

158   Legendre, *ET*, 206~207.

159   Legendre, *ET*, 176.

160   Legendre, *ET*, 177. 강조는 원문.

161   Legendre, *ET*, 79.

162   Legendre, *ET*, 19. 강조는 원문. 이 "아이"의 원어는 fils다. 보통 이는 "아들"로 번역되지만 르장드르는 "여자인 fils" "남자인 fils"라는 표현을 쓰는 세비야의 이시도르 이후의 법학의 전통에 따라, 이를 친자 관계의 카테고리 안에 있는 양성 공통의 "아이"를 가리키는 개념으로 사용한다. 고로 앞으로 딸 fille와 대비되는 뜻으로 사용되는 경우를 제외하고는 일관해서 아이로 번역한다.

163   Legendre, *ET*, 80. 강조는 원문.

164   Legendre, *ET*, 80.

165   Legendre, *ET*, 80~81. 강조는 원문.

166   Legendre, *ET*, 81. 강조는 원문.

167   Legendre, *IOT*, 36~37.

168   Legendre, *IOT*, 245.

169   Legendre, *QDO*, 84. 77쪽.

170   Legendre, *QDO*, 126. 111~112쪽.

171   Legendre, *IOT*, 137.

172   예를 들어 Legendre, *DPD*, 163, *EV*, 48, 64. 르장드르는 〈거울〉에 의한 주체의 생산을 "도박"이라고 부르기를 멈추지 않는다. 또한 르장드르가 쓰는 "도박장"의 용법은 또 하나 있다. 그것은 "역사의 도박장"이라는 표현이다. 이에 대해서는 후에 다룬다.

173 Legendre, *ET,* 14. 강조는 원문.

174 Legendre, *ET,* 100에서 인용하고 있는 판례. *Archives marocaines,* publication de la Mission scientifique du Maroc, XII(1908)『, 304~305쪽에 준거.

175 Legendre, *ET,* 100.

176 Legendre, *IOT,* 70.

177 C. Lévi-Strauss, *Les structures élémentaires de la parenté,* Paris, Mouton&co., 1967, 14쪽 ff.

178 Legendre, *IOT,* 75.

179 Legendre, *IOT,* 294.

180 Legendre, *QDO,* 84. 77쪽. 강조는 필자.

181 Legendre, *IOT,* 77.

182 Legendre, *IOT,* 106.

183 Legendre, *FHO,* 21.

184 Legendre, *CL,* 115. 163쪽.

185 Legendre, *DPD,* 290.

186 Legendre, *ET,* 421.

187 Legendre, *DPD,* 310.

188 Legendre, *DPD,* 172.

189 주의하자. 어떤 주체의 언명이 "근거 없는 단언"이 되지 않기 위해서는 그 근거가 그 주체와는 "별도로" 있어야 한다. 그런 의미에서 근거는 외재성을 요구한다. 이것이 "근거의 외재성"의 수준이다. 이와는 별도로 근거율의 외재성의 수준이 존재한다. 근거율이란 "근거가 존재할 터다"라는 그 자체는 근거가 없는 믿음의 명제다. 고로, 주체는 근거율과 동일화해서는 안 되고, 주체는 이 근거율에 "복종해야" 한다. 이는 주체가 근거율과는 "별도로" 존재한다는 것을 전제한다. 이것이 주체와 별도로 있는 "근거율의 외재성"의 수준이고, "근거의 외재성"은 "근거율의 외재성"없이는 존재하지 않는다. 물론 근거를 주체 외부에 명석하게 제시하는 거동 자체가 근거율이 존재함을 믿게 하는 "의례"가 되는 일은 있을 수 있고, 그러한 "근거의 실천"에 있어서 이 둘은 항상 겹칠 수 있다.

190 제37절을 참조.

191 Legendre, *DPD,* 310.

192 Fethi Benslama, *Le mouton qui blaspheme. Intervention a la reunion publique sur《La censure au nom de l'islam》,* organisée par l'Association du Manifeste des Libertes, フェティ・ベンスラマ,「冒涜する羊:『イスラームの名におけ

る檢閲』での發言」, 『現代思想』 2006년 5월호, 졸역. 이 강연에 관해서는 제6절에서 이미 부분적으로 언급했다. 또한 제48절에서 자세히 논하겠다.

193 Legendre, *ET,* 163.

194 확인해둔다. 이 "오오카 재판"이라는 비유는 일본 법제사나 일본사상사의 식견에서 보자면 상반된 것은 아니나 딱 맞는 비유라고는 할 수 없을지도 모른다(오오카 재판은 "공정"을 추구하고자 "판례"를 일탈하는 것에 중점이 있지, 그 사고방식에 있어 원리주의 비판, "법에 대한 경직된 직접적 준거" 비판에 중점이 있는 것은 아니다). 어디까지나 "일반적으로 말하는 오오카 재판"이라는 뜻으로 받아들여주기 바란다. "준-준거"의 필요성과 불가피성에 대해서는 일일이 셀 수 없을 만큼 많겠으나 판사에게 법의 전문가로서의 지식뿐만 아니라 높은 수준의 "상식"과 "윤리"가 요구되는 현실이 엄연히 존재하고, 고로 판사의 "상식"을 의심하는 일부 의견 때문에 일본에서도 배심원 제도를 도입하게 되었다는 최근 동향을 하나 지적하는 것만으로 충분하리라.

195 Legendre, *ET,* 151. 「개연론蓋然論」이란 제2스콜라학(16세기 사라만카학파) 신학자가 재해석한 청죄 사제의 전통에서 유래하는 것으로 의심스러운 결의론에 있어 "진리의 확률"이 얼마나 되는지 추정하려는 논의다. 쉽게 말해 법에 거스르는 행동을 한 인간을 벌해야 하는지 아닌지를 결정할 때, 그 행위의 장점과 단점을 저울에 달아, 거스른 인간을 벌하면 얼마나 손해이고 얼마나 득인지를 "확률론적"으로 추정하려는 것이다. 이는 장세니스트, 파스칼의 격렬한 비판을 거쳐 헤겔이 조소한 입장으로, 어떤 의미로 보자면 현재의 "확률론적"으로 "위험"을 추정하려는 "관리경영"적 입장은 이를 계승한 것에 불과하다. 법 없는 윤리, 계율 없는 도덕은 이러한 낡은─다름 아닌 "낡은"이라는 말을 쓰자, 그들은 이 말을 두려워하니까─개연론의 둔한 소와 같은 반추에 불과하다. 이에 관한 르장드르 자신의 논의는 *ET,* 157~158, 160~161.

196 Legendre, *ET,* 118. 강조는 필자.

197 Legendre, *DM,* 11.

198 Legendre, *ET,* 252.

199 Legendre, *IOT,* 201.

200 Legendre, *IOT,* 204.

201 Legendre, *DPD,* 256.

202 Legendre, *AC,* 115.

203 Legendre, *ST,* 160. 강조는 원문.

204 Legendre, *ET*, 202.

205 Legendre, *AC*, 5.

206 Legendre, *PA*, 65.

207 Legendre, *902C*, 26.

208 Legendre, *ET*, 221~222.

209 Legendre, *PPT*, 82.

210 Legendre, *EV*, 20. 또한 *PA*, 74도 참조하기 바란다.

211 Legendre, *DM*, 78.

212 Legendre, *DM*, 92.

213 Legendre, *PPT*, 58.

214 Legendre, *PPT*, 229.

215 Legendre, *IOT*, 91.

216 니시타니 오사무와의 대담 「"なぜ"の開く深淵を生きる: 宗教·法·主体」,
『宗教への問い1 宗教の解体学』, 岩波書店, 2000을 참조하기 바란다. 또한
이미 인용한 르장드르의 이전 동료들이 했던 "흑인이 춤과 인연을 끊었을
때 그들은 산업 질서에 적응하게 될 것이다"라는 "창백하고 둔탁한" 주장
은 뒤집어 생각하면, 산업 질서의 텍스트 조작과 춤이 동등한 것임을 뜻하
지 않게 노정하고 만다고 할 수 있으리라.

217 Legendre, *PA*, 54.

218 Legendre, *PA*, 57. 강조는 필자.

219 Legendre, *PA*, 154.

220 Legendre, *PA*, 64.

221 Legendre, *PA*, 71.

222 Legendre, *PA*, 14.

223 Legendre, *DPD*, 367~368.

224 Legendre, *PA*, 72. 강조는 원문.

225 르장드르는 이를 초기 텍스트부터 가장 최근 텍스트까지 놀라울 정도의 일
관성을 견지하며 주장하고 있다. Legendre, *AC*, 119 ff., 그리고 27년 후의
텍스트인 다음 부분. *ST*, 73~74. 물론 27년 동안 썼던 텍스트에도 주저라
할 수 있는 저작에는 모두 이 지적이 들어 있다.

226 여러 번에 걸쳐 지적하고 있는데 하나만 꼽자면 *ST*, 72~73.

227 Legendre, *EV*, 65.

228 Legendre, *EV*, 9.

229 Legendre, *DPD*, 137.

230 다시 말하건대 필자에게는 이를 실증적으로 논증할 기량이 없다. 안타깝
게도. 여기에서는 르장드르가 이를 정리해 논한『신의 정치적 욕망神の政治
的欲望』(DPD)과『텍스트의 아이들テクストの子どもたち』(ET)의 1장에 전면적
으로 의거한다. 당연하게도, 이 "혁명"은 "교황 혁명" "12세기 르네상스" 등
논자에 따라 여러 방식으로 부르고 있으나 법제사상의 연구 대상으로서 오
랜 역사에 걸쳐 연구되어왔기 때문에 르장드르만이 생각해낸 것은 아니다.
그러나 그 이해의 폭에 있어 다른 논자(버만이나 르 브라 등)보다 르장드
르의 "혁명론"이 훨씬 차원이 높다고 필자는 판단한다.

231 Legendre, *DPD*, 107.

232 Legendre, *DPD*, 108.

233 Legendre, *DPD*, 105. 강조는 원문.

234 Legendre, *DPD*, 106.

235 Legendre, *DPD*, 106.

236 Legendre, *DPD*, 108.

237 Legendre, *DPD*, 108.

238 Legendre, *DPD*, 109.

239 Legendre, *DPD*, 109.

240 Legendre, *DPD*, 109.

241 Legendre, *DPD*, 109.

242 Legendre, *ET*, 242.

243 Legendre, *DPD*, 113.

244 Legendre, *DPD*, 110.

245 Legendre, *DPD*, 107.

246 Legendre, *DPD*, 107.

247 Legendre, *DPD*, 113.

248 Legendre, *ET*, 266.

249 Legendre, *DPD*, 109.

250 Legendre, *ET*, 242. 강조는 필자.

251 Legendre, *DPD*, 113.

252 Legendre, *ET*, 241~242.

253 Legendre, *DPD*, 111.

254 Legendre, *DPD*, .112.

255 Legendre, *DPD*, 111. 강조는 원문.

256 Legendre, *DPD*, 112.

257 　Legendre, *DPD,* 111.

258 　Legendre, *DPD,* 110.

259 　Legendre, *DPD,* 111.

260 　Legendre, *ST,* 74.

261 　Legendre, *ET,* 241.

262 　Legendre, *ET,* 242.

263 　Legendre, *ET,* 266~267.

264 　Legendre, *ET,* 258. 강조는 필자.

265 　Legendre, *ET,* 255~256.

266 　Legendre, *QDO,* 134. 119쪽.

267 　Legendre, *DM,* 31.

268 　Legendre, *DPD,* 129.

269 　Legendre, *DPD,* 257.

270 　Legendre, *DPD,* 76.

271 　Legendre, *DPD,* 22. 강조는 필자.

272 　Legendre, *DPD,* 20.

273 　Legendre, *ET,* 272.

274 　Legendre, *ET,* 272

275 　Legendre, *ST,* 106.

276 　ピエール・ルジャンドル, 西谷修, 「"なぜ"の開く深淵を生きる: 宗教・法・主体」,『宗教への問い1 宗教の解体学』, 岩波書店, 2000, 133~134쪽.

277 　ピエール・ルジャンドル, 西谷修, 「"なぜ"の開く深淵を生きる: 宗教・法・主体」,『宗教への問い1 宗教の解体学』, 岩波書店, 2000, 147쪽.

278 　Legendre, *DPD,* 391.

279 　Legendre, *DPD,* 183.

280 　Legendre, *DPD,* 393.

281 　Legendre, *QDO,* 97. 85쪽. 역으로 보면, 이런 사유가 종교와 원리주의의 개념 구별을 정치하게 한다는 말이 된다.

282 　어느 정도 정치사상사적인 지식이 있는 사람에게는 지루한 복습일지도 모르겠는데, 혹시 모르니 첨언한다. 국가와 법을 단적으로 폭력과 "실력", 물리적인 힘의 발현이라고 보는 관점, 나아가 "정의란 단지 강자의 이익이다"라고 보는 관점은 플라톤의『국가』에 나오는 유명한 등장인물 트라시마코스로부터 시작해 2400년에 걸쳐 존재해왔던 논의다. "정치적 현실주의"의 평범하나 거대한 흐름. 그러나 바로 그『국가』안에서 트라시마코스

는 순수한 폭력만으로 국가를 운영하는 것은 불가능함을 인정하지 않을 수 없었고, 그 혈족 중 한 명으로 여겨지는 경우가 많은 총명한 마키아벨리는 처음부터 국가와 정치의 모든 과정이 폭력에 의거한다고 생각하지 않는다. 정치적 현실주의는 관철될 수 없다. 그들은 항상 "강자"가 "폭력"뿐만 아니라 "숙련" "덕" "앎" "정치가적 역량(비르투)" 또한 갖추어야 한다는 것을 조금이라도 인정한 순간, 자신의 극단적 현실주의를 스스로 파탄에 빠지게 한다. 2000년 동안 질리지도 않고 반복된 소극이다. 정치적 현실주의와 대립되는 입장으로 아마 "유기체설"이라 부르는 게 합당한 입장이 있다. 당연히 이 또한 『국가』에서 플라톤이 트라시코마스의 항변에 대답한 내용이 그 기원이다. 플라톤에 따르면 이상적인 "선"을 공유하는 국가의 복지를 위해서는 물리적인 폭력만으로는 충분하지 않고, 인간을 바른 행동으로 이끌기 위한 동기를 자극하기 위해, 적과 시민을 "속이기" 위해 "필요한 거짓말" "고귀한 거짓말"을 할 필요가 있다. 정치적 공동체의 단결, 그 통일, 그 공동성, 조화로운 개개인의 협력과 그 과정에서의 평화를 지키기 위해 "신화"를 퍼뜨려야 한다는 것이다. 그리고 그 결과 출현하는 것이 하나의 "신체"로서의, 하나의 "인격"으로서의 국가라는 관념으로, 개인 한 사람 한 사람이 이 거대한 유기적 신체의 조화로운 일부분이 되는 국가의 이미지다. 이에 기반을 두며 중세의 로마법학자와 교회법학자, 스콜라학자들은 치밀하게 "단체" "단체적 인격", 즉 "픽션으로서의 법인격personae fictae" 이론을 체계화해갔고, 물론 이는 홉스를 시작으로 해서 근대 정치 이론에도 크게 계승되었다. 당연하기 그지없으나 이 "유기체설" "국체설"은 고풍스러운 말을 쓰자면 "이데올로기"다. "신화"다. 이는 의심할 여지가 없다. 그리고 이를 유기체설의 입장을 취하는 사람들은 처음부터 반쯤 인정한다. "고귀한 거짓말"이라고. 이를 참을 수 없어서 정치적 현실주의의 주장을 할 수도 있으리라. 할 수는 있지만, 실은 "국가는 폭력이다" "법은 폭력이다" "제도는 폭력 행사의 과정 속에서 발생한다"라는 말이야말로 최악의 이데올로기다. 이는 폭력을 행사하는 자에게 복종을 강요하는, 타락한 현실 추인의 담론에 불과하거나 기껏해야 "이 폭력 행사의 효율성을 더 높이기 위해서는 어떻게 하면 좋은가"라는 낡은 물음으로 귀결될 뿐이다. 그리고 "폭력 행사의 효율성을 높이기 위해서는"이라는 물음은 사실 "폭력 행사만으로는 효율적이지 않고, 거짓말을 하는 편이 더 효율적이다"라는 유기체설의 첫 번째 물음이기도 하다. 즉, 이는 같은 부류끼리의 다툼에 불과하다. 확실히 해두는데, 나는 "유기체설"의 편에 서지 않는다. 이 『야전과 영원』은 "유기체의 발생론"으로, 그것이 붕괴하고 와해하고 사라진 후에 다시 만들어지고 조직되고 짜이는 그 영원한 과정에 주목한다. 마지막 장에서 인용하게 될 들뢰즈의 말을 빌리자면 "거기에 강제가 없는 것은 아니다. 폭력이 없는 것은 아니다."

283 이는 *ET*의 부제다.

284 Legendre, *DM*, 32.

285 Legendre, *DM*, 138.

286 Legendre, *ET*, 229. 르장드르는 도발적으로 이렇게도 말한다. "우리 프랑스 국가는 아직 군주정적이고, 교황적·봉건적이기조차 하다." (*JP*, 100.) "우리 눈앞에서 정치·관료·산업의 족장 지배를 실현한 부르주아가 〈권력〉을 소유하려는 사회적인 요구를 계속 유지하고 있음이 프랑스에서는 극단적인 지점까지 노정되었다. 그 〈권력〉의 소유는 어떤 섭리에 의해 정당화되고 보호받고 피를 통해 전수되고 있고, 또는 여성의 교환을 통해 전수되고 있는 것이다. 자본주의는 관료제와 똑같이 봉건적 형식을 유지해왔던 것이다. 무엇이든 부순다는 평판을 듣는 사회학조차 그리 먼 곳까지 모험하려 하지 않고, 〈애국적 국민Nation patriote〉이 (〈대학〉에 이르기까지) 정식 영주의 통치를 받고 있음을 알리려 하지 않는다." (*AC*, 199.) 일본도 마찬가지라고 덧붙인다면 완벽한 사족이 될 것이다. 부르주아의 2세, 3세 의원과 그 사위가 지배하는 이 나라에서는 새삼스러울 것도 없는 이야기다. 이 야만을 우선 직시하는 것, 여기에서 시작할 수밖에 없다는 말만 해두자.

287 Legendre, *ET*, 16.

288 Legendre, *DPD*, 152.

289 Legendre, *ET*, 63.

290 Legendre, *ET*, 133.

291 Legendre, *ET*, 279.

292 Legendre, *ET*, 243~244.

293 Legendre, *ET*, 273.

294 Legendre, *EV*, 42.

295 Fethi Benslama, *une fiction troublante. De l'origine en partage,* Paris, Édition de l'Aube, 1994, 30~31쪽. フェティ·ベンスラマ,『物騒なフィクション: 起源の分有をめぐって』, 西谷修 옮김·해설, 筑摩書房, 1994, 25~26쪽.

296 Fethi Benslama, *une fiction troublante. De l'origine en partage,* Paris, Édition de l'Aube, 1994, 33쪽, 28쪽.

297 Legendre, *ET*, 90 ff.

298 자주 나오는 개념인데 예를 들면 이미 인용한 *ET*, 131.

299 Fethi Benslama, Le mouton qui blasphème. Intervention à la réunion pub-
     lique sur "La censure au nom de l'islam", organisée par l'Association du
     Manifeste des Libertès. 원문은 간행되지 않았지만 다음 사이트에서 입수
     할 수 있다(http://www. manifeste.org/). フェティ・ベンスラマ, 「冒涜す
     る羊: 『イスラームの名における検閲』での発言」, 『現代思想』 2006년 5월
     호, 졸역.

300 Fethi Benslama, La pyschanalyse à l'épreuve de l'Islam, Paris, Aubier, 2002,
     27쪽.

301 주 속에서 벤슬라마의 표현을 빌렸다며 르장드르는 이렇게 말한다. "최근,
     20세기의 제국에서 이반해 나온 낡은 민족성에 어떤 〈준거〉의 정치가 있
     는가? 〈준거〉의 투항병인, 〈서양〉으로 이동해가는 무수의 망명자들에게는
     어떤 친자 관계의 정치가 있는가? 여기에서 판돈으로 걸린 것은 민주주의
     의 성실함과 동시에 규범성과 관련된 유럽 사상의 운명이다." ET, 349.

302 Legendre, ET, 67. 강조는 원문.

303 Fethi Benslama, une fiction troublante. De l'origine en partage, Paris, Édition
     de l'Aube, 1994, 90쪽. 78쪽.

304 Fethi Benslama, une fiction troublante. De l'origine en partage, Paris, Édition
     de l'Aube, 1994, 88쪽. 77쪽.

305 "이 법률주의를 섬기는 신세대 법학자들은 심리와 사회, 관리경영 등의 호
     칭 때문에 법학자라는 사실을 알기 어렵다." ET, 149.

306 Legendre, EV, 149.

307 Legendre, IOT, 200.

308 Legendre, PPT, 32.

309 Legendre, DPD, 114.

310 Legendre, PPT, 72.

311 Legendre, ET, 257.

312 Legendre, ET, 221~222.

313 Legendre, PA, 10~11. 강조는 필자.

314 Legendre, PPT, 229.

315 Legendre, PPT, 167.

316 Legendre, ET, 160.

317 Legendre, PPT, 65.

318 Legendre, ET, 92.

319 Legendre, ET, 63.

320 Legendre, *ET*, 286~287.

321 Legendre, *ET*, 278.

322 교황청이 관료제의 기원이라는 내용은 *AC*, 243. "상상적인 부분을 야만스럽고 원시적인 스타일로 끌어안아 작용시키는" 관료제의 "애증"을 도발하는 특성은 *JP*, 174. 관료란 애국적일 수밖에 없으나, 소위 "애국자"들로부터 증오받는 기묘한 입장이다.

323 "도덕"이란 회개의 법과 도덕신학이 맡아왔다. 이는 그리스도교 규범 공간의 "준-준거"로서 예를 들어 "고해"의 실천 등으로 힘을 발휘해왔다. 고로 이는 "증오"받게 된 것이다. *ET*, 151 ff., 물론 유행하고 있는 "윤리"라는 개념은 "〈도덕〉의 애매모호한 미봉책"이다. *ET*, 231. 역으로 말해, 윤리학자는 자기 윤리의 법적 실천에 관한 도그마틱한 물음을 전개해가야 한다. 윤리학은 법철학이고, 고로 증오의 대상이 될 것을 각오하고 구체적인 재판의 결의론 속에서 "준-준거"로서, 즉 "비장의 카드"로서 구실을 하는 글을 생산해야 한다. 이 귀결은 피할 수 없다고 필자는 생각한다.

324 Legendre, *ET*, 107~108.

325 Legendre, *ET*, 75.

326 Legendre, *ET*, 194. 강조는 필자.

327 Legendre, *ET*, 422.

328 Legendre, *ET*, 279.

329 Legendre, *ET*, 128. 강조는 필자.

330 Legendre, *ET*, 423.

331 주의하자. 르장드르의 사유가 지닌 특징 중 하나를 제대로 파악해두어야 한다. 르장드르가 쓴 책에 자주 나오는 동사 중에 "뇌관을 제거하다desamorcer"가 있다. 르장드르에 따르면 그 뇌관을 제거하기 위해서는 그것이 지금 현실에 존재함을 인정해야 한다. 관료제, 봉건제, 종교, 의례, 야만. 그런데 이것이 지금 여기에 "없다"고 여기면, 그로부터 자신이 완전히 벗어나 있다는 생각에 빠져 있으면, 결국 그것이 의식 바깥에서 기능해, 갑작스럽게 폭발하는 사태를 막을 방법이 없어진다. 이를 단순히 욕하고 멸시하는 태도를 취한다면, 또는 단순히 사회 주변부에서 겨우 연명하도록 허락받은 "관광용 민속 문화"로 취급한다면 그것을 섬세한 기술로 조작할 여지를 자기 스스로 기꺼이 포기하는 것이 된다. 이보다 더한 소극이 있을까? 따라서 그것이 아무리 "나는 극복했다"는 자의식에게 있어서 상처가 되더라도, 굴욕이더라도, 그것이 거기에 계속 있음을 무슨 일이 있어도 인정해야 한다는 것. 이것이 이 르장드르라는 남자의 계속된 주장이다.

332 제3자 또는 제3항이라는 사고방식은 가깝게는 칸트의 "진리의 재판 모델"
에서 유래한다. 한 의견과 다른 한 의견의 "결투"라는 상상적인 관계를 조
정하는 재판의 "결과" "판결"이라는 진리. 이것이 소위 "변증법"이라 불리
는 것이다. 굳이 간략히 논하자면 헤겔은 이를 옆으로 쓰러뜨려 보였던 것이
다. 헤겔은 역사적 과정 "전체"를 "진리"라고 부르고, 그 전체성이 (가능성
으로서도) 완결하는 시점을 "절대지"라 했다. 즉, 각양각색의 "표상의 전
쟁"의 최종적인 승자가 "정해진" 순간, 헤겔은 와서 외치는 것이다. 이야말
로 절대지의 출현이라고. 헤겔은 도박을 하지 않는다. 헤겔은 항상 그 옆
에서 승자가 정해진 순간, 그것을 절대지라고 부르고, 그것이 승리를 움켜
쥔 이유를 구구절절 논해 보인다. 그것이 역사의 진리이고, 전체로서의 진
리다. 헤겔이 옳음을 인정하면서도 바타유가 이러한 태도에 저항해 "도박"
"운" "우연"을 고집한 것은 이런 이유에서다. 헤겔은 도박에 참가하지 않
고, 도박에서 이긴 자의 필연성만 논한다. 따라서 그것은 틀림없이 "맞고",
고로 '역사의 종언'의 철학이 되는 것이다. 그러나 그런 종언이 있을 수 없
다면 우리는 영원한 도박 안에 남겨진 것이 된다. 제3항이란 도박의 결과
다. 무슨 도박인가? 그 답은 르장드르가 이야기해줄 것이다.

333 Legendre, *EV,* 139.

334 Legendre, *EV,* 141.

335 Legendre, *EV,* 141. 강조는 필자.

336 실제로 "광신적"이라 형용되기도 하는 종교 정책을 펼친 것으로 알려진 유
스티니아누스 대제는 이 법전 해석과 주석을 일절 금지하고 직접 준거만을
허락하는, 극히 "원리주의적"인 명령을 내렸다. 이로 인해 『로마법대전』은
해석의 "소격"과 그로부터 파생하는 "실용성"마저 소멸된 것으로 알려져
있다. 고로 이 위대한 법전은 말하자면 잊힐 만했기 때문에 오랫동안 망각
의 늪에 빠져 있었다. 로마법의 부활, 즉 르장드르가 말한 "중세 해석자 혁
명"이란 이 원리주의적인 대제의 명령을 무시하고, 거기에 해석과 주석을,
즉 소격을 부여함으로써 법의 신체에 새로운 숨결을 프랑스어넣는 것이었
다. 해석, 소격의 해소와 원리주의의 연관성에 대해서는 이 책 제43절을 참
조. 앞의 역사적 사실에 관해서는 Pierre Maraval, *L'empereur Justinien,* (Que
sais-je?; 3515), Presses universitaires de France, Paris, 1999. ピエール·マラ
ヴァル, 『皇帝ユスティニアヌス』, 大月康弘 옮김, 文庫クセジュ, 白水社,
2005의 제3장과 オッコ—ベーレンツ, 『歴史の中の民法: ローマ法との
対話』, 川上正二 옮김, 日本評論社, 2001의 제1부를 참조. 베렌츠의 저서
는 강의안을 번역한 것으로, 원문은 출판되지 않은 것 같다. 또한 앞의 중

요한 지적은 법제사가·법철학자 가도 가즈마사嘉戸一将의 친절한 가르침에 의거한 것이다. 일일이 그때마다 이름을 거론하는 번잡함은 피하겠으나 가도로부터는 이 책의 다른 곳에도 적절한 충고를 해주어, 많은 부분은 몇 군데의 긴 주석에 반영되어 있다. 여기에 감사를 표한다.

337 Legendre, *EV,* 141~142. 강조는 원문.

338 Legendre, *EV,* 142.

339 Legendre, *EV,* 142.

340 물론 이 fingere의 명사형이 fictio로, 픽션fiction의 어원이다.

341 Legendre, *EV,* 61.

342 르장드르는 "헤겔과 그 제자들"이 "관념의 현실화는 인위성을 전제로 한다"는 것을 제대로 이해하지 않고 있었고 "이는 사회과학과 대동소이하다"고 비판한다. 필자는 이 지적이 극히 정당하다고 생각한다. 르장드르는 이렇게 말을 잇는다. "중세 신학의 기여를, 즉 본질적으로는 "신의 닮은 모습" Imago Dei를 다룸으로써 스콜라학이 밝혀낸 것을, 위험한 줄 알면서도 무시했기 때문에 서양 사상은 〈국가〉의 인위성에 대한, 즉 모든 규범적 구축의 근거와 〈국가〉의 연관성에 대한 이해를 포기하고 말았던 것이다". *ET,* 13~14.

343 내외를 불문하고 '제3자는 필요 없다, 픽션으로서도 필요 없다'고 무엇인가에 홀리기라도 한 듯이 말하는 사람들은 구조적으로 자신이 제3자라고, 즉 상상인인 신이라고 말하고 싶을 뿐인 것이다. 매니지먼트 원리주의에 딱 어울리는 태도다. 그들의 증오로 가득 찬 매도는 그들이 소격을 결여하고 있음을 그 무엇보다 증명하고 있다.

344 Legendre, *IOT,* 323.

345 Legendre, *EV,* 150. 강조는 필자.

346 Legendre, *EV,* 150. 강조는 필자.

347 Osamu Nishitani, 《Deux notions occidentales de l'homme: Anthropos et Humanitas》, *Tissr le lien social,* dir. de Alain supiot, Paris, Éditions de la Maison des sciences de l'homme, 2004, 15~23쪽. 西谷修,「ヨーロッパ的〈人間〉と〈人類〉: アンスロポスとフマニタス」,『20世紀の定義(4): 越境と難民の世紀』, 岩波書店, 2001, 35~48쪽이 있는데 니시타니에 따르면 이 프랑스어판이 개정을 거친 결정고로, 앞으로 인용은 여기에 의거한다.

348 渡辺公三,『司法的同一性の誕生: 市民社会における個体識別と登録』, 言叢社, 2003, 396쪽. 또한 고조가 법학자 와타나베 치하라渡辺千原의 논문을 참고로 약해薬害 소송 "Daubert 대 Merrell Dow 재판"의 판결을 인용해, "지

문이 100퍼센트 반증 불가능하다면 그것은 과학이 아니"기 때문에 "지문의 유효성에 대한 의문이 감식과학 자체의 과학성을 뒤흔들기까지 하고 있다"고 논한 것도 흥미롭다.

349 Legendre, *DPD,* 59.

350 Legendre, *DM,* 64.

351 Legendre, *DM,* 77.

352 Legendre, *ET,* 229.

353 Legendre, *QDO,* 76. 71~72쪽.

354 ピエール・ルジャンドル, 「佐々木報告へのコメント: 人類の様々な経験や宗教の構築は「理性を制定するための努力なのだ」, 『〈世界化〉を再考する: P・ルジャンドルを迎えて』, 西谷修 編, 東京外国語大学大学院研究叢書, 2004, 119쪽.

355 Legendre, *ET,* 91, *DPD,* 361~369.

356 Legendre, *DPD,* 368.

357 Legendre, *DPD,* 108.

358 확실히 해두기 위해 단편적으로 인용해온 중요한 부분을 모아서 인용한다. "해석의 시스템은 살아 움직이고 성장한다. 그리고 그것을 지탱하는 〈준거〉는 사회적 표상으로, 담론으로 모양을 바꾼다. 〈국가〉가 해체될 수는 있다. 그렇다고 해서 〈준거〉의 논리를 폐기해도 되는 것은 아니다. 세계의 재봉건화가 일어날 수도 있으나 몽타주의 소멸은 생각조차 할 수 없다. 서양적인 의미에서의 〈국가〉가 현실에 존재하는 이유는, 그것이 계보 권력을 행사하고 있기 때문이다. 반대로, 인간 세계에서 이 권력을 행사할 때 국가라는 형식이 꼭 필요한 것은 아니다. 지금도 그렇고, 앞으로도 그렇다. 이렇게 보면 우리는 자신이 추진하고 있는 정치 개혁을 상대화해야 한다. 아마 〈국가〉는 자신의 역사 끄트머리에 도달해 죽기 직전이다. 내일이라도 〈국가〉는 재정 기술이나 경제 분야 등에 해당하는 분야에 한정된 단순한 전문적 기능에 머물게 되고 말 것이다. 18세기부터 지금에 이르기까지 계승되어온 권력의 분립 없이는 생각조차 할 수 없는 여러 기능의 분화가, 〈금지〉의 기능과 연관된 계보 규범성을 다른 형태로 출현시키는 쪽으로 작용하고 있다면 그리될 것이다. 우리가 〈국가〉라고 부르는 것의 영속은 전혀 보장되어 있지 않다. 이 〈국가〉 관념의 역사적 기원은 이미 논한 바와 같다. 바로 이런 불확실성의 견지에서 보아야 관리 행정 시스템을 둘러싼 방대한 작용을 제대로 이해할 수 있는 방식으로 검토할 수 있다." *ET,* 279.

359 Legendre, *ET,* 56~57.

360 Legendre, *ET*, 439.

361 Legendre, *ET*, 437~438. 강조는 필자.

362 Legendre, *901C*, 44.

363 Legendre, *QDO*, 353. 319쪽.

364 ピエール·ルジャンドル, 西谷修,「"なぜ"の開く深淵を生きる: 宗教·法·主体」,『宗教の解釈学』, 岩波書店, 2000, 145쪽.

제3부 미셸 푸코, 생존의 미학 너머에서

1 Michel Foucault,《Pouvoirs et stratégies》, *Dits et écrits II. 1976~1988*, Paris, Gallimard, 2001, 422쪽. 앞으로 이 논문을 PS로 약기한다. 이 책에서는 이 Quatro Gallimard 판의 두 권을 사용한다. 다소 이해가 되지 않지만 편집위원 중 한 명이 "방침"이라고 설명하고 있는데, 이 책의 일본어판은 어느 정도 정식으로 자리 잡은 책 이름이나 개념도 번역자 간에 용어를 통일하지 않았다. 또한 프랑스어 원문과 일본어판 간에 큰 차이가 있는 부분도 더러 있다. 고로 원칙적으로 번역문은 필자가 번역하지만 독자의 편의를 위해 일본어판의 해당 부분을 명기한다. 이 비판 부분은 다음과 같다.「権力と戦略」,『思考集成VI』, 久保田淳 옮김, 筑摩書房, 2000, 589~590쪽.

2 Foucault, PS, 422.

3 Foucault, PS, 422~423.

4 Foucault, PS, 423.

5 Foucault, PS, 423.

6 Foucault, PS, 423.

7 Foucault, PS, 423.

8 Foucault, PS, 423.

9 Foucault, PS, 423.

10 Foucault, PS, 423.

11 Foucault, PS, 423.

12 Foucault, PS, 423~424.

13 Foucault, PS, 424.

14 Foucault, PS, 424.

15 Foucault, PS, 424.

16 Foucault, PS, 425. 앞에서 열거한 항목은 모두 여기에 있다.

17 라이히의 "억압적" 권력 이해와 크라우제비츠의 "투쟁적" 권력 이해를 대조하고 있는 다음 부분을 참조. Michel Foucault, 《Cous du 7 janvier 1976》, *Dits et écrits II. 1976~1988*, Paris, Gallimard, 2001, 172쪽. 「一九七六年一月七日の講義」, 『思考集成VI』, 石田英敬 옮김, 筑摩書房, 2000, 234~235쪽.

18 Michel Foucault, 《Le jeu de Michel Foucault》, *Dits et écrits II. 1976~1988*, Paris, Gallimard, 2001, 315쪽. 「ミシェル·フーコーのゲーム」, 『思考集成VI』, 增田一夫 옮김, 筑摩書房, 2000, 431쪽.

19 제69절에서 다시 다루지만 푸코는 근친상간의 금지는 전혀 보편적인 것이 아니고, "여러 사회적 압력이 근친상간에게 가해진 것은 겨우 19세기 말부터"로, "근친상간의 금지는 지식인의 발명이다"라고 까지 말하고 있다. 이러한 "금지"의 보편화를 비판하는 이로를 맥락으로 한 발언이기는 하다. 이는 프로이트와 레비-스트로스를 비판하는 것이냐는 반문에 대해, 아이러니를 담은 것 같기도 한 말투로 특정한 누구를 비판하는 것은 아니라고 답하고 있지만. Michel Foucault, 《Choix sexuel, acte sexuel》, *Dits et écrits II. 1976~1988*, Paris, Gallimard, 2001, 1154쪽. 「'性の選擇' 性の行為」, 『思考集成IX』, 增田一夫 옮김, 筑摩書房, 2001, 416~417쪽.

20 Michel Foucault, 《Le jeu de Michel Foucault》, *Dits et écrits II. 1976~1988*, Paris, Gallimard, 2001, 303~304쪽. 「ミシェル·フーコーのゲーム」, 『思考集成VI』, 增田一夫 옮김, 筑摩書房, 2000, 416~417쪽.

21 예를 들어 푸코의 『앎의 의지』에 대해 "좀 더 다른 방향으로 노력할 필요가 있다"는, 마찬가지로 맞물린 반응이라고 하기 힘든 언급을 하고 있다. 다음을 참조. Legendre, *EV*, 21.

22 확실하게 해두자. 푸코가 항상, 죽기 직전까지 일관해서 "법과 주권"이라는 표현을 쓰고, 이 둘을 같은 본성을 가진 것으로, "법적 권력"과 "주권 권력"을 거의 같은 뜻을 가진 말로 취급해왔다는 사실에 위화감을 갖는 독자도 많으리라. 게다가 푸코는 이 둘을 향해 격렬한 비판을 퍼붓고 있으니까. 카를 슈미트 등을 거론할 것까지도 없이 근대적인 주권 개념을 정의한 장 보댕이 주권은 법을 초월한 곳에 있다고 정의한 것은 정치사상사의 상식이다. 그러나 우선 이렇게 말할 수 있으리라. 소위 구조주의적인 정신분석(또는 인류학에서도)에서 "절대적 금지"를 말하는 "절대적 주체"를 제기해온 것은 명백하고, 푸코는 그런 입장을 "옆에서" 정치사적·행정사적 관점을 도입해 비판하는 것이라고 이해할 수 있다. 나중에 다시 논하게 되겠지만 중복을 두려워하지 않고 말하자면, 르장드르는 "우리가 법이라 부르는 것"(*QDO*, 123. 109쪽. 강조는 필자)과 "유럽의 도그마 학자가 〈주권〉이라

고 부르는" "몽타주"(*DPD*, 28. 강조는 필자)라는 "기묘한 짝"이 역사적 효
과임을 지적하고 있고, 이 둘의 접합을 무전제로 보편적이라 일컬은 적은
한 번도 없다.

23 바로 앞의 주를 참조.

24 르장드르는 특히 프랑스의 사례를 들어 프랑스 국가의 특징인 중앙집권적
관료제는 교황좌의 성직자 위계제에서 유래했고, 기본적으로 그 행정조직
은 "교회는 영토를 갖지 않는다"는 이념을 부분적으로 내포하고 있다고 지
적한다. 즉, 주권국가의 정의 중 하나인 영토성과 배치되는 부분이 있다고.
JP, 82~83.

25 제4장에서 이들 강의를 상세히 검토한다.

26 《Choronologie》, *Dits et écrits I. 1954~1975,* Paris, Gallimard, 2001, 72쪽.
「年譜」, 『思考集成I』, 石田英敬 옮김, 筑摩書房, 1998, 19쪽.

27 Michel Foucault, 《La foile et la société》, *Dits et écrits II. 1976~1988,* Paris,
Gallimard, 2001, 478~479쪽. 「狂気と社会」, 『思考集成VII』, フーコー +
渡辺守章 옮김, 筑摩書房, 2000, 64~65쪽.

28 Michel Foucault, 《Les rapports de pouvoir passent à l'intérieur des corps》,
Dits et écrits II. 1976~1988, Paris, Gallimard, 2001, 228~229쪽. 「身体をつ
らぬく権力」, 『思考集成VI』, 山田登世子 옮김, 筑摩書房, 2000, 301~302쪽.

29 Michel Foucault, *L'ordre du discours. leçon inaugurale au Collège de France
prononcée le 2 décembre 1970,* Paris, Gallimard, 1971, 12~13쪽. 『言語表現
の秩序』, 中村雄二郎 옮김, 1995(개정판), 11쪽.

30 Michel Foucault, 《Un problème m'intéresse depuis longtemps, c'est celui
du système pénal》, *Dits et écrits I. 1954~1975,* Paris, Gallimard, 2001,
1075~1076쪽. 「ずっと以前から私はある問題に関心をもっている' そ
れは懲罰システムの問題だ」, 『思考集成IV』, 慎改康之 옮김, 筑摩書房,
1999, 110~111쪽.

31 Michel Foucault, 《Les intellectuels et le pouvoir》, *Dits et écrits I. 1954~1975,*
Paris, Gallimard, 2001, 1181쪽. 「知識人と権力」, 『思考集成IV』, 蓮實重彦
옮김, 筑摩書房, 1999, 266쪽.

32 Cf. Michel Foucault, 《Sur la justice polulaire. Débat avec les maos》, *Dits et
écrits I. 1954~1975,* Paris, Gallimard, 2001, 1220쪽, 1229쪽. 「人民裁判に
ついて: マオイストたちの討論」, 『思考集成IV』, 菅野賢治 옮김, 筑摩書房,
1999, 319~320쪽. 332쪽.

33 Michel Foucault, 《À propos de la prison d'Attica》, *Dits et écrits I. 1954~1975,*

Paris, Gallimard, 2001, 1394~1395쪽.「アッティカ刑務所について」,『思考集成V』, 嘉戸一将 옮김, 筑摩書房, 2000, 77쪽.

34 Michel Foucault, 《À propos de la prison d'Attica》, *Dits et écrits I. 1954~1975*, Paris, Gallimard, 2001, 1395~1396쪽. 78~79쪽.

35 Michel Foucault,《La vérité et les formes juridiques》, *Dits et écrits I. 1954~1975*, Paris, Gallimard, 2001, 1494쪽.「真理と裁判形態」,『思考集成V』, 西谷修 옮김, 筑摩書房, 2000, 192쪽. 앞으로 이를 VF로 약기한다.

36 Michel Foucault, *Le pouvoir psychiatrique. Cour au Collège de France 1973~1974*, Paris, Seuil/Gallimard, 2003, 23쪽. 앞으로 이 책을 *PP*로 약기한다.

37 Foucault, *VF*, 1456, 152쪽.

38 Michel Foucault, *Surveiller et punir. Naissance de la prison*, Paris, Gallimard, 1975, 133쪽.『監獄の誕生』田村俶 옮김, 新潮社, 1977, 133쪽. 앞으로 이 책을 *SP*로 약기한다.

39 앞의 다미앵 처형의 기술은 모두 이 부분의 충실한 요약이다. Foucault, *SP*, 9~12, 9~11쪽.

40 Foucault, *SP*, 113, 115~116쪽.

41 Foucault, *SP*, 114~115, 115~117쪽.

42 Foucault, *SP*, 12~13, 12~13쪽.

43 Cf. Foucault, *SP*, 13, 12쪽.

44 앞의 열거는 이 인용에 따른 것이다. Foucault, *SP*, 36. 37쪽.

45 Foucault, *SP*, 37. 38쪽.

46 Foucault, *SP*, 37. 38쪽.

47 Foucault, *SP*, 38. 38쪽.

48 Foucault, *SP*, 38. 39쪽.

49 Foucault, *SP*, 38. 38쪽.

50 Foucault, *SP*, 41. 41쪽.

51 Foucault, *SP*, 42. 42쪽.

52 Foucault, *SP*, 44. 44쪽.

53 Foucault, *SP*, 44~45. 45쪽.

54 Foucault, *SP*, 45. 45쪽.

55 Foucault, *SP*, 46. 46쪽.

56 Foucault, *SP*, 47. 47쪽.

57 Foucault, *SP*, 55. 55쪽.

58   Foucault, *SP*, 48. 48쪽.

59   Foucault, *SP*, 51. 51쪽.

60   Foucault, *SP*, 51. 51쪽.

61   Foucault, *SP*, 51. 51쪽. souverain을 주권자로 번역했다. 물론 여기에서는 근대적인 주권과 관련된 부분으로만 한정된 것이 아니다. 하지만 후에 푸코 자신이 souverain에 관한 권력에 '근대적인 사회계약에 의한 주권 이론'을 직선적으로 겹쳐서 논하고 있기 때문에, 이 번역어를 택했다. 이 사실 자체가 관념사적으로 옳은지 여부는 한정된 목표를 추구하는 이 책과는 무관하다.

62   Foucault, *SP*, 51. 51쪽.

63   Foucault, *SP*, 57. 56~57쪽.

64   Foucault, *SP*, 52. 52쪽.

65   Foucault, *SP*, 52. 52쪽.

66   Foucault, *SP*, 53. 52쪽.

67   Foucault, *SP*, 60~61. 60쪽.

68   이는 *SP* 제2장의 제목이다.

69   Foucault, *SP*, 61. 60쪽.

70   Foucault, *SP*, 61. 61쪽.

71   Foucault, *SP*, 63. 62쪽.

72   Foucault, *SP*, 64. 63쪽.

73   Foucault, *SP*, 64. 63쪽.

74   Foucault, *SP*, 64. 63쪽.

75   Foucault, *SP*, 70. 69쪽.

76   Foucault, *SP*, 63. 62쪽.

77   Foucault, *SP*, 68. 67쪽.

78   Foucault, *SP*, 13. 13쪽. 강조는 필자.

79   Foucault, *SP*, 75. 77쪽.

80   Foucault, *SP*, 76. 78쪽.

81   Foucault, *SP*, 84. 85쪽.

82   Foucault, *SP*, 91. 91쪽.

83   Foucault, *SP*, 91. 91쪽.

84   Foucault, *SP*, 96. 96쪽.

85   Foucault, *SP*, 95. 95쪽.

86   Foucault, *SP*, 96. 95쪽.

87   Foucault, *SP*, 96. 96쪽.

88   Foucault, *SP*, 97. 96쪽.

89   Foucault, *SP*, 97. 97쪽.

90   Foucault, *SP*, 103. 103쪽.

91   Foucault, *SP*, 98. 98쪽.

92   Foucault, *SP*, 98. 98쪽.

93   Foucault, *SP*, 98. 98쪽. 인용문 안에 있는 푸코가 인용한 문구는 베카리아
      의 『범죄와 형벌에 관한 논고』에서.

94   Foucault, *SP*, 102, 102쪽.

95   Foucault, *SP*, 100, 100쪽.

96   Foucault, *SP*, 104, 103쪽.

97   Foucault, *SP*, 104, 103쪽.

98   Foucault, *SP*, 104, 103쪽.

99   Foucault, *SP*, 114. 116~117쪽.

100   Foucault, *SP*, 104, 103쪽.

101   Foucault, *SP*, 106. 109쪽.

102   Foucault, *SP*, 105. 105쪽.

103   Foucault, *SP*, 111. 114쪽.

104   Foucault, *SP*, 111~112. 114쪽.

105   Foucault, *SP*, 112. 114쪽.

106   Foucault, *SP*, 112. 114~115쪽.

107   Foucault, *SP*, 115. 117쪽.

108   Foucault, *SP*, 118. 120쪽.

109   Foucault, *SP*, 117. 119쪽.

110   Foucault, *SP*, 117. 119쪽.

111   Foucault, *SP*, 120~121. 122~123쪽.

112   Foucault, *SP*, 116. 119쪽.

113   Foucault, *SP*, 116. 119쪽.

114   Foucault, *SP*, 116. 119쪽.

115   Foucault, *SP*, 119. 121쪽.

116   Foucault, *SP*, 118. 120쪽.

117   Foucault, *SP*, 118. 120쪽.

118   Foucault, *SP*, 130. 130쪽.

119   Foucault, *SP*, 131. 131쪽.

120 Foucault, *SP*, 131. 131쪽.

121 Foucault, *SP*, 131. 131쪽.

122 Foucault, *SP*, 131. 131쪽.

123 Foucault, *SP*, 131. 131쪽.

124 Foucault, *SP*, 131~132. 131쪽.

125 Foucault, *SP*, 132. 131쪽.

126 Foucault, *SP*, 132. 131쪽.

127 Foucault, *SP*, 132. 132쪽. 강조는 필자.

128 Foucault, *SP*, 133. 132쪽.

129 Foucault, *SP*, 137. 141쪽.

130 Foucault, *SP*, 137~138. 141쪽.

131 Foucault, *SP*, 138. 142쪽.

132 Foucault, *SP*, 138. 142쪽.

133 Foucault, *SP*, 139. 142쪽.

134 Foucault, *SP*, 139. 143쪽.

135 Foucault, *SP*, 140. 144쪽.

136 Foucault, *SP*, 141. 145쪽.

137 Foucault, *SP*, 142. 146쪽.

138 Foucault, *SP*, 143. 147쪽.

139 Foucault, *SP*, 143. 147쪽.

140 Foucault, *SP*, 143. 147쪽.

141 Foucault, *SP*, 143. 147쪽.

142 Foucault, *SP*, 144. 148쪽.

143 Foucault, *SP*, 144. 148쪽.

144 Foucault, *SP*, 144. 148쪽.

145 Foucault, *SP*, 145. 148쪽.

146 Foucault, *SP*, 145. 148쪽.

147 Foucault, *SP*, 145. 149쪽.

148 Foucault, *SP*, 146. 149쪽.

149 Foucault, *SP*, 147. 150쪽.

150 Foucault, *SP*, 147. 150쪽.

151 Foucault, *SP*, 147. 150쪽.

152 Foucault, *SP*, 147. 150쪽.

153 Foucault, *SP*, 148. 151쪽.

154　Foucault, *SP,* 148. 151~152쪽.

155　Foucault, *SP,* 148. 152쪽.

156　Foucault, *SP,* 149. 152쪽.

157　Foucault, *SP,* 148~149. 152쪽.

158　Foucault, *SP,* 149. 152쪽. 강조는 필자.

159　Foucault, *SP,* 149~150. 152~153쪽.

160　Foucault, *SP,* 150. 153쪽.

161　Foucault, *SP,* 151. 154쪽.

162　Foucault, *SP,* 151~152. 154쪽.

163　Foucault, *SP,* 151. 154쪽.

164　Foucault, *SP,* 152. 155쪽. 19세기 당시 검토되었던 시간표에서.

165　Foucault, *SP* 153. 155쪽.

166　Foucault, *SP,* 153. 155쪽. 1776년 왕령의 보병 교범. "피에" "푸스" 등 당시
　　의 단위는 미터법으로 고쳐서 요약했다.

167　Foucault, *SP,* 154. 156쪽.

168　Foucault, *SP,* 154. 156쪽.

169　Foucault, *SP,* 154. 157쪽.

170　Foucault, *SP* 155. 158쪽.

171　Foucault, *SP,* 159. 161쪽.

172　Foucault, *SP,* 159. 161쪽.

173　Foucault, *SP,* 159. 161쪽.

174　Foucault, *SP,* 160. 162쪽.

175　Foucault, *SP,* 162. 163쪽.

176　Foucault, *SP,* 162. 163쪽.

177　Foucault, *SP,* 162~163. 164쪽.

178　Foucault, *SP,* 163. 164쪽.

179　Foucault, *SP,* 163. 164쪽.

180　Foucault, *SP,* 163. 164쪽.

181　Foucault, *SP,* 164. 165쪽.

182　따라서 신비주의자의 운동은 기이하게 뒤틀린 공간에 있었다고 할 수 있
　　다. 그녀들은 수도원을 거점으로 사목 권력에 저항했지만, 다른 한편으로
　　그녀들을 포위하기 시작한 세속 국가 또한 1세기 떨어져 있기는 하나 수도
　　원의 기술을 도입함으로써 자신의 규율 권력을 성립시켰으니까.

183　Foucault, *SP,* 166. 166쪽.

184 Foucault, *SP*, 167. 167쪽.

185 Foucault, *SP*, 167. 168쪽.

186 Foucault, *SP*, 167. 168쪽.

187 Foucault, *SP*, 167. 168쪽.

188 Foucault, *SP*, 168. 168쪽.

189 Foucault, *SP*, 168. 168쪽.

190 Foucault, *SP*, 168. 168쪽.

191 Foucault, *SP*, 169. 169쪽.

192 Foucault, *SP*, 170. 170쪽.

193 Foucault, *SP*, 171. 171쪽.

194 Foucault, *SP*, 224. 222쪽.

195 Foucault, *SP*, 172. 175쪽.

196 Foucault, *SP*, 173. 175~176쪽.

197 Foucault, *SP*, 179. 181쪽.

198 Foucault, *SP*, 179. 181쪽.

199 Foucault, *SP*, 179. 181쪽.

200 Foucault, *SP*, 224. 222쪽.

201 Foucault, *SP*, 224. 223쪽.

202 Foucault, *SP*, 224. 223쪽.

203 Foucault, *SP*, 180. 182쪽.

204 Foucault, *SP*, 181. 182쪽.

205 Foucault, *SP*, 183. 184쪽.

206 Foucault, *SP*, 182. 184쪽.

207 Foucault, *SP*, 184. 186쪽.

208 Foucault, *SP*, 184. 186쪽.

209 Foucault, *SP*, 185. 186쪽.

210 Foucault, *SP*, 185. 186쪽.

211 Foucault, *SP*, 224. 223쪽.

212 Foucault, *SP*, 185. 186쪽.

213 Foucault, *SP*, 186. 187쪽.

214 Foucault, *SP*, 186~187. 188쪽.

215 Foucault, *SP*, 189. 190쪽.

216 Foucault, *SP*, 189. 190쪽.

217 Foucault, *SP*, 191. 192쪽.

218 Foucault, *SP,* 189. 190쪽.

219 Foucault, *SP,* 192. 192쪽.

220 Foucault, *SP,* 189. 193쪽.

221 Foucault, *SP,* 푸코의 『감시와 처벌』에 많은 논거를 구하고 이를 상세히 추적해 확인하는 작업을 한 다음 책의 기술을 참조. 渡辺公三, 『司法的同一性の誕生: 市民社会における個体識別と登録』, 言叢社, 2003, 제1부 제3장.

222 Foucault, *SP,* 189. 190쪽.

223 Foucault, *SP,* 193. 194쪽.

224 Foucault, *SP,* 193. 194쪽.

225 Foucault, *SP,* 195. 195쪽.

226 Foucault, *SP,* 195. 195쪽.

227 Foucault, *SP,* 193. 194쪽.

228 Foucault, *SP,* 195. 196쪽.

229 Foucault, *SP,* 200. 200쪽.

230 Foucault, *SP,* 200. 200쪽.

231 Foucault, *SP,* 202. 202쪽.

232 Foucault, *SP,* 201~202쪽.

233 Foucault, *SP,* 202. 203쪽.

234 Foucault, *SP,* 203. 204쪽.

235 Foucault, *SP,* 203. 204쪽.

236 Foucault, *SP,* 203. 204쪽.

237 Foucault, *SP,* 203. 204쪽.

238 Foucault, *SP,* 204. 205쪽.

239 Foucault, *SP,* 204. 205쪽.

240 Foucault, *PP,* 79.

241 Foucault, *SP,* 206. 206쪽.

242 Foucault, *SP,* 207. 207쪽. 강조는 필자.

243 Foucault, *SP,* 211. 211쪽.

244 Foucault, *SP,* 212. 212쪽.

245 Foucault, *SP,* 222. 222쪽.

246 Foucault, *SP,* 213. 212쪽.

247 Foucault, *SP,* 214~217. 213~215쪽.

248 Foucault, *SP,* 217. 217쪽. 푸코는 "스펙터클을 욕하는 것보다 다른 해야 할 일이 있지 않은가?" 하고 도발적인 발언을 한 적도 있다. Michel Foucault,

《Sade, sergent du sexe》, *Dits et écrits I. 1954~1975,* Paris, Gallimard, 2001,
1689쪽. 이것이 누구를 향한 것인지는 이 책과 무관하다.

249   Foucault, *SP,* 219. 218쪽.

250   Foucault, *SP,* 196. 196쪽.

251   Foucault, *SP,* 269~273. 264~267쪽.

252   Foucault, *SP,* 276. 269~270쪽.

253   Foucault, 《Sur la sellette》, *Dits et écrits I. 1954~1975,* Paris, Gallimard,
2001, 1592쪽.

254   Foucault, *SP,* 《La prison vue par un philosophe français》, *Dits et écrits I.
1954~1975,* Paris, Gallimard, 2001, 1598쪽. 「あるフランス人哲学者が見
た監獄」,『思考集成V』, 中澤信一 옮김, 筑摩書房, 2000, 341쪽.

255   Foucault, *SP,* 285. 277쪽.

256   Foucault, *SP,* 285. 277쪽.

257   Foucault, *SP,* 285. 277쪽.

258   Foucault, *SP,* 287. 278쪽.

259   Foucault, *SP,* 287. 279쪽.

260   Foucault, *SP,* 292. 283쪽.

261   Foucault, *SP,* 287. 281쪽.

262   Foucault, *SP,* 308. 301쪽.

263   Foucault, *PP,* 137.

264   Foucault, *PP,* 189.

265   Foucault, *PP,* 4.

266   Foucault, *PP,* 82.

267   Foucault, *PP,* 83.

268   Foucault, *PP,* 84.

269   Foucault, *PP,* 84.

270   Foucault, *PP,* 87.

271   Foucault, *PP,* 86.

272   Foucault, *PP,* 96~97.

273   Foucault, *PP,* 97.

274   Foucault, *PP,* 98.

275   Foucault, *PP,* 113.

276   Foucault, *PP,* 116.

277   Foucault, *PP,* 215.

278 Foucault, *PP,* 125.

279 Foucault, *PP,* 200.

280 Foucault, *PP,* 201.

281 Foucault, *PP,* 207.

282 Foucault, *PP,* 218.

283 Foucault, *PP,* 219.

284 Foucault, *PP,* 219.

285 푸코는 다음 연도의 강의에서 이렇게 말하고 있다. "유년기는 특정 시기
부터 정신의학을 보완하는 형태로 추가된 새로운 영역은 아닙니다. 그것
이 아니라, 반대로 정신의학적 활동의 조준점, 그 앎과 권력의 조준점으로
유년기를 포획함으로써 정신의학은 전면화되었다고 생각합니다. 즉, 유
년기가 정신의학적인 앎과 권력이 전면화하기 위한 역사적 조건 중 하나
로 사료됩니다." Michel Foucault, *Les anormaux, Cours au Collège de France.
1974~1975,* Paris, Gallimard/Seuil, 1999, 287쪽.『異常者たち: コレージ
ュ·ド·フランス講義 1974~1975年度』, 慎改康之 옮김, 筑摩書房, 2000,
337쪽. 앞으로 이 책을 *A*로 약기한다.

286 Foucault, *PP,* 154.

287 Foucault, *PP,* 155.

288 Foucault, *PP,* 155.

289 Foucault, *PP,* 155~156.

290 Foucault, *PP,* 155~156.

291 Foucault, *PP,* 156.

292 Foucault, *PP,* 184.

293 Foucault, *PP,* 185.

294 Foucault, *PP,* 187.

295 Foucault, *PP,* 187.

296 Foucault, *PP,* 235.

297 Foucault, *PP,* 282.

298 Foucault, *PP,* 282.

299 Foucault, *PP,* 315~316.

300 Foucault, *PP,* 318.

301 Foucault, *PP,* 제1부의 주 278을 참조하기 바란다.

302 Foucault, *PP,* 178n.

303 다시 나카이 히사오의 말을 빌리자. 나카이는 어느 글에서 푸코의 번역자

였던 가미야 미에코神谷美惠子에 대해 "푸코는 가미야가 그렇게 진지하게 몰두할 정도의 상대가 아니었던 것 같아 아쉽다"(中井久夫, 「精神科医としての神谷美惠子さんについて」, 『記憶の肖像』, みすず書房, 1992, 302쪽)고 말했을 뿐만 아니라, 캄보디아 인민 백수십만 명을 학살한 크메르루즈의 지도자 폴 포트에 대해 "폴 포트는 프랑스 유학 시절에 반항의 세대와 접촉한, 푸코의 충실한 정신적 제자다"라고 단언한다(中井久夫, 「学園紛争とは何であったのか」, 『家族の深淵』, みすず書房, 1995, 77쪽). 폴 포트가 파리에 유학했던 시기는 1949년부터 1953년까지다. 1953년에 푸코는 27세였고, 정신병리학 면허를 취득해 빈스방거Ludwig Binswanger의 번역을 비롯한 활동을 하면서 알코올 중독 직전 상태에서 자살 시도까지 하던 시기로, 소위 아직 "청춘의 방황" 속에 있었다. 그런 푸코가 어떻게 한 살 위인 폴 포트의 스승이 될 수 있는지 이해하기 힘들다. 공평하게 말하자면 나카이는 여기에서 냉정함을 잃고 그답지 않은 중상을 하고 있다. 저 나카이가 말이다. 이 자체는 용납할 수 없다. 하지만 그 심정은 촌탁할 수 있다. 푸코의 비판은 이처럼 독실한 임상자이자 풍부한 교양을 갖춘 문인인 이 남자를 격앙시킬 정도였던 것이다. 분명히 말해두겠다. 다름 아닌 나카이의 것이기 때문에 필자는 이를 언급한 것이지, 다른 사람들의 쓸모없는 푸코 중상을 이 책은 전적으로 무시한다.

304 Foucault, *PP*, 250.

305 Foucault, *A*, 23~24. 28쪽. 다음도 참조하기 바란다. 《Crise de la médecine ou crise de l'antimédicine?》, *Dits et écrits II. 1976~1988*, Paris, Gallimard, 2001, 52~53쪽. 「医学の危機あるいは反医学の危機?」, 『思考集成VI』, 小倉孝誠 옮김, 筑摩書房, 2000, 62쪽. 《L'évolution de la notion d'《individu dangereux》dans la psychiatrie légale du XIXe siècle》, *Dits et écrits II. 1976~1988*, Paris, Gallimard, 2001, 444~448쪽. 「十九世紀司法精神医学における 〈危険人物〉という概念の進展」, 『思考集成VII』, 上田和彦 옮김, 筑摩書房, 2000, 22~26쪽.

306 Foucault, *A*, 30. 36쪽.

307 Foucault, *A*, 32. 38쪽.

308 Foucault, *A*, 39. 46~47쪽.

309 Foucault, *A*, 44~45. 52~54쪽. 나중에 푸코의 이론에서 전면화하는 "통치" 개념을 여기에서 이미 다루고 있는 점은 흥미롭다. 하지만 이 단계에서는 아직 이론 전체에서 보았을 때 이차적인 개념화에 머무르고 있고, 언급도 몇 줄 되지 않는다.

310 Foucault, *A*, 46~47. 55쪽. 강조는 필자.

311 Foucault, *A*, 86. 101~102쪽.

312 Foucault, *A*, 86. 102쪽. 강조는 필자.

313 Foucault, *A*, 90. 106쪽.

314 Foucault, *A*, 90~91. 107쪽.

315 Foucault, *A*, 91. 107쪽.

316 Foucault, *A*, 108쪽.

317 Foucault, *A*, 94. 111쪽.

318 Foucault, *A*, 95~96. 111~113쪽.

319 Foucault, *A*, 96. 113쪽.

320 Foucault, *A*, 96. 113쪽.

321 Foucault, *A*, 231. 271쪽.

322 Foucault, *A*, 232. 272쪽.

323 Foucault, *A*, 233. 273쪽.

324 Foucault, *A*, 233. 274쪽.

325 Foucault, *A*, 234. 275쪽.

326 Foucault, *A*, 234. 275쪽.

327 Foucault, *A*, 239. 281쪽.

328 Foucault, *A*, 243. 284~285쪽.

329 Foucault, *A*, 252. 297쪽.

330 Foucault, *A*, 253. 298쪽.

331 Foucault, *A*, 255. 300쪽.

332 Foucault, *A*, 256. 301쪽.

333 Foucault, *A*, 258. 304쪽.

334 Michel Foucault, 《Choix sexuel, acte sexuel》, *Dits et écrits II. 1976~1988*, Paris, Gallimard, 2001, 1154쪽. 「性の選択' 性の行為」, 『思考集成IX』, 增田一夫 옮김, 筑摩書房, 2001, 156~157쪽.

335 푸코는 말한다. "현대사회는 규율 사회입니다." Foucault, *VF*, 1456. 152쪽. 이밖에 『감시와 처벌』에서도 현대사회를 규율 사회로 위치시키는 기술은 셀 수 없이 많다.

336 Foucault, *SP*, 296~297. 286~287쪽.

337 Foucault, *SP*, 308. 301쪽.

338 Foucault, *SP*, 315. 307~308쪽. 강조는 필자.

339 Michel Foucault, 《La vie des hommes infames》, *Dits et écrits II. 1976~1988*,

Paris, Gallimard, 2001, 240~241쪽.「汚辱にぬれた人々の生」,『思考集成
VI』, 丹生谷貴志 옮김, 筑摩書房, 2000, 319~320쪽.

340 《Chronologie》, *Dits et écrits I. 1954~1975*, Paris, Gallimard, 2001, 66~67
쪽.「年譜」,『思考集成I』, 石田英敬 옮김, 筑摩書房, 1998, 53쪽.

341 Michel Foucault, 《*Il faut défendre la société*》, *Cours au Collège de France.
1976*, Paris, Gallimard/Seuil, 1997, 23쪽. 앞으로 이 책을 *DS*로 약기한다.

342 Foucault, *DS*, 23.

343 Foucault, *DS*, 30.

344 Foucault, *DS*, 30.

345 Foucault, *DS*, 29.

346 Foucault, *DS*, 31.

347 Foucault, *DS*, 32. 강조는 필자.

348 Foucault, *DS*, 33. 강조는 필자.

349 Foucault, *DS*, 34.

350 Foucault, *DS*, 35.

351 Foucault, *DS*, 38.

352 Foucault, *DS*, 38.

353 Foucault, *DS*, 38~39.

354 Foucault, *DS*, 40.

355 Foucault, *DS*, 41.

356 Foucault, *DS*, 77.

357 Foucault, *DS*, 78.

358 Foucault, *DS*, 79~80.

359 Foucault, *DS*, 80.

360 Foucault, *DS*, 83.

361 Foucault, *DS*, 83.

362 Foucault, *DS*, 84.

363 Foucault, *DS*, 84.

364 Foucault, *DS*, 85.

365 Foucault, *DS*, 43~44.

366 Foucault, *DS*, 43. 푸코는 강의의 열기에 취해서인지 여기에서 제3자의 평
화와 양자 간의 전쟁이라는 너무도 단순한 도식에 의지하고 있다. 왜 이를
단순히 대립한다고 생각하는지 필자는 모르겠다. 그 자신이 이러한 단순한
도식에 회수되지 않는 개념을 이미 이 시점에 제출하고 있는데 말이다. 르

장드르의 이로를 살펴온 우리로서도 여러 감상이 뇌리를 스친다. 물론 푸코는 이러한 단순한 도식을 유지할 수 없었다. 그러나 이러한 말을 함으로 초래하게 되는 귀결은 우리의 이로를 좇아가는 과정에서 저절로 밝혀질 것이고, 마지막 장에서 다시 논하게 될 것이다.

367 Foucault, *DS*, 96.

368 Foucault, *DS*, 96.

369 Foucault, *DS*, 42.

370 Foucault, *DS*, 43.

371 Foucault, *DS*, 43.

372 Foucault, *DS*, 61.

373 Foucault, *DS*, 95. 개간파Diggers의 문서에 나오는 담론.

374 Foucault, *DS*, 83.

375 Foucault, *DS*, 99.

376 Foucault, *DS*, 111.

377 Foucault, *DS*, 117.

378 Foucault, *DS*, 145.

379 Foucault, *DS*, 116~117.

380 Foucault, *DS*, 138.

381 Foucault, *DS*, 139.

382 Foucault, *DS*, 141.

383 Foucault, *DS*, 138.

384 Foucault, *DS*, 33. 강조는 필자.

385 Foucault, *DS*, 114.

386 Foucault, *DS*, 43.

387 Foucault, *DS*, 53.

388 Foucault, *DS*, 57.

389 Foucault, *DS*, 아마도 푸코는 일정 정도 전망을 갖고 있었을 것이다. '주권 권력의 평화와 대비되는 규율 권력의 투쟁'이라는 틀 속에서 인종주의를 새롭게 제기할 수 있을 것이라고 생각했으리라. 그러나 이 인종주의는 규율로 회수할 수 없는 과잉을 품고 있었다. 푸코의 말을 하나하나 살펴보면 이 과잉과 일탈을 강의 시작 때부터 상정하고 있었다고는 생각하기 힘들다.

390 Foucault, *DS*, 194~200.

391 Foucault, *DS*, 201.

392 Foucault, *DS*, 71.

393 Foucault, *DS*, 211.

394 Foucault, *DS*, 214.

395 Foucault, *DS*, 214.

396 Foucault, *DS*, 216.

397 Foucault, *DS*, 216.

398 Foucault, *DS*, 218~219.

399 Foucault, *DS*, 218.

400 Foucault, *DS*, 217.

401 Foucault, *DS*, 219.

402 Foucault, *DS*, 219.

403 Foucault, *DS*, 219.

404 Foucault, *DS*, 219.

405 Foucault, *DS*, 219.

406 Foucault, *DS*, 220. 강조는 필자.

407 Foucault, *DS*, 221.

408 Foucault, *DS*, 그럼에도 "장례"는 없어지지 않는다. 그 이유는 블랑쇼를 다룬 이로에서 이미 논했다. 아마 종교학자가 말하는 수준에서의 "죽음의 개인화"가 진행되고 있는 이유는 여기에 있다. 그것은 생명 권력의 시대에 걸맞은 의례의—라고 말하면 푸코의 논지에 맞지 않을 테니 이렇게 부르자, "생명 권력의 시대에 걸맞은 '죽음의 처리'"의—여러 제 형식을 모색하는 과정이다.

409 Foucault, *DS*, 222.

410 Foucault, *DS*, 223.

411 Foucault, *DS*, 224.

412 Foucault, *DS*, 224~225.

413 Foucault, *DS*, 225.

414 Foucault, *DS*, 225.

415 Foucault, *DS*, 226. 강조는 필자.

416 Foucault, *DS*, 227.

417 Foucault, *DS*, 227.

418 Foucault, *DS*, 227.

419 Foucault, *DS*, 228.

420 Foucault, *DS*, 228.

421 Foucault, *DS*, 228. 강조는 필자.

422 Foucault, *DS*, 228. 강조는 필자.

423 Foucault, *DS*, 228.

424 Foucault, *DS*, 230.

425 Foucault, *DS*, 32. 강조는 필자.

426 Foucault, *DS*, 33. 강조는 필자.

427 Foucault, *DS*, 231.

428 Foucault, *DS*, 231. 강조는 필자.

429 Foucault, *DS*, 232. 강조는 필자.

430 Foucault, *DS*, 232.

431 Foucault, *DS*, 232.

432 Foucault, *DS*, 232.

433 Foucault, *DS*, 233.

434 푸코는 작년 말에 있었던 인터뷰에서 나치즘 속에서 일종의 에로스나 사디
즘을 보려는 입장을 강하게 부정했다. "히틀러는 막연히 농업에 관한 학식
이 있었을 뿐이었고, 히틀러의 아내는 간호원이었습니다." 그래서 강제수
용소란 "병원과 양계장"이라는 환상을 배경에 두고 있을 뿐, 거기에 "에로
스적 가치"는 전혀 없었다는 것이다. Foucault, 《Sade, sergent du sexe》, *Dits
et écrits I. 1954~1975*, Paris, Gallimard, 2001, 1688~1689쪽. 「サド, 性の
法務官」, 『思考集成V』, 中澤信一 옮김, 筑摩書房, 2000, 469쪽. 물론 지금
나치즘이나 아우슈비츠에 "사디즘"이나 "에로스"가 있다고 목소리를 높이
는 자는 없으리라. 그런데도 '나치즘에 묘한 흥분과 집착을 보이고, 그로부
터 "절대적 향락"을 느끼고 있음이 그 문체나 말투에 묻어나는 논지'를 경
계하는 것은 의미가 있다.

435 Foucault, 《Foucault étudie la raison d'État》, *Dits et écrits II. 1976~1988*,
Paris, Gallimard, 2001, 857쪽. 「フーコー, 国家理性を問う」, 『思考集成
VIII』, 坂本佳子 옮김, 筑摩書房, 2000, 188쪽.

436 Foucault, 《La technologie politique des individus》, *Dits et écrits II. 1976~1988*,
Paris, Gallimard, 2001, 1645쪽. 「個人の政治テクノロジー」, 『思考集成X』, 石
田英敬 옮김, 筑摩書房, 2002, 370쪽.

437 Foucault, 《L'éthique du souci de soi comme pratique de la liberté》, *Dits et écrits
II. 1976~1988*, paris, Gallimard, 2001, 1546쪽. 「自由の実践としての自己
への配慮」, 『思考集成X』, 廣瀬浩司 옮김, 筑摩書房, 2002, 243쪽. 앞으로 이
논문을 ES로 약기한다.

438 제65절을 참조.

439 Foucault, *PP*, 273.

440 norme는 여러 용어로 번역된다. 규범, 규준, 상태常態, 규격, "노름". 물론 normalisation도 규격화, 표준화, 정상화, 정규화, "노름화" 등으로 번역되곤 한다.

441 Foucault, *DS*, 224.

442 Foucault, *SP*, 180. 182쪽.

443 Foucault, *SP*, 183. 184쪽.

444 Foucault, *SP*, 224. 223쪽.

445 Foucault, *SP*, 186쪽.

446 Foucault, *DS*, 223.

447 Foucault, *DS*, 225.

448 Michel Foucault, *La volonté du savoir*, Paris, Gallimard, 1976, 14쪽. 『知への意志』, 渡辺守章 옮김, 新潮社, 1986, 14쪽. 앞으로 이 책을 *VS*로 약기한다.

449 Foucault, *VS*, 14. 14쪽.

450 Foucault, *VS*, 14. 14쪽.

451 Foucault, *VS*, 21. 21쪽.

452 Foucault, *VS*, 20. 20쪽.

453 Foucault, *VS*, 27. 27쪽.

454 Foucault, *VS*, 28. 28쪽.

455 Foucault, *VS*, 29. 29쪽.

456 Foucault, *VS*, 30. 29쪽.

457 Foucault, *VS*, 30. 30쪽.

458 Foucault, *VS*, 32. 32쪽.

459 Foucault, *VS*, 33. 33쪽.

460 Foucault, *VS*, 33. 33쪽.

461 Foucault, *VS*, 35. 34쪽.

462 Foucault, *VS*, 37. 36쪽.

463 Foucault, *VS*, 39. 38쪽.

464 Foucault, *VS*, 41. 39쪽.

465 Foucault, *VS*, 42. 40쪽.

466 Foucault, *VS*, 45. 43쪽.

467 Foucault, *VS*, 45. 43쪽.

468   Foucault, *VS*, 45~46. 43쪽.

469   Foucault, *VS*, 46. 43쪽.

470   Foucault, *VS*, 46. 44쪽.

471   Foucault, *VS*, 60. 56쪽.

472   Foucault, *VS*, 61. 57쪽.

473   Foucault, *VS*, 65~66. 61쪽.

474   Foucault, *VS*, 66. 62쪽.

475   Foucault, *VS*, 66. 62쪽.

476   Foucault, *VS*, 67. 63쪽.

477   Foucault, *VS*, 78. 76쪽.

478   Foucault, *VS*, 79. 76~77쪽.

479   Foucault, *VS*, 80. 77쪽.

480   Foucault, *VS*, 82~83. 80쪽. 이 글은 중세 사목의 문맥만이 아니라 근대도 포함한 보다 넓은 맥락에 놓여 있다는 점에 주의.

481   Foucault, *VS*, 87. 85쪽.

482   Foucault, *VS*, 87. 86쪽.

483   Foucault, *VS*, 88. 87쪽.

484   Foucault, *VS*, 90. 88쪽.

485   Foucault, *VS*, 93. 91쪽.

486   Foucault, *VS*, 110. 108쪽.

487   Foucault, *VS*, 110. 109쪽.

488   Foucault, *VS*, 110. 109쪽.

489   Foucault, *VS*, 111. 110쪽.

490   Foucault, *VS*, 111. 110쪽.

491   Foucault, *VS*, 113. 112쪽.

492   Foucault, *VS*, 117. 115쪽.

493   Foucault, *VS*, 117. 116쪽.

494   Foucault, *VS*, 117. 116쪽.

495   Foucault, *VS*, 118. 117쪽.

496   Foucault, *VS*, 118. 117쪽.

497   Foucault, *VS*, 119. 117쪽.

498   Foucault, *VS*, 122. 120쪽.

499   Foucault, *VS*, 123. 121쪽.

500   Foucault, *VS*, 123~124. 121쪽.

501   Foucault, *VS*, 124. 122쪽.

502   Foucault, *VS*, 125. 122쪽.

503   Foucault, *VS*, 126. 123쪽.

504   Foucault, VS, 126. 123~124쪽. 따라서 푸코는 "어떤 미래의 시점"에 자기
      들이 안고 있는 문제가 모두 해결되기를 기대하는 "혁명이나 해방이나 국
      가의 소멸"을 논하는 담론을 비판한다. 푸코는 혁명의 독점적·특권적 지위
      는 이미 끝났고, 그 대신 그때마다 복수複數의 저항이 일어난다고 말한다.
      Michel Foucault, 《La philosophie analytique de la politique》, *Dits et écrits
      II. 1976~1988*, Paris, Gallimard, 2001, 546~547쪽. フーコー + 渡辺守章,
      「政治の分析哲学」, 『思考集成VII』, フーコー, 筑摩書房, 2000, 132~133
      쪽. 그러나 명백히 푸코는 여기에서 낡고 경직된 마르크스주의 이론가의
      개념화와 제반정치적 혁명만을 비판하고 있다. 텍스트 자체의 정의를 바꾼
      〈중세 해석자 혁명〉―이 자체가 국소적이고 미세한 "도박"을 200년 이상
      계속해온 것이었음을 상기하자―과 같은 사건은 푸코의 비판 바깥에 있
      다. 몇 차례 말한 바와 같이 푸코는 "중세"를, 아니 그보다 "교황좌"를, "교
      회법"을 간과하는 버릇이 있다. '버릇'이라고 여기에서는 말해두자.

505   Foucault, *VS*, 127. 124쪽.

506   Foucault, *VS*, 135. 132쪽.

507   Foucault, *VS*, 140. 136쪽. 강조는 원문.

508   Foucault, *VS*, 140. 136쪽. 강조는 원문.

509   Foucault, *VS*, 145. 141쪽.

510   Foucault, *VS*, 156. 151쪽.

511   Foucault, *VS*, 157~158. 152쪽.

512   Foucault, *VS*, 165. 158쪽.

513   Foucault, *VS*, 166. 159쪽.

514   Foucault, *VS*, 180. 173쪽.

515   Foucault, *VS*, 180. 174쪽. 강조는 필자.

516   Foucault, *VS*, 183. 176쪽.

517   Foucault, *VS*, 185. 178쪽.

518   Foucault, *VS*, 187. 180쪽.

519   Foucault, *VS*, 188. 181쪽. 강조는 필자.

520   Foucault, *VS*, 188. 180쪽.

521   Foucault, *VS*, 189. 181~182쪽. 강조는 필자.

522   Foucault, *VS*, 191. 183쪽.

523 Foucault, *VS*, 197. 188쪽.

524 《Chronologie》, *Dits et écrits I. 1954~1975*, Paris, Gallimard, 2001, 69쪽.「年譜」,『思考集成I』, 石田英敬 옮김, 筑摩書房, 1998, 55쪽.

525 Michel Foucault, 《Structualisme et poststructuralisme》, *Dits et écrits II. 1976~1988*, Paris, Gallimard, 2001, 1264쪽.「構造主義とポスト構造主義」,『思考集成IX』, 黒田昭信 옮김, 筑摩書房, 2001, 316쪽.

526 다음을 참조. Nicos Poulantzas, *L'État, le pouvoir, le socialisme*, Paris, PUF, 1978. ニコス・プーランツァス,『国家・権力・社会主義』, 田中正人・柳内隆 옮김, ユニテ, 1984. 단, 이 책의 푸코 비판은 충분한 설득력을 갖추었다고 하기 힘들다. 이는 같은 책의 들뢰즈 비판, 르장드르 비판에 있어서도 마찬가지다.

527 《Chronologie》, *Dits et écrits I. 1954~1975*, Paris, Gallimard, 2001, 72쪽.「年譜」,『思考集成I』, 石田英敬 옮김, 筑摩書房, 1998, 59쪽.

528 《Chronologie》, *Dits et écrits I. 1954~1975*, Paris, Gallimard, 2001, 72쪽.「年譜」,『思考集成I』, 石田英敬 옮김, 筑摩書房, 1998, 59쪽.

529 Michel Foucault, *Sécurité, Territoire, Population. Cours au Collège de France. 1977~1978*, Paris, Gallimard/Seuil, 2004, 6쪽. 앞으로 이 책을 *STP*로 약기한다.

530 Foucault, *STP*, 6~7.

531 Foucault, *STP*, 7.

532 확인해두자. 여기에서 열거한 세 가지를 푸코가 "형법"이라고 부르는 데 위화감을 느끼는 독자도 많으리라. 특히 법학, 정치학, 행정학에 정통한 독자라면, 예를 들어 '여기에서 두 번째로 꼽은 "감금" "투옥" 등은 보통 형법이 아니라 "행정"의 관할이고, 이는 세 번째로 꼽은 "비용" 문제도 마찬가지가 아닌가?' 하고 말이다. 전적으로 옳은 말로, 일반적인 정의에 비추어 보았을 때 푸코의 이 개념화는 정확하다고 하기 힘들다. 나아가, 규율 권력이라고 말하는데, 결국 그것은 법 집행 권력이 가정학화家政学化해서 행정학과 정책학이 된 것일 뿐이 아닌가 하고 고개를 갸우뚱거리는 독자도 당연히 있을 것이다. 그리고 이러한 술어 정의의 정확성을 지키려는 노력은 항상 의미가 있고, 기존의 정의를 쓸데없이 변경하려 하지 않는 것이 견식 있는 자의 자세로, 필자도 당연히 같은 의견이다. 하지만 푸코는 개념 정의의 정확성을 헤칠 위험을 무릅쓰면서까지 예를 들어 "그것"을 규율 권력이라고 부르는 도박을 하는 사람이고, 실제로 그 도박 끝에 보이게 되는 것이 있다. 조금 더 말하자. 우리는 우리의 방침을 견지해야 한다. 우리는 푸코를

논하는 도입부에서 말해두었다. 외부로부터의 비판은 삼가자고. 회의를 억누르고 즉각적인 거부를 연기해 푸코의 주장을 가로막는 일 없이 논하는 내용을 경청하고 정성스레 이로를 따라가 논지를 통째로 받아들인 그 순간, 우리는 푸코가 스스로도 생각지 못한 그 무엇과 만나게 되는 장면을 목격하게 된다. 그 윤각은 이미 희미하게 보이기 시작하고 있다. 그리고 이를 제시하겠다고 필자는 독자에게 약속했다. 이 방침 아래에 우리는 지금 나아가고 있다.

533 Foucault, *STP,* 7. 강조는 필자.

534 Foucault, *STP,* 8.

535 Foucault, *STP,* 8.

536 Foucault, *STP,* 9. 강조는 필자.

537 Foucault, *STP,* 9.

538 Foucault, *STP,* 13.

539 Foucault, *STP,* 19.

540 Foucault, *STP,* 20.

541 Foucault, *STP,* 21.

542 Foucault, *STP,* 22.

543 Foucault, *STP,* 22.

544 Foucault, *STP,* 23.

545 Foucault, *STP,* 31.

546 Foucault, *STP,* 36.

547 Foucault, *STP,* 39.

548 Foucault, *STP,* 43.

549 Foucault, *STP,* 44.

550 Foucault, *STP,* 45.

551 Foucault, *STP,* 46.

552 Foucault, *STP,* 46.

553 Foucault, *STP,* 47.

554 Foucault, *STP,* 48.

555 Foucault, *STP,* 49.

556 Foucault, *STP,* 50.

557 Foucault, *STP,* 66~67.

558 Foucault, *STP,* 68.

559 Foucault, *STP,* 69.

560   Foucault, *STP*, 78.

561   Foucault, *STP*, 72.

562   Foucault, *STP*, 92.

563   Foucault, *STP*, 92.

564   Foucault, *STP*, 92~93.

565   Foucault, *STP*, 96.

566   Foucault, *STP*, 97.

567   Foucault, *STP*, 98.

568   앞으로 혼란을 피하기 위해 gouvernement를 모두 "통치"로 번역한다.

569   Foucault, *STP*, 124~126.

570   푸코는 르장드르를 비판할 때 분명히 "주체화subjectivation"라고 말해, 이 주체화를 비판한다. Foucault, *PS*, 423. 그리고 푸코는 바로 이 주체화를 자기 안에 넣어가게 된다. 마지막 장에서 자세하게 논할 예정이니 여기에서 전거를 명시하지는 않겠으나, 들뢰즈가 이에 반응해 주체와 주체화를 구별하고, 푸코는 주체가 아니라 주체화라고 말했다고 역설하는 부분은 다소 무리가 있기는 하나 납득은 간다. 우리의 이로에서 보아도 주체는 어떤 과정 속에 있고, 바로 과정 속에만 있음을 긍정할 수 있기 때문이다. 바로 그 주체화 과정의 "끝"—죽음—을 우리는 블랑쇼와 함께 탈구시켜왔으니까. 들뢰즈가 푸코론을 썼을 때 항상 블랑쇼를 함께 논하고 있는 사실이 바로 그 증좌가 될 것이다. 자세하게는 마지막 장 「결론을 대신해서」에서 논하겠다.

571   Michel Foucault, 《Omnes et sigulatim: vers une critique de la ration politique》, *Dits et écrits II. 1976~1988*, Paris, Gallimard, 2001, 955쪽. 「全体的なものと個的なもの: 政治的理性批判に向けて」, 『思考集成VIII』, 北山晴一 옮김, 筑摩書房, 2000, 332쪽. 앞으로 이 논문을 *OS*로 약기한다.

572   Foucault, *STP*, 126. 강조는 필자.

573   Foucault, *STP*, 128. OS, 956. 332쪽.

574   Foucault, *STP*, 130.

575   Foucault, *STP*, 130.

576   Foucault, *OS*, 957. 335쪽.

577   Foucault, *STP*, 131.

578   Foucault, *STP*, 132.

579   Foucault, *STP*, 133.

580   Foucault, *STP*, 151.

581   Foucault, *STP*, 151.

582   Foucault, *STP*, 156.

583   Foucault, *STP*, 157.

584   Foucault, *STP*, 152.

585   Foucault, *STP*, 157.

586   Foucault, *STP*, 152.

587   Foucault, *STP*, 153.

588   Foucault, *STP*, 153.

589   Foucault, *STP*, 180~181.

590   Foucault, *OS*, 958, 966. 337, 348쪽.

591   Foucault, *STP*, 187.

592   Foucault, *STP*, 169, 187.

593   Foucault, *STP*, 200.

594   Foucault, *STP*, 202.

595   Foucault, *STP*, 203.

596   Foucault, *STP*, 208~210.

597   Foucault, *STP*, 211.

598   푸코는 그리스도교는 "금욕적 종교" "공동체의 종교" "신비주의자의 종교" "성서의 종교" "묵시록의 종교"가 아니라고까지 말한다. Foucault, *STP*, 218.

599   Foucault, *OS*, 970. 354쪽.

600   Foucault, *OS*, 969~970. 354쪽.

601   Foucault, *STP*, 242~243.

602   Foucault, *STP*, 247.

603   Foucault, *STP*, 263~264.

604   Foucault, *STP*, 267~270.

605   Foucault, *OS*, 972~973. 357쪽.

606   Foucault, *STP*, 974. 359쪽.

607   이는 앞으로 『행정사』의 개정증보판인 『프랑스에 있어 국가의 역사적 보고, 고전주의 행정』에 준거한다. 구판은 1968년에 출판되었다. 확인한 바로는 서문과 서지 외에 큰 차이는 없다. Pierre Legendre, *Trésor historique de l'état en France. l'administration classique*, Paris, Fayard, 1992, 195쪽. 앞으로 이 책을 *THE*로 약기한다.

608   Legendre, *THE*, 197.

609 Legendre, *THE*, 203~204.

610 Legendre, *THE*, 205.

611 Legendre, *THE*, 201. 물론 예외인 "민병"에 관해서도 이 책에서 다루고 있는데, 논의의 번잡함을 피하기 위해 생략한다.

612 Legendre, *THE*, 217.

613 Legendre, *THE*, 218.

614 Legendre, *THE*, 218.

615 Legendre, *THE*, 228. 첨언하자면 이는 18세기의 서술이다. 지금 이런 현상이 나타나면 물론 르장드르는 이에 대해 비판적일 것이다.

616 Legendre, *THE*, 227.

617 Foucault, *STP*, 329~330.

618 Foucault, *STP*, 343. *OS*, 975~976. 361쪽.

619 Foucault, *STP*, 349.

620 Foucault, *OS*, 974. 360쪽.

621 Foucault, *STP*, 362.

622 Foucault, *STP*, 356.

623 Foucault, *STP*, 362.

624 Foucault, *STP*, 361.

625 Foucault, *STP*, 357~358.

626 Michel Foucault, *ES*, 1545. 241~242쪽.

627 Michel Foucault, *Naissance de la biopolitique. Cours au Collège de France 1978~1979*, Paris, Gallimard/Seuil, 2004, 10쪽. 앞으로 이 책을 *NB*로 약기한다.

628 Foucault, *NB*, 10.

629 Foucault, *NB*, 10.

630 Foucault, *NB*, 15.

631 Foucault, *NB*, 22~23.

632 Foucault, *NB*, 24.

633 Foucault, *NB*, 29~30.

634 Foucault, *NB*, 30.

635 Foucault, *NB*, 31~37.

636 Foucault, *NB*, 31.

637 Foucault, *NB*, 34.

638 Foucault, *NB*, 42.

639 Foucault, *NB*, 42.

640 Foucault, *NB*, 46~47.

641 Foucault, *NB*, 48.

642 Foucault, *NB*, 55.

643 Foucault, *NB*, 57.

644 Foucault, *NB*, 60.

645 Foucault, *NB*, 63.

646 Foucault, *NB*, 63.

647 Legendre, *THE*, 191.

648 Legendre, *THE*, 18.

649 Foucault, *NB*, 65.

650 Foucault, *NB*, 65.

651 Foucault, *NB*, 66.

652 Foucault, *NB*, 66.

653 Foucault, *NB*, 66.

654 Foucault, *NB*, 67.

655 Foucault, *NB*, 68.

656 Foucault, *NB*, 68.

657 Foucault, *NB*, 68.

658 Foucault, *NB*, 69.

659 Foucault, *NB*, 70. 강조는 필자. 르장드르가 자유지상주의자를 그 이름조차 입에 담고 싶어 하지 않을 정도로 강하게 비판하고 있는 것은 제2부의 이로를 보아도 자명하다고 생각한다.

660 Foucault, *NB*, 71.

661 Foucault, *NB*, 79.

662 Foucault, *NB*, 93.

663 Foucault, *NB*, 95.

664 Foucault, *NB*, 95.

665 Foucault, *NB*, 106.

666 Foucault, *NB*, 118~119.

667 Foucault, *NB*, 120.

668 Foucault, *NB*, 120.

669 Foucault, *NB*, 121.

670 Foucault, *NB*, 121.

671   Foucault, *NB*, 121.

672   Foucault, *NB*, 121~122.

673   Foucault, *NB*, 122. 강조는 필자.

674   Foucault, *NB*, 122.

675   Foucault, *NB*, 123.

676   Foucault, *NB*, 123.

677   Foucault, *NB*, 123.

678   Foucault, *NB*, 124.

679   Foucault, *NB*, 124. 강조는 필자.

680   Foucault, *NB*, 137. 강조는 필자.

681   Foucault, *NB*, 141.

682   제49절을 참조.

683   Foucault, *NB*, 148.

684   Foucault, *NB*, 149. 강조는 필자.

685   Foucault, *NB*, 150.

686   Foucault, *NB*, 151. 강조는 필자.

687   우리가 살펴온 라캉의 "향락의 레귤레이터"와 푸코의 이 "레귤레이터로서
       의 경쟁 원리"의 관계를 생각해보는 것은 의미가 있으리라. 그러나 우회
       에 우회를 거듭해 이 이상 이로가 착종하는 것이 필자는 두렵다. 이 논점
       에 대해서는 독자의 추론을 기대하고, 여기에서는 푸코의 논지를 따라가
       는 데에 집중하자. "향락의 레귤레이터"와 이를 "초과하는" 향락에 관해서
       는 제20절부터 제27절까지를 참조.

688   Foucault, *NB*, 151. 강조는 필자.

689   Foucault, *NB*, 151.

690   Foucault, *NB*, 152.

691   Foucault, *NB*, 152.

692   Foucault, *NB*, 153. 강조는 필자.

693   Foucault, *NB*, 153. 강조는 필자.

694   Foucault, *NB*, 154.

695   Foucault, *NB*, 155.

696   Foucault, *NB*, 232.

697   Foucault, *NB*, 170.

698   Foucault, *NB*, 233.

699   Foucault, *NB*, 234.

700 Foucault, *NB*, 274.

701 Foucault, *NB*, 266.

702 Foucault, *NB*, 272~274.

703 Foucault, *NB*, 283~288.

704 이 부분은 푸코와 전혀 다른 방향에서 이 문제에 접근한 두 권의 견실한 경제사상사 저서에 의거했다. 특히 아마미야 아키히코雨宮昭彦의 『競爭秩序のポリティクス: ドイツ経済政策思想の源流』(東京大学出版会, 2005). 이 인용 부분은 114쪽. 한마디로 "구자유주의 경제학은 이러한 나치스 시기의 맥락 속에서 발전한 것이다."(116쪽) 그리고 이 저서에 지시에 따라 무라카미 준이치村上淳一의 『ドイツ市民法史』(東京大学出版会, 2005)도 참조했다.

705 雨宮昭彦, 『競爭秩序のポリティクス: ドイツ経済政策思想の源流』, 東京大学出版会, 2005, 117쪽.

706 雨宮昭彦, 『競爭秩序のポリティクス: ドイツ経済政策思想の源流』, 東京大学出版会, 2005, 252쪽.

707 雨宮昭彦, 『競爭秩序のポリティクス: ドイツ経済政策思想の源流』, 東京大学出版会, 2005, 118쪽, 138쪽, 173쪽. 확실히 해두자. 카를 슈미트의 논지는 위험하나 그 위험함 그대로 귀중한 논지로 다룰 수 있다고 필자는 생각한다. 지금 유행하는 "적대성"으로서의 정치가 아니고, 예외 상태에서의 주권자는 더더욱 아니고, 『대지의 노모스』가 그렇다.

708 雨宮昭彦, 『競爭秩序のポリティクス: ドイツ経済政策思想の源流』, 東京大学出版会, 2005, 201쪽.

709 雨宮昭彦, 『競爭秩序のポリティクス: ドイツ経済政策思想の源流』, 東京大学出版会, 2005, 239쪽, 242쪽, 295쪽. 아마미야는 "흡사 그와 같이Als-Ob의 경제정책과 『과제로서의 경쟁』 1947년판의 사정권"이라는 제목을 단 장에서 이를 다루고 있고, 여기에서 앞의 내용을 논하고 있다. "픽션Fiktion"으로서의 신자유주의라는 이해는 선명하다. 또한 「후기」의 도입부 제목은 "확대되는 『흡사 그와 같이』의 세계"다. 여기에서 아마미야는 바로 "경쟁"을 "이상적인 시장"으로 여기는 태도가 "흡사 그와 같이의 경제정책"으로 결실을 맺었다고 결론짓고, 현재의 신자유주의적인 세계와의 관련성을 시사하는 ─ 아마미야는 『화씨 911』까지 거론하고 있다 ─ 생각을 전개하고 있다. 그렇다. 신자유주의는 픽션이다.

710 Foucault, *NB*, 115.

711 Foucault, *NB*, 116.

712 Foucault, *NB*, 196.

713 Foucault, *NB*, 196~197.

714 Foucault, *NB*, 197.

715 Foucault, *STP*, 9. 강조는 필자.

716 Foucault, *STP*, 9.

717 Foucault, *STP*, 48~49. 강조는 필자.

718 Foucault, *STP*, 68.

719 Foucault, *NB*, 69.

720 Foucault, *SP*, 38. 39쪽.

721 Foucault, *SP*, 38. 38쪽.

722 Foucault, *SP*, 51. 51쪽.

723 Foucault, *SP*, 52. 52쪽.

724 Foucault, *SP*, 13. 13쪽. 강조는 필자.

725 Foucault, *SP*, 133. 132쪽. 강조는 필자.

726 Foucault, *SP*, 172. 175쪽.

727 Foucault, *SP*, 203. 204쪽.

728 Foucault, *SP*, 173. 175~176쪽.

729 Foucault, *SP*, 217. 217쪽.

730 Foucault, *ET*, 46.

731 Foucault, *SP*, 190. 191쪽.

732 르장드르와 벤슬라마, 이슬람의 관계에 대해서는 제47절과 제48절을 참조. 푸코와 이슬람의 관계는 제94절에서 논한다.

733 Legendre, *IOT*, 187, 200.

734 이는 르장드르 자신이 도입부에서 "이 제목은 나의 희망에 따라 붙인 것입니다"라고 말한 인터뷰 제목이다. 어떤 내용인지, 여기까지 읽어온 독자라면 추측할 수 있으리라. *QDO*, 123, 109쪽.

735 이미 인용한 부분이다. "분명 역사 속에서 관계에 의거한 대가족, 즉 허용과 금지 등의 관계에 의거한 대가족이 근친상간의 금지에서 출발해 형성되었다는 것은 충분히 있을 수 있는 일입니다(저도 그럴 것이라고 생각합니다)." Foucault, *A*, 234. 275쪽.

736 "교황의 뒷모습" "신주를 앞에 두고 앉아 있는 일본의 중역들" "마그리트의 회화" "안드로기누스의 상" (푸코가 『감시와 처벌』에서 쓴 것과 거의 비슷한) 총의 취급에 관한 보병 교범 그림" "일본 공장의 조례" "Fnac(프랑스 대형 서점의 이름)라는 글자가 박힌 봉지를 손에 든 사람들이 왕래하는 거

리” 등의 사진이 제시되어 있는 다음의 책을 보면, 르장드르가 의례성을 통해 무엇을 이해하려 하는지 직감적으로 알 수 있을 것이고, 우리 논지의 예증으로도 적절하리라. Legendre, *DPD.* 확실하게 해두자. 학대가 계속해서 일어나는 감옥을 의례라고 부르는 것은 감옥을 미화할 우려가 있다는 의심은 정당하다. 그러나 르장드르는 “의례의 합법성”이라는 논문 속에서 모든 의례의 거동은 법적 준거를 가져야 한다고 논하고 있다. 이는 당위의 문제이고, 또한 지금 간수들이 가하는 학대는 자신의 행위가 의례임을 모르기 때문에 일어나는 일이라 할 수 있으리라. 물론 법은 항상 완전히 준수되는 것이 아니다. 이것은 도박장이라고 이미 논한 바 있다. *QDO*, 259-. 229쪽 이하.

737 Legendre, *JP*, 83.

738 Legendre, 《Où sont nos droits poétiques? (entretien avec Serge Daney et Jean Narboni)》, *Cahiers du cinéma*, n° 297, février 1979, 4쪽.

739 Michel Foucault, 《Le pouvoir, une bête magnifique》, *Dits et écrits II. 1976~1988,* Paris, Gallimard, 2001, 375쪽.「権力, 一匹のすばらしい野獸」,『思考集成VI』, 石田靖夫 옮김, 筑摩書房, 2000, 521쪽.

740 Legendre, *DM*, 302.

741 Michel Foucault, 《L'incorporation de l'hôpital dans la technologie moderne》, *Dits et écrits II. 1976~1988,* Paris, Gallimard, 2001, 519~520쪽.「近代テクノロジーへの病院の組み込み」,『思考集成VIII』, 小倉孝誠 옮김, 筑摩書房, 2000, 102~103쪽.

742 다음을 참조. V. John, *Geschichte der Statistik. ein quellenmässiges Handbuch für dem akademischen Gebrauch wie für den Selbstunterricht,* Stuttgart, Ferdinand Enke, 1884. V. ヨーン,『統計学史』, 足立末男 옮김, 有斐閣, 1956.

743 Foucault, *STP*, 111.

744 Michel Foucault, 《L'armée, quand la terre tremble》, *Dits et écrits II. 1976~1988,* Paris, Gallimard, 2001, 662~669쪽.「軍は大地の揺れるときに」,『思考集成VII』高桑和巳' 筑摩書房, 2000, 281~289쪽.

745 Michel Foucault, 《Le chah a cent ans de retard》, *Dits et écrits II. 1976~1988,* Paris, Gallimard, 2001, 680쪽.「シャーは百年遅れている」,『思考集成VII』, 高桑和巳 옮김, 筑摩書房, 2000, 307쪽.

746 Michel Foucault, 《Le chah a cent ans de retard》, *Dits et écrits II. 1976~1988,* Paris, Gallimard, 2001, 683쪽. 310쪽. 강조는 필자.

747 Michel Foucault, 《Téhéran: la foi contre le chah》, *Dits et écrits II.*

1976~1988, Paris, Gallimard, 2001, 686쪽. 「テヘラン: シャーに抗する信仰」, 『思考集成Ⅶ』, 高桑和巳 옮김, 筑摩書房, 2000, 315쪽.

748 Michel Foucault, 《Téhéran: la foi contre le chah》, *Dits et écrits II. 1976~1988,* Paris, Gallimard, 2001, 687쪽. 315쪽.

749 Michel Foucault, 《Téhéran: la foi contre le chah》, *Dits et écrits II. 1976~1988,* Paris, Gallimard, 2001, 688쪽. 317쪽.

750 Michel Foucault, 《À quoi rêvent les Iraniens?》, *Dits et écrits II. 1976~1988,* Paris, Gallimard, 2001, 691쪽. 「イラン人たちは何を考えているのか?」, 『思考集成Ⅶ』, 高桑和巳 옮김, 筑摩書房, 2000, 322쪽.

751 Michel Foucault, 《À quoi rêvent les Iraniens?》, *Dits et écrits II. 1976~1988,* Paris, Gallimard, 2001, 692쪽. 322쪽.

752 Michel Foucault, 《À quoi rêvent les Iraniens?》, *Dits et écrits II. 1976~1988,* Paris, Gallimard, 2001, 692쪽. 322~323쪽.

753 Michel Foucault, 《À quoi rêvent les Iraniens?》, *Dits et écrits II. 1976~1988,* Paris, Gallimard, 2001, 693쪽. 324쪽. 일본어판에서는 어찌 된 일인지 "정신성"으로 번역되어 있는데, 이후에 푸코가 걸어간 이로를 감안해도 "영성" 외의 번역은 있을 수 없다.

754 Michel Foucault, 《À quoi rêvent les Iraniens?》, *Dits et écrits II. 1976~1988,* Paris, Gallimard, 2001, 694쪽. 326쪽.

755 《Chronologie》, *Dits et écrits I. 1954~1975,* Paris, Gallimard, 2001, 76쪽. 「年譜」, 『思考集成Ⅰ』, 石田英敬 옮김, 筑摩書房, 1998, 62쪽.

756 Michel Foucault, 《Réponse de Michel Foucault à une lectrice iranienne》, *Dits et écrits II. 1976~1988,* Paris, Gallimard, 2001, 691쪽. 「イラン人女性読者へのミシェル・フーコーの回答」, 『思考集成Ⅶ』, 高桑和巳 옮김, 筑摩書房, 2000, 348쪽.

757 Michel Foucault, 《Le chef mythque de la révolte de l'Iran》, *Dits et écrits II. 1976~1988,* Paris, Gallimard, 2001, 716쪽. 「反抗の神話的指導者」, 『思考集成Ⅶ』, 高桑和巳, 筑摩書房, 2000, 359쪽.

758 다음을 참조. Michel Foucault, 《Michel Foucault et l'Iran》, *Dits et écrits II. 1976~1988,* Paris, Gallimard, 2001, 762쪽. 「ミシェル・フーコーとイラン」, 『思考集成Ⅷ』, 高桑和巳 옮김, 筑摩書房, 2000, 50~51쪽.

759 Michel Foucault, 《Lettre ouverte à Mehdi Bazargan》, *Dits et écrits II. 1976~1988,* Paris, Gallimard, 2001, 780~782쪽. 강조는 필자.

760 Michel Foucault, 《L'ésprit d'un monde sans esprit》, *Dits et écrits II.*

1976~1988, Paris, Gallimard, 2001, 749쪽. 「精神のない世界の精神」, 『思考集成VIII』, 高桑和巳 옮김, 筑摩書房, 2000, 31쪽.

761 Michel Foucault, 《L'ésprit d'un monde sans esprit》, *Dits et écrits II. 1976~1988,* Paris, Gallimard, 2001, 749쪽. 32쪽.

762 Michel Foucault, 《L'ésprit d'un monde sans esprit》, *Dits et écrits II. 1976~1988,* Paris, Gallimard, 2001, 750쪽. 33쪽. 강조는 필자.

763 Michel Foucault, 《L'ésprit d'un monde sans esprit》, *Dits et écrits II. 1976~1988,* Paris, Gallimard, 2001, 753~754쪽. 37쪽.

764 Michel Foucault, 《Inutile de se soulever?》, *Dits et écrits II. 1976~1988,* Paris, Gallimard, 2001, 794쪽. 「蜂起は無駄なのか？」, 『思考集成VIII』, 高桑和巳 옮김, 筑摩書房, 2000, 98~99쪽.

765 Michel Foucault, *L'Herméneutique de sujet. Cours au collège de France 1981~1982,* Paris, Gallimard/Seuil, 2001, 495쪽. 『主体の解釈学: コレージュ・ド・フランス講義1981~1982年度』, 廣瀬浩司·原和之 옮김, 筑摩書房, 2004, 574~575쪽. 앞으로 이 책을 *HS*로 약기한다.

766 Michel Foucault, 《À propos de la généalogie de l'éthique: un aperçu du travail en cours》, *Dits et écrits II. 1976~1988,* Paris, Gallimard, 2001, 1202쪽. 「倫理の系譜学について: 進行中の仕事の概要」, 『思考集成IX』, 浜名優美 옮김, 筑摩書房, 2001, 229쪽. 앞으로 이 논문을 *GE*로 약기한다.

767 Foucault, *GE,* 1207. 236쪽.

768 Cf. Michel Foucault, 《De l'amitié comme mode de vie》, *Dits et écrits II. 1976~1988,* Paris, Gallimard, 2001. 「生の様式としての友愛について」, 『思考集成VIII』, 増田一夫 옮김, 筑摩書房, 2000.

769 Foucault, *HS.* 495. 574~575쪽.

770 Foucault, *HS,* 16~17. 19쪽 이하.

771 Foucault, *HS,* 18. 21쪽. 이 부분에 쓰여 있는 것처럼 아리스토텔레스는 예외인데, 이에 대해서는 생략하겠다.

772 Michel Foucault, *Le souci de soi,* Paris, Gallimard, 1984, 57쪽. 『自己への配慮』, 田村俶 옮김, 新潮社, 1987, 60쪽. 앞으로 이 책을 *SS*로 약기한다.

773 Foucault, *SS,* 61. 64쪽.

774 Foucault, *SS,* 63. 66~67쪽.

775 Foucault, *SS,* 66. 69쪽.

776 Foucault, *SS,* 66. 69~70쪽.

777 *transcription of the J-P. Elkabbach telephone broadcast with J-A Miller and M.*

Accoyer, Europe 1, 10 Octobre, 2002. lacan.com에서 열람할 수 있다.

778   Foucault, *SS,* 67. 70쪽.

779   Foucault, *SS,* 67. 71쪽.

780   Foucault, *SS,* 69. 72쪽.

781   Foucault, *SS,* 69. 72쪽.

782   Michel Foucault, *L'usage des plaisirs,* Paris, Gallimard, 1984, 193쪽.『快楽の
      活用』, 田村俶 옮김, 新潮社, 1986, 218쪽.

783   Foucault, *ES,* 1534~1535. 228쪽.

784   Foucault, *ES,* 1538. 233쪽.

785   Foucault, *SS,* 75. 79쪽.

786   Foucault, *SS,* 75~76쪽.

787   Foucault, *SS,* 76. 80쪽.

788   Foucault, *SS,* 77~78. 81~82쪽.

789   Foucault, *SS,* 78. 82쪽. 강조는 필자.

790   Foucault, *SS,* 83. 88쪽.

791   Foucault, *GE,* 1209. 238~239쪽. 강조는 필자.

792   Foucault, *GE,* 1222. 256쪽.

793   Michel Foucault, 《Le retour de la morale》, *Dits et écrits II. 1976~1988,*
      Paris, Gallimard, 2001, 1517쪽. 「道徳への回帰」, 『思考集成IX』, 増田一夫
      옮김, 筑摩書房, 2001, 202쪽.

794   Foucault, *GE,* 1205. 232쪽.

795   Foucault, *ES,* 1547. 245쪽. 강조는 필자.

796   Foucault, *HS,* 110. 133쪽. 강조는 필자.

797   Foucault, *HS,* 111. 132~135쪽. 강조는 필자.

798   Foucault, *HS,* 113. 138쪽.

799   Foucault, *HS,* 31. 33~34쪽. 강조는 필자.

800   Henri F. Ellenberger, *The discovery of the unconscious. the history and evolu-
      tion of dynamic psychiatry,* New York, Basic Books, 1970. 550쪽. アンリ・エ
      レンベルガー, 『無意識の発見』上巻, 木村敏・中井久夫 옮김, 弘文堂,
      1980, 150~152쪽.

801   Cf. Paul Veyne, *Les Grecs ont-ils cru à leurs mythes? essai sur l'imagination con-
      stituante,* Paris, Seuil, 1983. ポール・ヴェーヌ, 『ギリシア人は神話を信じ
      たか』, 大津真作 옮김, 法政大学出版局, 1985.

802   Michel Foucault, 《Structuralisme et pststructuralisme》, *Dits et écrits II.*

1976~1988, Paris, Galimard, 2001, 1266~1267쪽. 「構造主義とポスト構造主義」, 『思考集成IX』, 黑田昭信 옮김, 筑摩書房, 2001, 320~321쪽. 강조는 필자.

803 Michel Foucault, 《Structuralisme et pststructuralisme》, Dits et écrits II. 1976~1988, Paris, Galimard, 2001, 1267쪽. 322쪽. 강조는 필자.

804 Gilles Deleuze/Felix Guattari, *L'Anti-Œdipe,* Paris, minuit, 1972, 166쪽. 『アンチ·オイディプス』, 市倉宏祐 옮김, 河出書房新社, 1986, 175쪽. 앞으로 이 책을 *AŒ*로 약기한다.

805 Gilles Deleuze/Felix Guattari, *AŒ,* 169. 177쪽.

806 Gilles Deleuze/Felix Guattari, *AŒ,* 169. 178쪽.

807 Gilles Deleuze/Felix Guattari, *AŒ,* 170. 179쪽.

808 Gilles Deleuze/Felix Guattari, *AŒ,* 175. 183쪽.

809 Gilles Deleuze/Felix Guattari, *AŒ,* 227. 234쪽.

810 Gilles Deleuze/Felix Guattari, *AŒ,* 230. 237쪽.

811 Gilles Deleuze/Felix Guattari, *AŒ,* 238. 245쪽.

812 Gilles Deleuze/Felix Guattari, *AŒ,* 222. 229쪽.

813 Gilles Deleuze/Felix Guattari, *AŒ,* 244. 250쪽.

814 Gilles Deleuze/Felix Guattari, *AŒ,* 285. 287쪽.

815 Gilles Deleuze/Felix Guattari, *AŒ,* 286. 288쪽.

816 Gilles Deleuze/Felix Guattari, *AŒ,* 286. 288쪽.

817 Gilles Deleuze/Felix Guattari, *AŒ,* 287. 289쪽.

818 Gilles Deleuze/Felix Guattari, *AŒ,* 290. 292쪽.

819 Gilles Deleuze/Felix Guattari, *AŒ,* 291. 293쪽.

820 Gilles Deleuze/Felix Guattari, *AŒ,* 298. 300쪽.

821 Gilles Deleuze/Felix Guattari, *AŒ,* 299. 301쪽.

822 Gilles Deleuze/Felix Guattari, *AŒ,* 314. 316쪽.

823 Gilles Deleuze/Felix Guattari, *AŒ,* 317. 319쪽.

824 中井久夫, 「分裂病をめぐって」, 『病者と社会』中井久夫著作集·精神医学の経験第五巻, 岩崎学術出版社, 1991, 76쪽.

825 반대로 생각하면 세속화된 관리경영 자본주의사회에도 "실은" 종교적인 구조가, 신앙이 숨겨진 상태로 기능하고 있다고 말만하고 좋아하는 담론은 치명적으로 불충분하다. 이는 자신만 메타 차원에 있을 수 있다는 환상을 유포할 뿐이기 때문이다. 이는 바로 서양적 관리경영의 담론"이고" 자기비대적인 니힐리즘일 뿐이다.

826 Gilles Deleuze/Felix Guattari, *ACE*, 99. 107쪽. 정확히 번역하면 "대상 a는 지옥의 기계, 즉 욕망하는 기계의 방법으로 구조적인 평형 속에 침입한다". 구조적인 평형에 "침범적으로" 기능하는 면에서 대상 a와 '욕망하는 기계' 는 완전히 동일시되고 있다.

827 Gilles Deleuze, 《Préface pour l'édition italienne de Mille Plateaux》, *Deux régimes de fous. textes et entretiens. 1975~1995,* édition préparée par David Lapoujade, Paris, Minuit, 2003, 288~289쪽. ジル·ドゥルーズ「『千のプラトー』イタリア語版への序文」『狂人の二つの体制1983~1995』, 宇野邦一 외 옮김, 河出書房新社, 2004, 170~171쪽.

828 Gilles Deleuze, *Foucault*, Paris, Minuit, 1986, 39~40쪽. ジル·ドゥルーズ, 『フーコー』, 宇野邦一 옮김, 河出書房新社, 1987, 54쪽. 앞으로 이 책을 *FO* 로 약기한다.

829 Gilles Deleuze, 《Sur les principaux concepts de Michel Foucault》, *Deux régimes de fous. textes et entretiens. 1975~1995,* édition préparée par David Lapoujade, Paris, Minuit, 2003, 230쪽. ジル·ドゥルーズ, 「ミシェル·フーコーの基本概念について」, 『狂人の二つの体制1983~1995』, 宇野邦一 외 옮김, 河出書房新社, 2004, 77쪽. 앞으로 이 논문을 MF라고 약기한다. 강조는 원문.

830 Deleuze, *F,* 46. 64쪽.

831 Deleuze, *F,* 47. 65쪽.

832 Deleuze, *F,* 68. 98쪽.

833 Maurice Blanchot, *L'Entretien infini,* Paris, Gallimard, 1969, 35~45쪽.

834 Michel Foucault, *L'archéologie du savoir,* Paris, Gallimard, 1969, 114쪽. 『知の考古学』, 中村雄二郎 옮김, 河出書房新社, 1981, 130쪽. 앞으로 이 책을 *AS*로 약기한다.

835 Foucault, *AS,* 107. 121쪽.

836 Foucault, *AS,* 107~109. 121~123쪽.

837 Foucault, *AS,* 110~111. 125~126쪽.

838 Deleuze, *F,* 61~62. 87쪽.

839 Deleuze, *F,* 72. 104쪽.

840 Deleuze, *F,* 64. 92쪽.

841 Deleuze, *F,* 60. 84쪽.

842 Deleuze, *F,* 47. 65쪽.

843 Deleuze, MF, 231~232. 78쪽.

844   Deleuze, *F,* 68. 97쪽.

845   Deleuze, MF, 232. 79쪽.

846   Deleuze, *F,* 46. 64쪽.

847   Deleuze, *F,* 42. 57쪽. 강조는 필자.

848   예를 들어 이런 설명도 가능하지 않을까? 어떤 가능성이 있는 언표 가능
       성과 어떤 역사적 시점에 우연히 "접점"을 가졌다고 하자. 그러면 그 왕복
       운동, 상호 감입 속에서 특정한 "해석"이 가능해진다. 예를 들어, 어느 신화
       한절을 바탕으로 이를 "주제"로 한 회화 작품이 그려진다. 그 가시성은 어
       느새 그 신화의 한절을 뛰어넘는 "과잉"인 부분을 내포하게 된다. 치켜세
       워진 눈을 한 유디트, 눈꼬리가 처진 비너스……. 이에 관한 주석이 또 쓰
       이고, 이를 바탕으로 또다시 별도로 같은 주제의 회화가 그려지거나, 전혀
       다른 주제의 회화 작품에 "전용"되거나, 그 회화 작품에 관한 주석에 또 주
       석이 쓰이는 등과 같은 "증식"이 일어난다. 이러한 왕복운동 속에서 조금
       씩 어떤 미세한 부분은 사라지고, 어떤 미세한 부분은 중요해진다. "유디
       트" 신화에서 보티첼리, 크라나하, 카라바지오, 클림트 등 여러 회화가 탄
       생하고, 이 또한 다른 회화와 주석을 자극하고…… 이러한 역사적·지리적
       으로 한정된, 그러나 원칙상으로는 무한한 "주제, "이미지"의 증식이 출현
       한다. 이는 원래 언표와 가시성 사이에 관계가 없음으로 가능해지는, 그 우
       연한 접점을 "만들어내고" "다시 만들어내는" 작용에 기인한다. 어느 신화
       의 한절을 "그림으로 그리는" 행위는 거의 어떤 근거도 없는 황당무계한
       행위이기 때문이고, 또한 어느 그림을 말로 "묘사하는" 행위 또한 마찬가
       지이기 때문이다. 문자도 포함해 어느 이미지를 "읽을 수 있다"면, 이는 우
       연한, 즉 역사상의 고안이 가져온 효과에 불과하고, 어떤 글귀에서 "이미
       지가 떠오른다"면 이 또한 마찬가지다. 또한 그 "가시성과 언표 가능성"의
       "역사적인 우연한 접점"을 "계승"하는 것이 "신화"이고, 그 "반복"이 의례
       라고 할 수 있다. 르장드르가 신화란 세계의 설명이 아니라 그 설명 자체를
       가능하게 하는 그 무엇이라고 말했던 것을 상기하자. 바로 그 "우연한 접
       점"에서 "해석" "설명"이 가능해지는, 그러한 특수한 "접점의 생성"이 일어
       난다. 블레이크, 미쇼, 아르토, 파졸리니, 뒤라스와 같이 문학작품과 회화
       작품이나 영상 작품을 동시에 남긴 예술가들은 이에 민감하지 않았을까?
       여기까지는 윌리엄 블레이크 연구자인 에구치 아스카江口飛鳥와의 대화 속
       에서 나온 생각이다. 이 자리를 빌려 감사를 표한다.

849   Deleuze, MF, 234~235. 82쪽.

850   사례를 하나 들자면 후스파의 교의와 당시 최첨단 무기인 장궁 공격에 대

응하는 저항 전술이었던 후스파 군단의 "짐차를 이용한 가동 바리케이드
전술" 사이에는 전혀 필연성이 없고 둘 사이에는 우연한 관계밖에 없다고
하면 알기 쉬우리라. 그러나 후스파는 이 전술로 열 배가 넘는 군세로 쳐들
어왔던 십자군을 상대로 완승함으로써, 후스파 투쟁은 그 후로도 계속되었
던 것이다.

851 Deleuze, *FO*, 43. 59쪽.

852 Deleuze, *FO*, 47. 66쪽.

853 다음의 괄목할 만한 지적을 참조. 福田歡一, 「近代民主主義とその展望」,
『福田歡一著作集』第五卷, 岩波書店, 1998, 221~227쪽.

854 확실히 해두자. 독자는 여기에서 다이어그램이라는 개념이 상당히 "느슨"
하게 쓰이고 있다는 인상을 받을지도 모르겠다. '결국, 국가든 무엇이든 다
이어그램이라는 말 아닌가?' 하고 말이다. 그러나 다이어그램은 가시성과
언표가 우연히 조우한 "결과"라는 것은 논리적으로 납득할 것이다. 고로
어느 광도에 있던 한 가능성이 특정한 언표와 중첩되어 의미와 주체를 산
출하는 것은 "우연"에 불과하다. 그런 바로 그 "역사적인 가시성과 언표의
중첩" 자체에서 예를 들어 우리 자신이 "이런 주체"로서 태어나고 말았다
는 것은 필연이고 운명이기조차 하다. 이 "우연에 의한 필연"에 덕분에 우
리는 "이런" 주체로 존재한다. 그리고 우리는 다름 아닌 이런 역사적 주체이
기 때문에 "다이어그램"을 만들어내는 여러 "힘겨루기"의 도박장 한복판에
들어가 "다른 다이어그램, 다른 중첩"을 만들어낼 가능성을 열어간다. 즉,
여기에서는 일반적으로 정태적으로 여기고 있는 제3자를, 나아가 국가나
제도 등을 "다이어그램"이라 부를 수 있음을 알림으로써, 이들이 "정태적
이지 않은" 것으로 제시하고 있다.

855 Deleuze, *FO*, 75. 109쪽.

856 Deleuze, MF, 237. 85쪽.

857 Deleuze, MF, 237. 85쪽.

858 Deleuze, *FO*, 93. 136쪽.

859 Deleuze, *FO*, 105. 154쪽.

860 Deleuze, MF, 239. 88쪽.

861 Gilles Deleuze, 《Le cerveau, c'est l'écran.》, *Deux régimes de fous. textes et en-
tretiens. 1975~1995*, édition préparée par David Lapoujade, Paris, Minuit,
2003, 268쪽. 「腦 それはスクリーンだ」, 『狂人の二つの体制1983~1995』,
宇野邦一 외 옮김, 河出書房新社, 2004, 136~137쪽.

862 제1부 도입부에서 던진 질문의 답은 이렇다. 라캉은 왜 난해한가? 라캉은

어느 다이어그램, 가시성과 언표 가능성의 체제를 전제로 한 채, 가시성과 언표 가능성의 분리와 접합의 양태를 논하려 했기 때문이다. 그래서 그것은 갑자기 침투하는, 혼성적인 것이 될 수밖에 없었다.

보론—이 집요한 개들

1   Michel Foucault, 《Le retour de la morale》, *Dits et écrits II. 1976~1988,* Paris, Gallimard, 2001, 1517쪽. 「道德への回帰」, 『思考集成IX』, 石田英敬 옮김, 筑摩書房, 2001, 202쪽. 강조는 필자.

2   Frédéric Gros, 《Situation du cours》, dans Michel Foucault, *L'Herméneutique du sujet. Cours au collège de France 1981~1982,* Paris, Gallimar/Seuil, 2001, 497쪽.

3   Michel Foucault, *SS,* 57. 60쪽.

4   Foucault, *SS,* 61. 64쪽.

5   Foucault, *SS,* 63. 66~67쪽.

6   Foucault, *GE,* 1209. 236~239쪽.

7   Foucault, *GE,* 1205. 232쪽. 강조는 필자.

8   Foucault, ES, 1547. 245쪽. 강조는 필자.

9   Foucault, *GE,* 1202. 229쪽.

10   Foucault, *GE,* 1207. 236쪽.

11   Foucault, *HS,* 110. 133쪽.

12   Foucault, *HS,* 111. 132~135쪽.

13   Foucault, *HS,* 113. 138쪽.

14   Foucault, *HS,* 110. 133쪽.

15   Foucault, *HS,* 31. 33~34쪽.

16   Michel Foucault, *Le gouvernement de soi et des autres. Cours au Collège de France. 1982~1983,* Paris, Gallimard/Seuil, 2008, 261쪽. 앞으로 이 책을 *GSA*로 약기한다.

17   Foucault, *GSA,* 43.

18   Michel Foucault, *Le courage de la vérité. Le gouvernement de soi et des autres II. Cours au Collège de France. 1984,* Paris, Gallimard/Seuil, 2009, 7~8쪽. 앞으로 이 책을 *CV*로 약기한다.

19   많이 있는데 전형적으로는 Michel Foucault, 《Pouvoirs et stratégies》, *Dits et*

écrits II. 1976~1988, Paris, Gallimard, 2001, 423쪽. 여기에서는 "주인=스승"의 형상을 전제로 법=주권적 권력을 '각각의 주체와 절대적 주체의 동시적 주체화'로 이해한 것을 격렬한 어조로 비판하고 있다.

20 자기에 대한 배려가 갖는 "진정한 사회적 실천"의 측면에 대해서는 Foucault, *SS*, 67. 70~71쪽.

21 Foucault, *CV*, 54.

22 Foucault, *CV*, 58~60.

23 ディオゲネス·ラエルティオス, 『ギリシャ哲学者列伝』(中), 加来彰俊 옮김, 岩波文庫, 1989. 제6권 제2장의 내용에 의거한다.

24 확실히 해두자. 이 두 강의에는 라캉와 데리다, 하이데거에 대한 응답 또는 비판으로 받아들일 수 있는 여러 논점이 있다. 특히 언어 수행적 행위도 "충만한 말"도 아닌 별도의 "협정"으로서의 파르헤지아, 플라톤에 있어 로고스 중심주의와 에크리튀르의 관계, 아테네이아로서의 견유학파적인 벌거벗은 삶 등 괄목해야 할, 몇 번이라도 재검토해야 하는 논점이 있다. 그러나 이들을 정밀하게 논하려면 각각이 하나의 논문을 필요로 할 정도로 폭넓은 "쟁점"이므로 아쉽지만 이를 논하는 기회를 따로 마련하도록 하고, 여기에서는 푸코 자신의 이론에 있어 견유학파의 특이성에만 초점을 맞추도록 한다. 그리고 '플라톤은 로고스 중심주의의 이름으로 에크리튀르를 거부한 적이 없다'는 다른 곳에서도 말한 바 있는 데리다 비판은, 예를 들어 이 강의의 경우 다음 부분에 적시되어 있다. Foucault, *GSA*, 235. 또한 니힐리즘을 "19세기와 20세기의 역사적 형상"으로 한정해, 이를 서구 형이상학의 운명과 "망각"에 관련짓는 입장을 분명하게 거부한 다음 부분은 하이데거와 니체와의 관련을 염두에 두었을 때 극히 중요하다 할 수 있다. Foucault, *CV*, 175.

25 Foucault, *GSA*, 67.

26 Foucault, *CV*, 16~20.

27 Foucault, *CV*, 26~27.

28 Foucault, *CV*, 28~29.

29 Foucault, *CV*, 29~30.

30 Foucault, *HS*, 16~19. 19쪽 이하.

31 Foucault, *GSA*, 322. 그리고 *CV*, 116~117.

32 Foucault, *CV*, 149.

33 Foucault, *CV*, 149.

34 Foucault, *CV*, 151.

35 Foucault, *CV,* 151.

36 Foucault, *CV,* 152.

37 Foucault, *CV,* 152.

38 현상학에서의 "빛"의 문제에 관해서는 지금 필자가 자세히 논할 준비가 되어 있지 않다. 그러나 하이데거의 "밝음"이 시각의 측면만이 아니라 언어의 측면에서도 일종의 "투명성"을 부여하는 것이고, 메를로-퐁티 또한 이를 계승하고 있는 것은 사실이라 생각한다. 라캉의 "이미지"와 "언어"의 이중성에 관한 문제는 상상계와 상징계의 구조적 동형성을 논한 이 책 제 16~17절을 참조. 라캉의 상상계와 상징계의 구별은 이미 "보이는 것은 말하는 것"이고 "말하는 것이 보이는 것"과 같은 일종의 장치를, 즉 역사적이고 지리적으로 한정한 주체화를 전제하고 있고, 고로 상상계와 상징계의 구별은 들뢰즈가 푸코 속에서 읽어낸 '가시성과 언표 가능성이 분리된 수준'과 같은 수준이 아니다. 그러나 라캉은 자신의 상징계에, 그리고 결국은 상징계를 보완하는 "바깥으로서의 안" "안으로서의 바깥"에 불과한 저 따분한 대상 a에, 그 향락들에 머무르지는 않았다. 이에 대해서는 이 책 제 22~27절을 참조. 또한 굳이 말할 필요가 없고, 본격적으로 논할 역량은 필자에게 없으나 서양적 사고에서 "빛"과 "말"의 이중성은 『구약성경』 도입부에 있는 신의 첫 번째 발화, 세계를 정초하는 발화가 "빛이 있으라"였다는 사실과 아마 무관하지 않을 것이다. "하나님이 이르시되 빛이 있으라 하시매 빛이 있었"다. 이로부터 일신교의 빛과 언어의 "특정한 연관성"을 논할 수도 있을 것이요, 또한 "보는 것은 말하는 것이 아니다"고 말한 블랑쇼나 가시성과 언표 가능성을 분리한 푸코, 푸코의 물음을 명확히 한 들뢰즈가 어느 정도 되는 규모의 것을 판돈으로 걸고 있는지도 파악하기 쉬워지지 않을까?

39 Foucault, *SP,* 171. 171쪽.

40 Foucault, *SP,* 224. 222쪽.

41 Gilles Deleuze, MF, 230. 77쪽.

42 Deleuze, *FO,* 46. 64쪽.

43 Deleuze, *FO,* 47. 65쪽.

44 Deleuze, *FO,* 68. 98쪽.

45 하나만 예를 들자면 Deleuze, *F,* 57~58. 80~81쪽.

46 Foucault, *CV,* 153.

47 Foucault, *CV,* 157.

48 Foucault, *CV,* 153.

49   Foucault, *CV,* 156. 강조는 필자.

50   Foucault, *CV,* 159.

51   Foucault, *CV,* 245.

52   Foucault, *CV,* 161. 강조는 필자.

53   Foucault, *CV,* 166.

54   Foucault, *CV,* 168.

55   Foucault, *CV,* 168.

56   Foucault, *CV,* 168.

57   Foucault, *CV,* 169.

58   Foucault, *CV,* 169.

59   Foucault, *CV,* 169.

60   Foucault, *CV,* 170.

61   Foucault, *CV,* 171.

62   Foucault, *CV,* 172.

63   Foucault, *CV,* 172.

64   Foucault, *CV,* 172~173.

65   Foucault, *CV,* 173.

66   Foucault, *CV,* 173.

67   Foucault, *CV,* 173.

68   Foucault, *CV,* 174.

69   Foucault, *CV,* 173.

70   Foucault, *CV,* 174.

71   Foucault, *CV,* 174.

72   Foucault, *CV,* 173.

73   Foucault, *CV,* 174.

74   Foucault, *CV,* 174.

75   Foucault, *CV,* 174.

76   Foucault, *CV,* 226. 강조는 필자.

77   Foucault, *CV,* 226.

78   Foucault, *CV,* 226.

79   Foucault, *CV,* 287.

80   Foucault, *CV,* 264.

81   물론 주지하는 바와 같이 그리스도교 영성은 심히 플라톤주의적이고, "이 세계에서의 다른 삶"이 아니라 "다른 세계에서의 영성"을 추구한다. 고로

푸코도 그리스도교 영성에 대해서는 판단을 유보한다. 푸코에 따르면 그리
스도교 영성이 추구하는 것은 "다른 세계"로, "이 세계를 바꾸는 것"은 문
제시되지 않는다. Foucault, *CV,* 292~293. 그러나 푸코는 항상 그리스도교
영성을, 적어도 "저항 운동"으로서의 신비주의를 일정 정도 평가한다. 이
강의에서도 그리스도교에서의 파르헤지아 개념을 분석하면서 이런 말을
한다. 신과 직접 마음을 열고 영혼을 교류하는 "신과의 파르헤지아"라는
태도와, 이런 태도를 "비난해야 마땅한, 자신에게 심취한, 무례한, 교만한"
것으로 여긴 안티 파르헤지아적 태도가 존재했다. 그리고 후자가 주도권을
쥐고 사목 권력을 행사하게 되었다. 그렇다면, 전자의 "신과의 파르헤지아"
는 어떻게 되었는가? 푸코는 말한다. "그리스도교사에서 신비주의의, 신비
체험의 기나긴 험난한 지속persistance은 신을 신뢰하는 파르헤지아적인 극極
이 살아남았다는 것을 의미한다고 저는 생각합니다". Foucault, *CV,* 308.

82　Foucault, *CV,* 279.

83　Foucault, *STP,* 68. 이와 관련해 이 책 제92절 이하도 참조.

84　"따라서 이렇게 이해해야 합니다. 주권 사회가 규율 사회로, 이어서 규율
사회가 소위 통치 사회로 대체된 것이 전혀 아닙니다. 실제로는 주권·규
율·통치적 관리경영이라는 삼각형이 있습니다. 그리고 그 통치적 관리경
영의 주된 표적이 인구이고, 그 기본적 메커니즘은 세큐리티의 제반 장치
인 것입니다." Foucault, *STP,* 111.

85　Foucault, *CV,* 231.

86　Foucault, *CV,* 234.

87　Foucault, *CV,* 285~286.

88　Foucault, *CV,* 287.

89　물론 이 "알몸인 주권자인 개"의 형상에서 "생명권력"적인 요소를 읽어내
는 것은 항상 가능하리라. 애초부터 그것은 "생존의 문제론" "삶의 통치"와
관련한 것으로 제기되었으니까.

90　Foucault, *STP,* 128. 그리고 Michel Foucault, 《Omnes et sigulatim: vers une
critique de la raison politique》, *Dits et écrits II. 1976~1988,* Paris, Galli-
mard, 2001, 956쪽. 「全体的なものと個的なもの: 政治的理性批判に向け
て」, 『思考集成VIII』, 北山晴一 옮김, 筑摩書房, 2000, 332쪽.

91　Foucault, *SP,* 315. 307~308쪽.

92　혹시 모르니 확실히 해두자. 이 "개의 투쟁의 초역사화"는 내외를 불문하
고 다소 엉성하게 푸코에 의거해 이루어지고 있는 "생명정치적 실체"의
"실체화"와 "초역사화"와 전혀 다르다. 이 "생명 정치의 초역사화" 담론은

대체로 "양식이 없는" "빌거벗은 삶"이 "현실에 존재"한다는 것, 그리고 그 것은 일종의 극복할 수 없는 역사적 지점, "역사의 종말"에서 출현했음을 전제한다. 그런, 푸코는 『앎의 의지』에서조차 분명하게 생명 정치와 그 전략 목표는 근대에 한정한 것이고 "삶 자체는 그로부터 항상 도망간다"라고 말하고 있고, 푸코가 생명 정치의 대상을 "실체화"한 적은 한 번도 없다. 당연한 말이지만 이는 생명 정치라는 배치가 낳은 환상, 환상이라는 표현이 과하다면 역사적·지리적으로 한정한 "전략 목표"에 불과한 것으로 실체화해서는 안 된다. 또한 푸코의 이 견유학파적 형상은 "역사의 종말"로 이끌지도, 그곳으로 이끌려가지도 않는다. 이끌어가고 이끌려간다면 그와 반대되는 쪽이다.

발문

이 책은 계획 없이 써나간 글이다. 그 결과, 추고 과정에 있던 한 판본을 2007년 6월에 도쿄대학 대학원 인문사회연구계 연구과에 제출했고, 같은 해 9월에 박사 학위를 받았다. 본문은 2006년 2월에서 7월에 걸쳐 썼고, 7월 말에 탈고했다. 이미 2년 전 이야기다. 이 책의 저자가 내게는 타자라고까지는 할 수 없다. 하지만 이미 희미한 유배의 느낌이 감돈다.

이 책은 다름 아닌 니체가 이끄는 바에 따라 쓰였다. 세 명의 계보학자가, 푸코와 르장드르와 니체가 같은 날 태어났다는 사실을 여기에 적어둔다면 이는 역시 사족일까?

감사를 표해야 하는 사람들의 이름을 일일이 열거하지는 않겠다. 끝이 없기 때문이다. 그녀들 그들은 정처 없이 부침하는 내 논지와 우물거리는 요설에 진정 어리고 기탄없는 비판과 질타, 그리고 조심스러우면서도 확고한 동의와 우애를 주었다. 또는 머나먼 이국의 땅에 있으면서도 자극을 주었고, 태만과 무위와 평범한 기벽에 젖곤 하는 필자의 의욕을 일깨워주었다. 그들은 이 책의 기술 속에서 자신들이 준 식견과 논리와 정식을 찾아낼 수 있을 것이다. 그 유래의 많은 부분을 명시하지 않은 것은 상대와 나 중 어느 쪽에 사유의 기원이 있는지 불쑥 알 수 없게 되고 마는 저 대화가 갖는 본성 때문이라기보다는, 이 책에 이름을 남기는 것이 오히려 실례가 되지 않을까 하는, 어쩌면 그 자체가 오만일 수도 있는 두려움 때문이다.

그러나 이분샤以文社의 가쓰마타 미쓰마사勝股光政와 마에세 소스케前瀨宗祐의, 대화를 거듭할수록 인상 깊게 보게 된 저 대담한 미소를 잊을 수 없다. 그들과 함께 책을 만들 수 있었다는 사실, 이는 내게 기대 이상의 기쁨이었다.

2008년 늦여름

사사키 아타루

문고판을 위한 발문

2006년 전반에 써서 2008년 가을에 출간한 단행본에 2009년 6월에 발표한 푸코의 마지막 강의에 관한 논고 「이 집요한 개들」을 추가한 것이 이 책이다. 고쳐쓰기는 최대한 하지 않았다. 5년이라는, 짧기는 하지만 삶의 한 형식에서 벗어나기에 충분한 시간을 거쳐 간 나였을 그 누군가에게 간섭한다는 것이 가능할까? 격의隔意는 쓰디쓰고, 그 쓴맛은 그대로 두는 것이 좋다. 따라서 벌어져 있는 채로 두는 쪽을 택하겠다.

이 책의 여러 곳에서 독자와 약속한 추가적인 탐구는 정체와 타개와 방황을 거듭하면서 지금도 계속되고 있다. 작년에는 차갑게 타올라 아픈 아침 햇볕 속에서 200매 이상의 초고를 파기했다. 하지만 그래도. 언젠가 결실을 맺을 날이 오리라. 그리 확신한다.

문고본이 나올 때까지 힘써주신 가와데쇼보신샤河出書房新

社의 아사다 아키코朝田明子에게 진심으로 감사를 표하고 싶다. 그 온순하고 가련해 보이는 모습 뒤에 있는 완고함이 지탱해주지 않았다면 정본으로 문고판을 내기는 힘들었을 것이다. 또한 이번 또 한 분주히 관련 작업을 맡아주신 아베 하루마사阿部晴政에게도 깊은 감사를.

2011년 초봄

사사키 아타루

옮긴이의 말

1.

이 두꺼운 책을 거의 다 읽고 여기 옮긴이의 말까지 도달한 독자, 그리고 우연히 옮긴이의 말을 먼저 펴 본 독자께 감사의 말씀을 올린다. 이 세계에 주어진 한 인간의 삶이 어떤 모양새를 갖추어 사회 속의 한 주체가 되는지에 관해 고민하는 것이 철학이라면 이 책은 그 어떤 책보다 정통의 철학책이다. 이 책은 푸코와 라캉, 르장드르를 이해하는 길잡이가 아니다. 사사키 아타루가 생각하는 인간의 삶을 논하는 도정에 푸코와 라캉, 르장드르가 자리하고 있는 것이므로 독자가 푸코와 라캉, 르장드르에 대해 사전 지식을 갖고 있을 필요는 전혀 없다. 삶이 사회화되는 과정에 대한 지적 호기심, 성찰의 욕구가 있다면 읽을 수 있다. 무게와 두께가 만만하지는 않지만 이는 이 책의 단점이 아니라 장점이다. 깊은 사유의 즐거움이 지속될 것을 다름 아닌 이 무게가 보증해줄 것이고, 지식의 숲을 헤쳐나갈 든든한 지도가 될 것임을 이 두께가 보장해줄 것이다.

『야전과 영원』은 푸코와 라캉, 르장드르를 가로지르면서 인간이 사회 속의 한 주체가 되어 살아가게 되는 경로를 밝히려는 시도라 할 수 있다. 그 경로는 사회가 축적해온 언어, 이미지 등의 텍스트로 구성된 얽히고설킨 그물망을 통과하면서 수많은 조각을 임시방편으로 조립해 몽타주를 만들어가는 과정이기도 하다. 따라서 옮긴이의 생각에 이 책의 핵심은 라캉의 〈거울〉 개념을 비판적으로 계승해 〈사회적 거울〉이라는 개념을 내놓은 르장드르에 관한 논의에 있다. 후반의 푸코에 관한 논의는 주체화의 구조를 밝히려 한 푸코의 궤적을 재구성하면서 그것이 르장드르와 어떤 차이와 유사성을 갖는지 분명히 하고 있어 푸코에 대한 이해와 르장드르에 대한 이해를 동시에 심화할 수 있는 글이다. 특히 푸코에 관해 관심이 있는 사람이라면 주체화라는 관점에서 푸코의 주요 저서를 망라하여 논하고 있는 이 부분을 꼭 읽어보기를 바란다. 또한 사사키 아타루의 개인적인 입장이 매우 진하게 배어 있는 보론도 흥미진진하다.

하지만 무엇보다 이 책에서의 텍스트에 관한 논의가 강한 여운을 남긴다. 여운이 남는 이유는 사사키 아타루의 주장에 전적으로 동의하기도, 이를 전적으로 거부하기도 어렵기 때문이다. 한마디로 사사키가 도입한 르장드르의 '텍스트' 개념은 매력적이고 사유의 지평을 넓히는 계기가 되지만, 현재 벌어지고 있는 정보 환경의 급변을 과소평가할 여지가 있다.

르장드르는 12세기 중세 해석자 혁명이 '텍스트'(본문에 나오는 것처럼 르장드르가 말하는 텍스트는 글뿐이 아니라 춤, 음악, 그림 등도 포함되는 훨씬 포괄적인 개념이다)가 함축하고 있던 다양한 가능성

중 정보를 유통하는 효율적인 매체로서의 역할을 극대화하는 변화를 가져왔고, 근대 자본주의와 근대국가 체제 또한 그 연장선상에 있다는 주장을 하고 있고 저자 사사키도 이를 받아들여 정보의 효율적 매체로서의 텍스트가 아닌, 다른 가능성을 실현하는 텍스트적 실천을 중시하고 있다. 그리고 텍스트에 쓰인 말을 있는 그대로 받아들이는 텍스트 원리주의의 위험성을 경고하고, 텍스트와 거리를 둔 해석의 실천을 통해 텍스트가 비로소 현실과의 상호작용 속에서 의미 있는 것이 될 수 있음을 밝힌다. 낯설 수도 있는 '소격'이라는 말이 뜻하는 것은 이러한 '거리 두기'다. 그리고 이 소격의 원형은 라캉의 〈거울〉을 통해 주체가 받아들이는 두 가지 메시지, 즉 "이것은 나다" "이것은 내가 아니다" 간의 간극에 있다. 소격을 자각하면서 살아가는 것. 이 책을 실천적인 관점에서 읽을 때 반드시 끄집어내야 할 부분이다.

책 내용의 소개가 이보다 길어진다면, 이 글 자체가 효율적 매체로서의 텍스트에 속하는 글이 되고 말 것이다. 소격 속에서 몸소 책의 내용을 요약하고 정리해 해석을 실천하는 것은 독자가 향유할 몫으로 남겨진 쾌락이리라.

2.

『야전과 영원』은 옮긴이로서는 세 번째 번역서다. 전에 번역한 사사키의 『이 치열한 무력을』에 실린 「옮긴이의 말」에서 사사키의 글과 조우하게 된 에피소드를 이야기한 적이 있으므로 여기에서는 그에 대한 설명은 생략한다. 그 조우가 낳은 인연이 계속되어 『야전과 영원』을 번역하게 되었다.

번역 작업은 지적 자극이 넘치는, 흥미진진한 작업이었다. 그와 동시에 상당한 어려움을 겪는 과정이기도 했다. 옮긴이는 현대 일본의 문화 현상을 연구해왔다. 따라서 이 책에서 주된 논의 대상이 되고 있는 서적들의 언어인 프랑스어에 대한 지식이 전혀 없다. 학부 때부터 프랑스의 현대사상에 관심을 많이 가져 한국어로 번역된 푸코의 책은 거의 읽었고, 라캉의 책도 한국어판과 일본어판을 몇 권 읽었다. 하지만 번역된 책을 읽은 것이지 프랑스어 자체는 전혀 모르기 때문에 번역 과정에서 자신의 한계를 느낀 적이 한두 번이 아니었다. 기존의 번역서들을 옮긴 분들의 노력에 다시금 깊은 감사를 느낌과 동시에 번역서만으로 접한 지식의 한계도 절감하는 경험이었다.

번역 과정에서 원문의 뜻을 최소한으로 훼손하는 선에서 부득이하게 수정을 가한 부분이 있다. 가장 많은 수정은 문단 나누기다. 많은 고민 끝에 내린 결단이었다. 사사키의 원문은 한 문단이 한 쪽을 넘는 경우가 더러 있을 정도로 매우 호흡이 길다. 저자의 글을 있는 그대로 옮기는 작업을 최우선으로 여긴다면 아무리 문단이 길어도 그대로 번역해야 할 것이다. 하지만 숨 돌릴 틈 없이 길게 계속 이어지는 번역어를 쉼 없이 나열해가는 것보다는 의미의 단위를 적절한 크기로 나누는 것이, 오히려 저자가 이 책에 담은 뜻을 독자에게 정확하게 전하는 방법일 수 있다는 생각이 앞섰다.

3.

완성된 번역 뒤에는 많은 이의 노력과 도움이 숨어 있다. 눈에 보이지는 않지만 그들의 존재는 매우 크다. 그들이 없었다면 번역 과정은 훨씬 힘들었을 것이고 번역의 질 또한 지금보다 못한 것이었으리라.

이번에 번역을 진행하면서 뜻이 애매모호한 부분이나 정확한 뜻을 확인하고 싶은 부분이 원서 안에 몇 군데 있었기 때문에 저자인 사사키 아타루에게 의견을 구했었다. 친절하게도 시간을 내준 덕분에 2014년 12월의 추운 어느 날, 시부야에서 사사키를 만날 수 있었다. 처음에 들어가려 했던 레스토랑이 예약으로 꽉 차서 사사키가 애용한다는 어느 작은 레스토랑에 들어가 파스타와 맥주를 즐기며 준비해 갔던 질문을 했다. 사사키는 하나하나에 정성껏 답해주었고 질문이 다 끝난 후에는 잡담을 하며 담소를 즐겼다. 사사키의 개성적인 말투와 크지는 않지만 힘이 느껴지는 손짓이, 시류에 휘둘리지 않고 근본적인 철학의 문제에 천착해가는 태도를 구성하는 필수 불가결한 요소처럼 느껴졌다. 저자의 도움 덕분에 더 정확한 번역이 가능했음을 여기에 명기해둔다.

이 책의 번역을 위해 출판사와 옮긴이 외에 가장 많은 노력과 시간을 기울여준 분은 윤경희 님이다. 그렇지 않아도 난해하기로 유명한 라캉의 용어들을 옮긴이는 대부분 일본어로 접했기 때문에, 한국에서는 그 용어들이 어떻게 번역되고 있는지 파악하는 데 어려움을 많이 겪었다. 자연스레 그 분야에 정통한 지인에게 도움을 청하게 되었고, 어려울 뿐만 아니라 많은 시간을 요하는 일인데도 윤경희 님이 흔쾌히 승낙해주었다. 그녀는 파리8대학 대학원 비교문학과와 정신분석학과에서 면학한 문학평론가로, 처음에 부탁한 라캉의 용어뿐만 아니라 프랑스어 관련 부분에 대해 정교하고 설득력 있는 의견을 주었고, 번거로움을 마다하지 않고 더 적절한 번역 표현까지 제안하며 초역의 문제점을 성심성의껏 바로잡아주었다. 윤경희 님의 분에 넘치는 조언과 조력에 이 자리를 빌려 고마운 마음을 전한다.

이슬람은 이 책의 주제 중 하나다. 그러나 이슬람권에 무지한 옮긴이는 원서에 표기되어 있는 이슬람권의 여러 인물, 특히 페티 벤슬라마의 글을 저자가 인용하는 부분에 나오는 이슬람권 인물들의 이름을 한국어로 어떻게 표기해야 할지 알 수 없어 곤혹스러웠다. 게다가 그 인물들은 터키, 사우디아라비아, 알제리, 방글라데시, 이집트 등 여러 지역에 산재해 있기 때문에 같은 문자로 표기되어 있더라도 다르게 발음될 여지도 있어 더욱 난감했다. 이 문제의 해결사가 되어주신 분이 도쿄에 거주하는 Georgina 님이다. Georgina 님은 알고 지내는 아랍 친구들에게 원래 프랑스어 표기와 이를 아랍어로 바꾼 표기를 각 지역의 특성에 맞추어 읽어달라고 해서 그 음성을 녹음한 다음, 한국어로는 어떻게 표기되는지까지 확인한 자료를 보내주었다. 이집트, 사우디아라비아, 마그레브 등 아랍의 여러 지역을 망라한 자료였다. Georgina 님이 없었다면 이슬람권 인물의 표기는 훨씬 부정확한 것이 되었을 것이다. 이 자리를 빌려 감사의 말씀을 드린다.

또한 네덜란드인의 표기에도 난관에 봉착했다. 이는 네덜란드에 거주 중인 한윤희 님의 도움을 얻었다. 그녀는 동료 네덜란드인에게 물어 발음상 가장 가까운 한국어 표기를 가르쳐주었다.

이 지면을 통해 꼭 고맙다는 말씀을 전하고 싶다.

앞에서 언급한 분들의 도움을 구해 번역 작업을 했으나 그래도 옮긴이의 실수는 여전히 번역 여러 곳에 남아 있었다. 이를 꼼꼼하게 검토하며 찾아내 알려주고 수정을 제안해가면서, 애초보다 늦어진 번역 일정에도 묵묵히 책으로 만들어가는 작업을 진행해주신 자음과모음의 임채혁 님. 그가 없었다면 책이라는 형태로 그 결실을 맺는 것조차 불가능했으리라. 임채혁 님을 비롯한 자음과모음 분들의 꾸준한 노력과 인내에 깊은 감사를 드린다.

4.

많은 이의 도움을 거쳐 번역이 마무리되었지만, 번역 내용에 문제가 있다면 이는 옮긴이의 불찰과 역량 부족 때문이니 전적으로 옮긴이의 책임이다. 혹시 그런 부분을 발견하게 된다면 옮긴이에게 기탄없는 의견과 지적을 보내주시기 바란다(연락처는 트위터 @aniooo). 소중한 가르침을 받는 자세로 주의 깊게 경청할 것이고, 개인 블로그를 통해 오류를 고친 번역을 게재하는 방식으로 수시로 그 결과를 반영함으로써 잘못을 바로잡아갈 것이다.

2015년 10월
안천

옮긴이 안천

도쿄대학 대학원에서 총합문화연구과 박사과정을 수료했다. 〈문지 웹진〉에 「가라타니
고진과 현대 일본」을 연재하는 등 현대 일본 사상에 관한 글을 여럿 썼다.
옮긴 책으로 아즈마 히로키의 『일반의지 2.0: 루소·프로이트·구글』, 사사키 아타루의
『이 치열한 무력을』 등이 있다.

야전과 영원

: 푸코·라캉·르장드르

ⓒ 사사키 아타루, 2015

초판 1쇄 발행일 2015년 11월 17일
초판 3쇄 발행일 2025년 2월 1일

지은이   사사키 아타루
옮긴이   안천
펴낸이   정은영

펴낸곳   (주)자음과모음
출판등록 2001년 11월 28일 제2001-000259호
주소   10881 경기도 파주시 회동길 325-20
전화   편집부 02) 324-2347 경영지원부 02) 325-6047
팩스   편집부 02) 324-2348 경영지원부 02) 2648-1311
이메일   inmun@jamobook.com

ISBN 978-89-544-3193-4 (03100)